"十二五"普通高等教育本科国家级规划教材

 普通高等教育"十一五"国家级规划教材

轨道交通牵引供变电技术

（第二版）

Power Supply and Substation Techniques
for Electric Traction of Rail Transit

(The Second Edition)

贺威俊　高仕斌　黄彦全
王　勋　刘　炜　张　丽　编著
陈德明

西南交通大学出版社
·成　都·

内 容 简 介

本书为"十二五"普通高等教育本科国家级规划教材、普通高等教育"十一五"国家级规划教材。书中全面系统地介绍了轨道交通牵引供变电技术的基本理论，电气一次主系统与电气设备以及二次系统的工作原理、设计计算、运行分析和实际应用知识。全书共分九章，主要内容包括：轨道交通交、直流牵引供电系统装置与电气设备概论；高压电器与开关设备；交、直流牵引供变电电气主设备原理；电气主接线与配电装置；直流牵引供电系统短路计算、常态下杂散电流和直流系统电能质量分析与再生电能利用；控制、信号、监测电路与操作电源；变电所自动化；交、直流牵引变电所设计等。全书以高速铁路和城轨交通电力牵引供变电系统技术原理和工作特性为主线进行阐述。

本书具有取材新颖、着力反映先进技术、重点突出、理论与实际并重、注意能力培养等特点，可作为高等学校电气工程及其自动化（铁道电气化、轨道交通电气化自动化）专业教材，也可作为工业自动化、交通工程、电力系统及其自动化等专业以及其他相近专业的参考教材，同时还可供上述专业的设计、科研和运行管理部门有关技术人员与研究生参考。

图书在版编目（CIP）数据

轨道交通牵引供变电技术 / 贺威俊等编著. —2 版.
—成都：西南交通大学出版社，2016.7（2024.12 重印）
"十二五"普通高等教育本科国家级规划教材　普通高等教育"十一五"国家级规划教材
ISBN 978-7-5643-4829-8

Ⅰ. ①轨… Ⅱ. ①贺… Ⅲ. ①电气化铁道 – 牵引电气设备 – 供电装置 – 高等学校 – 教材 Ⅳ. ①U223.6

中国版本图书馆 CIP 数据核字（2016）第 172021 号

"十二五"普通高等教育本科国家级规划教材
普通高等教育"十一五"国家级规划教材

轨道交通牵引供变电技术
（第 2 版）

贺威俊　高仕斌　等　编著

*

责任编辑　李芳芳
特邀编辑　王晓刚
封面设计　何东琳设计工作室
西南交通大学出版社出版发行
四川省成都市金牛区二环路北一段 111 号西南交通大学创新大厦 21 楼
邮政编码：610031　营销部电话：028-87600564
http://www.xnjdcbs.com
成都勤德印务有限公司印刷

*

成品尺寸：185 mm × 260 mm　　印张：28
字数：698 千字
2011 年 5 月第 1 版　2016 年 7 月第 2 版　2024 年 12 月第 9 次印刷
ISBN 978-7-5643-4829-8
定价：59.00 元

课件咨询电话：028-81435775
图书如有印装质量问题　本社负责退换
版权所有　盗版必究　举报电话：028-87600562

再版前言

《轨道交通牵引供变电技术》教材自 2011 年 5 月出版发行以来，受到相关院校和广大读者的欢迎，先后进行了三次印刷以满足读者需求。

近年来，我国电气化铁路、城市轨道交通，特别是高速铁路得到了飞速发展，轨道交通牵引供变电系统采用了大量的新技术与新装备；更重要的是当前我国经济正处于转型升级时期，创新驱动已成为经济增长的重要引擎，上述形势的发展对高等教育和人才培养以及专业教学教材的质量，提出了更高的要求。因此，在本书被评为"十二五"普通高等教育本科国家级规划教材以后，作者结合本专业的培养目标和教学计划的规定，对本教材进行了部分章节内容的增删和优化调整与修订，进一步完善体系、提高质量，以便更好地适应经济社会发展对轨道交通建设人才培养的需要。

本次修订的内容主要如下：

绪论部分对国内外轨道交通电力牵引的发展做了系统介绍，阐明科学技术创新和社会经济发展催生工业交通转型升级的普遍规律，并从规划、节能、智能、安全的角度，对技术发展方向进行了梳理与阐述。

第二章的第五节，由于 SF_6 断路器性能优越、应用增多，因此，增加了自能式灭弧装置的介绍，删减了落后的少油断路器内容；随着 GIS 的大量应用和数字化牵引变电所的逐步应用，电子式互感器将发挥重要作用，因此，增加了电子式互感器的篇幅并纳入第九节；第十一节对智能断路器进行了简要介绍。

第五章增加了 27.5 kV GIS 新产品及其应用的介绍。

为了充实城市轨道交通相关内容并使教材体系更加合理，将原来分散在各章节中的有关城市轨道交通牵引供变电技术的内容集中整理为第六章和第七章。第六章主要介绍城市轨道交通直流牵引供电系统短路故障的稳态与暂态分析计算，杂散电流分布与计算及其监测与防护；第七章主要介绍城市轨道交通供电系统电能质量的分析计算与控制方法以及城轨列车再生制动能量的吸收与利用。

第八章是对原版第六、七章进行删节调整而成，考虑到牵引变电所自动化系统的内容在其他课程中有专门介绍，对该部分进行了大量删节和重写。

第九章删除了"接地装置"，该部分应在"高电压技术"课程中讲授。

本书新版与第一版比较，主要有以下特点：

1. 从供变电系统电气设备的原理与应用，电牵引负荷特性及其不利影响，变电站一次、二次系统运行分析与管理、设计计算、研究试验等多层面对所需知识与能力的综合要求以及从认识规律出发，考虑本教材的体系和内容安排，增强了体系内容的完整性和科学性。

2. 着力对原教材内容去旧增新方面做了深入考虑，删除陈旧内容，注重并加强了新技术、新原理和新思维的介绍，同时注意了对学生创新意识的启迪和引导。

3. 注重对学生综合能力的培养，加强对理论和原理及其应用的介绍，坚持理论与实际相结合，加强新技术、新方法的实例介绍，配合习题、课程设计、实验、现场教学等环节，培养学生的综合能力，为从事本专业相关技术工作奠定基础。

本书由西南交通大学贺威俊教授、高仕斌教授担任主编并统稿。本次修订和撰写的主要人员及分工为：绪论由贺威俊和高仕斌共同完成；第一、三章（第三章第一节由高仕斌完成）由贺威俊完成；第二章由高仕斌教授和华东交大王勋教授共同完成；第四章由王勋、贺威俊、黄彦全、高仕斌教授共同完成；第五章由黄彦全完成；第六章由张丽讲师、刘炜副教授共同完成；第七章由刘炜、贺威俊、高仕斌（第五节）共同完成；第八章前四节、第九章由贺威俊、张丽共同完成；第八章第五节由高仕斌完成，第六节由陈德明副教授完成。张丽在本书修订编撰过程中负责内外联系协调，并在协助统稿和文整、打印、校核中做了大量工作，对按期完成本书修订任务发挥了重要作用。

本书由中国中铁二院工程集团有限责任公司副总工程师、教授级高工周建和西南交通大学贺建闽副教授担任主审。他们在审稿中提出了宝贵意见和建议，谨致谢意。

衷心感谢本书原版的各位作者，铁路、城轨交通有关设计研究院、各有关制造厂、电气公司无私提供了有关技术资料，并提出有益建议，在此一并致谢。

对西南交通大学电气工程学院、出版社领导、编辑对本书的修订与出版提供的支持与帮助表示感谢。

由于作者水平所限，书中可能存在疏漏之处，恳请广大读者和使用单位批评指正。

作　者

2016 年 1 月于成都

第一版前言

本书原版《电力牵引供变电技术》于1998年出版发行以来，已重印多次。2008年和2010年先后被教育部批准为普通高等教育"十一五"国家级规划教材，并更名为"轨道交通牵引供变电技术"。近年来我国高速铁路和城轨交通电力牵引得到了迅速发展，新技术、新设备、新材料不断涌现，牵引供变电系统的技术与装备发生了巨大变化，有必要对原教材重新进行修订，以适应新时期高校人才培养的需要。

《轨道交通牵引供变电技术》在原版的基础上，对教材内容作了较大调整和增删。全书共分八章，主要内容包括：轨道交通交、直流牵引供电系统装置与电气设备概论；高压电器与开关设备；交、直流牵引供变电电气主设备原理；电气主接线及设计运行；高压配电装置；控制、信号和监测电路原理与操作电源；变电所自动化与通信；轨道交通交、直流牵引变电所设计等。

本书保持原教材的系统性、技术先进性和理论与实际相结合的原则，注重对学生能力的培养，并具有下列主要特点：

1. 重点增加了高速铁路和城轨交通电力牵引交、直流电气主设备工作原理与技术特性，电气主接线及其配电装置、设备的全面系统介绍。

2. 力图反映最新技术成就和自动化、智能化在供变电系统的应用，分别在供变电设备与配电装置、变电所自动化、供变电系统与牵引变电所设计等有关章节中阐述。

3. 全面系统地加强了城轨交通直流电力牵引供变电系统及装置的理论分析、设计计算、故障分析、杂散电流防护原理等内容。

4. 书中部分专业名词引入英文译名，全书增加了英文目录，便于对外交流。

本书可作为高等工科院校电气工程及其自动化专业、铁道电气化专业方向和城轨交通自动化专业方向的教材，也可供工业自动化、交通运输自动化、交通工程和电力系统及其自动化等专业以及相关专业技术人员和研究生参考。本科可根据各专业不同的培养目标，重点选择教材中相关内容组织教学。

本书由西南交通大学贺威俊教授、高仕斌教授担任主编。参加本书编撰和修订的人员及分工为：绪论、第二章第十一节由贺威俊、高仕斌共同完成；第一、三章（第一节除外）、第四章第五节、第八章（一至六节、十节、九节的前三部分）由贺威俊完成；第三章第一节、第四章第四节、第六章第五节和第八章第九节第五部分由高仕斌完成；第七章由西南交通大学陈德明副教授、高仕斌完成；第二章（第十一节除外）、第四章（第四、五、六节除外）、附录由华东交通大学王勋教授完成；第五章、第四章第六节由西南交通大学黄彦全教授完成；第六章（第五节除外）、第八章（第八节、九节第四部分）由西南交通大学张丽讲师完成。全书由贺威俊、高仕斌负责统稿和校审，张丽在全书编写过程中负责对内对外联系和协调，并在书稿整理校核中做了大量工作。

本书由西南交通大学陈小川教授，中国中铁二院工程集团有限责任公司（简称中铁二院）副总工程师、教授级高工周建担任主审，中铁二院电气化设计研究院徐光强高工重点审阅了部分章节，并对本书多方面提出了改进意见，西南交通大学电气工程学院刘炜博士对第三章作了审校，最后，邀请同行专家、教授进行了审稿和评议，他们在审阅中提出了宝贵意见和建议，在此谨致衷心的谢意。

　　本书编写过程中得到西南交通大学、电气工程学院及电力工程系领导多方面的全力支持，中铁二院电气化设计研究院、中铁第一勘测设计院有限公司电气化设计处、成都交大许继电气公司、西安永电电气有限公司、上海立新电器厂等单位无私提供了有关技术资料和研发成果；特别是中铁二院电气化设计研究院徐光强高工、连鹏飞高工和陈桁高工，中铁二院专业工程师办李剑虹高工，中铁二院地下铁道设计研究院贺晶高工给予了多方面的协助和关注；本书所列参考文献和本书原版的作者和单位提供了有益借鉴，一并致以衷心的感谢。

　　对西南交通大学出版社领导、张雪总编、万方副总编和李芳芳责任编辑以及相关人员对本书出版的全力支持和辛勤付出表示感谢。

　　由于作者水平所限，书中可能存在疏漏之处，殷切希望读者和使用单位指正。

作　者

2010 年 12 月于成都

目　录

绪　论 ··· 1
第一章　轨道交通牵引供变电装置与电气设备概论 ·· 14
第一节　交流电力牵引供变电装置及其功能 ··· 14
第二节　城市轨道交通直流电力牵引供变电装置及其功能 ··································· 21
第三节　电力牵引供变电系统一次电气设备和监控设备简介 ································ 29
思考题与习题 ··· 30

第二章　高压电器与开关设备 ·· 31
第一节　高压电器的作用及分类 ··· 31
第二节　交、直流电弧的形成及熄弧原理与方法 ·· 32
第三节　断路器开断短路电流的工作状态及暂态分析 ·· 40
第四节　高压断路器的技术要求及基本参数 ··· 45
第五节　高压断路器的构造及工作原理 ··· 48
第六节　高压断路器的操动机构 ··· 66
第七节　熔断器、隔离开关及高压负荷开关 ··· 71
第八节　直流快速断路器 ·· 74
第九节　高压互感器 ··· 81
第十节　SF_6 全封闭组合电器（GIS） ·· 101
第十一节　智能断路器简介 ·· 105
思考题与习题 ··· 107

第三章　牵引供变电电气主设备原理 ·· 109
第一节　交流电力牵引主变压器 ·· 109
第二节　牵引整流变压器与硅整流器结构和技术特性 ······································· 118
第三节　12 脉波整流机组整流电路及其工作特性 ·· 135
第四节　基于两套整流机组四组三相整流桥并联构成的等效 24 脉波整流电路 ········· 149
第五节　整流机组的负载特性及其运行技术指标 ··· 157
思考题与习题 ··· 169

第四章 电气主接线及其设计运行 ················ 171
第一节 电气主接线的功能、基本要求与设计原则 ········ 171
第二节 电气主接线的基本接线形式 ············ 173
第三节 牵引负荷侧电气主接线特点 ············ 179
第四节 交流牵引变电所和供电装置电气主接线 ········ 181
第五节 城轨交通主变电所、直流牵引变电所、降压变电所电气主接线 ···· 191
第六节 主接线的技术经济分析与比较 ············ 207
第七节 电气主接线与一次系统可靠性分析 ········ 215
思考题与习题 ························ 228

第五章 高压配电装置 ················ 229
第一节 牵引变电所配电装置类型及对其基本要求 ······ 229
第二节 屋内配电装置 ················ 230
第三节 屋外配电装置 ················ 246
第四节 预装式变电所 ················ 253
思考题与习题 ························ 255

第六章 城市轨道交通直流牵引供电系统短路故障分析和常态运行下的杂散电流 ····· 257
第一节 直流牵引供电系统短路故障分析方法 ········ 257
第二节 直流暂态短路电流分析与计算 ············ 268
第三节 直流供电系统中杂散电流对金属物腐蚀机理 ······ 270
第四节 杂散电流分布基本原理及分析计算 ········ 272
第五节 杂散电流对金属物腐蚀的防护措施及监测 ······ 278
思考题与习题 ························ 282

第七章 城市轨道交通供电系统电能质量分析与列车再生能量利用 ········ 283
第一节 城市轨道交通供电系统牵引负荷谐波特点及其危害 ···· 283
第二节 谐波发射水平评估及抑制措施 ············ 284
第三节 无功功率补偿方式和补偿装置配置原则 ······ 288
第四节 全系统无功补偿装置构成及其容量计算与设计 ······ 291
第五节 列车再生制动能量吸收与利用 ············ 303
思考题与习题 ························ 306

第八章 供变电系统控制、信号系统及其自动化、数字化 ········ 307
第一节 控制方式和二次回路接线概述 ············ 307
第二节 高压开关传统控制、信号回路 ············ 314
第三节 传统中央信号系统 ················ 326
第四节 电气量测量系统与绝缘监测电路 ············ 330
第五节 交、直流自用电系统与操作电源 ············ 340
第六节 牵引变电所自动化系统 ················ 353
思考题与习题 ························ 364

第九章 轨道交通牵引变电所设计 ·· 365

第一节 牵引变电所设计概述 ·· 365
第二节 载流导体的发热和负载能力分析计算 ·· 365
第三节 短路故障时载流导体的发热和电动力计算 ································· 370
第四节 载流导体和电气设备选择的一般条件和短路计算点的确定 ········· 378
第五节 母线、电缆与支持绝缘子的选择 ··· 380
第六节 开关设备的选择 ··· 392
第七节 仪用互感器的选择 ·· 395
第八节 轨道交通牵引变电所电气主接线设计示例 ································· 402
思考题与习题 ··· 417

附录 常用导体、电气设备与测量表计技术数据 ································ 418

参考文献 ·· 432

Contents

Introduction ·· 1

Chapter 1 Introduction to Power Supply and Traction Substation Equipment for Rail Transit System ·· 14

  Section 1 AC Electric Traction Substations: Equipment and Functions ············ 14
  Section 2 DC Electric Traction Substations for Urban Rail Transit: Equipment and Functions ·· 21
  Section 3 Introduction to High Voltage Equipment and SCADA for Electric Traction Power Supply System ·· 29
  Problems and Exercises ·· 30

Chapter 2 High Voltage Equipment and Switchgear ·· 31

  Section 1 Functions and Classifications of High Voltage Equipment ··············· 31
  Section 2 Formation Theory and Extinction of AC and DC Arc ······················ 32
  Section 3 Operating Condition and Transient Analysis While Breaking Short-circuit Current of Circuit Breaker ·· 40
  Section 4 Technical Requirements and Parameters of High-voltage Circuit-breaker ············ 45
  Section 5 Configuration and Principle of High-voltage Circuit-breaker ············ 48
  Section 6 Operation Device of High-voltage Circuit-breaker ························· 66
  Section 7 Fuse and High-voltage Switch ··· 71
  Section 8 Direct Circuit Quick Breaker ··· 74
  Section 9 High-voltage Instrument Transformers ··· 81
  Section 10 SF_6 GIS (Gas Insulated Switchgear) ·· 101
  Section 11 Introduction to Automatic Circuit Breaker ··································· 105
  Problems and Exercises ··· 107

Chapter 3 Work Principle of the Main Equipment of Traction Power Supply and Substation System ·· 109

  Section 1 AC Traction Transformers ·· 109
  Section 2 Configuration and Technical Characteristic of Rectifier Transformers and Silicon Rectifiers ··· 118

Section 3　The Circuit and Operating Characteristic of 12 Pulses Rectifying Unit ……… 135
　　Section 4　Equivalent Circuit of 24 Pulses Rectifier Composed of 2 Rectifier Units and
　　　　　　　Based on Four Sets of Parallel Connected 3 Phase Rectifying Bridges ………… 149
　　Section 5　Load Characteristics and Operation Specifications of Rectifier ……………… 157
　　Problems and Exercises ……………………………………………………………………… 169

Chapter 4　Main Electrical Connecting Scheme and Its' Design and Operation ………… 171
　　Section 1　Function, Basic Requirements and Design Principles of
　　　　　　　Main Electrical Connection ……………………………………………………… 171
　　Section 2　Basic Form of Main Electrical Connection ……………………………………… 173
　　Section 3　Characteristic of Main Electrical Connection on Traction Load Side ………… 179
　　Section 4　Main Electrical Connection Scheme of AC Traction Substation and
　　　　　　　Electrical Facilities ………………………………………………………………… 181
　　Section 5　Main Electrical Connection Scheme of Main Substations, DC Traction
　　　　　　　Substations and Step-down Substation in Urban Railway Transit …………… 191
　　Section 6　Technical and Economic Analysis of Main Electrical
　　　　　　　Connection Scheme ………………………………………………………………… 207
　　Section 7　Reliability Analysis of Main Electrical Connection and
　　　　　　　High-voltage System ……………………………………………………………… 215
　　Problems and Exercises ……………………………………………………………………… 228

Chapter 5　High Voltage Switchgear and Apparatus Arrangement ……………………… 229
　　Section 1　Basic Concepts and Requirements for High Voltage Apparatus Arrangement of
　　　　　　　Traction Substation ………………………………………………………………… 229
　　Section 2　Indoor Switchgear Arrangement ………………………………………………… 230
　　Section 3　Switchyard ………………………………………………………………………… 246
　　Section 4　Fabricated Cubical Substation …………………………………………………… 253
　　Problems and Exercises ……………………………………………………………………… 255

**Chapter 6　Short-circuit Analysis and Stray Current in Normal State in
　　　　　　　DC Traction Power Supply System of Urban Rail Transit** ………………… 257
　　Section 1　Analysis Method of Short Circuit in DC Traction Power Supply System ……… 257
　　Section 2　Analysis and Calculation of Transient DC Short-circuit Current ……………… 268
　　Section 3　Principle of Corrosion of Metal Caused by Stray Current ……………………… 270
　　Section 4　Distribution, Analysis and Calculation of Stray Current ……………………… 272
　　Section 5　Prevention and Monitoring of the Corrosion of Metal Caused by Stray Current … 278
　　Problems and Exercises ……………………………………………………………………… 282

Chapter 7	Analysis of Power Quality of Power Supply System and the Use of Regenerative Power of Urban Rail Transit	283
Section 1	Characteristic and Hazard of the Harmonics Caused by Traction Load in Urban Rail Transit	283
Section 2	Calculation and Verification of Harmonic Currents and Harmonic Voltages	284
Section 3	Methods of Reactive Power Compensation and Allocation of Compensation Devices	288
Section 4	System-wide Reactive Power Compensation Composition, Capacity Calculation and Design	291
Section 5	The Use of Regenerative Power Produced by Locomotive	303
Problems and Exercises		306

Chapter 8	The Automation and Digitization of Control, Signal and Monitoring System and Operation Power Supply of Substation System	307
Section 1	Introduce to Control Method and Auxiliary System	307
Section 2	Traditional Control and Signal Circuit of High-voltage Switchgear	314
Section 3	Traditional Central Signal System	326
Section 4	Measuring System and Insulation Monitoring Circuit	330
Section 5	AC and DC home-load Supply System and Operating Sourse	340
Section 6	Automation System of Traction Power Supply System	353
Problems and Exercises		364

Chapter 9	Design of Traction Substation of Rail Transit	365
Section 1	Introduce to Design of Traction Substation	365
Section 2	Heating and Load Capacity of Conductor	365
Section 3	Calculation of Heating and Electrodynamic Force of Conductor While Short Circuit	370
Section 4	Identification of Short-Circuit Location and Selection of Conductor and Electrical Equipment	378
Section 5	Selection of Bus, Cable and Insulator	380
Section 6	Selection of Switchgear	392
Section 7	Selection of Instrumental Transformer	395
Section 8	Examples of Main Electrical Connection Design	402
Problems and Exercises		417

Appendix	Technical Data of Conductor, Apparatus and Measure Meter	418
References		432

绪　论

　　轨道交通电力牵引是利用电能作为牵引动力，将电能转换为机械能，驱动铁路列车、电动车组和城市轨道电动车辆等载运工具运行的一种运输形式。

　　电力牵引按其牵引网供电电流制式不同，分为工频单相交流制、低频单相交流制和直流制。我国电气化铁路采用工频单相交流制电力牵引，直流制电力牵引仅用于地下铁道、城市轻轨运输系统和工矿运输系统。

　　现代轨道交通电力牵引相对于其他地面交通系统，具有一系列优点：一是它本身不带燃料，为非自给式牵引动力，并由大容量电力系统供电，机车或动力车总功率大，具有启动和加速快、过载能力强、运输能力大、快速、载重量大等特点，能满足各种现代交通运输对快速、大运输能力的需要。二是电力牵引对环境污染小，电力机车或动车组本身不产生污染，其采用的电能中，水电基本没有污染，即使是采用火电，火电厂影响范围小，且易于集中治理。按每发 1 kWh 电能消耗 404 g 煤考虑，计算出内燃、电力牵引完成 1 亿 t·km 运输总换算周转量污染物排放量的比例：颗粒物为 25 600（7.68 t/0.000 3 t）、一氧化碳为 47.4（3.59 t/0.075 7 t）、氮氧化物为 7.1（9.61 t/1.35 t）、二氧化硫为 62.3（1.62 t/0.026 t）。三是电力牵引的总效率（包括发电厂、输变电和供电系统以及机车、电动车辆效率在内）比以内燃机为动力的内燃机车和汽车等载运工具的总效率要高出几个至几十个百分点（电力牵引是指全部或部分为水电厂供电），按 2014 年数据，我国水电和其他清洁能源发电量约占全国发电量的 24.8%（效率 80%）、火电约占 75.2%（效率 40%），计算得到的电力牵引加权平均总效率为 49.9%，而现代内燃机车总效率约为 30%，汽车运输则更低。因而采用电力牵引可有效节约能源，尤其是减少对石油资源的依赖，并降低运营成本。四是随着信息技术、微电子技术的广泛应用，电力牵引系统易于实现全面信息化和自动化，从而大大提高劳动生产率和经济效益。当然，电力牵引也存在某些缺点，主要是其一次投资费用较同类载运工具要高些。

一、轨道交通电力牵引发展概况

　　电力牵引始于 19 世纪末，1890 年英国伦敦首先在 5.6 km 地下铁道实现直流制（630 V）电力牵引商业运营。随后 1895 年美国巴尔的摩铁路在一个隧道区段采用直流制（675 V）的干线电力机车牵引。此后直流制长期被各国推广应用，因电力机车采用直流牵引电动机具有良好的调速特性。目前在欧、日等国仍保存部分直流电力牵引干线铁路，而城轨交通（地下铁道）则一直沿用直流电力牵引制。

　　干线铁路电力牵引制式经历了曲折的电流电压制改革和试验。20 世纪初，在欧洲相继出现了三相工频交流制和低频（$16\frac{2}{3}$ Hz）单相交流制干线电力牵引，但前者因接触网结构复杂，后者则需要同时进行变相和变频（将工频转换为低频）或单独设置低频发电机组与输变电系统供电，导致牵引供变电装置设备和运行极大地复杂化。因而这两种供电制式都未得到推广应用，目前仅低频单相交流制在德国等少数国家尚有部分保存应用。

直到上世纪30年代中期，工频单相交流制电力牵引才在欧洲个别国家干线铁路中出现，并于50年代以后在法国、苏联等国得到进一步的完善和推广。由于二战结束后欧美和日本等国呈现强劲的经济复苏以及经济社会发展和科学技术的创新进步，推动了工业和铁路运输业的快速发展，同时得益于50年代以来大功率面接触硅整流器件和可关断晶闸管（GTO）相继面世，取代了长期使用笨重的引燃式离子变流器，同一时期计算机和微电子技术的推广应用和交-直-交型交流调速传动技术的开发研究获得成功，促进了无换向器交流异步（或同步）电机和采用变压变频调速（VVVF）技术的交流传动电力机车（动车）的诞生，它的特点是牵引力大，速度高且调速范围广，运行维护简单，经济性好，从而推动了高速铁路和重载铁路运输的发展。

截至上世纪末，全世界50多个国家和地区拥有电气化铁路总里程约为22万km。其中西欧实现电力牵引的铁路里程为8.1万km，电气化率为51%，它承担西欧铁路总运量的90%左右。日本铁路电气化里程约为1.2万km，电气化率接近60%，承担其全国铁路总运量的比例高达94%。同一时期，全世界高速铁路（250 km/h及以上）里程约为4 400 km，主要分布在西欧、日本等国。

城市轨道交通电力牵引的发展过程，和干线铁路电气化的发展相类似。上世纪40年代前，仅在欧美、日等少数国家的十几个大城市修建有地下铁道，二战结束后各国经济复苏和大中城市经济、社会的迅速发展，特别是近年来地面交通机动车大量增多和工业、生活等排放物共同造成城市环境严重污染，导致地下铁道等轨道交通的陆续兴建并网络化，截至2011年底，全世界已有140多个城市拥有各种形式的轨道交通系统。

城轨交通电力牵引动力电气系统关键技术的动车（车辆）牵引传动技术的发展，经历了从最早直流变阻器控制的直流串激牵引电动机传动系统和上世纪60年代的斩波调速直流传动控制，到80年代反映最新科技成就的直-交变频调速技术的交流异步电机传动控制的应用，使列车更易于实现调速，运行维护简化，更能满足列车频繁起动制动和运行平稳性的需要。

按照城市交通线路客运量的不同，城轨交通电力牵引的类型有所不同，除了大运量（单向最大小时客运能力为3万～6万人次）的地下铁道外，上世纪50年代以来，欧、美、日等不少国家开发了中等客运量（单向最大小时客运能力为1万～3万人次）的轻轨交通运输LRT（Light Rail Transit），它是主要建在地面或为高架方式，用轨道（双轨或座式单轨）为车辆导向，采用先进信号和调度集中的一种较经济的现代化城轨交通。此外，低客运量（最大小时客运量为0.4万～1万人次）的有轨电车仍在国外不少城市运营，因其造价低、建设工期短而得到较广泛推广应用。

二、我国铁路电力牵引发展简况

1949年新中国成立前，我国仅在京、沪、津等少数大城市和大型工矿拥有有轨电车公共交通和工矿电力牵引运输，我国干线铁路不足2万km，全部采用落后的蒸汽机车牵引，无任何线路实现电气化。

新中国成立后，国务院于1952年制订和启动了国家经济建设第1个五年计划，将铁路作为经济建设的"先行官"，列为优先发展项目，首先规划在西部山区和高陡坡、多隧道线路实施电气化牵引，同时通过开展干线电力牵引电流电压制研究，确定将单相交流工频25 kV牵引网电压列为国家标准，并适时从前苏联引进铁道电气化设计技术和电力机车等设备制造技术。

我国第一条电气化铁路宝成线的宝凤（州）段（长91 km），于1961年建成并通车，该线路跨越秦岭，限坡为32‰，隧道相连，施行电力机车双机牵引后，货运量倍增，客运环境大为改善，为以后电力牵引的发展塑造了良好形象。1975年7月底，宝成铁路实现全线电力牵引，此后宝兰、北同蒲、京包等山区线路相继实施了电气化技术改造。

1980年改革开放以来随着经济社会的迅速发展，铁路运输的瓶颈效应凸显，从而加快了铁路电气化的步伐，促使京广、陇海、京沈、兰新、京沪等一批大运量繁忙干线铁路逐步实现电力牵引，相应提高运输能力30%以上。80—90年代期间，为满足煤炭运输需要，新建大秦重载电气化铁路，首次开行了万吨单元列车，在经济发达的珠江三角洲地区建成了我国第一条采用自耦变压器（AT）供电方式和摆式车辆、时速为200 km的广深准高速电气化铁路，全长147 km，为以后高速铁路的建设和发展创造了条件。

特别值得提出的是，2008年，时速达350 km的京津城际高速铁路的胜利建成通车，揭开了我国进入高速铁路时代的序幕。截止到2015年年底，已有京广、京沪、京津城际、京哈、郑西、石太、沪杭、兰新、贵广、南（宁）广等高速客运专线建成投运，我国高速铁路（时速200 km以上）总营业里程已达到1.9万km，在建和即将兴建的高速铁路里程约2万km，并初步形成以北京为中心的高铁网络架构。目前中国已成为世界高速铁路系统技术最全面、集成能力最强、运营速度最高、运营里程最长、在建规模最大的国家。举世瞩目的京沪高速铁路全长1 318 km，设计时速350 km，创造了一次建成里程最长、线路标准最高、运行速度最快的世界纪录，代表中国高速铁路最高技术水平。

经过半个多世纪的运营实践、科研开发和技术引进再创新，我国铁路电力牵引技术与装备水平有了很大提高，电力机车和动车从仿造到产品升级换代、自主开发创新，从交-直型直流牵引传动系统和部分微机控制发展为采用新型交-直-交型交流牵引传动系统和微机控制与网络控制系统，机车性能和可靠性不断提高，已形成多种轴式、多种功率系列最高持续功率为6 400 kW、时速120 km的韶山型货运电力机车和时速170 km的客运机车，以及近年来开发研制的和谐型（CRH380）等总功率达1万kW、最高时速为380 km系列高速动车与和谐（HXD型）系列高速电力机车时速达120 km，前者被誉为"代表当代中国高端制造业的最高水平之一"，满足了重载铁路和高速、普速铁路电力牵引发展的需要。

同一时期铁路电力牵引供电技术和科研创新，也不断出现了新的面貌，上世纪80年代以来研制开发了技术性能优良的牵引网高电压（2×27.5 kV）自耦变压器（AT）供电方式及成套供电设备，自主研制了高速铁路供电综合监控系统、牵引变电所自动化测定、牵引网同相供电技术、数字化牵引变电所和高速铁路牵引网自动过分相以及受电弓—接触网综合检测与监测系统等，保证了普速与高速电气化铁路安全运营，其中某些技术达到了世界先进水平。

截至2015年年底，我国已建成运营的电气化铁路总里程为7.0万km，占全国铁路营业里程11.1万km的57.8%，承担了铁路总客货运量的70%以上，接近欧、日等发达国家20世纪90年代的水平。

2013年《铁路主要技术政策》指出"铁路技术发展的总目标是：依靠科技进步与创新，构建完善客运高速、便捷，货运重载、快捷，速度、密度、重量合理匹配，高新技术与适用技术并举，不同等级技术装备协调发展，具有中国铁路特点的技术体系，建设安全、高效、节能、环保、高度信息化的现代化铁路"。要求"提高既有铁路电气化率，快速客运网和大能力干线、煤运通道建设电气化铁路"。

我国制定铁路大力发展电力牵引的政策并积极推进实施，是和我国地广人多、地貌复杂（山区、高原多）、资源分布不均衡，以及铁路网的长度和密度远不能适应国民经济发展，长期以来铁路运输一直成为制约国民经济发展的瓶颈等具体情况密切相关的。按照我国国情和国家的财力、物力，要又快又省地提高铁路运输能力、有效地解决铁路运能和不断增长的运量之间的矛盾，必须从铁路的技术改革，首先从牵引动力改革和增建新线与改善路网结构两方面着手。我国和世界各国铁路技术改革的长期实践经验证明，大力发展电力牵引、加速繁忙干线电气化、高速化，是在最短时间内提高铁路运输能力的一条有效途径。

发展电力牵引，对我国铁路的高实效性和重要意义主要表现在如下几个方面：

（1）提高运输能力和效益，主要取决于对列车重量、密度和速度（称为铁路运输三要素）的优化组配。牵引动力的类型和功率是提高列车载重量的主要因素，也是提高行车速度、密度的关键。

此前，我国铁路基本上是采用客、货共线的运输模式，在线路固定、设备定型的情况下，运输三要素是相互制约的。一般来说，在提高铁路运送能力方面，主要依靠提高行车密度和列车重量；在加速客、货列车运行速度和加速机车车辆周转方面，提高行车速度是重要因素。

为适应社会主义市场经济的需要，根据铁路网结构大力加强路网建设是十分必要的；对于客、货共线的繁忙干线铁路，提高客、货列车速度和货物列车重量，积极增加行车密度都是提高运输能力的有效途径。

电力机车不带原动机，机车功率主要受牵引电机绝缘材料和悬挂空间的限制。国产 SS_4 电力机车功率（货运用）为 8 轴、双节 $2 \times 3\,200$ kW，最高速度 100 km/h；国产 SS_8 客运电力机车最高速度可达 170 km/h，功率为 3 600 kW。和谐系列大功率货运电力机车为 6 轴或 8 轴，每轴 1 200 kW 的和谐 1、2、3 型（HXD_1、HXD_2 为 8 轴，HXD_3 为 6 轴），每轴 1 600 kW 的和谐 1B、2B、3B（HXD_{1B}、HXD_{2B}、HXD_{3B} 均 6 轴），设计最高速度均为 120 km/h。而内燃机车功率（电传动式），则因柴油机、交流发电机、整流器和传动、辅助设备体积大，受车体空间限制以及柴油机加工技术要求极高等条件影响，其单节（机）功率不可能做得很大，国产主型 DF_4 内燃机车功率为 2 430 kW，最高速度可达 120 km/h。国产 DF_8 内燃机车功率为 3 140 kW。

在站线长度允许的情况下，如列车重量为 4 000 t，则牵引力在平原 6‰ 限坡下，可采用 SS_3 电力机车或 DF_8 内燃机车；列车重量增至 5 000 t 时，根据试验需采用 SS_4 或和谐型货运电力机车或功率更大的内燃机车牵引。我国普速铁路主型货运电力、内燃机车技术特性如表 1 所示。

表 1 我国主型货运电力、内燃机车技术特性

技术特征		电力机车		内燃机车	
		SS_3/SS_1	SS_4	DF_4	DF_8
机车功率/kW		4 800/4 200	6 300	2 430	3 140
启动牵引力/N		470 736/487 408	627 648	401 597	—
最低计算速度/(km/h)		47.2/41.2	51.0	20.0	—
各种限坡下的启动牵引重量/t	4‰	5 350	6 900	4 400	—
	6‰	4 200	5 400	3 450	—
	12‰	2 350	2 950	1 950	—

在同等牵引重量的情况下，列车速度与机车技术特性密切相关。由表 1 可知，电力牵引的最低计算速度（限坡下）比内燃牵引高 1 倍以上。电力机车不需加水和燃料，机车整备时间短，启动时间短（电力约 1 min，内燃约 2 min）。此外，电力机车具有有效的电气制动手段，能使列车在长大下坡道上高速行车且空气制动的制动力迅速降低的情况下，保证以较高速度安全运行。综合上述各项因素，电力机车牵引的列车技术速度、旅行速度都比内燃机车高。

行车密度牵涉的制约因素较多。电力机车牵引力大，行车速度高，有利于减少双线自动闭塞条件下追踪列车间隔时间，以提高行车密度。

从以上分析可知，采用电力牵引对列车重量、密度、速度三者的优化组配有利于提高铁路运输能力。一般干线铁路进行电气化改造后，运输能力可提高 1/3 或更高。

高速客运专线的相继建成投运，极大地缓解了我国相应地区铁路客运的紧张状态。以京沪高速铁路为例，它投运后释放既有线货运能力 5 500 万吨/年，运营三年半以来，平均每年发送旅客 7 714 万人次，而设计预测该线繁忙区段（苏州—上海间）2015、2020 年的单方向客流密度分别为 6 093 万人、6 813 万人，分别达到同一时期京沪铁路通道（含既有线、高铁和城际铁路）单向客流密度的 50.32% 和 50.81%，京沪高铁为实现全线和城际间高速度、高密度、高安全性的客运服务发挥了重要作用。

对于大运量的煤运区段，例如大秦、朔黄（骅）等线路，采用重载运输模式以提高运量，大秦重载电力牵引运煤专线 2010 年完成运量 4.0 亿 t，列车载重量达 20 000 t；近两年，在山西中南运煤通道 30 t 轴重重载铁路综合试验结果证明，单元重载列车轴载重量又有创新性突破，重载运输已成为我国货运铁路的重要发展方向。

（2）铁路电气化为快速、又好又省地缓解我国铁路运输紧张状态提供了有效途径。

现在虽然我国铁路网总长达到 12.1 万 km，但与国土面积相比仍是不相称的。一方面需要，投入大量资金修建铁路新线，解决铁路运能与运量之间的矛盾和拉动内需，促进国民经济的健康发展；另一方面，在短期内大量投资修建足够的铁路新线也是不现实的，因为新建铁路要形成运输能力所需周期较长，且新建铁路投资巨大。例如，修建 250 km/h 的客运专线的单位投资为 8 000 万元/km ~ 10 000 万元/km，350 km/h 的客运专线则超过 12 000 万元/km。考虑到铁道电气化部分的投资仅占整个铁路投资的 1/10 ~ 1/7，且建成投产的周期一般为 1 ~ 2 年，投资回收期为 8 ~ 10 年，由于我国铁路电气化率尚不高，结合上述电力牵引对提高运

输能力的显著效果,对既有铁路实现电气化改造,其投资相对较省且见效快,综合效益极为显著。

(3)铁路牵引动力电气化适应我国能源资源结构状况,并可大幅度实现节能。

铁路牵引动力现代化的决策必须以国家的能源资源结构和能源政策为依据,并应大力节约能源消耗。我国一次能源资源以水电和煤炭最丰富,原油储量十分有限。"十一五"时期我国能源建设的总体安排是:有序发展煤炭;加快开发石油天然气;在保护环境和做好移民工作的前提下积极开发水电,优化发展火电,推进核电建设;大力发展可再生能源。2014年,全国原煤产量38.7亿t,比上年下降20.5%;全年发电量54 638亿kWh,增长3.2%;原油产量2.1亿t,同比增长0.7%;原油净进口3.1亿t,增长9.49%;天然气产量则有所增长。至2014年年底,全国火电装机9.16亿kW,比上年增长13.3%,约占全国电力总装机的67.4%;水电装机3亿kW,增长8.7%,约占22.2%;风电装机突破9 637万kW,占全国发电装机容量的7% 光伏发电超过2 800万kW,同比增长60%是全球清洁能源增长最快的国家。

随着发电用一次能源结构的变化,水电及高参数、高热效率火电厂在总发电量中所占比例的日益提高,其直接效果是国家宏观的能源利用率增高。对铁路运输采用电力牵引带来的好处是,电力机车总效率可相应提高。电力牵引完成每万t·km运量所需折合标准煤燃料的平均消耗量约为内燃牵引的2/3,由于电力牵引比内燃牵引总效率高10%以上,因而电力牵引相对燃料消耗要更低,可大幅度实现节能。

(4)有利于环保和可持续发展。

铁路运输覆盖面广,遍布全国城乡,是我国主要运输形式。2014年年旅客运送量和货物发送量分别达到23.57亿人次和38.13亿t。如果全国铁路客货运量由电力牵引完成的比例由目前的40%提高到50%,其他由内燃牵引完成,按前述内燃、电力牵引每完成1亿t·km换算周转量污染物排放量的比例计算,则电力牵引的比例每提高10%,全国每年铁路运输可减少各种主要污染物排放的总量,分别为颗粒物(PM)减少25 434.67 t,一氧化碳(CO)减少11 525.08 t,二氧化硫(SO_2)减少1 404.21 t,氮氧化合物(NO_x)减少27 355.52 t。

以上数据表明,采用电力牵引对铁路沿线广大地区的环保和提高空气质量、构建绿色铁路将产生重大影响,有利于经济社会的良性发展和人民群众的卫生健康,并符合国家新的产业政策要求。

电力牵引能适应国家一次能源结构的变化,能满足各种清洁能源和其他新能源为燃料的分布式发电及电力系统供电的需求,有利于国民经济协调、可持续发展。

铁路电气化存在对通信线路产生干扰,对电力系统产生某些不利影响等缺陷,随着技术的不断发展,已经获得或正在寻求有效的解决途径。

(5)我国高速铁路建设和运营的实践与取得的成效表明,发展高速铁路已成为国家发展战略。在工业、交通、外交、人文交流和国防等方面发挥不可替代的重要作用。

近十余年来我国高速铁路的迅速发展直接推动了我国高端制造、电子信息技术、材料工业、土建工程技术、钢铁与有色金属等行业的技术进步和积极发展,对国家经济社会持续发展具有重大意义,同时有利于加强国内外区域互通互联,推动国际贸易和文化、人文交流,促进中国特色的外交和国防建设的发展,具有多方面、广范围的积极效果,成为国家发展战略的重要内容。

三、我国城市轨道交通电力牵引发展简况

我国大城市的公共交通运输,最早采用有轨电车和公交汽车,以后发展为汽车运输和无轨电车。城市轨道交通的建设相对滞后,北京地铁一期工程 1965 年开始建设,1969 年建成通车。直到 20 世纪 80 年代,中国城市(不包括台湾、香港和澳门)地下铁道的运营里程仅北京 40 km、天津 7.6 km。

改革开放以来,随着我国国民经济的持续发展,城市化进程的逐步加快,城市人口与机动车数量急剧增长,人员的出行和物资交流频繁,在我国特大城市和大城市,普遍存在着交通道路堵塞、交通秩序混乱、交通事故频发、交通污染严重等问题。由于城市轨道交通采用电力牵引,具有运量大、快捷舒适、安全节能、无污染、占地少等特点,发展现代化轨道交通已成为大城市发展公共交通的根本方针和缓解城市交通拥堵的最佳选择。

进入 20 世纪 90 年代以后,我国城市轨道交通进入了一个快速发展期,截至 2014 年年底,全国已有北京、上海、广州、深圳、重庆、南京等 22 个百万以上人口大城市兴建有 94 条城市轨道交通(地铁、轻轨等)运营线路,运营总里程达 2 886 km。30 多年来,全国城轨交通总里程增长了 50 几倍,其中上海、北京达到 577 km 和 527 km,其总里程数和发展速度均为世界城市前列。我国城市轨道交通发展的另一特点是城轨交通制式繁多,在现有我国城轨交通总里程中,除 80% 以上为地铁线路外,尚有少量的轻轨、单轨、现代有轨电车、市域快轨、磁浮交通等制式和类型不同的城轨交通线路。有待进一步总结经验,规范不同城轨交通制式与类型的应用范围和相互匹配优化协调发展方式。

我国城轨交通电力牵引快速发展的同时,装备制造技术和科研开发水平也得到相应的发展和提高,其中主要包括车辆牵引传动系统逐步实现了基于 IGBT 变频调速的直-交异步牵引电机的传动控制,广州、北京地铁个别线路还建成了先进的直线电机驱动系统。为了提高城轨交通运行的准确性和安全性以及防灾报警的及时性等,不少城市城轨交通研发并构建了集列车自动监控系统(ATS),电力监控系统(PSCADA),火灾报警系统(FAS)等于一体的分层综合监控系统(ISCS),对提高城轨交通的运营水平和效益起着至关重要的作用。

发展城市轨道交通的重大意义在于:

(1)城轨交通的建设与发展,直接推动着城镇化的进程与城市繁荣。

城镇化是我国实现工业化和建设小康社会的重要内容,而城市公交特别是城市轨道交通建设是城市建设的基础,它有利于人们的出行和经济、文化活动,缩短了城镇之间的时空距离,推动了城镇工商业和经济文化的全面发展与繁荣。

城轨交通的发展又与其城市化水平紧密相关,近 30 年来我国城市化进程明显加快,城镇化率由 1979 年的 17.9% 增长到 2014 年的 54.77%,预计到 2020 年城镇化率将达到 60%,至 2014 年年底全国城市数为 658 个,其中 100 万以上人口的大城市达 142 个。由于大城市人口高度聚集,城市地域不断扩张,交通问题日益突出,促使高效便捷的现代城市交通方式得到快速发展。

(2)发展城市轨道交通有利于发挥大城市的辐射功能。

城市轨道交通能带动周边城镇和卫星城市甚至一个区域的共同发展,使其形成一小时经济圈,强化互利互补,促进共同繁荣。北京地区、珠三角、长三角、深(圳)、港(香港)和其他大城市与城市群城轨交通的发展现实及其对城市群的促进作用,充分印证和说明了这一点。

同时,跨越城市运营也有利于发挥城轨交通集约化运输和其他多方面的优势,达到物尽其用,充分节约人力资源和能源。

(3)有效缓解大城市交通拥堵,有利于节能减排。

城镇化进程加速和城市机动车的剧增,导致城市交通拥堵、运输效率降低。按国际大城市汽车保有量的饱和标准 300 万~400 万辆计算,我国京、沪等城市均已接近或超过饱和量。在此背景下,发展城市轨道交通对缓解交通拥堵显得十分迫切和重要。

世界主要大城市城轨交通(地铁)发展的统计资料显示,一般城轨交通运量占公共交通总运量的 50%以上,其中巴黎人口 1 000 万,公交年总客运量 12 亿人次,城轨交通占 70%;东京大城市圈人口 1 200 万,城轨交通日运量 3 000 多万人次,占总客运量的 86%。可见各国际大城市依靠发展轨道交通并提高其所占总客运量的比例,有效解决了城市交通的拥堵问题。

据统计,北京 2014 年城轨交通日客运量达 915 万人次,约占公交总运量的 50%。上海预计 2010 年城轨交通日客流量达 600 万人次,可占全市公交总运量的 35%。对比之下,要达到国际大都市城轨交通运量的平均水平、缓解城市交通的困境,我国大城市城轨交通的发展仍有较大空间。

环境、气候已成为当今世界关注的重要课题,据报道,2014 年我国 113 个环保重点城市中有九成空气质量存在不同程度超标现象,机动车(主要是汽车)尾气排放成为空气污染的主要来源。2009 年全国机动车排放一氧化碳(CO)、碳氢化物(HC)和氮氧化物(NO_x)等污染物总计约 4 547.3 万 t,比 2013 年削减 0.5%,其中主要是城市客货运输汽车排放所造成的。对于大电力系统供电且相对容量有限的城轨交通牵引负荷,在忽略系统中部分远离城市的火力发电厂排除污染物由牵引负荷分摊少量份额的情况下,采用城轨交通电力牵引一般可视为污染物零排放的绿色交通,显然,增加城轨交通在城市公交总运量中的比重,将有效减少污染物排放,改善城市空气质量,有利于环保。

城轨交通采用电力牵引,其单位(人·km)能耗小于公交燃油汽车的 1/3,且电力牵引比内燃机传动的公交车总效率高出 10%以上,因而城轨交通电力牵引相对燃料消耗要低得多,增加城轨交通在城市公交总运量中的比重,显然可大幅度实现节能。

(4)发展城市轨道交通具有显著的社会、经济效益。

城轨交通多数为地铁和高架轻轨,其路径可超越城市地面建筑物障碍,缩短起乘站点至到达任何地区站点之间的直线距离,构成城市陆上综合立体交通体系的重要组成部分,从而具有便捷、快速、准时的优点,有效缩短人们的出行时间,提高城市人员生产与生活的工作效率,产生显著的社会、经济效益。此外,据 1995 年欧盟公布的绿皮书统计数字,在当时欧盟成员国范围内,由于交通阻塞、空气污染和噪声造成的各种损失以及交通事故导致的损失总数约为 2 500 亿欧元,占当时国民生产总值的 4%以上。相比之下,绿色环保、超越城市地面建筑和地面其它交通工具的城轨交通将极大地降低这种损失,从而更加凸显其经济和社会治理方面的优越性。

四、轨道交通电力牵引及其供变电系统的技术发展前景

轨道交通属于国家和城市公共基础设施,为国民经济、社会发展和提高人民生活水平,建设营造便捷、通畅、高效安全的综合运输体系,是铁路运输和城轨交通的根本任务。进入

21世纪以来,随着国家对技术创新和产业振兴规划的实施,轨道交通迎来新的发展机遇,必须在把握国内外本行业现状的基础上,充分了解其建设和技术发展方向,并制订相应的分阶段目标,组织各方面的技术力量全力以赴予以实施。

(1)科学规划、合理布局,大力发展轨道交通。

我国高速铁路、重载铁路和城际轨道交通的发展十分迅猛,已经基本建成以"四纵四横"客运专线*为骨架的全国高速客运网,形成以北京为中心、涵盖绝大部分省级城市在内和以各区域经济为基础的城际高速客运网相结合的高速铁路网体系,到2020年,高速铁路总里程将达到30 000 km。

重载铁路在晋中南通道建设与试验的基础上,逐步增加列车轴重,扩大大秦线2万t重载列车数量、增开侯月线等5 500 t重载列车、建设蒙赣运煤铁路,完善重载运输体系。

城轨交通除京、沪、穗等特大城市加快增建速度外,已有40多个大城市新建城轨交通列入国家建设规划,并陆续实施在建。城轨交通将向网络化和从单一城市向卫星城镇与邻近都市群延伸发展,以提高运输效益。

(2)轻量化、低噪声、高功率密度的牵引传动系统。

对于电力牵引动力(高速动车组、大功率电力机车和城轨交通动车),将全面推进新一代反映技术创新的动车和机车的研究开发。进一步完善大功率电力机车的牵引、制动性能和安全性,提高微机控制的自动化功能和智能化水平。

高速动车组将在高速轮轨关系、弓网关系、空气动力学、牵引制动性能等方面推进技术创新;提高逆变系统和交流传动控制技术特性;采用先进传感技术全面监控高速列车各个系统,提高列车的主动安全预防能力,向智能化动车组方向发展;研究基于大功率电力电子的轻量化、高功率密度变流技术,研制集变压变流一体化的电力电子式变压器;研究小型化、高效、低噪直驱永磁同步传动技术,研制直驱永磁同步传动系统;对于城市轨道交通动车,除不涉及与高速度带来的相关技术课题外,其他均与高速动车组类似,应结合城市轨道交通启动和制动频繁的运行特点,提高列车稳定性和安全性;研究混合动力的驱动与控制策略,研制新型城市轨道交通车辆。

(3)以数字化牵引变电所为基础的智能牵引供电系统。

铁路和城轨交通电力牵引总体技术发展的目标是运营管理信息化、智能化,牵引动力和供电系统高度自动化、智能化,向"智能交通"ITS(Intelligent Transportation System)的方向发展。确保列车安全、可靠运行,保持任何时候运输都通畅和高效。

依靠工、机、供电、轨道信号等多个功能子系统协同工作,采用系统集成技术进行实时综合信息处理,全面了解掌握高速铁路和城轨交通的运行状态,并及时对其运行情况进行判断以做出安全决策,然后作自我修复或预警。即高速铁路和城轨交通应该具有自我状态感知、自我诊断和主动预警、主动修复的功能。

物联网技术被誉为信息技术领域新的革命,采用以标签识别、无线传感、无线网络传输、云计算等为特征的新技术,建立物与物、物与人(M2M)直接的有机连接,形成庞大

---

* "四纵"客运专线包括北京—上海,北京—武汉—广州—深圳,北京—沈阳—哈尔滨(大连),杭州—宁波—福州—深圳客运专线。"四横"客运专线包括徐州—郑州—兰州,杭州—南昌—长沙—贵阳—昆明,青岛—石家庄—太原,南京—武汉—重庆—成都客运专线。

智慧系统。以物联网为核心技术的"智能交通",已在我国部分城市公交和地铁系统中取得了实用性效果。

应用物联网技术,采用智能化的"感知"和"评判与决策"的手段,使高速铁路和城轨交通具有智慧,形成智能化铁路,使高速列车和城轨列车的每一次运行都能确保安全可靠,从根本上解决高速铁路和城轨交通的安全性、服役可靠性与最优化运行管理等问题。

对于智能牵引供电系统来说,如下内容应该予以高度重视。

① 数字化牵引变电所。

目前,牵引变电所综合自动化以完成保护、测量和控制功能为主要目标。随着智能一次设备的应用,结合牵引变电所电气设备的运行状态检测、绝缘状态在线监测、视频监视、安全防护信息的融入、信息流激增,需要对收集到的全部信息进行综合处理,开发实时数据分析与综合、智能预警、系统自愈重组、紧急避险和健康管理等功能。

同时,按照 IEC61850 标准对牵引变电所电气设备进行建模,实现牵引变压器、馈线、电容补偿装置等的就地保护控制,通过就地保护控制装置之间的配合实现站域保护控制,通过站间网络实现广域供电臂保护控制。

② 一次设备的智能化。

一次设备智能化是随着微处理器和网络技术的发展而提出的,智能电网(smart grid)直接推动了智能断路器、电子式互感器和变压器智能化技术的发展。

a. **智能断路器**:在传统断路器的基础上,采用基于微处理器的智能控制单元,通过实时测量、监视记录和运行数据分析,对断路器的运行状态、绝缘状态进行在线监测;自动选择和调整断路器操动机构及其由灭弧室状态构成的合理工作条件,进行优化分闸操作,最大限度地延长断路器的检修周期和使用寿命。

b. **电子式互感器**:采用基于罗夫斯基线圈或光学传感技术的电压、电流或组合式电压电流互感器,其输出信号处理部分采用先进的数字信号处理 DSP 技术,可输出低电平的模拟信号和数字信号,具有实时性强、响应快、无铁心饱和、损耗小、测量精度高、动态范围较大等特点,能同时适用于测量和保护两种功能,可更好地满足牵引变电所智能化的需要。

将智能断路器、新型互感器和其他智能电器按需要进行设计组合,即可构成各种智能组合电器。

c. **牵引变压器智能化**:对牵引主变压器、整流变压器本体设置以微处理器为核心的智能组件,通过各种传感器对变压器内部各部位的温度、油气成分及其含量、绝缘介损角等参量的在线检测分析,及时掌握其运行状态,并对大量在线监测数据进行深度挖掘,采用人工智能技术,按预定数学模型形成综合诊断专家库,进行变压器绝缘老化情况和故障发展趋势的诊断、评估与预判,从而提示运营单位采取相应有效措施或进行检修,保障牵引变电所不间断地安全可靠供电。

③ 智能调度系统。

随着高速铁路和城轨交通的发展与运量的不断增长,以及人们对运输安全保障的要求,为了进一步提高供电系统故障诊断自动化水平,在被控站层,各种智能设备不断涌现,如供电设备的在线检测、电缆的在线检测等子系统正逐步投入使用,使得高速铁路和城轨交通供电自动化系统信息越来越丰富,调度中心可以收集和保存各类大量可供分析的数据,包括实时和历史的三遥数据、各种故障记录、录波数据、多种设备的在线检测等信息。

因而建立在调度系统统一平台构架下的调度综合数据分析和仿真平台,在完成传统"四遥"功能基础上,对现有的各调度业务数据进行融合,提供标准的数据接口和灵活的查询手段,并逐步进行数据挖掘,实现对供电系统及其众多设备的智能故障诊断、故障仿真、设备状态评估、辅助维修决策等高级应用功能,是调度系统众多数据得以充分应用的必然选择,也是国内外调度系统均在考虑并逐步实现的重要趋势。

伴随着监控对象的大规模化和复杂化,相应的调度系统的体系结构正逐步向分散式、自律化、柔性扩展方向发展,而大规模复杂系统的体系结构大都倾向采用具有可重用、低耦合、分散和开放等特点的面向服务的系统架构(Service-Oriented Architecture,SOA)和具备在线扩展、在线维护和动态容错特性的自律分散系统(Autonomous Decentralized System,ADS)技术。

④ 智能运维系统。

智能运维系统由接触网故障预测与健康管理系统和牵引变电所电气化设备智能运维系统组成。下面以接触网故障预测与健康管理系统为例予以简要说明。

由沿线接触网定点监测、铁路安全检测监测系统(6C)*采集、人工巡检和随机抽检获得的数据,采用"感知"+"智能"技术构建接触网故障预测与健康管理系统,其结构如图1所示。接触网故障预测与健康管理系统应用物联网技术,建立接触网及其运行环境的状态智能感知,实时掌握接触网及其运行环境的动态状态;在大量可靠、实时、安全的海量数据支撑下,对其运行安全进行智能评判与决策支持;在对受电弓-接触网系统实时动态仿真的基础上,一方面为安全评估系统提供数据支持。另一方面实现对接触网可能发生故障的预先判断和发生故障后的在线分析,同时进行健康管理。

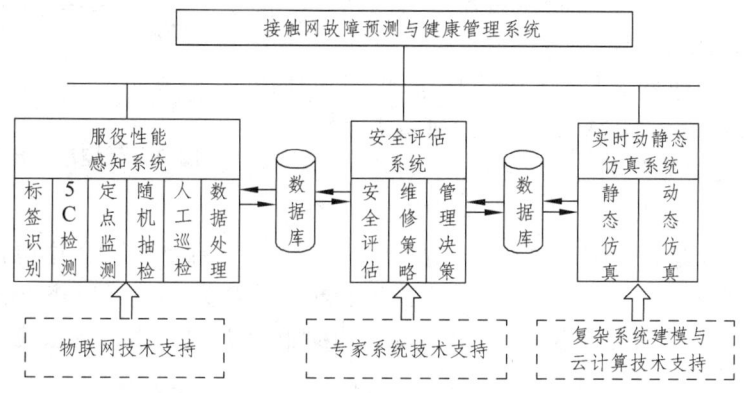

图1 接触网故障预测与健康管理系统结构

接触网故障预测与健康管理系统应具有感知、决策、交互、实时监控等功能,主要包括:

a. 借助服役性能感知系统,全面检测与监测接触网系统及其零部件的性能参数与缺陷趋势,掌握其实时运行状态,实现"可看到";

b. 借助于实时动态仿真系统,在静态和动态仿真数据的支持下,模拟真实环境、实时状态下的接触网的运行情况,结合服役性能感知系统的实时监测数据,对未来牵引供电系统的运行状况进行预测、预警和健康管理,实现"可预测"。

---

*注:6C指受电弓-接触网综合检测监测系统,包括动静态几何参数、受流质量参数、受电弓滑板状态、接触网零部件缺陷等的检测与监测。

c. 借助服役性能感知系统和实时动态仿真系统，对当前接触网的运行安全进行评判，并做出相应的决策，实现"可评估"；对接触网健康状态进行评估，给出维修决策，及时更新维修数据，形成维修体系，实现故障状态"可维修"；对自然灾害、突发事件等紧急情况能够快速应对，给出相应的应急方案。

（4）以能效提升为基础的节能降耗电气设备的研发与应用

随着新材料、新技术的应用，牵引供电系统的节能降耗有很大的发展空间。例如，卷铁心技术、非晶合金材料的应用，可以大量降低牵引变压空载损耗；烧结式电磁线的应用，牵引变压器可以降低一个容量等级；合成材料构成的接触网支持装置不仅可以减少重量，还可以减少泄漏电流，等等。

（5）基于电力电子灵活输电（FACTS）技术的应用

灵活输电技术于20世纪80年代由美国科学家首先提出，其目的在于应用电力电子技术提高电力系统运行的安全稳定性，提高输、配电和用电效率以及改善电能质量。近年来，随着我国工业化和交通运输的快速发展，大容量感应电机传动设备和非线性整流机组大量投入运行，电能质量和节能问题显得日益突出，因而FACTS技术的应用受到广泛重视和大力推广。

① 牵引供电系统中的接触网馈线最早应用的串联电容补偿，其电容 C 是固定不变的，采用如图2所示的晶闸管可控串联电容器TCSC（Thyristor Controlled Series Capacitor），可按需要改变线路阻抗，提高运行的经济性和灵活性。图中晶闸管构成的交流开关与电容器 C 并联，用来改变串联电容的大小，其中MOV是防止电容过电压的金属氧化物避雷器，与晶闸管串联的电抗用于防止瞬间过电流。

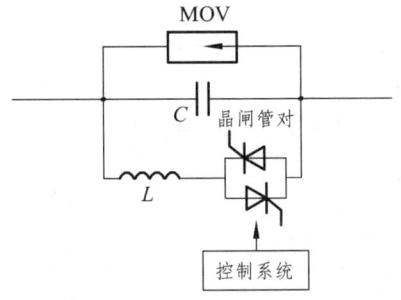

② 基于晶闸管逆变器控制的新一代静止无功补偿器SVC和静止无功发生器SVG，可同时进行无功功率补偿和抑制谐波，且调节范围广泛，损耗小、效率高。在电气化铁道和城轨交通供电系统中已得到应用。

图2　可控串联电容构成示意图

③ 单相交流电力牵引在三相系统形成的负荷不对称，导致较大负序电流存在，长期困扰着电力系统。在牵引变电所采用逆变器技术和相关滤波方案，可以将三相电压对称变换为单相电压，其过程为可逆（反馈），并同时具有抑制谐波的作用，该系统的结构框图如图3所示。

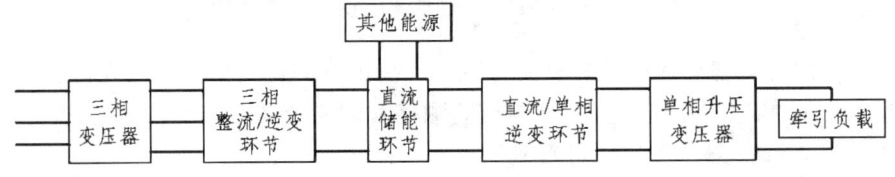

图3　交流牵引变电所三相-单相电压对称变换系统

采用三相-单相电压对称变换系统，可使牵引网各供电臂实现同一单相电压即同相供电，消除了负序电流对电力系统的危害，而且电力牵引列车通过牵引变电所时不存在电压换相问题，故列车运行不需要减速，并能减小谐波对电力系统的污染，其经济和社会效益明显。该同相供电系统已通过现场试验，将在电气化铁道的技术发展中发挥重大作用。

（6）牵引供电系统时域分析法-数字仿真和动态仿真的开发应用。

从 20 世纪 80 年代以来，基于计算技术和时域分析法的供电系统数字仿真的兴起与应用，使牵引供电系统理论分析和技术方法取得重大进展。铁路线路的牵引计算，供电规划设计及供电系统各种电气量、故障分析、潮流计算和谐波分析，城轨交通的杂散电流等各种复杂稳态问题，都可以通过数字仿真得到解决。

时域法仿真分析是建立在正确的系统元件和动态元件（如牵引负荷、所有控制器）的模型与参数基础上的。考虑到当前和今后的发展，供电系统中将采用许多智能化新设备、新元件，特别是在高速牵引情况下，所有与速度相关的列车运行阻力（如风阻力、曲线阻力等）计算经验公式（数学模型），与实际运行有很大差别，将影响供电系统电气计算结果的正确性，需通过系统分析和实验，建立新的符合实际的数学模型和设备参数。

随着供电系统自动化、智能化的发展，以及对安全、可靠运行需求的提高，为了对供电系统各种运行参数进行实时安全评估、预报预警和人员的模拟培训，需要引入供电系统各种在线运行数据和参数，构建多信息、多参量下系统的动态仿真平台，使供电系统实时动态过程的分析、决策水平迈上新的台阶，从而有效地完成系统调度、安全运行和规划设计的任务。

五、本课程教学主要目的与任务

（1）按照专业培养目标的要求，本课程教学的主要目的与任务是：通过课程讲授、多媒体技术在教学中的应用、课堂讨论与师生互动、网上辅导、实验与各种实践教学（包括教学参观、生产实习等）、习题作业以及课程设计等环节，使学生全面了解轨道交通供变电系统及装置的构成、原理、工作过程与特点；了解新技术、新设备、新理论在供变电系统中的应用和发展方向，初步树立创新意识；掌握轨道交通供变电主系统的设计方法，对二次系统常规监测、控制原理，以及基于计算机与网络通信系统实现的变电站自动化功能、实现方法有系统深入的了解，并在计算、综合分析和解决工程问题、建立经济观点等方面，得到必要的训练，为今后从事实际工程设计、运营管理与教学、科研工作，奠定必需的理论基础。

（2）本书主要讨论工频单相交流电力牵引和城市地铁、城市轻轨交通电力牵引供变电系统技术和工作原理、相关理论、运行分析与设计计算方法等方面的问题，涉及内容较为全面广泛；适合电力系统自动化（铁道电气化专业方向、城市轨道交通电气化自动化专业方向）、交通运输自动化、交通工程等多个专业教学的需要。相关专业或专业方向应根据本专业的主攻方向和培养目标，选择教材中相关内容作为重点教学内容。

第一章 轨道交通牵引供变电装置与电气设备概论

轨道交通（电力）牵引供变电系统主要包括电气化铁道交流牵引供电系统和城轨交通（地铁与轻轨等）直流牵引供电系统两大部分。本章首先分别介绍交流牵引供电系统和直流牵引供电系统中各种供变电装置电气系统的构成、功能与作用，以便建立对两种牵引供电系统的完整概念。然后简明地阐述各类供变电装置一次电气设备和监控设备的分类和作用，为后续各章的进一步分析介绍做必要的准备。

第一节 交流电力牵引供变电装置及其功能

交流电力牵引供变电系统是指从电力系统接受电能，通过变压、变相或变频后，向电气化铁道电力机车（动车组）负荷提供所需电压、频率制式的电能，并完成牵引电能传输、配电等全部功能的专用电气系统。目前世界上运行的交流电力牵引供变电系统主要有工频（50 Hz 或 60 Hz）单相交流电力牵引供变电系统和低频（$16\frac{2}{3}$ Hz）单相交流电力牵引供变电系统两种制式。它们都由外部供电线路、牵引变电所、牵引网、分区所、开闭所等装置和环节组成，如图 1.1 所示。

低频单相交流电力牵引供变电系统有两种构成形式：一种是早期欧洲部分国家所采用的电气化铁路专用低频电力系统，该系统从发电厂的发电机到三相升压、降压变压器都使用低频（$16\frac{2}{3}$ Hz）频率，牵引变电所不需进行变频，从电网高压输入经牵引变压器降压后直接馈送至牵引网，其系统结构与图 1.1 类似。另一种低频单相交流电力牵引供变电系统，仍从统一的三相工频公用电网受电，经牵引变电所降压变频后，再经过升压变压器将电压升至 15 kV 后馈送至牵引网。这种系统从电源至牵引变电所的结构框图如图 1.2 所示。整个牵引系统的系统结构则与图 1.1 类似。

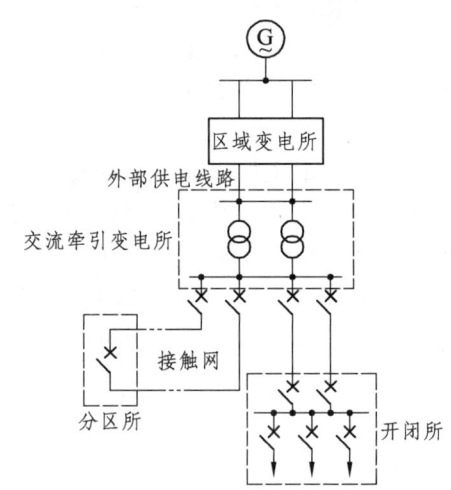

图 1.1 交流电力牵引供电系统组成图

低频单相交流制牵引系统的优点主要是：电力机车或动车组可采用牵引特性良好的单相整流子牵引电动机驱动，因为在低频（$16\frac{2}{3}$ Hz）情况下，这种电动机的换向条件较工频（50 Hz

或60 Hz）时更为有利。在20世纪中期以前电力电子和传动控制技术尚不发达，这种技术选择在当时应属可取的。

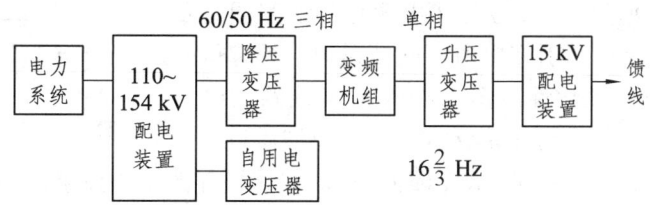

图1.2 低频单相交流牵引供电系统构成图

本书各章内容主要以工频单相交流电力牵引供变电系统为对象（简称交流电力牵引供变电系统）进行分析和介绍。

交流电力牵引供变电系统，因牵引网对抑制通信干扰采取的技术措施不同而区分为直接供电方式、带回流导线的供电方式、带吸流变压器（BT）的供电方式，以及 2×25 kV 自耦变压器（AT）供电方式，不同供电方式的系统和装置结构有所不同。

为了对交流电力牵引供变电系统各种组成环节和供电装置的功能与作用有全面的了解，下面分别予以简要介绍。

一、牵引变电所外部电源的供电方式和供电电压

（一）供电方式

交流电力牵引的供电电源来自公用电力系统或发电厂。电力系统向交流牵引变电所的供电方式（或称外部供电方式）可分为单电源双回输电线路供电方式、双电源环形供电方式和混合供电方式等几种。由于电气化铁道牵引负荷为一级负荷，电力系统应保证对其不间断地可靠供电，即尽可能设置双回路或环形供电，使牵引变电所至少具有两回路电源进线，并要求电源进线来自不同的电网或不同的发电厂。同时电力系统规划对牵引变电所外部供电方案时，又要兼顾该地区电力系统供配电网本身发展和地区负荷供电的需要。同一电气化区段由不同的电力系统供电时，在牵引网的分界处，应设置分相电分段而不应并联。

牵引变电所经常采用的各种外部供电方式的主要特点及其适用场所分述如下。

1. 单电源双回输电线路供电方式

电力系统的单个地区变电所或发电厂以专用双回输电线路向牵引变电所 TSS 供电，如图1.3所示。这种输电线路距离较短，牵引变电所数目不应超过两个，以保证供电的可靠性。这时变电所进线可采用简单的双 T 接线，由于节省高压断路器和相应控制保护设施而降低造价。但这种供电方式任一 T 形接线引入线段故障都要造成输电线路 WL1 或 WL2 跳闸，当电源线路故障或检修时，将对牵引变电所供电造成影响，故其总体的可靠性和供电灵活性较差。

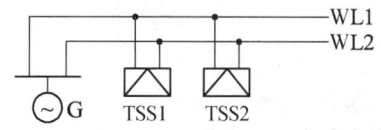

图1.3 单电源双回输电线路供电方式

2. 双电源环形供电方式

牵引变电所电源进线来自两个不同的电源点（地区变电所），且若干牵引变电所的一次侧进（出）线与电力系统连成环形网，并在环形网中同时有功率传输，如图1.4所示。该类环形

网可以是单回路环形网,如图 1.4 中仅 WL1 线路为环形网,但可靠性和灵活性低于双回路环形网供电。

双电源双回路环形网供电,在任一电源点和线路同时发生故障或检修时,能保证牵引变电所不间断供电,具有很高的可靠性和转换操作的灵活性。图 1.4 中 WL2 线路为电力系统主要功率传输线,它除用 T 形接线外,不允许破口(设断路器开断线路)连接至牵引变电所,因而 WL2 线路可作为牵引变电所的后备电源线,WL1 输电线则作为牵引变电所的专用传输线。

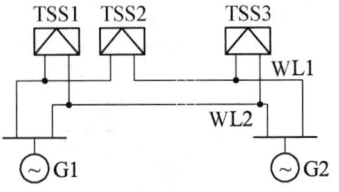

图 1.4　双电源环形供电方式

3. 多电源混合供电方式

在经济发达的城市密集地区或大城市附近城市群地带的电气化铁道,电力系统电源点较多的前提下,应结合电力系统和牵引变电所配置的具体情况,灵活采用多种可行供电方式的组合,形成一种混合供电方式,其目标应是保证牵引变电所供电的可靠性、灵活性及在技术经济上的合理性。多电源混合供电方式的典型模式如图 1.5 所示。它由多电源环形网供电、双回输电线路和辐射供电(电源 G3 直接对 TSS4 供电)等方式综合构成。其中按牵引变电所的重要程度和系统负荷潮流分布的情况不同,牵引变电所的电源进(出)线数量是不同的,如图 1.5 中的 TSS2 牵引变电所,一方面通过它与系统各电源点交换功率,另一方面它又为其他牵引变电所充当环网供电的枢纽,并在高压侧为地区工农业负荷供电,担负着重要的电能传输和供电任务,故称为中心牵引变电所。其他如图 1.5 中的 TSS1、TSS4 和 TSS3 分别称为终端牵引变电所和中间牵引变电所。

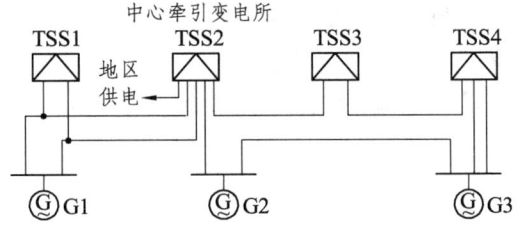

图 1.5　多电源混合供电方式

(二)电力系统向牵引变电所供电的供电电压

电力系统向牵引变电所供电的电压选择,是一项关系牵引供电系统安全可靠和经济技术指标的重要综合性课题,也是牵引供电系统设计中的一项重要工作。

在全面考虑保证电力网较小电压损失和电能损失并满足经济性的条件下,根据不同的输送功率和输送距离,规定了电力网电压等级的相应适用范围。对于电气化铁道牵引变电所负荷,我国广泛采用 110 kV、220 kV 两种电压级,其相应的输送功率与输送距离分别为 10 ~ 50 MVA,50 ~ 150 km(110 kV)和 100 ~ 150 MVA,100 ~ 300 km(220 kV),两种供电电压都能满足安全、可靠的基本要求。

但对于高速电气化铁路,由于高速条件下列车运行轮轨间摩擦阻力和风阻的显著增大,致使列车的单位能耗大为增加,电力机车或动车组的牵引功率将相应有较大增加。同时,为保证安全性,应使区段内运行的列车间距较大,供电臂内牵引负荷的不均匀性更为突出,加到单相上的牵引负荷很大,从而一方面导致牵引供电系统电压损失增大、网压降低,另一方面导致反映到三相电力系统的负序电流相应增大,因而采用 220 kV 供电电压有利于提高牵引网网压和缓解负序对系统造成的不良影响。

我国 GB/T 15543—2008 标准规定,电力系统公共连接点正常电压不平衡度允许值为

2%，短时不得超过 4%。

负序电压不平衡度的表达式为（用百分值表示）

$$\varepsilon_{U2} = \frac{U_2}{U_1} \times 100\ (\%) \tag{1.1}$$

式中，U_1 为三相电压的正序分量均方根值（V）；U_2 为三相电压的负序分量均方根值（V）。

对于电力系统的公共连接点，供电电压负序不平衡度测量值的 10 min 均方根值的 95% 概率大值应不大于 2%，所有测量值中的最大值不大于 4%。对日波动不平衡负荷，供电电压负序不平衡度测量值的 1 min 均方根值的 95% 概率大值应不大于 2%，所有测量值中的最大值应不大于 4%。

该标准还规定，负序电压不平衡度允许一般可根据连接点的正常最小短路容量换算为相应的负序电流值，作为分析或测算依据。由负序电流换算为电压不平衡度的近似公式为

$$\varepsilon_{U2} = \frac{\sqrt{3} I_2 U_L}{10 S_{KC}} \times 100\ (\%) \tag{1.2}$$

式中，I_2 为负序电流量（A）；U_L 为线电压（V）；S_{KC} 为公共连接点的三相短路容量（VA）。

三相电压不平衡度与负序功率成正比，负序功率与牵引负荷的大小、牵引变压器的接线形式等因素有关。在负序功率一定的情况下，三相电压不平衡度只与公共连接点的短路容量有关，短路容量越大，系统承受负序影响的能力就越强。而系统短路容量与发电容量和负载点距发电厂的距离有关。系统发电容量越大，短路容量越大；同一系统中，电压等级越高，短路容量越大，这也是高铁和重载铁路接入大容量、高电压电源的原因之一。

当电压不平衡度满足允许值时，单相牵引负荷产生的负序电流不会对电力系统产生有害影响，采用较高的供电电压，可大幅度提高牵引变电所高压母线的短路容量，使高速电气化铁路的负序问题得到缓解。

此外，220 kV 电压网络属于电力系统地区调度在线监控的输电网络，供电可靠性较高，对牵引供电系统的不间断可靠供电，提供了有力保障。牵引变电所采用 220 kV 电压供电，由于配电间隔、断路器和牵引主变压器等设备费用较高，使一次投资有所增加，但上述各项技术指标的改善对整个电力系统和牵引供电系统每年产生的效益将更为可观，应通过全面的技术经济比较进行不同方案的抉择。因此，基于以上多方面的原因及分析，同时借鉴高速铁路发达的国家如法国、日本等的经验，高速和重载电气化铁路牵引变电所的供电电压选择应优先考虑采用 220 kV 电压。

二、交流牵引变电所（简称"牵引变电所"）

交流牵引变电所是交流工频单相电力牵引供变电系统的重要环节，它完成变压、变相和向牵引网供电等功能，并实现三相交流一次供电系统与单相电力牵引系统的接口与系统变换。牵引变电所停电后，可由相邻变电所实现越区供电，但牵引网电压将会下降。

根据交流牵引网的不同供电方式和牵引变电所为抑制单相牵引负荷造成电力系统的不对称影响，可采用不同接线方式与结构的主变压器，区分为三相牵引变电所（一般为 YNd11

接线主变压器）、单相牵引变电所（含 Vv 形接线方式主变压器）、三相-二相牵引变电所（采用特种接线方式，用以变相的平衡变压器）。相对于牵引网不同结构而言，可区分为一般（直供、串联吸流变压器 BT 方式）供电方式牵引变电所和自耦变压器（AT）供电方式牵引变电所。不同供电方式的牵引变电所，其主电气设备和结构也不尽相同。

一般供电方式交流牵引变电所电气主接线结构和主设备配置，如图 1.6 所示。图中牵引主变压器 T1、T2 是牵引变电所的重要主电气设备，由高压 110～220 kV 进线从电力系统接受电能，通过 YNd11 接线的主变压器降压至 27.5 kV 后，用单相馈电线 F1～F3 输送至接触网，其次边 d 接线的一个角接线与钢轨连接，形成牵引网供电回路。110～220 kV 侧和 27.5 kV 侧的汇流母线是用来作为两侧电流汇流和主电路转换与电能分配而设置的。主变压器两侧、高压进线和 25 kV 馈线都分别设有断路器（QF）和隔离开关（QS），其中 QF 是用来正常带负荷投入或切断变压器和馈线，并在变压器内部或外部短路和牵引网短路时起保护作用，使相关断路器自动跳闸，以分别保护变压器和接触网设备不受损坏。隔离开关 QS 的作用，则是当主变压器、进线和馈线线路检修时，将其打开用以隔断电压，保障工作人员的安全。

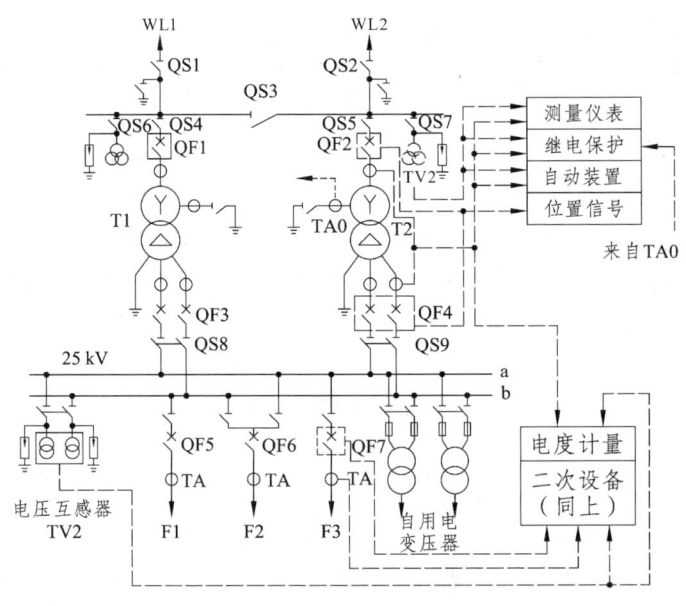

注：TA、TA0 分别为电流互感器和零序电流互感器，图中虚线为二次线电缆

图 1.6 交流牵引变电所主接线与二次设备示意图

其他的电流互感器（TA、TA0）、电压互感器（TV），是用来获取输出的二次小电流、低电压，进行高电压的测量、电能量度和提供主变压器与各种进线、馈线的继电保护、自动装置所需电气量信息。图 1.6 中的自用变压器是为变电所的动力、照明和充电设备、生活用电等提供低电压（380/220 V）而设，高压和 27.5 kV 电压侧的避雷器则是抑制过电压所需的。

如图 1.6 所示交流牵引变电所主接线，正常情况下可以有多种运行方式：

（1）如 110～220 kV 两回路电源进线的电压和相位基本相同，由两电源进线同时供电，110 kV 母线隔离开关 QS3 断开，两台牵引变压器 T1、T2 通过 27.5 kV 母线并联工作，每台变压器承担全部牵引负荷的 50%。

（2）两电源进线连同所连接的牵引变压器构成线路变压器组，母线隔离开关 QS3 断开，形成一主一备的运行模式。即正常时一组线路变压器组投入运行，承担全部牵引负荷，另一组线路、变压器组退出运行，作为备用。当运行的线路变压器组（如 WL1-T1）失压时，QF1 自动断开，启动备用电源自投装置，将 QF2 自动合闸，由 WL2-T2 线路、变压器组投入运行，取代原来线路、变压器组的工作。

（3）一回路电源进线正常工作，另一回路进线退出，母线隔离开关 QS3 合闸，由一路进线带两台牵引变压器并联工作。电源进线的导线截面应按全部牵引负荷电流长期运行的要求进行选择。

对于单线电气化线路，27.5 kV 接触网馈线数量较少，仅向两侧线路区间的接触网和站场接触网各引出一路馈线，27.5 kV 母线采用不分段单母线系统；在复线区段或单线需向附近大型枢纽站场接触网供电时，由于接触网馈线数量增多，为保证供电的可靠性和灵活性需采用带分段断路器的分段单母线系统。

交流牵引变电所的结构，多数采用屋外配电装置与屋内配电装置结合的形式。110～220 kV 电气设备多数为屋外安装，一般按主电路单元的设备排列次序配置在一个配电间隔内，形成屋外单元配电间隔。多个主电路单元构成的多个屋外配电间隔即组成整个牵引变电所的屋外配电装置。10～27.5 kV 电气设备均为屋内安装形式，同样按主电路中单元电路的设备排列顺序，将每一单元电路的设备安装在固定的金属结构封闭箱体内，构成某一单元电路的成套屋内配电间隔单元，按主电路结构的需要，选择若干成套配电间隔单元即组成牵引变电所的 27.5 kV 电压屋内配电装置。

屋内配电装置的建筑物必须是防火、防爆、无窗户的封闭建筑，并需设有消防、灭火等安全设施。

牵引变电所的控制、信号、监测和电能量度、继电保护和综合自动化等二次设备，都安装在主控制室的控制、保护屏上或值班控制台上。交、直流自用电设备及其配电系统控制，则设置有专门的蓄电池房间和主控制室自用电配电屏。

三、分区所（SP）

交流电气化铁道为了增加供电的灵活性，提高运行的可靠性，在两个牵引变电所的供电分区中间常加设分区所，如图 1.7 所示，图中 SP1、SP2 分别为复线和单线区段分区所。分区所的作用可简述如下：

（1）用以明确各牵引变电所的供电范围，并在供电分界处接触网上设绝缘分段，防止电力机车从一个供电分区进入另一个供电分区时，其受电弓短时连通不同供电分区接触网造成相间短路事故。

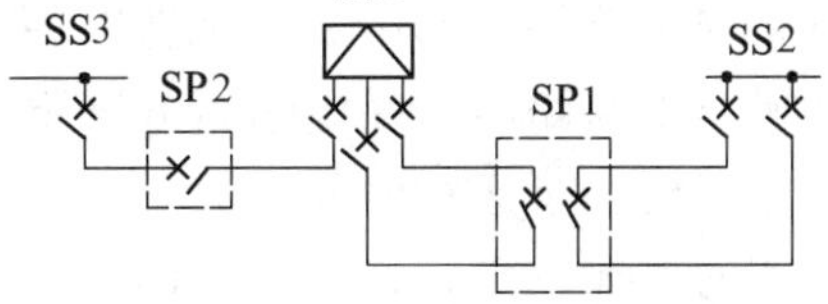

图 1.7 分区所 SP 接线图

（2）实现牵引网不同运行方式的切换、倒闸。在单线区段，牵引网可实现单边供电、双边并联供电或越区供电等方式；在复线区段则有单边分开供电，单线双边供电，复线纽结供电，复线上、下行在分区所一点并联供电以及越区供电等方式。

（3）双边供电的供电区内发生牵引网短路事故时，可由分区所的断路器切除事故点所在处的一半供电区，非事故段仍可照常工作，以缩小牵引网事故范围。

（4）降低牵引网电压损失和电能损失，提高牵引供电系统效率。

四、开闭所（SSP）

交流电力牵引系统开闭所，实际上是起配电作用的开关站，一般在下面两种情况或系统中设置。

一种情况是在离牵引变电所较远的铁路枢纽地区，由于站线多，接触网相应复杂，客货运交会、编组和机车整备作业繁忙，致使该地区故障几率增多。为保证枢纽供电可靠性，缩小事故范围，一般将接触网横向分组及分区供电，由开闭所的多路馈线向接触网各分组和分区供电，如图1.8所示。

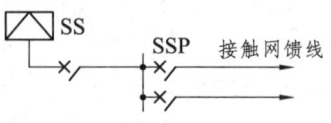

图1.8 开闭所接线图

另一种情况是在 AT 供电方式的复线牵引网供电臂中间设置开闭所，由于 AT 供电方式供电电压增高（2×25 kV），供电臂距离增长，可达 40~50 km，为提高供电灵活性（如接触网停电检修等），缩小事故停电范围，需在牵引变电所与分区所之间设置开闭所。

五、自耦变压器站

工频单相交流电气化铁道如采用自耦变压器（AT）供电方式时，需在沿线每隔 10~15 km 设置一台自耦变压器。大致和铁路区间的距离一样，应尽量把自耦变压器设于沿铁路的各站场上。同时，应与分区所、开闭所合并，以利于运行管理。单线电气化铁路自耦变压器站电气接线图如图1.9所示。

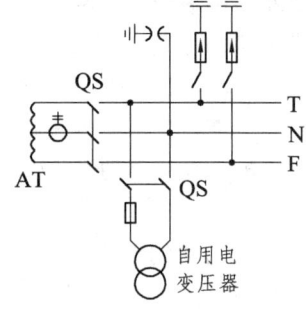

图1.9 自耦变压器站接线图

T—接触网；N—中性线；F—正馈线

六、接触网电分相地面自动切换装置

目前，交流电力牵引接触网采用分段异相供电方式，以减轻单相牵引负荷在三相电力系统中造成三相负荷不平衡而导致的负序电流，因此，在牵引变电所出口、分区所等地都设有由分相绝缘器构成的电分相装置，用作相间电气隔离。当电力机车通过电分相装置时，需要切断机车主断路器，断电惰行并降下受电弓，待通过电分相后再升弓恢复供电，从而造成机车减速，延长了运行时间。另一方面在高速运行情况下，靠司机瞭望、判断来快速完成通过电分相的上述一系列操作十分困难，同时也存在安全隐患。因此，高速铁路普遍采用电分相自动切换装置来自动快速完成机车通过电分相。该类装置按安装地点不同而区分为地面型、柱上型和车上自动切换型几种。

地面电分相自动切换装置的工作原理如图1.10所示，在 A 相和 B 相两供电分区中间，设有一组中性段（平常不带电）接触线 N1、N2，与它并联一组真空断路器 QF1、QF2，中性段两端分别串联连接由锚段关节构成的分相绝缘器 J1、J2，中性段中点与 QF1、QF2 连接线的中点并联，走行轨道上装有能提取和传送"机车通过"信息的轨道传感器 G1、G2 和 G3、G4。

机车通过电分相时，地面自动切换装置的动作程序和原理如下：

（1）当机车由 A 相驶向 B 相接触网供电区时，机车抵达 G1 处，轨道传感器 G1 获取并传送"机车进入"信号，通过自动控制装置发出指令，使真空断路器 QF1 合闸，中性段 N1、N2 接触网由 A 相供电，驱动机车进入中性段。

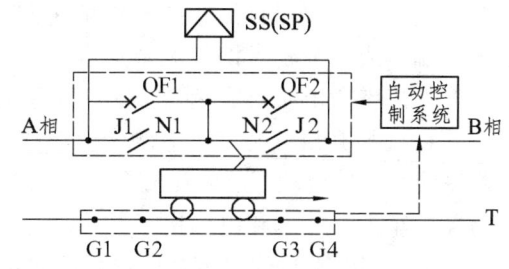

图 1.10 接触网电分相地面自动切换装置原理图

（2）当机车驶至 G3 时，传感器 G3 获取的信息经自动控制装置逻辑判断和处理后发出指令，使真空断路器 QF1 断路，QF2 迅速合闸，此时中性段 N1N2 接触网立即由 A 相供电转换为由 B 相供电，机车取用 B 相电驱动行驶，从而完成供电相位的自动转换。

（3）机车从 B 相驶向 A 相接触网时，则 G4、G2 处轨道传感器执行传送相应信息的任务，由自动控制系统依次发出指令，使 QF2、QF1 真空断路器依次产生与上述（1）、（2）类似的动作，最终完成供电相位从 B 相到 A 相的自动转换。

需要指出，上述电分相自动切换过程中，机车一直处于带电状态，亦即带负荷运行，并保持原有的速度运行。但此时真空断路器闭合或切断带有机车负荷的中性段接触网使其接入 A 相（或 B 相）电路的过程中，将产生一定程度的电磁暂态过电压，需要采取降低或抑制过电压的技术措施。

第二节 城市轨道交通直流电力牵引供变电装置及其功能

城市轨道交通直流电力牵引供变电系统是由从电力系统的区域变电站或城网降压变电站接受和输送电能的外部供电系统（包括主变电所、专用中压供电网）、直流牵引变电所和降压变电所等环节和装置组成的专用电气系统，如图 1.11 所示。它主要通过牵引变电所整流机组降压变流后，向城市轨道交通电动车组牵引负荷提供所需直流电压和电能。同时，经降压变电所变压器降压后，为车站与线路区间各种机电设备、照明负荷和通信信号提供低压 380/220 V 电源。

世界上各国城市轨道交通的地铁与轻轨，大都采用直流牵引制，并具有一百多年的运营历史。由于城市轨道交通牵引的特点是，车站站间距离短（1~3 km），列车启动和制动频繁，要求牵引网供电电压应相对维持稳定。最初采用直流电力牵引制的出发点有以下几方面：

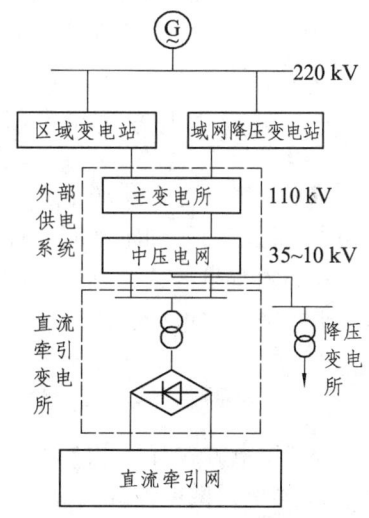

图 1.11 城市轨道交通直流电力牵引供变电系统组成图

（1）电动车辆应用直流牵引电机调速方便且易于实现，借助传统的电阻调节控制，改变牵引电机端压或调节励磁即可调节速度。

（2）直流串激电机具有适合于列车牵引性能的转矩-速度特性。

（3）直流供电相对交流供电的牵引网电压损失和功率损失要小得多，有利于保持网压稳定，确保列车频繁启动下的电压质量，从而有利于保证列车的运行速度。

随着机车控制技术和电力电子技术的发展，出现了斩波调压控制的直流牵引电机驱动方式，直流牵引制的上述优势依然明显，即便是目前采用变频调压（VVVF）控制的交流牵引电机传动系统，直流牵引制对于保证网压质量和交流传动控制系统的稳定工作，以及简化电动车辆逆变器的器件与设备都是有利的，因此，至今仍然在城市轨道交通牵引中得到广泛的采用。

国外城市轨道交通的直流牵引制供电电压等级，从 570 V、750 V 到 1 500 V、3 000 V 等有多种标准，但其发展趋势是向国际电工协会（IEC）制定的国际标准 600 V、750 V 和 1 500 V 等电压等级靠拢。我国国家标准规定，城市轨道交通电力牵引供电电压为 750 V、1 500 V 两种等级，其电压允许波动范围：750 V 电压级为 500～900 V；1 500 V 电压级为 1 000～1 800 V。电压等级的选择是一项牵涉城市或地区近期与长远经济、社会发展的重大决策，它与牵引网结构形式、城市远期客流量、电动车辆容量与编组、线路断面开挖工程量，以及具体城市或地区的环境和地质条件等多种因素有关，应针对主要影响因素，通过综合技术经济全面比较予以确定。

对于 750 V 和 1 500 V 电压等级的牵引网结构形式，均分为架空接触网和接触轨两种。我国早期在北京、天津等地建成的地铁工程，都是采用直流 750 V 上部取流低碳钢接触轨系统，20 世纪末和 21 世纪初，上海、广州等地投入运营的地铁线多数采用 1 500 V 柔性架空接触网结构，少数采用 1 500 V 刚性架空接触网结构，同时少数城市的轻轨线路也有分别采用 750 V 柔性架空接触网和 750 V 下部取流与上部取流钢铝复合接触轨结构的系统，其后一些城市的地铁工程则采用了 1 500 V 下部取流钢铝复合接触轨系统。这说明接触网结构形式及其使用的新材料，近年来得到了良好的发展和应用。

为了对城市轨道交通直流电力牵引供变电系统各主要组成环节和供电装置的功能与作用有全面的了解，下面分别给以简要介绍。

一、外部供电方式和中压供电网

城市轨道交通需从城市电网或区域变电所取得电源，由于牵引负荷和为其服务的重要机械动力、行车信号和车站照明都属于一级负荷，从电源接受和输送电能并为其供电的外部供电方式必须有足够的可靠性、灵活性，并能保证供电质量。外部供电电源依靠中压供电网分别与沿线牵引变电所、降压变电所连接，构成后两者的电源进线。

（一）外部供电方式

外部供电方式有集中式供电、分散式供电和混合式供电 3 种，其构成和主要特点分述如下：

1. 集中式供电方式

集中式供电方式是由专门设置的主变电所集中为沿线直流牵引变电所和降压变电所供电的一种供电方式，如图 1.12 所示。每个主变电所需有两路从区域或城网降压变电所馈出的独立电源进线，线路电压多采用 110 kV，经降压后输出 35 kV 电压馈线，为牵引变电所和降压变电所供电。图中各主变电所的供电划分为若干供电分区，每两个供电分区间通过双环网电缆进行联络，并设有联络开关 QF1、QF2 等，正常时断开。若主变电所 A 退出工作，则 QF1、QF2 自动合闸，由相邻主变电所 B 向原主变电所 A 的供电分区供电。主变电所 B 退出时，上述程序类似。

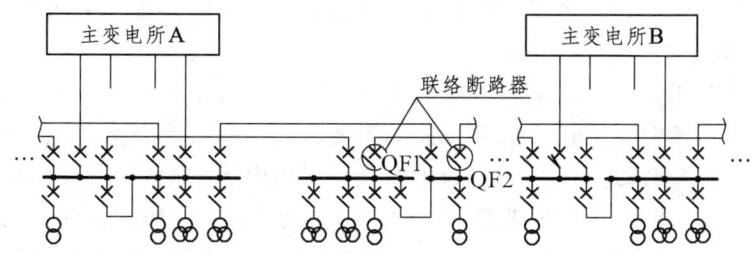

图 1.12 集中式供电方式示意图

集中式供电方式的主要特点：

（1）专用主变电所从城网（或区域变）高等级的 110 kV 电压级引入，形成独立的供电系统，受城市其他电气负荷的干扰影响小，供电质量和可靠性较高。

（2）城轨交通外部供电与牵引、降压供电组成统一的独立系统，便于运营管理与维护，有利于集中调度监控，最终将有利于提高效益。

（3）由于 35 kV 供电电压的集中式供电方式相对于分散供电的 10 kV 电网供电，在供电容量和输送距离方面具有较大优势，有利于城轨交通的长远发展和多条线路共用主变电所等资源，从而可极大地获取总体经济利益。

我国多数大城市如上海、广州等地和国外某些大城市地铁工程都采用集中式供电方式。

2. 分散式供电方式

分散式供电方式是在城市轨道交通沿线就近从城市电网引入中压 10 kV 电源直接为牵引变电所和降压变电所供电的外部供电方式（因城网 35 kV 电压级趋于淘汰），如图 1.13 所示。一般从城网不同降压变电所引入的中压电源向若干个牵引、降压变电所供电，并各自形成供电分区，两供电分区通过双环网电缆进行联络，并设有联络开关，正常时联络开关断开，各供电分区分别由各自电源供电，如图 1.13 中所示。若某一中压电源进线故障或检修而退出工作，则通过联络开关自动合闸，转换由相邻电源进线为其供电分区供电，其过程与上述集中式供电方式相同。

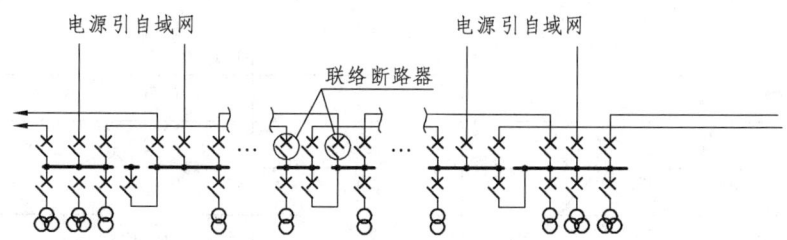

图 1.13 分散式供电方式示意图

分散式供电方式的主要特点：

（1）城轨供电系统中压电源，如就近从城市电网引入，平均每4~5个车站（牵引、降压变电所）需引入两路电源进线，与城市电网接口明显较多，受城网负荷干扰影响较大，供电质量和可靠性相对降低。

（2）城轨供电系统的整体独立性较差，不利于运营管理和集中调度监控，致使供电系统效益受影响。

我国仅在早期修建的北京地铁线路和个别其他城市轻轨线路采用分散式供电方式。

3. 混合式供电方式

混合式供电是介于集中式供电与分散式供电之间的一种组合供电方式。它根据城市电网的现实布局、规划和城轨交通近、远期发展的需要，因地制宜地充分融入集中式供电与分散式供电方式的优点，多数以集中式供电为主、分散式供电为辅构成，使城轨交通供电系统得到进一步完善和优化。这种供电方式的中压网络结构及其运行，和前述图1.12、图1.13相似，此处不再赘述。混合式供电方式在北京地铁近期工程和其他城市城轨交通工程中得到了应用。

（二）中压供电网

中压供电网是城轨交通外部供电系统的主要组成部分。从对上述各种外部供电方式和图1.12、图1.13的分析可知，中压供电网是连接外部电源与城轨交通牵引、降压变电所的纽带，它采用何种电压等级与结构形式对整个城轨交通供电系统的安全、可靠供电和经济、高效运行将产生重大作用与影响。

1. 中压供电网电压等级

中压供电网电压等级的选择要综合外部电源情况、城轨交通站点设置、客流量等近期和远期发展趋势，通过全面的技术经济比较确定。我国现行中压配电标准电压等级与我国城市轨道交通通用的中压供电网络电压相适应的电压有 35 kV、20 kV、10 kV 等几种。其中 20 kV 电压是国际标准电压级，无论从我国城乡电力消费增长的发展趋势还是城轨交通供电的技术指标来衡量，都是公认为具有发展前景的优越电压级。目前 20 kV 配电设备、变压器系列设备已基本上实现了国产化。

为了从技术上对 35 kV、20 kV、10 kV 中压供电网有进一步的全面了解，参考文献[6]对其主要技术指标进行了分析计算，并列出了有关综合比较指标，如表1.1所示，以供参考。

表1.1 不同电压等级的中压供电网络主要技术指标和综合指标

序号	项 目	35 kV 电压网络	20 kV 电压网络	10 kV 电压网络
1	同一三相平衡负荷下的供电线路长度之比[①]	12.5	4	1
2	供电线路电压损失之比[②]	1	4	12.5
3	供电线路功率输送能力之比[③]	3.5	2	1
4	线路功率损失	小	中	大
5	配电设备尺寸及占用变电所面积	较大	适中	小

注：① 设定电压损失、负荷 P、Q（有功功率、无功功率）、导线截面等均相同。
② 设定线路距离、输送功率、导线截面相同。
③ 线路计算电流相同。

从表 1.1 中数据可知，城轨交通供电系统的中压供电网络，其电压越高，系统的输送能力越大，供电距离就越远，但变电所配电设备所占空间和面积有所增大，需增加一次投资。

2. 中压供电网结构形式

城轨交通中压供电网的结构形式多种多样，但较为适用的有双回路辐射式、电缆单环网、电缆双环网等形式，其中最常采用的是电缆双环网形式。

中压供电网结构形式的选择主要与该网络应具备的供电可靠性指标密切相关。供电可靠性是指该网络和设备对用户（牵引、降压变电所）连续供电的能力，根据城轨交通对供电系统安全、可靠性和其他技术方面的要求，具体应包括以下方面：

（1）中压网络负荷转换能力必须满足"单一故障安全准则"（或称"$N-1$ 准则"）的需要，即系统中 N 个元件中的任一独立元件，如供电线路、变压器等发生故障被切除后，其他元件不会过负荷，供电系统应能保持稳定运行和正常供电。

（2）主变电所任一回路进线或一台主变压器失压而降低供电能力，或主变电所中压一段母线发生故障退出时，中压网络应具有转移主变电所一、二级负荷的能力或转移后者一段中压母线一、二级负荷的能力。

（3）应能满足网络中负荷分配平衡和潮流计算的要求，后者是指设备和导线容量应能适应潮流计算的节点功率分布（数量）和电压水平规定值的要求。

按供电对象不同，中压供电网又区分为独立牵引供电网、独立动力照明供电网和牵引、动力混合供电网。从经济性考虑，牵引、动力混合供电网一次投资最省，但安全可靠性比牵引、动力独立供电网络要差些，但完全能满足需要，因而牵引、动力混合供电网得到广泛采用。各种中压供电网络多数采用同一电压级供电，但在技术经济条件满足时也可采用不同电压级供电。

典型的牵引动力照明混合中压供电网双环网供电接线方式如图 1.14 所示。图中每个供电分区均从主变电所的不同母线分段就近引入两路中压电源 WL1、WL2，每路电源经由各牵引、降压变电所的一段母线及其进线断路器 QF1、QF2 等而连通，各牵引、降压变电所母线分段断路器 QFD 断开，正常运行时 WL1、WL2 同时为各牵引、降压变电所 SS1～SS3 各自分段母线供电，由于 SS3 的 QFD 断开，这时 WL1、WL2 构成的环网处于开环运行，当任一引入电源如 WL2 失压，则 QF1、QF2、QF5、QF6 等自动跳闸，使各变电所母线分段断路器自动合闸，从而转换为由 WL1 电源向 SS1～SS3 牵引、降压变电所全部供电。图 1.14 所示仅为从一个主变电所引入双回路电源供电的供电分区的一部分，它与从另一主变电所引入双回路电源的其他供电分区通过联络开关相联系，构成双电源双环网中压供电网络。正常运行情况下，联络开关断开，双环网处于开环状态。

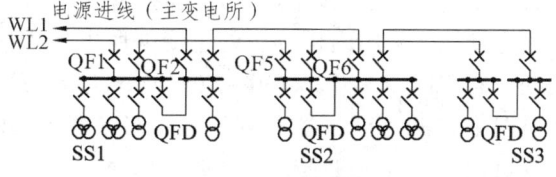

图 1.14 牵引动力照明混合供电网络

另一种双回路辐射式中压供电网络如图 1.15 所示。它适用于靠近主变电所的牵引、降压变电所。正常运行时，各牵引、降压变电所由主变电所两段母线分别引入两路电源进线，

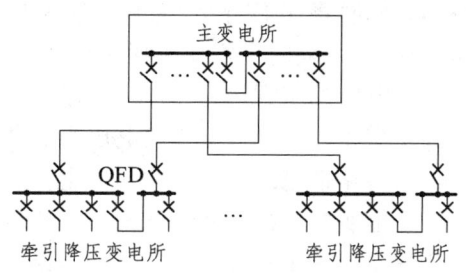

图 1.15 双回路辐射式中压供电网络

两路电源进线分别接于与前者不同的两段母线。正常情况下,母线分段断路器 QFD 处于分闸状态。两路进线电源分别对两段母线连接的负荷正常供电。当一路进线电源失电时,该牵引、降压变电所进线断路器跳闸,启动备用电源自投装置,将 QFD 合闸,由另一路进线电源承担该变电所全部一、二级用电负荷。

中压供电网的网络介质:对于地铁和轻轨交通的地下设施,普遍采用单芯铜电缆,只有在地面工程的少数情况下,采用三相架空供电线路。

二、主变电所

城轨交通供电系统采用集中式外部供电方式的情况下,应设置专用主变电所。主变电所的功能是从电力系统的区域变电所或城网降压变电所接受馈出的高压电源,经主变压器降压后通过中压供电网向沿线直流牵引变电所、降压变电所集中供电。

根据城轨交通牵引、动力照明负荷的特点,为其供电的主变电所应设在沿轨道线路接近负荷中心的位置,并尽量贴近线路,以缩短主变电所至线路间的供电电力电缆长度。此外,还应满足中压供电网末端电压损失允许值的要求,规定应按列车运行的远期通过能力时,对互为备用的供电线路,当一回路退出运行,另一回路承担其一、二级负荷供电的情况下,该线路末端电压损失不宜超过 5%,据此以确定主变电所的数量,为保证供电的可靠性,一条线路应设置两座或更多主变电所。

由于特大城市轨道交通建设的进一步网络化发展和扩张,主变电所的位置和容量应考虑资源共享的需要,即一个主变电所同时为多条轨道交通线路供电服务。同时主变电所的具体定位,还要与城市规划部门和城市电网规划与电网管理部门协调落实。

主变电所设有 110 kV 高压两路专用独立电源进线,或一回路为专用进线,另一回路进线在城网 110 kV 联络线上用"T"连接方式引入,高压侧多数采用线路-变压器组或内桥接线的电气主接线。采用内桥接线的主变电所电气主接线如图 1.16 所示,图中设有两台相同容量的主变压器 T1、T2,$[2 \times (30 \sim 40)$ MVA]互为备用。正常情况下,两台变压器并列运行,各负担约 50% 的用电负荷。一台主变压器故障或检修时,另一台主变压器则负担全部负荷。内桥接线的特点是在进线断路器 QF1、QF2 的内侧设置桥路断路器 QF3,两路电源进线正常工作时,QF3 断开,各自分别向主变压器 T1、T2 供电。当一路电源进线如 S_1 故障时,QF1 自动跳闸,此时将 WL1 故障隔断,QF3 自动合闸,由电源进线 WL2 同时向主变压器 T1、T2 并列供电,不影响主变电所的正常运行。

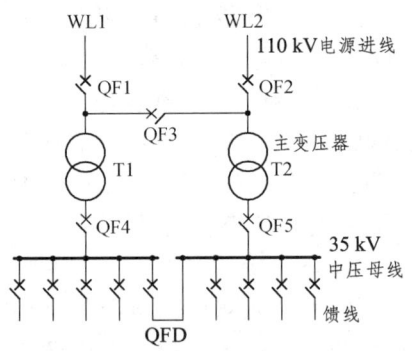

图 1.16 主变电所电气主接线图

经主变压器降压后,二次电压为 35 kV,均输出至带分段断路器 QFD 的 35 kV 中压分段母线,用多路馈电线馈送至中压供电网和有关牵引、降压变电所。

主变电所的结构形式,按照城市规划要求和城市建筑条件的制约,城轨交通主变电所多数采用户内式、半户外式和地下式等结构形式。对于户内和地下主变电所,电气设备应尽量无油化、小型化,采用全封闭绝缘组合电器(GIS)或成套配电设备,以减小占地面积和建筑的体积,并需考虑良好的消防设施和隔音装置,提高变电所建筑的防火等级,妥善地处理和解决防火、防爆、防毒及环保等重大问题。

三、直流牵引变电所

直流牵引变电所从环网供电线路的双电源受电,经整流机组整流变压器降压、分相后,按一定整流接线方式由大功率硅整流器(或可控硅整流器)把三相交流电变换为直流牵引网相应电压等级的直流电,并向电动车组或电动车辆供电,如图1.17所示。整流机组是直流牵引变电所的重要环节,为降低整流直流中的脉动分量和整流变压器一次侧的谐波含量,一般应采用等效24脉波或12脉波的整流接线方式。现代整流机组的单机功率可达3 500 kW以上。

直流牵引变电所的容量和布点位置应根据线路牵引供电计算的结果,并按牵引网电压等级、牵引网电压损失允许值,同时兼顾对牵引电流导致的杂散电流防护、牵引网能耗等多种因素全面综合考虑后确定。一般设置在沿线与车站合建,以及设在车辆段内,对于地面轨道线路或条件许可的少数地下线路,也可在地面单独设所。牵引变电所间距离一般在1~4 km。

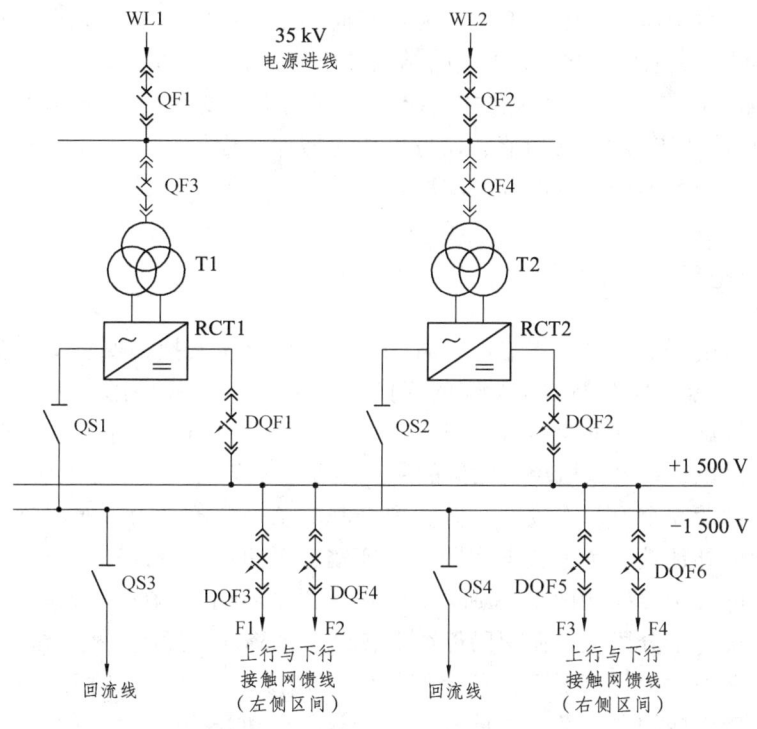

图 1.17 直流牵引变电所主接线

如图1.17所示为直流牵引变电所主接线,两回路10~35 kV进线电源,从主变电所或区域变电所引来,在35 kV单母线上汇流,由两台三绕组多相整流变压器T1、T2和两台基于两组并联三相桥式整流电路构成的大功率硅整流器RCT1、RCT2分别组成两套12脉波整流装置,并在直流输出侧并联。由于两台整流变压器原边绕组电压分别移相±7.5°,两套12

脉波整流器的两组桥式整流电路为并联输出,从而形成四组三相整流桥并联工作的等效 24 脉波整流电路装置(其构成原理将在本书第三章第三节中讲述)。两套整流器的共阴极输出端,分别经由保护其过载和外部短路的直流快速断路器 DQF1、DQF2 与整流电压正母线(+1 500 V)相连接,其共阳极输出端则与负母线(−1 500 V)连接。然后通过接触网馈线 F1~F4 和保护接触网短路或过载用的馈线直流快速断路器 DQF3~DQF6 等分别为牵引变电所两侧区间的上、下行接触网供电,负母线经回流导线与线路走行轨相连,形成向电动车辆供电的直流牵引供电回路系统。

由于直流牵引电流流经具有内阻的走行轨时,将在走行轨上产生纵向电位,其电位大小与直流牵引电流数值、走行轨单位电阻和供电区长度有关,如其他条件不变,牵引变电所的供电分区长度越长,走行轨上形成的纵向电位差就越大,则由其产生的杂散电流泄漏越多,对杂散电流的防护越不利,因此确定牵引变电所间距时需兼顾这方面的需求。(有关杂散电流形成及其对金属物的腐蚀机理将在本书第六章讲述。)

直流牵引变电所多数设置在地下车站内,对其电气设备的要求与地下式主变电所对电气设备的要求相同,应做到无油化、小型化,整流变压器采用环氧树脂绝缘、干式空气冷却(可预留强迫风冷),整流器采用箱式结构、空气冷却,配电设备采用无油化成套装置,并应加强全所防火、防爆、防毒等有效措施。

地铁、城市轻轨交通直流牵引变电所通常与向车站、区间供电的降压电力变电所合并,形成牵引、降压混合变电所。此时,主电路结构和电气设备与一般直流牵引所相比有所不同。

在有再生电能需向交流电网返送的情况下,直流牵引变电所必须增设可控硅逆变机组(包括交流侧的自耦变压器),其功能和设备也相应增加,运行、技术都较复杂。直流牵引变电所间距离较短,一般不设分区所和开闭所。

四、降压变电所

降压变电所从中压供电网取得电源,将 10~35 kV 电压变换为城轨交通低压设备需要的 380 V/220 V 低压电能,向车站列车运输的通信、信号系统,各种消防、灭火、排水等安全系统,生活和营业设施,区间安全设施,车辆段作业设施,线路控制中心和变电所操作电源等动力与照明负荷供电,其中包括较大比例的一、二级重要负荷。降压变电所的安全可靠供电,是关系城轨交通运营安全、行车安全、防火安全和应急处理等动力、照明负荷有效工作的重大问题,已为国内外地铁运营的长期实践得到证实,因而在其设计和运营中备受重视。

降压变电所电气主接线如图 1.18 所示,从中压供电网引入两路电源进线,连至带分段断路器的分段单母线每个分段上,在两段母线上各设一台降压(配电)变压器 T1、T2,每台配电变压器容量应在正常运行情况下担负全部负载的 70% 左右,正常时两台变压器并列工作。低压配电系统直接面向用电负荷,故同样采用带分段自动开关的低压分段单母线,每段低压母线引出所需的低压馈出线,每段母线可设置无功功率集中补偿装置。正常工作下,两台变压器同时有输出,两段低压母线分列运行。

在各种非正常情况下,为保证对低压用电负荷供电的灵活性和对重要(一级)负荷的不中断供电,降压变电所主接线中考虑采取了一系列有效措施予以应对,包括当一路电源进线故障失压或一段中压母线失压,一台配电变压器故障或检修和一段低压母线失压等情况下,

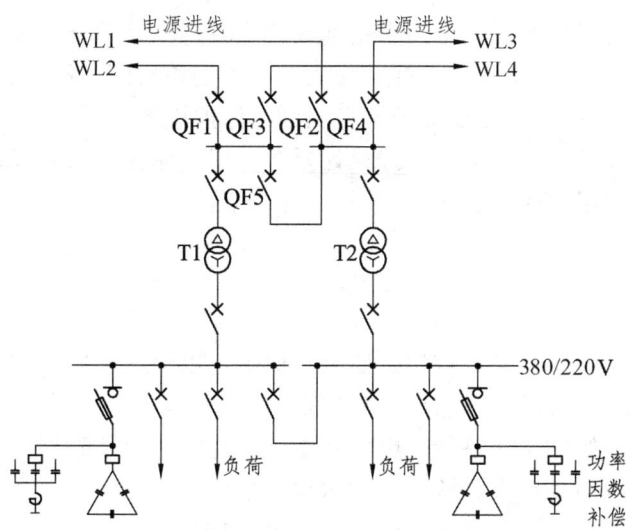

图 1.18　降压变电所电气主接线示意图

都能通过电路的转换、操作、切断故障或失压的设备，包括切断三级用电负荷，保障一、二级负荷的正常供电，以保持轨道交通列车的持续运行。

降压变电所应在靠近负荷中心设置，按低压用电负荷分布与大小、车站规模、区间负荷大小来确定其数量和位置。降压变电所分为独立式（单独建造）、跟随式（移动式）和混合式（与牵引变电所合建）三种类型。结构形式有地面式、地下式和箱式等种类，地面或高架车站的降压变电所采用地面户内装置，地下车站采用地下式结构，一般车站降压变电所都与牵引变电所合并，组成牵引、降压混合变电所，隧道区间个别所需要设置跟随式或箱式降压变电所时，其所有电气设备均放置在箱式结构内。降压变电所对电气设备的要求与上述对牵引变电所的要求相同。

第三节　电力牵引供变电系统一次电气设备和监控设备简介

供电系统为保证安全供电和稳定经济运行的需要，交、直流牵引变电所和各种供电装置中设有各种类型一次电气设备和监控设备。通常把转换与分配电能的设备和载流导体如变压器、整流器和断路器等，称为一次电气设备。

一、一次电气设备

一次电气设备按其作用不同分为以下几类：

（1）转换电能和补偿无功的设备。如主变压器、自用电变压器、整流机组和无功补偿的电容器组，以满足供变电、运行控制和电能质量的需要。

（2）接通或断开电路的开关电器，包括断路器、隔离开关、直流快速开关、负荷开关、熔断器等。它们的作用不尽相同，都用于正常或故障时将电路闭合、断开或隔断。

（3）抑制过电压电器与接地装置，前者如避雷器、防雷线圈、放电器（间隙或阻容回路、保护整流元件），后者为工作接地或保护人身安全的保护接地网系统。

（4）载流导体，如母线、电缆等。按设计要求，用导体将有关电气设备连接起来，构成各种电气接线，完成预定的任务。

二、二次设备

为了对上述一次电气设备进行控制、监测和保护，以保证它们正常、安全运行的一些设备，常称为二次设备或二次系统。它们主要包括：

（1）仪用互感器。如电压互感器、电流互感器、直流电流互感器等。它们将一次电路的高电压、大电流变换为测量仪表、继电保护适用的量值。

（2）测量与电度表计。监测电流、电压、功率因数与有功功率、无功功率、电度的各种参数和电量、功率等。

（3）继电保护与自动装置。它们能迅速反映不正常和故障状态，从而自动切换电路、发信号或使断路器跳闸，切除故障线路或设备。

（4）直流系统设备。它们包括蓄电池组、充电硅整流机组、不停电电源装置等，用来供给控制、保护和事故照明的操作电源与直流用电。

随着微机技术的推广应用，在牵引变电所中采用多微机监控、保护综合自动化系统，以完成监测、控制、保护与通信等多种功能的数字化系统已引起国内外的广泛重视并逐步投入使用。

二次设备与一次电气设备的相应连接关系如图1.6所示（仅画出一半主回路的二次设备）。

将上述各种一次电气设备，按接受和分配、转换电能的要求和顺序连接成的总电气线路，称为电气主接线。主接线能表征牵引变电所或供电装置的功能，指导正确的操作、运行方式，并作为电气部分全面设计的依据。图1.6即为常见交流牵引变电所的主接线图。

思考题与习题

1. 工频（50 Hz或60 Hz）交流单相电力牵引与低频（$16\frac{2}{3}$ Hz）交流单相电力牵引比较各有哪些优缺点？现代电力机车采用交流传动控制技术情况下，如何看待上述问题？

2. 工频交流单相电力牵引负荷（特别是高速电力牵引时）对电力系统将造成哪些主要影响，从外部供电方式、电压和牵引供电方式等方面应采取哪些措施以减轻这些影响。

3. 为何直流电力牵制在城市轨道交通中长期广泛地得到应用？它有哪些优点和缺点？

4. 城轨交通牵供变电系统各主要环节和装置的功能是什么。

5. 对地下装置的直流牵引变电所、降压变电所的电气设备、导线，从安全方面考虑应有哪些要求？与地面有何不同？

6. 针对我国发展铁路电气化高速客运和重载货运运量的实际情况，采用直流电力牵引的可行性如何？请说明理由。

7. 一次电气设备有哪些？二次设备有哪些？各有什么功能？

第二章　高压电器与开关设备

高压电器与开关设备是高压一次系统的主要组成元件。本章着重讨论交流 10 kV、直流 1 kV 及以上电压等级的高压电器与开关设备的基本结构、工作原理和相关理论问题。对于 1 kV 以下的低压电器与开关，其基本原理类似，不另赘述。

第一节　高压电器的作用及分类

在高压系统中，用来对电路进行开、合操作，切除和隔离事故区域，对电路运行状态执行监视、保护及数值测量等功能的电器设备，统称为高压电器。高压电器的分类如下：

1. 按照用途分类

（1）开关电器，即用来关合和开断电路的电器。它包括：

断路器（QF）：用来在电路正常工作和发生故障（如短路）时关合和开断电路。

隔离开关（QS）：主要用于将高压设备与电源隔离，以保证检修工作人员的安全。

熔断器（FU）：用来在电路发生过载或短路时依靠熔体的熔断开断电路。

负荷开关（QL）：用来在电路正常工作或过载时关合和开断电路，但不能开断短路电流。

（2）限制电器，即用来限制电路中电压或电流的电器。它包括：

电抗器（L）：主要用来限制电路中的短路电流。某些类型的熔断器也有限制短路电流的作用。

避雷器（F）：用来限制电路中出现的过电压。

（3）变换电器，即用来变换电路中的电压和电流，使之便于安全检测的电器。它包括：

电流互感器（TA）：用来变换电路中的电流，以提供电流信号给测量仪表、继电器或自动装置，并使之与高压电路隔离。

电压互感器（TV）：用来变换电路中的电压，以提供电压信号给测量仪表、继电器或自动装置，并使之与高压电路隔离。

（4）组合电器。将上述某几种电器按一定的线路装配成一个整体的电器组合。

2. 按照安装地点分类

（1）户内式，装在建筑物内，不具有防风、雨、雷、灰尘、露、冰和浓霜等性能。户内式高压电器的工作电压一般为 35 kV 及以下电压等级。

（2）户外式，适于安装在露天，能承受风、雨、雷、灰尘、露、冰和浓霜等作用。户外式高压电器的工作电压一般都为 35 kV 及以上电压等级。

3. 按照电流制式分类

（1）交流电器：工作于三相或单相工频交流制的电器，极少数工作在非工频系统。

（2）直流电器：工作于直流制系统。

对于电气化铁道及城市交通系统，交流电器是交流制电气化铁道及城轨交通供电系统中大量应用的电器；直流电器则是直流制电气化铁道、城市地铁及轻轨交通供电系统中大量使用的电器。

按照高压电器工作条件及所起作用的不同，其结构和工作性能应具有不同的特点。高压电器应能可靠地在规定的工作电压及电流下工作，因此，应具有足够的绝缘强度和载流能力；用于切断载流电路的开关设备，应具有足够的熄灭电弧的能力；对电路运行状态进行监视、测量的电器元件（如电压、电流互感器）应能满足测量精度的要求；对电路运行状态进行保护用的电压、电流互感器，除了能满足测量精度的要求外，还应在高电压或大电流作用下不至于饱和；对工作在特殊环境（如地铁、地下变电所）的电器还应具有防火、防爆等安全方面的要求。所有的高压电器都应满足运行可靠、工作灵活的要求，同时还必须考虑经济条件。

第二节　交、直流电弧的形成及熄弧原理与方法

研究和使用高压电器，尤其是高压断路器，要使它们可靠地工作，必须对开关设备在开断电路的过程中，其触头间产生电弧的性质有清楚的了解，以便掌握现代高压电器的结构特点，正确地选择和使用。

一、电弧的形成

开关设备一般由导电体、触头和绝缘介质组成。介质由绝缘状态变为导电状态，使电流得以通过的现象，叫做放电。在一定的光、热和电场的作用下，介质中的中性的、不导电的质点将产生自由电子、正离子和负离子，从而形成游离。当介质达到一定的游离程度时，它将被击穿而产生电弧。因此，研究电弧的形成必须掌握介质的游离过程。该过程包括：

（一）表面发射

由金属电极（触头）表面发射电子，叫做表面发射。

（1）强场发射。当金属表面存在较高的电场强度（大于 10^7 V/mm）时，自由电子可能逸出金属，这种过程叫强场发射。断路器触头刚分离时，强场发射占主导地位。

（2）热发射。当金属温度升高到 2 000～5 000 K，金属表面的自由电子可能获得足够的动能，克服将电子滞留在金属内部的力量而逸出金属，这种过程叫热发射。断路器触头分离后期，热发射较强烈。

（3）光发射。当红外线、紫外线及其他射线照射到金属表面时，引起电子从金属表面逸出的过程，叫光发射。光波越短，引起光发射的能力就越强。在触头分离过程中，随着电弧的燃烧，存在着光发射的现象。

（4）二次发射。当正离子在电场作用下高速撞击阴极，或者自由电子高速撞击阳极时，

也可能使金属电极表面发射出电子,此过程叫二次发射。在气压较高的放电间隙中,通常阴极表面附近电场强度较高,所以阴极表面二次发射较强,并在气体放电过程中起重要作用。

(二)空间游离

电极(触头)间的介质在外界力量的影响下,其分子及原子分裂成自由电子和正离子的过程,叫空间游离。

(1)光游离。中性粒子受到光的照射,当中性粒子的能量大于介质原子或分子的游离能时,就在空间产生光游离。光的波长越短,游离作用就越强,可见光几乎不能引起气体游离。

(2)碰撞游离。由表面发射或光游离所产生的带电粒子,在触头间电场作用下被加速,从而获得动能。若运动中的电子从电场中获得的动能足够大,当它与中性质点碰撞时,能从其中打出一个或几个电子,使失去电子的中性质点变成正离子。从中性质点中打出的电子在向阳极运动的过程中又与其他中性质点发生碰撞,造成新的中性质点的游离。这样的连锁反应,产生大量的电子,并移向阳极,使电极(触头)间的介质迅速大量游离。断路器触头分离初期,碰撞游离起主导作用。

(3)热游离。当气体温度达到 3 000 ~ 4 000 K 以上时,气体中的中性原子或分子由于高速热运动而相互碰撞,产生明显的热游离。在相同的温度下,由于金属蒸气的游离电位小于一般气体的游离电位,所以金属蒸气更容易产生热游离。断路器触头分离后期,热游离起主导作用。

开关设备在开断电路过程中,触头间介质达到一定游离程度时,触头间隙被击穿而产生电弧。产生电弧的条件是电路内的电流不小于 80 mA,触头间的电压不小于 10 ~ 20 V。

应当指出:光游离、热游离及碰撞游离可能同时进行,但在触头分离的不同阶段,各种游离所起的作用可能各不相同。在触头分离初期,开距小,电场强度高,碰撞游离作用明显;在触头分离后期,开距大,电场强度减小,但电弧温度较高(表面温度可达 4 000 ~ 5 000 ℃,弧柱中心温度可高达 10 000 ℃),热游离作用加强,使电弧得以维持;在热游离和碰撞游离的同时,电子与正离子复合时释放的能量以光量子的形式辐射给周围的中性粒子,使中性粒子游离。

二、电弧的特点

(1)电弧是强功率的放电现象。在开断几十千安短路电流时,以焦耳热形式发出的功率可达 10 000 kW。与此有关,电弧具有上万摄氏度或更高的温度及强辐射,在其作用下,任何固体、液体或气体都会产生强烈的物理及化学变化。在有的开关中,电弧燃烧时间比正常情况只多 10 ~ 20 ms,开关就会出现严重烧损,甚至爆炸。

(2)电弧是一种自持放电现象。不用很高的电压就能维持相当长的电弧稳定燃烧而不熄灭。例如,在大气中,每厘米长电弧的维持电压只需 15 V 左右,在 100 kV 电压下开断仅 5 A 电流时,电弧长度可达 7 m;电流更大时,可达 30 m。因此,单纯采用拉长电弧的方法来熄灭电弧是不可取的。

（3）电弧是等离子体，质量极轻，极易改变形状（电弧区内气体的流动包括自然对流，以及外界甚至电弧电流本身产生的磁场都会使电弧受力，改变形状，有时运动速度可达每秒几百米）。因此，可利用这一特点来快速熄弧，并预防电弧的不利影响及破坏作用。

三、电弧熄灭的物理过程

在电弧存在的过程中，介质发生游离过程的同时，也存在着带电离子消失的去游离过程。如果在单位时间内，电弧中产生的带电离子数和消失的带电离子数相等，则通过电弧的电流不变，电弧燃烧是稳定的；如果离子消失的数量多于产生的数量，则电弧电流减弱，直至最后熄灭。

游离气体的去游离作用由下述因素造成：

（1）复合。带电粒子在弧隙中运动时，如果正负两种带电质点相互接触，交换各自多余的电荷，则形成中性质点。在弧柱内复合的是不同极性的离子，电子和正离子直接复合的机会极小，这是因为电子运动的速度几乎高出正离子100倍的缘故。复合强度与电场强度成反比，电场强度低时，离子运动的速度低，则进行复合的概率增加。当触头间电压接近零时，复合特别强烈。复合强度也与电弧温度有关，温度越低，弧柱截面越小，则复合越强烈。

（2）扩散。由于弧柱与周围气体介质间的温差很大，并且质点的浓度差也很大，因而弧柱中的带电质点大量地扩散到周围的气体介质中去，与气体中的自由电子或负离子复合而失去电荷。扩散使电弧内的正离子数目减少，使电弧的电导变小，加强电弧的去游离。

（3）气体分离。气体分子落到电弧高温区内时，产生极快的热运动，如果气体温度足够高，使气体分子的运动速度极高，在分子的相互碰撞之下，会使其分离成原子。分子在分离成原子时，吸收大量的能量（热能）。这些原子从电弧区域扩散到周围气体介质中，然后再结合成分子而释放分解时吸收的热能。如此周而复始，使电弧的冷却加速，热游离减弱而加强复合。

四、电弧电压分布

离子的去游离也发生在电极附近。弧柱中的正离子移向阴极，在离阴极很近的地方（约 10^{-3} mm），正离子的浓度最大，形成正体积电荷。正体积电荷在阴极表面形成很强的电场，其强度足以形成强场发射。同时该强电场也可以把带电正离子加速，使其和阴极表面碰撞，从阴极打出自由电子。从阴极拉出的电子，由于阴极区有大量正离子堆积，一部分与正离子复合，一部分被电场推向阳极。因离子复合而形成的中性质点，由于惯性继续向阴极运动，并碰撞阴极表面，致使阴极表面发热，触头的金属发生熔化和喷散现象。阴极表面最热的部分称为阴极斑点，在阴极斑点处也可以产生热电子发射现象。

在靠近阴极的"阴极区"内，正离子不断地消失，使电弧在这一区域内的电导变小，形成阴极区电压降。

弧柱内形成的负离子，一部分与正离子复合，一部分移向阳极。在离阳极不远处，电子从负离子脱出而进入阳极，所形成的中性质点，由于惯性而继续向阳极运动，并冲击阳极。因此，在靠近阳极的空间内，离子的密度也是不大的，形成阳极区电压降。

在阴极区和阳极区以外的弧柱部分，正负电荷的数量大约相等，其电导近似为一个不变的常数。

沿电弧的电压分布如图 2.1 所示。在阴极区 l_0 内，集中着正体积电荷，阴极区电压降 u_K 达 10~20 V，阳极区电压降 u_a 略小些。

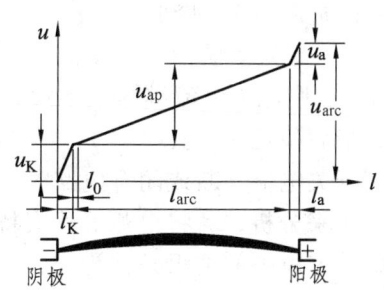

图 2.1　沿电弧的电压分布

l_K—阴极辉光区域；l_0—正体积电荷区域；l_{arc}—弧柱长度；
l_a—阳极空间；u_{arc}—电弧上的电压降；u_K—阴极电压降；
u_{ap}—弧柱上电压降；u_a—阳极电压降

显然，只有当加到电极上的电压总是大于阴极区电压降时，才会产生电弧。在低压短电弧情况下，阴极区电压降具有重大意义，因为它占电弧上电压降 u_{arc} 的比重较大；而在高压长电弧的情况下，阴极区电压降与弧柱电压降 u_{ap} 相比则是较小的。

五、直流电弧的熄灭条件

从电路的角度看，电弧是一个非线性电阻，其阻值随电流以及其他因素而变化。对于如图 2.2（a）所示的具有电弧的 R-L 直流电路，当燃弧后其电压平衡方程式为

$$E = iR + L\frac{di}{dt} + u_{arc} \tag{2.1}$$

式中，E 为电源电压；iR 为电阻压降；$L\dfrac{di}{dt}$ 为电感压降；u_{arc} 为电弧压降。

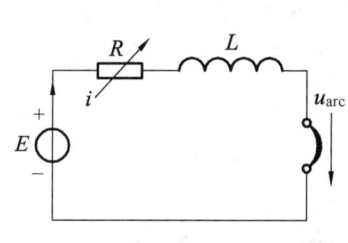 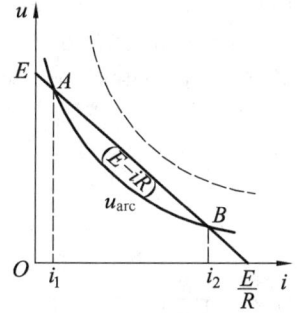

（a）具有电弧的 R-L 电路　　　　（b）直流电弧的稳定燃烧点

图 2.2　直流电路电弧及其特性

当游离与去游离处于动平衡状态时，电弧稳定燃烧，$di/dt = 0$，由（2.1）式有

$$E - iR = u_{arc} \tag{2.2}$$

若将 $f(i) = E - iR$ 定义为电路的伏安特性，则 $f(i) = u_{arc}$ 可定义为电弧的静伏安特性。

如图 2.2（b）所示，$u_{arc} = f(i)$ 和 $E - iR = f(i)$ 两曲线的交点 A 和 B 能满足式（2.2），即 A 点与 B 点是电弧的燃烧点。

B 点为稳定燃烧点，这是因为：在 B 点附近，如果电路电流 i 略有增加，即 $i > i_2$，则

$E-iR<u_{\text{arc}}$，电源电压减去电阻压降不足以补偿电弧燃烧所需的压降，那么，电流 i 自然又减小至 i_2 值；如果 i 略有减小，即 $i<i_2$，则因 $E-iR>u_{\text{arc}}$，使电流又回升到 i_2 值。

A 点为视在稳定燃烧点，这是因为：在 A 点附近，若电路中电流 i 略有减少，即 $i<i_1$，因 $E-iR<u_{\text{arc}}$，则电弧电流继续减小到电弧熄灭；若 i 略有增加，则因 $E-iR>u_{\text{arc}}$，电流 i 将继续增加，最后稳定在 i_2 值。

在使用开关电器开断或闭合电路时，人们自然不希望电弧稳定燃烧，而是力求其熄灭。从图 2.2（b）来分析，若将电弧静伏安特性提高到虚线位置，使两条曲线没有交叉点，则电弧熄灭，即直流电弧的熄灭条件为

$$E-iR<u_{\text{arc}} \tag{2.3}$$

六、交流电弧的熄灭条件与熄灭过程

（一）交流电弧的熄灭条件

交流电弧与直流电弧有所不同，交流电流瞬时值随时间变化，每周期内有两次通过零点。电弧的温度、电阻与电弧电压也随时间而变化，但弧柱受热升温或散热降温都有一个过渡过程，即温度的变化总是滞后于电流的变化，此现象称为电弧的热惯性。

交流电弧一直处于动态过程，并且在电流过零时电弧自行熄灭，以后在一定条件下又重燃。如图 2.3（a）所示的交流电路，当电路处于稳定状态且电弧长度不变时，其伏安特性如图 2.3（b）所示。从图 2.3（b）可以看出：电流由负值过零瞬间，电弧暂时熄灭，此时，电源电压加于触头之间。当触头间电压上升到电弧点燃电压 u_{bu}（对应 A 点）时，重新燃弧。由于电弧的热游离相当强，特性曲线 AB 段是下降的。从 B 点以后，电流由峰值逐渐减小，电弧电压相应回升，但因弧柱存在热惯性，因此，BC 段低于 AB 段。当电弧电流趋近于零时，电弧电压也趋近于零。C 点电压通常称为熄弧电压 u_{de}。电弧电压随时间的变化波形呈马鞍形，如图 2.3（c）所示。

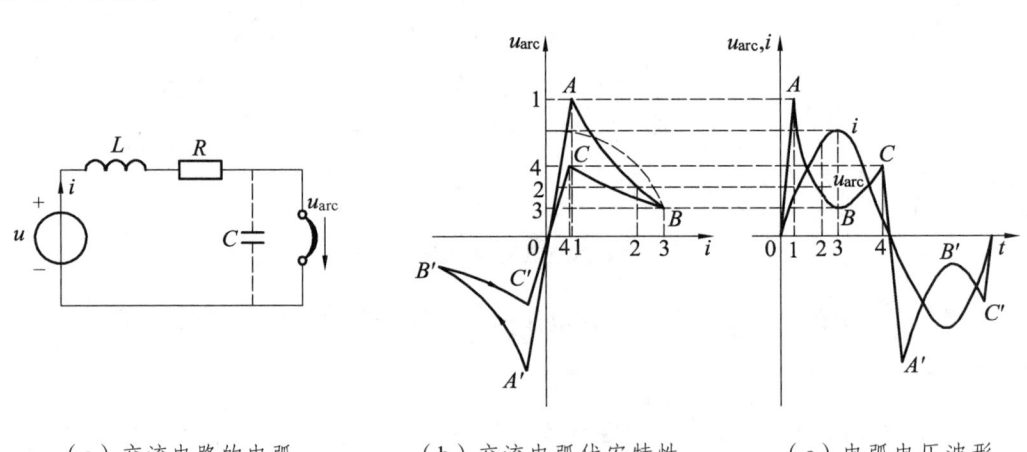

（a）交流电路的电弧　　（b）交流电弧伏安特性　　（c）电弧电压波形

图 2.3　交流电路电弧及其特性

电弧过零后，又反向重燃，伏安特性与正半周对称。

从电弧电流在前半周熄灭时起,到后半周重新燃弧时止的一段时间,称为零休期间。在零休期间,弧隙中的介质强度恢复过程与电压恢复过程是同时进行的,并且互有影响。电弧是否重燃,取决于两个过程的"竞赛"。

弧隙介质强度恢复过程是指电弧电流过零时电弧熄灭,而弧隙的绝缘能力要经过一定的时间恢复到绝缘的正常状态的过程,介质恢复强度用耐受电压 $u_{dr}(t)$ 表示。如图 2.4 所示为常用灭弧介质强度的恢复过程典型曲线。

弧隙电压恢复过程是指电弧电流自然过零后,电源施加于弧隙的电压,将从较小的电弧熄灭电压逐渐增长,一直恢复到电源电压的过程,这一过程中的弧隙电压称为恢复电压,用 u_{re} 表示。

如图 2.5(a)所示,介质强度恢复曲线 u_{dr} 上升较为缓慢,一段时间后恢复电压曲线 u_{re} 就超过了曲线 u_{dr},电弧重燃。

如图 2.5(b)所示,由于介质恢复强度曲线 u_{dr} 高于电压恢复曲线 u_{re},两曲线没有交点,所以电弧不会重燃。

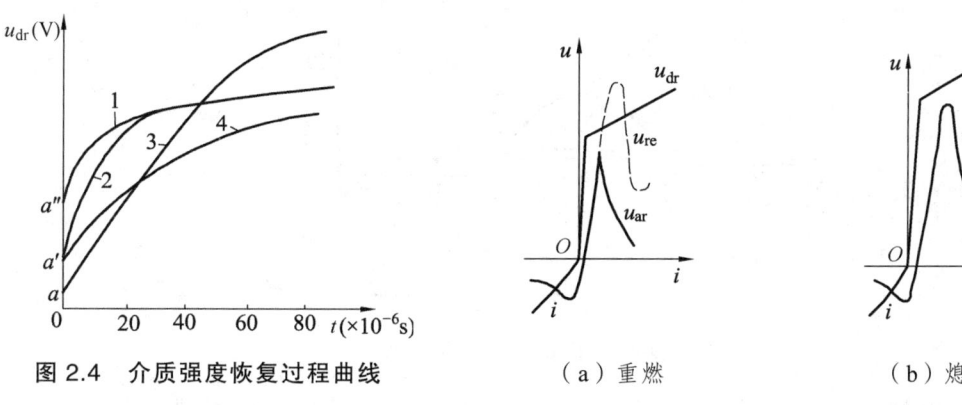

图 2.4 介质强度恢复过程曲线
1—真空;2—SF_6;3—空气;4—油

(a)重燃 (b)熄灭

图 2.5 交流电弧的熄灭条件

(二)交流电弧的熄灭过程

1. 纯电阻负载时,交流电弧的熄灭

如图 2.6 所示开断电阻电路时交流电弧电压降 u_{arc} 及电弧电流 i 的波形。

(1)设在 t_0 时刻,触头分开,引起电弧,当弧电流小到一定程度后,电弧就在 t_1 时刻暂时熄灭。

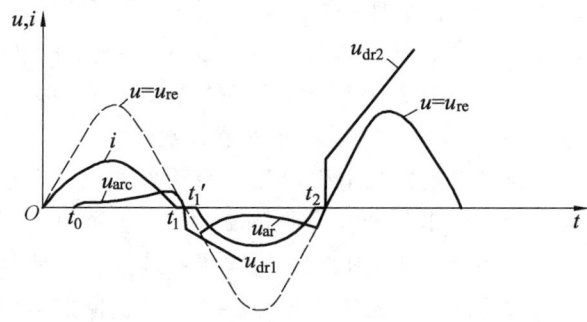

图 2.6 开断电阻电路时各参数波形图

（2）在零休期间（$t_1 \sim t_1'$），触头间有两种矛盾着的因素在"竞赛"。一种为弧隙游离状态逐渐消失，向介质状态转化。图中 u_{dr1} 代表电流第一次过零后弧隙介质强度恢复曲线。另一种"竞赛"因素为触头两端电压不断变化。在纯电阻负载时，触头两端恢复电压变化曲线 u_{re} 即为电源电压 u。由于曲线 u_{dr1} 与电源电压 u 有交点，所以在 t_1' 时电弧重燃，此时 $u_{dr1}=u_{re}$。当电流第二次过零时（t_2），此时触头间距离更大了，去游离作用更强烈，所以弧隙介质强度恢复曲线 u_{dr2} 高于电源电压曲线 u，电弧不会重燃。

2. 电感性电路中，交流电弧的熄灭

在电感性电路中，电压超前于电流，如图 2.7 所示，设在 t_0 时触头分开起弧，在电流第一次过零后，两种因素"竞赛"的结果，电弧重燃。在第二次过零后由于同样原因又重燃。在第三次过零时，由于介质恢复强度曲线高于恢复电压曲线 u_{re}，电弧熄灭。由图可见，在各半波中电流波形畸变越来越严重，在 t_3 时刻电弧虽然熄灭，触头间还有剩余电流 i_s。

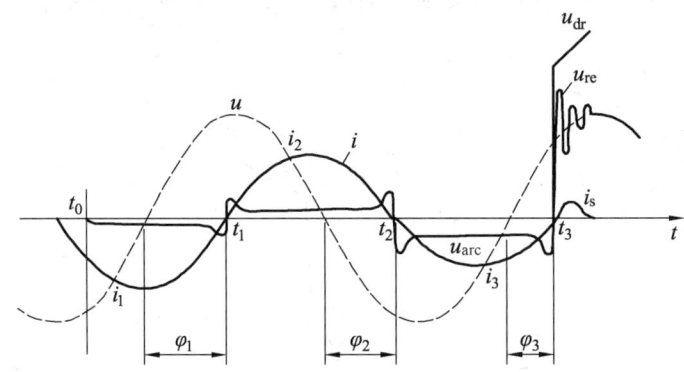

图 2.7 开断电感电路时各参数波形图

七、电弧熄灭的基本方法

在现代高压开关电器中，除在触头间隙采用不同的灭弧介质（如空气、油、SF_6、真空等介质）外，广泛采用的基本灭弧方法可以归纳为下列几种：

（1）加速触头的分离速度，迅速拉长电弧。这一措施是通过在断路器的操动机构中安装强力而灵敏的分闸弹簧来实现的。

（2）采用未游离的流体（如油或压缩空气等）吹动电弧。当流体与电弧接触后，电弧表面或内部的带电粒子被不断吹走，扩散作用增强；同时电弧受冷却作用，热游离减弱而复合作用有所加强。吹动方式可以是沿电弧的纵向吹动，也可以是垂直于电弧的横向吹动及纵、横向混合吹动，如图 2.8、图 2.9、图 2.10 所示。吹弧能源可以是如图 2.9 所示的油断路器自能式吹弧，也可以是如图 2.10 所示的空气断路器外能式吹弧。

（3）用磁吹法灭弧。按左手定则，当电弧电流垂直于外磁场方向通过时，将受到力的作用。外磁场可以由互为反向的电弧电流建立（见图 2.11），也可由电流通过安装于触头外侧或触头两侧的线圈时产生（见图 2.12）。图 2.12 的线圈安装方法是使其产生的磁场垂直于通过触头的电弧电流，且其磁吹力向上。磁吹法熄弧多用于直流断路器中，交流真空断路器也采用磁吹法灭弧，在本章第五节将给以介绍。

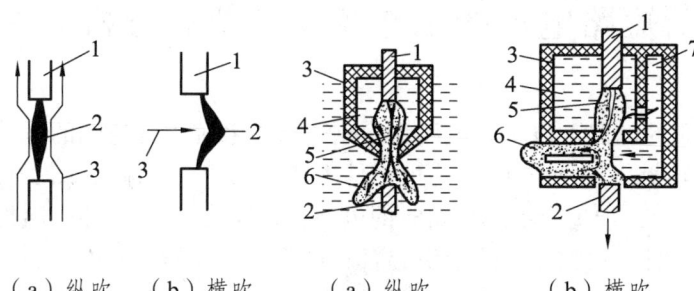
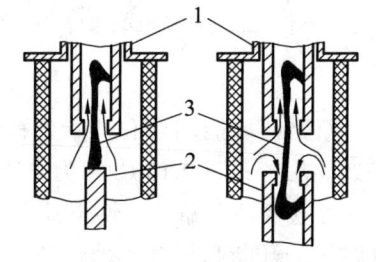

（a）纵吹　（b）横吹

图 2.8　吹弧方式

1—触头；2—电弧；
3—吹弧方向

（a）纵吹　　　（b）横吹

图 2.9　油断路器的灭弧方式示意图

1—静触头；2—动触头；3—灭弧室；4—油；
5—电弧；6—气泡；7—空气垫

（a）单向纵吹　　（b）双向纵吹

图 2.10　空气断路器纵吹
灭弧方式示意图

1—静触头；2—动触头；3—电弧

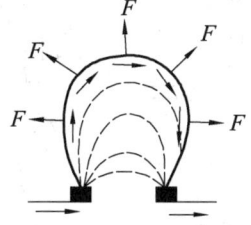
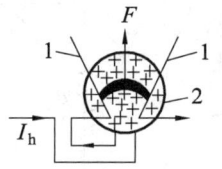

图 2.11　电弧在电动力影响下的伸展

图 2.12　电弧在磁吹力影响下的移动

1—触头及弧角；2—线圈

（4）把长电弧分成短电弧。当电弧被分短以后，每段短弧在新的阴极和阳极区都要产生新的阴极压降和阳极压降，当两触头间的电压不变时，这许多短弧无疑增加了触头间总的压降，如果这个压降值大于触头端电压，则电弧即行熄灭。增加高压断路器断口的数目（见图 2.13）及在触头外侧加设金属熄弧栅（见图 2.14），都可将长电弧分成短电弧，达到快速熄弧的目的。

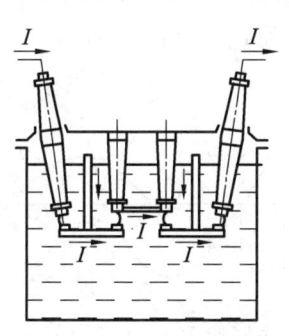
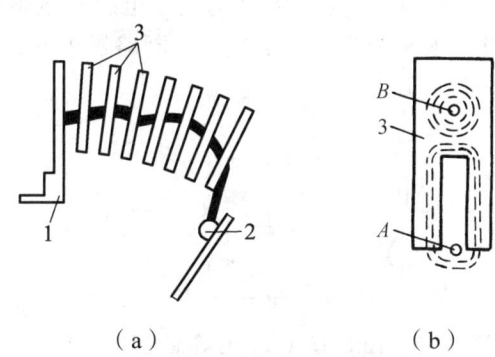

图 2.13　每相有四个断口的油断路器原理图

图 2.14　熄弧栅作用原理图

在图 2.14（a）中，1 为静触头，2 为动触头，3 为熄弧栅。在图 2.14（b）中，电弧在缺口钢片（栅片）A 处流动，在 A 处的电弧电流于钢片中建立的磁场可以把电弧电流拉向 B 点，迫使电弧进入熄弧栅中，该较冷的熄弧栅，除了把长弧分成短弧外，还有帮助电弧散热、增加复合面的多重作用。一旦电弧进入熄弧栅，就易于熄灭。这种方法也多用于交直流开关设备中。

此外，还可利用把电弧分成许多支并联细电弧或增大复合表面等方法强制熄弧，不再赘述。

第三节　断路器开断短路电流的工作状态及暂态分析

断路器要能闭合和开断各种性质的电路。以单相电路为模型，电力系统中常遇到的电路有如下几种：图 2.15（a）为电阻性电路，图 2.15（b）为电感性电路（感性小电流），图 2.15（c）为电容性电路（容性电流），图 2.15（d）为系统短路时的电路（感性大电流）。除电阻性电路外，开断和闭合其他性质的电路时，均将在系统中引起暂态过程，出现异常的电压和电流，危害设备的安全运行。因此，对断路器触头在开断电路时的恢复电压进行暂态分析，不但可以使我们了解在不同电路参数下触头恢复电压的建立过程，而且为改善断路器的灭弧能力、提高开断容量、保证电力系统供电的可靠性提供了科学依据。

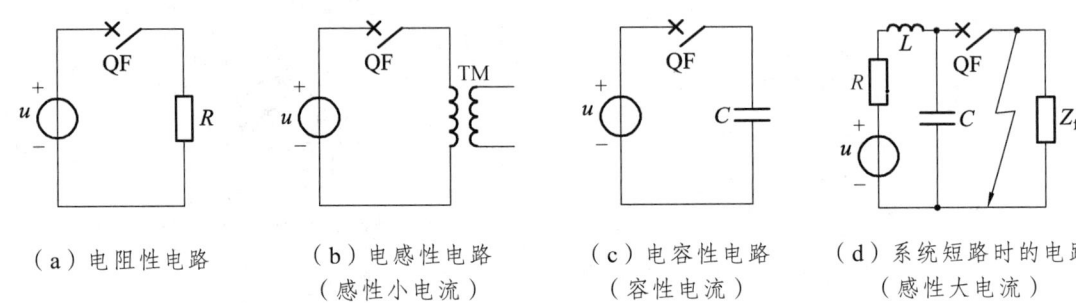

（a）电阻性电路　　（b）电感性电路　　（c）电容性电路　　（d）系统短路时的电路
　　　　　　　　　　（感性小电流）　　（容性电流）　　　　（感性大电流）

图 2.15　电力系统中各种性质的电路

1. 弧隙电压的恢复过程

现以图 2.15（d）断路器开断单相接地故障为例，说明弧隙电压的恢复过程。图 2.15（d）的等值电路如图 2.16 所示。

图 2.15（d）中，L 和 R 为电源电感和电阻；QF 为断路器；Z_f 为负荷阻抗。当在断路器出口发生单相短路时，Z_f 被短接，断路器中通过单相短路电流 i_{k1}，其波形如图 2.17 所示，其中 u 为电源电压。

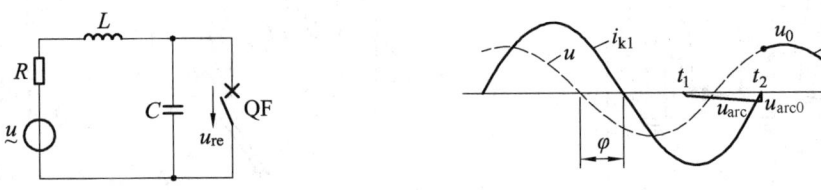

图 2.16　图 2.15（d）的等值电路　　　图 2.17　短路电流 i_{k1}、电压 u 的波形图

在 t_1 时，断路器触头分断而发生电弧，断口两端电压为 u_{arc}。t_2 时电流过零，电弧熄灭，电压恢复过程开始，电源电压 u 逐渐加到断路器两端。电源侧对地电容 C 恰好与断路器断口并联，如图 2.16 所示。因此断路器 QF 断口电压恢复过程，就是交流电压 u 通过 R、L 对电容 C 充电的过程。

从熄弧角度看，电弧是否重燃，主要决定于电流过零后很短时间内的电压恢复过程。在这段时间内，电源电压变动很小，因此在分析电压恢复过程时，可以近似地把交流电源简化为直流电源，其电压取值为交流恢复电压 u_0。于是，断路器 QF 电压的恢复过程，相当于电

压为 u_0 的直流电源和电感 L、电阻 R 及电容 C 组成的串联电路在突然合闸时电容 C 两端的电压变化过程。这样可以用如图 2.18 所示的电路来分析电压恢复过程。

当 $t = 0$ 时，相当于开关 Q 突然闭合，电路中有电流 i_C 通过。假设断路器弧隙电阻在电流过零时为无限大，则电路的回路方程式为

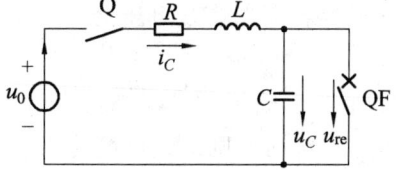

图 2.18 计算电压恢复过程的电路

$$Ri_C + L\frac{di_C}{dt} + u_C = u_0 \quad (2.4)$$

因为
$$i_C = C\frac{du_C}{dt}$$

所以
$$\frac{di_C}{dt} = C\frac{d^2u_C}{dt^2} \quad (2.5)$$

将式（2.5）代入式（2.4）得

$$Ri_C + LC\frac{d^2u_C}{dt^2} + u_C = u_0 \quad (2.6)$$

通常 R 值很小，可以忽略不计，当忽略 Ri_C 部分时，式（2.6）可写为

$$LC\frac{d^2u_C}{dt^2} + u_C = u_0 \quad (2.7)$$

解得
$$u_C = u_0 + a_1\cos\omega_0 t + a_2\sin\omega_0 t \quad (2.8)$$

$$\omega_0 = \frac{1}{\sqrt{LC}} \quad \text{或} \quad f_0 = \frac{\omega_0}{2\pi} = \frac{1}{2\pi\sqrt{LC}} \quad (2.9)$$

式中，u_0 为微分方程式（2.7）的特解，或称稳态解；$a_1\cos\omega_0 t + a_2\sin\omega_0 t$ 为相应的齐次方程的通解，或称暂态解；a_1、a_2 为待定常数，由初始条件决定。

根据初始条件即电路电流过零时的状态确定 a_1 和 a_2，过程如下：

（1）$t = 0$ 时电容器电压 u_C 即为电弧电压 u_{arc0}（参见图 2.17），即

$$t = 0, \quad u_C = -u_{arc0} \quad (2.10)$$

将式（2.10）代入式（2.8）得

$$-u_{arc0} = u_0 + a_1; \quad a_1 = -(u_{arc0} + u_0) \quad (2.11)$$

（2）$t = 0$ 时，电流过零，由于电路中存在电感，电流不能跳变，因此有

$$i_C = 0; \quad i_C = C\frac{du_C}{dt} = 0 \quad \text{或} \quad \frac{du_C}{dt} = 0 \quad (2.12)$$

将式（2.8）对 t 微分得

$$\frac{du_C}{dt} = -\omega_0 a_1 \sin\omega_0 t + \omega_0 a_2 \cos\omega_0 t \quad (2.13)$$

当 $t = 0$ 时，将式（2.12）代入式（2.13），得

$$\omega_0 a_2 = 0 \quad 即 \quad a_2 = 0 \tag{2.14}$$

故得断路器断口恢复电压为

$$u_{re} = u_C = u_0 - (u_{arc0} + u_0)\cos\omega_0 t \tag{2.15}$$

若 $u_{arc0} \ll u_0$ 时，则上式可简化为

$$u_{re} = u_0(1 - \cos\omega_0 t) \tag{2.16}$$

根据式（2.16），可以画出恢复电压波形图（见图 2.19，它是围绕 u_0 的振荡电压波，振荡频率为 f_0。因此 u_0 相当于恢复电压的稳态值，即相当于工频恢复电压。当 $t_m = \dfrac{1}{2f_0}$ 时，恢复电压达最大值，等于电流过零时电源电压的两倍。

实际电路中，恢复电压最大值 u_{rem} 达不到电源电压的两倍，一般在 u_0 的 1.3~1.6 倍以下（见图 2.20）。由图 2.20 也可看出，恢复电压由两部分组成：瞬态部分和工频部分。瞬态部分即瞬态恢复电压以高频振荡形式出现，其振荡频率与电网参数有关。在实际电路中，这个瞬态部分衰减很快，持续时间很短。工频部分就是交流 50 Hz 正弦电压 u_s。

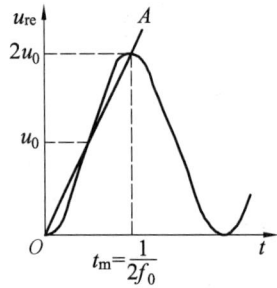 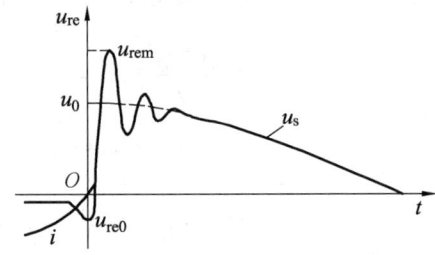

图 2.19　恢复电压变化波形　　　　图 2.20　实际电路中的恢复电压波形

从以上分析可知，断路器断口恢复电压的上升速度在很大程度上影响着电弧的熄灭速度。由图 2.19 可知，电压恢复速度可取为 1/4 周期中的平均值，表示为

$$\frac{du_{re}}{dt} = \frac{u_0}{T/4} = 4f_0 u_0 = \frac{2u_0\omega_0}{\pi} \cdot 10^{-6} \tag{2.17}$$

可见 ω_0 越大，电压恢复越快；u_0 越大，电压也恢复越快。电压恢复越快，则电弧燃烧的时间就延长。为了降低恢复电压的上升速度，可以在断路器断口处采取并联电阻的方法。

2. 断路器断口并联电阻降低恢复电压上升速度

如图 2.21 所示为两断口的断路器在主触头 Q_1 处并联电阻 R 的情形。Q_2 为辅助触头，断路器分断电路时，主触头 Q_1 先打开，并联电阻接入电路，使主触头 Q_1 间的电弧熄灭，然后辅助触头 Q_2 接着分开，切断并联电阻中的电流，最终使电路完全断开。

主触头 Q_1 断开时的等值电路如图 2.22 所示，列出电路的微分方程式为

$$u_C + L\frac{di}{dt} = u_m \sin\omega t \tag{2.18}$$

由于瞬态恢复电压的持续时间很短,因此可以把交流电源简化为直流电源。如前述,取为 $u_0 = u_m \sin \omega t$,则式(2.18)表示为

$$u_C + L \frac{di}{dt} = u_0 \qquad (2.19)$$

而电流

$$i = i_C + i_R = C \frac{du_C}{dt} + \frac{u_C}{R} \qquad (2.20)$$

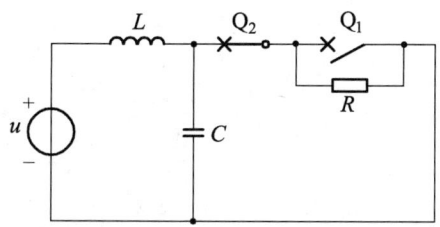
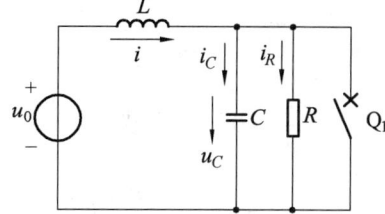

图 2.21 带有并联电阻的断路器开断短路故障时的电路图　图 2.22 主触头开断电路时的等值电路图

L—线路电感;C—线路对地电容;R—并联电阻

将式(2.20)代入式(2.19)后得

$$LC \frac{d^2 u_C}{dt^2} + \frac{L}{R} \cdot \frac{du_C}{dt} + u_C = u_0 \qquad (2.21)$$

解式(2.21),可得电容器电压 u_C 也即主触头恢复电压 u_{re1} 为

$$u_{re1} = u_0 + a_1 e^{P_1 t} + a_2 e^{P_2 t} \qquad (2.22)$$

式中,a_1、a_2 分别为积分常数,由初始条件决定;P_1、P_2 分别为特征方程根。

由微分方程式(2.21)的各项系数求得

$$P_{1,2} = \frac{-\frac{L}{R} \pm \sqrt{\frac{L^2}{R^2} - 4LC}}{2LC} = -\frac{1}{2CR} \pm \sqrt{\frac{1}{4C^2 R^2} - \frac{1}{LC}} \qquad (2.23)$$

当 $\frac{1}{4C^2 R^2} < \frac{1}{LC}$,即 $R > \frac{1}{2}\sqrt{\frac{L}{C}}$,特征方程根 $P_{1,2}$ 为虚数,瞬态恢复电压 u_{re1} 为周期性振荡过程;当 $\frac{1}{4C^2 R^2} \geq \frac{1}{LC}$,即 $R \leq \frac{1}{2}\sqrt{\frac{L}{C}}$,特征方程根 $P_{1,2}$ 为实数,瞬态恢复电压 u_{re1} 为非周期性过程。

加并联电阻的目的是使瞬态恢复电压从周期性振荡过程变为非周期性过程,以降低恢复电压的上升速度。

根据初始条件,确定积分常数 a_1 和 a_2,过程如下:

(1) $t = 0$,$u_C = 0$,也即瞬态恢复电压 $u_{re1} = 0$,代入式(2.22),得

$$u_0 + a_1 + a_2 = 0$$

即
$$a_1 + a_2 = -u_0 \tag{2.24}$$

（2）$t=0$，$i=0$，又因为 $t=0$ 时 $u_C=0$，$i_R = \dfrac{u_C}{R} = 0$，代入式（2.20）得

$$C\frac{\mathrm{d}u_C}{\mathrm{d}t} = 0$$

将式（2.22）对 t 微分得

$$\frac{\mathrm{d}u_C}{\mathrm{d}t} = a_1 P_1 \mathrm{e}^{P_1 t} + a_2 P_2 \mathrm{e}^{P_2 t} \tag{2.25}$$

将 $t=0$，$\dfrac{\mathrm{d}u_C}{\mathrm{d}t}=0$，代入式（2.25）得

$$0 = a_1 P_1 + a_2 P_2 \tag{2.26}$$

联立式（2.24）及式（2.26）解得

$$\left.\begin{array}{l} a_1 = \dfrac{-P_2}{P_2 - P_1} u_0 \\ a_2 = \dfrac{P_1}{P_2 - P_1} u_0 \end{array}\right\} \tag{2.27}$$

将 a_1、a_2 代入式（2.22）得

$$u_{\mathrm{re}1} = u_0 + \frac{u_0}{P_2 - P_1}(P_1 \mathrm{e}^{P_2 t} - P_2 \mathrm{e}^{P_1 t}) \tag{2.28}$$

通常 $P_1 \ll P_2$，则式（2.28）可简化为

$$u_{\mathrm{re}1} = u_0 + \frac{u_0}{P_2}(-P_2 \mathrm{e}^{P_1 t}) = u_0(1 - \mathrm{e}^{P_1 t}) \tag{2.29}$$

$$P_1 = -\frac{1}{2CR} + \sqrt{\frac{1}{4C^2 R^2} - \frac{1}{LC}} = -\frac{1}{2CR} + \frac{1}{2CR}\left(1 - \frac{4CR^2}{L}\right)^{\frac{1}{2}} \tag{2.30}$$

当 $\dfrac{4CR^2}{L} < 0.25$，即 $R < \dfrac{1}{4}\sqrt{\dfrac{L}{R}}$ 时，式（2.30）还可简化为

$$P_1 = -\frac{1}{2CR} + \frac{1}{2CR} + \left(1 - \frac{1}{2} \cdot \frac{4CR^2}{L}\right) = -\frac{R}{L} \tag{2.31}$$

将式（2.31）代入式（2.29）得

$$u_{\mathrm{re}1} = u_0(1 - \mathrm{e}^{-\frac{R}{L}t}) \tag{2.32}$$

由此可见，当电压恢复过程为非周期性时，瞬态恢复电压最大值不会超过工频恢复电压，则电压恢复速度减慢。对（2.32）式微分，可得电流过零时（$t=0$）的恢复电压上升速度为

$$\left.\frac{\mathrm{d}u_{\mathrm{re1}}}{\mathrm{d}t}\right|_{t=0} = \frac{R}{L}u_0 \quad (\text{V/s}) \tag{2.33}$$

由式（2.33）可见，并联电阻 R 值越小，恢复电压上升速度越低。

主触头间的电弧熄灭后，并联电阻 R 与电源、电感 L 及辅助触头形成串联连接。通常短路时电路感抗 $X_L = \omega L$ 很小，$R \gg X_L$，此时电路基本上成为电阻性电路，电路中的电流较主触头开断时的短路电流小得多，因此，当辅助触头 Q_2 分开时，触头间的电弧很容易熄灭。由于上述原因，并联电阻值主要根据熄灭主触头间电弧的要求来选择。一般来说，此电阻值常在几欧至几百欧之间（与断路器的额定电压有关），通常称为低值并联电阻。断路器触头上并联几百欧到几千欧的中值电阻可以降低分合电容电路时的过电压，这里就不再详述了。

第四节 高压断路器的技术要求及基本参数

电力系统的运行状态、负荷的性质是多种多样的，作为控制、保护元件的高压断路器，为了保证电力系统的安全可靠运行，对其要求是多方面的，分述如下。

一、开断、关合电路方面

1. 开断负荷电路和短路故障

断路器在开断电路时，主要的困难是熄灭电弧。除了要求断路器能开断工作电路外，尤其要求断路器能开断各种形式的短路故障电路，因为短路电流要比正常负荷电流大得多，这时电路最难开断。

标志高压断路器开断短路故障能力的主要参数是：

额定电压 U_N（kV）；

额定开断电流 I_{Nbr}（kA）；

额定断流容量 S_{Nbr}（MV·A），现在已很少采用。对于三相电路，S_{Nbr} 的计算公式为

$$S_{\mathrm{Nbr}} = \sqrt{3} U_N I_{\mathrm{Nbr}} \tag{2.34}$$

选择断路器时，首先要校核的参数就是断路器开断短路故障电路的能力。

2. 快速开断

电力系统发生短路故障后，要求继电保护系统快速动作，断路器开断越快越好。这样可以缩短系统的故障时间，减轻故障对电气设备及线路的危害，并提高系统运行的稳定性。

标志断路器开断过程快慢的参数是开断时间 t_{br}(s)。t_{br} 是从断路器接到开断信号到短路电流终止（电弧熄灭）的全部时间，它又分为：① 固有分闸时间 t_{in}(s)：从断路器接到分闸命令起到触头分离的时间间隔；② 燃弧时间 t_a(s)：从触头分离到电弧全部熄灭的时间间隔。

低速动作断路器　　$t_{\mathrm{br}} > 0.12$ s；

中速动作断路器　　$t_{\mathrm{br}} = 0.08 \sim 0.12$ s；

高速动作断路器　　$t_{\mathrm{br}} < 0.08$ s。

3. 关合短路故障

电力系统中的电气设备或输电线路有可能在未投入运行前就已存在绝缘故障,甚至处于短路状态,这种故障称为"预伏故障"。当断路器关合有预伏故障的电路时,在关合过程中,通常在动、静触头尚未机械接触前,触头间隙在电压作用下即被击穿(称为预击穿),随即出现短路电流,短路电流产生的电动力往往对断路器的关合产生很大的阻力,有些情况下甚至产生动触头关合不到底的情况,这样在触头间会形成持续的电弧,可能造成断路器的损坏或爆炸。为了避免出现这一情况,断路器应具有足够的关合短路电流的能力。

标志关合短路电流能力的参数是断路器的额定短路关合电流 i_{Ncl}(kA),用峰值表示。

4. 自动重合闸

在电力系统输电线路中因雷击闪电和鸟害等将发生大量的瞬时性故障,对此,自动重合闸是提高供电可靠性的有力措施。在短路故障发生时,断路器开断,然后经很短的时间再重新关合。如瞬时性故障已经消失,则重合成功;如短路故障仍未消除,则断路器必须重新开断。

采用自动重合闸的断路器,其重合间隔时间一般为 1 s 左右。要在很短的时间内,可靠地连续分合几次短路故障,因此也就增加了断路器的工作负担。

5. 分合各种空载和负载电路

在电网运行过程中,断路器有时需要关合、开断空载长输电线、空载变压器、电容器组、高压电动机等电路。分合这些电路的主要问题是产生过电压,而断路器的绝缘能力应可以承受这种过电压。标志这方面分合能力的主要参数是额定电压 u_N、分合架空输电线路和电力电缆的长度(km)以及变压器、电容器组的容量等。

6. 允许分合次数

断路器应有一定的允许分合次数,以保证足够长的工作年限。根据标准,一般断路器允许空载分合次数(也称机械寿命)为 2 000 次。控制电容器组、电动机等经常操作的断路器,其允许分合次数应当更多。为了加长断路器的检修周期,断路器还应有足够的电寿命(允许连续分合短路电流或负荷电流的次数)。一般来说,断路器应有尽可能长的分合短路电流的电寿命。对用于保护、控制的经常操作的断路器,更应有连续分合几千次以上负荷电流的电寿命。电寿命也可用累计开断电流值(kA)来表示。

二、一般电气性能方面

高压断路器要长期装设在电力系统中,应能承受各种电压、电流的作用而不致损坏。

1. 电 压

额定电压一定的断路器,要求其绝缘部分应能长期承受相应的最大工作电压,而且还要求能承受相应的大气过电压及内部过电压的作用。

标志这方面性能的参数是:最大工作电压、工频试验电压、全波和截波冲击试验电压、操作波试验电压。各试验电压值可参看有关标准。

2. 电 流

断路器在长期通过工作电流时,各部分温度不得超过允许值。关于断路器在各种情况下的允许温度,在有关标准中都有规定。断路器在通过短路电流时,不应因电动力而受到损坏,各部分温度也不允许超过短时工作的允许值,触头不应发生焊接或损坏。

标志这方面性能的参数是：额定电流 I_N、额定动稳定电流 i_{es}（峰值）、额定热稳定电流 I_{ts} 和额定热稳定时间 t_{ts}（2 s 或 4 s）。

对断路器来说，额定动稳定电流 i_{es}（极限通过电流）、额定热稳定电流 I_{ts}、额定开断电流 I_{Nbr}、额定短路关合电流 i_{Ncl}（峰值）都是同一短路电流在不同操作情况下或不同时刻出现的电流有效值或峰值。断路器标准中规定的各电流额定值的关系如图 2.23 所示。

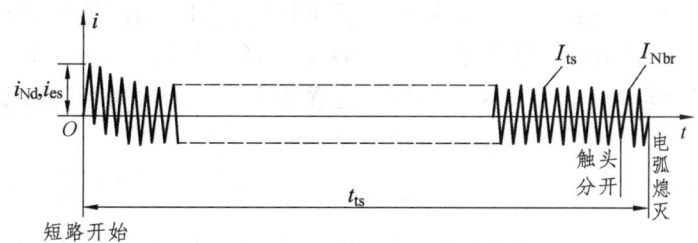

图 2.23　各电流额定值之间的关系

各额定值间的关系还可表示如下：

$$i_{Ncl} = i_{es} \tag{2.35}$$

$$I_{Nbr} = I_{ts} \tag{2.36}$$

$$i_{Ncl} = 1.8 \times \sqrt{2} I_{Nbr} = 2.55 I_{Nbr} \tag{2.37}$$

三、自然环境方面

断路器在周围各种环境条件下，都应可靠地工作，这些条件略述如下：

1. 海拔高度

海拔高度对高压电器主要有两方面的影响：

（1）对外部绝缘的影响。海拔高的地区，大气压力低，耐压水平随之降低。例如，在海拔 1 000 m 以下能承受工频耐压 42 kV、1 min 的高压电器，在海拔超过 3 000 m 的地区，只能耐压 38 kV。根据标准规定，用于高海拔地区（高于 1 000 m、低于 3 500 m）的电器产品，如在低海拔地区进行耐压试验时，试验电压应该提高。其试验电压为标准规定值乘以修正系数 x（$x > 1$）：

$$x = \frac{1}{1.1 - \dfrac{H}{10\,000}} \tag{2.38}$$

式中，H 为安装地点的海拔高度（m），$1\,000 < H < 3\,500$。

（2）对电器发热温度的影响。高海拔地区空气稀薄，散热差，允许通过的电流应该减小一些。

在我国，海拔低于 1 000 m 的地区仅占全国面积的 35%，但全国 90% 以上的变电站都在此地区内，所以有关标准规定，一般电器设备的使用环境按海拔低于 1 000 m 及 2 500 m 两挡考虑。

2. 环境温度

高压电器有关标准规定，产品使用的环境温度为 −40 ～ +40 ℃。温度过低会使变压器油、液压油及润滑油的黏度增加,影响开关电器的分、合闸速度。温度过低还会使 SF_6 气体液化,使 SF_6 电器设备无法正常工作。密封材料在低温下会出现性能劣化,造成电器设备的漏气漏油。温度过高,可能造成导电部分过热及电容套管的密封胶渗出等。特别是装设在户外的电器产品,要考虑日照的影响,在太阳光的直射下很容易过热。标准建议,周围环境温度每增加 1 ℃,额定电流应减少 1.8%;每降低 1 ℃,额定电流应增加 0.5%,但最大不得超过 20%。温度过高,空气绝缘性能也会降低。标准规定,用于高温地区的高压电器在常温地区进行耐压试验时,试验电压要适当提高。从 40 ℃ 开始,每超过 3 ℃,试验电压提高 1%。

此外还应考虑环境湿度、风、雨、污秽、地震等多方面因素对断路器工作的影响。

各种断路器的主要技术参数可参见本书附录中附表 6.1 ~ 6.3。

第五节 高压断路器的构造及工作原理

一、高压断路器的构成

在电力系统中,高压断路器是一种重要的控制和保护电器。高压断路器一般由下列各部分构成:

(1)触头。用来实现电路通断的重要部件,触头闭合则电路关合,触头分离则电路开断。断路器中的触头分为动触头和静触头两种,有时为了增加断口数目,还需设置中间触头。动触头由运动机构带动,而静触头则固定在断路器的一端。

(2)灭弧室。在动静触头间隙发生电弧时,一般被限制在具有灭弧装置的灭弧室中,电弧在灭弧室中被纵向或横向吹长、冷却而熄灭。灭弧室的结构必须满足断路器一定开断容量下灭弧的要求。

(3)绝缘介质。它可以分为灭弧用绝缘介质及支持用绝缘介质。灭弧用绝缘介质可以是变压器油、专用开关油、SF_6 气体、压缩空气或真空等。支持用绝缘介质可以是电工瓷、环氧树脂或玻璃钢等。

(4)壳体结构。把触头、灭弧室、绝缘介质等组装在一起,用以实现断路器工作的目的。它多由钢材、电工瓷、密封紧固件等组成,壳体构架必须满足断路器在电气绝缘方面、机构动力学方面以及工作环境的各种要求。

(5)运动机构。它是使可动触头在规定范围内动作的联动机构,多由具有绝缘性能和一定材料强度的连杆机构组成,如在少油断路器中用得最多的椭圆-直线连杆运动机构。运动机构可以直接和断路器的操动机构连接,执行操动机构对断路器的操作。

按照绝缘和灭弧介质的不同,高压断路器可以分成油断路器、SF_6 断路器、空气断路器、真空断路器等,本节将分别予以介绍。

二、油断路器

以密封的绝缘油作为开断故障的灭弧介质的一种开关设备,有多油断路器和少油断路器两种形式,是较早应用于开断与关合电路的开关设备,曾广泛应用于各个电压等级的电网中。

多油断路器结构简单、性能可靠，可制成超高压等级（如 362 kV），也能方便地带电流互感器，配套性强，户外使用时受大气条件的影响小。但多油断路器也有很多的缺点，特别是在超高压等级时，体积庞大，消耗大量的钢材和变压器油，运输和安装均有较大困难，引起爆炸和火灾的危险性大，所以多油断路器已趋于淘汰。

少油断路器的突出特点是结构简单，易于制造和维修、价格低、使用方便。与多油断路器相比，少油断路器体积小、重量轻、用油量少，能采用积木式组装成超高压少油断路器，并在电力系统中被广泛应用。其缺点是燃弧时间长，动作较慢，检修周期短，维修工作量大，受单元断口的电压限制，发展特高压等级有困难等。

三、气体断路器

SF_6（六氟化硫）断路器和压缩空气断路器（简称空气断路器）都属于气体断路器。20 世纪 70 年代以来，由于 SF_6 断路器的发展，空气断路器已大量被 SF_6 断路器所取代，而且发展为全封闭组合电器，成为超高压等级断路器的最主要品种。SF_6 断路器早已用于电气化铁道各种配电设备中。本节主要阐述 SF_6 断路器，简要介绍压缩空气断路器。

（一）SF_6 的特性

1. 物理性能

SF_6 是一种无色、无臭、无毒、不可燃的惰性气体，比空气重 5 倍；常压下，液化温度为 $-63.8\ ℃$；其热传导率随温度变化而变化。例如，在 2 000 ℃ 时，它具有极强的导热能力，而在 5 000 ℃ 时，其导热能力很差，正是这种导热特性，对电弧的熄灭起着极为重要的作用。

2. 化学性能

SF_6 在常温下是极为稳定的气体，其惰性远远超过氮气。它不溶解于水和变压器油中；与氧、氢、铝以及其他许多物质不发生作用；热稳定性高，在 500 ℃ 时不分解。

SF_6 在电弧的作用下能分解少量低氟化物（SF_4 等）气体，由于低氟化物气体中的微量水分参与作用，对金属和绝缘材料都有很大的腐蚀性，并危及人身健康和生命安全；但大部分不纯物在极短的时间内（$10^{-6} \sim 10^{-7}$ s）能重新结合成 SF_6，剩下的微量不纯物经过吸附剂（分子筛、活性氧化铝等）过滤后可以除去。

3. 绝缘性能

由实验得知，在三个大气压时，它与变压器油的绝缘强度相等，压力越高，绝缘性能越好。在均匀电场中及在相同压力下，它的绝缘性能为空气的 2~3 倍。

经研究认为，SF_6 气体中空气的含量大于 50% 以上时，其绝缘能力下降；含量等于 50% 时，与纯 SF_6 气体绝缘能力相同；含量小于 50% 时，其绝缘能力反而比纯 SF_6 气体高。因此有人提出，在纯 SF_6 气体中充以氮气来提高绝缘性能和降低成本。

SF_6 气体中混入水分，如果水分仅以气体形式存在，SF_6 气体与固体的分界面的绝缘性能几乎不受影响。当水分含量过多，在固体表面产生凝结时，其表面绝缘性能将会下降。

4. 灭弧性能

SF_6 具有很强的灭弧能力，在自由开断的情况下，它的灭弧能力要比空气大 100 倍左右。当用 SF_6 气体吹弧时，采用不高的压力和不太大的吹弧速度，就能在高电压下开断相当大的电流。这是因为：

（1）散热能力强。SF_6的散热主要是靠对流与传导。其对流散热能力为空气的2.5倍。SF_6断路器和空气断路器一样，都是通过气体的高速流动带走电弧的热能，不过SF_6气体所带走的能量是随SF_6气体温度的增加而增加的。

（2）电弧压降小，弧柱细。SF_6气体的热传导特性十分奇异，在5 000 ℃以上时，导热率十分低，使得弧心部分的热量难以传导出来，弧心温度特别高，气体的热游离充分，所以导电率高，弧压降下（只有压缩空气的1/3左右，少油断路器的1/10左右）。由于SF_6断路器的电弧电压梯度较低，在相同的工作电压及开断电流条件下，电弧能量小，所以易于灭弧。

在电弧周围温度低处（2 000 ℃），其导热率又十分高，所以弧柱细，含热量少，使得电弧电流过零时，电子密度减少得快，这就提高了介质耐压强度的恢复速率。

（3）负电性能对电弧电流过零后的去游离极为有利。负电性是指分子（原子）吸收自由电子形成负离子的特性。六氟化硫是负电性气体。电弧在六氟化硫气体中燃烧时，在电弧的高温作用下，电弧空间的六氟化硫气体几乎全部分解为单原子态的氟和硫。在电弧电流过零的瞬间，由于氟和硫都具有很强的负电性，大量地吸附和捕捉自由电子，形成负离子，这些负离子的重量都很大，是电子的几千倍。在电流过零后极性相反时，这些负离子移动缓慢，导致与正离子结合的概率大为增加，使负离子大量复合，所以弧隙的介质强度恢复大为加快。

SF_6气体是目前所知的最理想的绝缘和灭弧介质，优于其他介质甚至包括真空。

（二）SF_6气吹灭弧装置

气体断路器以SF_6作为绝缘和灭弧介质后，灭弧装置的性能和结构与压缩空气断路器、少油断路器等有极大的不同，并具有下列优点：

（1）可以提高单断口的额定电压和开断电流。目前已分别能达到420 kV和80 kA。这样不仅提高了断路器在电网中工作的可靠性，而且为发展更高电压等级（如1 000 kV以上）的输电线路创造了条件。

（2）切断小电感电流时较少发生截流现象；切断空载架空线时不会发生多次重击穿；能承受快速上升的瞬态恢复电压，尤其适宜于切断近区故障。

（3）由于SF_6气体的分解物内不含氧，所以燃弧时触头不会被氧化，而且磨损和烧蚀作用也不显著。此外，分解后的六氟化硫气体又能自行迅速复合，这样断路器的满容量开断次数增加，相应地检修周期就可以延长。

（4）可以集合成全封闭气体绝缘变电站。它结构紧凑，设备占地面积小，污染和噪声小，又无爆炸和导致火灾的危险。

这些优点使得SF_6断路器在高压和超高压电力系统中取代压缩空气和少油断路器，在中、低压配电系统中也正和其他形式的断路器展开激烈的竞争。

综合SF_6吹灭弧装置的发展历程和现有的结构，基本上分为两大类：纵向气吹和横向气吹。纵向气吹灭弧方式归纳起来有4种：

（1）简单开断方式，如图2.24（a）所示。它完全依靠自然对流和传导散热冷却电弧，因此开断能力极小，目前已不使用。

（2）双压力式吹弧，如图2.24（b）所示。这种吹弧方式须在断路器内设置两种气压，上部为高气压室，下部为低气压室。当触头分开时，开启控制阀门，使高压气流通过喷口绝热膨胀，并形成高速气流，以此来吹熄电弧。熄弧后关闭阀门，停止气吹。低压气体经吸附过滤装置后用压气泵重新打入高气压室，以备下次使用。这种方式曾在六氟化硫断路器发展初期为提高开断容量而采用过，随着单压力气吹灭弧装置的完善，双压力式已逐渐被淘汰。

（3）单压力式吹弧，如图 2.24（c）所示。它仅设置一种气压，即在灭弧室内充有一定压力（一般为 0.4～0.7 MPa 气压）的六氟化硫气体。可动部分（即动触杆）装有压气装置（常称压气罩）。当动触杆向下运动时，罩内气体被压缩，压力升高。当动、静触头分离，接着喷口开启时，压气罩内被压缩的高压气体通过喷口作绝热膨胀，形成高速气流，纵吹电弧。熄弧后的灭弧室内气体又处于同一气压下。这种灭弧方式较为简单，不需要外设压气泵等附属设备。因此，目前已在输变电断路器中广泛应用。在实际装置中它又分单向（即单喷口）和双向（两个喷口）两种吹弧方式，后者是纵横吹兼而有之。此外，依据在开断过程中断口间绝缘距离是否改变，又分为定开距和变开距两种不同的结构形式。

（4）自生压力式吹弧，如图 2.24（d）所示。它利用上部电弧自身的能量加热气体，使压力升高去吹熄下部的电弧。目前，这种方式已有较大的改进，即不仅采用纵吹方式，还加入横吹，以提高灭弧性能。

典型的横向气吹灭弧装置如图 2.25 所示。它是利用电弧电流通过线圈，在其周围产生磁场，以此驱动电弧在六氟化硫气体中做快速旋转运动，使弧柱受到横向气流的吹拂、散热、冷却而达到灭弧的目的。

上述各种灭弧方式若按灭弧过程所施加的能量分，一类是外能灭弧，如图 2.24 中的（b）、（c）两种，它是依靠外界能量（非电弧自身的）压缩气体，然后施行气吹。另一类是自能灭弧，如图 2.24 中的（a）、（d）和图 2.25 中所示的灭弧装置。它完全依靠电弧自身的能量灭弧。目前，正在把这两种灭弧方式在灭弧过程中恰当地结合起来，充分而合理地利用能量形成新的灭弧装置。

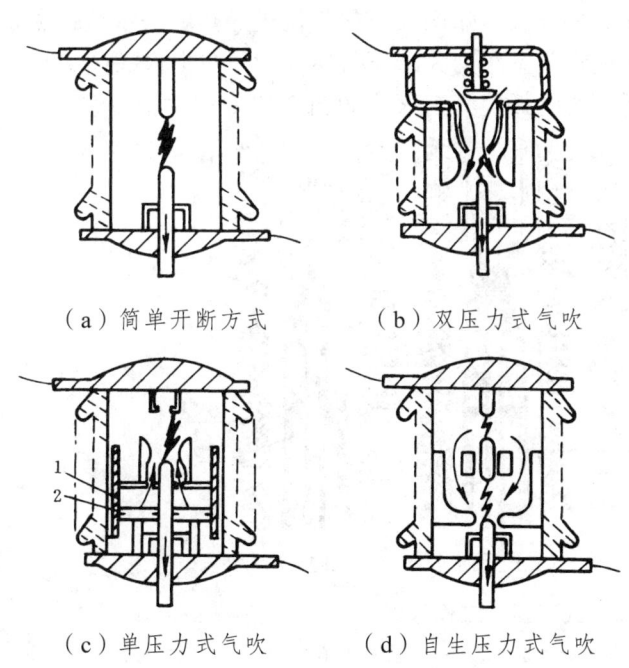

（a）简单开断方式　（b）双压力式气吹
（c）单压力式气吹　（d）自生压力式气吹

图 2.24　六氟化硫纵向气吹灭弧方式

1—压气罩；2—活塞

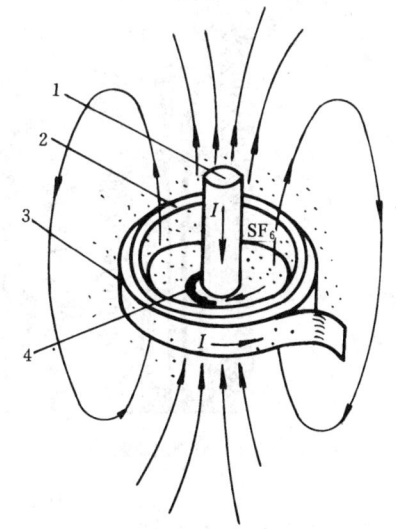

图 2.25　六氟化硫横向气吹灭弧方式

1—电极；2—短路线圈；3—磁场线圈；4—电弧

1. 纵向气吹灭弧装置

纵向气吹灭弧装置一般用于输电网络中的高压和超高压断路器中，下面简要介绍单压力单向气吹灭弧室的工作情况。

如图 2.26 所示为单压力式气吹灭弧装置工作原理图，虚线所示为触头处于闭合位置。当动触杆在机构带动下向左移动时，压气罩及喷口也一起向左运动，活塞（不动）与压气罩内的气体被压缩。当动、静触头分开时形成电弧，被压缩的气体冲出喷口，吹拂弧柱。因此分断过程分为两个阶段：① 预压气阶段。从压气罩开始运动，触头分离，到喷口即将开启。该阶段主要是在压气室内建立起较高的气压，使喷口开启时有较强的气吹力。一般预压缩行程是全行程的 1/2 左右。② 气吹阶段。如图 2.26 中实线所示的位置。当喷口开启后，为保证电弧能可靠地熄灭，应保持喷口喉颈部分气体处于临界流动状态。

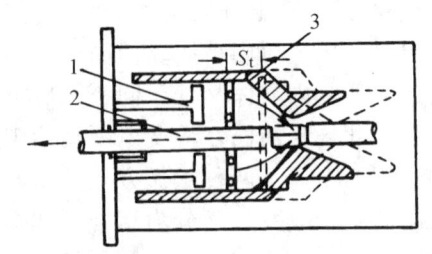

图 2.26　单压力式气吹灭弧装置工作原理

1—活塞；2—动触杆；3—压气罩及喷口

2. 自能式灭弧装置

20 世纪 90 年代以来，自能式 SF_6 断路器发展很快，大有取代压气式 SF_6 断路器的趋势。自能式灭弧装置在开断小电流时，采用压气式原理进行灭弧；在开断大电流时，利用电弧产生的热能，通过气体膨胀时所产生的能量灭弧。

如图 2.27 所示为自能式灭弧室的工作原理图。分闸时，以拉杆、气缸、动触头、大小喷口等组成的动触头组件向下运动，静主触头先与动主触头分离，电流转移至仍在闭合的动、静弧触头上，随后动、静弧触头分离形成电弧，热膨胀室和压气室在灭弧过程中的作用不同。

在开断短路电流时，弧触头间的电弧能量很大，弧区大量热气流进入热膨胀室，在热膨胀室内进行热交换，形成低温高压气体；热膨胀室压力大于压气室压力，单向阀关闭；当电流过零时，热膨胀室内的高压气体吹向断口的电弧使其熄灭，如图 2.27（b）所示。

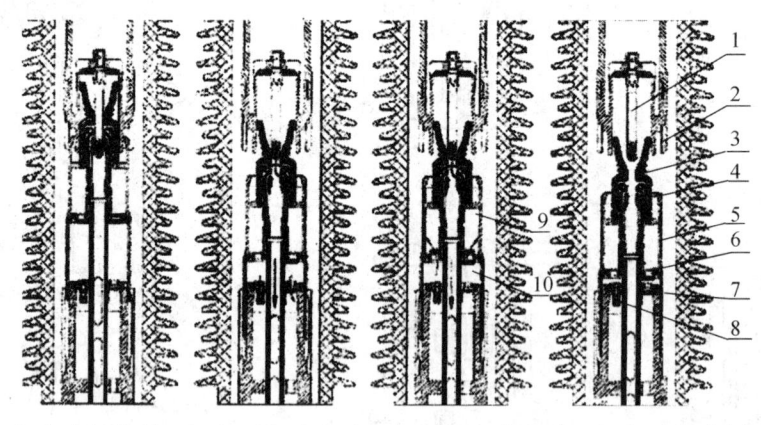

（a）合闸位置　（b）开断大电流　（c）开断小电流　（d）分闸位置

图 2.27　自能式灭弧室工作原理

1—静弧触头；2—静主触头；3—喷口；4—动主触头；5—动主触头（气缸）；6—单向阀；
7—减压阀；8—减压弹簧；9—热膨胀室；10—压气室

在开断小电流时，由于电弧能量小，热膨胀室内产生的压力小，压气室内的气体压力高于热膨胀室内压力，单向阀打开，被压缩的气体向断口电弧吹去；电流过零时，压气室内释放的具有一定流速的气体吹向断口使电弧熄灭，如图2.27（c）所示。

3. 旋弧式灭弧装置

旋弧式灭弧装置属横吹方式，其基本原理如图2.28所示。当动触头离开静触指时产生电弧，它随即转移到和激磁线圈相连的短路铜套内壁，电流由静触头通过激磁线圈进入短路铜套后，经导电弧柱和动触头构成导电回路。电流通过激磁线圈时其周围空间产生磁场，在短路铜套内同时被感应产生电流及相应的磁场。因此铜套的内腔形成合成磁场，其磁力线分布如图2.28（a）中的实线箭头所示。合成磁场 B 随时间变化，它和电流 I 之间存在着相位差，如图2.28（b）所示的曲线。弧柱在该合成磁场中将受到洛仑兹力的作用，该力驱使弧柱在铜套内腔作旋转运动，旋转电弧由此得名。弧柱在磁场中运动，受到周围六氟化硫气体的横向吹拂作用（相对运动），散发热量，扩散和复合带电粒子。在电弧过零前后因合成磁场仍有一定强度，驱使电弧继续运动，气吹和混合作用促使电弧于电流过零后熄灭。

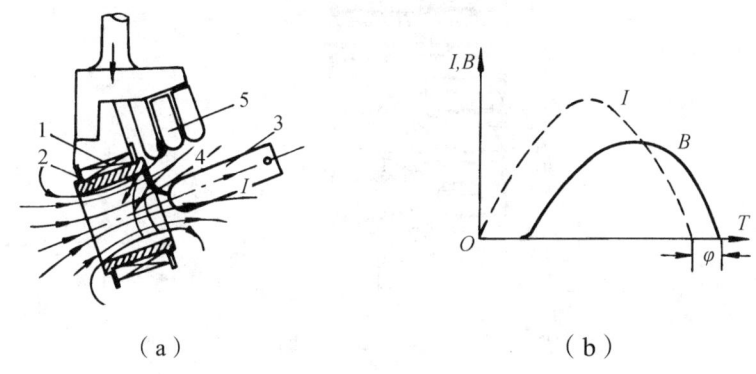

图 2.28 旋弧式灭弧装置
1—线圈；2—铜套；3—动触杆；4—电弧；5—静触指

此类灭弧装置的实验结果表明：开断能力近似地与气压、磁通密度幅值的平方成正比，和电流过零时变化速度的2.5次方成反比，同时还和合成磁场与电流之间的相位差角有关，一般认为在30°~60°适宜。由于影响灭弧过程的因素较多，彼此间又相互关联制约，例如，相位差角与短路铜套的材料、厚度有关，电弧运动速度与电流、气压等有关，而气压又与电弧能量有联系。所以到目前为止尚没有成熟的理论分析和设计方法，需做进一步的研究。

由于此类灭弧装置依靠电弧自身能量灭弧，无需压缩六氟化硫气体，因此分、合闸操作做功小，灭弧装置结构也较简单，但开断小电流或大的短路电流时会增长燃弧时间，必须采用其他的补偿措施，如采用加磁性材料、提高局部气压、辅助压气吹弧等方法改善其开断性能。

旋弧式灭弧装置主要用于中、低压配电系统中的断路器。例如，LN2-35、LN2-10、LW3-10型断路器都采用旋弧式灭弧室。

（三）SF_6 断路器的典型结构

SF_6 断路器在电力系统中得到了广泛应用。根据电网对断路器的要求和使用场合的不同，SF_6 断路器通常分为输电用、配电用和发电机端保护用断路器。前一类断路器均采用单压气吹灭弧装置，后两类一般采用旋弧或旋弧加辅助气吹灭弧装置。

1. LW6-220 型 SF_6 断路器

LW6-220 型 SF_6 断路器为瓷瓶支持敞开式结构，如图 2.29 所示。灭弧室被密封在瓷套管 1 内，并固定安装在支持瓷瓶上。断路器的出线端和静触头座 2 相连，动触杆 3 通过传动机构 4、连杆 5 和断路器的操作箱相连接。操作箱内装有气动操作机构。支持瓷瓶不仅起支持灭弧室的作用，而且使高电压导电部分和断路器机座绝缘。密封瓷套管两端可并联电容器，以改善断口间的电压分布，并降低恢复电压起始上升速度，提高开断能力。

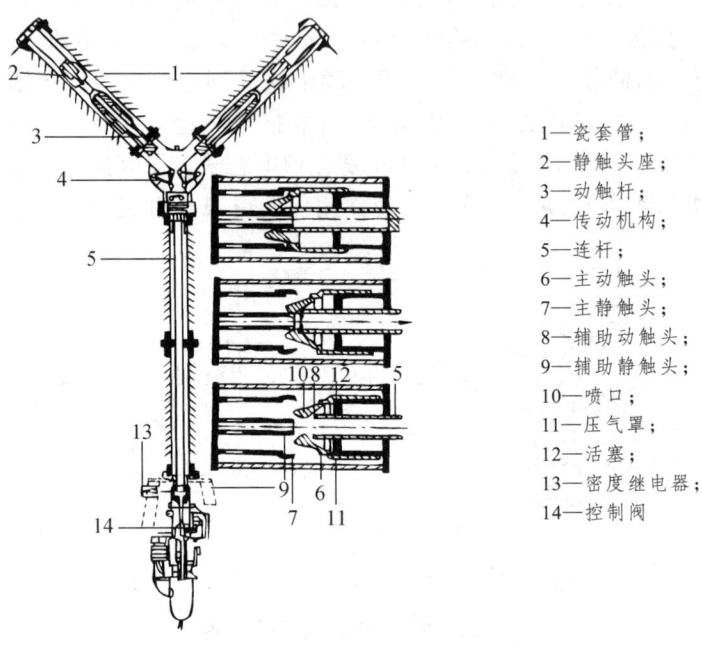

1—瓷套管；
2—静触头座；
3—动触杆；
4—传动机构；
5—连杆；
6—主动触头；
7—主静触头；
8—辅助动触头；
9—辅助静触头；
10—喷口；
11—压气罩；
12—活塞；
13—密度继电器；
14—控制阀

图 2.29　敞开式六氟化硫断路器

灭弧室采用双向气吹变开距式，其灭弧过程如图 2.29 所示。灭弧室内由主动触头、主静触头 6、7 组成主导电回路，以及由辅助动、静触头 8、9 组成的弧触头回路。主触头仅通过电流，而电弧的燃烧与熄灭是在辅助触头上，这样可以提高主触头的载流能力和使用寿命。辅助动、静触头均采用空心导管，头部镶有耐弧材料。喷口 10 采用聚四氟乙烯材料制成。六氟化硫气体密度继电器 13 用以监测断路器的工作压力。

此类断路器的额定电压为 220 kV（单个灭弧室的额定电压为 110 kV），开断电流为 40～50 kA，额定电流可达 4 000 A。SF_6 工作气压为 0.65 MPa，闭锁压力为 0.5 MPa。其灭弧室能方便地串联组合，构成更高电压等级的断路器。

此类断路器结构较简单，用气量少，金属用量少，组合性强，价格也适宜，适用于我国现行变电站；但该断路器不能自带电流互感器，抗振性能欠佳，而落地罐式 SF_6 断路器在此方面具有突出优势。

当环境温度低至 −50 ℃ 时，使用时 SF_6 气体将会液化，可以采用混合气体（SF_6 和 N_2、SF_6 和 CF_4）为绝缘、灭弧介质。例如，我国哈大高铁使用的 220 kV SF_6 断路器的灭弧室就是采用 SF_6 和 CF_4 混合气体作为灭弧介质和自能式灭弧原理实现的。

2. LNI-27.5 型 SF₆ 断路器

LNI-27.5 型 SF₆ 断路器是电气化铁路牵引变电所广泛采用的断路器之一，其结构如图 2.30 所示。

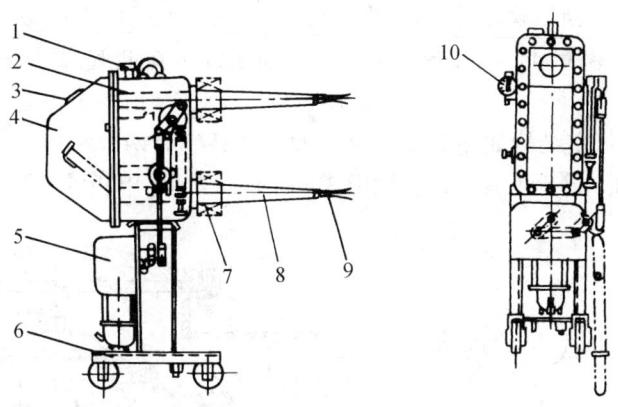

图 2.30　LNI-27.5 型 SF₆ 断路器
1—安全阀；2—箱体；3—观察窗；4—箱盖；5—操作机构；6—车架；7—电流互感器；
8—绝缘套管；9—隔离触指；10—气压表

这是一种压气式 SF₆ 断路器，其中 3~5 个大气压用以维持绝缘的需要。其开断过程如图 2.31 所示，图（a）为合闸状态，这时工作电流由工作静触头 1 及工作动触头 2 导通。当断路器开始分闸时，如图 2.31（b）所示，这时工作触头 1 和 2 首先分离，熄弧静触头 3 和动触头 4 还保持接通，电弧尚未发生，但由于连杆机构的作用，压气活塞 6 已开始向上运动，压缩气缸 5 中的 SF₆ 气体。电弧产生后的熄弧过程如图 2.31（c）所示，这时熄弧触头分离，在断口间隙产生电弧，而压气活塞 6 已将气缸中的 SF₆ 气体大量压缩，高压的 SF₆ 气体从断口的静触头喷口处大量喷出，从而使电弧迅速熄灭。

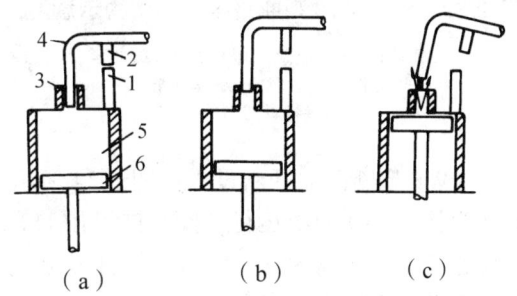

图 2.31　SF₆ 压气式断路器开断过程示意图

当车架 6 退出后（见图 2.30），隔离触指和电路分离，断路器本体完全处于无电状态，所以检修比较方便。

由于牵引变电所接触网故障频繁，而 SF₆ 断路器具有允许开断次数多的优点，所以，牵引变电所馈线侧断路器曾广泛采用 SF₆ 断路器。但是根据现场运行经验，SF₆ 断路器漏气问题一直没有得到很好的解决，加之真空断路器的发展，牵引侧的 SF₆ 断路器大都被真空断路器所取代。

（四）压缩空气断路器

压缩空气断路器是利用压缩空气在燃弧触头间高速吹动来熄灭电弧的。它的灭弧性能与空气压力有关，空气压力愈高，绝缘强度愈高，灭弧性能也愈好。在 0.7 MPa 压力下，它的绝缘强度与新鲜的绝缘油相当，我国一般选用的压力为 2 MPa。

根据灭弧室充气方式的不同，压缩空气断路器有多种结构形式，主要以常充气式为主，其他结构形式（瞬时空气、半充气）基本已淘汰。常充气式指无论是关合或开断位置，灭弧室都充有压缩空气，排气孔只在开断过程中打开，形成吹气。

110 kV 及以上的压缩空气断路器，也是以标准灭弧单元为基础，采用积木式结构。KW5-220 型断路器的一相结构示意图如图 2.32 所示。它主要由灭弧单元（灭弧室 1、触头、均压电容 3 等）、支持瓷套 4、底座储气罐 2、传动系统（在储气罐及支持瓷套内）及操动机构 6 等组成。

KW5 型断路器灭弧室结构如图 2.33 所示。每个灭弧室有两个断口。断路器在合闸位置时，电流经一侧的导电杆 1、静触头座 2、静触指 3、动触头 4、导电板 5，再到另一侧，形成通路。

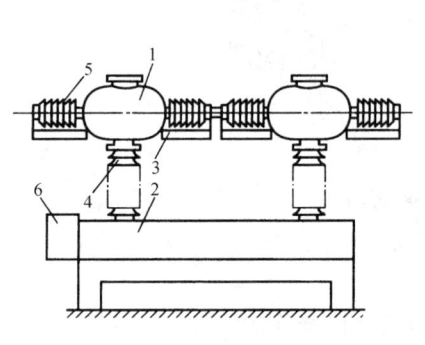

图 2.32　KW5-220 型断路器一相结构示意图

1—灭弧室；2—底座储气罐；3—均压电容；
4—支持瓷套；5—引线瓷套管；
6—操动机构

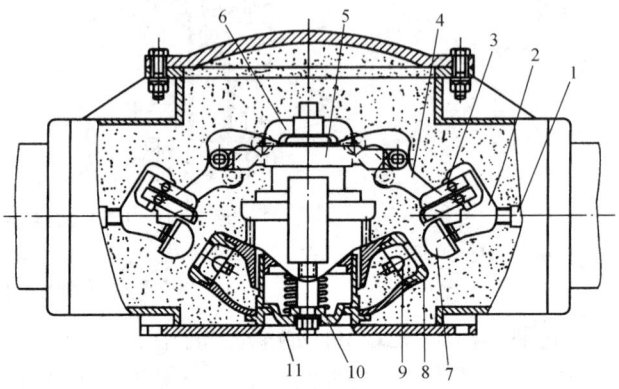

图 2.33　KW5 系列断路器灭弧室结构示意图

1—导电杆；2—静触头座；3—静触指；4—动触头；
5—导电板；6—拉杆；7—静触头；8—喷口；
9—定弧触头；10—排气阀；11—排气孔

KW5 型断路器开断过程如图 2.34 所示。当分闸操作时，通过控制系统的作用，使排气阀 10（见图 2.33）向上运行，打开排气孔 11，弹簧被压缩。此时，灭弧室内的压缩空气通过喷口 8 高速喷出，排往大气。同时，拉杆 6 立刻向上运动，带动动触头 4 作高速运动，在动触头 4 与静触指 3 间产生电弧，并受到气流强烈吹动，如图 2.34（a）所示。在气流强烈吹动作用下，随着触头开距增加，电弧迅速从动触头和静触指之间转移到动触头与静触头 7 之间，如图 2.34（b）所示。随后，电弧继续移动到静触头和定弧触头 9 之间，在喷口中燃烧的电弧，受到气流的强烈纵吹作用，气流把弧区残余热量、游离质点及金属蒸气一起排向大气，如图 2.34（c）所示。在电流过零时电弧熄灭，排气阀在弹簧力的作用下，自动向下运动复位，关闭排气孔，完成分闸。此时，灭弧室内仍充满压缩空气，以保证触头之间的绝缘强度，如图 2.34（d）所示。

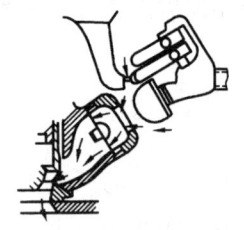 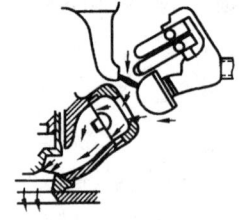 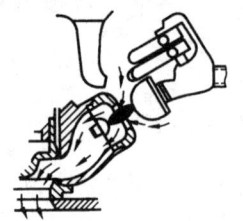 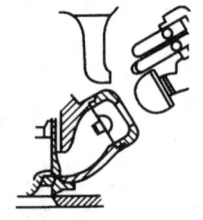

（a）电弧移动过程　　（b）电弧移动过程　　（c）电弧移动过程　　（d）电弧熄灭

图 2.34　KW5 型断路器灭弧过程示意图

四、真空断路器

利用真空作为绝缘及灭弧手段的断路器，称为真空断路器。真空断路器近年来不断发展，对高中压开关行业产生了巨大的冲击，在 3～35 kV 电网中占据了举足轻重的地位。目前，许多国家都致力于将真空断路器用于高压和超高压电网中的研究。

（一）真空间隙的击穿特性

1. 真空间隙的击穿机理

真空断路器的触头置于 10^{-2} Pa 以上的真空中，其中每立方厘米内只有 3.4×10^{12} 个气体分子，电子的自由行程达 26 m 以上，它比一般真空断路器触头间隙（几毫米到几十毫米）大得多，因此，即使真空间隙中存在自由电子也不可能由于电子和分子发生碰撞游离导致间隙击穿。所以，真空间隙的击穿机理必然只同电极情况有关。目前，关于真空间隙的击穿机理是正在发展中的研究课题，有许多不同的说法，比较普遍的有场发射引起击穿和微粒引起击穿两种。

（1）场发射引起击穿。这一学说认为，电极表面不可能是绝对光滑的，总是存在着大量的微小凸起和尖端。当电极加上电压时，这些凸起和尖端的顶部将产生很高的电场强度，从而引起强场发射，使间隙中流过一定数量的电子电流。此电子电流通过两个途径使间隙击穿：一是强场发射的电流流过电极表面的微小凸起和尖端时，由于电流密度高，使得它们熔化和蒸发，在间隙中产生大量的金属蒸气，电子在向阳极运动的过程中穿过金属蒸气时使金属蒸气游离，引起间隙击穿。二是强场发射的电子由电场加速后轰击阳极，使阳极表面释放气体、熔化和蒸发，电子再将这些气体和金属蒸气游离，引起击穿。

（2）微粒引起击穿。这一学说认为，电极表面存在金属微粒。这些微粒可能是机械加工留下的金属屑、电弧熔化或金属汽化后生成的金属微粒，也可能是强电场从金属内部拉出的金属丝状物。它们通常与电极本体结合得不太牢固，在电场作用时，在静电力作用下，可能被加速，从一电极向另一电极运动。在运动过程中，微粒不断受到强场发射的电子流的轰击，温度不断升高，所带的电荷量也不断增大。因此，当微粒飞近相对的电极时，有可能因温度很高而蒸发成金属蒸气，以及由于微粒和电极之间电场很强而发射电子。另外，如间隙中电场足够强，则因微粒此时已积有相当大的动能，在微粒和电极相撞后，此动能转变为热能，也可能使微粒本身蒸发。通过这些方式产生的蒸气若被电子所游离，则将引起间隙击穿。

实际上，这两种机理可能是同时存在而不一定是单独起作用。对于小间隙（10 mm 以下），场发射说的分析与实验比较接近；而对于较大间隙，微粒说比较适合。

真空间隙的击穿主要与真空间隙距离、真空度、触头（电极）材料、触头表面状况等因素有关。

2. 真空绝缘的"老炼"作用

一个新的真空间隙在进行试验时，最初的击穿电压值往往较低，随着试验次数的增多，击穿电压渐增，而且最后会稳定在一定值上。这种绝缘强度因放电过程而增大的现象就是"老炼"作用。

"老炼"就是消除电极表面的微观凸起、杂质的缺陷的过程，它对电极表层材料的纯化作用是很重要的。如果在"老炼"过程中保持抽气，把蒸发的气态产物抽走，则可以获得更纯净的真空间隙及电极表面，这对提高间隙长期稳定的绝缘强度是很有效的。

（二）真空电弧的特性

真空中的电弧与气体中的电弧有本质的不同。在气体电弧中，气体被游离产生载电粒子；在真空中，电极间气体非常稀薄，不存在气体游离的问题，弧柱中存在的载电粒子，主要来自金属蒸气分子的游离。因此，真空电弧实质上是金属蒸气中的电弧，它的性质视电极材料的不同而有差异。

真空电弧有两种类型：扩散型与集聚型。一般来说，扩散型电弧的电弧电流小于几千安（小电流）；当电流超过几千安（大电流）时，即发展为集聚型电弧。在同一真空间隙中，电弧电流变化时，这两种类型电弧的转换与电极材料、电极大小及形状有关，也与电流变化率及外界磁场有关。

1. 扩散型电弧（小电流电弧）的物理特性

扩散型电弧一般存在于电弧电流小于几千安时。对于铜电极，当电弧电流小于 100 A 时，通常阴极上只有一个阴极斑点，弧隙中只有一个电弧。电弧呈圆锥形，锥顶即阴极斑点，不存在阳极斑点，此电弧在电极表面上随机运动。试验表明：阴极斑点由于面积很小，电流密度很大，其温度可达电极材料的沸点。它不仅向弧隙蒸发大量的金属蒸气，而且同时喷射大量的电子和正离子，形成一股喷射力很强的等离子流。真空电弧即是依靠这些金属蒸气和等离子流而存在的。

当电弧电流增大时，扩散型电弧分裂成许多并联的支弧。每一支弧都有自己的阴极斑点和弧锥，相邻的弧锥可以部分地重叠。这些支弧的阴极斑点大致均匀地散布在电极表面上，同时由电极中心沿半径方向向电极边缘运动。当某一支弧到达电极边缘后，它便熄灭，随之电极中心部分的某一支弧又分裂出一个支弧来进行补充。这种形态的真空电弧正因为具有如此的运动特性，所以被称为扩散型电弧。当电弧电流为交流时，由于电流随时间变化，支弧数也随时间变化。

扩散型真空电弧的弧锥中的气压很低，从阴极斑点喷射出来的正离子和电子几乎可以不受碰撞地到达阳极，所以弧锥中的电压降很小，一般扩散型真空电弧的电弧电压仅为几十伏。

扩散型真空电弧的伏安特性表现为正特性，即随着电流的增大，电弧电压缓慢上升。

如果对扩散型真空电弧加上一横向磁场（即磁场方向与电弧轴线垂直），可以看到一个奇特的现象，即电弧不是按通常的"左手定则"运动，而是向相反的方向运动，此现象称为"反向运动"或"逆动现象"。

扩散型电弧的阳极只起接收电子的作用，没有阳极斑点。

2. 集聚型电弧（大电流电弧）的物理特性

当电弧电流增大到超过一定值（如铜电极约为 10 000 A）时，真空电弧的各个支弧将不再向电极四周扩散，而是开始向中心聚拢，最后成为只有一个阴极斑点的电弧，集聚后的阴极斑点以很小的速度随机运动或者不运动。触头的电腐蚀速度迅速上升，阳极出现斑点，它和阴极斑点此时不仅同样蒸发金属蒸气和喷射等离子流，甚至可能直接向弧隙喷射金属颗粒或液滴，因而使弧隙中金属蒸气和等离子体密度大大增大，气压大大升高，电弧电压也突然上升。此时电弧的外形和特性基本上已和高气压下的电弧相同，这通常称为集聚型电弧。真空电弧一旦变成集聚型电弧，如果不采取其他特殊措施，则因弧隙中带电粒子密度很高，会导致电流过零后来不及扩散，以及阴极斑点熔区厚度较深来不及冷却，还可能发射金属蒸气和带电粒子，造成弧隙的介质恢复强度上升慢而不能熄弧。所以，对一般触头可以认为，真空电弧由扩散型转变为集聚型的电流就是弧隙的极限开断电流。

试验表明，当在真空弧隙中加上与电流轴线方向一致的纵向磁场后，如果选择的磁通密度适当，则弧隙的开断性能将在下列两个方面有很大的改善：① 电弧电压大为降低，从而使触头的电腐蚀速率大大减小；② 电弧由扩散型转变为聚集型的电流增大，致使弧隙的开断电流增大。

（三）真空灭弧的基本原理与灭弧室结构

1. 真空交流电弧过零后的介质强度恢复

真空交流电弧的熄灭与其他交流电弧一样，主要决定于电流过零后弧隙介质强度的恢复。真空电弧电流过零后介质强度的恢复速度与下列情况有关：① 过零瞬间，弧隙中的蒸气密度；② 电流过零后，电弧的热状态，也即继续发射蒸气及带电粒子的能力。

扩散型电弧表面温度很低，同时由于阴极斑点在电极表面迅速扩散运动，它所经过的地点加热时间短，熔区厚度不深，在交流电流过零时，这些区域基本上已不再喷射金属蒸气和带电粒子，加上灭弧室中真空本身具有使弧隙中金属蒸气和带电粒子迅速扩散的作用，所以，真空弧隙在交流电流过零后，在极短的时间内（μs 级）就可以建立起很高的介质恢复强度，使电弧不致重燃。

集聚型电弧将造成弧隙的介质恢复强度上升缓慢，不容易熄弧。

2. 横向磁场与纵向磁场中真空电弧的熄灭特性

如果不采取提高灭弧能力的措施，真空开关的开断能力也是有限的。例如，铜电极的开断能力只能达到 8～15 kA。为了提高真空开关的开断能力，目前在真空断路器中采用的灭弧原理有：

（1）垂直于电弧弧柱方向加一横向磁场，使电弧弧根不断地在电极上运动，而不停止在一处燃烧。这时，即使出现集聚型电弧，它的温度以及在电极上烧熔的面积和深度都将大大降低。使阳极斑点的冷却时间常数由几毫秒甚至几十毫秒降至十分之几毫秒。这样，在电流过零期间，由阳极斑点发射的金属蒸气和带电粒子大为减少，而且冷却快，可以提高弧后介质恢复速度，阻止电弧过零后重燃。

电弧受横向磁场的作用不断地运动，冷却作用加强，也可以使电流由幅值降到零值时，电弧由集聚型向扩散型的转变加快，使得电弧在过零期间，早已处于扩散型状态。

（2）顺着弧柱的方向加一纵向磁场，提高产生阳极斑点的临界电流，降低电弧电压，阻止阳极斑点的出现。

纵向磁场可以使弧柱中运动的电子沿着 Larmor 半径 R（由下式确定）的螺旋轨迹向阳极运动。

$$R = \frac{mv_0 \sin\varphi}{qB} \tag{2.39}$$

式中，m 为电子的质量；q 为电子的电荷；B 为磁通密度；v_0 为电子的初速度；φ 为发射角。

实际上，由于密度差而引起的扩散，不是所有的电子完全限制在这样一个小范围内，而是加上纵向磁场后，原来在小电流时分散的、圆锥形的独立弧柱各自都被收缩为圆柱形的细弧柱，而且这些弧柱中心电子密度大。同时，由于离子的质量较大，在同样的磁通密度下，Larmor 半径较大，亦即对离子的运动轨迹影响不大，但由于弧柱中心电子密度大，产生一个径向磁场，吸收正离子到电子周围，形成多个圆柱形弧柱的分支。这样使阳极附近的电子减少，阳极压降降低，阻止了阳极斑点的形成，提高了阳极斑点出现的临界电流以及断路器的开断能力。

3. 真空灭弧室的基本结构

如图 2.35 所示为真空断路器灭弧室的一种结构形式，灭弧室的主体是一个抽真空而密封的硬质玻璃（或高氧化铝）陶瓷外壳 3，外壳的中间部分与可阀环 7 焊接成一个整体，灭弧室的气体压力在 10^{-2} Pa 以下。

屏蔽罩 5 焊在可阀环 7 上，静触头 6 焊在导电杆上，静导电杆焊在右端盖上，端盖又与外壳焊在一起。动触头 4 焊在动导电杆 1 上，动导电杆与波纹管 2 一端焊牢，波纹管的另一端与左端盖焊接，左端盖又与外壳焊在一起。为了不使金属蒸气凝结到波纹管上，波纹管外也套有屏蔽罩，左端盖上装有均压环。

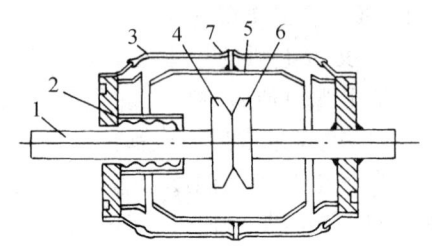

图 2.35 真空灭弧室的结构
1—动导电杆；2—波纹管；3—玻璃外壳；
4—动触头；5—屏蔽罩；6—静触头；
7—可阀环

分合闸时，通过动导电杆运动，拉长或压缩波纹管，而不致破坏灭弧室的真空度。波纹管大都用单层不锈钢制造。

屏蔽罩的主要作用如下：

（1）冷凝和吸附燃弧时产生的金属蒸气和带电质点，增大开断能力；同时保护外壳的内表面，使其不受污染，确保必要的内部绝缘强度。

（2）屏蔽罩的结构和布置应尽可能使灭弧室内的电场和电容分布均匀对称，以获得良好的绝缘特性。

屏蔽罩采用导热性能好的材料制造，常用的材料为无氧铜、不锈钢和玻璃，其中铜是最常用的。

（四）真空断路器的触头结构与材料

1. 触头结构

真空断路器的触头结构对开断性能的影响甚大。目前，国内外采用的触头结构形式主要有下列几种：

（1）圆盘平板式对接触头。触头形状为中间有凹坑的圆盘形，如图 2.36 所示。流经触头的电流路线呈 U 形，有微弱的横向磁吹作用，使电弧沿径向向外缘移动，避免因局部过热而烧损。这种触头结构简单，易加工，机械强度好，但开断电流小，一般极限开断电流在 10 kA 以下。

（2）螺旋瓣形触头。触头的形状如图 2.37 所示。其中接触部位是一个环形的突起部分，外层部分开有一系列螺旋形槽,形成螺旋形的花瓣。这些螺旋形槽在动触头和静触头上是向相反的方向开的,因此,装配好后,从触头杆部位的一端看出,两个触头上槽的方向是一致的。在合闸位置时,中间环形突起部位接触,电流由此部位通过。在触头闭合时,圆盘的外层部分,相互是不接触的。

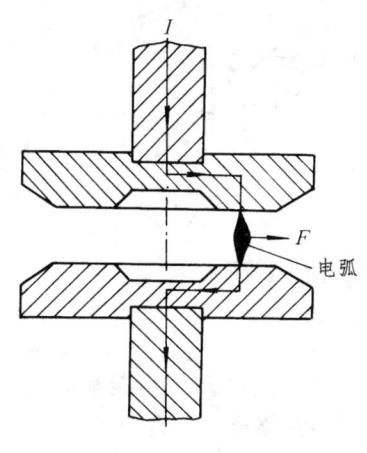

图 2.36 圆盘形触头

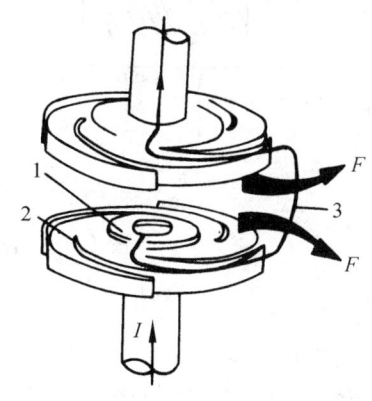

图 2.37 螺旋瓣形触头

1—主触头;2—弧触头;3—电弧及电流路径;F—电动力

开断电流时,这种触头的工作过程如下:当电流值很小时,触头上具有很多并列分支的扩散性电弧,阴极斑点很多,有的移到边上熄灭,有的则由于电流加大,又分裂成两个斑点。但粗略地说,斑点的数目约和电流值的大小成比例。阴极斑点趋向于分布在触头突起圆环的整个表面上,或者至少在表面的相当大的一部分面积上。

如果开断的电流很大,电弧是集聚型的,此时电弧只有一个弧柱,一对阴极斑点和阳极斑点。由于电弧电流流过触头的环形突起部位时,电流的路径产生曲折,电流的磁场对电弧产生电动力作用,使电弧弧根从中部接触部位移向周围的瓣形区域,继而使电流的弯曲程度更大。

由于开有螺旋形槽,电弧电流中有一个圆周的切线分量,建立了一个径向磁场,驱使电弧沿着触头周边按照螺旋槽所引导的方向旋转,不会停在一个位置。这样,降低了阳极斑点的温度和冷却时间常数,促使集聚型电弧在过零前提前向扩散型转换,提高了开断能力,在额定电压为 10 kV 时,开断电流可达 40~60 kA。

有的设计将环形突起部位放在槽的中间部位或最外面,实践证明这样可以提高灭弧的效果。

(3)带斜槽的杯形触头。如图 2.38 所示为杯状触头的构造。在杯体 1 的壁上开有一系列倾斜的槽 2,使杯壁变成许多触指,动、静触头上斜槽的方向相反。导电杆 3 焊在杯底上。当关合电路时,杯壁的端面相互接触,电流在各触指上流过。开断电路时,如电流较小,电弧为扩散型,则形成许多支弧均匀分布在各触指上,同时在各斜槽中电流产生的横向磁场作用下,电弧按反向运动的规则在端面上旋转运动;如果电流较大,电弧成集聚型,则按正向运动的规则在端面上旋转运动。由于在杯状触头中,无论是扩散型还是集聚型电弧都是在端面上旋转运动,所以它的电磨损率较小,极限开断电流较大。

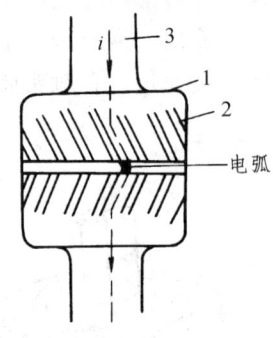
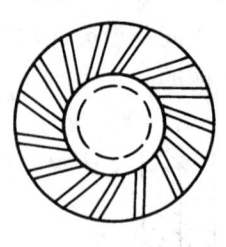

(a)杯状触头　　　　　　　(b)一个触头的上视图

图 2.38　杯状触头和一个触头的上视图

1—杯体；2—斜槽；3—导电杆

在有些杯状触头中，杯口端部瓣状触指上焊有一个完整的圆环作为接触面。

杯状触头的极限开断电流也取决于触头直径，当采用铜铬合金（含铬 50%）制造触头时，在额定电压 12 kV 的情况下，直径 5.5 cm 的触头能开断电流 20 kA；直径 9 cm 的触头能开断电流 31.5 kA。其电寿命可达开断短路电流几百次。

（4）带纵向磁场触头。真空断路器利用外加磁场线圈来产生灭弧的纵磁场，在结构上存在着困难。首先是线圈电流小、匝数多，线圈本身的散热问题大，且不容易在电极间产生足够的磁通密度，而且线圈的绝缘问题也不易解决。因此，目前采用纵向磁场灭弧的真空断路器都是利用本身的结构来产生纵向磁场。

如图 2.39 所示为一种纵向单极磁场的结构。图中由导电杆 1 向上流的电流 i_0 沿半径方向

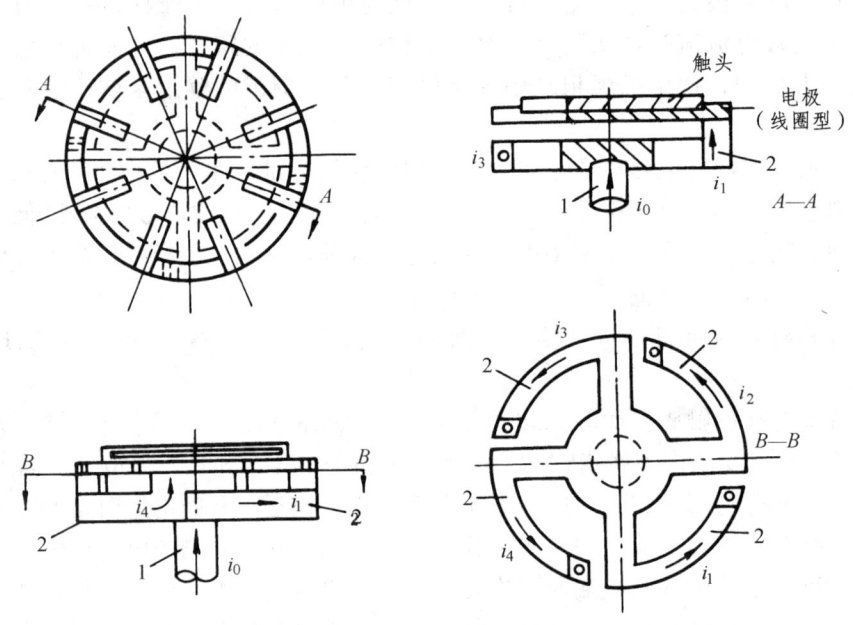

图 2.39　纵向单极磁场的触头结构

1—导电杆；2—线圈

等分为四,各自流过线圈 2 的圆周部分,再向上汇合到线圈型电极及触头片上。这样,四个分支电流 $i_1=i_2=i_3=i_4=i_0/4$,分别流过线圈 2 的四段圆周部分,合起来形成一匝励磁电流为 $i_0/4$ 的纵向磁场励磁线圈。开断电流时由于流过线圈的电流在弧区产生一定的纵向磁场,可使电弧电压降低和集聚电流值升高,从而能大大提高触头的开断能力和电气寿命。

纵向单极磁场触头的开断能力比螺旋瓣形触头要高,如图 2.40 所示为在同一直径下两种触头开断能力的比较。

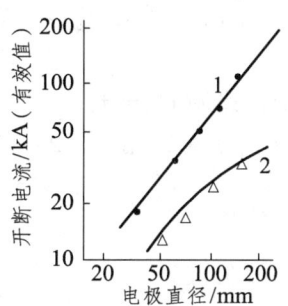

图 2.40 纵向单极磁场触头与螺旋瓣形触头开断能力的比较
1—纵向单极磁场触头;2—螺旋瓣形触头

实际上,在设计真空灭弧室的触头时,如额定开断电流小于 6 kA,应选用圆盘形触头;在 6~25 kA 内多选用带螺旋槽触头;大于 25 kA,多选用带纵向磁场触头。

2. 触头材料

触头材料对真空灭弧装置的工作性能起着决定性的作用。它除了满足导电率、导热率、机械强度、接触电阻和电磨损速率的要求外,还应满足:① 高开断能力;② 小截断电流;③ 高击穿电压;④ 高抗熔焊能力;⑤ 低含气量。这些要求有些是相互矛盾的,例如,为了减小截断电流,希望触头材料的蒸气压高些、导热率小些,但是这样的材料对提高弧隙的开断电流却不利。采用单一的材料很难满足上述多方面的要求,所以目前开断大电流的真空灭弧装置的触头材料,多采用合金,通常是铜铋、铜铍铋、铜铬、铜钴铋、铜碲等合金材料。我国目前生产的真空断路器采用的触头材料是铜铋银、铜铝镁、铜铝铁等合金,现正在开展铜铬合金的研制与应用。

(五)截流现象与截流过电压

1. 截流现象

在小电流真空交流电弧中,当电流从幅值下降到一定数值时,电弧呈现不稳定现象;当电流进一步下降时,即出现截流,电流波形如图 2.41 所示。当电流下降到 I_C 时,发生振荡;到 I_0 时,发生截流,电流提前过零。I_C 称为不稳定电流,I_0 称为截流值。真空开关在开断感性小电流时,要产生截流现象,并出现截流过电压。

截流现象的发生,主要与小电流电弧中阴极斑点的物理过程有关。定性地说,当电流值变小时,阴极斑点放出的金属蒸气量少,当蒸气的密度低于维持电弧燃烧所必需的密度值时,电弧变得不稳定,电流波形出现振荡,最后电流被截断,如图 2.41 所示。

影响真空断路器截流水平的主要因素有触头材料、触头运动的速度及断路器回路参数。

2. 截流过电压

下列几种情况时,可能产生截流过电压。

(1) 截流值所产生的过电压。下面以如图 2.42 所示的开断空载变压器与电抗器等效电路为例分析截流值所产生的过电压情况。图中,QF 为断路器;L_L、C_L、R_L 为电感负载的电感、电容与电阻;L_y、C_y 为电源的电感与电容;L_x 为传输线的电感。假设截流电流为 I_0,则在发生截流瞬间储存在负载电感中的电磁能量(忽略 R_L)为 $W_{Lm}=(1/2)L_L I_0^2$,若此时线路的瞬时电压为 u_0,则储存于电容 C_L 静电场中的能量为 $W_{LC}=1/2C_L u_0^2$,而在负载中总的储能量为 $W=(1/2)L_L I_0^2+(1/2)C_L u_0^2$。

截流发生后,电磁能量 W_{Lm} 要放出来对 C_L 充电,变换成静电场能量,因此,出现在 C_L 上的最高电压(也就是线路中最大过电压)可以用式(2.40)表示为

$$u_{Lm}=\sqrt{I_0^2 Z_L^2+u_0^2} \tag{2.40}$$

式中,$Z_L=\sqrt{L_L/C_L}$,为电感负载的波阻抗。

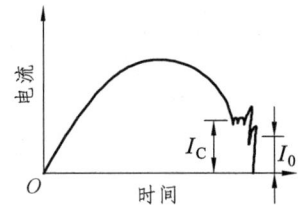

图 2.41 小电流真空电弧的电流波形　　图 2.42 分析开断感性小电流的物理过程的等效线路

对于空载变压器来说,Z_L 较大,u_0 较小,故开断过程中的过电压值可以表示为

$$u_{Tm} \approx I_0 Z_T = I_0 \sqrt{L_T/C_T} \tag{2.41}$$

式中,L_T、C_T 及 Z_T 分别为空载变压器的有关参数。

式(2.40)及式(2.41)所示的电压值为截流后断口不被击穿而出现在电容 C_L 上的最大电压值。

(2) 多次重燃过电压。在触头分离的间隙不大时,电流过零,暂态恢复电压将可能使电弧重燃,产生高频振荡。如果灭弧室开断高频电流的能力很强,则将产生多次重燃过电压。这种过电压的最高值将为触头间隙的绝缘能力所限,但高频电压和电流的上升率,将严重危害电动机和变压器的匝间绝缘。

(3) 视在截流过电压。这种过程发生在真空断路器开断三相电流时。当首开相电流开断时,由于截流过电压的发生,引起重燃,产生高频振荡。这一高频电流感应到其他尚未断流的两相内,与原来的工频电流叠加,产生人工零点,使该两相的电流提前开断。这种情况下,三相中的电流几乎是同时开断的,产生很高的过电压。

产生视在过电压的条件是:① 负载电流的瞬时值小于高频振荡电流的幅值;② 灭弧室开断高频电流的能力很强。

3. 防止截流过电压的措施

可以根据灭弧室的性能以及回路的参数采取不同的保护措施,包括:① 选用截流水平低

的触头材料；②采用避雷器限制开断时的截流过电压；③采用氧化锌非线性电阻与触头间隙并联；④采用 CR 串联元件组成的过电压抑制器；⑤采用较低的波阻抗引线；⑥限制真空断路器开断高频电流的能力。

（六）真空断路器典型结构

1. ZN4-10 型真空断路器

ZN4-10 型真空断路器结构如图 2.43 所示，它用于 10 kV 三相系统。该断路器主要由真空灭弧室 2、支持绝缘子 7、操动机构 8 及支持框架 4 等部分组成。每相的灭弧室 2 及上、下接线板由两只支持绝缘子固定在支持框架 4 的前方；灭弧室的静导电杆与上接线板固定连接，动导电杆则通过软连接与下接线板连接，上、下接线板间有绝缘加强杆支撑，其灭弧室采用横向磁吹灭弧；操动机构 8（电磁式或弹簧式）和分闸弹簧都装在框架上，主轴 3 上的拐臂的一端连有绝缘拉杆 6，拉杆的下端则通过另一拐臂、连杆及绝缘件与动导电杆连接。为了防止相间发生弧光短路，在相间加有绝缘隔板 9。

断路器在合闸位置时，上拐臂的另一端被操动机构拉紧并锁住，维持断路器在合闸状态；当操动机构接到分闸命令时，结构被释放，在分闸弹簧作用下，上、下拐臂均逆时针旋转，断路器分闸。

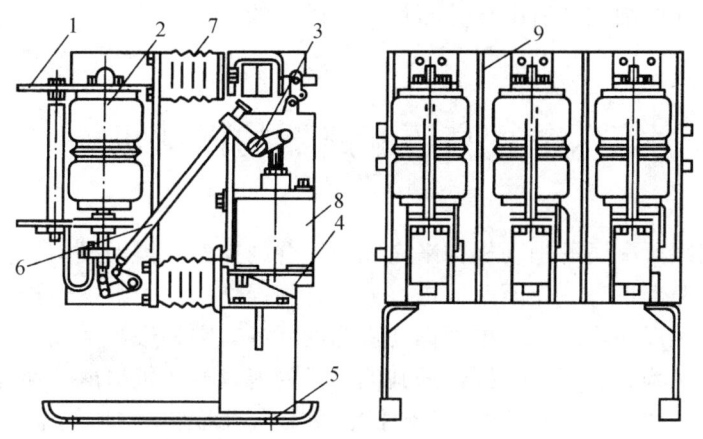

图 2.43　ZN4-10 型真空断路器结构图

1—接线板；2—灭弧室；3—主轴；4—支持框架；5—安装孔；6—绝缘拉杆；
7—支持绝缘子；8—操动机构；9—绝缘隔板

2. ZN-27.5 型真空断路器

目前，电气化铁路牵引变电所馈线侧断路器广泛采用真空断路器，主要产品有 ZN-27.5、ZW-27.5 及 ZW-55 型真空断路器，前二者主要用于直接供电及 BT 牵引供电系统，后者主要用于 AT 牵引供电系统，都是单相结构。ZN-27.5 型真空断路器的结构如图 2.44 所示。

ZN-27.5 型真空断路器主要由装在小车上的本体和 CD2-40G 操动机构组成，有带与不带 LCZ-35 型电流互感器和隔离插头的小车式结构两种形式。断路器所有零部件均装在小车上，小车的一侧固定着操动机构，另一侧通过支座绝缘子固定着真空灭弧室。操动机构通过本体的传动部分使真空灭弧室的动、静触头实现分、合闸操作，以切断或接通高压电路，图 2.44 为带 LCZ-35 型电流互感器的 ZN-27.5 型真空断路器结构图。

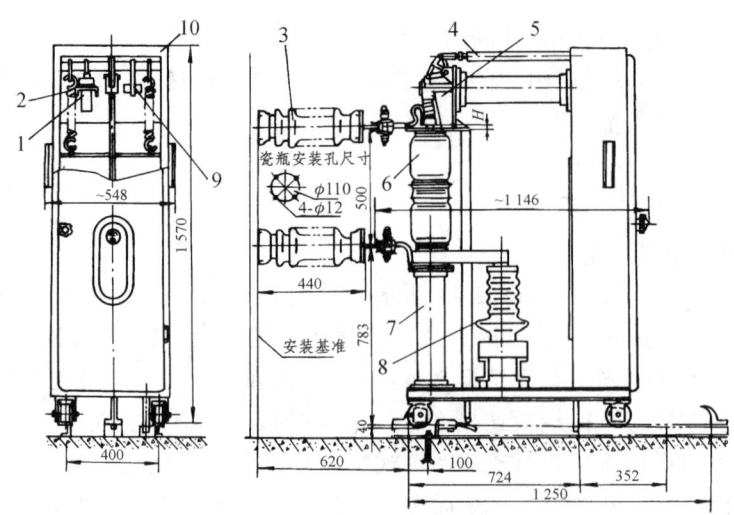

图 2.44 ZN-27.5 型真空断路器结构

1—油缓冲器；2—分闸弹簧；3—瓷瓶；4—拉杆；5—支架；6—真空灭弧室；
7—绝缘座；8—LCZ-35 电流互感器；9—止位器；10—铁架

ZN-27.5 型真空断路器灭弧室的触头采用图 2.37 所示的螺旋瓣状触头、外露屏蔽罩式玻璃灭弧室结构，这样的结构具有电场分布均匀、散热效果好、结构牢固、性能稳定等特点。

第六节 高压断路器的操动机构

高压断路器依靠所配属的操动机构来完成分、合闸操作。操动机构接受变电所中央控制室或遥控调度站的命令信息，使断路器进行分、合闸操作；接受继电保护的命令信息，使断路器进行保护性分闸以切除故障。根据操动机构的任务，它一般由下列几个部分组成：

（1）能量转换机构。它把执行操作的其他形式的能量变成机械能，使操动机构按规定目的发生机械运动，这种机构如电磁铁、电动机、液压传动工作缸、压缩空气工作缸等。当然，最简单的操作是依靠人力，但随着断路器容量的加大及自动化水平的提高，依靠人力进行操作已不能满足运行工作的要求了。

（2）联动机构。它把能量转换机构所变成的机械运动能用来促使断路器的动触头发生按操作目的规定的动作。这种机构多由四边形连杆机构、拐臂、拉杆等组成。

（3）保持机构。它使操动机构完成的操作得以保持，不因瞬时命令信息的消失而不能完成规定目标的任务，这种机构多由动作灵活的机械卡销等组成。

（4）释放机构。它接受操作人员或继电保护系统的命令信息，对保持机构进行反作用，即解除保持。从而使断路器的跳闸弹簧释放能量，使断路器分闸。它多由电磁线圈推动可动铁心，由可动铁心打动保持卡销使保持解除，或者由电磁阀启动分闸油路或气路来实现。

操动机构一般做成独立产品。一种型号的操动机构可以操动几种型号的断路器；而一种型号的断路器也可装配不同型号的操动机构。但空气断路器的操动机构常与断路器结为一体，不再做成独立产品。

根据能量形式的不同，操动机构可以分为手动操动机构（CS）、电磁操动机构（CD）、弹簧操动机构（CT）、电动机操动机构（CJ）、气动操动机构（CQ）和液压操动机构（CY）等。

一、对操动机构的要求

断路器的全部使命，归根结底体现在触头的分、合动作上，而分、合动作又是通过操动机构来实现的。因此，操动机构工作性能的优劣，对高压断路器工作性能和质量的优劣以及可靠性起着极为重要的作用。对操动机构的主要要求如下：

1. 合 闸

操动机构在实际工作条件下，应考虑到能源的电压（CD）、气压（CQ）和液压（CY）等在一定范围内变化时，必须有足够的能力来带动断路器可靠地关合正常电路和预伏短路故障电路。标志操动机构能力大小的主要指标是其输出的机械功（操作功）。一般 10 kV 断路器需要的操作功约为几百焦耳，而 110 kV 断路器则需要几千焦耳。

2. 保持合闸

由于合闸过程中，合闸命令的持续时间很短，而且操动机构的操作力也只在短时内提供，因此，操动机构中必须有保持合闸的部分，以保证在合闸命令和操作力消失后，断路器仍能保持在合闸位置。

3. 分 闸

操动机构不仅要求能够电动（自动或遥控）分闸，在某些特殊情况下，应该可能在操动机构上进行手动分闸，而且要求断路器的分断速度与操作人员的动作快慢和下达命令的时间长短无关。

为了减少分闸信号的能量，达到快速分闸、简化继电保护回路的要求，在操动机构中应有分闸省力机构。

4. 自由脱扣

自由脱扣的含义是：断路器合闸过程中，如操动机构又接到分闸命令，则操动机构不应继续执行合闸命令，而应立即分闸。

手动操动机构必须具有自由脱扣装置，才能保证及时开断短路故障，以保障操作人员的安全。某些操作小容量断路器的电磁操动机构，在失去合闸电源而又迫切需要恢复供电时，操作人员往往不得不违反正常操作规定，利用检修调整用的杠杆应急地用手力直接合闸。对于这类操动机构也应装上自由脱扣装置。

5. 防"跳跃"

当断路器关合有预伏短路故障电路时，不论操动机构有无自由脱扣，断路器都应自动分闸。此时若合闸命令还未解除（如转换开关的手柄或继电器还未复位），则断路器分闸后又将再次短路合闸，紧接着又会短路分闸。这样，有可能使断路器连续多次分、合短路电流，这一现象称为"跳跃"。出现"跳跃"时，断路器将无意义地连续多次合、分短路电流，造成触头严重烧伤甚至引起爆炸事故。因此，对于非手力操作的操动机构必须具有防止"跳跃"的能力，使得断路器关合短路而又自动分闸后，即使合闸命令尚未解除，也不会再次合闸。防"跳跃"可以采用机械的或是电的方法。上述的自由脱扣装置就是常用的防"跳跃"的机械方法。不少操动机构中装设自由脱扣装置的目的主要就是为了防止"跳跃"。

6. 复　位

断路器分闸后，操动机构中的各个部件应能自动地恢复到准备合闸的位置。

7. 联　锁

为了保证操动机构的动作可靠，要求操动机构具有一定的联锁装置。常用的联锁装置有：

（1）分合闸位置联锁。保证断路器在合闸位置时，操动机构不能进行合闸操作；断路器在分闸位置时，操动机构不能进行分闸操作。

（2）低气（液）压与高气（液）压联锁。当气体或液体压力低于或高于额定值时，操动机构不能进行分、合闸操作。

（3）弹簧操动机构中的位置联锁。弹簧储能没达到规定要求时，操动机构不能进行分、合闸操作。

二、各种常用操动机构的工作原理

1. 手动操动机构（CS）

靠手力直接合闸的操动机构称为手动操动机构。它主要用来操动电压等级较低、额定开断电流很小的断路器。手动操动机构结构简单，不要求配备复杂的辅助设备及操作电源，缺点是不能自动重合闸，只能就地操作，不够安全。因此，手动操动机构应逐渐被手力储能的弹簧操动机构所代替。除工矿企业用户外，电力部门中手动操动机构已很少采用。

2. 电磁操动机构（CD）

它是利用电磁铁作为断路器合闸和分闸的操作动力。如图 2.45 所示是国产 CD_2 型电磁操动机构的工作原理图，其中 4 为合闸电磁铁的动铁心，断路器需要合闸时，合闸线圈中通以 110 V 或 220 V 的直流电流，电磁吸力使动铁心上移，推动圆滚 2，由圆滚 2 带动四连杆机构使拐臂 1 转动，从而带动主驱动轴 5 转动，断路器合闸。合闸以后，圆滚 2 应正好被顶至卡销 3 的顶端，使断路器保持合闸状态，合闸线圈的电流自动切除。图示这种操动机构也可以用手动拐臂杠杆的办法使动铁心 4 上推。断路器进行分闸时，分闸线圈通电，电磁吸力使分闸动铁心 6 向上运动，打动连杆使滚子 2 从卡销 3 的顶端滑落，主驱动轴 5 被释放，断路器的分闸弹簧迅速把动触头拉至分闸位置。分闸的命令信息可以由操作人员由中央控制室通过控制键发出，也可以由继电保护装置发出。断路器分闸后，通过安装于操动机构中的辅助接点，使分闸线圈中的电流自动消失。

分闸线圈中的电流消失后，分闸电磁铁的动铁心 6 自动落下，准备第二次动作。

电磁操动机构的优点是结构简单、工作可靠，制造成本较低；缺点是合闸线圈消耗的功率太大，因而用户需要配备价格昂贵的蓄电池组，结构笨重，合闸时间长（0.2～0.8 s），因此，超高压断路器中很少采用，主要用来操作 110 kV 及以下断路器。

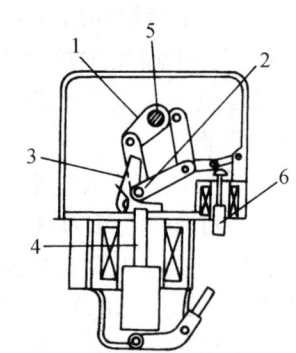

图 2.45　CD_2 型电磁操动机构原理图
1—拐臂；2—圆滚；3—卡销；4—动铁心；
5—主驱动轴；6—分闸动铁心

3. 电动机操动机构（CJ）

利用电动机经减速装置带动断路器合闸的操动

机构称为电动机操动机构。电动机所需的功率取决于操作功的大小以及合闸做功的时间，由于电动机做功的时间很短（即断路器的固有合闸时间，约在零点几秒左右），因此要求电动机有较大的功率。电动机操动机构的结构比电磁操动机构复杂，造价也贵，但可用于交流操作。用于断路器的电动机操动机构在我国已很少生产，有些电动机操动机构则用来操动额定电压较高的隔离开关，对合闸时间没有严格要求。

4. 弹簧操动机构（CT）

利用已储能的弹簧为动力使断路器动作的操动机构称为弹簧操动机构。弹簧储能通常由电动机通过减速装置来完成。对于某些操作功不大的弹簧操动机构，为了简化结构、降低成本，也可用人力来储能。

弹簧操动机构的优点：不需要大功率的直流电源；电动机功率小；交直流两用；适宜于交流操作。缺点：结构比较复杂；零件数量多；加工要求高；随着机构操作功的增大，重量显著增加。

5. 气动操动机构（CQ）

利用压缩空气作为能源的操动机构称为气动操动机构。空气断路器中几乎全部采用气动操动机构。操作其他断路器的气动操动机构，很多是将电磁操动机构中的合闸电磁铁部分换成气缸和活塞后制成的，因而保留了电磁操动机构的特点。

与电磁操动机构相比，气动操动机构有两个特点：

（1）气动操动机构以压缩空气作为能源，不需要大功率的直流电源，也不需要敷设大截面的控制电缆，适用于交流操作的变电所。

（2）气动操动机构具有独立的储气罐，当失去电源时，储气罐内的压缩空气仍能供气动操动机构操作多次。

气动操动机构的缺点是操作时声响较大，零部件的加工精度比电磁操动机构稍高，还需要一套空压设备。

6. 液压操动机构（CY）

液压操动机构利用液压油作为动力传递的介质。操动方式有两种：直接驱动式和储能式。直接驱动式液压操动机构用来操作速度不高、操作功率不大的隔离开关；储能式液压操动机构用来操作高压断路器。

CY-3 是一种简易型储能式液压操动机构，采用差动式工作缸，液压与连杆混合传动。控制部分只用了一个主控阀和两个分、合闸控制阀，元件少，结构简单，用于操动 110 ~ 220 kV 等级的少油断路器。如图 2.46 所示为 CY-3 液压操动机构的原理图。

该液压操动机构由如下四部分组成：

（1）储能部分。它由储压器、油泵与电动机组成。储压器是充有高压力气体（氮气）的容器，能量是以气体压缩能的形式储存的。当机构操作时，气体膨胀，释放出的能量经液压油传递给工作缸并转变成机械能。油泵和电动机供储压器储能使用。电动机带动油泵向储压器压油（打压），使气体压缩，所以机构的能源仍然来自电源。由于储能过程的时间约为几分钟，而机构一次操作过程的时间大约为零点几秒，两者相差约一千倍，因此，储能用的电动机功率是操作功率的千分之一，大大减轻了对电源容量的要求，这就是储能式的优点。

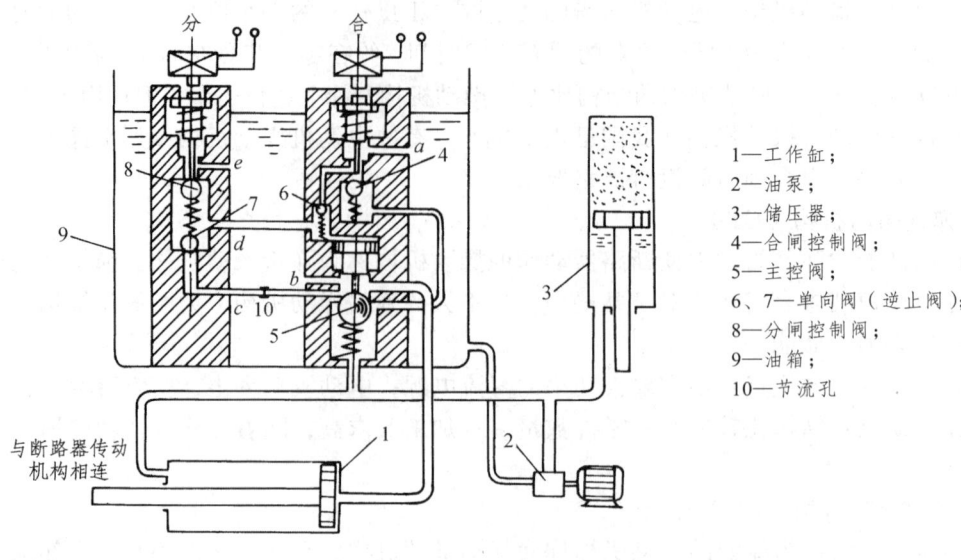

图 2.46　CY-3 液压操动机构

（2）执行元件。执行元件是工作缸，它把能量转变成机械能，推动断路器完成分、合闸操作。

（3）控制元件。控制元件为各种阀门，用以实现分、合闸操作的控制、联锁与保护等要求。

（4）辅助元件。辅助元件包括低压力油箱、连接管道与油过滤器、压力表、继电器等（图 2.46 中没有全部画出来）。

图 2.46 中，机构处于分闸状态，主控阀 5 关闭，工作缸左侧接通高压油，右侧为低压油，活塞维持在右边位置，断路器保持在分闸状态。

合闸过程：合闸电磁铁通电，合闸控制阀 4 动作，关闭了通向低压油箱的小孔 a，打开阀 4 的钢球使高压油进入单向阀 6 并使之打开。高压油通过单向阀 6 后分成两路：一路通向主控阀活塞上方，使活塞动作，顶开主控阀 5 的钢球，同时关闭了通向低压油箱的小孔 b，高压油经过 5 进入工作缸右侧，推动断路器合闸。另一路高压油通过单向阀 6 及小管 d，进入分闸控制阀 8 使之闭锁。

在合闸电磁铁断电后，合闸控制阀 4 及单向阀 6 关闭，而主控阀 5 依靠节流孔 10、小管 c、单向阀 7、小管 d 进来的高压油使其活塞及钢球维持在打开位置，工作缸与断路器维持在合闸状态。

分闸过程：分闸电磁铁通电，打开分闸控制阀 8，主控阀活塞上方的高压油经小管 d 与孔 e 泄放，主控阀关闭。工作缸右侧的高压油经小孔 b 流入油箱，而此时左侧仍接高压油，因此活塞向右方推动完成断路器的分闸操作。

CY-3 液压操动机构工作缸的位置低于油箱，依靠油的高度差维持工作缸的低压油压力。因而这个机构的液压系统只需要一个高压力的油系统（由储压器供给）。而有些液压机构的工作缸位置高于油箱，为了维持工作缸的低压油就需要加一个低压油系统。

液压操动机构的优点：

（1）体积小，操作力大，需要控制的能量小。液压操动机构的工作压力高，一般在 20～30 MPa，比气动操动机构的气体压力高几十倍。因此，在不大的结构尺寸下就可以获得几吨或几十吨的操作力，而且控制比较方便。特别适用于 110 kV 以上的高压和超高压断路器。

（2）操作平稳无噪声。相对气动与弹簧操动机构这也是很大的优点。

（3）油具有润滑保护作用。

（4）容易实现自动控制与各种保护。

液压操动机构的缺点是结构比较复杂；零部件加工精度要求高；油系统的工作压力高，运行维修技术的要求也高。

第七节　熔断器、隔离开关及高压负荷开关

一、熔断器

熔断器是最简单也是最早采用的一种限流元件，常和被保护的电气设备串接于电路中。熔断器主要由金属熔体、支持熔体的触头和外壳构成。有些熔断器内还装有特种熄弧物质（如产气纤维管、石英砂等），用来熄灭熔体熔断时产生的电弧。熔断器的熔体材料有铅、铅锡合金、锌、铜和银等，熔体的熔化温度因材料而异，在熔体上焊上小锡球，大大降低熔体的熔化温度。熔体的截面不同，额定电流不同，熔断的时间也有差别。熔体中流过电流时，熔体发热，只有当通过熔断器的电流大于最小熔化电流时（如过负荷或短路故障），熔体才能自动熔断，开断电路，完成保护其他电路设备的职能。

熔断器中熔体熔断后，必须停电更换熔体管；熔断器不能作正常的切断和接通电路用，而必须与其他电器配合使用。但由于熔断器结构简单、价格便宜，维护工作简便，在低压（1 kV 以下）装置中得到了广泛的采用。在高压及中压装置（10~35 kV）中不太重要，容量较小的负荷也可以用熔断器来进行保护。

最简单的熔断器是由熔丝装于瓷质插座式容器中的简易装置构成的。在变电所的低压配电盘中最常用的是把熔体装于纤维管中两端带黄铜刀口的插入式熔断器。熔体熔断时，纤维管内产生高压气体使熔口处的电弧迅速熄灭。

RN 型 3~35 kV 户内式高压熔断器可以用来保护电力线路和电力变压器，其中 RN_2 型仅用来保护电压互感器。这种熔断器熔体管的结构如图 2.47 所示，熔断器的安装情况如图 2.48 所示。图 2.47 中熔体由镀银的铜丝制成，铜丝上焊有锡球，熔体管内充有石英砂。短路电流通过时，截面较小的部位首先熔断，然后联锁熔断、汽化，被石英砂冷却和吸附而灭弧。这种熔断器的熔断过程全部都封闭在熔体管内进行。

工作于户外的 10~110 kV 的熔断器大多做成跌落式由纤维管产气熄弧的熔断器。当装在纤维管中的熔体被烧断时，管内产生高压气体强烈吹动熔口处的电弧使其迅速熄灭。同时熔体被烧断后，使纤维管上端和线路连接的触指失去搭扣力而自动跌落，可靠地切除电路。消除故障更换好纤维管中的熔体后，即可推上搭扣接通电路。

一般熔断器的最小熔断电流比工作电流大许多，熔断器很难用作电器设备的过载保护，使用受到一定的限制。随着科学技术的发展，目前已生产出能在全量程范围内实行保护的新型熔断器，它既能作为过载保护，又能作为短路保护；既能开断感性电流，又能开断容性电

流。这样的熔断器称为全量程保护熔断器，又称万能熔断器。万能熔断器的灵敏度比较高，采用复合结构，由大电流开断部分和小电流开断部分复合而成。

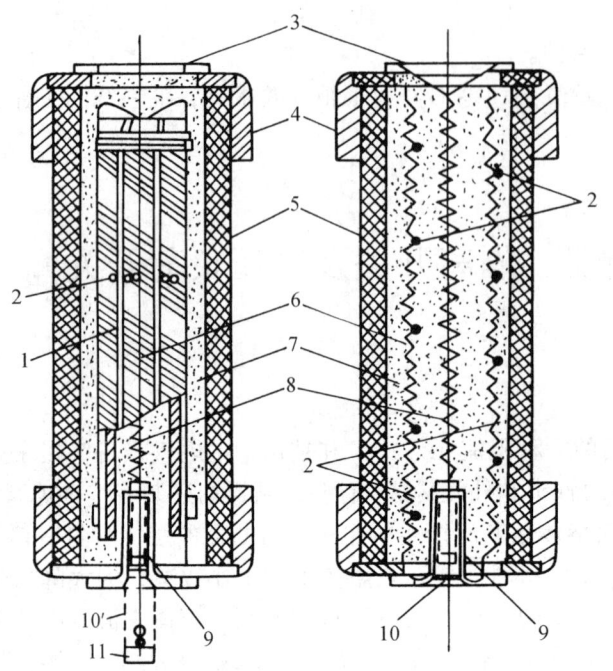

1—瓷质芯棒；
2—小锡球；
3—端盖；
4—端帽；
5—瓷质熔管；
6—熔体；
7—石英砂；
8—拉丝；
9—弹簧；
10—动作指示装置；
10′—动作指示装置动作后小铜帽11掉出；
11—铜帽

（a）额定电流7.5 A及以下　　（b）额定电流10 A及以上

图2.47　石英砂熔断器

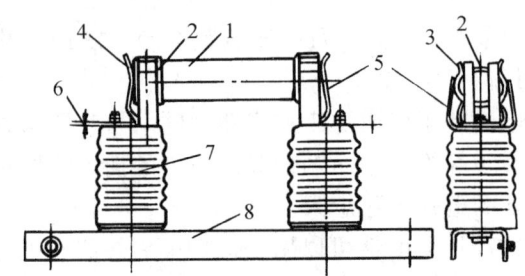

图2.48　RN_2系列熔断器的安装

1—熔体管；2—端帽；3—弹性压片；4—端托片；5—主导电框板；
6—连线端子；7—支柱绝缘子；8—底座

二、隔离开关

隔离开关是一种没有熄弧装置的开关电器。由于没有熄弧装置，隔离开关不能用于接通和断开负荷电流和短路电流，一般只在电路断开的情况下才能操作。它的用途是：① 在检修电气设备时用来隔离电压，使检修的设备与带电部分之间有明显可见的断口，以保证检修人员的安全；② 在改变设备状态（运行、备用、检修）时用来配合断路器协同完成倒闸操作；③ 用来分、合小电流，可用来分、合电压互感器、避雷器和空载母线，分、合励磁电流不超过 2 A 的空载变压器，关合电容电流不超过 5 A 的空载线路；④ 隔离开关的接地刀闸可代替接地线，保证检修工作安全。

隔离开关的种类和形式很多。按装设地点可分为户内式和户外式；按产品组装极数可分单极式（每极单独装于一个座上）和三极式（三极装于同一底座上）；按每极绝缘支柱数目可分为单柱式、双柱式和三柱式；等等。

三极式户内式隔离开关和 GW4-110 型双粒式隔离开关的典型结构如图 2.49 和图 2.50 所示。

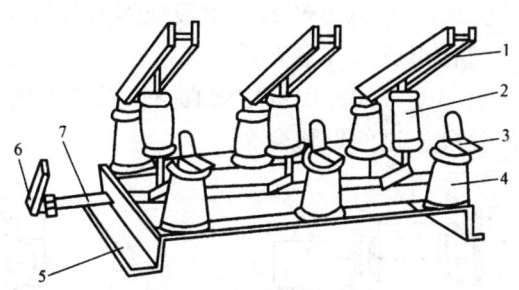

图 2.49 三极式户内型隔离开关典型结构图

1—刀闸；2—操作绝缘子；3—静触头；4—支持绝缘子；5—底座；6—拐臂；7—转轴

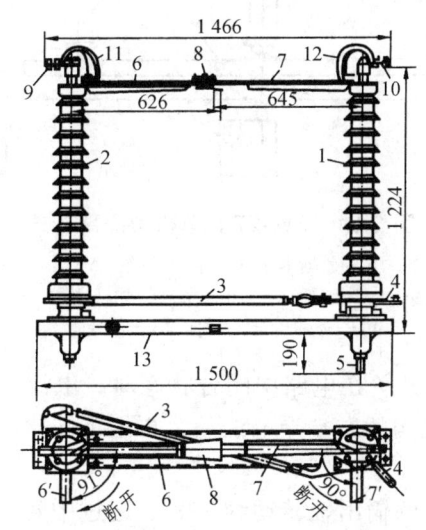

图 2.50 GW4-110 型双柱式隔离开关

1、2—支持瓷柱；3—交叉连杆；4—操动机构牵引杆；5—瓷柱的轴；6、7—刀闸；8—触头；
9、10—接线端子；11、12—挠性连接导体；13—底座

三、高压负荷开关

高压负荷开关用来开断正常工作下的负荷电流（包括规定的过载电流），并具有一定的关合短路电流的能力与动、热稳定性。在电力系统中常与熔断器一起使用，负荷开关起控制与过载保护作用，熔断器则起短路保护作用。

由于负荷开关只需开断不大的负荷电流，因此，它的灭弧装置比断路器简单得多。按灭弧原理和介质不同，负荷开关可分为以下几类：

（1）固体产气式负荷开关。利用电弧能量使固体产气材料产生气体，吹拂电弧使其熄灭。

（2）压气式负荷开关。利用活塞压气产生气吹作用使电弧熄灭，气体可以是空气或六氟化硫气体。

（3）油浸式负荷开关。在油中利用电弧能量使油蒸发和分解产生气体，使电弧冷却而熄灭。

（4）真空负荷开关，在真空中熄灭电弧，结构与真空断路器相似，但触头材料不同。

（5）六氟化硫负荷开关。在六氟化硫气体中灭弧。

如图 2.51 所示为电气化铁道专用的 FW-27.5 单极型隔离负荷开关，它由真空灭弧室、传动机构、隔离外断口和操动机构组成。真空灭弧室装在瓷套中，瓷套起绝缘及保护灭弧室作用，在灭弧室与瓷套之间充有 SF_6 气体，用以增强真空灭弧室外绝缘。灭弧室中触头为一对平板圆触头，触头材料采用目前先进的铜铬合金。

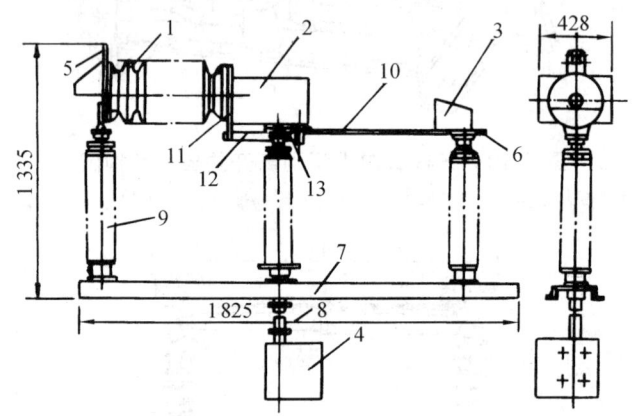

图 2.51 FW-27.5 单极型隔离开关

1—真空灭弧室；2—传动机构；3—隔离外断口；4—操动机构；5—上出线端；6—下出线端；7—底架；
8—中间传动轴；9—支持绝缘子；10—隔离刀闸（动端）；11—导电法兰；
12—下端导电母线；13—软连接

FW-27.5 单极型隔离负荷开关在电路中闭合状态时，电流由上出线端流入，通过真空灭弧室中静、动触头，经传动机构的左端导电法兰，再经下端导电母线、软连接到隔离刀闸，最后经下出线端流出。

分合闸操作时，操动机构的输出轴转动约 128°，通过中间传动轴把转动力矩传给中间支持绝缘子，也使其转动 128°。中间支持绝缘子的转动带动传动机构的主轴，传动机构的主轴上有各种拐臂，通过弹簧储能带动真空灭弧室中的触头快速合、分，同时带动外断口刀闸合、分，而传动机构保证真空灭弧室先分后合，隔离外断口后分先合。

第八节　直流快速断路器

直流快速断路器（High-Speed DC Circuit Breaker）是一种在直流电路中作为电路开合和电流保护的电器，能对直流额定电压 600～3 600 V、额定电流 1 000～6 000 A 电路中的整流机组、直流电机、馈电线路等进行分合闸操作，并在短路、过载、逆流（反向）时起保护跳闸作用。

直流快速断路器可分为正向、反向、双向快速断路器 3 种。

正向快速断路器：当检测到与正常电流是同一方向的过电流时，断路器快速动作，常被用作对馈电回路或设备等进行保护，如用于馈电回路、正极、负极、滤波装置等。

反向快速断路器：当检测到与正常电流是相反方向的过电流时，断路器快速动作，常被用作切断从直流侧逆向而来的电流，如用于正极、阳极等电路。

双向快速断路器：当检测到正向或反向的过电流时，断路器都将快速动作，主要用于切断地铁上下行线之间的连接线路。

直流快速断路器适用于直流电气化铁路、城市地铁与轻轨交通、工矿运输、轧钢工业等重要工业领域。

一、直流系统短路电流分析及断路器断路电气特性

直流回流开断短路电流的理想等值电路如图 2.52（a）所示，其电压方程式为

$$E = iR + L\frac{\mathrm{d}i}{\mathrm{d}t} + u_{\mathrm{arc}}$$

式中，E 为电源电压；iR 为电阻压降；$L\dfrac{\mathrm{d}i}{\mathrm{d}t}$ 为电感压降；u_{arc} 为快速断路器 DQF 的电弧压降。

断路器 DQF 分闸前，电弧压降为零，假定回路电流也为零，解方程得

$$i = \frac{E}{R}(1 - \mathrm{e}^{-\frac{R}{L}t})$$

上式是预期短路电流的表达式，它是按指数增长的曲线，如图 2.52（b）中曲线 1 所示。

短路故障发生后，短路电流开始按指数增长，经过时间 t_0，短路电流达到断路器的电流动作值（整定值）I_{op}，断路器中保护装置作出反应，经过固有分闸时间 t_1，短路电流达到 I_{k1}，断路器的触头开始分离，经过燃弧时间 t_2，断路器将电路断开，电流变化如图 2.52（b）曲线 2 所示，断路器的全分断时间为 T。当断路器的固有分闸时间比较长时（如 t_1'），相应的短路电流按指数迅速增加到 I_{k2}，如图 2.52（b）中曲线 3 所示，断路器的触头开始分离，再经过燃弧时间 t_2'，电路被断开，这种情况下断路器的全分断时间为 T'。

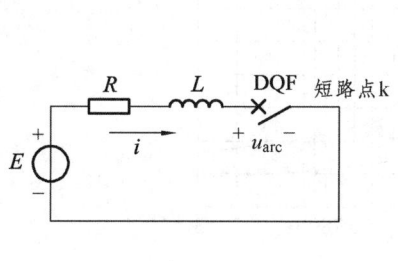

（a）等值电路

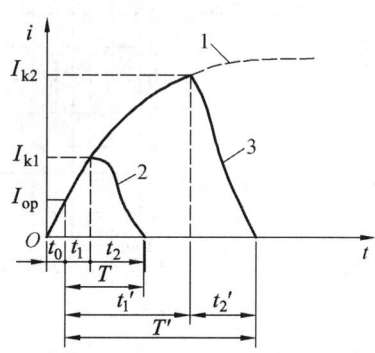

（b）电流特性曲线

图 2.52　直流系统短路及电流特性

比较曲线 2 和曲线 3 可知，快速动作的断路器开断较小短路电流（如 I_{k1}），慢速动作的断路器将开断很大的短路电流（如 I_{k2}）。研究结果表明，短路电流经过 0.1 s 时，即达预期短路电流稳态值的 90% 左右。因此，动作速度较慢的断路器将造成电气设备流过很大的短路电流，为了避免电气设备造成损坏，必须在其达到危险值之前快速断开电路，直流断路器快速动作的必要性就在于此。

直流快速断路器在地铁供电系统中作为馈电线路的开关，接线如图 2.53（a）所示，图中交流电源电压经直流牵引变电所的整流机组变换为直流电压并向牵引网供电，k1、k2、k3 分别为牵引网中近端、中间、远端的典型短路点。短路电流、断路器电气特性如图 2.53（b）所示。

图 2.53（b）中，i_{k1} 表示牵引网近端 k1 点短路时的预期短路电流；i_{k3} 表示牵引网远端 k3 点短路时的预期短路电流；k2 点的短路电流曲线与 k3 点的相似，位于曲线 i_{k1} 和 i_{k3} 之间；$I_{k \cdot s}$ 是近端短路电流的稳态值，也是最大的稳态值；$I_{k \cdot pk}$ 是近端短路电流的峰值；I_{op} 是断路器的动作电流；I_{co} 为断路器的开断电流；I_k 是断路器开断过程中的电流曲线；di/dt 是远端短路电流的初始上升率；u_{arc} 和 $U_{arc \cdot max}$ 分别是断路器的电弧电压和在开断过程中的最大电弧电压；U_N 是线路的额定电压；t_1、t_2、T 分别是断路器的固有分闸时间、燃弧时间、全分断时间。

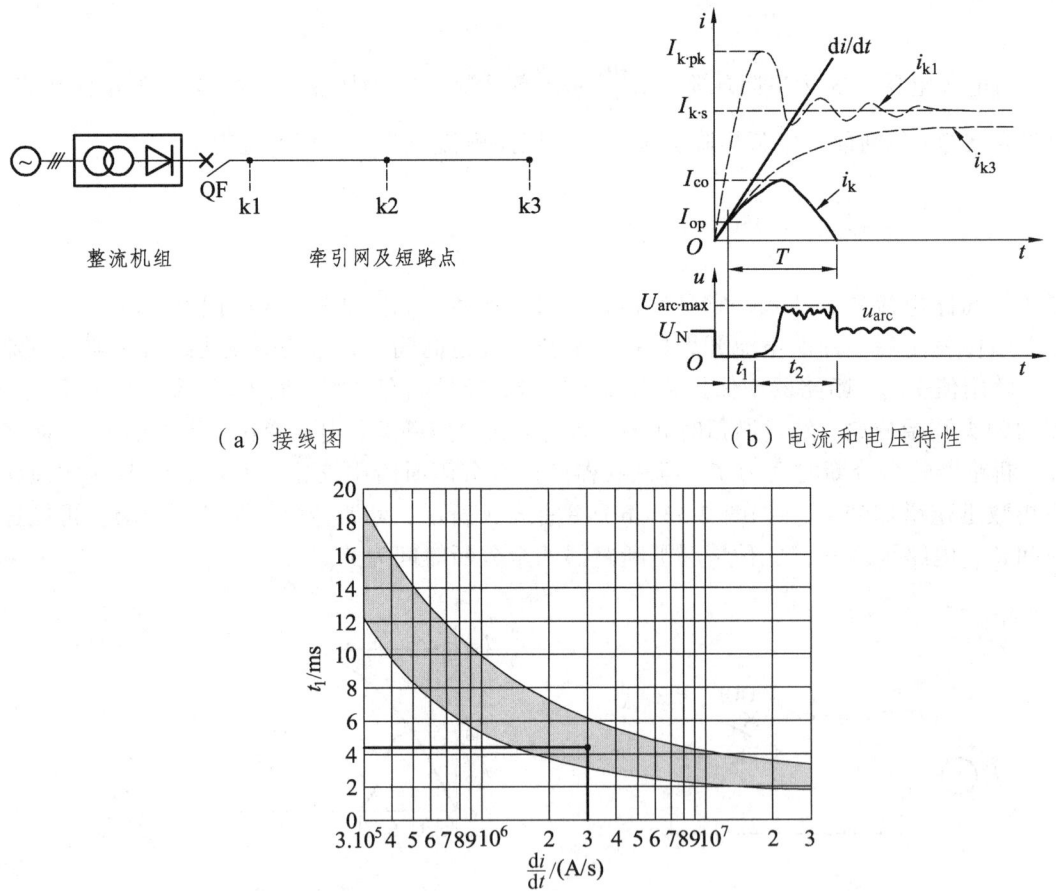

（a）接线图　　（b）电流和电压特性

（c）t_1 与初始 di/dt 关系

图 2.53　地铁供电系统短路及快速断路器特性

图 2.53（c）给出了为固有分闸时间 t_1 与直流主电路初始电流突变率 di/dt 的关系，当直流主电路电流突变率 di/dt 为 3×10^6 A/s 时，对应直流快速断路器的固有分闸时间 t_1 为 4.7 ms，而全分断时间 T 为 15～30 ms，开断能力可达 100 kA。

二、直流快速断路器的结构和工作原理

直流快速断路器的类型较多，现以国产 DS 系列和进口 UR 系列为例，说明其结构与各个组成部件的作用和工作原理。

（一）DS 系列直流快速断路器

DS 系列直流快速断路器有 DS12、DS14、DS19 等型号（见附录中附表 7），其中 DS12 额定电压为 800 V，DS14 和 DS19 额定电压分别为 1 500 V 和 1 600 V，DS12 与 DS14 的结构基本相同，而 DS19 的结构与 UR 系列类似。下面以 DS12-30/08 为例进行阐述。

DS12-30/08 直流快速断路器是一种双向电流、自然冷却电弧、直动双断点主弧两挡触头的开关，主要部件由导电与接触系统、灭弧室与弧罩、分合闸电磁铁操作系统、操作传动机构以及机架等组成。其整体结构如图 2.54 所示。各主要部件的作用如下：

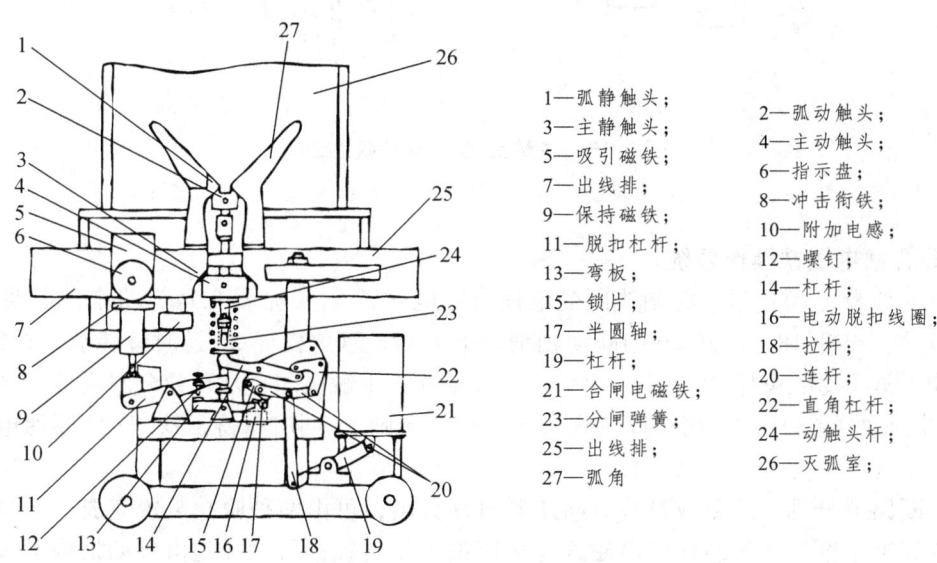

1—弧静触头；　　2—弧动触头；
3—主静触头；　　4—主动触头；
5—吸引磁铁；　　6—指示盘；
7—出线排；　　　8—冲击衔铁；
9—保持磁铁；　　10—附加电感；
11—脱扣杠杆；　　12—螺钉；
13—弯板；　　　　14—杠杆；
15—锁片；　　　　16—电动脱扣线圈；
17—半圆轴；　　　18—拉杆；
19—杠杆；　　　　20—连杆；
21—合闸电磁铁；　22—直角杠杆；
23—分闸弹簧；　　24—动触头杆；
25—出线排；　　　26—灭弧室
27—弧角

图 2.54　DS12-30/08 型直流快速断路器结构图

1. 导电与接触系统

导电部分有铜母线制成的出线排 7、25（见图 2.54），分别与外部导体连接。接触系统采用直动双断点、主弧两挡触头，即接通回路的主静触头 3、主动触头 4，分断电弧的弧静触头 1、弧动触头 2。主动触头和弧动触头分别安装在断路器中间位置可垂直活动的绝缘动触头杆 24 上，此动触头杆的下部与操作传动机构的杠杆 14 相连；主静触头和弧静触头则分别为固定安装。主触头按通过额定（大）电流考虑，触头接触处镶有耐熔性、高导电合金材料（如银合金），对于分断及闭合性能要求均高的断路器，为增强主触头的热容量，减小大电流对触

头电动力的作用，一般采用如图2.55（a）所示的面接触桥式主触头。弧触头由铜制成。

2. 灭弧室与弧罩

灭弧室26置于断路器机架上部由耐弧石棉水泥板制成的弧罩内。目前直流快速断路器的灭弧室广泛采用不带专门磁吹装置的绝缘钢片灭弧室或螺旋电弧灭弧室，前者如图2.55（b）所示，它由绝缘板镶有不同开槽方向的导磁钢片组成，利用钢片以增强对电弧的吸引，加速电弧运动，并将长弧分割成短弧以提高弧隙总电压，且电弧与绝缘隔板摩擦，利用其表面复合和冷却作用以及拉长电弧，从而灭弧。这种结构的灭弧室具有熄弧能力强、电弧电压上升梯度大和易于熄弧等特点，但应避免由于电路电感的存在，电弧电压上升梯度大引起的过电压（可达几倍的电源电压）。

螺旋电弧灭弧室结构与图2.55（b）所示结构类似，但其钢片具有特殊形状的导弧角，将灭弧室中的直流电弧分割成若干段，借助各段电弧电流相互间的电动力使电弧形成螺旋状，并将电弧拉长，其他作用均与绝缘钢片灭弧室相同。

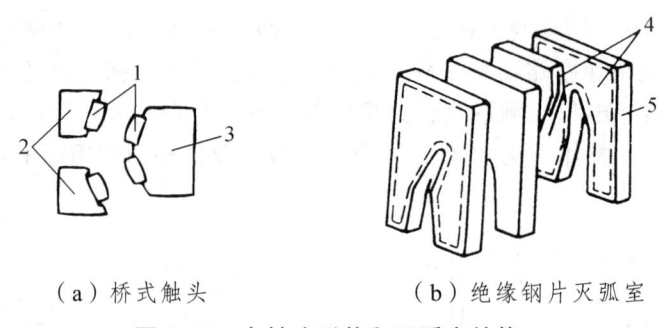

（a）桥式触头　　　　　　　（b）绝缘钢片灭弧室

图2.55　主触头形状和灭弧室结构

1—银合金；2—铜静触头座；3—铜动触头座；4—钢片；5—绝缘隔板

3. 分合闸电磁铁操作系统

（1）断路器电动合闸。合闸线圈受电使合闸电磁铁21（见图2.54）动作，带动杠杆19逆时针转动，拉杆18、连杆20的联动轴销向下运动，直角杠杆22逆时针转动，杠杆14顺时针转动，驱动动触头杆24向上运动，带动弧触头、主触头闭合。开关合闸后传动结构的锁片15由半圆轴（楔子）17闭锁以实现机械保持（合闸），同时保持磁铁9（线圈通电）将冲击衔铁8吸住，保持开关合闸位置。

（2）断路器分闸。短路或过载时断路器自动分闸，可由两种脱扣装置完成：一种是由吸引磁铁5和冲击衔铁8等组成的电磁式冲击衔铁脱扣装置；另一种是由传动机构下部安装的电动脱扣线圈16等组成的电子式感应电动斥力脱扣装置。电动分闸可以通过电动脱扣线圈16或在此位置的分励脱扣器线圈实现分闸操作。

电磁式冲击衔铁脱扣装置的吸引磁铁5（或永久磁铁）装在反应直流电流主电路的分路上，当主电路电流突增（di/dt增大）并大于冲击衔铁8的静态整定值，则使吸引磁铁中的磁通量增大，在电动力的作用下迅速将冲击衔铁8吸向上方，致使脱扣杠杆11顺时针转动，带动螺钉12、弯板13，使半圆轴17转动，锁片15顺时针转动而释放，在强力分闸弹簧23作用下，动触头杆24向下运动，主触头4、弧触头2加速断开，实现自由脱扣分闸。同时杠杆19在复位弹簧作用下顺时针转动，带动拉杆18向上运动，连杆20向上曲折，带动锁片15反时针转动而再扣，为下一次合闸操作做好准备。改变冲击衔铁与吸引磁铁间气隙大小，即可调节脱扣装置动作整定值（由指示盘6指示）。适当调整附加电感10以使断路器在短路电流达到动作电流之前动作，即所谓选择性分断。电子式感应电动斥力脱扣装置的机械传动作用与上述电磁式脱扣装置类似，但电子系统的分闸信号采集、放大较为复杂，其原理将在下面进行简要介绍。

4. 操作传动机构

操作传动机构由连杆、拉杆、直角杠杆与锁片等连杆机械构成，并与合闸电磁铁、动触头杆和冲击衔铁连接。操作传动机构安装在带有滚轮的机座上，构成手车式断路器，有利于检修维护。

（二）UR系列直流快速断路器

UR系列直流快速断路器是一种双向电流、自然冷却电弧、单断点触头的断路器，主要由触头导电回路、闭合保持装置、直接瞬时过电流脱扣装置、灭弧罩及辅助触点盒等组成。UR36、UR40的整体结构如图2.56（a）所示。

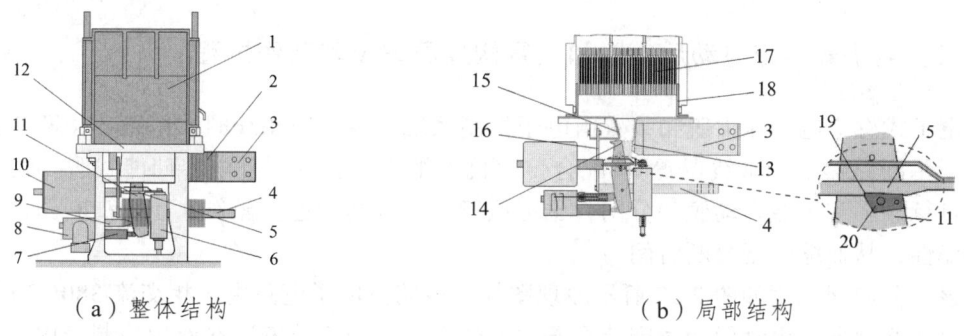

图2.56 UR36、UR40断路器结构图

1—灭弧罩；2—散热器；3—上部连接排；4—下部连接排；5—叉杆；6—过电流脱扣器；7—缓冲器；8—辅助触点盒；9—推杆；10—合闸装置；11—动触头块；12—固定绝缘框架；13—静触头；14—动触头；15—静触头条；16—连接条；17—灭弧栅；18—外角板；19—凹槽；20—限位块

断路器触头由动触头14、静触头13组成，如图2.56（b）所示。导电部件有上部连接排3、下部连接排4，与静触头、动触头、动触头块11组成开关工作电流回路，并与外角板18、静触头条15和连接条16组成在开关开断过程中的电弧电流回路。

灭弧罩1内是灭弧室，安装有分割电弧的灭弧栅17，灭弧栅有上灭弧栅和下灭弧栅。图2.62（b）示出了两片上灭弧栅分隔下灭弧栅，在相邻的灭弧栅之间安装了绝缘隔板，灭弧栅和绝缘隔板在底部中间均开有导弧角。这种结构不仅把长电弧分割成许多短电弧，而且便于自然散热，有利于去游离。

1. 断路器合闸操作

在接收到合闸信号后，合闸装置10中的合闸线圈受电，动铁心右移，通过叉杆5，经叉杆下方凹槽19，推动固定在动触头块11上的棘齿限位块20，使动触头块顺时针转动，动触头14压紧静触头13，断路器闭合。同时动触头块的转动使推杆9向左移动，并使辅助触点盒8中触点变位。合闸时的振动力被缓冲器7所吸收。一旦触头合上，合闸装置10中的电保持机构或磁保持机构将保持断路器合闸位置并提供触头压力。

2. 断路器分闸

断路器分闸可通过过电流脱扣自动分闸或常规分闸命令实现。过电流脱扣自动分闸动作过程如下：当流过断路器的电流超过了电磁式瞬时过电流脱扣器 6 最大电流设定值时，脱扣器可动衔铁释放杆迅速向上移动，举起叉杆 5 的一端，使凹槽 19 从棘齿限位块 20 上脱扣，推杆 9 在弹簧力的作用下推动动触头块 11，使其逆时针转动，动触头迅速离开静触头，动、静触头间产生的电弧在电动力的作用下通过静触头条 15、外角板 18 进入灭弧栅，电弧被分割冷却并迅速熄灭，电路被断开。脱扣器可动衔铁在失去过电流引起的电磁力后，向下移动返回，为下一次分闸动作做准备。同时合闸装置中的保持结构被释放，叉杆缩回，为下一次合闸操作做准备。

断路器接收到远方的分闸命令时，控制电路切断合闸装置的保持电流（电保持）或施加一个逆向脉冲电流（磁保持），在弹簧力的作用下导致叉杆缩回，推杆 9 在弹簧力的作用下推动动触头块 11，使其逆时针转动，动触头迅速离开静触头，开断电路。

UR36、UR40 型直流快速断路器在地铁牵引变电所中被安装在直流开关柜内，在本书第五章第二节有关配电装置的内容中将进一步阐述。

三、电子式感应电动斥力脱扣装置构成原理及其动作过程

电子式感应电动斥力脱扣装置由电子控制系统、电动脱扣线圈、短路环（两者装在如图 2.54 所示断路器上的虚线位置）、配合传动机构组成。它是一种电容储能式脱扣装置，主要用来进行故障和过载自动脱扣分闸，也可执行人工分闸和遥控操作，能提高断路器的快速性和限流性，从而缩短全分断时间。

该装置原理可用如图 2.57 所示原理图加以说明。电子电路由三相交流 380/220 V 电源供电，直流互感器和电动脱扣线圈装在开关本体上，其他部分安装在专用控制箱内。

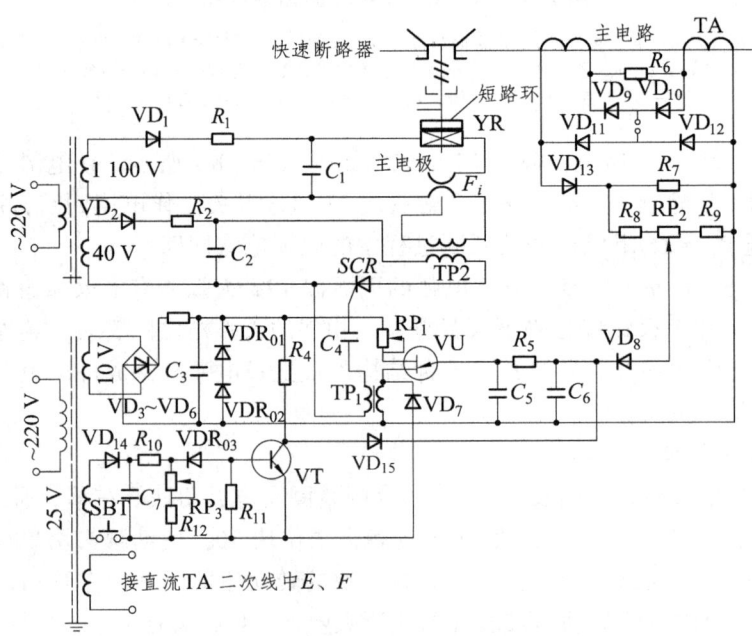

图 2.57 电子式感应电力脱扣装置原理图

YR—电动脱扣线圈；RP—电位器；TP—脉冲变压器；VU—单结晶体管；SBT—分闸按钮；F_i—三电极火花隙

当被保护的直流电路出现故障（如短路或过载）时，主回路直流互感器负载电位器 RP_2 上输出电压超过整定值，并将此信号送入电子脱扣器，单结晶体管 VU 导通。脉冲变压器 TP_1 副边输出脉冲，使可控硅 SCR 导通，已充电的电容 C_2 向脉冲变压器 TP_2 原边放电，其副边输出高压脉冲，使三电极火花隙 F_1 点火、接通球隙，已储能的高压电容 C_1 瞬间以极高的电流上升陡度和幅值经火花隙主电极向电动脱扣线圈 YR 放电，紧贴在线圈上的短路环感应出很大的涡流，涡流和线圈中脉冲电流相互作用产生巨大的电动斥力，推动短路环（铅盘）撞击弯板 13，致使半圆轴 17 转动，引起闭锁机构（见图 2.54）释放，断路器迅速分闸。

人工分闸可通过按分闸按钮 SBT，直接将正电位信号加到 VU 管发射极，使 VU 导通而导致开关分闸。遥控分闸则由遥控终端执行继电器触点闭合，代替分闸按钮的作用进行分闸。

直流快速断路器的主要技术参数可参见附录中附表 7。

第九节　高压互感器

一、概　　述

高压互感器有两大类：电压互感器和电流互感器。

互感器是量测电器。电压互感器一次侧跨接在电网线间或线与地间，二次侧接电压表或功率表、电度表的电压线圈以及继电器或自动装置的电压线圈，用以量测电压。电流互感器一次侧串接在线路中，二次侧接电流表或有关仪表、继电器或自动装置的电流线圈，用以量测线路中的电流。

互感器的作用有如下三个方面：

（1）量程扩张。电网电压很高，工作电流经常很大。电气仪表和继电器只有在低电压和较小电流下才有好的技术经济性能，因此常用互感器将信号变小。

（2）电气仪表和继电器的标准化。电压互感器的二次侧额定电压为 100 V、$100/\sqrt{3}$ V。电流互感器的二次侧额定电流大多为 5 A（少数为 0.5 A 或 1 A）。因此，电网电压及电流虽然多种多样，但仪表和继电器的额定电压绝大多数可以做成 100 V 或 5 A，这样就给产品生产带来了很大的经济性。

（3）隔离高电压。电流互感器和电压互感器的一次侧和二次侧在电气上相互绝缘，二次侧的电压很低，可以较好地保证二次系统设备和操作人员的安全。

二、电压互感器

（一）电磁式电压互感器

电磁式电压互感器是目前应用最广泛的电压互感器，其工作原理与变压器相同。由于负载阻抗很大，运行条件相当于变压器空载。二次绕组匝数远小于一次绕组匝数，所以二次侧不能短路，短路将产生危险的过电流。为了保证人在接触量测仪表和继电器时的安全，互感器的二次绕组应接地。这样，当互感器绝缘损坏时，可以防止在仪表上产生危险的高电压。

1. 电压互感器的工作特性

（1）额定电压比。电压互感器的额定电压比是一、二次侧额定电压之比，即

$$K_N = U_{N1}/U_{N2} \tag{2.42}$$

它是表示互感器特性的参数。接在互感器二次侧电路中的量测仪表的刻度包含了此倍数。$K_N U_2$ 的值即为被测量的一次侧电压的近似值。电压互感器的额定电压比并不等于一、二次绕组的匝数比 $K_W = W_1/W_2$。

（2）误差、准确度。反映电压互感器准确度的参数是电压互感器的误差，它分为电压幅值误差（ΔU）及相角误差（δ）两种，前者通常称为比差，后者称为角差。

从二次绕组测量的电压来求得的一次侧电压近似值 $K_N U_2$ 与一次侧电压实际值 U_1 的差对 U_1 的百分比叫作比差，即

$$\Delta U = \frac{K_N U_2 - U_1}{U_1} \times 100\% \tag{2.43}$$

二次侧电压的相量旋转 180°与一次侧电压的相量之间的夹角称为角差 δ（′），并规定二次侧电压相量旋转 180°后，超前一次侧电压时的角差为正值。

电压互感器的误差与负载的大小和功率因数 $\cos\varphi$ 有关，同时其结构、绕组的阻抗也会对误差产生影响。

电压互感器的等值电路和相量图如图 2.58 所示，其误差特性如图 2.59 所示。一般地说，负载增加与 $\cos\varphi$ 的降低都将使误差增大，故运行中的负载须配置适当。

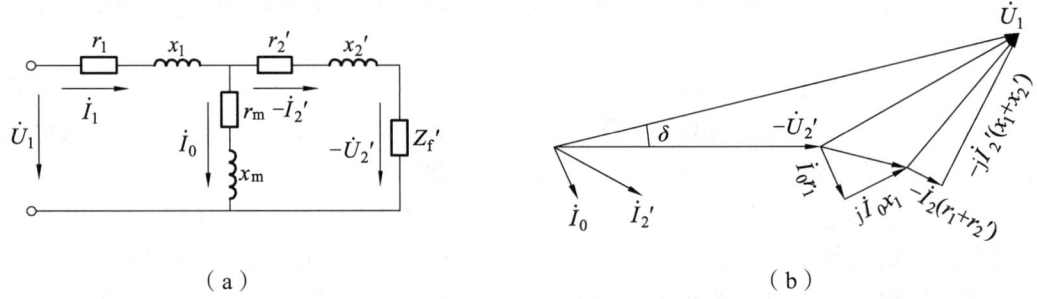

图 2.58 电压互感器等值电路和相量图

Z_f'—负载阻抗；r_1、x_1——一次绕组电阻、电抗；r_2'、x_2'——二次绕组（已归算的）电阻、电抗；r_m、x_m——激磁电阻、电抗

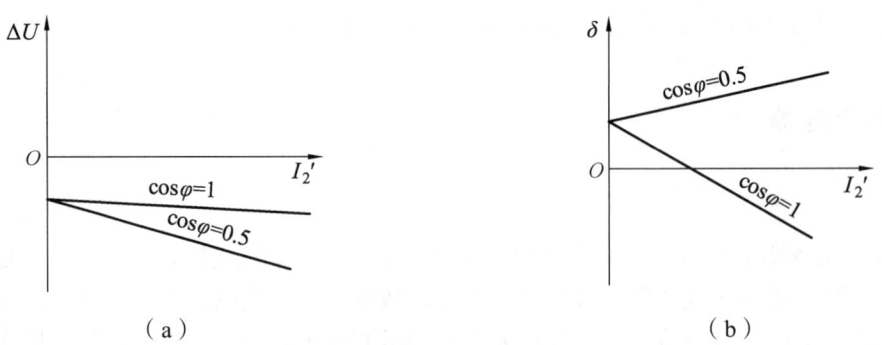

图 2.59 误差随负荷及其功率因数变化的曲线

为减小误差,制造时常采用高磁导率的硅钢片,减小磁路的空气隙,以减小空载电流。为减小比差,设计中往往增加二次线圈匝数,称作"追加匝数法",而带补偿线圈的互感器则可减小角差。运行时一次侧电网电压和频率的波动也应在规定范围内,以保证互感器的准确度。

误差特性是互感器非常重要的特性。互感器的准确度等级取决于误差的极限值,并据此命名。例如,最大比差为 $\Delta U = \pm 0.2\%$ 时,则称互感器为 0.2 级的。按我国标准将测量用电压互感器划分为 5 个精度等级,如表 2.1 所示。

表 2.1 测量用电压互感器的最大允许电压幅值误差和相角误差

级 名	U_1/U_{1N} /%	ΔU_{max} /%	$\delta_{u\,max}$ /(')	二次负荷条件
0.1	80~120	±0.1	±5	
0.2	80~120	±0.2	±10	二次负荷在额定负荷 25%~100% 内,负荷的功率因数 $\cos\varphi_f = 0.8$
0.5	80~120	±0.5	±20	
1.0	80~120	±1.0	±40	
3.0	80~120	±3.0	无规定	

通常 0.1、0.2 级互感器用于实验室精密测量;0.5 级用于供电给瓦时计;1.0 级和 3.0 级用于一般测量仪表。

保护用电压互感器的准确级分为 3P 和 6P 两种,它们的最大比差和角差,在一次电压为 (5%~最大工作电压/额定一次电压×100%)·U_{1N} 范围内时,如表 2.2 所示。

表 2.2 保护用电压互感器的最大允许电压幅值误差和相角误差

级 名	ΔU_{max} /%	$\delta_{u\,max}$ /(')	二次负荷条件
3P	3.0	120	二次负荷在额定负荷 25%~100% 内,负荷的功率因数 $\cos\varphi_f = 0.8$
6P	6.0	240	

(3)额定容量。由于互感器的误差随负载变化,故互感器容量应适应于一定的准确度,其准确度将随额定功率的增大而降低。此外,最大功率是由热稳定所确定的最大输出功率,一般都不应使互感器的负载达到这一容量。

2. 电磁式电压互感器的分类及结构

电磁式电压互感器的分类:根据绕组数目来分有双绕组和三绕组的;按相数来分有单相和三相的;按冷却方式与绝缘方式来分有干式、油浸式、浇注式、瓷箱式;按结构来分有普通结构和串级结构;按安装环境来分有室内的和室外的;等等。

3~10 kV 的电压互感器主要有:JDZ 型、JDJ 型、JDZJ 型、JSJB 型、JSJW 型等;

35 kV 的电压互感器主要有:JDJ 型、JDZ 型、JDZJ 型及 JDJJ 型等;

110 kV 及以上的电压互感器主要有:JCC 型、JDC 型、JDCF 型、JDQX 型等。

以上各种型号中各符号的意义可从有关产品目录中查得。

35 kV 电压等级以下的电压互感器的结构与普通变压器基本相同。

限于篇幅,下面仅介绍 JSJW 型互感器与用于 110 kV 以上的 JCC 型互感器的结构特点。

（1）JSJW 型三相五柱式电压互感器。JSJW-10 的原理接线与外形图如图 2.60（a）、（b）所示。它由五个铁心柱和两个铁轭组成磁路系统。中间三个芯柱上各有三个绕组，其中一次绕组接成 Y_0；两个二次绕组中一个接成 Y_0、一个接成开口三角形，从 x_1、a_1 引出。由于这种互感器有两个辅助芯柱，故可构成零序磁通的通路。铁心和绕组放在装有变压器油的钢箱内，绕组端子通过固定在顶盖上的瓷套管引出。该种互感器用于户内 3～10 kV 电压级，测量线电压、相电压、监视电网对地绝缘，测量零序电压以供接地保护使用。

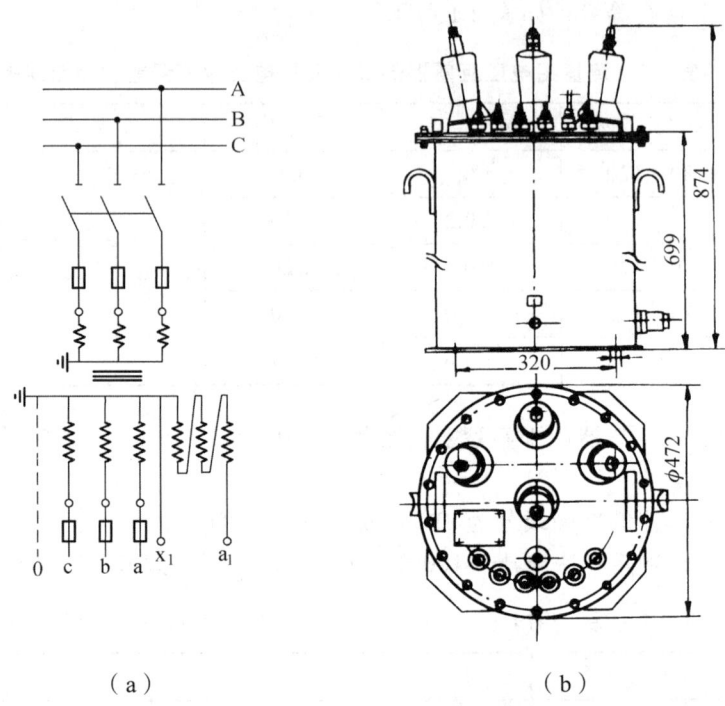

图 2.60　JSJW-10 型电压互感器原理接线及外形图

（2）JCC 型单相串级式电压互感器。当电压在 110 kV 及以上时，一般不采用钢箱瓷套管式结构，因为这种结构使互感器显得笨重，且造价昂贵。此时采用单相串级式结构，并以瓷箱代替钢箱，可以使体积减小、重量减轻，并使造价降低。

串级式电压互感器的原理接线和外形如图 2.61（a）、（b）所示。这种互感器的铁心为"口"字形，由条形硅钢片叠成。铁心的上下边柱上套有一次绕组和平衡绕组。一次绕组为串联绝缘，分成两段，每段为一绝缘分级，由上而下，绕组对地电位逐渐降低，A 端全绝缘，下端（X 端）为接地端。下边芯柱还套有二次绕组与辅助绕组以供量测和保护等用。当互感器空载时，上下芯柱磁通相等，上下绕组的空载电流相同，每一绕组承受网压的一半，由于铁心接于绕组的两个分段之间，故使每一段绕组对铁心间只需承受网压之半，因而降低了绝缘水平。当互感器带负荷运行时，二次绕组将有电流 I_2 流过，由它产生的磁通将引起铁心磁通的变化，使之交链一、二次绕组的全磁通不再相等，因此，一次绕组两段承受的电压不再相等，下段一次绕组承受电压较 1/2 网压要低些，引起互感器误差增加。为避免这种现象，上下两段安装有匝数相同的平衡绕组彼此对接。负荷时平衡绕组将有平衡电流产生，使上段铁心磁通减小，下段铁心磁通增加，从而使电压分布均匀，误差减小。这种互感器准确度等级为 1 级或 3 级，这种互感器的基本二次绕组电压为 $110/\sqrt{3}$ V，辅助二次绕组电压为 100 V [图 2.61（a）中 $K_N H_N$ 为平衡绕组]。

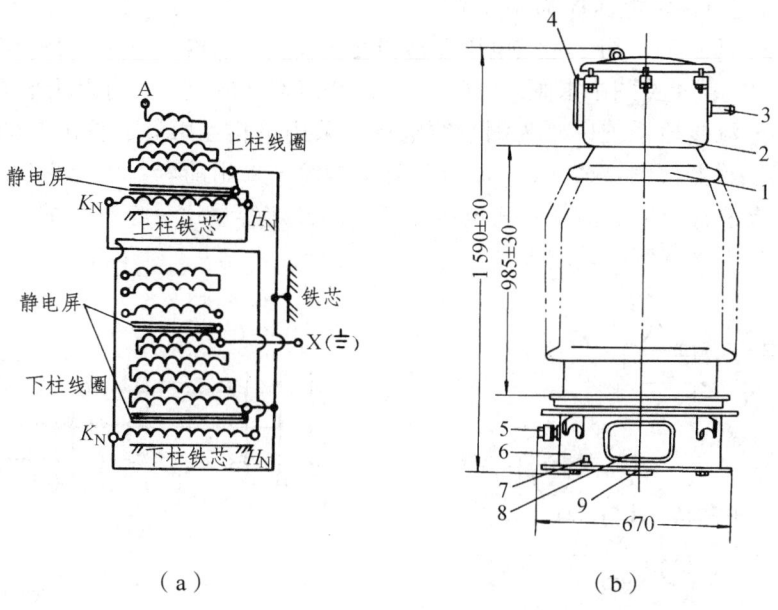

图 2.61　JCC_1 型电压互感器的原理和外形图

1—瓷套；2—储油柜；3—高压出线端（A）；4—油表；5—放油阀；6—底座；
7—接地螺栓；8—出线盒（二次线）；9—出线管

3. 电磁式电压互感器的接线方式

各种电压互感器的额定电压、额定电压比、形式等的确定都考虑了它们的用途和接线图。常用的电压互感器接线图如图 2.62 所示。

图 2.62（a）表示单相电压互感器接线，用于只需要测量某一个线电压的情况。使用时可接入电压表、频率计、断路器的手动操动机构上的欠电压释放线圈等。

图 2.62（b）表示两个单相互感器接成不完全三角形。这种接法广泛地用于中性点不接地或经高阻抗接地的电网中，与三相瓦特表、三相瓦时计等仪表连接，互感器采用 JDZ、JDJ 型。

图 2.62（c）表示三个单相互感器接成星形，可以测量线电压和相对地电压。在中性点直接接地的 110 kV 以上装置中，广泛采用这种接法。互感器为 JCC 型。其一次绕组按相电压设计，三个互感器一次侧连接成 Y_0 形，二次绕组也连接成 Y_0 形，辅助绕组连接成开口三角形，如图中虚线所示。辅助绕组的匝数是根据单相接地短路时三角形开口处电压为 110 V 计算的，也即对辅助绕组要求的额定电压值。开口三角形两端接电压继电器。

在中性点不接地或经高阻抗接地的装置中采用这种接法时，当电网一相接地，则电压互感器将长期工作在线电压下，所以其一次绕组应按线电压设计。此时可采用 JDZ、JDJ 型双绕组互感器，其额定电压为线电压，正常工作时互感器电压只及额定值的 $1/\sqrt{3}$，故不能保证设计的精确等级，所以采用上述类型的互感器只能用来监察电力网的对地绝缘状况。另外，这种接线还可以采用 JDZJ、JDJJ 型电压互感器，它的主绕组绝缘按线电压设计，而额定互感比按相电压计算，并具有附加绕组。此种电压互感器按图 2.62（c）（包括虚线部分）接线，可以连接各种量测仪表和监察电网对地绝缘情况。当电网内有一相接地时,辅助绕组中出现零序电压,开口三角形两端出现的电压为零序电压的3倍,为了在一相完全接地时,该电压为100 V,那么辅助绕组额定电压应为100/3 V。

如图2.62(d)所示为三相三芯式电压互感器的接线。互感器一般为JSJB型。该型互感器有补偿绕组以使角差减小(图中未画)。其一、二次绕组都连成星形,可以用来测量相间电压。

因此,在小电流接地系统中,为测量线电压可采用单相互感器,按图2.62(b)接线,也可用一个三相互感器按图2.62(d)接线。但总是优先采用前者,因为它比三相电压互感器更可靠,修理方便且经济。两个单相电压互感器的额定容量比一个三相的大,况且三相电压互感器各相负载不均将使误差增大。

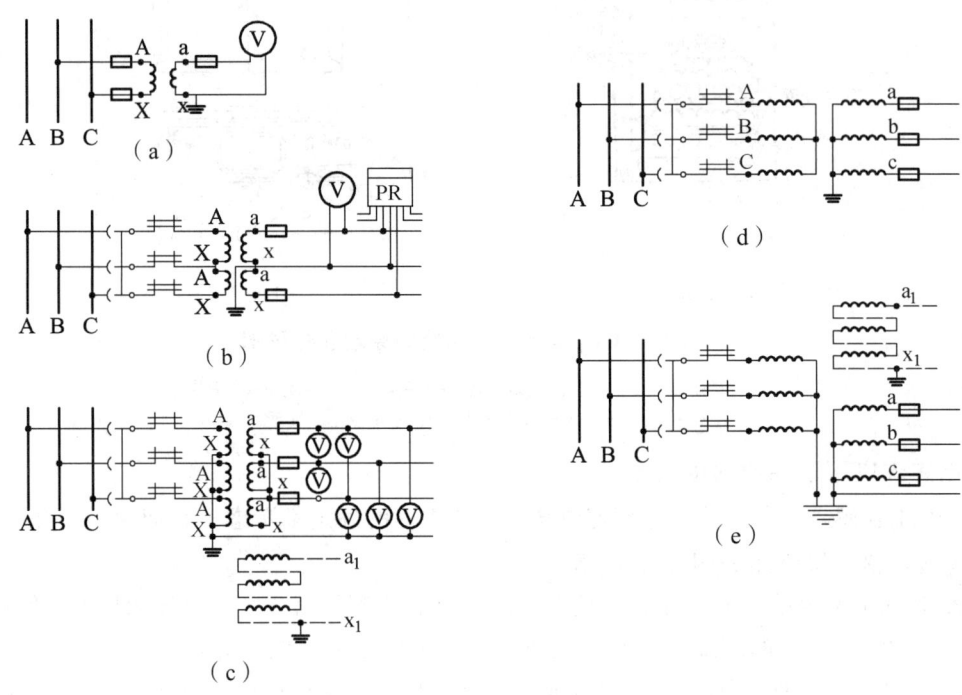

图2.62 电压互感器的各种连接图

普通三相三芯式电压互感器不能用作测量相对地电压,即不能用来监察绝缘,其理由如下:

在小电流接地系统中,电压互感器连接成星形-星形,其高压绕组接地,当系统单相接地时,故障相电压为零,非故障相电压升为线电压值,并且两相的电压向量夹角为60°,如图2.63所示。产生了零序电压分量,与此相适应,应有零序磁通产生。正序磁通因有铁心通路,因磁阻小,故正序电流很小。而零序磁通通路是空气隙和钢箱,磁阻很大,故零序电流很大,为正序电流的几倍,因此互感器各线圈中的总电流在大小和相位上都很接近,且比

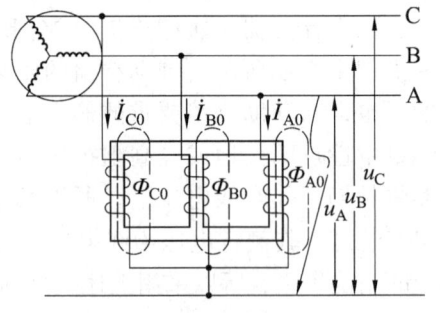

图2.63 小电流接地系统对电压互感器工作的影响

正常励磁电流大很多。互感器长期工作在这种状态下，会使绕组过热损坏。为了避免错误地将一次绕组中点接地，该种互感器一次侧中性点不引出壳外。在上述情形中，若采用三相五芯柱互感器，则由于辅助芯柱提供零序磁通通路，故不会发生上述的危险现象。

图2.62（e）表示三相五芯柱三绕组电压互感器（JSJW型）的接线，可用于测量线电压，相对地电压，辅助绕组作为开口三角形接继电保护装置以反映单相接地故障。

（二）电容式电压互感器（CVT）

电容式电压互感器在技术和经济方面具有优势，国外66～765 kV电力系统中绝大多数采用这种类型的电压互感器；我国220 kV以上变电所大都采用电容式电压互感器，110～220 kV变电所设备更新或新建工程中优先采用电容式电压互感器已成为明显趋势。

1. 电容式电压互感器的工作原理

电容式电压互感器的工作原理如图2.64所示。它由电容分压器和电磁单元两部分组成。由一级或多级耦合电容器组成的电容分压器从输电线路的高电压抽取一个中间电压（通常为10～20 kV）送入电磁单元，再降为$100/\sqrt{3}$ V和100 V低压分别供计量和继电保护装置使用。为了补偿电容分压器的容性阻抗，使二次电压不因负载的变化而变化，在中压回路中接入了补偿电抗器K，阻尼器Z是为阻尼铁磁谐振而设置的。

电容式电压互感器的工作原理可以归纳为：耦合电容器分压，中间变压器降压，电抗器补偿，阻尼器保护。

利用二端网络定理将图2.64化简为等值电路如图2.65所示。若电抗器K的电感参数L按其与C_1+C_2在工频下谐振选择，即$L=1/[4\pi^2 f^2(C_1+C_2)]$，则等值电路中内阻抗为$R$，使输出电压受负载变化的影响大为减小，这是电容式电压互感器内部接线的一个显著特点。

2. 电容式电压互感器的频率误差

电力系统的频率会在50 Hz上下波动，这时L与C_1+C_2不能完全谐振，相当于增加了等值电路中的内阻抗，将造成误差，该误差称为频率误差。

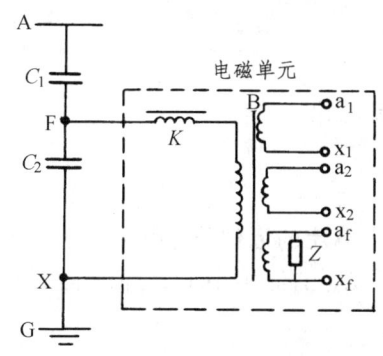

图2.64 电容式电压互感器原理图

AX—一次端子；$a_1 x_1$—主二次1号绕组端子；$a_2 x_2$—主二次2号绕组端子；$a_f x_f$—辅助二次绕组端子；K—补偿电抗器；B—中压变压器；C_1—高压电容；C_2—中压电容；Z—阻尼器

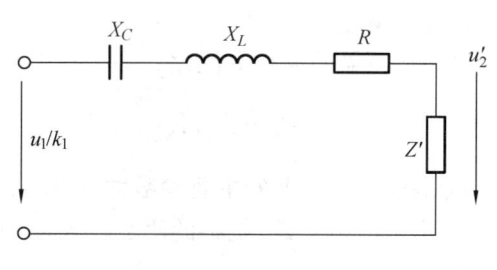

图2.65 CVT简化等值电路图

u_1—一次电压；K_1—电容分压器的分压比；X_C—分压器的容抗为$1/[\omega(C_1+C_2)]$；X_L—补偿电抗器的感抗与中压变压器一、二次绕组间漏抗之和；R—等值电阻；Z'—CVT二次负载（折算到中压侧）；u'_2—二次输出电压（折算到中压侧）

频率误差的大小决定于电容(C_1+C_2)与电感L在频率$(f+\Delta f)$下的剩余阻抗ΔZ的大小：

$$\Delta Z = j\left[2\pi(f+\Delta f)L - \frac{1}{2\pi(f+\Delta f)(C_1+C_2)}\right] \quad (2.44)$$

考虑到$\Delta f \ll f$，则有

$$\Delta Z = j\frac{2\Delta f/f}{2\pi f(C_1+C_2)} \quad (2.45)$$

由式（2.45）可知，为了减小剩余阻抗ΔZ，以保证准确度，(C_1+C_2)不能太小。由于电容器的价格与其容量$u^2\omega C$有直接关系，因此，高压电容器C_1的价格在互感器成本中占相当大的比重。

（三）电容式电压互感器结构与技术特性简介

电容式电压互感器中电容器的介质，普遍采用聚丙烯膜与电容纸复合浸渍烷基苯绝缘油；有0.2、0.5、1和3级四个准确度等级，二次输出容量在0.5级准确度下最大可达500 VA，在0.2级准确度下最大可达300 VA；产品结构向单柱式方向发展，即将电容分压器叠装在电磁单元的油箱上成为一个整体；对不同电压等级实现积木式、系列化设计。

三、电磁式电流互感器

电磁式电流互感器作为电磁元件，其功能和工作原理与电压互感器相同。由于其负载是仪表与保护设备的电流线圈，其阻抗很小，运行条件相当于变压器短路。二次绕组匝数远大于一次绕组匝数，所以二次侧不能开路，开路将产生危险的高电位。

（一）电流互感器的工作特性

1. 额定电流比

电流互感器的额定电流比，即一、二次侧额定电流之比：

$$K_N = I_{N1}/I_{N2} \quad (2.46)$$

K_N是电流互感器的主要参数之一。$K_N I_2$是所要测定电流的近似值。电流互感器的额定电流比并不等于一、二次绕组的匝数比$K_W = W_2/W_1$，一般K_W的值稍小于K_N值，这样可以减小测量的误差。

2. 误差、准确度

电流互感器的误差也可分为电流幅值误差（ΔI）和相角误差（δ）两种，简称比差和角差。

电流幅值误差为测量二次侧电流间接求得的一次侧电流近似值（$K_N I_2$）与一次侧电流实际值I_1的差对实际值的百分比，即

$$\Delta I = \frac{K_N I_2 - I_1}{\Delta I} \times 100 \ (\%) \quad (2.47)$$

相角误差则是将二次侧电流相量旋转 180°后与一次侧电流相量之间的夹角,并规定旋转 180°的二次侧电流相量超前一次侧电流相量时,相角误差为正值。

由于电流互感器传变电流过程中的非线性特性,使激磁电流和二次电流出现了高次谐波分量,此时如果仅用相量图表示误差已不合理,所以国家标准提出了复合误差的指标。

复合误差的定义是:在稳态情况下,电流互感器二次电流瞬时值乘以额定电流比与一次电流瞬时值之差的有效值相对 I_1 的百分数,即

$$\varepsilon_c\% = \frac{100}{I_1}\sqrt{\frac{1}{T}\int_0^T (K_N i_2 - i_1)^2 dt} \quad (2.48)$$

式中,I_1 为一次电流有效值;i_1、i_2 分别为一次和二次电流瞬时值,可通过测有效值得到,单位为 A。

电流互感器误差决定于其构造、铁心材质、一次侧电流的大小及二次侧回路的阻抗。按照我国标准,测量用电流互感器的准确级分为 0.1、0.2、0.5、1、3 和 5 级共六种等级,如表 2.3 所示。

通常 0.1 和 0.2 级用于实验室作精密测量或当做标准电流互感器;0.5 级用于供电给瓦时计或瓦特表;1 级用于一般工程测量;3 级用于供电给次要电路中的仪表或过电流继电器;5 级用于供电给装在开关电器手动操动机构中的过电流脱扣器的线圈。

保护用电流互感器的准确度分为 5P 和 10P 两种。它们在额定一次电流下的最大允许电流误差 ΔI_{max}、最大允许相角误差 δ_{max} 和复合误差 ε_{cmax} 如表 2.4 所示。

表 2.3 测量用电流互感器的最大允许电流幅值误差和相角误差

级 名	$I_1/I_{1N}/\%$	$\Delta I_{max}/\%$	$\delta_{imax}/(')$	二次负荷条件
0.1	120 和 100	±0.1	±5	
	20	±0.2	±8	
	5	±0.4	±15	
0.2	120 和 100	±0.20	±10	
	20	±0.35	±15	
	5	±0.75	±30	二次负荷在额定二次负荷 Z_{2N} 的 25%~100% 内,其功率因数 $\cos\varphi_f = 0.8$
0.5	120 和 100	±0.50	±40	
	20	±0.75	±50	
	10	±1.50	±90	
1	120 和 100	±1.0	±80	
	20	±1.5	±100	
	10	±3.0	±180	
3/5	120 和 50	±3.0/±5.0	无规定	

表 2.4 保护用电流互感器的最大允许电流误差、最大允许相角误差和复合误差

级 名	$\Delta I_{max}/\%$	$\delta_{max}/(')$	$\varepsilon_{cmax}/\%$	二次负荷条件
5	±1	±60	5	负荷的功率因数 $\cos\varphi_f = 0.8$,为确定复合误差,$\cos\varphi_f = 0.8$ 可在 0.8~1
10	±3	—	10	

下面讨论影响误差的因素，电流互感器工作时的相量图如图 2.66 所示。电流互感器磁平衡方程式为

$$\dot{I}_1 W_1 = -\dot{I}_2 W_2 + \dot{I}_0 W_1 \quad (2.49)$$

由相量图可知，电流误差为 ab 线段长度，其值为

$$\Delta I = -\frac{I_0 W_1}{I_1 W_1} \sin(\psi_2 + \alpha) \times 100\% \quad (2.50)$$

而相角误差 $\delta \approx \tan\delta$，可用线段 bc 与 $b0$ 之比来确定，其值为

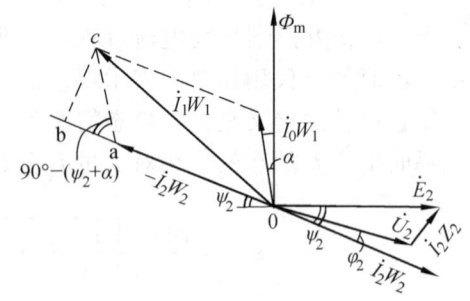

图 2.66 电流互感器相量图

$$\delta \approx \frac{I_0 W_1}{I_1 W_1} \cos(\psi_2 + \alpha) \quad (\text{rad})$$

$$\approx 3\,440 \frac{I_0 W_1}{I_1 W_1} \cos(\psi_2 + \alpha) \quad (') \quad (2.51)$$

式中，ψ_2 为电势 $\dot{E}_2$ 与 $\dot{I}_2$ 间的夹角，$\psi_2 \approx \varphi_2$，φ_2 为电压 $\dot{U}_2$ 与 $\dot{I}_2$ 间的夹角（功率因数角）；α 为 $\dot{I}_0$ 与磁通 Φ_m 间的夹角。

从上面两式中可以看出，激磁电流 I_0 是影响误差的主要因素。I_0 的大小决定于铁心材料的品质、铁心尺寸、绕组的匝数等。减少磁路的磁阻可使 I_0 降低，减少误差。原边电流 I_1 的变化对误差也将产生很大影响，当 I_1 增加时误差将减少，但 I_1 增加很大（超过额定原边电流）时，将使铁心饱和（I_2 不再与 I_1 同等比例增加），由式（2.50）可知电流 I_0 将增大，造成误差也增大，故互感器应工作在额定电流附近。二次侧负载（Z_2）及其功率因数（$\cos\varphi_2$）对误差也产生影响。当 I_1 与 $\cos\varphi_2$ 不变时，增加 Z_2 会使 E_2 增大，从而使 I_0 增加，故 ΔI、δ 都增加。功率因数的影响，从误差公式可知，负载功率因数降低时，ΔI 增加，而 δ 减少。负载对误差的影响如图 2.67 所示。

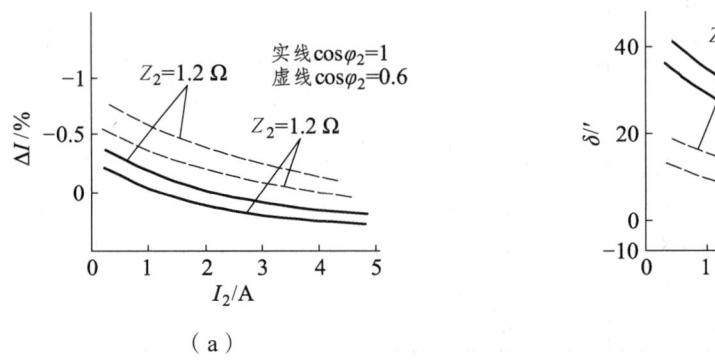

（a）

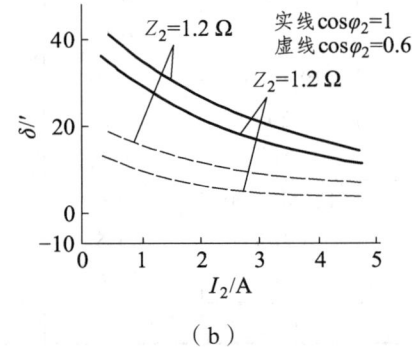

（b）

图 2.67 电流互感器负载对误差的影响

工程上通常采用"削减匝数"法来降低电流误差。并且为了使激磁电流 I_0 减小，往往采用减小铁心磁路长度、增大铁心截面、减小磁路空气隙、选用高导磁铁心材料等办法。

由于电流互感器对负载而言是电流源，故负载消耗功率与外阻抗成正比，所以它的额定

阻抗值就代表了它的额定容量。

（二）电磁式电流互感器的分类和结构

电流互感器种类很多，按一次绕组匝数可分为：① 单匝式，其中又包括贯穿式（一次绕组为一根铜杆或铜管）、母线式（以线路母线作为一次绕组）、套管式（以套管导杆作一次绕组）；② 多匝式，如"8"字形、串级式，等等。按绝缘结构可分为干式、浇注式、油浸式等。按安装条件又可分为室外和室内两种。还可以用其他方法进行分类。

在电路中往往需要多个电流互感器，而且要求的准确级次各不相同，实用中往往一个电流互感器中有两个或两个以上铁心，与电压互感器不同，它的每一个铁心只有一个二次绕组。

1. 单匝式电流互感器

单匝式电流互感器构造简单、尺寸较小，短路电流通过时的电动力稳定度较高，适当选择载流芯柱的截面容易获得所需要的热稳定度。它的另一优点是当一次绕组（芯柱）有很大的短路电流通过时，不会像多匝互感器那样，产生很高的匝间过电压。其主要缺点是，当被测量的电流很小时，准确度很低。从式（2.50）可以看出，一次侧激磁力不足将使误差增加，而在保证准确度的情形下带负载的能力则较低。因此，仅在电流较大的回路中，才考虑安装单匝电流互感器。

图 2.68 是 LDZ-10 型电流互感器（单匝贯穿式浇注绝缘电流互感器）的原理图及外形图，其二次绕组均匀绕在环形铁心上，一次绕组采用圆导杆从铁心中心穿过，并用树脂浇注成为整体。

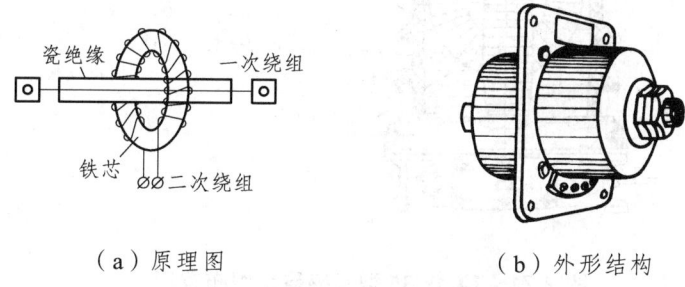

图 2.68 单匝式电流互感器

额定电流大于 1 500 A 时，一次绕组制成粗大的芯柱并不适宜，故在 10 kV 装置中多制成母线式互感器。这种互感器是中空的，利用配电装置的载流母线作为一次绕组。

额定电压在 35 kV 以上时，广泛采用套管式电流互感器。它的环形铁心套在油断路器的绝缘套管上，利用套管中的载流体作为一次绕组。该型式又名装入式，优点是简单、经济，不另占空间；缺点是误差较大，因为磁路长度取决于套管直径，而套管直径一般较大，故使磁阻、误差增大。

2. 多匝式电流互感器

由于单匝式电流互感器的二次绕组功率不大，为满足负荷要求，势必增加互感器的安装数目。因此，制造多匝互感器是经济的。

图 2.69 是 LFZ-10 型（复匝浇注绝缘）电流互感器的原理图和外形图，该型用于室内配电装置。

电压在 35 kV 以上常采用 "8" 字形结构,如图 2.70 所示,一次绕组 2 与绕有二次绕组 3 的铁心 1 像两个环相套,构成 "8" 字形。铁心和绕组装于瓷外壳中,内部充满变压器油,LCW-35 型属于该种结构,其外形及内部绕组布置如图 2.71 所示。

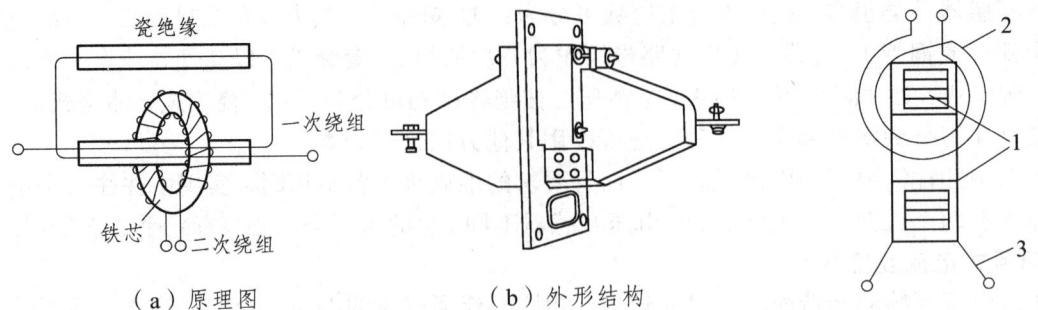

图 2.69 多匝式电流互感器 　　　　图 2.70 "8" 字形电流互感器

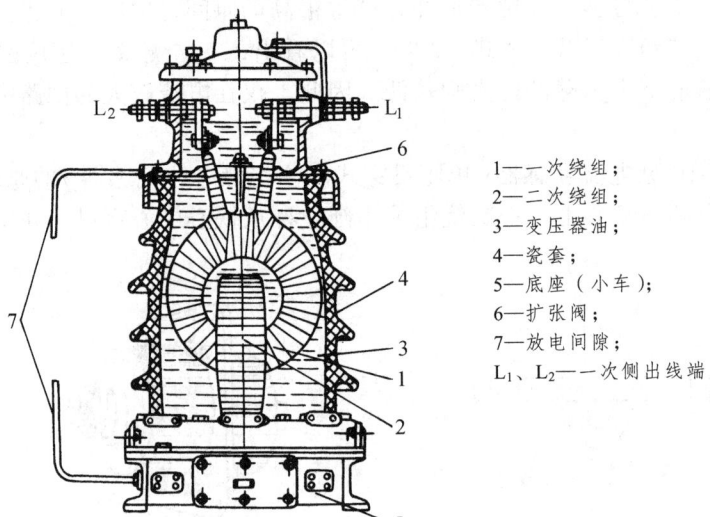

图 2.71 LCW-35 型互感器绕组布置图

1——一次绕组;
2——二次绕组;
3——变压器油;
4——瓷套;
5——底座(小车);
6——扩张阀;
7——放电间隙;
L_1、L_2——一次侧出线端

电压等级为 110 kV 或更高时,常采用串级式结构的电流互感器。L-110 型电流互感器的外形及原理图如图 2.72 所示。它由两个独立变换的单元组成,第一级互感器二次侧电流为 20 A,用它来充任第二级电流互感器的一次侧,然后由第二级电流互感器变为 5 A 电流输出。第二级电流互感器有三个带有二次绕组的环形铁心,以供不同用途需要。

需要特别指出的是:牵引变电所 27.5 kV 电压设备直接套用电力系统 35 kV 电压设备的绝缘水平是不合理的。就电流互感器来说,目前主要套用的是 LCZ-35 型电流互感器,对地承受的相电压是 $35/\sqrt{3} = 20.2$ kV,而牵引变电所对地所承受的电压是 25 kV,比 20.2 kV 高出 23.8%。为此,各厂家近年来先后开发了多种型号的电气化铁路专用电流互感器,主要型号有 JDT-27.5 型、LQZT-27.5 型、$LZZB_1$-27.5 型及 $LZBJ_1$-27.5 型等,限于篇幅,此处不再赘述。电流互感器的接线方式将在本书第九章第七节中介绍。

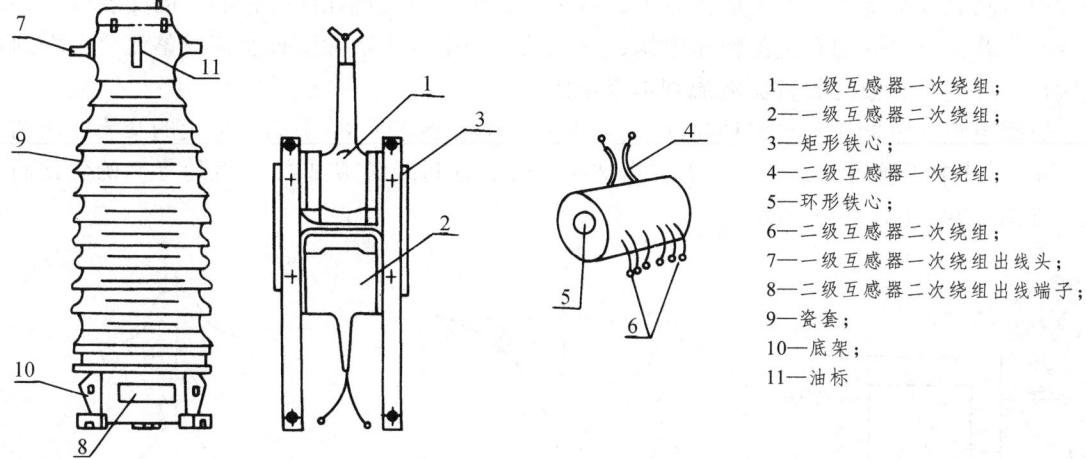

1——级互感器一次绕组；
2——级互感器二次绕组；
3—矩形铁心；
4—二级互感器一次绕组；
5—环形铁心；
6—二级互感器二次绕组；
7——级互感器一次绕组出线头；
8—二级互感器二次绕组出线端子；
9—瓷套；
10—底架；
11—油标

（a）外形图　（b）一级互感器结构　（c）二级互感结构

图 2.72　串级式电流互感器

（三）电磁式电流互感器二次侧开路产生的过电压

正常工作时，电流互感器的二次侧接有阻抗值很小的量测仪表和继电器的电流线圈，近似于短路状态。

当二次侧开路时，流过一次侧的电流则全部用于互感器铁心的激磁，$I_0 = I_1$，铁心磁势急剧上升，磁通剧增，由于二次侧匝数很多，则在二次侧产生危险的高电压。同时由于铁心的饱和，当 I_1 为正弦波时，磁通为平顶波，则二次侧的感应电势为尖顶波形。电压波形的畸变，将使危险电压的幅值比铁心不饱和时更高，如图 2.73 所示。

为了防止这种危险电压的发生，电流互感器的二次侧不允许开路。互感器上都贴有不允许二次侧开路的警告牌。

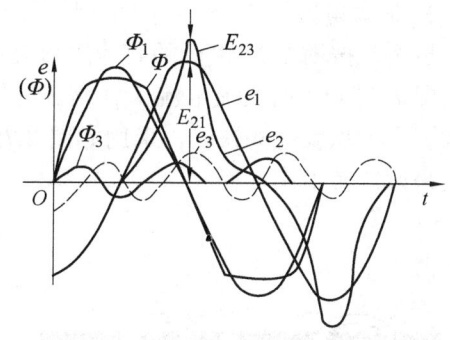

图 2.73　互感器二次侧开路时的电压波形

四、直流互感器

直流互感器由于一、二次绕组具有电气隔离，二次输出功率大，测量的准确度较好，电路简单，使用维护及制造简便，因此在直流输配电系统中得到了广泛应用。

（一）直流电流互感器

1. 基本原理

直流电流互感器工作的基本原理和磁放大器一样。被测的直流电流通过互感器的一次绕组使铁心偏于单向磁化。在铁心直流偏磁之后，它在工作点处微分磁导率（也称动态或增量磁导率）随之发生变化。直流电流越大，磁导率越小，因而绕在同一铁心上的交流线圈感抗也变小，若交流线圈加有交流恒压电源，显然其中的电流将增大。该交流经整流后可得到直流输出，此输出和被测的直流电流基本成正比。

直流电流互感器的基本原理如图 2.74 所示。在辅助线圈 W_2 上施加恒定的交流电压辅助电源 $U_\sim$，其中流通的交流电流为 $I_\sim$，当被测直流 $I_=$ 通过线圈 W_1 时，$I_\sim$ 将随着 $I_=$ 的变化而变化，如图 2.74（b）、（c）所示。

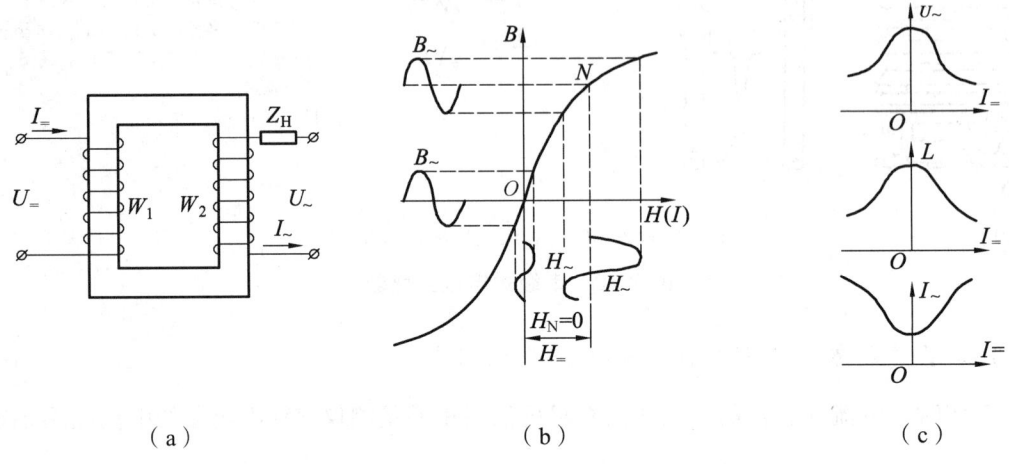

图 2.74 直流电流互感器的基本原理

2. 基本电路

显然，按图 2.74 生产的直流电流互感器是不能使用的。这是因为：① 输入为零时有输出，即 $I_=$ 等于零时交流电流 $I_\sim$ 不等于零；② 交流回路产生的磁通 $\Phi_\sim$ 对一次直流回路会产生影响。为了克服这些缺点，采用如图 2.75（a）所示的结构，并以图 2.75（b）中的理想磁化曲线来讨论其工作过程。

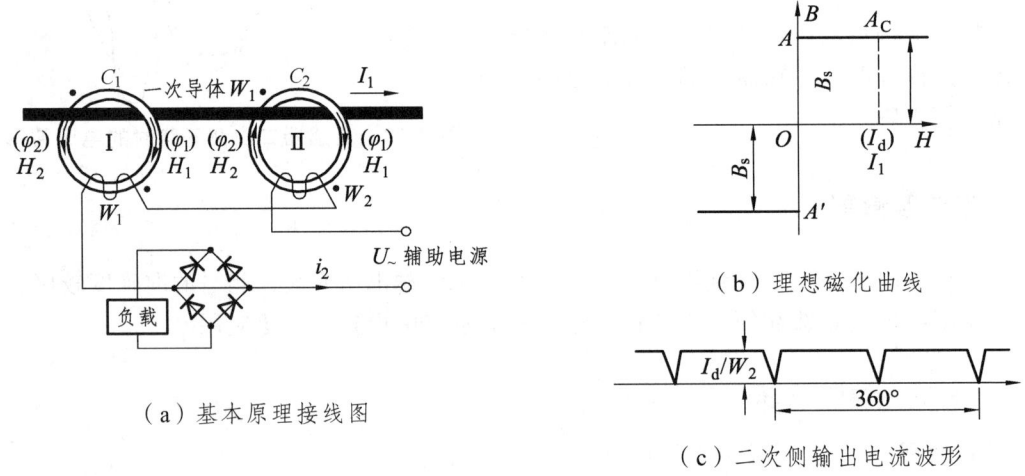

图 2.75 直流互感器

如图 2.75 所示，在两个相同的铁心 C_1 和 C_2 上绕有匝数相等的线圈，一般情况下，额定直流电流较大,一次电路往往只是一支铜棒穿过两个磁芯的内孔,被测的直流电流 I_1 通过这一导体,在两个铁心中产生磁动势 H_1,两个匝数相等(W_2)的二次线圈极性相反地串联,并施加恒压的辅助电源 $u_\sim$,交流电流 i_2 在铁心 C_1 和 C_2 中产生磁动势 H_2。

当 H_2 为正半波时,铁心 C_2 中 H_1 与 H_2 同方向,随着 H_2 的增大,工作点向右移动,铁心饱和,磁通没有变化,因而在 W_2 中不产生感应电势。也可以说,这时铁心 C_2 绕组 W_2 的电感为零,对 i_2 没有影响。而在铁心 C_1 中,H_1 与 H_2 方向相反,当 $H_2 < H_1$ 时,工作点向左平移,在 W_2 中也不感应电势,所以决定 i_2 大小的是二次回路中的电阻;当 $H_2 = H_1$ 时,工作点向左平移到 A 点后,H_2 继续增大,工作点将沿 A-A' 直线下降,相当于这时绕组 W_2 的电感为无穷大,因而保持 i_2 不变,即 $i_2W_2 = I_1W_1$($W_1 = 1$),显然 i_2 与 I_1 成正比变化。$u_\sim$ 在正半波下降快到零时,i_2 迅速下降到零,工作点回到 A。当 H_2 为负半波时,C_1 和 C_2 的工作过程和上述情况正好相反。

因此,在二次回路中交流恒压辅助电源 $u_\sim$ 作用下,二次回路中正、负半波均为接近于矩形的正梯形。经过整流后可以得到一连串正梯形连接起来的直流电流输出,两个梯形之间有一个微小的三角形缺口,这个缺口对准确度有一定的影响。

图 2.75 所示的电路为无反馈式直流电流互感器,在准确度和响应速度上都存在缺陷,目前,实用的直流电流互感器采用如图 2.76 所示的内反馈式接线方式。

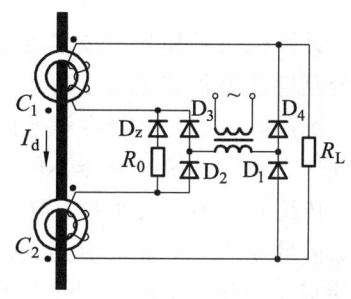

图 2.76 直流电流互感器接线图

(二)直流电压互感器

1. 磁放大型直流电压互感器

如图 2.77(a)所示的磁放大型直流电压互感器的工作原理是,在直流电流互感器的一次线圈中通过和直流电压 U_d 成正比的电流 i_1,与 i_1 成正比的二次电流 i_2 流经 R_2 就可以得到与之成正比的直流电压信号 U_2,因而 U_2 与 U_d 之间存在着正比关系,可以用 U_2 来反映被测的直流电压 U_d 的大小。

目前所生产的直流电压互感器,有的其输入端是并联于分压器 R_2 上,如图 2.77(b)所示。此外,各种产品都在上述工作原理的基础上做了或多或少的改进。

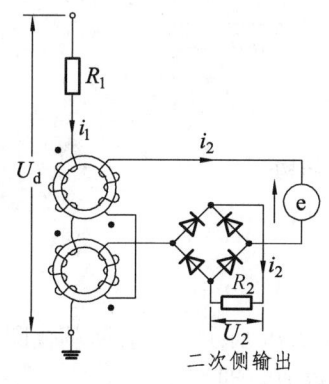

(a)采用磁放大器原理的直流电压互感器

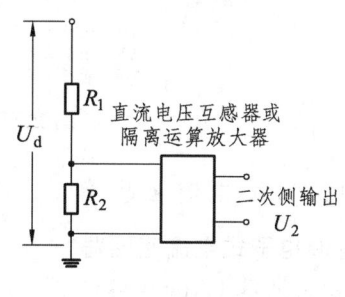

(b)电子式直流电压互感器

图 2.77 直流电压互感器

2. 电子式直流电压互感器

图 2.77（b）是电子式直流电压互感器的接线。它对直流电压的快速变化能很好地响应。它要求分压电阻 R_1、R_2 的温度系数相差很小；两段电阻的杂散电容要用并联电容加以校正，以保证暂态过程中有正确的分压比；R_2 和隔离运算放大器的连接要可靠，以免高压引入隔离运算放大器及负载，危及安全；电阻 R_1 要能承受大部分的被测电压，阻值很大，节省能耗、散热和绝缘等问题要处理好。

近年来，微电子技术发展很快，隔离运算放大器稳定性及其他性能都有很大提高，电子式直流电压互感器能够良好地响应直流电压的暂态过程，其应用将越来越多。

五、电子式互感器

计算机技术和光电技术的发展直接推动了高压互感器的技术进步。由于电力系统的发展，传统互感器不再完全满足要求，主要包括：① 电压等级的不断提高，传统互感器在价格、尺寸、抗振能力、电磁兼容等方面存在局限；② 互联电网的形成，增加了电网间联络线，负荷不固定，致使传统互感器不能精确检测；③ GIS 的大量采用，GIS 较敞开式设备尺寸大为缩小，传统互感器安装困难；④ 电磁式互感器存在饱和，测量精度和测量范围受限，尤其是测量故障的动态大电流时更为突出；⑤ 传统互感器在测量直流分量或高频分量时误差过大，从而使得应用新技术的电子式互感器得到了长足发展。

电子式互感器分为有源电子式互感器和无源电子式互感器两类。

电子式互感器的基本结构如图 2.78 所示。通常包括一次传感器、一次变换器，光纤传输系统和二次变换器，经二次变换器输出模拟或数字信号。有源电子式互感器在一次变换器部分需要外加一次电源，有源和无源电子式互感器都需要在二次变换器部分外加二次电源。

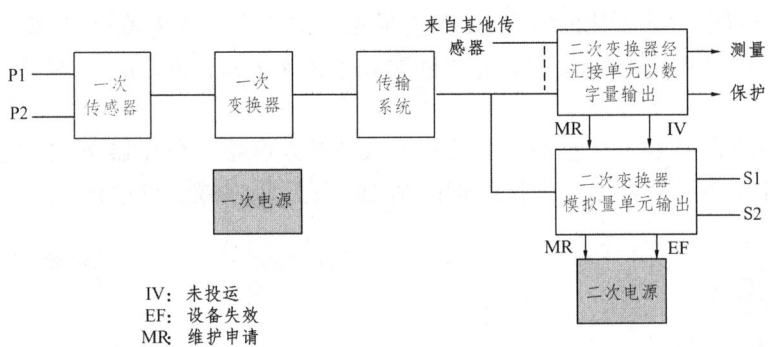

图 2.78 电子式互感器基本结构

（一）电子式电流互感器

1. 有源电子式电流互感器

采用罗夫斯基（Rogowski）线圈感应被测电流，如图 2.79 所示。罗夫斯基线圈套在一次导电杆上，线圈输出的电压 $u(t)$ 是导电杆中电流 $i(t)$ 的导数值，即

$$u(t) = M \frac{\mathrm{d}i(t)}{\mathrm{d}t} \tag{2.52}$$

$$M = \frac{u_0 nS}{2\pi r} \qquad (2.53)$$

式中，M 为仅取决于线圈尺寸的比例系数；n 为线圈匝数；S 为每匝线圈的横截面积；r 为线圈中心与导电杆中心之间的距离。

罗夫斯基线圈的输出电压 $u(t)$ 与被测电流 $i(t)$ 的时间导数成正比，将 $u(t)$ 积分便可求得被测电流 $i(t)$，对结果进行数字化后通过光纤输出。

基于罗夫斯基线圈的电子式电流互感器如图 2.80 所示。一次传感器采用罗夫斯基空心线圈，空心线圈密度要求恒定，骨架截面面积也要恒定，线圈横截面要与中心线垂直，工艺水平影响产品稳定性；一次变换器包括积分变换、A/D 转换和 LED 等；光纤作为传输元件。

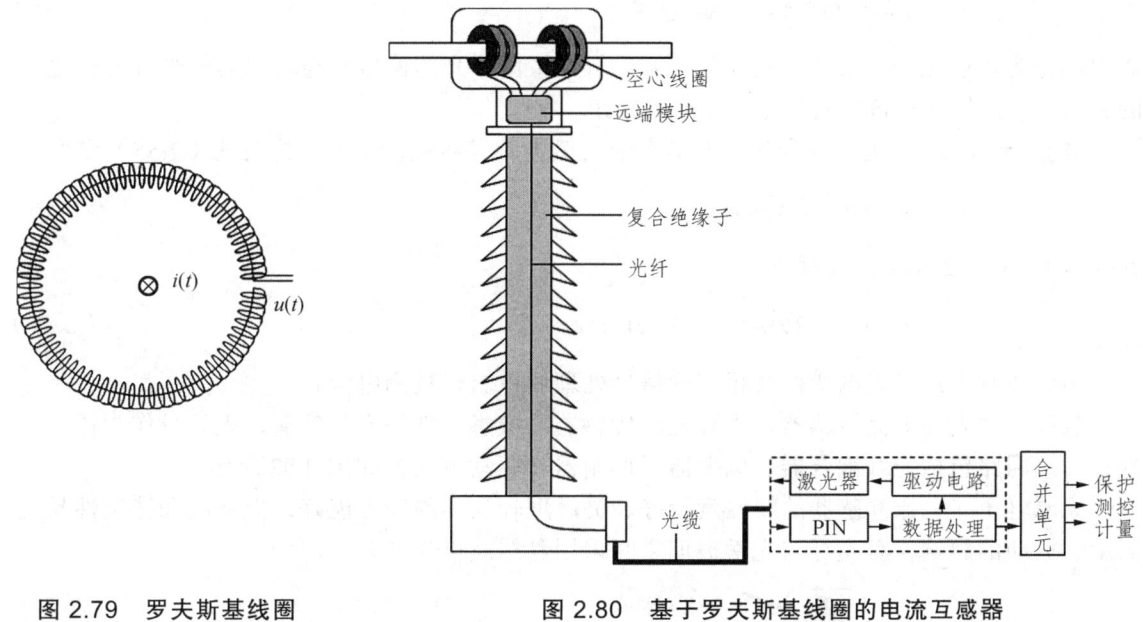

图 2.79　罗夫斯基线圈　　图 2.80　基于罗夫斯基线圈的电流互感器

PIN—光电二极管

由于一次变换器部分需要外加电源，无论是电源的获取，还是可靠性都有一定影响，也有将罗夫斯基线圈输出的电压直接通过电缆传输至二次侧进行积分变换与处理的。

2. 法拉第（Faraday）效应的无源电子式电流互感器

大部分无源全光型电流互感器是利用法拉第磁光效应测量的。如图 2.81 所示。LED 发出的光经起偏器后为一线偏振光，线偏振光在磁光材料（如重火石玻璃）中绕载流导体一周后其偏振面将发生旋转。据法拉第磁光效应及安培环路定律可知，线偏振光旋转角度 θ 与载流导体中的电流 i 有如下关系：

$$\theta = V\int_l \vec{H}\mathrm{d}\vec{l} = V\oint \vec{H}\mathrm{d}\vec{l} = Vi \qquad (2.54)$$

式中，V 为磁光材料的 Verdet 常数；角度 θ 与被测电流 i 成正比。

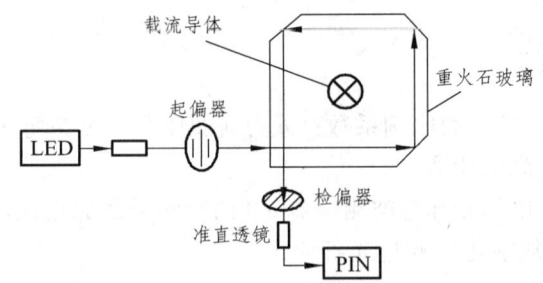

图 2.81 法拉第效应电流互感器原理

利用检偏器将角度 θ 的变化转换为输出光强的变化，根据马吕斯（Malus）定律，将偏振面的偏转变换为光强的变化间接测量偏转角 θ，当线偏振光通过检偏器时，输出调制光强为

$$I = I_0 \cos^2 \phi = I_0 \cos^2(\theta + \gamma) \tag{2.55}$$

式中，I_0 为入射光经起偏器后的光强；ϕ 为射入检偏器光的偏振面与检偏器透光轴方向之间的夹角；γ 为起偏器和检偏器光轴之间的夹角。

当 $\gamma = \pi/4$ 时，I 对 θ 的变化具有最高的灵敏度，且线性度也好，这时式（2.55）变为

$$I = I_0(1-\sin 2\theta)/2 \tag{2.56}$$

$\theta \ll 1$ 时，式（2.56）可以写成

$$I \approx I_0(1-2\theta)/2 = I_0(1-2Vi)/2 \tag{2.57}$$

输出调制光强经光电变换及相应的信号处理便可求得被测电流 i。

载流通过光纤电流传感器，光纤电流传感器的敏感元件是光学玻璃；光纤只作为传输元件；二次回路包括光纤耦合器、偏振器、调制器和驱动电路，如图 2.82 所示。

无源电子式电流互感器的线性度较好、灵敏度较高、绝缘性能好，但精度和稳定性易受温度、振动的影响，且光纤与光学玻璃之间采用黏结，可靠性差。

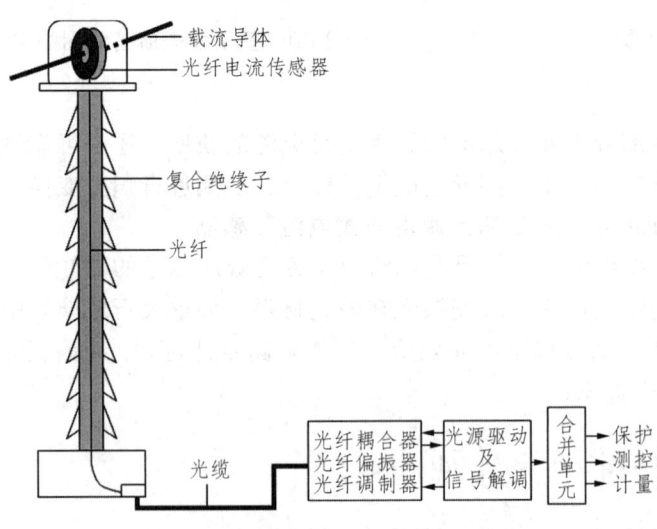

图 2.82 无源电子式光学电流互感器

除此之外，还有采用磁致伸缩效应光学原理的电流互感器，不再赘述。

(二)电子式电压互感器

1. 有源电子式电压互感器

被测高电压经电容环分压器、电阻分压器或电容电阻串联电路得到一个小电压信号，数字化后通过光纤输出。对于电容分压器或电阻分压器分压得到的小电压和被测高电压呈比例关系，小电压直接数字化输出即可；对于电容电阻串联电路在电阻上得到的小电压是被测电压的微分，要想得到被测电压值必须对小信号进行积分。当前电容电阻串联电路使用相对较多，如图 2.83 所示。这种电路中的电容是一个套在一次导电杆上的电容环，用一个电阻与此电容环串接并接地，则电阻上输出的电压为

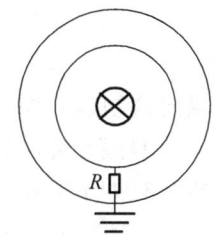

图 2.83　阻容分压器

$$u(t) = RC\frac{du_1(t)}{dt} \tag{2.58}$$

式中，$u_1(t)$ 是一次导电杆的高电压；R 是串接的电阻值；C 是电容环的电容值；$u(t)$ 是电压传感器的输出电压，它也是原边电压的导数值，利用与电流传感器类似的信号处理方法便可求得被测电压。

电容分压式有源电压互感器的原理示意图如图 2.84 所示。

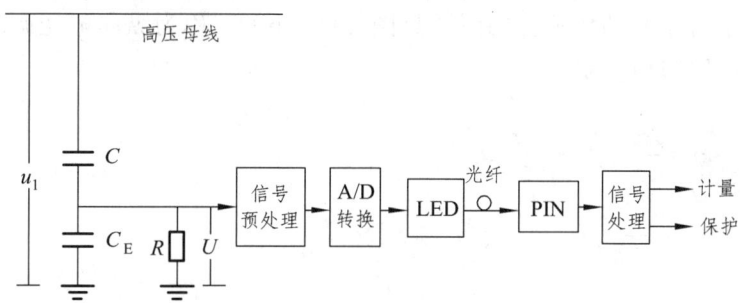

图 2.84　电容分压式有源电压互感器

2. 泡克耳斯 (Pockels) 电光效应电压互感器

国内外已经提出了许多种基于不同光学效应的电压测量原理，当前应用最多的是基于泡克耳斯线性电光效应的光学电压互感器。

所谓泡克耳斯效应，就是指某些透明的光学介质在外电场的作用下，其折射率线性地随外加电场而变，泡克耳斯效应又称为线性电光效应。具有电光效应的物质很多，但在电力系统高电压测量中使用最多的是 BGO (锗酸铋 $Bi_4Ge_3O_{12}$) 晶体。BGO 是一种透过率高、无自然双折射和自然旋光性、不存在热电效应的电光晶体。

根据电光晶体中通光方向与外加电场 (电压) 方向的不同，基于泡克耳斯效应的光学电压互感器可分为横向调制光学电压互感器和纵向调制光学电压互感器。图 2.85 (a) 是横向调制光学电压互感器原理图，图 2.85 (b) 是纵向调制光学互感器原理图。

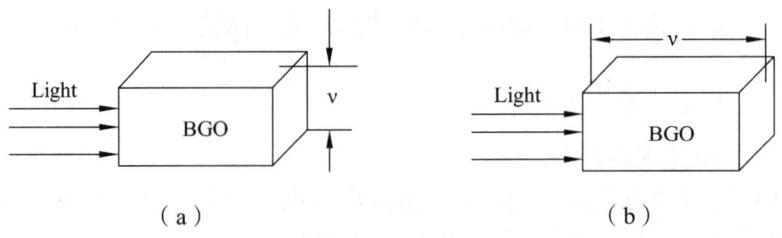

图 2.85 泡克耳斯效应电压互感器的两种测量原理

横向调制型外加电场方向与通光方向垂直，光经起偏器后为一线偏振光，在外加电压作用下，线偏振光经电光晶体（如 BGO 晶体）后发生双折射，双折射两光束的相位差 δ 与外加电压 V 有如下关系

$$\delta = \frac{2\pi}{\lambda} n_0^3 \gamma_{41} \frac{l}{d} u = \frac{\pi}{U_\pi} u \tag{2.59}$$

$$U_\pi = \frac{\lambda d}{2\pi n_0^3 \gamma_{41} l} \tag{2.60}$$

式中，n_0 为 BGO 的折射率；γ_{41} 为 BGO 的电光系数；l 为 BGO 中光路长度；d 为施加电压方向的 BGO 厚度；λ 为入射光波长；U_π 为晶体的半波电压（半波电压是指使由泡克耳斯效应引起的双折射两光束产生 π 相位差所需的外加电压）。

相位差 δ 与外加电压 u 成正比，测出相位差 δ 即可求得被测电压。

当外加电场平行于光的传输方向时（见图 2.85（b）），称为纵向电光调制型。光经过晶体后在出射面上产生的相位差为

$$\delta = \frac{2\pi}{\lambda} n_0^3 \gamma_{41} u = \frac{\pi}{U_\pi} u \tag{2.61}$$

$$U_\pi = \frac{\lambda}{2\pi n_0^3 \gamma_{41}} \tag{2.62}$$

纵向调制型的半波电压与晶体的尺寸无关，测量结果不受晶体热胀冷缩的影响，仅决定于晶体的光学特性，这与横向调制型不同。

横向调制型和纵向调制型泡克耳斯效应光学电压互感器的输出都是通过测量相位差 δ 实现的。在目前技术条件下，相位的精密测量有很多种方法，通常且简单的方法是利用光的干涉，将光相位变化转换为光强度变化，通过测量光强间接测量相位。

基于泡克耳斯效应电压互感器的结构示意图如图 2.86 所示。

实际应用中，还有采用 Kerr 电光效应的光学电压互感器，此处不再赘述。

（三）组合式光学电压电流互感器

组合式光学电压电流互感器主要有基于 Pockels 电光效应和法拉第磁光效应的组合式光电互感器和基于罗夫斯基空心线圈和电容分压原理的组合式光电互感器。

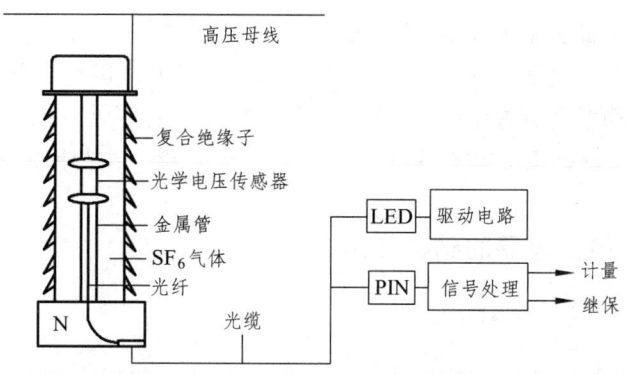

图 2.86　泡克耳斯电光效应电压互感器

把 Pockels 晶体纵向电光效应的光电电压互感器和火石玻璃法拉第磁光效应的光电电流互感器组合而成的电压电流互感器，如图 2.87 所示。电压和电流传感器置于充满 SF_6 气体的复合瓷套内，复合瓷套由起支柱作用的玻璃纤维筒和硅橡胶伞裙组成。

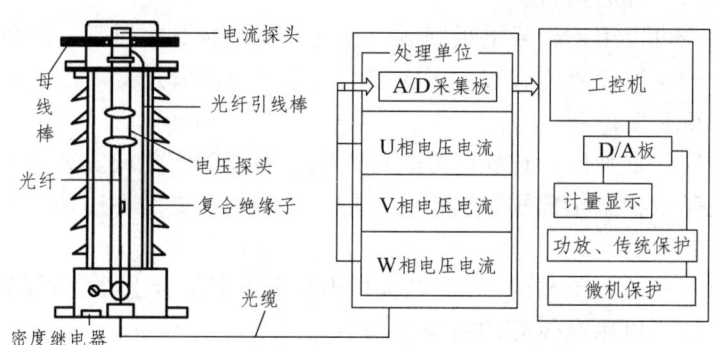

图 2.87　组合式电压电流互感器

第十节　SF_6 全封闭组合电器（GIS）

一、概　述

在 SF_6 断路器的基础上，进一步发展了 SF_6 全封闭组合电器，就是把各种控制和保护电器：断路器、隔离开关、互感器、避雷器和连接母线，全部封装在接地的金属壳体内，壳内充以压力为 0.2～0.5 MPa 的 SF_6 气体，作为相间和对地的绝缘，这样的组合电器称为 GIS。

全封闭组合电器具有很大的优越性。首先它大大缩小了整套配电装置的占地面积和空间体积。由于 SF_6 气体具有很高的绝缘强度，各元件之间的绝缘距离大为缩小，而设备的占地面积大约与绝缘距离的缩小倍数成平方比例缩减，空间体积则与其成立方比例缩减。电压等级越高，缩小的倍数越大。GIS 较常规敞开式电器的占地面积和空间体积都大大缩小，以 110 kV 变电站为例，前者分别为 168 m^2 和 1 344 m^3，后者分别为 2 214 m^2 和 22 140 m^3，而且电压等级越高，缩小的比例就越大。体积的缩小为大城市稠密地区、地形险峻的山区建设变电站及地下变电站建设提供了有利条件。而且整套设备基本上是在制造厂装成，现场施工的工作量大大减少，因此具有很大的经济价值。

其次，GIS 运行安全可靠，全部电器封装在接地外壳中，避免了各种恶劣自然环境条件的影响，减少了设备事故的可能性，而且对人身安全也大有好处。SF_6 断路器本身检修周期长。整个组合电器可以做到连续运行至少十几年不需要检修，大大减少了运行维护的工作量。

二、SF_6 全封闭组合电器的结构与组合元件

（一）总体结构

SF_6 全封闭组合电器的总体结构取决于所用的组合元件的形式和使用部门的要求。此外，还要考虑到发生大事故后，能够很快地把各元件隔离和拆开检修的可能性。

变电所的主接线，可以是单母线或双母线。为了能满足各种接线方式的要求，应将各组成元件制成标准的独立气室（气隔），然后根据使用要求进行组合。这样还可以在气体大量泄漏时，减少退出运行元件的数目。

组合电器的外壳可以用钢板或铝板制成。独立气室中装有防爆膜，以防止因内部电弧故障时，产生超压力现象致使外壳破裂。大容积的气室及母线管道，一般不会产生危及外壳的超压力现象，不需要装防爆膜。

在合适的位置应装置弹性件（如波纹管），以减小因温度变化或安装误差所引起的机械应力，避免采用与地基或构架全部刚性连接的结构。可采取一处刚性连接，其余各处具有一定弹性连接的复合方式。

壳体可以制成三相的或单相的。三相共壳的 SF_6 全封闭组合电器主要用在 110 kV 及以下电压等级；单相壳体可以用在较高的系统电压中。

图 2.88 是国产的 220 kV SF_6 全封闭组合电器的示例图。

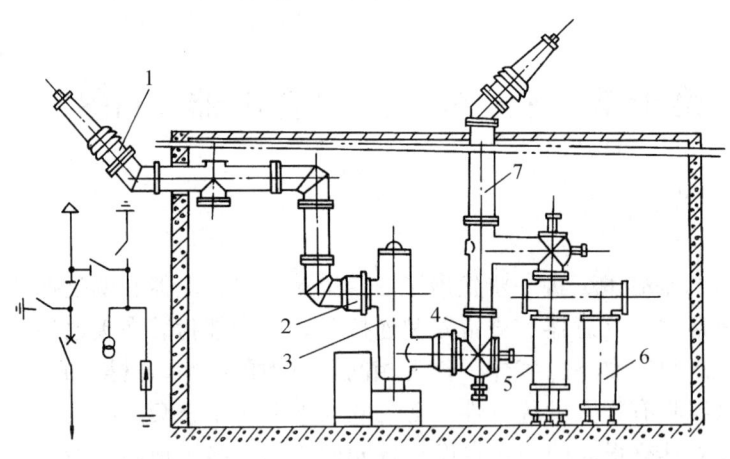

图 2.88 220 kV GIS 结构布置方案示例图

1—充气套管；2—电流互感器；3—断路器；4—隔离/接地开关；5—电压互感器；6—避雷器；7—封闭连接线

（二）组合元件

（1）断路器。它是全封闭组合电器的主要元件，可以是单压式或双压式 SF_6 断路器，目

前使用最多的是单压式。这种断路器有水平断口和垂直断口两种类型。选用不同断口的断路器，也就决定了组合电器内其他元件的布置方式、组合电器的高度和宽度，及其断口检查的难易程度。图 2.88 中所用断路器为垂直断口的单压式、变开距、配液压操动机构的 SF_6 断路器。

（2）隔离开关。视动触头运动方式的不同，有转动式和直动式两种类型。无论采用何种类型，都希望它能开断小电容电流和环流。

（3）接地开关。接地开关或与隔离开关制成一体，或单独作为元件制造。有工作接地开关和保护接地开关之分，前者不要求有闭合短路电流的能力，后者则要求有此能力。图 2.88 中，隔离开关与接地开关制成一体，配有手动操动机构，并设有观察窗以观察触头的位置。

（4）电流互感器。GIS 中的电流互感器有两种结构：① 以 SF_6 为主绝缘的装在金属壳内的穿心式，既可用于断路器侧，又可用于母线侧；② 开口式电缆结构，只能用于母线侧。图 2.88 中用的是穿心式结构，每相有一个测量和三个保护线圈。

（5）电压互感器。主要有电容式和电磁式两种，前者用于 220 kV 及其以上电压等级，后者用于 110 kV 以下电压等级。图 2.88 中用的是电容式结构。

（6）避雷器。保护 GIS 的避雷器主要有 3 种：① 常规带间隙的避雷器，装在组合电器的入口处；② 无间隙的氧化锌避雷器或金属封闭的 SF_6 绝缘的避雷器；③ 上述两种方式的混合应用。图 2.88 中采用的是以 SF_6 为绝缘介质的磁吹避雷器。

（7）母线和封闭连接线。母线的结构有分相式和三相共筒式两种。前者的导电部分装在接地的金属圆筒中心，用盆式绝缘子支持，可避免相间故障。后者的三相导电部分均匀地布置在一个共同的接地金属圆筒内，各相导体对圆筒分别用支持绝缘子支持，相间绝缘主要由 SF_6 担任，圆筒壳体上的发热效应较低。图 2.88 中采用的封闭连接线为一金属壳体内装设的铝管导体，以 SF_6 为主绝缘。

（8）引线的充气套管与电缆终端。图 2.88 中用的充气引线套管为空心塔形套管，内装导电杆并充有 SF_6 气体。引线套管也可以采用油纸电容套管，它的尾部放在封闭电器的壳体中，SF_6 气体与套管的油腔隔绝。

全封闭组合电器若选用电缆进出线时，就要采用封闭型的电缆终端。与变压器或架空线相连接时，可以采用套管。

三、组合电器内部的局部放电与电弧接地

（一）局部放电

由于 GIS 内部的工作电场强度较高，当绝缘存在各种形式的缺陷时，就可能形成局部放电。局部放电的主要形式有：① 高电位导体表面缺陷引起的电晕性局部放电；② 绝缘件和导体交接面的夹气层中的局部放电；③ 浇注绝缘中气泡里的局部放电；④ 导电微粒引起的局部放电。

在 GIS 中，应尽量避免产生局部放电。长期出现局部放电是不允许的，因为在多材料系统中，放电时的气体分解物会与固体绝缘材料发生反应，在绝缘表面上产生覆盖层，降低沿面放电电压；在单材料系统中，气体分解物也会使放电变得不稳定，降低击穿电压。短时存

在的稳定的局部放电，对绝缘能力的影响不大，因而在过电压短时作用下，或作耐压试验时，有时允许有局部放电出现。

绝缘气体的气压越高，则局部放电降低击穿电压或沿面放电电压的影响就越强烈。当气体压力高于 0.6 MPa 时，对 SF_6 绝缘装置的工艺要求极高，难以控制，所以 GIS 中 SF_6 气体的气压以 0.1~0.5 MPa 为宜。

（二）内部电弧接地

根据国内外现有产品的运行经验，在组合电器内部发生短路电弧故障的几率是不高的，大部分故障发生在投入运行或大修后数月的期间内。

导致内部电弧故障的主要原因：

（1）装配不合格。

（2）误操作，如带负荷电流操作隔离开关，或者带电时将气隔敞开在大气中。

当 GIS 发生内部电弧故障时，电弧在壳内燃烧，使发生故障的气室内部压力升高。如果不采取保护措施，这种压力升高可能会导致外壳破坏，所以每一独立气室中都要采用防爆膜。

电弧的发生使气室内的压力升高。压力升高主要原因是 SF_6 气体受热后温度升高所致，它与电弧能量成正比，与单个气室的容积成反比。

内部发生短路故障，电弧存在的时间与继电保护系统及断路器的可靠性有关。正常情况下，内部故障按主保护动作时间切除，如果主保护失败，则由后备保护切除，保护动作时间与断路器动作时间之和即为电弧存在的时间。

如果发生内部电弧故障，电弧在固定位置的燃烧时间过长，则有烧穿外壁的危险。当发生内部电弧故障后，如果电弧受到故障电流的电动力而移动，最后才到达某固定点燃烧，这时烧穿外壁的时间相应延长。

四、GIS 中隔离开关的操作

（一）隔离开关操作时的暂态现象

GIS 中的隔离开关用来切断封闭母线和处于断开位置的断路器上的充电小电流（电容性电流）。当隔离开关开断时，由于其触头分闸速度一般较慢，可能引起电弧的多次重燃，在 GIS 内部要产生前沿陡峻的行波，这种行波在套管端点及母线连接点来回折反射，并与外壳耦合，形成快速暂态过电压（VFTO），使接地外壳的电位瞬时升高。该过电压的上升时间极短，通常只有 2~20 ns，典型的幅值为额定值的 1.5~2.0 倍，最高可达 3~3.5 倍，基本振荡频率为 5~10 MHz，高频分量在 100 MHz 范围内。这种接地电位的瞬时升高，可以使外壳与其底架之间产生火花，使保护回路与控制回路失效，导致保护继电器误动作。

这种接地电位的瞬时升高所产生的电压冲击，根据波形和能量估计，对于某些典型的 GIS 来说，冲击强度可以超出当前生物医学上所规定的人身能承受的安全数值。

为了限制地电位的升高，可以采取下列措施：①改变外壳形状；②采用屏蔽技术；③改进操作措施（如快速操作）；④带电阻的隔离开关；等等。

（二）隔离开关开断环流特性

对于采用双母线且有多个间隔的变电站，在从工作母线切换到备用母线的操作过程中，母线隔离开关在切换母线时，最大开断电流可能会接近所有馈出线路电流之和，通常称这类电流为环流。

GIS 中隔离开关切断环流，动、静触头间会产生电弧，由于隔离开关动作慢，且没有灭弧装置，开断环流时，燃弧时间长，可达几个周波。特别是开断电流较大时，开断电流中将产生大量的电弧分解物，如果开断次数相当频繁，就很容易使分解物积聚，以致损害 GIS 的绝缘性能。为了解决这一问题，可以在隔离开关上加装简单的灭弧装置，同时尽可能提高动触头的分闸速度。

五、GIS 的可靠性与安全性

SF_6 全封闭组合电器的事故和故障可以分为两大类型，即与常规设备有同样性质的事故（如断路器的机械事故）和组合电器的特殊事故（如绝缘系统事故）。

第一种类型的事故次数大约与常规设备的次数相等。故障分析指明，故障率是零件数的函数。对一台由 5 000 个零件组成的高压断路器来说，要使故障率降到 0.5%，那么每个零件的平均故障率必须保持在百万分之一以下。因为 SF_6 断路器和其他类型的断路器比较，灭弧室数少，零件数少，在每个零件保持同样故障率的情况下，整个断路器的故障率则因零件数少而降低。

在所有的故障中，机械原因造成的占 80%~90%，电气原因占 10%~20%，故应特别重视产品的机械试验。不同型式的试验机械操作次数，各国标准中均有规定。

根据一些 SF_6 全封闭组合电器的事故统计，运行事故率很低，一般为 0.1~0.2 次重要事故/（站·年）。通常认为，有些组合电器的特殊事故，可以通过在使用中的定期耐压试验予以避免。

对事故率的统计分析表明，常规变电所的事故率比 SF_6 全封闭组合电器的高出一个数量级；但组合电器发生事故后，平均停电时间则高达数个星期，比常规变电所长得多。

为了保持 SF_6 全封闭组合电器的安全运行和人身安全，除了在维护检修时加强绝缘、漏气和水分管理外，还应进行气体绝缘的监视及加强安装 GIS 的室内空气中含尘量和 SF_6 气体含量的控制。在检修过程中，工作人员应戴上防毒面具、防护手套、护目镜，穿上工作服。

第十一节 智能断路器简介

随着供电系统和牵引变电所自动化程度的不断提高，将向智能化的方向发展。其中作为智能一次系统主要设备的智能断路器，对自动化智能化系统的发展有重要影响和作用[8]。

一、智能断路器的原理与工作模式

具有智能操作功能的断路器是在现有断路器的基础上引入智能控制单元,它由数据采集、智能识别和调节装置 3 个基本模块构成,其工作原理如图 2.89 所示。图中实线部分为现有断路器和变电站的有关结构和相互关联。智能识别模块是智能控制单元的核心,由微处理器构成的微机控制系统,能根据操作前所采集到的电网信息和主控制室发出的操作信号,自动地识别当前操作时断路器所处的电网工作状态,根据对断路器仿真分析的结果决定出合适的分合闸运动特性,并对执行机构发出调节信息,待调节完成后再发出分合闸信号;数据采集模块主要由新型传感器组成,随时把电网的数据以数字信号的形式提供给智能识别模块,以进行处理分析;执行机构由能接收定量控制信息的部件和驱动执行器组成(未画出),用来调整操动机构的参数,以便改变每次操作时的运动特性。此外,还可根据需要加装显示模块、通信模块以及各种检测模块,以扩大智能操作断路器的智能化功能。

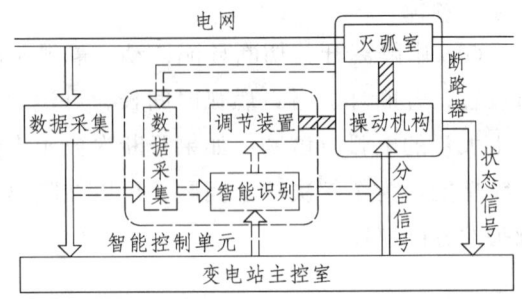

图 2.89 智能断路器的工作原理

智能断路器基本工作模式是根据监测到的不同故障电流,自动选择操作机构及灭弧室预先设定的工作条件,如正常运行电流较小时则以较低速度分闸,系统短路电流较大时则以较高速度分闸,以获得电气和机械性能上的最佳分闸效果。

这种智能操作要求断路器具有机构动作时间上的可控性,目前断路器常用的气动操作机构、液压操作机构和弹簧操作机构由于中间转换介质等因素,控制时间离散性大,其运动特性很难达到理想的可控状态。采取电磁操作机构的断路器利用电容储能、永磁保持、电磁驱动、电子控制等技术,当机构确定后运动部件只有一个,没有中间转换介质,分合闸特性仅与线圈参数相关,可以通过微电子技术来实现微秒级的控制,通过对速度特性的控制实现断路器的智能化操作。

智能操作断路器的工作过程是:当系统故障由继电保护装置发出分闸信号或由操作人员发出操作信号后,首先启动智能识别模块工作,判断当前断路器所处的工作条件,对调节装置发出不同的定量控制信息而自动调整操动机构的参数,以获得与当前系统工作状态相适应的运动特性,然后使断路器动作。

二、智能断路器的重要功能

智能断路器的一个重要功能就是实现重合闸的智能操作,根据监测系统的信息判断故障是永久性的还是瞬时性的,确定断路器是否重合,提高重合闸的成功率,减少对于断路器的短路合闸冲击和对于电网的冲击。

智能断路器的另一个重要功能就是分合闸相角控制,实现断路器选相合闸和同步分断。选相合闸是指控制断路器在不同相别的弧触头在各自零电压或特定电压相位时刻合闸,这样可以避免系统的不稳定,克服容性负载的合闸涌流与过电压。断路器同步分断是指控制断路器在不同相别的弧触头在各自相电流为零时实现分断,这样可以从根本上解决过电压问题,同时,大幅度提高断路器的开断能力。断路器选相合闸和同步分断首先要求实现分相操作,对于同步分断还应满足以下三个条件:① 有足够高的初始分闸速度,动触头在 1~2 ms 内达到能可靠灭弧的开距;② 触头分离时刻应在过零前 dt 时刻,对应原断路器三相中首开相的最小燃弧时间;③ 过零点检测可靠、及时。

三、智能操作的优越性

智能操作是断路器智能化的一个重要方面,实现智能操作的优越性有:

(1) 智能断路器的实际操作大多是在较低速度下开断,从而减小断路器开断时的冲击力和机械磨损,不仅可减少机械故障、提高可靠性,还能提高断路器的操作使用寿命,在工程上有较大的经济效益和社会效益。

(2) 智能操作理论的深入研究将涉及断路器的性能、自适应控制的原理与装置、系统工作状态的信号处理和自动识别等一系列新内容,不仅具有断路器发展的理论上的意义,还有利于一些新兴学科在高压电力设备中得到应用和发展。

(3) 实现有关检测、保护、控制及通信等高压开关设备的智能化功能。

(4) 有可能改变目前的试探性自动重合闸的工作方式,实现自适应自动重合闸,即做到在短路故障开断后,如故障仍存在则拒绝重合,只有当故障消除后才进行重合。

(5) 实现定相合闸,降低合闸操作过电压,取消合闸电阻,进一步提高可靠性。

(6) 实现选相分闸,控制实际燃弧时间,使断路器起弧时间控制在最有利于燃弧的相位角,不受系统燃弧时差要求的限制,从而提高断路器实际开断能力。

基于微机、电力电子技术和新型互感器建立的断路器二次系统,保护和控制命令可以通过光纤网络实现与断路器操作机构的数字化接口,这些技术使得变电站的过程层实现数字化,以太网将构成变电站自动化系统的神经中枢。

思考题与习题

1. 电弧放电有何特点?何谓游离作用和去游离作用?各有几种方式?
2. 试从电能的和热的观点分析电弧内部的基本矛盾,怎样才能熄灭电弧?
3. 熄灭直流电弧为什么会产生过电压?
4. 少油断路器灭弧室的主要结构和作用如何?比较纵吹灭弧室与纵横吹灭弧室的结构特点与开断性能。如何改善自能灭弧室中小电流的开断性能?
5. 列举 SF_6 绝缘与其他气体介质(如空气)相比的特点。
6. 总结 SF_6 断路器纵向气吹灭弧装置和旋弧式灭弧装置的工作原理及特点。
7. 总结扩散型与集聚型真空电弧的主要特性。
8. 总结真空断路器常用触头形状及其对开断电路的作用。何谓真空绝缘的"老炼"作用?
9. 何谓截流现象及截流过电压?
10. 对操动机构的基本要求有哪些?简述电磁和液压操动机构的工作原理。

11. 开断直流牵引网和整流机组为何要使用直流快速自动开关?

12. 分析快速自动开关电子脱扣装置的工作原理、快速自动开关的结构及各功能部件的作用。

13. 互感器厂生产 5/5 A(即一、二次侧额定电流均为 5 A)的电流互感器,这种互感器有什么用?电流互感器二次绕组为何不能开路运行。

14. 对电压、电流互感器为什么有角差的要求?110 kV 及以上的电压互感器为何做成瓷套串级式?它有何优缺点?

15. 以电流互感器为例说明牵引变电所 27.5 kV 电压等级的电气设备直接套用电力系统 35 kV 电气设备的不合理性。

16. 中性点不接地系统的三相三柱式电压互感器能否测相电压?为什么?

17. 为什么要在直流互感器的二次线圈上施加一辅助恒压交流电源?

18. 智能断路器是如何构成的?简述其工作原理和工作模式,它的主要功能和优越性有哪些。

19. 简述新型电子式互感器和光电式互感器的工作原理,它们与前面讲述的传统电磁式互感器比较有哪些主要优点?

20. 在交流情况下,电感性负载电路中的电弧比电阻性负载电路中的电弧难以熄灭,试从恢复电压分析其原因。对于图 2.15(d),设电源电压为 $110/\sqrt{3}$ kV,电源的电感 $L = 0.01$ H,电容 $C = 0.7$ μF,求架空线在断路器出口处发生短路时断路器弧隙上的恢复电压及其上升速度,并画出波形。

21. 设用断路器开断一 10 kV 单相空载变压器,变压器的空载电感 $L_T = 5$ H,原边入口等效电容 $C_T = 4\,000$ pF,断路器的截流值 $I_o = 2$ A,问变压器两端可能产生的过电压峰值为多少?

22. 画出并推导电磁式电压和电流互感器的等值电路、方程式和向量图(可按纯电阻负载考虑)。

第三章　牵引供变电电气主设备原理

轨道交通牵引的交流、直流牵引变电所是供变电系统安全、可靠供电的重要组成部分,其电气设备交流牵引变压器和牵引整流变压器-整流器机组(简称整流机组),则是交流牵引供电系统电压转换、变相(将三相电压对称变换为两相电压)和直流牵引供电系统变流的重要环节。

本章将分别介绍交流牵引变压器的结构、接线方式及其应用效果与经济性能,分析特种平衡变压器的电压、电流变换关系;介绍牵引整流变压器-整流器机组的结构与技术特性,阐述常规三绕组牵引整流变压器和轴向双分裂四绕组牵引整流变压器的结构原理与参数特性,以及移相绕组原理与结构;分析常用12脉波和24脉波整流机组整流电路构成原理及其工作特性,以及介绍整流机组负载特性及其运行技术指标等相关问题。

第一节　交流电力牵引主变压器

牵引负荷是单相、剧烈变化的负荷,牵引变压器的选择除了应满足容量、并列运行、能耗和过负荷能力等要求外,还应遵循有利于改善牵引变电所高压侧的负序、提高牵引变压器的容量利用率和降低牵引变压器电压损失的原则。

牵引变压器有单相变压器、Vv 接线变压器、YNd11 接线变压器和三相-两相平衡变压器等,下面分别予以介绍。

一、单相变压器

每个牵引变电所设置 1~2 台单相变压器。其一次侧绕组跨接于 110 kV(或 220 kV)的三相高压输电线的两线上,取用线电压。二次侧绕组则一端连至牵引变电所的牵引母线上,另一端连至钢轨,如图 3.1 所示。当经过三个变电所的相位轮换连接后,三相输电线的电源侧可达到三相负荷近似对称。

优缺点:

① 单相牵引变电所内设备和布置均较简单,运营维修比较方便,造价和运营费用也比较低廉。

② 牵引变压器的二次侧不能提供三相电源,必须另设劈相设备,或由地方引入三相电源,不利于变电所内三相自用电及地区三相电力的供应。

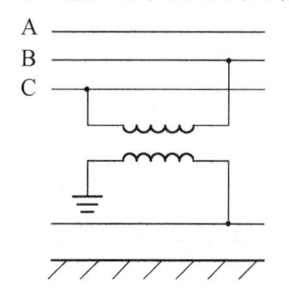

图 3.1　纯单相接线原理

③ 对电力系统的不平衡影响较三相变压器及 Vv 接线严重,其不对称系数为 1。这种变压器仅适用于电力系统比较发达的地方,在德、法和日本的电气化铁路中应用较多。

二、Vv 和 Vx 接线变压器

Vv 接线，即用两台单相变压器连接成开口三角形，其原理电路如图 3.2（a）所示。

在图 3.2（a）中，T1 和 T2 为单相牵引变压器。T1 和 T2 的高压侧分别接入 A、C 相与 B、C 相。低压侧各取一端接到 27.5 kV 的 a、b 相母线上，另一端接到接地网和钢轨。a 相母线对地电压 U_{ac}，供应左侧牵引负荷 i'；b 相母线对地电压 U_{bc}，供应右侧牵引负荷 i''。

优缺点：

① Vv 接线变电所设备较三相牵引变电所简单，变压器绕组中的电流与纯单相变压器相同，都等于馈线电流，容量利用率可达到 100%。

② 当两供电臂负荷相同时，Vv 接线的不对称系数为 1/2。

③ Vv 接线在正常运行情况下，能提供三相电源，如图 3.2（a）所示，此时 T1 与 T2 并不是并联运行。当 T2 因故解列时，为保证继续供应右侧牵引负荷，则 T1 必须跨相供电，即把 T2 的负荷转移到 T1 上去，此时就会有转移负荷的倒闸过程。在转移负荷的过程中，次边三相电源中断。变电所内三相自用电中断后，改由劈相机或单相-三相变压器供电。

然而，值得注意的是转移时间不能过长，只能是应急措施。

Vx 接线是将 Vv 接线和 AT 供电方式纯单相接线的技术进行整合，由两台用于 AT 供电的单相三绕组变压器组合而成，如图 3.2（b）所示。我国高速铁路牵引供电系统全部采用 Vx 接线变压器。

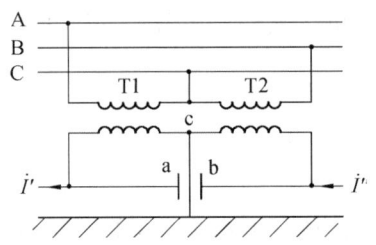 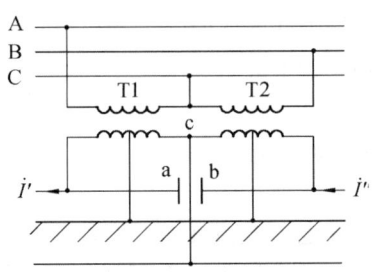

（a）Vv 接线　　　　　　　　　（b）Vx 接线

图 3.2　Vv 和 Vx 接线原理

三、三相变压器

三相牵引变电所的接线方式，就是指牵引变压器的接线形式。为了减小电气化铁道对电力系统产生的负序电流，不但应对牵引变压器选取合理的连接组别，而且应对各牵引变电所的进线进行相序轮换。目前我国已投入运营的牵引变压器，其连接组别为 YNd11，高压侧为

Y 形接线，接到电压为 110 kV 的电力网上；而牵引变电所二次侧母线的额定电压为 27.5 kV，它比接触网的额定电压 25 kV 高 10%。其接线原理如图 3.3 所示。

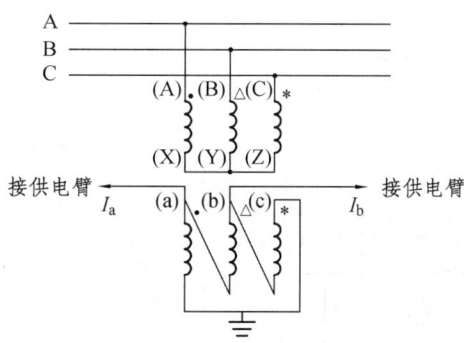

图 3.3　YNd11 牵引变压器原理电路图

图 3.3 中牵引变压器的高压侧接电力网；低压侧端子（c）接到接地母线和钢轨，其他端子（a）与（b）分别接到 27.5 kV 的牵引侧母线上，并由此分别馈入牵引变电所两侧的牵引网。由于两侧牵引网电压相位不同，因此在接触网上必须互相绝缘，通常由分相绝缘器来实现。I_a、I_b 分别为左、右两侧牵引负荷。

绕组 ca 与高压侧 A 相绕组同相，绕组 bc 与高压侧 C 相绕组同相。如图 3.3 所示连接，ca 侧是滞后相，从电力系统看，ca 侧可以标记为 A 相供电分区。bc 侧为引前相，从电力系统来看，bc 侧可以标记为 C 相供电分区。

优缺点：

① 变压器的接线组别为 YNd11 的三相牵引变电所，其优点是变压器的次边，即牵引侧仍然保持三相，以方便为变电所内的三相自用电及地区三相电力负荷提供三相电源。当两台变压器并列运行时，其供电更为可靠，操作也比较简便。

② 三相牵引变电所由于单相负荷所引起的负序电流对电力系统的影响，比单相牵引变电所要小。当两供电臂负荷相同时，其不对称系数为 1/2，即负序电流是正序电流的一半。

③ 三相牵引变电所的主要缺点是变压器容量不能得到充分利用，三相变电所内所需的设备比单相牵引变电所要多，因而维修工作量也就增多。

四、当量平衡变压器

当量平衡变压器用于既有电气化铁道的三相牵引变电所扩能改造。牵引网压水平严重偏低的 110/27.5 kV 变电所，可在主变压器 27.5 kV 侧自由相上跨接有载分接自耦变压器，构成当量平衡接线。这种改造能同时达到扩容和改善网压水平的目的。

当量平衡变压器接线如图 3.4 所示。在图 3.4 中，牵引变压器为 YNd11 接线三相变压器，原、次边额定线电压为 110/27.5 kV；自耦变压器支臂线圈匝数可调，在运行过程中，W_α、W_β 为变量，其中，YNd11 接线牵引变压器与自耦变压器在磁路上各自独立。

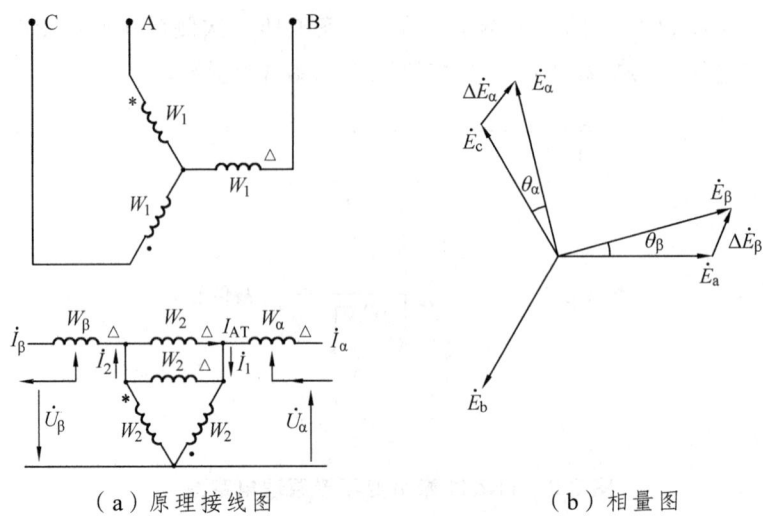

(a)原理接线图　　　　　　（b）相量图

图 3.4　当量平衡变压器接线及相量图

（一）当量平衡变压器的电压关系

设牵引变压器与电力系统的连接如图 3.4（a）所示。不难画出 α、β 端口空载电压（电势）$\dot{E}_\alpha$、$\dot{E}_\beta$ 与三角形各绕组电压（电势）$\dot{E}_a$、$\dot{E}_b$、$\dot{E}_c$ 之间的关系，如图 3.4（b）所示。

根据图 3.4（b）可得出以下关系：

$$\left.\begin{aligned}
& \Delta\dot{E}_\alpha = -\frac{W_\alpha}{W_2}\dot{E}_b = -K_\alpha \dot{E}_b \\
& \Delta\dot{E}_\beta = -\frac{W_\beta}{W_2}\dot{E}_b = -K_\beta \dot{E}_b \\
& K_\alpha = \frac{W_\alpha}{W_2}, \quad K_\beta = \frac{W_\beta}{W_2} \\
& \theta_\alpha = \arctan\left(\frac{K_\alpha \sin 60°}{1+K_\alpha \cos 60°}\right), \quad \theta_\beta = \arctan\left(\frac{K_\beta \sin 60°}{1+K_\beta \cos 60°}\right) \\
& E_\alpha = E_c\sqrt{K_\alpha^2 + K_\alpha + 1}, \quad E_\beta = E_c\sqrt{K_\beta^2 + K_\beta + 1}
\end{aligned}\right\} \quad (3.1)$$

式中　$\dot{E}_\alpha$、$\dot{E}_\beta$——α、β 端口空载电压；

$\dot{E}_a$、$\dot{E}_b$、$\dot{E}_c$——三角形各绕组空载电压；

K_α、K_β——自耦变压器 α、β 支臂绕组与原边绕组匝数之比。

在调压过程中，K_α、K_β 随网压变化。构成平衡变压器时，$\theta_\alpha = \theta_\beta = 15°$，则 $K_\alpha = K_\beta = 0.366$，α、β 端口空载电压 $E_\alpha = E_\beta = 1.225 E_a$。

对于 110/27.5 kV 牵引变电所，当 K_α、K_β 在 0~0.366 内变化时，当量平衡变压器 α、β 端口空载电压处在母线电压的 1~1.225 倍以内，可见这种接线的调压范围较大。运行中，根据 α、β 端口电压 U_α、U_β 的大小，调整自耦变压器两支臂线圈匝数，就可以保证 α、 β端口电压稳定在指定范围内。

（二）当量平衡变压器的电流关系

根据图 3.4 所示的绕组电流方向，可列出自耦变压器原、次边磁势平衡关系，并求得其原、次边绕组电流关系：

$$\left.\begin{array}{l}\dot{I}_{AT}W_2 - \dot{I}_\alpha W_\alpha - \dot{I}_\beta W_\beta = 0 \\ \dot{I}_{AT} = K_\alpha \dot{I}_\alpha + K_\beta \dot{I}_\beta \end{array}\right\} \quad (3.2)$$

根据式（3.2），可以得出当量平衡变压器（见图 3.4）各端口电流分布：

$$\dot{I}_1 = (1+K_\alpha)\dot{I}_\alpha + K_\beta \dot{I}_\beta, \qquad \dot{I}_2 = (1+K_\beta)\dot{I}_\beta + K_\alpha \dot{I}_\alpha$$

110 kV 侧三相电流与两供电臂负荷之间的关系：

$$\begin{bmatrix}\dot{I}_A \\ \dot{I}_B \\ \dot{I}_C\end{bmatrix} = \frac{1}{3K_T}\begin{bmatrix} -(1-K_\alpha) & 2+K_\beta \\ -(1+2K_\alpha) & -(1+2K_\beta) \\ (2+K_\alpha) & -(1-K_\beta) \end{bmatrix}\begin{bmatrix}\dot{I}_\alpha \\ \dot{I}_\beta\end{bmatrix} \quad (3.3)$$

式中 $K_T = \dfrac{W_1}{W_2} = \dfrac{110}{27.5\sqrt{3}}$

显然，当 $K_\alpha = K_\beta = 0$ 时，式（3.3）反映了三相牵引变压器的电流分配关系；当 $K_\alpha = K_\beta = 0.366$ 时，当量平衡变压器呈现平衡变压器特性。

在重载工况下，电力牵引系统往往同时表现出供电设备容量不足和网压偏低。当量平衡变压器工作在平衡接线状态下，除了完成调压功能外，还使得三相牵引变压器的容量全额发挥，所以当量平衡变压器具有调压和扩容双重功能。

五、变形 Wood-Bridge 接线变压器

变形 Wood-Bridge（伍德桥）接线变压器可以实现三相-两相系统对称变换，其接线原理如图 3.5 所示。这种变压器一次侧三相绕组连接成 Y 形，可以连入要求大电流接地的三相系统；二次侧的 α 相和 β 相各从两个互相垂直的角端引出电压，向两臂牵引网供电。由于 α 端引出电压是 β 端的 $1/\sqrt{3}$ 倍，故应在 α 端再接升压自耦变压器 T2，其变压比为 $1:\sqrt{3}$，从而可使两臂输出电压大小相等且相位相差 90°，即 $\dot{U}_\alpha = U\angle 0°$，$\dot{U}_\beta = U\angle -90°$。我们可以解析其三相-两相间的电压变换关系。由图 3.5 中，设电压变比为 1，即 $W_1 = W_2$ 时，有

$$\dot{U}_\alpha = \sqrt{3}\,\dot{U}_A$$
$$\dot{U}_\beta = \dot{U}_B - \dot{U}_C$$

而且有

$$\dot{U}_A + \dot{U}_B + \dot{U}_C = 0$$

联解以上三式可得

$$\begin{bmatrix} \dot{U}_A \\ \dot{U}_B \\ \dot{U}_C \end{bmatrix} = \frac{1}{2\sqrt{3}} \begin{bmatrix} 2 & 0 \\ -1 & \sqrt{3} \\ -1 & -\sqrt{3} \end{bmatrix} \begin{bmatrix} \dot{U}_\alpha \\ \dot{U}_\beta \end{bmatrix} \quad (3.4)$$

同样，也可以导出其逆变换的关系式为

$$\begin{bmatrix} \dot{U}_\alpha \\ \dot{U}_\beta \end{bmatrix} = \frac{1}{\sqrt{3}} \begin{bmatrix} 2 & -1 & -1 \\ 0 & \sqrt{3} & -\sqrt{3} \end{bmatrix} \begin{bmatrix} \dot{U}_A \\ \dot{U}_B \\ \dot{U}_C \end{bmatrix} \quad (3.5)$$

两侧电流变换关系与式（3.5）完全相同。因此，这种伍德桥接线的变压器可以由一台三相三绕组变压器再配一台升压自耦变压器来实现对称的三相-两相变换。升压自耦变压器的容量为主变压器容量的一半，而其电磁容量则相当于铭牌输出容量的 $(\sqrt{3}-1)/\sqrt{3} = 0.4226$ 倍。当计及自耦变压器时，其总容量利用率为

$$K = \frac{1}{1+0.5\times 0.4226} = 0.826$$

上述接线方式适合既有变压器的改造。如果在设计阶段就决定使用这种接线的变压器，可以使用如图 3.6 所示的接线。这种接线的变压器利用高压侧的 A 相绕组实现 α 端的升压，和原来相比节省了一套自耦变压器，因而材料利用率较高。

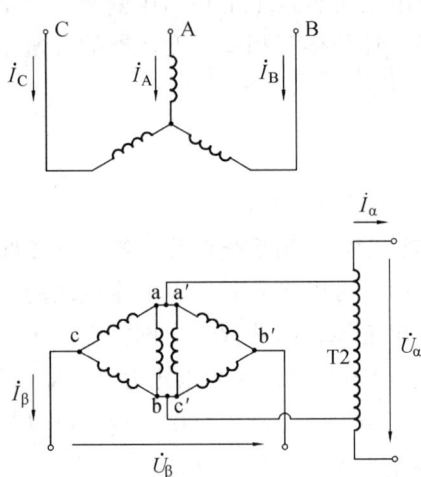

图 3.5　变形 Wood-Bridge 接线示意图

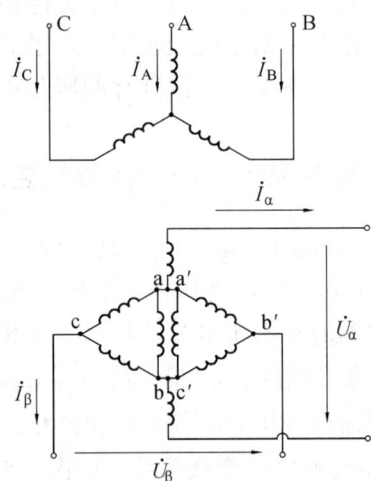

图 3.6　无自耦变压器的变形 Wood-Bridge 接线示意图

六、阻抗匹配平衡变压器

（一）平衡与对称

阻抗匹配平衡变压器是在普通的 YNd11 接线变压器的自由相上增加两个绕组，并使其次边三角形接线（△）内各绕组阻抗满足 $Z_{ab}=K_zZ_{bc}=K_zZ_{ca}$ 的匹配原则而达到原边平衡的变压器。阻抗匹配平衡变压器的接线原理如图 3.7 所示。

图中，$\Delta W=(\sqrt{3}-1)W_2/2$，在次边△内，设 $Z_{ca}=Z_{bc}=Z_\Pi$，$Z_{ab}=K_zZ_\Pi$，则 $\dot{I}_\alpha$、$\dot{I}_\beta$ 在△内各绕组上的电流分配为

$$\left.\begin{aligned}\dot{I}_{ax} &= \frac{K_z+1}{K_z+2}\dot{I}_\alpha + \frac{1}{K_z+2}\dot{I}_\beta \\ \dot{I}_{by} &= -\frac{1}{K_z+2}\dot{I}_\alpha + \frac{1}{K_z+2}\dot{I}_\beta \\ \dot{I}_{cz} &= -\frac{1}{K_z+2}\dot{I}_\alpha - \frac{K_z+1}{K_z+2}\dot{I}_\beta\end{aligned}\right\} \quad (3.6)$$

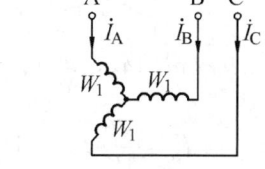
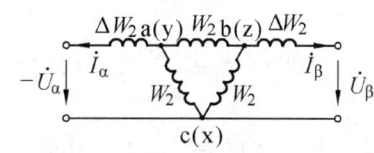

图 3.7 阻抗匹配平衡变压器接线图

根据变压器三相原、次边的磁势平衡方程，有

$$\left.\begin{aligned}\dot{I}_A - \dot{I}_{ax}/K_1 &= 0 \\ \dot{I}_B + (\dot{I}_\alpha - \dot{I}_\beta)/K_2 - \dot{I}_{by}/K_1 &= 0 \\ \dot{I}_C - \dot{I}_{cx}/K_1 &= 0\end{aligned}\right\} \quad (3.7)$$

将式（3.6）代入式（3.7），可以得到变压器次边 $\dot{I}_\alpha$、$\dot{I}_\beta$ 与原边 $\dot{I}_A$、$\dot{I}_B$、$\dot{I}_C$ 的映射关系为

$$\begin{bmatrix}\dot{I}_A \\ \dot{I}_B \\ \dot{I}_C\end{bmatrix} = \frac{1}{K_1}\begin{bmatrix}\dfrac{K_z+1}{K_z+2} & \dfrac{1}{K_z+2} \\ -\left(\dfrac{1}{K_z+2}+\dfrac{\sqrt{3}-1}{2}\right) & \left(\dfrac{1}{K_z+2}+\dfrac{\sqrt{3}-1}{2}\right) \\ -\dfrac{1}{K_z+2} & -\dfrac{K_z+1}{K_z+2}\end{bmatrix}\begin{bmatrix}\dot{I}_\alpha \\ \dot{I}_\beta\end{bmatrix} \quad (3.8)$$

其中，$K_1=W_1/W_2$，$K_2=W_1/\Delta W$。

根据平衡变压器的定义，无论 $\dot{I}_\alpha$、$\dot{I}_\beta$ 负荷如何，三相侧的零序电流必须为零，不难解出 $K_z=\sqrt{3}+1$。亦即只要变压器次边△内满足 $Z_{ab}=(\sqrt{3}+1)Z_{bc}=(\sqrt{3}+1)Z_{ca}$ 的条件，那么三相侧零序电流一定为零。

在阻抗匹配平衡变压器的原边施加三相对称电压时，次边两相系统的电势 $\dot{E}_\alpha$、$\dot{E}_\beta$ 为

$$\left.\begin{aligned}\dot{E}_\alpha &= \frac{1}{K_1}[2\dot{U}_A-(\sqrt{3}-1)\dot{U}_B] \\ \dot{E}_\beta &= \frac{1}{K_1}[2\dot{U}_C-(\sqrt{3}-1)\dot{U}_B]\end{aligned}\right\} \quad (3.9)$$

将式（3.9）用相量图，表示如图 3.8 所示。从图 3.8 可以看出，两相系统电势大小相等，相位差为 90°。

若 $\dot{I}_\alpha$、$\dot{I}_\beta$ 用 $\dot{I}_\alpha = I_\alpha\underline{/0°}$，$\dot{I}_\beta = -jI_\beta$ 表示，且将 $K_z = \sqrt{3}+1$ 代入式（3.8），则有

$$\begin{bmatrix} \dot{I}_A \\ \dot{I}_B \\ \dot{I}_C \end{bmatrix} = \frac{1}{2\sqrt{3}K_1}\begin{bmatrix} \sqrt{3}+1 & -j(\sqrt{3}-1) \\ -2 & -j2 \\ -(\sqrt{3}-1) & j(\sqrt{3}+1) \end{bmatrix}\begin{bmatrix} I_\alpha \\ I_\beta \end{bmatrix} \qquad(3.10)$$

当变压器次边两相均载，即 $I_\alpha = I_\beta = I_2$ 时，有

$$\left.\begin{aligned} \dot{I}_A &= \frac{\sqrt{6}}{3K_1}I_2\ \underline{/-15°} \\ \dot{I}_B &= \frac{\sqrt{6}}{3K_1}I_2\ \underline{/-135°} \\ \dot{I}_C &= \frac{\sqrt{6}}{3K_1}I_2\ \underline{/105°} \end{aligned}\right\} \qquad(3.11)$$

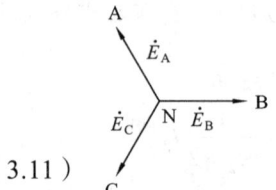
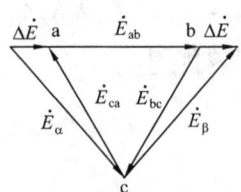

图 3.8 电势向量图

从式（3.11）可以看出，阻抗匹配平衡变压器次边两相电流大小相等、功率因数相等时，原边三相电流完全对称。

（二）阻抗匹配平衡变压器的特点

（1）变压器次边电流 $I_\alpha \neq I_\beta$ 时，原边三相电流为平衡系，即 $I_N = 0$；次边电流 $I_\alpha = I_\beta$ 时，原边三相电流转化为对称系。对牵引负荷来说，任何时刻都满足 $I_\alpha = I_\beta$ 的概率是很小的，尽管如此，阻抗匹配平衡变压器原边三相电流的不对称度较 YNd11 牵引变压器仍有明显的改善，如图 3.9 所示。

（2）变压器原边三相制的视在功率完全转化为次边两相制的视在功率。

因为
$$\begin{cases} S_1 = 3U_{1p}I_{1p} \\ S_2 = 2U_\alpha I_\alpha = 2U_\alpha I_2 \end{cases}$$

根据图 3.8 及式（3.11），可知

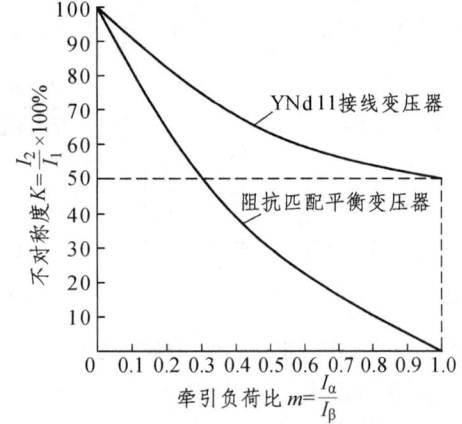

图 3.9 不对称度 K 与牵引负荷比 m 的关系曲线

$$\begin{cases} U_\alpha = \dfrac{\sqrt{3}}{\sqrt{2}}U_{2p} \\ I_2 = \dfrac{3}{\sqrt{6}}K_1 I_{1p} \end{cases}$$

所以
$$S_2 = 2\cdot\frac{\sqrt{3}}{\sqrt{2}}\cdot U_{2p}\cdot\frac{3}{\sqrt{6}}\cdot K_1 I_{1p} = 3K_1 U_{2p}I_{1p} = 3U_{1p}I_{1p} = S_1$$

同时，在变压器原边电流相同的情况下，阻抗匹配平衡变压器 I_α 或 I_β 为相同标称容量

YNd11 变压器 I_{2L} 的 1.323 倍。这是因为，对于 YNd11 接线变压器，有

$$I_{\alpha\triangle} = I_{\beta\triangle} = \frac{3}{\sqrt{7}} I_{ax} = \frac{3}{\sqrt{7}} I_{cz} \qquad (3.12)$$

$$I_{1p} = \frac{I_{2p}}{K_\triangle} = \frac{\sqrt{7} I_{\alpha\triangle}}{3K_\triangle} \qquad (3.13)$$

对于阻抗匹配平衡变压器有

$$I_{1p} = \frac{\sqrt{6}}{3K_1} I_{\alpha\triangle} \qquad (3.14)$$

根据式（3.13）和式（3.14）相等的条件，有

$$I_{\alpha\triangle} = \frac{\sqrt{7}K_1}{\sqrt{6}K_\triangle} I_{\alpha\triangle} = \frac{\sqrt{7}}{2} I_{\alpha\triangle} = 1.323 I_{\alpha\triangle} \qquad (3.15)$$

（3）阻抗匹配平衡变压器的原边仍为 YN 接法，引出中性点，与现有 110 kV 或 220 kV 系统匹配方便。

（4）阻抗匹配平衡变压器次边仍有 △ 绕组，三次谐波电流可以流通，可确保主磁通和电势波形有良好的正弦度。

（5）阻抗匹配平衡变压器的容量利用系数与线材利用系数（分别为 1 和 0.958 25）均显著高于 YNd11 接线变压器（分别为 0.755 9 和 0.755 9）。

七、Scott 平衡变压器

（一）电流变换关系

Scott 平衡变压器是一种特殊接线的变压器，由两台单相变压器构成。变压器的原边低绕组 BC 和高绕组 AO 接成倒 T 形，三个出线端接入电力系统的三相电网，如图 3.10 所示。次边接成 90°的 V 形，若是向 27.5 kV 的直接供电方式或 BT 供电方式的接触网供电，将次边 α、β 端子接上、下行两条供电臂接触网，另外两个端子连成公共端直接与钢轨相连；若是向 55 kV 的 AT 供电方式的接触网供电，将次边 α 相、β 相对应两组端子分别接上、下行接触网的 T 线或 F 线。

根据变压器原、次边磁势平衡原理，有

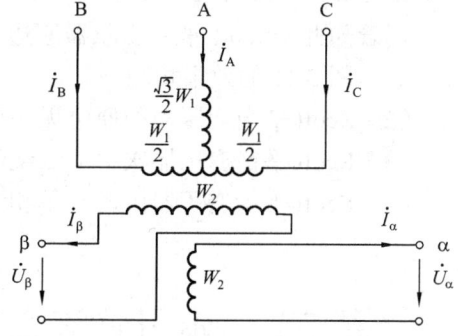

图 3.10 Scott 平衡变压器的接线图

$$\left.\begin{array}{l} \dot{I}_A + \dot{I}_B + \dot{I}_C = 0 \\ \dfrac{\sqrt{3}}{2}W_1\dot{I}_A - W_2\dot{I}_\alpha = 0 \\ \dfrac{1}{2}W_1\dot{I}_B - \dfrac{1}{2}W_1\dot{I}_C - W_2\dot{I}_\beta = 0 \end{array}\right\} \quad (3.16)$$

式（3.16）可以变换成式（3.17）的形式：

$$\begin{bmatrix} \dot{I}_A \\ \dot{I}_B \\ \dot{I}_C \end{bmatrix} = \frac{1}{\sqrt{3}K} \begin{bmatrix} 2 & 0 \\ -1 & \sqrt{3} \\ -1 & -\sqrt{3} \end{bmatrix} \begin{bmatrix} \dot{I}_\alpha \\ \dot{I}_\beta \end{bmatrix} \quad (3.17)$$

式中，$K = W_1/W_2$。

当变压器空载时，Scott 平衡变压器的电压相量图如图 3.11 所示。从图 3.11 可以看出，次边电压 $\dot{U}_\alpha$ 超前 $\dot{U}_\beta$ 90°。当 Scott 平衡变压器次边两相负荷幅值相等时，近似有 $\dot{I}_\alpha = j\dot{I}_\beta$，代入式（3.16），有

$$\left.\begin{array}{l} \dot{I}_A = \dfrac{2j}{\sqrt{3}K}\dot{I}_\beta \\ \dot{I}_B = \dfrac{1}{\sqrt{3}K}(\sqrt{3}-j)\dot{I}_\beta \\ \dot{I}_C = \dfrac{1}{\sqrt{3}K}(-\sqrt{3}-j)\dot{I}_\beta \end{array}\right\} \quad (3.18)$$

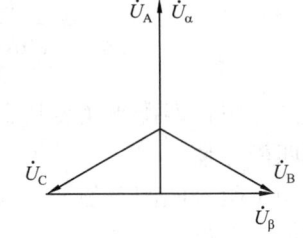

图 3.11 Scott 变压器空载时的电压向量图

从式（3.18）可以看出，当变压器次边两相负载电流相等、功率因数相等时，Scott 平衡变压器原边电流是对称的。

（二）Scott 平衡变压器的特点

（1）当 Scott 平衡变压器次边电流 $I_\alpha \neq I_\beta$ 时，原边三相电流为平衡系；当次边电流 $I_\alpha = I_\beta$ 时，原边三相电流转化为对称系。对牵引负荷来说，任何时刻都满足 $I_\alpha = I_\beta$ 的概率是很小的。

尽管如此，Scott 平衡变压器原边三相电流的不对称度较 YNd11 牵引变压器也有明显的改善，与图 3.11 的效果相同。

（2）Scott 平衡变压器的原边无法引出中性点。

（3）Scott 平衡变压器次边无 △ 绕组，三次谐波电流不能流通。

（4）Scott 平衡变压器由两台单相变压器组成，额定容量利用率约为 93%。

第二节 牵引整流变压器与硅整流器结构和技术特性

牵引整流机组直接向直流牵引网供电，为了提高功率因数和供电质量，降低整流电压纹波系数，减少注入电网的谐波含量，同时为了有效提高整流机组容量的利用率，一般采用多

相整流的接线方式,从较早的 6 脉波接线发展为 12 脉波、24 脉波整流接线方式,并得到了广泛应用。多相整流接线的整流变压器为特种结构的双绕组或多绕组变压器,多相整流器(或换流器)多采用三相桥式全波整流(换流)电路为基本电路。本节对几种常用的牵引整流变压器结构、技术特性和移相绕组原理,以及硅整流器结构与特性分别予以介绍。

一、三绕组牵引整流变压器

牵引整流机组中应用的三绕组牵引整流变压器一般的接线方式为 Ydy 和 Ddy 两种,整流器由两组并联的三相 6 脉波全波整流器组成。如图 3.12 所示为 Ddy 接线三绕组整流变压器,其阀侧(次边电压)星形(y 接线)绕组接至一组三相整流桥 RCT1,三角形(d 接线)绕组接至另一组三相整流桥 RCT2,由于整流变压器阀侧星形和三角形绕组对应的线电压相等,相位差为 π/6(星形绕组引前 π/6),两组三相整流桥并联连接构成 12 脉波整流电路。对于常规的三绕组整流变压器,为使上述整流波形平缓,延长整流桥整流管的导电时间,往往在两组整流桥共阴极输出电路中串联接入较大电抗量的平衡电抗器 L_p,如图 3.12 所示。图中 R_d、X_d 为负载电阻和电抗。

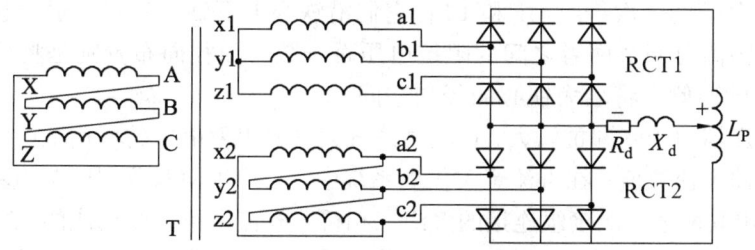

图 3.12 12 脉波整流机组电路图

常规三绕组牵引整流变压器与电力系统中通用的三绕组变压器的铁心和绕组结构基本相同,两个二次绕组容量相等,因其向担负牵引负荷的多相整流电路供电,为适应轨道交通地下建筑环境的特殊要求,在变压器绝缘结构、冷却方式和安全方面的标准更高,要求更为严格。

三绕组牵引整流变压器的结构和技术特点:

(1)按城轨交通地下工程的要求,牵引整流变压器绝缘材料采用环氧树脂浇注,整体为户内型、自然风冷干式结构,具有体积小(约为同容量油冷变压器体积的 1/2)、重量轻、噪声小(额定负荷时小于 55 dB)、损耗低、防潮性能好、机械强度高、抗负荷冲击能力强等结构特征和运行特性。

(2)承担列车运行启动、加速频繁、波动性大的牵引负荷,负荷等级为 Ⅵ 类(按国家标准),即在 100%I_N(额定负荷)下保持连续工作;150%I_N 时,工作 2 小时;300%I_N 时,工作 1 分钟;抗短路电流能力为在其次边完全短路持续 2 秒时,应不造成整流变压器任何热和机械的损伤,短路后铜导体绕组平均最高温度应小于 350 °C(短路前为额定负荷)。

(3)三绕组整流变压器的重要电气参数和等值电路:由于三个绕组在磁路上相互耦合,所以每个绕组都存在自感和该绕组与其他绕组产生磁通交链形成的互感,从而任一绕组等值电路的电压方程中,必然包括绕组本身的自感电动势和与其他绕组之间的互感电动势,从这样一组电压方程,即可得到三个绕组包括绕组自感电抗和互感电抗在内的组合电抗(或称等值电抗），如图 3.13 所示。图中 X_1、X_2 和 X_3 是各绕组的组合电抗，而不是漏抗，其值一般通过短路实验求得。制造厂给出的三绕组整流变压器的短路阻抗百分值，则是按阀侧两绕组全短路情况下的实验数值（其值≤8%）得到的。

从上述等值电路图 3.13 可知，三个绕组的电路是互相关联的，在运行中，一个绕组负荷电流的变化将会影响其他绕组的电压值。

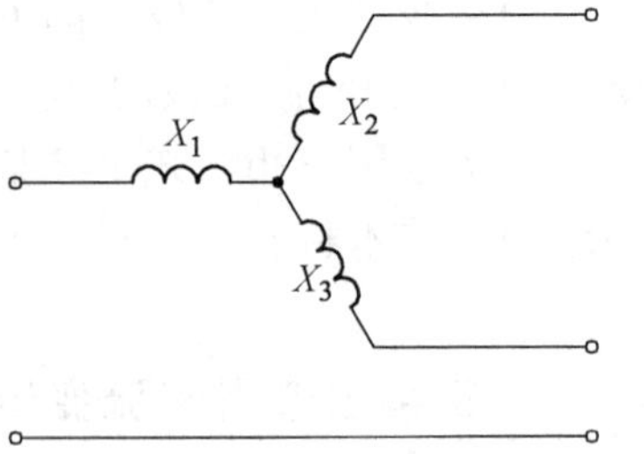

图 3.13 三绕组整流变压器组合电抗等值电路图

二、轴向双分裂式四绕组牵引整流变压器

所谓双分裂式绕组是指在多绕组牵引整流变压器中的两个二次绕组，分裂成额定容量相等的两个支路，它们在电气上没有联系，仅有较弱的磁耦合。在牵引供电系统中应用较多的是轴向双分裂式四绕组三相牵引整流变压器，它有两个并联的高压一次绕组和两个分裂的二次绕组。其结构上有轴向布置和径向布置之分，如图 3.14 所示是三相三柱式铁心结构的三相整流变压器中一相绕组的轴向布置示意图。图中一次绕组分成两个并联的绕组 H1 和 H2，分别对应排列两个分裂的二次绕组 L1 和 L2，它们沿铁心上下轴向布置。适当选择 H1、L1 和 H2、L2 之间的距离可调节两者之间的阻抗电压百分数。而径向布置则是将分裂的二次绕组布置在一次绕组的两侧，将增大铁心的径向空间。

分裂绕组变压器由于其漏抗增大，在电力系统大型机组发电厂的厂用电中常用这种分裂组变压器限制短路电流数值。在直流牵引供电系统中，采用轴向双分裂四绕组牵引整流变压器的目的，在于利用其两个二次绕组连接的多组三相桥式整流电路并联构成的 12 脉波和 24 脉波整流装置中，由于该类分裂绕组变压器每相漏抗增大，可取代通用的平衡电抗器的作用（见图 3.12），使整流电压波形平缓，延长整流桥每个桥臂整流管的导电时间，因此，在这种多组并联整流桥的电路中不设平衡电抗器。

由于轴向双分裂式四绕组牵引整流变压器的绕组配置结构与普通多绕组变压器不同，其等值电路、阻抗参数和运行特性有较大差别，在轨道交通地下建筑牵引变电所中应用时对其绝缘结构、冷却方式和安全等方面也有特殊的要求。下面分别给予分析和介绍。

1. 等值电路和阻抗参数

按图 3.14 绕组布置的轴向双分裂式四绕组牵引整流变压器的简化等值电路如图 3.15（a）所示，图中各阻抗均忽略电阻成分。轴向的上、下两层绕组即 L1、H1 和 L2、H2 之间存在中间（过渡）阻抗，设为 X_m，并定义该类变压器不同运行方式下的 3 种阻抗如下：

（1）穿越阻抗 X_K：阀侧（二次绕组）两个绕组并联运行时，该侧绕组对不分裂的网侧（高压绕组）绕组间的阻抗。

（2）半穿越阻抗 X_b：阀侧两个绕组中任一绕组开路，另一绕组对不分裂的网侧绕组间的阻抗。

（3）分裂阻抗 X_F：两个阀侧分裂绕组间的阻抗。

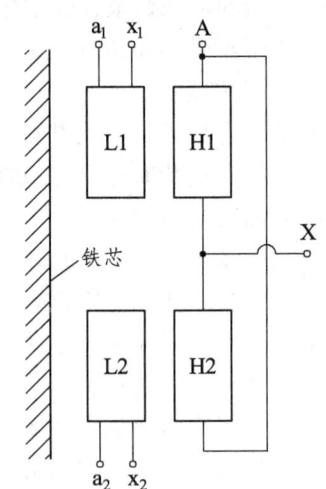

图 3.14 轴向双分裂四绕组变压器的一相绕组

对于图 3.15（a），已知 $X_{L1} \approx X_{L2} \approx X_{H1} \approx X_{H2} \approx X_K$，可求得中间阻抗 X_m 为

$$X_m = \left(\frac{K_F}{4-K_F} - 1\right) X_K \tag{3.19}$$

式中　K_F——分裂系数，$K_F = \dfrac{X_F}{X_K}$ 且 $3 < K_F < 4$；

　　　X_F——分裂阻抗。

将图 3.15（a）中 A、M、N 三点进行星形-三角形阻抗变换，并代入式（3.19），得到与一般三绕组变压器等值电路形式一致的变换后等值电路，如图 3.15（b）所示。

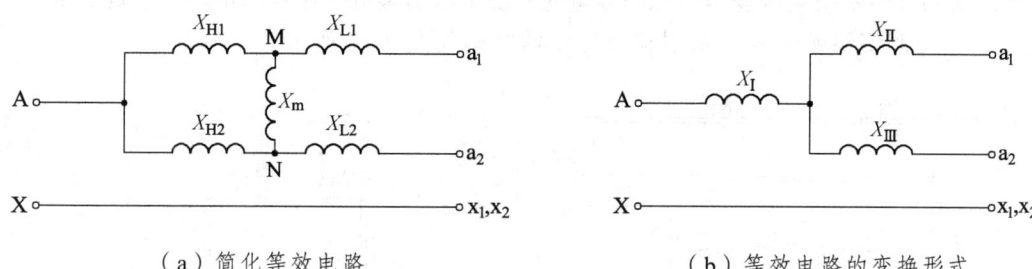

（a）简化等效电路　　　　　　　　　　（b）等效电路的变换形式

图 3.15　四绕组分裂式整流变压器等效电路

从图 3.15（b）可知，变换后的电路阻抗经整理后化简为

$$X_I = \frac{X_K^2}{2X_K + X_m} = \left(1 - \frac{K_F}{4}\right) X_K \tag{3.20}$$

$$X_{II} = X_{III} = \frac{X_K \cdot X}{2X_K + X} + X_K = \frac{1}{2} K_F X_K \tag{3.21}$$

因而，按前述三种阻抗定义对应于变压器不同运行方式，由图 3.15 可得穿越阻抗 X_K 为

$$X_K = X_I + X_{II} // X_{III} = X_I + \frac{1}{2} X_{II} = \left(1 - \frac{K_F}{4}\right) X_K + \frac{1}{4} K_F X_K = X_K \tag{3.22}$$

半穿越阻抗 X_b（分别对阀侧两个绕组中之一开路时）为

$$X_{b1} = X_{b2} = X_I + X_{II} = \left(1 - \frac{K_F}{4}\right) X_K + \frac{1}{2} K_F X_K = \left(1 + \frac{K_F}{4}\right) X_K \tag{3.23}$$

分裂阻抗 X_F 为

$$X_F = X_{II} + X_{III} = 2 \cdot \left(\frac{1}{2} K_F X_K\right) = K_F X_K \tag{3.24}$$

根据国产轴向双分裂式四绕组牵引整流变压器给出的性能数据，当变压器容量为 2 200 kV·A、2 750 kV·A 和 3 000 kV·A 时，包含移相绕组在内的有关短路阻抗和其他阻抗参数如下：

短路阻抗（百分比）　　8%（阀侧两绕组全短路）；

分裂阻抗（百分比）　　≥20%；

半穿越阻抗（百分比） 6.5%。

2. 轴向双分裂式四绕组牵引整流变压器的结构

在轨道交通地下牵引变电所环境下，对轴向双分裂式多绕组牵引整流变压器在绝缘结构、冷却方式、安全和机械强度、负荷等级等方面的特殊要求，和前面三绕组牵引整流变压器结构和技术特点中的（1）、（2）相同。

轴向双分裂式四绕组牵引整流变压器在制造上比较复杂，工艺要求和技术指标都较高，而且由于轴向布置的两个二次分裂绕组之间需增加支撑绝缘材料，另外当二次绕组发生接地故障时，有很大的故障电流流向该侧绕组，将在分裂变压器铁心中失去磁的平衡，在其轴向上产生巨大的短路机械应力，必须采用能承受这种巨大机械力的坚实支撑物，从而造成材料费用增大，因此，轴向双分裂式四绕组牵引整流变压器比同容量的三绕组牵引整流变压器的价格要昂贵得多。

轴向双分裂四绕组（干式）牵引整流变压器结构如图 3.16 所示。

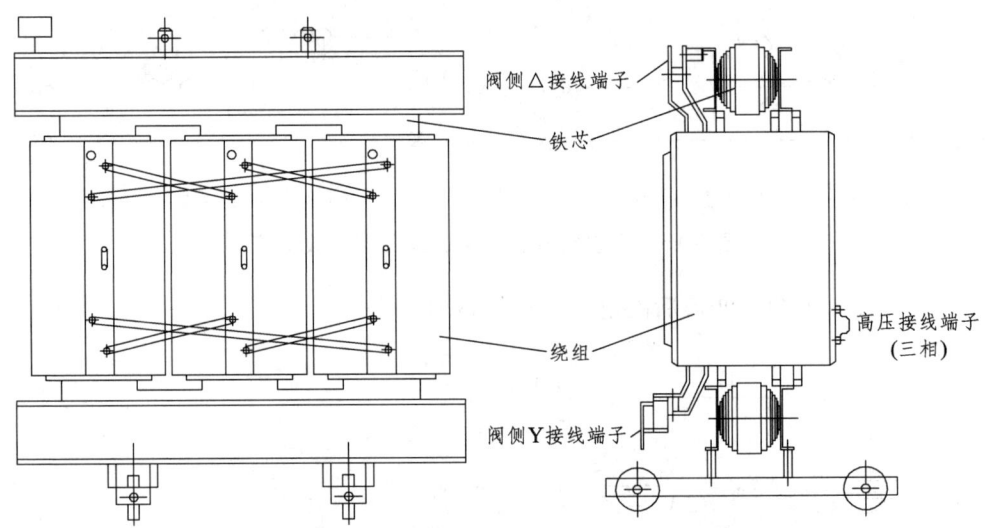

图 3.16 轴向双分裂四绕组（干式）牵引整流变压器结构图

三、牵引整流变压器的移相原理及其实现

牵引整流机组交流侧谐波含量与整流的等效相数，即与每工频周期内整流电压的脉波数有关。提高整流的等效相数是抑制谐波的有效措施，而等效多相制的形成则由牵引整流变压器的移相和牵引整流机组的并联组合来实现。等效多相制的等效相数，在牵引供电系统应用较多的是 12 相和 24 相。

前述三绕组牵引整流变压器和轴向双分裂四绕组牵引整流变压器，利用其 Y 接线和 d 接线的两个二次绕组分别连接至两组三相整流桥，两者并联构成的整流机组可实现 12 脉波的 6 相整流，如采用两台相同容量和相同接线方式的牵引整流机组，一台整流变压器的一次绕组移相 $+\pi/24$（电角度为 $+7.5°$），另一台整流变压器的一次绕组移相 $-\pi/24$（电角度为 $-7.5°$），两台移相整流变压器及其连接的四组三相整流桥组成一套具有移相作用的 12 相 24 脉波牵引整流机组，其阀侧同名端线电压的相位差为 $\pi/12$（电角度为 $15°$）。

由于目前实际上都是在轴向双分裂式四绕组牵引整流变压器结构的基础上实现移相，以下结合这种整流变压器介绍其移相方式、实现方法及其移相原理。

1. 牵引整流变压器移相方式和移相原理

对于大容量的牵引整流变压器，由于移相的相位角幅度一般不大，最经济可行的移相方法是利用其本身的三相铁心和磁路系统，将网侧需要移相的每相一次绕组分别设在本相铁心柱上的主绕组和在三相中其他铁心柱的移相绕组上，通过主绕组和不同相位匝数的移相绕组的适当串联组合，即可达到移相的目的。通常，按下列不同组合形成几种不同的移相方式：

（1）延边三角形接线移相方式。

在三角形接线一次绕组每相的主绕组以外，串联增加一段不同匝数的移相绕组，称为延边三角形接线，如图 3.17（a）所示。图中原三角形主绕组为 A_1X、B_1Y、C_1Z，串联接入不同相位的移相绕组后，例如 A、X 主绕组 A_1X 的延长线上与 A_1X 绕组同相位的移相绕组 AA_1 和 C_1Z 主绕组延长线上与 C_1Z 同相位的移相绕组 CX 串联以后，其 AC 相绕组的电压与原三角形绕组 A_1C_1 的相电压相比产生了 $-\alpha°$ 角的相位移［见图 3.17（b）］。

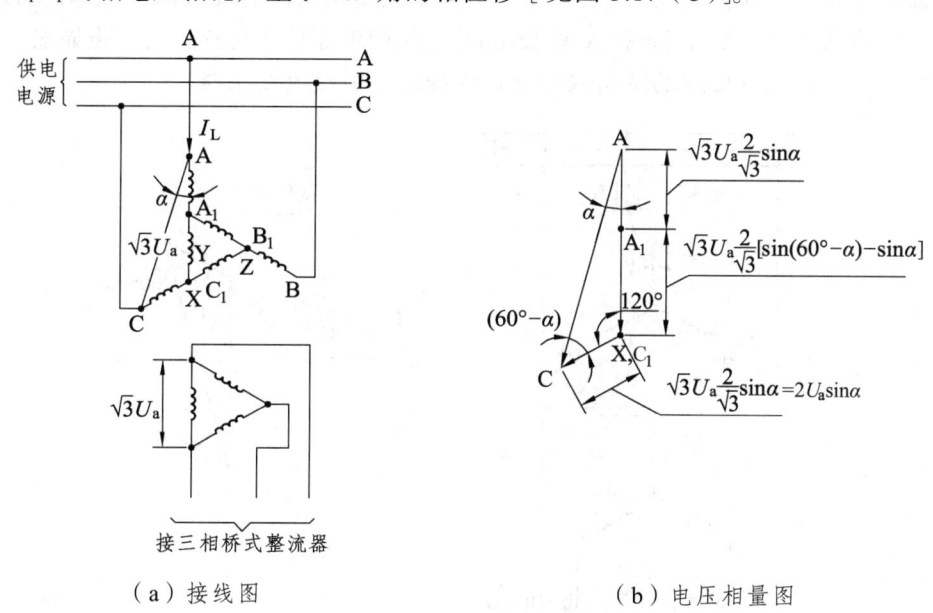

（a）接线图　　　　　　　　　　（b）电压相量图

图 3.17　延边三角形接线整流移相变压器

按图 3.17（b），由正弦定律可得

$$\frac{AX(总相电压)}{\sin(60°-\alpha)} = \frac{CX(移相电压)}{\sin\alpha} = \frac{AC线电压(\sqrt{3}U_a)}{\sin 120°}$$

则移相电压：

$$CX = \sqrt{3}U_a \cdot \frac{2}{\sqrt{3}}\sin\alpha = 2U_a\sin\alpha \tag{3.25}$$

总相电压 AX（主绕组电压与同相位移相电压之和）：

$$AX = \sqrt{3}U_a \cdot \frac{2}{\sqrt{3}} \sin(60° - \alpha) \quad (3.26)$$

故主绕组电压 A_1X［见图 3.17（b）］为：

$$A_1X = \sqrt{3}U_a \cdot \frac{2}{\sqrt{3}} [\sin(60° - \alpha) - \sin\alpha] \quad (3.27)$$

在给定 U_a 和移相角 α 的情况下，按式（3.25）~（3.27）即可得到主绕组和移相绕组匝数。

这种移相方式适用于网侧为三角形（d）接线的轴向双分裂式四绕组牵引整流变压器。

（2）曲折形接线移相方式。

曲折形接线移相牵引整流变压器的结构和接线图如图 3.18（a）所示，在网侧原星形接线一次绕组每相主绕组以外，串联接入其他不同相位的移相绕组，其电压相量之和与原主绕组电压间即形成移相角 α。例如图 3.18（b）中，A 相绕组与具有反方向 C 相相位的移相绕组 C′串联构成的总相电压 U_a，同原 A 相绕组 U_a' 之间产生滞后相位移 α 角。很显然，这种移相方式适用于网侧为星形接线的轴向双分裂式四绕组牵引整流变压器。

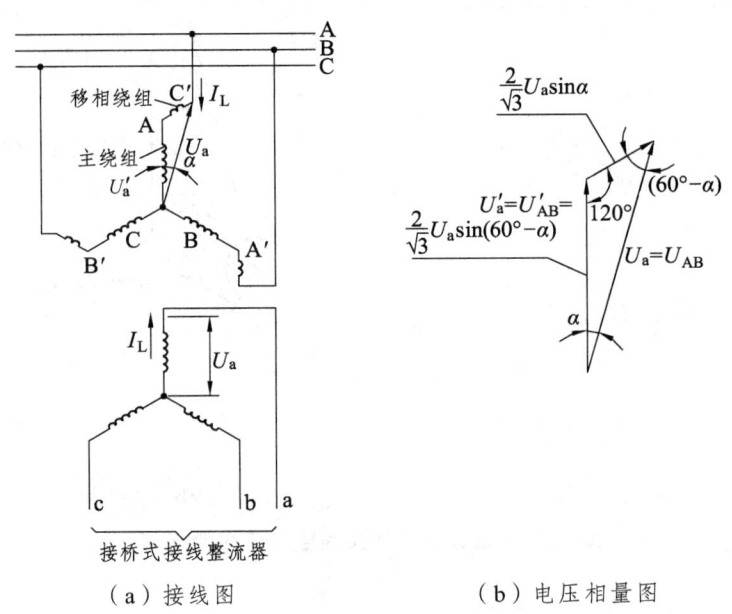

（a）接线图　　　　（b）电压相量图

图 3.18　曲折形整流移相变压器

（3）多边形接线移相方式。

多边形接线移相牵引整流变压器的结构和接线图如图 3.19（a）所示。它由三相主绕组和三个与主绕组同相位的移相绕组交错连接形成多边形接线，其中每相主绕组与相邻的其他不同相位移相绕组串联构成组合绕组，其电压相量之和同原绕组电压间即形成移相角 α。例如，图 3.19（a）中原 AB 相绕组与反方向 AC 相位的移相绕组 C′串联构成的总电压 U_{AB}，同原 AB 相绕组 U_{AB}' 之间产生了滞后相位移 α 角。这种移相方式适用于网侧为三角形接线的轴向双分裂式四绕组牵引整流变压器，其电压相量图如图 3.19（b）所示。

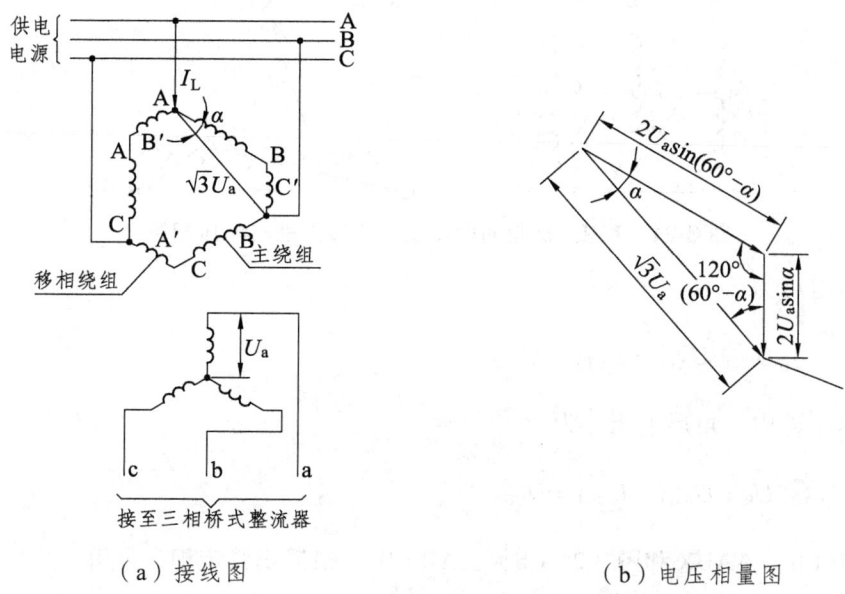

(a) 接线图　　　　　　　　　　（b) 电压相量图

图 3.19　多边形接线整流移相变压器

研究分析表明，在上述几种接线移相方式中，对于网侧电压 35 kV 及以上整流变压器，广泛采用延边三角形接线移相方式，主要因为这种接线方式因移相导致绕组结构变化而增加的等效容量小，价格较便宜。当在 35 kV 以上网压应用时，由于延边三角形移相和多边形移相的整流变压器网侧绕组承受的电压，比曲折形接线移相网侧绕组的增大 $\sqrt{3}$ 倍（线电压），前两者的绝缘必须相应加强，从而使其价格增加，这时曲折形接线移相方式则显现其优势。在此情况下，应进行综合的技术经济比较，以确定选择最优的移相方式。

2. 延边三角形移相方式整流变压器网侧绕组结构

牵引整流变压器的网侧电压都在 35 kV 及以下，现结合轴向双分裂式四绕组牵引整流变压器采用延边三角形移相方式，分析介绍其网侧绕组结构。

如图 3.20 和图 3.21 所示分别为延边三角形接线移相整流变压器的网侧绕组连接示意图和电压相量关系图。图 3.20 的主绕组连接组别产生 $+\alpha$ 电角度移相，图 3.21 的主绕组连接组别产生 $-\alpha$ 电角度移相。

众所周知，变压器绕组的匝数与绕组电压成正比变化，移相整流变压器设计中首先要根据网压计算各种绕组电压。

$$U_1 = U_{AB} = U_{BC} = U_{CA}$$

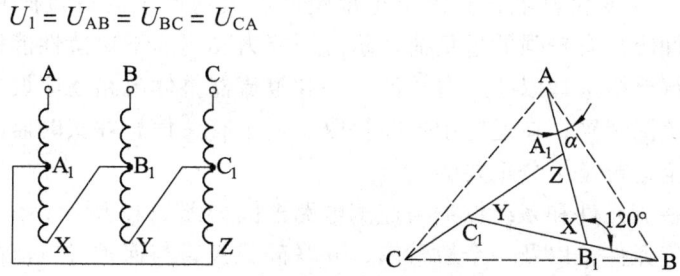

图 3.20　移相 $+\alpha$ 角的网侧绕组连接组别与电压相量

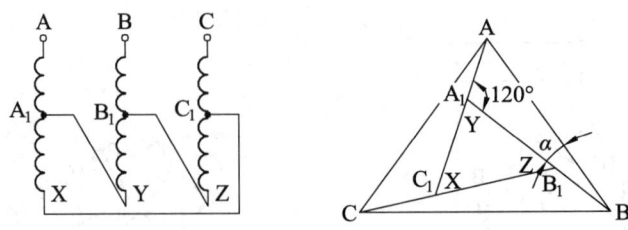

图 3.21 移相 $-\alpha$ 角的网侧绕组连接组别与电压相量

设主绕组电压为

$$U_M = U_{A1X} = U_{B1Y} = U_{C1Z}$$

移相绕组电压（即内三角形电压）为

$$U_R = U_{AA1} = U_{BB1} = U_{CC1}$$

在图 3.20（b）△ABX 和图 3.21（b）△ABY 中，根据正弦定理，可得

主绕组电压
$$U_M = U_1 \frac{\sin(60°-\alpha) - \sin\alpha}{\sin 120°} = 2U_1 \sin(30°-\alpha) \tag{3.28}$$

移相绕组电压
$$U_R = U_1 \frac{\sin\alpha}{\sin 120°} = \frac{2}{\sqrt{3}} U_1 \sin\alpha \tag{3.29}$$

在在给定移相角 $\pm\alpha$ 后，根据式（3.28）和（3.29）的计算结果确定主绕组和移相绕组电压后，即可计算求得主绕组和移相绕组匝数，以确定整流变压器网侧绕组的结构。

曲折形接线移相方式和多边形接线移相方式中，各种绕组电压及其匝数的计算方法与延边三角形移相方式的计算方法和步骤类似，此处不再赘述。

四、硅整流器装置及其监测与保护电路

牵引整流机组的大功率硅整流器主电路由两个三相全波整流桥组成，整流桥各桥臂则由串并联的大功率硅二极管连接而成，可知硅整流器的整流基本单元是大功率二极管及其散热器和保护器件。由若干整流基本单元按整流主电路进行组装，并配置数据采集与监测装置、过电压保护、故障显示器件、通信接口电路等，即构成完整的大功率硅整流器装置。

硅整流器基本整流单元的主要元件是大功率硅二极管，它是由小于 1 mm 厚的硅单晶片平板烧结制成的 PN 结面接触型二极管，其热容量很小，对电流、电压的变化非常敏感，而且城轨交通的牵引负荷变化剧烈，整流机组承受冲击负荷产生的过负荷和过电压的几率较大，除了整流管元件应具有较强的过负荷、耐过压能力和高温下保持性能稳定等特性，必须按技术条件要求进行严格选择以外，对整流元件和整流器整体电路还应设置专门的过电流、过电压保护措施与监测装置，在运行中不断提取、显示有关信息并实时监测，对于保障整流器装置的稳定、安全运行是十分重要的。

硅整流器装置整流元件和系统保护与监测电路框图如图 3.22 所示，图中仅绘出一个整流桥的整流电路和整流元件，以及一个桥臂串、并联硅二极管与保护过电流的快速熔断器连接方式的原理电路。

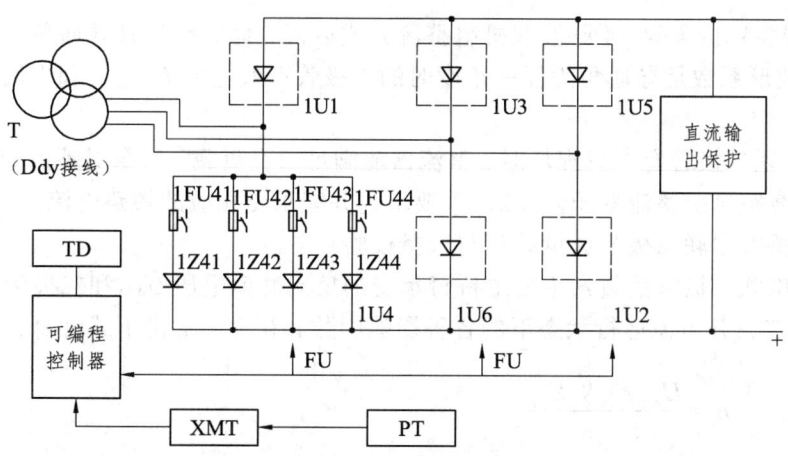

图 3.22 硅整流器装置整流元件和系统保护与监测电路框图

PT—温度传感器；XMT—温度控制器；TD—液晶显示屏；FU—快速熔断器

1. 硅二极管及其保护用快速熔断器的选择计算

大电流硅二极管是整流器装置的重要基本元件。整流桥各桥臂串、并联的硅二极管数量、规格要考虑各种运行条件下的过载能力、特性稳定情况和具有必要的安全因素，并根据生产厂家给定的技术参数进行选择计算和校验来确定。为对硅二极管过负荷进行保护，在每个桥臂支路设有快速熔断器，如图 3.22 所示。国产常用大电流硅二极管的主要技术参数列于表 3.1。

表 3.1 国产常用大电流硅二极管的主要技术参数

规格 项 目	ZP2600-44	ZP2200-44
正向平均电流 $I_{F(AV)N}$（A）	2 600	2 600
反向重复峰值电压 U_{RRM}（V）*	≥4 400	≥4 400
反向不重复峰值电压 U_{RSM}（V）	≥4 600	≥4 600
额定结温 T_{jm}（℃）	180	180
储存温度（℃）	−40～160	−40～160
正向浪涌电流 I_{FSM}（kA）	36.8	36.8
I^2t（A²s）	$6.8×10^6$	$3.92×10^6$
安装力（kN）	90	
正向峰值电压 U_{FM}（V）	1.42	
反向重复峰值电流 I_{RRM}（mA）	200	

*注：指二极管在最高结温 180 ℃下，允许每秒 50 次，每次持续时间不大于 10 ms，重复施加的反向最大脉冲电压，亦即额定电压。

硅二极管的选择计算按以下原则和规定技术条件进行：

① 自然冷却。硅整流器装置为自然空气冷却，每个或每组二极管配有挤压铝合金型材散热器用以扩大散热面，硅二极管在自冷条件下的容量约为标准冷却条件下的 1/3。

② 整流器装置按等效 24 脉波双机组整流方式运行。此时整流管导通角为 $\pi/6$，波形系数 $F_1 = 3.46$（波形系数是导通角为任一角度时的二极管有效电流 $I_{F(RMS)}$ 和平均电流 $I_{F(AV)}$ 的比值）。

③ 桥臂并联二极管有一只损坏时，整流器能满足Ⅵ类负载［与牵引整流变压器相同，见本节"一、三绕组牵引整流变压器（2）"］要求，并能承受相应的短路电流。

（1）整流桥臂串联二极管数量计算与选择校验。

整流桥臂串联二极管数量 n_s 主要由桥臂承受的反向峰值电压 U_{AM} 和二极管的额定重复峰值电压 U_{RM} 确定，并考虑运行状态下的各种影响因数和裕度。n_s 由下式计算：

$$n_s = \frac{U_{AM} K_{cu} K_b K_{Au}}{U_{RM} K_u} \tag{3.30}$$

式中　n_s——串联数；

U_{AM}——桥臂承受的反向峰值电压，$U_{AM} = \sqrt{2} U_2$；

U_2——阀侧电压有效值；

U_{RM}——串联器件的额定重复峰值电压，取 4 400 V；

K_{cu}——过电压冲击系数，一般取 1.3~1.6；

K_b——电网电压升高系数，一般取 1.05~1.1；

K_{Au}——电压的设计裕度，一般取 1~2；

K_u——均压系数，一般取 0.8~0.9。

【算例 1】　整流电压 U_d 为 1 500 V 时，$U_2 = 1 180$ V，将各值代入式（3.30）得 $n_s = 0.74$，取整数 $n_s = 1$。即选择二极管串联数为 1 个（ZP 型）。验算电压安全系数，$K = 4 400/(\sqrt{2} \times 1 180) = 2.64$，符合要求。

（2）整流桥臂并联二极管数量计算与选择校验。

根据前述Ⅵ类负载等级的要求，计算整流桥臂并联二极管数量时，把 2 小时过载 1.5 倍额定电流作为长时额定负载电流，因为此时二极管结温已稳定。因此，按整流器额定容量下的长时额定负载电流 $1.5I_d$ 和单只二极管的平均电流 $I_{F(AV)}$，并考虑并联整流桥数量 K_q 与单桥导电桥臂数 N，以及并联二极管间的均流系数 K_i，即可求得每个桥臂的并联二极管数量 n_p，其计算公式为

$$n_p = \frac{1.5 I_d}{K_q \cdot K_i \cdot N \cdot I_{F(AV)}} \tag{3.31}$$

式中，$I_{F(AV)}$ 为单只二极管的实际平均电流值，而生产厂家按标准给出的正向平均电流 $I_{F(AV)N}$，即二极管额定电流是在环境温度为 +40 ℃ 和规定的冷却条件下，带电阻性负荷的单相工频正弦半波电路中，二极管全导通且稳定结温不超过额定值时所允许的最大正向平均电流。两者需要换算，很不方便，所以通常采用预判法，先设定 n_p 数值，再求出 $I_{F(AV)}$ 值。

按式（3.31），单只二极管的平均电流 $I_{F(AV)}$ 由下式确定：

$$I_{F(AV)} = \frac{1.5 I_d}{K_q \cdot K_i \cdot N \cdot n_p} \tag{3.32}$$

式中 I_d——额定负载电流；

K_q——整流桥并联数，取 2；

K_i——均流系数，0.9；

N——单桥导电桥臂数，取 3；

n_p——二极管并联数。

【算例 2】 整流器输出功率 $P = 3\ 000$ kW，其额定电流 $I_d = 2\ 000$ A，设 $n_p = 4$，则代入式（3.32）后得 $I_{F(AV)} = 139$ A（整流器采用等效 24 脉波整流电路）。

此计算值为单只二极管实际工作时的平均电流，折算为有效值：

$$I_{F(RMS)} = F_1 \cdot I_{F(AV)} \tag{3.33}$$

式中 F_1——导通角为 $\pi/6$ 时的波形系数（此处考虑一机组故障情况下，按单机组 12 脉波整流电路运行），取 3.46。

将 F_1 代入式（3.33）计算得 $I_{F(RMS)} = 481$ A。

上述实际工作时的 $I_{F(AV)}$ 值，需换算至额定电流下的半波整流状态，即导通角为 180°时单只二极管的平均电流 $I_{F(AV)\pi}$，由下式确定：

$$I_{F(AV)\pi} = I_{F(RMS)}/F_2 \tag{3.34}$$

式中 F_2——导通角为 180°时的波形系数，取 1.57。

将 F_2 代入式（3.34）计算得：$I_{F(AV)\pi} = 306$ A。

所选用的二极管规格为 ZP2600-44（见表 3.1）。其 $I_{F(AV)N} = 2\ 600$ A（标准冷却下），按上述技术条件①，则自冷条件下额定平均电流约为 867 A（由表 3.1 中查出为 $2\ 600/3 \approx 867$ A）。$1.5I_d$、$3I_d$ 工作电流下安全系数分别为 2.83、1.42，符合要求。

综合以上（1）、（2）串、并联硅二极管数量计算与选择校验的实例表明：

① 3 000 kW 整流器单个桥臂采用 4 只 ZP2600-44 二极管并联，整流器单个桥臂的串联数为 1，完全能满足运行要求。

② 在损坏一只二极管的情况下，整流器过载 300%时，由于持续时间很短（1 min），散热器的瞬态热阻比其稳态热阻小得多，因此，允许通过的短时结温额定电流要比其长时结温额定电流大得多，一般可达标准冷却条件下的额定值。

（3）快速熔断器选择计算与校验。

快速熔断器用来保护硅二极管的快速熔断，主要按额定电压和额定电流进行选择，并应按发热条件进行校验。

① 额定电压。熔断器额定电压是指熔断器分断时能承受的交流正弦波电压，U_{FU} 选择遵循的原则：应使熔断器的交流额定电压值大于整流变压器空载线电压值。

快速熔断器额定电压 U_{FU} 由下式确定：

$$U_{FU} = K_b U_2 \tag{3.35}$$

式中 U_{FU}——快速熔断器的额定电压；

U_2——阀侧电压，取 1 180 V；

K_b——网压升高系数,一般取 $K_b = 1.05$。

【算例3】 U_d 为 1 500 V 时,$U_2 = 1 180$ V,则 $U_{FU} = 1 239$ V。

② 额定电流。熔断器的额定电流一般为交流均方根值,并通过相应标准中规定的温升试验及可重复负载试验证明。选择快速熔断器额定电流时应考虑负载电流值、安装条件和环境温度的影响,并根据生产厂家提供的过载能力曲线进行校验。

快速熔断器额定电流 I_{FU} 由下式确定:

$$I_{FU} = I_{F(AV)} \cdot K_i \cdot K_a \cdot F \tag{3.36}$$

式中 I_{FU}——快速熔断器的额定电流;

$I_{F(AV)}$——实际流过的平均电流;

K_i——电流裕度系数,一般取 1.1~1.5;

K_a——环境温度系数,一般取 1.0~1.2;

F——波形系数,取 3.46。

【算例4】 整流器输出功率 $P = 3 000$ kW,每个桥臂并联二极管数 $n_p = 4$ 时,由前述计算得到 $I_{F(AV)} = 139$ A。

将有关系数和 $I_{F(AV)}$ 值代入式(3.36),得 $I_{FU} = 608$ A,选择额定电流为 800 A 的熔断器可满足设备运行的要求。

综合上述①②的选择计算结果,并考虑城轨交通地下牵引变电所周围环境条件、设备元器件连接过渡电阻、负荷过载等因素的影响,对于 $P = 3 000$ kW 整流器桥臂每个并联二极管支路的快速熔断器,选取为 1 250 V/800 A。

③ 快速熔断器的校验。通常应进行在最大电流通过时的发热计算和校验,即应能承受浪涌电流通过熔断器一定时间产生的发热,用快速熔断器的 I^2t 值按下式核算:

$$(I^2t)_R \leq 0.9 I_{FSM}^2 t \tag{3.37}$$

式中 $(I^2t)_R$——快速熔断器的熔断 I^2t 值,由生产厂家给出;

I_{FSM}——二极管浪涌电流峰值;

t——二极管承受浪涌电流的半周时间,取 5 ms。

【算例5】 上述每个二极管支路选择的快速熔断器 1 250 V/800 A,从产品技术规格中得知其 I^2t 为 1.2×10^6 A²s,而由表 3.1 可知 ZP2600-44 型二极管的浪涌电流峰值为 36.8 kA,将有关数值代入式(3.37)验算,其结果符合要求。说明所选择的快速熔断器技术上是适用的。

2. 整流器装置保护设施配置

(1)硅二极管快速熔断器保护。

每只二极管串联一个快速熔断器(见图3.22),当二极管失去单向导通性能时将形成整流变压器相间短路,回路将产生短路电流,此时由快速熔断器熔丝熔断来保护。快速熔断器带有接点,熔断后能给出信号用于报警或跳闸。当一个臂内只有一个快速熔断器熔断时,发出报警信号,超过一个小时发出跳闸信号。不同桥臂内各只有一个快速熔断器熔断时,发出报警信号。熔断器状态信号采集、各种报警信号、跳闸信号的发送,由可编程控制器或微机系统构成的集中数据采集和检测系统统一执行。

（2）交流侧（阀侧）浪涌过电压保护。

在接通牵引整流变压器的瞬间，由于变压器网侧绕组的漏抗与阀侧绕组的分布电容或抑制电容组成振荡电路，此时会产生瞬变过程及由此而引起的过电压。在严重的情况下，若没有抑制过电压措施，产生的过电压峰值可达正常工作电压峰值的 2 倍。在变压器空载或轻载时开断变压器的网侧绕组，与变压器绕组的磁化电流成比例的磁通量突然消失，此时阀侧绕组也将产生很高的瞬变电压，当没有抑制过电压措施时，其峰值可达工作电压的 8~10 倍。

阴雨天时，由于雷击更容易在整流变压器阀侧产生很高的瞬间感应过电压，因此必须采取抑制措施，在交流侧加装氧化锌压敏电阻，将过电压抑制在 2 倍以下。氧化锌压敏电阻的优点在于：体积小，功率损耗小，响应速度快，能承受较大的浪涌电流。

根据设计计算及在广州等地方的地铁运行经验，压敏电阻选取标称电压为 2 500 V，通流容量为 50 kA，型号为 MYG2-2 500 V-50 kA。其连接方式如图 3.23 所示。

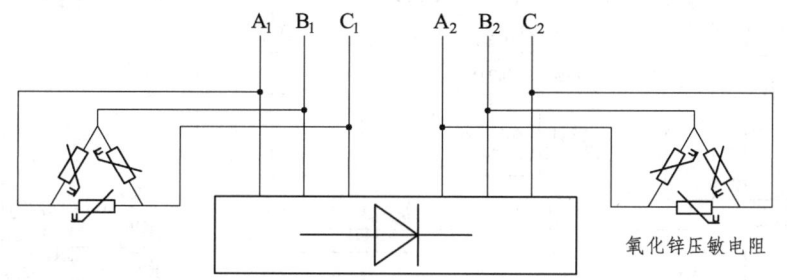

图 3.23　交流侧保护电路示意图

（3）整流器装置直流侧过电压保护。

整流器装置直流侧直接输出至接触网和动车负载，城轨交通运行工况多变，致使直流侧过电压出现的频率增多，接触网建于地面的区段不可避免地承受雷击过电压。直流侧装有快速断路器，当断开直流侧故障电流以及整流电路二极管换相时，都将产生操作过电压。另外还有来自负载即动车车辆上的过电压。若这些过电压处理不得当，不但会影响整流设备的运行，而且会影响线路中其他高压电器及地铁车辆的运行。因此，在整流器直流输出电路出口处，需设置过电压保护器件，它由吸收抑制过电压的并联 $R_p C_1$ 电路构成，如图 3.24 和图 3.25 所示。

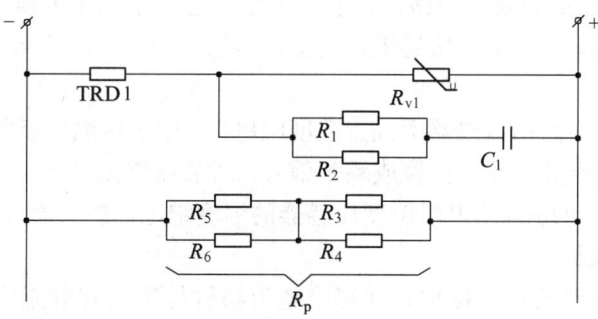

图 3.24　直流侧保护电路示意图

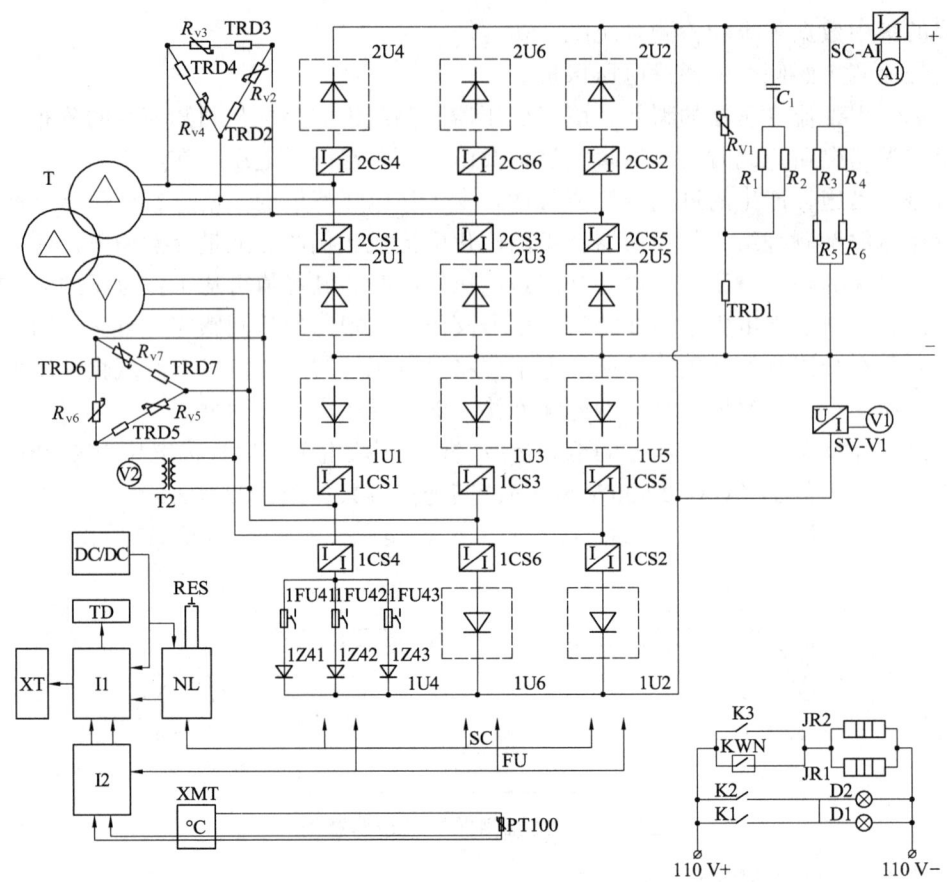

图 3.25 整流器装置交直流侧保护、监测和信号显示系统图

1FU11～2FU62—快速熔断器；$R_{v1} \sim R_{v7}$—压敏电阻；PT100—温度传感器；XMT—温度控制器；
R_1、R_2、C_1—直流侧 RC 吸收回路电阻、电容；$R_3 \sim R_6$—负载电阻；V1—直流电压表；
A1—直流电流表；V2—交流电压表；D1、D2—前后门照明灯；K1、K2—行程开关；
RES—复位按钮；I1、I2—可编程控制器；TD—液晶显示屏；DC/DC—电源板；
XT—故障输出端子；NL—逆流保护

其中，C_1 起储能和抑平电压的作用，取值为 16 μF，电压为 3 200 V；R_p 为压仓电阻，其阻值为 3.9 kΩ，功率为 600 W，由 $R_3 \sim R_6$ 电阻串并联组成以降低损耗，压仓电阻的作用主要是为 C_1 提供快速释放能量的放电回路，并能在过电压过程中稳定电压。压敏电阻 R_{v1} 用来保护电容器，当电压过高时 R_{v1} 阻值接近零，将 C_1 短接，以保护 C_1 不致损坏。

（4）温度保护。

在整流器预测温度最高的散热器上设置温度继电器，用于检测二极管散热器的温度是否超过允许值，超过允许值时分级发出报警或跳闸信号。设置报警温度为 100 ℃±5 ℃，跳闸温度为 130 ℃±5 ℃。采用带 PT100 热电阻温度传感器的温度继电器执行温度保护功能（见图 3.25）。

（5）整流器逆流保护。

整流器设有反向电流的逆流保护，在每个整流桥臂均串联有电流传感器，用来检测桥臂实时电流，如图 3.25 所示。当硅二极管被击穿导致产生逆向电流时，逆流保护组件发出逆流保护信号送至 PLC 监测显示系统，同时发出跳闸信号将牵引变压器一次侧断路器和直流输出侧快速断路器断路。

3. 整流器装置控制、信号回路和数据采集与监测显示系统

整流器装置的二次回路采用以可编程控制器（PLC）为核心的数据采集与检测、显示系统，对各种状态量进行集中采集、检测以及数据信息的传送与显示，包括各个硅二极管的电流大小，整流器输出直流电流、直流电压，阀侧交流电压等量值的采集、检测、显示和整流器温度监测及其各种保护的动作信号显示等，如图 3.25 所示。该装置采用数据传输方式与牵引变电所综合自动化系统接口，采用接点方式与各种保护的二次回路接口，并应具有远方通信功能。通信接口采用标准接口，如 RS485 或 RS422 标准串口。控制信号回路和数据采集与监测系统的功能如下：

（1）控制与信号回路。

① 硅二极管故障和跳闸控制回路。整流器同一整流桥臂的一个硅二极管故障，或不同整流桥臂的两个二极管故障时，不影响整流器以 100% 额定电流运行，此时整流器的交、直流侧不跳闸，二极管故障信号通过输出接点在当地和远方显示，并在整流器屏柜面板显示硅二极管故障所在桥臂的位置。

整流器同一整流桥臂的两个硅二极管同时发生故障时，通过 PLC 系统发出跳闸信号，将牵引整流变压器一次侧断路器、直流输出快速断路器同时断路，硅二极管故障信号的显示与上述相同。

② 整流器温度报警和跳闸信号显示。当整流器测试点的温度超过设定值时，能分级发出报警和跳闸信号，当地和远方显示故障信号。当地显示采用自动化装置，每组 12 脉波整流器装设一套，能够区分各回路的信号，并能将报警信号送至变电所综合自动化系统。

③ 压敏电阻动作报警指示。在整流器直流输出电路的并联 R_p、C_1 过电压保护中，设置了压敏电阻 R_{v1}，当产生过电压时 R_{v1} 阻值降为零，其串联回路中的熔断器熔断，通过 PLC 发出熔断信号，在屏柜和远方显示。

（2）整流器显示装置。

① 整流柜前面板上设置指示灯指示故障类型，设有液晶显示器，以文字方式显示故障发生的具体位置，方便工作人员检修工作。

② 故障的报警和跳闸信号经处理后，转换为接点信号由端子输出，在面板上显示。这种故障报警和跳闸信号还通过 RS485 串行通信口与变电所综合自动化系统连接，采用开放的通信协议，波特率可调。

③ 显示装置的其他主要功能如下：

a. 显示整流器主回路交流电压、直流电压和直流电流；

b. 显示整流器桥臂硅二极管保护熔断器熔断信号及该熔断器的位置；

c. 显示整流器最热点的温度；

d. 显示控制电源失电报警信号等。

可编程控制器具有集成度高、抗干扰能力强、编程简单、系统便于维护、模块化结构便于维修等优点，文本显示器能清楚地指示各类故障状态，由它构成的二次回路结构简单，维护方便，具有很高的可靠性。

4. 硅整流器装置结构及其设备配置

（1）硅整流器的整流桥设备与散热器、各种传感器、交直流侧过压保护设施都安装在整流器设备柜内，3 000 kW 与 2 700 kW 均由两个 12 脉波整流柜并联组成 24 脉波整流电路装置。

（2）整流器柜体结构如图 3.26 所示。采用标准的 1 200 mm×1 200 mm×2 300 mm 的金属屏柜；柜体无焊接，全部采用螺栓连接；柜体侧板及通道门采用 2.5 mm 厚钢板，装在 4 mm 厚钢板制成的自支持式结构钢柜架上。柜体经电镀锌处理，防腐性强，表面静电塑料喷粉，门顶部为铝合金眉头，柜体采用不锈钢紧固件。柜体的前后门下部开有进气网孔，上部设有散热通风孔，两侧封盖，完全满足防护等级要求。

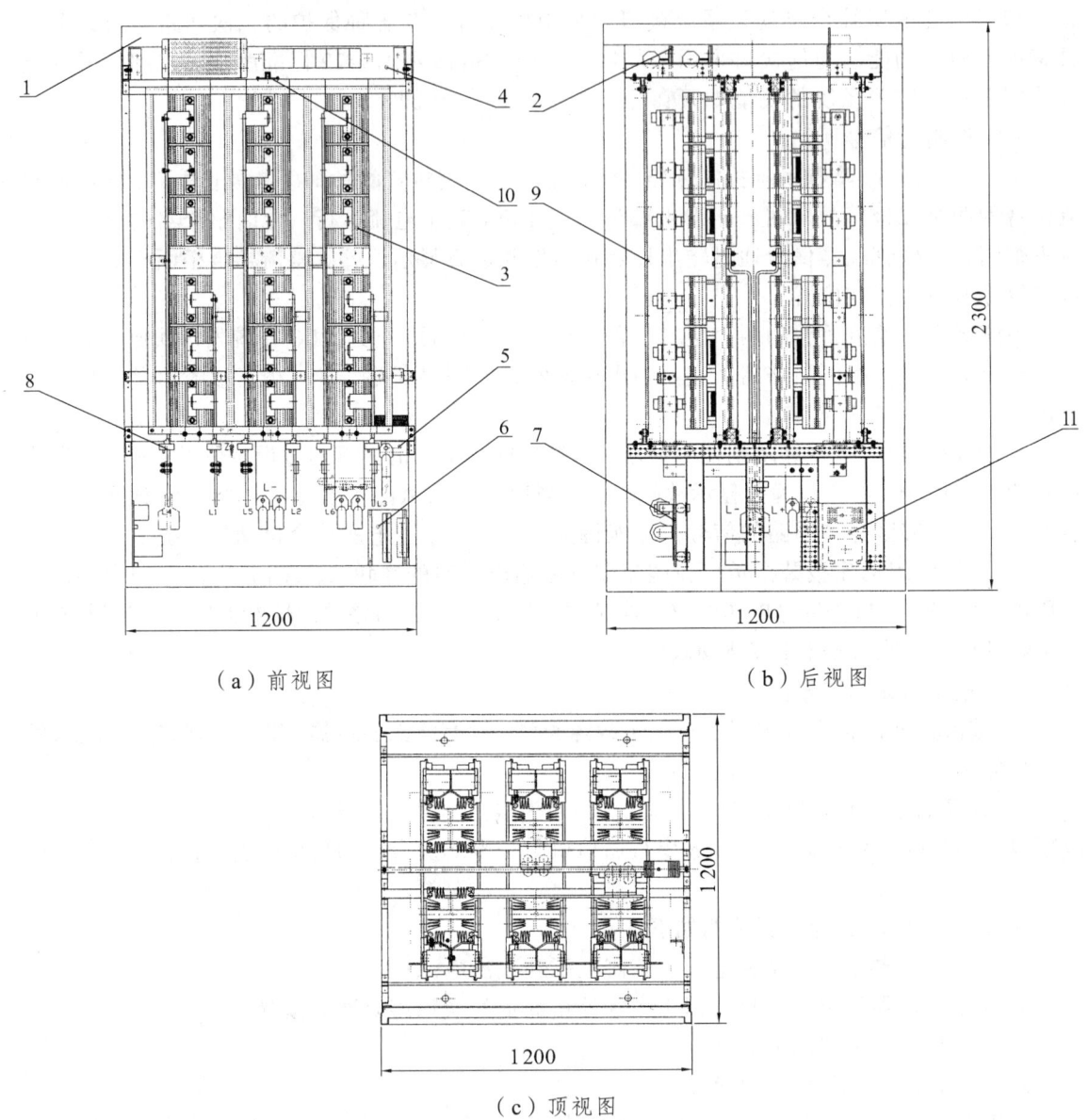

图 3.26 整流器结构图（单位：mm）

1—屏柜；2—压仓电阻；3—二极管；4—保护单元；5—接地排；6—外接端子排；7—阻容保护板；
8—电流传感器；9—快熔走线支架；10—温度检测元件；11—电压检测

（3）2 250 kW 整流器的两个三相整流桥分别装于屏柜的上、下部分，从前后门可以清楚地看到垂直排列的三列元件分上、下两部分。前门正面放置 1、3、5 桥臂，后门正面放置 4、

6、2 桥臂。两个三相桥的对应序号桥臂 1U1 和 2U1、1U3 和 2U3…并联在一起,共阳极或共阴极组成一组整流臂,每组整流臂由一个加工成条状的散热器和若干个块状的散热器压装上二极管组成,每组整流臂有若干只二极管,每柜共六组整流臂;3 000 kW 整流器将两个三相整流桥分别置于两个柜体中,原理同 2 250 kW 整流器。

(4) 二极管配铝合金挤压型材散热器,自然空气冷却。条状(公用)散热器作共阳极(或共阴极)用,整流器每条装 4 只或 6 只二极管,每个块状(独立)散热器配一个二极管。二极管单元由铝型材散热器、管芯、压紧螺栓、绝缘板、垫块、钢球、簧板、螺母组成。

(5) 交流汇流母排 L1、L2、L3、L4、L5、L6 及直流输出母排 L^+、L^- 集中在屏柜的下方,便于进出线路的配置和安装。

(6) 整流器交直流侧过电压保护用电阻和电容,以及压敏电阻器和保护检测单元,安装在柜内下方。每臂铜母线上配装逆流保护用电流传感器。

(7) 快速熔断器一端接至交流母排上,另一端通过铜排与块状(独立)散热器连接。

(8) 每组整流臂通过绝缘子安装于柜体的横梁上,绝缘子及所有绝缘件均作表面阻燃处理,以保证其对骨架有足够的绝缘强度。

第三节 12 脉波整流机组整流电路及其工作特性

本章第二节已全面介绍了 12 脉波、24 脉波牵引整流变压器与硅整流器的结构原理及其技术特性。在此基础上,本节和第四节将分析 12 脉波、24 脉波整流机组整流电路及其工作特性,该类整流电路都是以 6 脉波三相全波桥式整流电路为基本电路构成的。将整流机组结构特点和整流电路两者结合起来,从而全面完整地给出 12 脉波、24 脉波整流机组的整流过程及其工作原理与特性,就是本节和第四节内容讲述的目的。

一、基于两组三相全波整流桥并联构成的 12 脉波整流电路

(一) 12 脉波整流电路构成原理

12 脉波整流电路如图 3.27(c)所示。它由三相三绕组(或四绕组)整流变压器 T 和两组并联三相全波桥式整流电路 RCT1、RCT2 组成。其中 RCT 为基本整流单元,具有两组整流管,一组为共阴极接线(如 D1、D3、D5),另一组为共阳极接线(如 D2、D4、D6),它们共同由三相整流变压器的两个二次绕组分别供电,即可获得 6 脉波的整流输出电压。对两组三相整流桥阀侧供电的整流变压器次边两个绕组分别为三角形(d)和星形(y)接线,两者阀侧的线电压之间形成 π/6(电角度为 30°)的相位移,如图 3.27(a)所示,从而两组整流桥同时并联工作,即构成十二相 12 脉波整流电路。

图 3.27(c)中 X_d、R_d 为负载的电抗和电阻,L_p 为集中电抗的平衡电抗器,其中点与负载电路的一端连接,负载的另一端则和两组整流桥的阳极连接。由于两组整流桥阀侧线电压相位相差 π/6,它们交替导电的各桥臂整流管瞬时电压实际上不相等,将产生均衡电流 i_b,使整流桥的负载分配不均,平衡电抗器的作用是限制 i_b 值,同时 L_p 产生的感应电势(U_b)通

常是反对导电相电压的变化。由于 U_b 对导电相电压的助增作用，从而延长了导电相的导电时间，这一点在下面介绍 12 脉波整流电路工作特性时，将作进一步的分析。

近年来，国内外在城轨交通中广泛使用 12 脉波整流电路及其装置的基础上，对它进行了开发研究和试验，提出采用轴向双分裂式结构四绕组牵引整流变压器，由于其归算到阀侧电压的变压器每相漏抗和两个二次绕组间的每相分裂电抗增大，可以取代平衡电抗器的作用。此时图 3.27（c）中可不设平衡电抗器，如图中虚线所示。然而，这种情况下，12 脉波整流电路的工作特性基本上和带平衡电抗器电路的工作特性相同，可采用相同的分析方法进行分析。

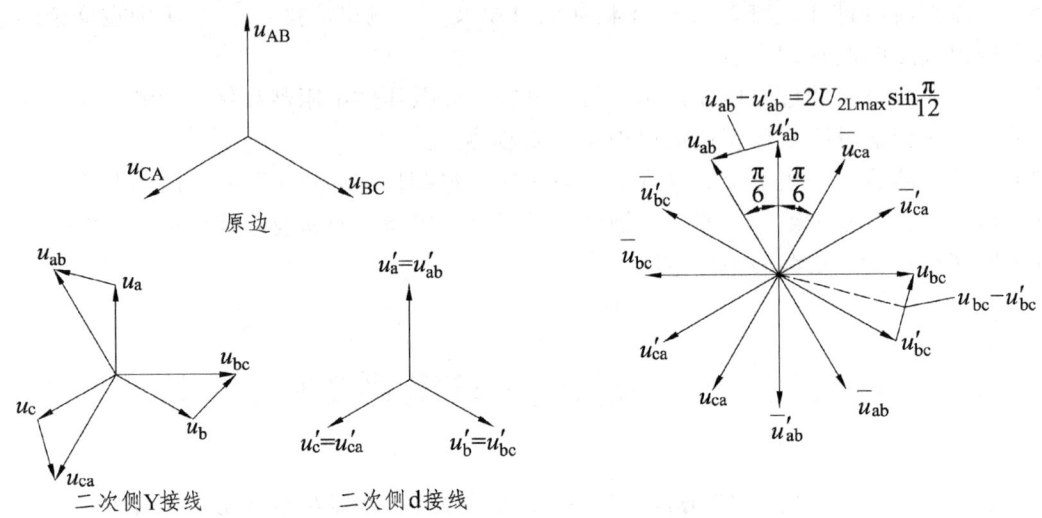

（a）原次边线电压相量　　　　（b）十二相电压相量（$\bar{u}$ 表示反相电压）

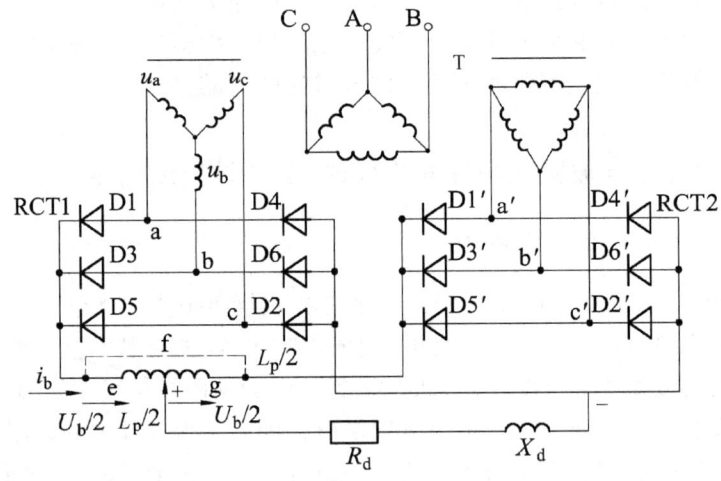

（c）两组三相桥并联工作整流电路

图 3.27　Dyd（四绕组 DDyd）接线整流变压器构成 12 脉波整流电路图

（二）12 脉波整流电路工作原理与特性

现以图 3.27（c）所示的 D,d_0,y_{11} 接线构成两组并联三相整流桥的十二相脉波整流电路为例进行说明，设 u_{ab}、u_{bc}、u_{ca} 和 u'_{ab}、u'_{bc}、u'_{ca} 分别表示整流变压器 T 二次绕组 y 接线和 d 接线两个绕组的三相输出电压,可知这两组三相线电压依次形成 30°相移。如以二次绕组 y 接线的 12 点为基准,考虑上述两组三相输出电压及其反相(−180°)电压在整流过程中的共同作用,12 个电压相量相位差依次为 π/6(30°电角度),构成 12 脉波整流器阀侧线电压相量关系图如图 3.27(b)所示。该图同时也表示各整流臂整流管按顺时针换相的导电顺序。

按不同负载电流下,上述 12 脉波整流电路的工作原理、工作状态和基本特性,分别分析如下:

1. 负载电流 $I_d < I_{dg}$(临界电流)时的工作状态与特性

整流器工作时输出的整流电压 U_d 与负载电流 I_d 之间呈某种函数曲线下降特性变化,如图 3.28 所示。对于带平衡电抗器的 12 脉波整流电路的整流器[见图 3.27(c)],当负载电流 I_d 达到一定数量,即平衡电抗器激磁电流增大,平衡电抗器产生的感应电势(U_b)足够大,致使 12 脉波整流电路两组整流桥并联工作。这时的负载电流称为临界电流(I_{dg})。当 $I_d < I_{dg}$ 时,平衡电抗器失去使两组整流桥任何时间都并联运行且均担负一半负载电流($1/2 I_d$)的作用。对于轴向双分裂四绕组整流变压器的 12 脉波整流电路(不带平衡电抗器)而言,当 $I_d < I_{dg}$ 时,整流变压器每相换相电抗产生的漏感电势(反电势)较小,和带平衡电抗器的整流电路一样,不足以使两组整流桥并联运行。因此,整流电路进入简单的十二相推挽工作状态。

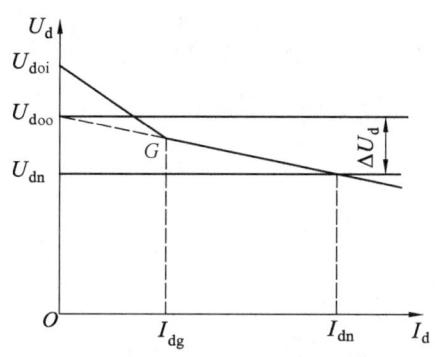

图 3.28 整流器负载特性曲线

(1)$I_d \ll I_{dg}$ 时整流电路工作状态。

为了进一步说明 I_d 小于临界点电流时整流电路的工作状态,现以特征点 $I_d \ll I_{dg}$,接近空载状态下的情况进行分析,图 3.29(a)表示这种工作情况的整流电压和整流电流。

在图 3.27(c)中两组整流桥共 6 个交流输入线电压端子(a、b、c、a′、b′、c′),当任意时刻任一整流桥输入线电压瞬时值最高,则该线电压接入的整流臂整流管导电,其他整流臂整流管不导电,且导电的整流臂必须属于同一组整流桥,才能形成闭合回路。因而在任何 π/6 导电期间,全部负载电流 I_d 只能由其中的一组整流桥承担,两组整流桥轮流交替工作,处于非并联运行状态。

如图 3.29(a)所示,整流变压器阀侧 y 接线和 d 接线绕组连接的两组整流桥,在交流输出线电压曲线族的交点(M 点)处进行换相。由于负载电流趋近于零,故换相角 $\gamma_0 = 0$(γ_0 为非同一换相组间的换相角,例如,同一整流桥中 D1、D3、D5 和 D4、D6、D2 共为二组换相组)。每隔 π/6 以负载电流值 I_d 在两组整流桥中轮换导电一次,形成矩形电流波形,在一个工频周期(2π)内,每个桥臂整流管导电二次,每次导通 π/6,总导电角为 π/3。

空载时直流输出电压 U_d 的波形为线电压曲线族的包络线;每工频周期有 12 次脉动,形成十二相整流,如图 3.29(a)所示。

(2)$I_d < I_{dg}$、$\gamma_0 \geq \pi/12$ 整流臂整流管电流出现断口时的工况。

随着 I_d 增大,但仍为 $I_d < I_{dg}$,两组整流桥间换相时将产生换相角 γ_0,整流电压和电流波形将发生变化,如图 3.29(b)所示。在换相角 γ_0 的一段时间内,两组整流桥并联运行,各承担一部分负载电流。

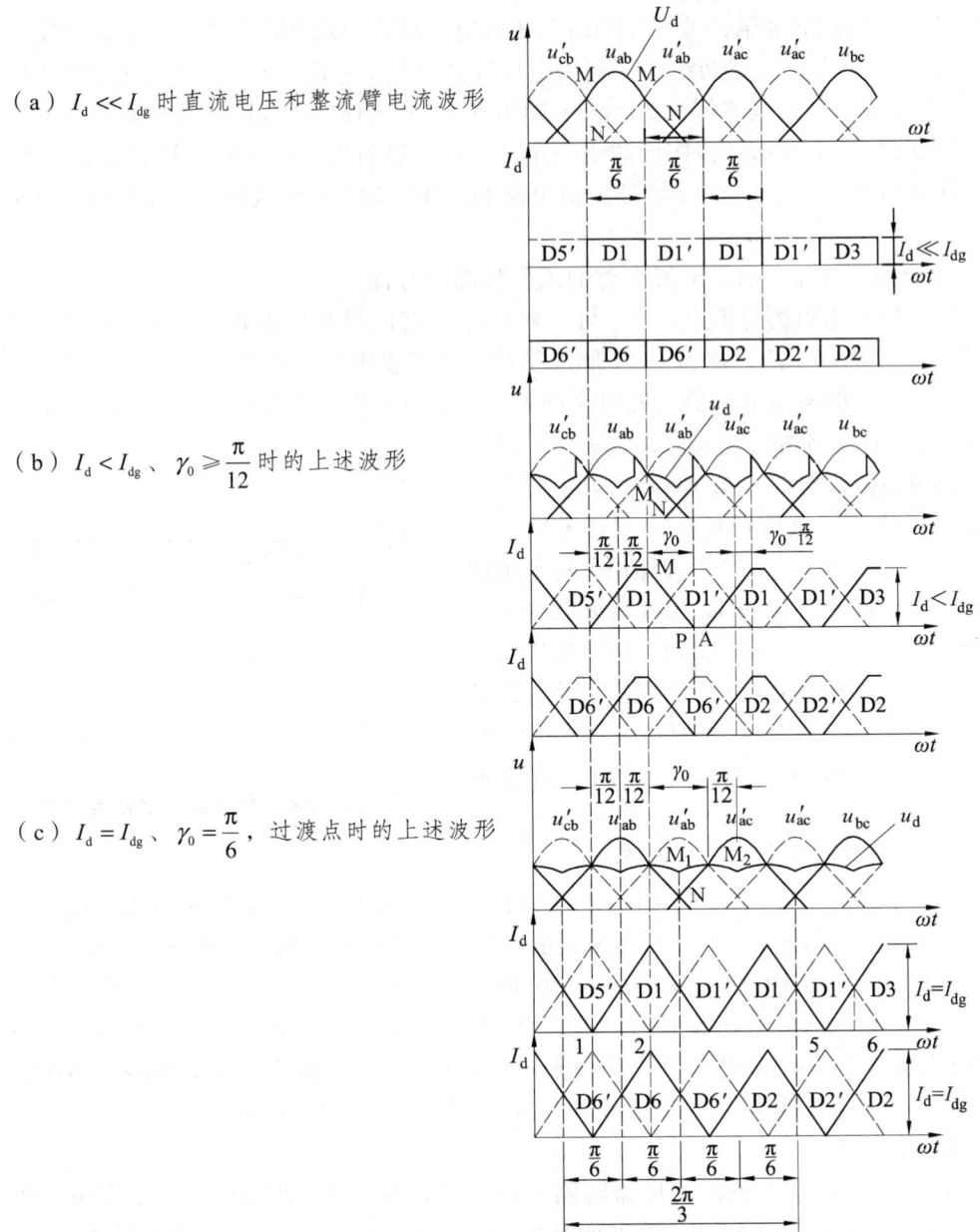

图 3.29 桥式并联 12 脉波电路过渡点以下的工作情况（$X_d = \infty$）

从图中线电压曲线 u_{ab} 和 u'_{ab} 的交点 M 处开始，由整流桥 RCT1（经 D1 和 D6 管）向整流桥 RCT2（经 D1′ 和 D6′ 管）转移负载电流 I_d 时，由于存在平衡电抗器电抗为主的换相电流（在无平衡电抗器的轴向双分裂四绕组整流变压器供电的 12 脉波整流电路中，换相电抗为变压器的穿越电抗），使换相过程延续时间 $\gamma_0 = \pi/12$，直到 P 点才结束，RCT1 的负载电流为零。此后一段时间，全部负载电流由 RCT2 单独承担。

当 $\gamma_0 \geq \pi/12$ 时 [见图 3.29（b）]，由于整流桥 RCT1 的交流线电压曲线 u_{ab} 和 u_{ac} 在 N 点相交，因而 RCT1 中的整流臂整流管 D6 和 D2 也发生换相，由于整流变压器阀侧同一接线组输出端的相间漏抗（包括一次、二次绕组在内）较小，即换相电抗很小，故其换相作用瞬时完成。此时 u_{ac} 电压尚未达到使 D2 导电的数值，因而在 PA 时刻内出现了整流臂整流管负载电流断口，直流输出电压 U_d 也产生了锯齿形波形。

（3）当负载电流增大，且 $I_d = I_{dg}$（临界点电流）时，换相角 γ_0 增大至 $\gamma_0 = \pi/6$，进入临界点的工作状态。此时两组整流桥之间的换相过程变为连续性的周期过程，即整流臂整流管的负载电流正好不出现断口［参考图 3.29（c）］。而直流输出电压 U_d 为两组整流桥整流输出电压瞬时值的平均值，脉波数为 12，且脉波波顶高度较空载时的波顶高度明显降低，如图 3.29（c）所示。

综合上述 $I_d \leqslant I_{dg}$ 的几种运行工况可知，两组三相整流桥并联构成的 12 脉波整流电路，在负载电流 $I_d \leqslant I_{dg}$ 区域内工作时，两组三相整流桥基本上处于推挽工作状态。此时的主要特点：直流输出电压波形虽然为 12 脉波，但电压平均值突升较高（I_d 接近空载时）；整流机组效率降低；交直流侧的谐波含量也要增大，必须尽量降低临界点电流 I_{dg} 的数值，将在下面进一步分析。

2. 负载电流 $I_d > I_{dg}$（临界点电流）时的工作状态与特性

当带平衡电抗器的 12 脉波整流电路两组三相整流桥通过平衡电抗器并联连接，或轴向双分裂四绕组整流变压器供电的 12 脉波整流电路中两组三相整流桥，不带平衡电抗器而直接并联连接时，在 $I_d > I_{dg}$（临界电流）的理想情况下，两组整流桥达到并联工作状态，总负载电流 I_d 在两组整流桥间平均分配，各承担 $\frac{1}{2} I_d$。

现结合图 3.27（c）所示带平衡电抗器或不带平衡电抗器（虚线短接）的 12 脉波整流电路两组整流桥并联连接时，对整流电路的工作及其导电情况进行分析。如图 3.30（a）所示绘出了两组整流桥各整流管轮流并联导电电压波形图，两组整流桥任意时刻并联工作的必要条件是，导电时刻两组桥路同时并联导电支路的电压必须相等且数值最大。考察波形图中 $\omega t = \theta_3 \sim \theta_4 (\pi/6)$ 期间内的导电情况，RCT1 桥的 D1、D6 整流管和 RCT2 桥的 D1′、D6′ 整流管在 u_{ab} 与 u'_{ab} 的分别作用下同时并联导电，在 $\theta_3 \sim \theta'(\pi/12)$ 期间内，$u_{ab} > u'_{ab}$，加在平衡电抗器或换相电抗两端的电压为电压差 $u_b = u_{ab} - u'_{ab}$，于是在 L_p 各一半的绕组中产生相等的感应电压 $u_b/2$（总电压为 u_b），其等效电路如图 3.30（f）所示，u_b 的方向力图使两导电支路线间电压相等，也就是使整流电压 u_d 相等，故为

$$u_d = u_{ab} - u_b/2 = u'_{ab} + u_b/2$$

从而得

$$u_b = u_{ab} - u'_{ab} \qquad u_d = \frac{u_{ab} + u'_{ab}}{2} \tag{3.38}$$

式（3.38）表明，在前述 $\pi/12$ 导电期间两组整流桥并联支路的整流电压相等，且为两组工作支路变压器次边线电压和的一半（瞬时值）。在 $\theta' \sim \theta_4 (\pi/12)$ 时刻内，导电支路不变，但 $u_{ab} < u'_{ab}$，则平衡电抗器感应电压的方向相反，u_b 为负，形成图 3.30（e）中的 u_b 电压正负脉动的波形。此时 U_d 值仍保持式（3.38）的关系不变。此后在 $(\theta_4 \sim \theta_5)(\pi/6)$ 时刻，电路转换为 RCT1 的 D1、D2 整流管和 RCT2 的 D1′、D6′ 整流管在电压 u_{ac} 与 u'_{ac} 分别作用下并联导电，如此交替进行持续工作。两组整流桥各桥臂整流电流波形与导电整流管序号、并联导电后的整流电压波

形分别示于图 3.30（b）、（c）中。图 3.30（d）为整流电压经放大后的波形和幅值，图 3.30（e）为平衡电抗器或分裂电抗两端的均衡电压波形，其频率为 6 倍的工业频率。

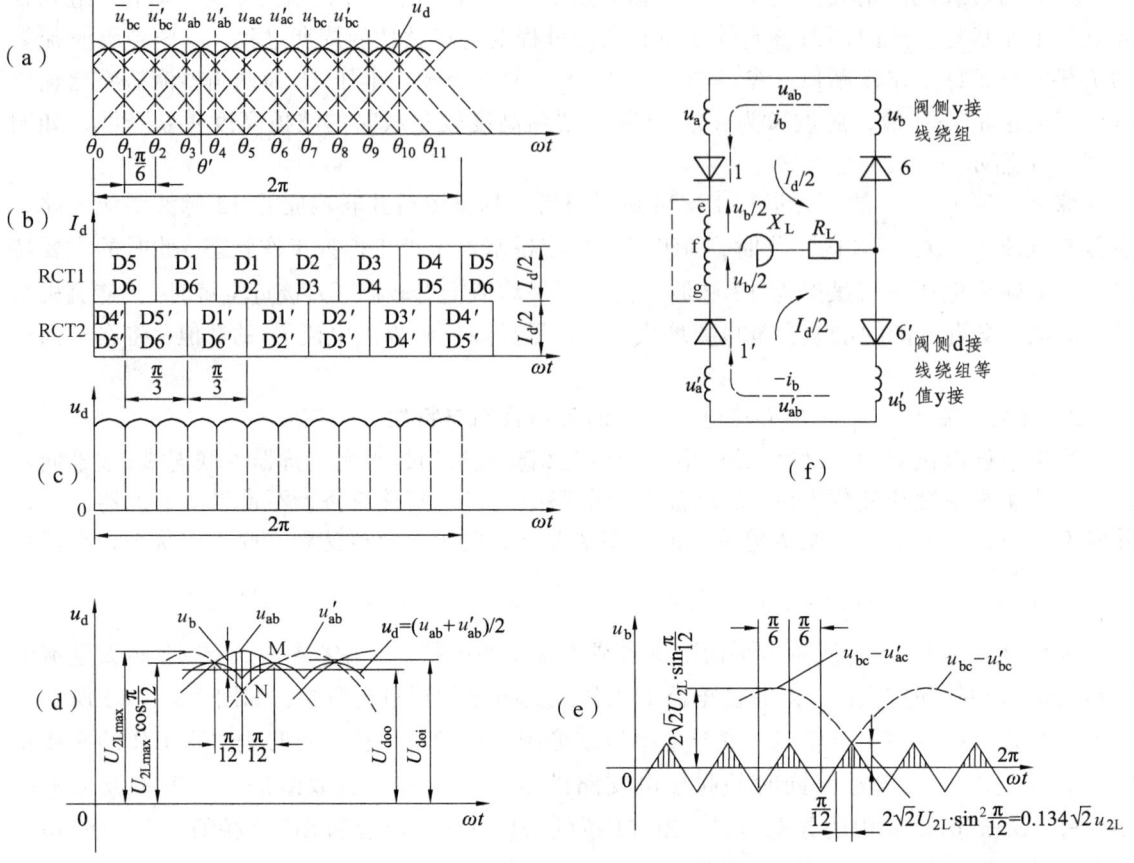

图 3.30　两组三相整流桥并联的 12 脉波整流电路波形图（$X_d = \infty$）

（a）两组桥各整流臂整流管轮流并联导电电压波形图；
（b）整流臂整流管并联导电电流波形；（c）12 脉波整流电压波形；
（d）整流电压放大后的波形和幅值；（e）均衡电压波形（$6f$ 频率）；
（f）均衡电流 i_b 流通等值电路

从以上分析和波形图可知，当 $I_d > I_{dg}$ 时，带平衡电抗器或不带平衡电抗器具有较大分裂电抗的 12 脉波整流电路两组并联三相整流桥的工作特点如下：

（1）在一个工频周期内，两组三相整流桥每个桥臂整流管导电两次，每次为 $\pi/3$，其总导电时间为 $2\pi/3$，每个整流桥导电电流为 $(1/2)I_d$。和 $I_d < I_{dg}$ 的工况相比，提高了每个整流臂整流管的利用率。

（2）并联运行的两组整流桥互不干扰，独立工作；在 $I_d > I_{dg}$ 并联运行的情况下，换相只在同一整流桥的变压器二次绕组相间及整流臂间完成。

（3）关于均衡电压和均衡电流，平衡电抗器绕组（或轴向双分裂结构整流变压器供电整流电路中的分裂电抗）两端的均衡电压波形，如图 3.30（e）所示，其值由通过平衡电抗器（或整流变压器两个二次绕组两相串联的分裂电抗 $2X_F$）并联运行的两组整流桥直流输出电压瞬时值之差（如 $u_b = u_{ab} - u'_{ab}$）来确定。因而在电源电压一个周期内，均衡电压产生 6 次周期性交变，故其频率为电源频率的 6 倍（$6f$）。只要两组整流桥阀侧整流变压器两个二次绕组交流输出端的两组线电压幅值彼此相等，均衡电压的正负半波将保持对称；否则将出现直流分量，导致平衡电抗器铁心饱和。

均衡电压 u_b 的有关数值可参照图 3.30（e）和图 3.27（b），按下列关系式求得

瞬时值
$$u_b = (u_{ab} - u'_{ab}) = 2\sqrt{2}U_{2L}\sin\frac{\pi}{12}\sin\omega t$$
$$= (\sqrt{3}-1)U_{2L}\cdot\sin\omega t \tag{3.39}$$

式中，$\sin\dfrac{\pi}{12} = \dfrac{1}{\sqrt{2(\sqrt{3}+1)}} = \dfrac{\sqrt{3}-1}{2\sqrt{2}}$。

均衡电压有效值（按近似正弦波考虑）：

$$U_{b\cdot ef} = \sqrt{\frac{12}{\pi}\int_0^{\frac{\pi}{12}}\left[(\sqrt{3}-1)U_{2L}\cdot\sin\omega t\right]^2 d\omega t}$$

$$= (\sqrt{3}-1)\sqrt{\frac{12}{\pi}\left(\frac{\pi}{24}-\frac{1}{8}\right)}U_{2L} = 0.11U_{2L} \tag{3.40}$$

上述频率为 $6f$ 的均衡电压的整流电路中，均衡电流可视为纯感电流，并能反映到整流变压器原边绕组电流中去，但因均衡电流幅值较小，故在计算整流臂电流和整流变压器绕组电流时均可忽略不计。在图 3.30（b）中也未计入均衡电流。

（三）主要技术参数及其计算

1. 理想空载直流电压 U_{doi}

理想空载直流电压又称理论空载直流电压，是指直流负载为零时的整流器实际直流电压。在负载电流 $I_d < I_{dg}$（临界电流）的运行情况下，相当于推挽工作状态的 12 脉波整流电路，其直流输出电压脉波波顶高度为 $U_{2L\max}$，如图 3.30（d）所示，因而空载直流电压为

$$U_{doi} = \frac{1}{\pi/6}\int_{-\pi/12}^{+\pi/12}U_{2L\max}\cos\omega t d\omega t = \frac{6}{\pi}\sqrt{2}U_{2L}2\sin\frac{\pi}{12} = 1.4U_{2L} \tag{3.41}$$

其中，$U_{2L\max}$、U_{2L}——整流变压器二次绕组输出线电压的最大值和有效值。

2. 约定空载直流电压 U_{doo}

约定空载直流电压是指整流机组负载特性曲线从临界点延伸至零电流时的空载直流电压。按图 3.30（d），当负载电流在大于临界电流的情况下运行时，平衡电抗器（或轴向双分裂整流变压器的分裂电抗）电抗反电势起作用，两组三相整流桥并联运行，直流输出电压脉波波顶高度降为 $U_{doi}\cdot\cos\dfrac{\pi}{12} = 0.966U_{doc}$。因而约定空载直流电压 U_{doo} 为

$$U_{doo} = 0.966\times 1.4U_{2L} = 1.35U_{2L} \tag{3.42}$$

比较式（3.41）和（3.42），可知由大于临界点负载电流的正常工作状态转换为空载时，直流输出电压实升百分率为 3.52%（见图 3.28）。

3. 均衡电流和临界（点）负载电流 I_{dg} 计算

前面谈到在计算整流臂和整流变压器绕组电流时，可不计 6 倍工频的均衡电流 i_b，因相对负载电流 I_d，其数值较小。考虑 i_b 的存在，实际上两组整流桥的负载电流分别为

$$\left.\begin{array}{l} i_{d1} = \dfrac{1}{2}I_d + i_b \\ i_{d2} = \dfrac{1}{2}I_d - i_b \end{array}\right\} \tag{3.43}$$

式中 i_{d1}、i_{d2}、i_b——分别为两组桥负载电流和均衡电流瞬时值。

由于整流管的单向导电性质，因此两组整流桥并联运行的另一条件是需满足 $i_{d2} > 0$，即

$$\dfrac{1}{2}I_d > i_b \tag{3.44}$$

12 脉波系统整流电路从一种工作状态（空载）过渡到另一种工作状态（如带负载），反映在整流桥组负载电流变化至 $\dfrac{1}{2}I_d = i_b$ 时发生这种过渡。此时过渡点（临界点）的总负载电流为过渡电流 I_{dg}，又称临界电流，即

$$I_{dg} = 2i_b \tag{3.45}$$

当负载电流 $I_d > I_{dg}$ 时，整流电路进入两组整流桥完全并联的工作状态，在均衡电压作用下，产生通过阀侧两个绕组的两相（其中 d 绕组为等值 y 接线的两相）而不流经负载的环向均衡电流 i_b，其流通路径如图 3.30（f）的虚线所示。需要指出，因 i_b 以 $6f$ 频率交变，图中在 RCT2 的 d 绕组等值两相绕组中通过的是 $-i_b$，因而构成均衡电流的环形通路。如忽略整流回路中整流元件、连接电缆、母线等的压降，则回路中的均衡电抗 X_b，对不同结构的两组整流桥并联构成的 12 脉波整流电路，其数值和组成是不相同的，从而均衡电流和临界负载电流 I_{dg} 的数值也不同。

（1）对于带平衡电抗器的 12 脉波整流电路，均衡电抗 X_b 由下式组成：

$$X_b = 6 \cdot (2X_T + X_P) \tag{3.46}$$

式中，$X_T = X_1 + X_2$ 为整流变压器短路电抗，X_1、X_2 分别为一次和二次绕组百分电抗值；X_P 为平衡电抗器电抗。

由式（3.40）和式（3.46），又因均衡电流滞后均衡电压 90° 相位，则可得到均衡电流有效值 I_b 和幅值 I_{bm} 分别为

$$I_b = \dfrac{U_{b \cdot ef}}{X_b} = \dfrac{0.11 U_{2L}}{6(2X_T + X_P)} \tag{3.47}$$

$$I_{bm} = \dfrac{0.11 \cdot \sqrt{2} U_{2L}}{6(2X_T + X_P)} \tag{3.48}$$

从而由式（3.45）和式（3.47），可计算求得临界电流 I_{dg}：

$$I_{dg} = 2i_b = 2\sqrt{2}I_b = 0.05185 \frac{U_{2L}}{2X_T + X_P} \tag{3.49}$$

（2）对于无平衡电抗器的轴向双分裂四绕组整流变压器供电的 12 脉波整流电路，均衡电抗由两个二次绕组导电两相的分裂电抗构成：

$$X_b = 6 \times 2X_F = 12X_F = 12(X_{II} + X_{III}) \tag{3.50}$$

式中　X_F——两分裂绕组间每相的分裂阻抗；
　　　X_{II}、X_{III}——每相分裂阻抗的等效电抗。

则可得到相应的均衡电流 I_b 和临界电流 I_{dg} 计算式分别为

$$I_b = \frac{U_{b \cdot ef}}{X_b} = \frac{0.11 U_{2L}}{12X_F} = 0.0092 \frac{U_{2L}}{X_F} \tag{3.51}$$

幅值
$$I_{bm} = \frac{0.11 \cdot \sqrt{2} U_{2L}}{12X_F} = 0.013 \frac{U_{2L}}{X_F} \tag{3.52}$$

临界电流
$$I_{dg} = 2\sqrt{2}I_b = 0.0259 \frac{U_{2L}}{X_F} \tag{3.53}$$

临界电流值 I_{dg} 的大小与 12 脉波整流装置运行的经济性密切相关。从图 3.28 可知，I_{dg} 值过大，将使两组整流桥并联工作的区域缩小，对整流装置的效率和运行经济性都是不利的。

从以上分析和计算式可知：

① 对于带平衡电抗器的 12 脉波整流电路装置，影响 I_{dg} 值大小的主要因素是平衡电抗器电抗 X_P 值。X_P 值过大，将使整流变压器功率增大；X_P 过小则使 I_{dg} 增大，设计时应合理地选择 X_P 值。

② 对于轴向双分裂四绕组整流变压器供电的 12 脉波整流电路装置，限制 I_{dg} 值大小的电抗是分裂电抗 X_F，或与整流变压器的分裂系数 $K_F = \frac{X_F}{X_K}$ 有关（其中 X_K 为穿越电抗）。分裂电抗和分裂系数越大，则 I_{dg} 值越小。但因制造成本的约束，分裂系数一般在 4.0 以下。

4. 基于两组三相整流桥并联的 12 脉波整流电路其他主要技术参数

现将表明该整流电路技术特性的主要技术参数及其计算式列于表 3.2 中。

表 3.2　基于两组三相整流流桥并联的 12 脉波整流电路整流机组技术参数

序号	参数名称	计算式及结果	备注
1	整流臂电流平均值 $I_{a,av}$ 和有效值 $I_{a,ef}$	$I_{a,av} = \frac{1}{2\pi}\int_0^{\frac{2\pi}{3}} \frac{1}{2}I_d \cdot d\omega t$ $= \frac{1}{2} \times \frac{1}{3}I_d = \frac{1}{6}I_d$ （3.54） $I_{a,ef} = \sqrt{\frac{1}{2\pi}\int_0^{\frac{2\pi}{3}}\left(\frac{1}{2}I_d\right)^2 d\omega t}$ $= \frac{1}{2\times\sqrt{3}}I_d = 0.289 I_d$ （3.55）	与单台三相全波整流桥的整流臂电流波形相同，但幅值为 $1/2 I_d$

续表 3.2

序号	参数名称	计算式及结果	备注
2	整流变压器二次绕组电流（线电流）有效值 I_{2ef}	$I_{2ef} = \sqrt{\dfrac{1}{2\pi} \cdot 2 \cdot \int_0^{2\pi/3} \left(\dfrac{I_d}{2}\right)^2 d\omega t}$ $= \dfrac{1}{2}\sqrt{\dfrac{2}{3}} \cdot I_d = 0.408 I_d$ （3.56）	由于正、负半波对称，其有效值相等，故为半波有效值的 2 倍
3	整流变压器二次绕组（y，d 两绕组）总容量 S_2	$S_2 = 2\sqrt{3} \cdot U_{2L} \cdot I_{2ef}$ $= 2\sqrt{3}\dfrac{U_{doi}}{1.35} \times 0.408 I_d$ $= 1.05 P_d$ （3.57）	U_{2L}、I_{2ef} 分别见（3.42）、（3.56）式
4	整流臂承受的反向电压峰值 U_{Rim}	$U_{Rim} = \sqrt{2} \cdot U_{2L} = \sqrt{2}\dfrac{U_{doi}}{1.35}$ $= 1.05 U_{doi}$ （3.58）	
5	整流变压器一次绕组电流有效值 I_{1ef}	$I_{1ef} = \sqrt{\dfrac{1}{2\pi}\int_0^{2\pi} i_1^2 d\omega t}$ $= 0.788 I_d$ （3.59）	见图 3.30，将二次绕组电流方形波（用 I_d 表示）反映到一次绕组后按左列积分式求得
6	整流变压器一次绕组容量 S_1	$S_1 = \sqrt{3} U_{1L} I_{1ef}$ $= \sqrt{3} U_2 I_{1ef} = \sqrt{3} \times \dfrac{U_{doi}}{1.35} \times 0.788 I_d$ $= 1.01 P_d$ （3.60）	将一次绕组电压归算到二次侧 $U_{1L} = U_{2L}$
7	整流变压器等值（计算）容量 S_C	$S_C = \dfrac{S_1 + S_2}{2} = \dfrac{1.01 P_d + 1.05 P_d}{2}$ $= 1.03 P_d$ （3.61）	
8	带平衡电抗器时整流变压器计算容量 $S_{C\Sigma}$	$S_{C\Sigma} = S_C + S_P$ $= 1.03 P_d + 0.021\,3 P_d$ $= 1.051\,3 P_d$ （3.62）	

5. 对基于两组三相整流桥并联的 12 脉波整流电路的评价

从以上工作原理分析和表 3.2 的各项技术参数值可知：

（1）基于两组三相整流桥并联的 12 脉波整流电路的整流变压器容量利用率高。

（2）正常工作时桥臂整流管的反向工作峰值电压较小，减少了产生逆弧（反向导电）的可能性。

（3）臂电流为 $I_d/6$，使整流管阳极电流减小，改善了它的工作条件，并有利于提高整流器组的负荷能力。

（4）在整流管产生逆弧事故状态下（短路），内部短路电流仅在三相桥的串联导电支路中流通，与并联整流桥无关，且一般设有反向电流的自动监测设备和熔断器保护，使故障元件自动被隔离并退出运行。

（5）该整流电路由于整流变压器阀侧 y、d 接线两个二次绕组匝数比（$1:\sqrt{3}$）实施中有误差，以及 y、d 接线两个绕组的相应线电压之间互差 π/6 角度，其瞬时线电压并不相等，都将一方面导致直流负荷分配不均匀，另一方面对于带平衡电抗器的整流电路，将使平衡电抗器的均衡电势正、负半波不对称（参见图 3.30），从而出现直流分量，引起直流磁化作用使其铁心饱和，最终降低了平衡电抗器的平衡效果。因而在目前城轨交通牵引变电所中应用的两组整流桥并联构成的 12 脉波整流电路中不采用平衡电抗器，而广泛采用具有较大漏抗的轴向双分裂四绕组整流变压器供电，利用较大漏抗（分裂电抗）取代平衡电抗器的作用。

（6）非线性的整流机组负荷接入城市电网中使用后，同时也向城市电网注入谐波电流。牵引变电所整流机组注入电网的谐波次数与含量，和整流机组输出的脉波数有关。理想情况下，整流负载电流反映到整流机组网侧后经傅里叶分析，可分解为奇数次的高次谐波电流，其次数 n 由下列关系式确定：

$$n = kp \pm 1$$

式中，p 为脉波数，k 为正整数（1，2，3，…）。

在理想情况下，各次谐波电流的数值与网侧一次电流基波分量 I_1 的关系：

$$I_n = \frac{I_1}{n}$$

式中　　n——谐波次数；

I_1、I_n——网侧一次电流基波电流和 n 次谐波电流的有效值。

根据现场实际运行测试结果，12 脉波整流机组网侧（33～35 kV）特征高次谐波次数为 11、13、23 和 25，另外还有 3、5、7 次和 17、19 次等非特征谐波。非特征谐波的存在主要是实际运行中，电网三相电压不完全对称和整流管触发延迟角不对称所导致的。但谐波总含量较 6 脉波整流电路有所下降，可减少对城市电网造成的谐波污染。

二、基于两组三相整流桥串联构成的 12 脉波整流电路

1. 整流电路构成

两组三相整流桥串联连接的 12 脉波整流电路，与上述两组三相整流桥并联构成的 12 脉波整流电路的整流变压器接线完全相同。其主要区别就是它的两整流桥为顺极性相加［参见图 3.27（c）］，即 RCT1 整流桥的共阴极输出经负载回路接至 RCT2 的共阳极，后者的共阴极与前者的共阳极连接，不接平衡电抗器，两串联整流桥按 12 脉波供电电压依次串联轮流导电，故其输出整流电压是一组三相桥整流电压的 2 倍。其整流电路图如图 3.31（a）所示。

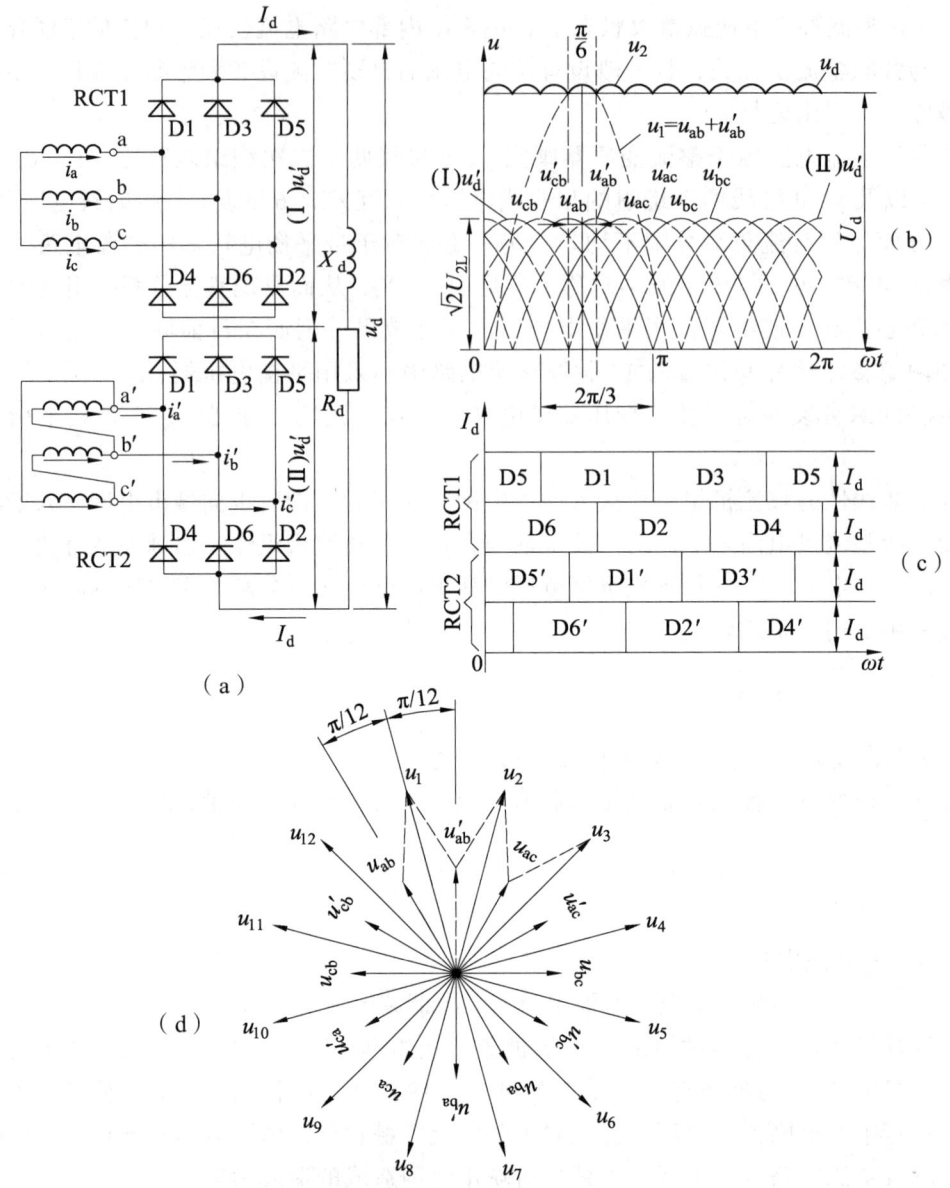

图 3.31 两组三相整流桥串联构成的 12 脉波整流电路（$X_d = \infty$）

（a）整流电路图；（b）阀侧交流线电压换相和整流电压波形；（c）各整流臂整流管导电电流；
（d）换相顺序和整流电压脉波相量

2. 整流电路工作状态及其主要特性

两个二次绕组三相对应相线电压彼此相位差为 $\pi/6$，分别向两组三相整流桥供电，两组整流桥各自独立按序进行换相。在任何 $\pi/6$ 期间，当两组桥中接入对应相线电压供电的四个串联整流臂整流管处于通路，其合成线电压最高时，则四个串联整流管导电，负担全部整流电流 I_d，整流器阀侧换相交流电压与整流电压输出图形和两组桥整流臂电流波形分别如图 3.31（b）、（c）所示，两组整流桥换相顺序与整流脉波电压相量如图 3.31（d）所示。

现举例进一步予以说明，可考察图 3.31（a）、（d）所示 $\pi/6$ 期间的导电情况。此时 RCT2

整流管 D6′经变压器二次 d 绕组输出端子 b′、a′与整流管 D1′和 RCT1 的整流管 D6,再经 RCT1 变压器二次 y 绕组输出端子 b、a,最后与整流管 D1,共计四个整流臂的整流管相串联。该串联电路首尾两个交流输出端子 a 和 b′之间的线电压为 u_{ab} 和 u'_{ab} 的相量和(表示为 u_1)具有最大值,因而这四个整流臂的整流管在此期间串联导电,整流输出电压 U_d 等于 u_1,如图 3.31 (b)所示。此后按顺时针顺序依次经 π/6 后,转换由 u_2,最大电压供电的其他四个整流臂整流管导电,等等。一个工频周期内每个整流臂整流管持续导电一次,导电时间为 2π/3。从图 3.31(b)、(c)可知,两组三相整流桥串联构成的 12 脉波整流电路的电流输出电压为单组三相整流桥输出电压(U'_d)的两倍,即 $U_d = \mathrm{I}\ U'_d + \mathrm{II}\ U'_d = 2U'_d$。

3. 主要技术参数及其计算

基于两组三相整流桥串联构成的 12 脉波整流电路主要技术参数及其计算式如表 3.3 所示。

表 3.3 基于两组三相整流桥串联构成的 12 脉波整流电路整流机组主要技术参数

序号	参数名称	计算式及结果	备注
1	理想空载直流电压 U_{doi}	$U_{doi} = \dfrac{1}{\pi/12} \int_0^{\frac{\pi}{12}} 2U_{2L\max} \cdot \cos\dfrac{\pi}{12} \cdot \cos\omega t \mathrm{d}\omega t$ $= \dfrac{6\cdot\sqrt{2}}{\pi} U_{2L} = 2.7 U_{2L}$ (3.63)	按图 3.30(d)直流输出电压 U_d 的脉波波顶幅值为 $2U_{2L\max}\cdot\cos\dfrac{\pi}{12}$
2	整流臂电流平均值 $I_{a,av}$ 和有效值 $I_{a,ef}$	$I_{a,av} = \dfrac{1}{2\pi}\int_0^{\frac{2\pi}{3}} I_d \cdot \mathrm{d}\omega t = \dfrac{1}{3}I_d$ (3.64) $I_{a,ef} = \sqrt{\dfrac{1}{2\pi}\int_0^{\frac{2\pi}{3}} I_d^2 \mathrm{d}\omega t} = \dfrac{1}{\sqrt{3}} I_d = 0.577 I_d$ (3.65)	与单台三相全波整流桥的整流臂电流波形相同
3	整流变压器二次电流有效值 I_{2ef}	$I_{2ef} = \sqrt{\dfrac{1}{2\pi}\cdot 2\cdot\int_0^{2\pi/3} I_d^2 \mathrm{d}\omega t} = \sqrt{\dfrac{2}{3}}\cdot I_d = 0.816 I_d$ (3.66)	因二次电流的正负半波对称,其有效值相等,故为半波整流有效值的 2 倍
4	整流变压器二次绕组(y、d 两绕组)总容量 S_2	$S_2 = 2\cdot\sqrt{3}\cdot U_{2L}\cdot I_{2ef}$ $= 2\sqrt{3}\dfrac{U_{doi}}{2.70}\times 0.816 I_d$ $= 1.05 P_d$ (3.67)	
5	整流变压器一次绕组电流有效值 I_{1ef}	$I_{1ef} = \sqrt{\dfrac{1}{2\pi}\int_0^{2\pi} i_1^2 \mathrm{d}\omega t} = 1.576 I_d$ (3.68)	按图 3.31(c),将二次绕组电流用 I_d 表示的方形波反映到一次绕组后,按左列式求得
6	整流变压器一次绕组容量 S_1	$S_1 = \sqrt{3}\cdot U_{1L}\cdot I_{1ef}$ $= \sqrt{3}\cdot U_{2L}\cdot I_{1ef} = \sqrt{3}\dfrac{U_{doi}}{2.70}\times 1.576 I_d$ $= 1.01 P_d$ (3.69)	将一次绕组电压归算到二次侧 $U_{1L} = U_{2L}$

续表 3.3

序号	参数名称	计算式及结果	备注
7	整流变压器计算容量 S_C	$S_C = \dfrac{S_1+S_2}{2} = \dfrac{1}{2}(1.01+1.05)P_d$ $= 1.03P_d$ （3.70）	
8	整流臂承受的反向电压峰值 U_{Rim}	$U_{Rim} = \sqrt{2} \cdot U_{2L} = \sqrt{2}\dfrac{U_{doi}}{2.70}$ $= 0.525 U_{doi}$ （3.71）	

4. 对基于两组三相整流桥串联的 12 脉波整流电路的评价

从以上分析和表 3.3 的各项技术参数可知：

（1）该整流电路两组整流桥任一 π/6 时刻都有每桥两个整流臂的整流管（共 4 个桥臂）串联导电，并持续 π/3 时间，负担全部 I_d 负荷电流，为此，每个整流臂并联整流管的数目，与前述两桥并联整流电路相比有所增加，由于串联导电，设备利用率较两桥并联整流电路稍差。

（2）整流臂承受反向电压峰值是前述两桥并联整流电路的一半，较大地减少了产生逆弧的可能性。

（3）两组整流桥之间不要求设置平衡电抗器，也不需要采用结构复杂、价格昂贵的轴向双分裂四绕组整流变压器供电，仅由通常结构的三绕组整流变压器供电即可，且整流变压器容量较前述两桥并联整流电路稍小。

（4）该整流电路适用于直流电压较高的 12 脉波整流电压供电的场合。

三、两台三相桥式整流机组并联构成的等效 12 脉波整流电路

1. 整流电路构成

在电解、电镀和其他工业中，广泛应用两台 6 脉波三相桥式接线的整流机组在直流侧并联组合，形成等效 12 脉波整流电路，并区分为带平衡电抗器和不带平衡电抗器两种整流电路。其电路构成阀侧与图 3.27（c）相同，但整流变压器为两台三相双绕组降压变压器，分别对两组三相整流桥供电，如图 3.32 所示。

形成等值 12 脉波整流电路必须具备的条件：两台 6 脉波整流机组的整流变压器阀侧线电压彼此间应有 π/6 的移相角，变压器的原、次边线电压、电抗百分比等技术参数应相同。对于三相桥式整流电路，可以很方便地利用整流变压器星形（y）和三角形（d）适当的接线组合来满足这些条件。不同双绕组整流变压器绕组接线方式可能的组合共有以下 4 种：

① Yy 接线和 Dy 接线两台整流变压器组合；
② Yd 接线和 Dd 接线两台整流变压器组合；
③ Yy 接线和 Yd 接线两台整流变压器组合；
④ Dy 接线和 Dd 接线两台整流变压器组合。

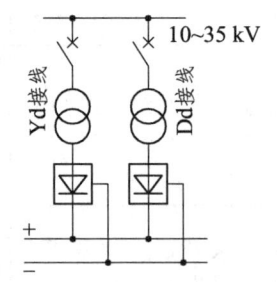

图 3.32 两台整流机组并联构成的等效 12 脉波整流电路连接形式

从避免整流变压器绕组电流出现三次和三次倍数的谐波考虑，每台整流变压器的原、次边至少应有一组 d（角形）接线绕组，则上述 4 种接线组合中，应以②、④种组合较为理想，在实际应用中也较多。

2. 等效 12 脉波整流电路工作特点

（1）带平衡电抗器的两台三相桥式整流机组并联构成的等效 12 脉波整流电路的工作特性和本节前述单台三绕组整流变压器供电的两组三相整流桥并联构成的 12 脉波整流电路（带平衡电抗器）相同。当负载电流 $I_d > I_{dg}$（临界点电流）时，两组三相整流桥并联工作，每个整流桥负载电流为 $(1/2)I_d$，在一个工频周期内，两组三相整流桥每个桥臂导电两次，每次为导电时间为 $\pi/3$，总导电时间为 $2\pi/3$。各种技术参数和表 3.2 相同，但每台整流变压器等值计算容量应为 $(1/2)S_C = 0.515P_d$。

（2）对于不带平衡电抗器的两台桥式整流机组并联构成的等效 12 脉波整流电路，无论负载电流大小，都按推挽工作状态运行，即每组整流桥的整流臂依次导电 $\pi/6$ 时刻，在一个工频周期内导电两次，每个整流臂总导电时间为 $\pi/3$，使整流装置的效率相对降低。

第四节　基于两套整流机组四组三相整流桥并联构成的等效 24 脉波整流电路

由电工基本知识可知，经整流机组整直电流的波纹系数愈小，愈接近直流，则其谐波总含量愈小，功率因数愈高，运营愈经济合理，并有利于提高电能质量。要达到这一目标，最简单的方法是增大整流电路每工频周期的导电相数。近年来轨道交通中广泛采用由两套 12 脉波整流机组构成的等效 24 脉波整流电路，从而可在一个工频周期的时间内形成 24 脉波整流的效果。

一、等效 24 脉波整流电路构成原理

等效 24 脉波整流电路的构成原理接线图如图 3.33 所示。它由两套相同等容量的 12 脉波整流机组构成，其中各设有每台具有原边分别产生移相 $+\dfrac{\pi}{24}$（+7.5° 电角度）和 $-\dfrac{\pi}{24}$（－7.5° 电角度）作用的轴向分裂式三相四绕组整流变压器 T1 和 T2，其接线组别分别为 D、D；d_0、y_{11} 和 D、D；d_2、y_1。它们的二次绕组（d、y 绕组）输出分别连接至两组三相整流桥，各组成一套 12 脉波整流电路，如图 3.33 中的 RCT2 与 RCT1 和 RCT4 与 RCT3。每套整流电路两组三相整流桥的直流输出正、负极，相应并联连接到直流牵引变电所的同名（＋、－极）母线上。正常运行情况下，等效整流电路两台整流变压器阀侧同名端线电压的相位差为 $\pi/12$（15° 电角度），如图 3.34 所示，考虑各整流桥整流臂电压的反相（－180°）导电后，可保证在一个工频周期内产生 24 脉波整流电压。

由于采用了轴向双分裂结构的整流变压器，归算到阀侧（二次侧）绕组的每相漏抗和分裂电抗较大，可取代平衡电抗器的作用，故接线图中不设平衡电抗器。整流变压器原边绕组采用延边三角形接线移相方式，已在本章第二节中讲述。

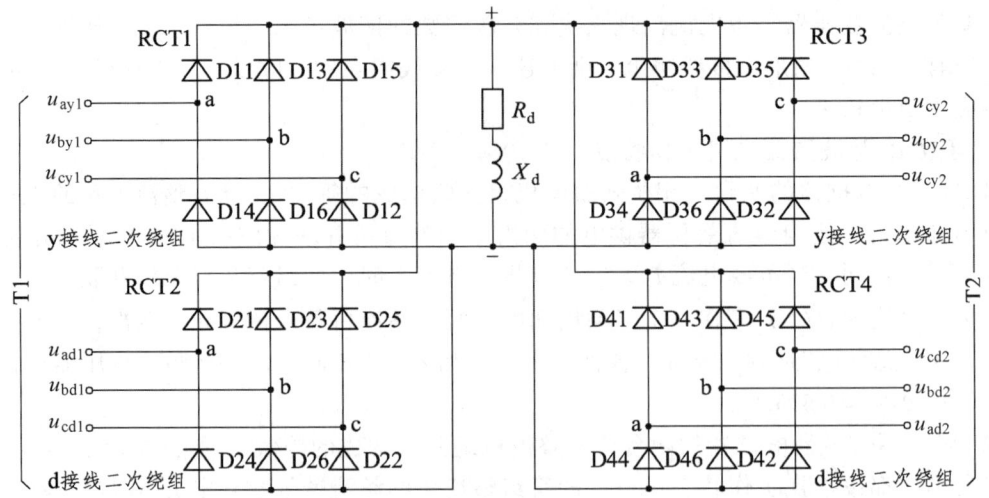

图 3.33 等效 24 脉波整流电路原理接线图

二、等效 24 脉波整流电路工作原理与特性

按图 3.33 由两套整流机组构成的等效 24 脉波整流电路中，如以 u_{ad1}、u_{bd1}、u_{cd1} 和 u_{ay1}、u_{by1}、u_{cy1} 分别表示 D、D;d$_0$、y$_{11}$ 接线组别的整流变压器（T1）d 接线二次绕组和 y 接线二次绕组的三相输出线电压；接线组别为 D、D;d$_2$、y$_1$ 的整流变压器（T2）相应 d 接线和 y 接线二次绕组的三相输出线电压，分别表示为 u_{ad2}、u_{bd2}、u_{cd2} 和 u_{ay2}、u_{by2}、u_{cy2}。由于整流变压器 T1 和 T2 原边 d 接线绕组移相后分别滞后 $\frac{\pi}{24}$（7.5° 电角度）和超前 $\frac{\pi}{24}$（-7.5° 电角度），同时考虑 T1、T2 二次绕组接线方式本身的移相作用，上述两台整流变压器四组三相输出电压的数学表达式即可方便地得到。现以四个二次绕组的 a 相为例，假定各绕组输出电压相等，其二次输出电压可表达为

$$\left.\begin{array}{l} u_{ad1} = U_{2Lm}\sin(\omega t + 7.5°) \\ u_{ay1} = U_{2Lm}\sin(\omega t - 30° + 7.5°) = U_{2Lm}\sin(\omega t - 22.5°) \\ u_{ad2} = U_{2Lm}\sin(\omega t + 60° - 7.5°) = U_{2Lm}\sin(\omega t + 52.5°) \\ u_{ay2} = U_{2Lm}\sin(\omega t + 30° - 7.5°) = U_{2Lm}\sin(\omega t + 22.5°) \end{array}\right\} \quad (3.72)$$

式中　U_{2Lm}——整流变压器二次绕组输出线电压最大瞬时值。

其他 b、c 相二次输出电压的表达式，按三相电路对称原则即可得到。例如，整流变压器 T1 阀侧 y 接线二次绕组 b、c 相输出电压为

$$\left.\begin{array}{l} u_{by1} = U_{2Lm}\sin(\omega t + 120° - 22.5°) = U_{2Lm}\sin(\omega t + 97.5°) \\ u_{cy1} = U_{2Lm}\sin(\omega t + 240° - 22.5°) = U_{2Lm}\sin(\omega t + 217.5°) \end{array}\right\} \quad (3.73)$$

如以整流变压器 T1 二次绕组 y 接线组别的 12 点为基准，两台整流变压器并联工作时，考虑上述四组二次输出电压 12 个相量及其反相（-180°）电压在整流导电过程中的共同作用，

各相量相位差依次为 $\frac{\pi}{12}$ (15°电角度)，从而构成 24 脉波整流器阀侧线电压相量关系图，如图 3.34 所示。该图同时也表明四组整流桥各整流管按顺时针换相导电顺序。

负载电流（I_d）不同时，等效 24 脉波整流电路的工作原理、工作状态和基本特性，将在下面予以分析，并对该电路设定必要的理想工作条件。

1. 设定的理想工作条件

① 并联工作的两台整流变压器的穿越阻抗（X_K）和每台整流变压器的两组换相阻抗均对称平衡，保证四组桥式整流器的直流负载分配均匀。

② 忽略阀侧各整流桥间均衡电流和网侧变压器励磁电流的影响，网侧和阀侧（两绕组）电压比归算为 1：1：1。

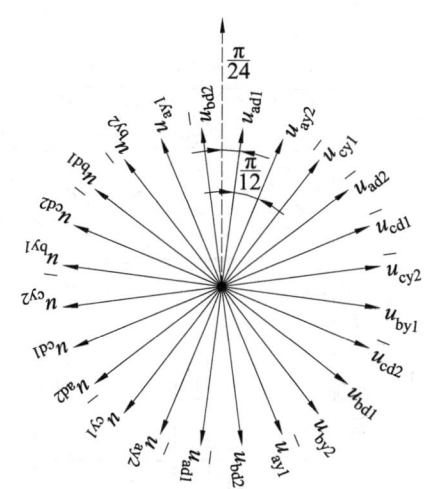

图 3.34　24 脉波整流电路阀侧线电压相量图
注：$\bar{u}$—反相(−180°)电压

③ 并联连接大电感性负载（$X_d = \infty$），忽略各整流桥本身电流换相时的重叠角（$\gamma = 0$）。

2. 负载电流 $I_d < I_{dg}$（临界电流）时的工作状态与特性

和本节前述由轴向双分裂四绕组整流变压器供电的两组整流桥构成的 12 脉波整流电路相同，当 $I_d < I_{dg}$ 时，整流变压器每相换相电抗（漏电抗）产生的漏感电势（反电势）较小，不足以使 24 脉波整流电路中的每套两组整流桥（如 RCT1，RCT2）以及四组整流桥并联运行。因而整流电路进入 24 相推挽工作状态，即 24 相输入电压按相序（见图 3.34）依次使控制其供电的整流臂整流管轮流导通，一个工频周期内各导电两次。

如图 3.35（a）、（b）所示分别为等效 24 脉波整流电路输入电压与整流电压 U_d 波形和四组整流桥各整流臂整流管导电电流及顺序图。从图中可知，在一工频周期的每个 $\frac{\pi}{12}$ 时刻内，四组整流桥的四组输入电压（含反相电压）中，出现最高电压瞬时值供电的整流臂整流管导通，其他整流臂整流管闭锁。每个整流臂整流管每次导通 $\frac{\pi}{12}$，每个工频周期导通两次，共导通 $\frac{\pi}{6}$。例如，当整流变压器 T1 的 RCT1 整流桥阀侧输入电压 u_{ay1} 为最高瞬值时，D11 和 D16 导通，此后该电压为负半周达到反相 $\bar{u}_{ay1}$ 最高瞬时值时，D11 和 D16 又导通一次，共导通两次，总导电时间为 $\pi/6$。在此时刻内负担全部直流负载 I_d。

负载电流 $I_d < I_{dg}$ 时直流输出电压 U_d 的波形为四组阀侧输入线电压曲线族的包络线，从图 3.35 中可知，每工频周期 U_d 有 24 次脉动，形成 24 脉波整流。

3. 负载电流 $I_d > I_{dg}$（临界电流）时的工作状态与特性

由两台轴向双分裂四绕组整流变压器为电源的四组三相整流桥并联连接，向直流负载供电的等效 24 脉波整流电路，在 $I_d > I_{dg}$ 的理想情况下，由于换相电抗电感电势的作用，四组整流桥达到并联工作状态，总负载电流 I_d 在四组整流桥间平均分配，各承担 $(1/4)I_d$。

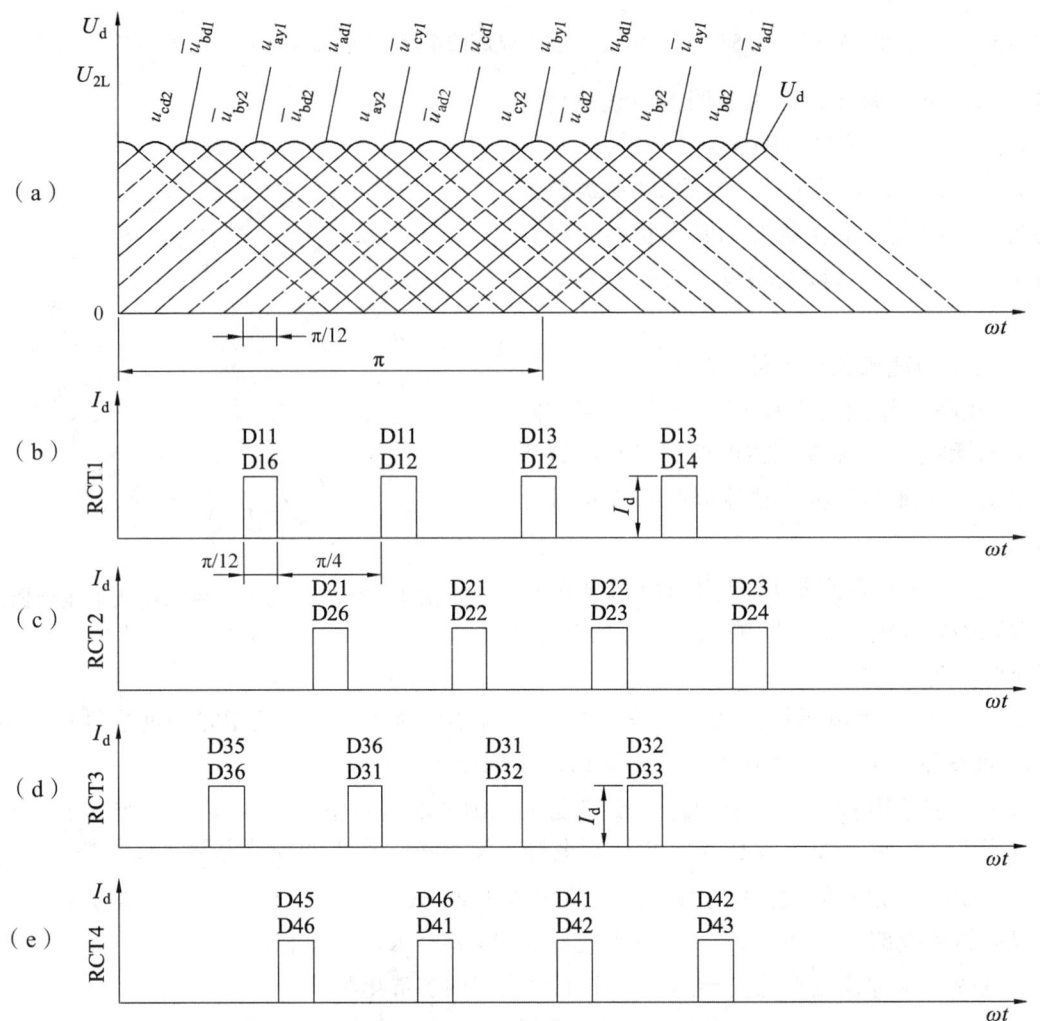

图 3.35 两套整流机组四组整流桥并联构成的等效 24 脉波整流电路波形图（$I_d < I_{dg}$ 时）

（a）四组整流桥各整流臂整流管轮流导电电压波形图和整流电压 U_d 波形图；
（b）、（c）、（d）、（e）RCT1～RCT4 各整流臂整流管推挽状态导电电流波形

此时，等效 24 脉波整流电路的整流效果，可看成各导电相相位差为 $\pi/12$ 的两套双整流桥并联组成的 12 脉波整流电路，共同作用于直流负载产生的整直效果。而各整流桥的负载电流仅为 12 脉波整流桥的一半。由于两套整流机组的电路和磁路系统是分开的，各整流变压器及其所属两组整流桥之间互不干扰，独立工作。换相只在同一整流机组的变压器二次绕组相间及整流臂间进行，换相次序与前述单机组双整流桥并联构成的 12 脉波整流电路并无区别，因而可按 12 脉波整流电路的分析方法，来分析等效 24 脉波整流电路在 $I_d > I_{dg}$ 时的工作状态及其特性。

如图 3.36（a）、（b）～（e）所示为两套整流机组、四组整流桥并联连接的等效 24 脉波整流电路中，T1 和 T2 所属两组整流桥各整流臂整流管轮流并联导电电压波形和整流电压 U_d 波形图，以及各整流桥整流管电流与导电次序图［见图 3.36（b）～（e）］。其相应的两套整流机组、四组整流桥和电源接线图如图 3.33 所示。下面对其主要工作状态和特性进行分析。

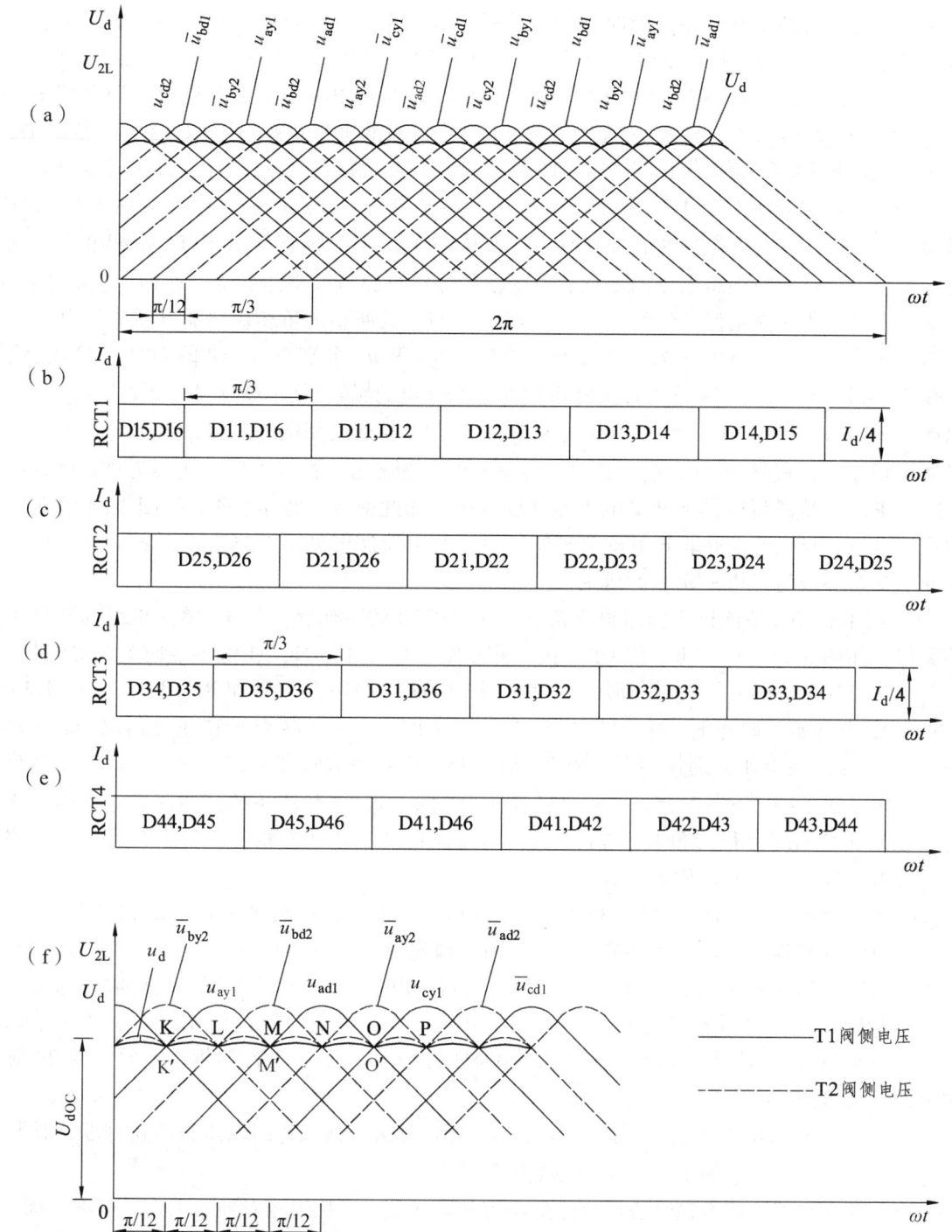

图 3.36　两套整流机组四组整流桥并联构成的等效 24 脉波整流电路波形图（$I_d > I_{dg}$ 时）

（a）、（f）四组整流桥各整流臂整流管轮流并联导电电压波形图和整流电压 U_d 波形图以及局部波形放大图；（b）、（c）、（d）、（e）RCT1～RCT4 各整流臂整流管并联导电电流波形图

（1）在 $I_d > I_{dg}$ 的负载情况下，与前述双整流桥并联连接的 12 脉波整流电路相同，此时

每套整流机组的两组整流桥任意时刻均为并联导电工作。并联导电的必要条件是，导电时刻同一机组（T1或T2）两组整流桥同时并联导电支路的电压必须相等且数值为最大。

现分析图3.36（a）、（b）和（f）中K、L、M、N、O、P各点时刻整流电路导电情况[图（f）为图（a）的局部图形放大]。首先了解T1整流机组的工作状态，其RCT2整流桥的D21、D26整流管和RCT1整流桥的D11、D16整流管，在阀侧线电压u_{ad1}和u_{ay1}的分别作用下，从L点（$u_{ad1} < u_{ay1}$）开始的LM区间（$\pi/12$）同时并联导电，经M点（$u_{ad1} = u_{ay1}$）到达MN（$\pi/12$）区间（$u_{ad1} > u_{ay1}$）一直保持两者并联导电，其中在LM和MN区间由于T1换相电抗反电势的作用，它反对导电支路电压的变化，力图使两导电支路线间电压相等，亦即使整流电压U_d相等。从而上述两支路保持继续并联导电直至N点。其两整流桥相应整流臂整流管电流波形见图3.36（c）、（d）。N点后转换为由阀侧线电压u_{ad1}和u_{cy1}分别对RCT2的D21、D26整流管支路和RCT1的D15、D14整流管支路作用而并联导电，持续经历NO（$\pi/12$）区间（$u_{ad1} > u_{cy1}$）、O点（$u_{ad1} = u_{cy1}$）和OP（$\pi/12$）区间（$u_{ad1} < u_{cy1}$），与前述相同的原因，该两导电支路一直保持并联导电，直到P点为止，其并联导电总时延为$\pi/6$。P点以后又转换为T1整流机组RCT1、RCT2整流桥的其他两导电支路并联导电，如此交替，循环工作，按图3.34的电压换相顺序进行。两整流桥并联导电支路整流臂整流管电流波形见图3.35（b）、（c），可知每个并联导电支路整流管导电一次总时延为$\pi/3$。

（2）同理，T2整流机组两组整流桥RCT4、RCT3的工作状态与T1整流机组的两组整流桥类似。如图3.35（a）、（b）和（f）中，观察K′、L′、M′、N′、O′等各点时刻的导电情况。在阀侧线电压$\bar{u}_{bd2}$和$\bar{u}_{by2}$的分别作用下，RCT4的D45、D46整流管和RCT3的D35、D36整流管从K′点开始并联导电，并持续经历K′L′、L′M′两个区间（各为$\pi/12$），然后在M′点转换为在$\bar{u}_{bd2}$、u_{ay2}线电压分别作用下，RCT4的D45、D46整流管和RCT3的D31、D36整流管并联导电，依然持续$\pi/6$时延。此后又转换为RCT4、RCT3整流桥的其他两导电支路并联导电，如此交替循环运行，和上述T1整流机组整流桥的工作状态相似，每个并联导电支路整流管导电一次，总时延同样是$\pi/3$。

（3）整流电压U_d波形如图3.35（a）、（f）所示。两套阀侧线电压互差$\pi/12$角度的12脉波整流机组并联连接导电时，各自按12脉波整流电路的并联导电规律运行，每隔$\pi/12$有一导电支路线电压达到最大值。由于各整流变压器换相电抗反电势的作用，任何时刻施加至轮流导电的同一机组两并联导电支路整流管的电压，均为导电时间内两支路线电压的平均值[如$(u_{ad1} + u_{ay1})/2$]，两并联导电支路并联导电时间为$\pi/6$，随后进行换相。因而形成24脉波波动的整流电压。

从以上分析和相关波形图可知，当$I_d > I_{dg}$时，由两套整流机组四组整流桥并联连接构成的等效24脉波整流电路的工作和换流特点主要有：

（1）两套整流机四组整流桥任何时刻均为并联导电，两机组相对独立工作，互不干扰。整流换相只在同一机组的两组整流桥的变压器y、d二次绕组相间和相关整流臂整流管之间进行，与另一机组无关。

（2）在一个工频周期内，四组整流桥各整流臂整流管各导电2次（含反相电压作用时），每次延续$\pi/3$，总导电$2\pi/3$。电流波形为矩形波（不计均衡电流影响），每组整流桥输出电流幅度为$I_d/4$，如图3.36（b）~（e）所示。和$I_d < I_{dg}$的工况相比较，此时提高了整流臂整

流管的利用率。

（3）负载电流 $I_d > I_{dg}$ 时，整流电压 U_d 的波形为同一机组两并联导电支路导电时间 $(\pi/6)$ 内线电压平均值曲线族的包络线。每工频周期内，U_d 有 24 次脉动，形成 24 脉波整流。

三、主要技术参数及其计算

1. 理想空载直流电压 U_{doi}

在负载电流 $I_d < I_{dg}$（临界电流）的运行情况下，24 脉波整流电路处于推挽工作状态，其直流输出电压脉波的波顶高度为 $U_{2L\max}$，如图 3.36（f）所示，因而空载直流电压为

$$U_{doi} = \frac{1}{\pi/12} \int_{-\frac{\pi}{24}}^{+\frac{\pi}{24}} U_{2L\cdot\max} \cos\omega t \, d(\omega t) = \frac{12}{\pi} \sqrt{2} U_{2L} \cdot 2\sin\frac{\pi}{24}$$
$$= 1.41 U_{2L} \tag{3.74}$$

式中 $U_{2L\max}$、U_{2L}——分别为整流变压器二次绕组（阀侧）输出线电压的最大值和有效值。

2. 约定空载直流电压 U_{doo}

按图 3.35（a）、（b），当在负载电流 $I_d > I_{dg}$ 的情况下运行时，在轴向双分裂式整流变压器的换相电抗产生的反电动势的作用下，两套机组的四组整流桥并联运行，相当于两套阀侧线电压互差 $\frac{\pi}{12}$ 角度的 12 脉波整流电路并联导电，此时直流输出电压脉波波顶高度与 12 脉波整流电路相同，降低为 $U_{doi} \cdot \cos\frac{\pi}{12} = 0.966 U_{doi}$。因而理想空载直流电压为

$$U_{doo} = 0.966 U_{doi} = 0.966 \times 1.41 U_{2L} = 1.35 U_{2L} \tag{3.75}$$

3. 其他主要技术参数计算

基于两套整流机组四组三相整流桥并联构成的等效 24 脉波整流电路其他主要技术参数，包括整流臂电流平均值 $I_{a,av}$ 和有效值 $I_{a,ef}$，单台整流变压器二次绕组电流有效值 I_{2ef} 和一次绕组电流有效值 I_{1ef}、整流变压器二次绕组容量 S_2 和一次绕组容量 S_1，以及单台整流变压器等值（计算）容量 S_C 等参数和量值的计算方法与计算公式，和表 3.2 所列两组三相整流桥并联的 12 脉波整流电路其他主要技术参数的计算方法相似，但主要区别有以下几点：

① 等效 24 脉波整流电路各整流桥整流臂电流平均值和有效值的计算中，整流臂电流波形相同，但幅值为 $\frac{I_d}{4}$。

② 单台整流变压器二次绕组和一次绕组线电流有效值 I_{2ef} 和 I_{1ef} 的计算中，正、负半波整流电流值均为 $\frac{I_d}{4}$。

③ 单台整流变压器容量，由于等效 24 脉波整流电路由两套整流机组构成，其单台整流变压器容量应为相同整流功率的 12 脉波整流电路整流变压器容量的 1/2。

上述具体技术参数的计算，在此不再重复。

四、对基于两套整流机组四组三相整流桥并联构成的等效24脉波整流电路的评价

从以上工作原理分析和技术参数特性介绍可知：

（1）基于两机组四组整流桥并联构成的等效24脉波整流电路的容量利用率，与单机组双整流桥构成的12脉波整流电路相同。在同等直流负载功率（P_d）情况下，等效24脉波整流电路需要两套双整流桥并联的整流机组，而每台整流变压器和整流器的容量均为12脉波整流电路的$\frac{1}{2}$，即各分别为$\frac{1}{2}S_C$和$\frac{1}{2}P_d$。

（2）各并联整流桥整流臂电流为$\frac{1}{12}I_d$，是12脉波整流电路整流桥臂电流的$\frac{1}{2}$，改善了整流管阳极的工作条件（电流减小），有利于提高整流器的负荷能力。

（3）根据现场运行测试结果，等效24脉波整流电路网侧（33～35 kV）特征高次谐波为23、25次谐波电流，此外还有3、5、7、11、13次非特征谐波，而谐波总含量较12脉波整流电路有较大下降，从而可减少城轨交通牵引系统对城市电网造成的谐波污染，提高供电质量。

（4）均衡电流存在的影响和双整流桥并联连接的12脉波整流电路一样，等效24脉波两套整流机组的每套机组整流变压器两组二次绕组和整流臂整流管之间有$6f$频率的均衡电流流通[见图3.30(f)]，而不流至牵引负荷。由于两套整流机组任意时刻导电支路整流管导通、关断时间不同，两套机组的均衡电流流通路径互不影响、各自独立。为减小均衡电流造成的附加电能损耗，应减小整流变压器y、d接线二次绕组匝数比的误差，在设计轴向双分裂式整流变压器的分裂电抗值时，应达到合理的要求。

（5）等效24脉波整流电路应用的经济性问题，与单个牵引变电所或整条轨道交通牵引线路的备用方式有关。等效24脉波整流方式的牵引变电所，一般采用整流变压器一次绕组各移相$\left(\pm\frac{\pi}{24}\right)$的两套机组并列运行，每套机组承担$\frac{1}{2}$的牵引负荷，当一套机组发生故障时，另一套牵引整流机组可继续运行（一般在运营初期），或由相邻两个牵引变电所进行越区供电的方式，来取代故障机组的工作（故障机组退出运行）。但越区供电受整流机组允许过负荷能力的限制（超负荷50%时允许持续工作2小时），其备用的持续性和应用范围是有限度的。较为完善的备用方式是全线路或若干线路设置共同的移动式24脉波整流机组若干套，一旦某牵引变电所整流机组故障，即可由移动式机组迅速运往故障变电所，取代故障机组的工作。这种备用方式虽然一次投资要增大，但却大大提高了供电的安全可靠性。还需指出，轴向双分裂式四绕组、原边带移相绕组的干式整流变压器结构复杂，绝缘材料标准高、工艺水平和各种技术参数的精确性和一致性（两套整流变压器）要求均较高，致使其造价较一般三绕组整流变压器昂贵得多，但省去了平衡电抗器的一次投资和其运行中的附加能耗，提高了整流机组效率且有利于节能。此外，等效24脉波整流机组的应用，对减少城市电网的谐波污染、提高供电质量的效果十分明显，因此，其技术经济效果应全面综合地进行评估和考量。

由于以上各方面的因素，近年来等效24脉波整流电路机组在国内外城市轨道交通牵引供电系统得到了广泛的优先采用。

第五节 整流机组的负载特性及其运行技术指标

一、整流机组的负载特性

整流机组（整流器）的负载特性，亦称外特性，是指其输出端整流电压 U_d 随负载电流 I_d 变化而波动的函数关系，一般用函数式 $U_d = f(I_d)$ 表示，或形象地称为直流伏-安特性曲线。

（一）整流机组负载特性的功能

整流机组负载特性不仅与供电电源、供电系统的阻抗参数和整流变压器的结构及其各种阻抗参数有关，而且与整流电路接线方式、有无平衡电抗器、不同负载（或短路）下整流换相的工作状态（正常或非正常换相）等多种因素有关，在某些情况下，负载特性并非线性变化。总体上说，负载特性是表征整流电路主要性能的一种重要数学模型。它具有下列主要功能：

（1）用以确定直流电压调整率；在确定的整流电路形式和接线方式下，改变整流变压器阻抗参数，可调节直流电压。利用负载特性可以校验在某一负载电流下，直流电压是否满足运行需要，以便作为设计、制造整流变压器时参数选择的依据，本节相关部分将作进一步阐述。

（2）用以确定并联运行时各整流机组间的负载分配。并联运行整流机组之间的负载分配是按各机组的负载特性，在相同整流电压 U_{d1} 下承担不同的负载电流 I_d，如图 3.37 所示。若两机组负载特性曲线分别为 $U_d = f_1(I_d)$ 和 $U_d = f_2(I_d)$，则总负载电流为 I_d 时，两机组分别承担 I_{d1} 和 I_{d2} 的负载，可知 $I_d = I_{d1} + I_{d2}$。

（3）从空载直至整流电路直流输出端发生短路的整个负载特性，或称全范围负载特性，为计算整流电路故障和直流牵引网短路故障构建相应的数学模型提供了基础和有利条件。

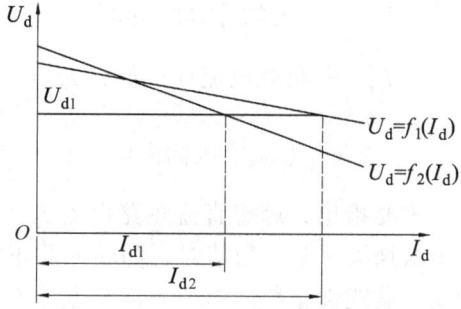

图 3.37 并联运行机组负载分配

（二）负载特性曲线

前一节已提到理想空载直流电压 U_{doi} 的含义，它是指当忽略整流元件门槛电压 U_{TO} 和忽略带平衡电抗器的整流电路在小负载下电压突升时整流器的空载直流电压。理想空载直流电压是一个很重要的概念，通常在非理想状况下，整流电路的负载特性、电压调整率都以理想直流空载电压 U_{doi} 为基准，用有名制或相对值（标幺值）表示。

1. 正常换相范围内的负载特性

在无相控整流电路的正常换相范围内，如以 U_{dx} 代表由于系统电抗和换相电抗形成电压降的直流电压平均值；U_{dR} 代表由于电阻的存在而降低的直流电压平均值，但 U_{dR} 已经计入直流输出电压 U_d 中，则理想直流空载电压 U_{doi} 应为上述两个分量之和：

$$U_d + U_{dx} = U_{doi} \tag{3.74}$$

为了便于分析，引入理想直流短路电流（I_{dki}）的概念，定义为：在非相控整流电路中，假设直流输出端完全短路,电路保持正常换相,这时的短路电流即为理想直流短路电流,而且此时理想空载电流电压全部由系统电抗和换相电抗产生的直流电压所平衡(短路点电压为零),供电系统图如图 3.38 所示。因而式(3.74)可表示为

$$U_\mathrm{d} + I_\mathrm{d} R_\mathrm{deq} = U_\mathrm{doi} \tag{3.75}$$

或

$$\frac{U_\mathrm{d}}{U_\mathrm{doi}} + \frac{I_\mathrm{d}}{I_\mathrm{dki}} = 1 \tag{3.76}$$

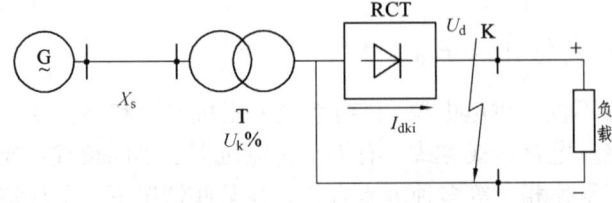

图 3.38 供电系统示意图

用标幺值表示:

$$U_{\mathrm{d}*} + I_{\mathrm{d}*} = 1 \tag{3.77}$$

式中 U_d、I_d——整流电路输出端电压和输出直流电流;

R_deq——与归算至整流变压器阀侧的系统电抗 X_s 和整流变压器短路阻抗 $U_\mathrm{k}\%$ 之和相关的等效内电阻;

$I_{\mathrm{d}*}$——负载电流标幺值,$I_{\mathrm{d}*} = \dfrac{I_\mathrm{d} R_\mathrm{deq}}{I_\mathrm{dki} R_\mathrm{deq}} = \dfrac{I_\mathrm{d}}{I_\mathrm{dki}}$;

$U_{\mathrm{d}*}$——整流电压标幺值,$U_{\mathrm{d}*} = \dfrac{U_\mathrm{d}}{U_\mathrm{doi}}$。

需要指出,理想直流短路电流 I_dki 仅是一个理想化的数值,实际上并不存在。因为当负载电流增大至某一数值时,即转入非正常换相状态。此处只是说明按正常换相考虑,全范围理想负载线性化特性的一个极端点(I_dki),即为横轴上的截距。

式(3.75)~(3.77),可视为全范围负载特性的基本关系式,此时负载特性为一线性化直线,如图 3.39 所示的直线 1。曲线的斜率取决于系统电抗和换相电抗形成直流电压降的大小。

2. 非正常换相情况下的负载特性

对于从空载到短路全范围内的全负载特性而言,由于整流器在严重过载和事故状态下将出现非正常换相情况,系统电抗和换相电抗形成的直流电压降随之发生变化,导致全负载特性出现非线性曲线部分。

所谓非正常换相是指下列两种情况:

① 换相重叠现象。在一个换相组内,两相间换相尚未结束,第三相又参与换相。

② 换相推迟现象。由于两相间换相未结束,使第三相的换相起始时间推迟,用 α_p 表示,称为强制滞后角。

(三)6 脉波三相桥式整流电路全范围负载特性

现以如图 3.40(a)所示普通结构双绕组整流变压器供电的三相桥式整流电路为典型,分

析介绍 6 脉波整流电路按不同工作状态、分阶段构建全范围负载特性及其数学模型的基本原理、方法和物理过程。

1. 工作状态 I 时的正常换相范围负载特性 $\left(\gamma \leqslant \dfrac{\pi}{3},\ \alpha_p = 0\right)$

6 脉波整流电路中,导电相线电压间相位差为 $\dfrac{\pi}{3}$,当正常直流负载电流 I_d 流过时,换相角 $\gamma \leqslant \dfrac{\pi}{3}$,处于正常换相范围,称为工作状态 I。此范围的负载特性为式(3.76)所表征的关系式,为求得这一负载特性区间的起点和终点坐标,可按相控整流电路中相控角 α(相当于此处的 α_p)引起的相控直流电压降的计算式*,即

$$U_d = U_{doi}\dfrac{\cos\alpha_p + \cos(\alpha_p + \gamma)}{2} \tag{3.78}$$

计算 $\dfrac{U_d}{U_{doi}}$ 比值,并分别将有关坐标点的 α_p、γ 值代入式(3.76)和式(3.78),有

---

*注:对式(3.78)进行推证。

按式(3.74),对于可控整流电路,若相控角为 α,换相电抗 X_T 造成的电压降分别为 $U_{d\alpha}$、U_{dx},相控角为 α 时的空载直流电压为 $U_{doi\alpha}$,则此时负载特性表达式为

$$U_d = (U_{doi} - U_{d\alpha}) - U_{dx} = U_{doi\alpha} - U_{dx} \tag{a}$$

① 根据式(3.80)的电磁感应定律,换相电抗压降平均值为

$$U_{dx} = \dfrac{S}{2\pi/q}\int_0^\gamma U_{dx}\mathrm{d}\omega t = \dfrac{S\cdot q}{2\pi}\omega L_T \cdot I_d = \dfrac{6}{2\pi}X_T I_d \tag{b}$$

式中,q 为换相组换相次数,S 为串联导电相数,对三相桥式 6 脉波整流电路 $q = 3$,$S = 2$,γ 为换相角。

② 可控角 α 时的 $U_{doi\alpha}$ 按下式计算(三相桥式电路):

$$U_{doi\alpha} = \dfrac{1}{\pi/3}\int_{\frac{\pi}{3}+\alpha}^{\frac{2\pi}{3}+\alpha}\sqrt{3}\cdot\sqrt{2}U_{2L}\sin\omega t\,\mathrm{d}\omega t = 1.35U_{2L}\cos\alpha = U_{doi}\cdot\cos\alpha \tag{c}$$

③ 有 γ、α 存在时,按图 3.39(a)6 脉波等值星形电路求换相期间 I_d:

因

$$U_d = U_a + L_T\dfrac{\mathrm{d}i_d}{\mathrm{d}t} = U_b - L_T\dfrac{\mathrm{d}i_d}{\mathrm{d}t} \tag{d}$$

其中,$U_a = U_b = U_2$ 为阀侧相电压,i_d 为换相时整流电流。

(d)式变换后 $\qquad U_a - U_b = 2\sqrt{2}U_2\sin\dfrac{\pi}{m}\sin\omega t = 2L_T\dfrac{\mathrm{d}i_d}{\mathrm{d}t} \tag{e}$

将(e)式移项并积分 $\displaystyle\int_0^{I_d}\mathrm{d}i_d = \dfrac{\sqrt{2}U_2\sin\dfrac{\pi}{m}}{\omega L_T}\int_\alpha^{\alpha+\gamma}\sin\omega t\,\mathrm{d}\omega t$

得到 $\qquad I_d = \dfrac{\sqrt{2}U_2\sin\dfrac{\pi}{m}}{X_T}[\cos\alpha - \cos(\alpha+\gamma)] \tag{f}$

对三相全控桥式电路相数 $m = 6$,因其实际输入为线电压,而 $\sqrt{3}U_2 = U_{2L}$(线压),将此数值代入(f)式,经整理得

$$\cos\alpha - \cos(\alpha+\gamma) = \dfrac{2I_d X_T}{\sqrt{2}U_{2L}} \tag{g}$$

将(g)式代入(b)式经整理后得

$$U_{dx} = U_{doi}\dfrac{\cos\alpha - \cos(\alpha+\gamma)}{2} \qquad (U_{doi} = 1.35U_{2L}) \tag{h}$$

将(c)式和(h)式结果代入(a)式,经整理后得

$$U_{dx} = U_{doi}\dfrac{\cos\alpha + \cos(\alpha+\gamma)}{2}$$

即为(3.78)式。详见参考文献[24]221~239 页,参考文献[23]54~56 页。

临界起点 $\alpha_p = 0$，$\gamma = 0$ 时，得 $\dfrac{U_d}{U_{doi}} = 1$，$\dfrac{I_d}{I_{dki}} = 0$；

临界终点 $\alpha_p = 0$，$\gamma = \dfrac{\pi}{3}$ 时，得 $\dfrac{U_d}{U_{doi}} = \dfrac{1 + \cos \pi/3}{2} = \dfrac{3}{4}$，$\dfrac{I_d}{I_{dki}} = \dfrac{1}{4}$。

从而得到工作状态 I 的负载特性及其范围，表达为

$$\dfrac{U_d}{U_{doi}} + \dfrac{I_d}{I_{dki}} = 1, \quad 0 \leqslant I_d < \dfrac{1}{4} I_{dki} \tag{3.79}$$

如图 3.39 所示绘出了 6 脉波三相桥式整流电路工作状态 I，式（3.79）所表征的负载特性曲线（直线）及其相应工作范围特征点。

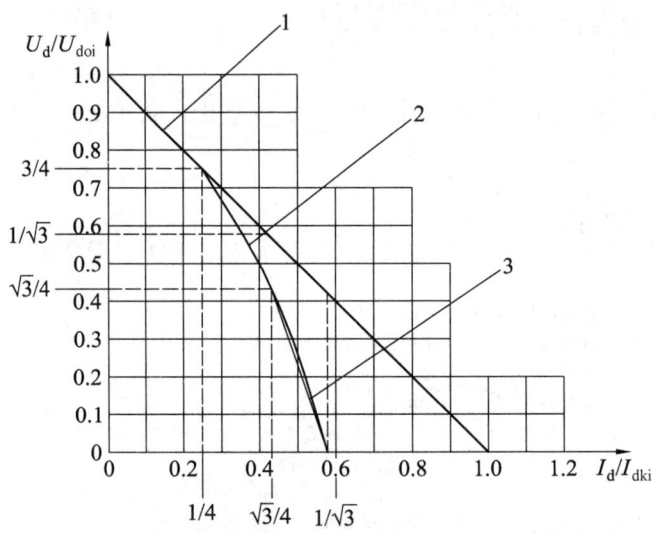

图 3.39　6 脉波桥式电路整流电路全范围直流负载特性曲线

（图中纵、横坐标数字均为相对值）

2. 工作状态 II 时的非正常换相范围负载特性 $\left(\gamma = \dfrac{\pi}{3},\ \alpha_p \leqslant \dfrac{\pi}{6}\right)$

6 脉波三相桥式整流电路由 I、II 两组整流元件换相组构成，如图 3.40（a）所示，其换相电感 L_T（主要是整流变压器漏感）为两组三相换相组所共有，致使两组换相组的换相互有影响。在换相角 $\gamma = \dfrac{\pi}{3}$ 时，正常负载电流为 I_d 的情况下，两换相组轮流正常换相导电，当 I_d 再增大，换相角 γ 增大到大于 $\dfrac{\pi}{3}$ 时，就发生一个换相组的换相影响另一个换相组推迟的现象，整流电路的工作状态即由状态 I 过渡到状态 II。如图 3.40（b）~（d）所示分别表示工作状态 II 情况下的电压、相电势和电流曲线。

（1）工作状态 II 的主要特征：当 I_d 继续增大时，此时保持 $\gamma = \dfrac{\pi}{3}$ 不变，随之出现强制滞后角 α_p，并随着电流增大，α_p 也增大，这是 6 脉波三相桥式整流电路工作状态 II 的主要特征。

现分析该状态下的换相情况，如图 3.40（b）、（d）所示。当 $t=\omega t_0$ 时，在 U_{ac} 线电压作用下换相组 I 的整流臂 D1 的电流 i_1 本应向 U_{bc} 作用下的整流臂 D3（i_3）转移（仅看同一换相组），但由于此时换相组 II 整流臂 D6（i_6）和 D2（i_2）之间的换相尚未结束。由 b 相换相电感 L_T 所感应的电势使 b_1 [见图 3.40（a）]的电位 e_{b1-0} 变为负值，如图 3.40（c）所示中 $t=\omega t_0$ 对应的粗黑线位置。故换相组 I 的整流臂 D1 和 D3 间的换相被推迟了 α_p 角（强制滞后角），直到换相组 II 的换相结束，在 $t=\omega t_1$ 时换相组 I 的换相才开始，但换相角 $\gamma=\dfrac{\pi}{3}$ 保持不变，而整流电压 U_d、整流电流、b_1（a_1、c_1）点电位 e_{b1}、相电流等的波形却产生了较大变化，如图 3.40（b）、（c）、（d）所示。

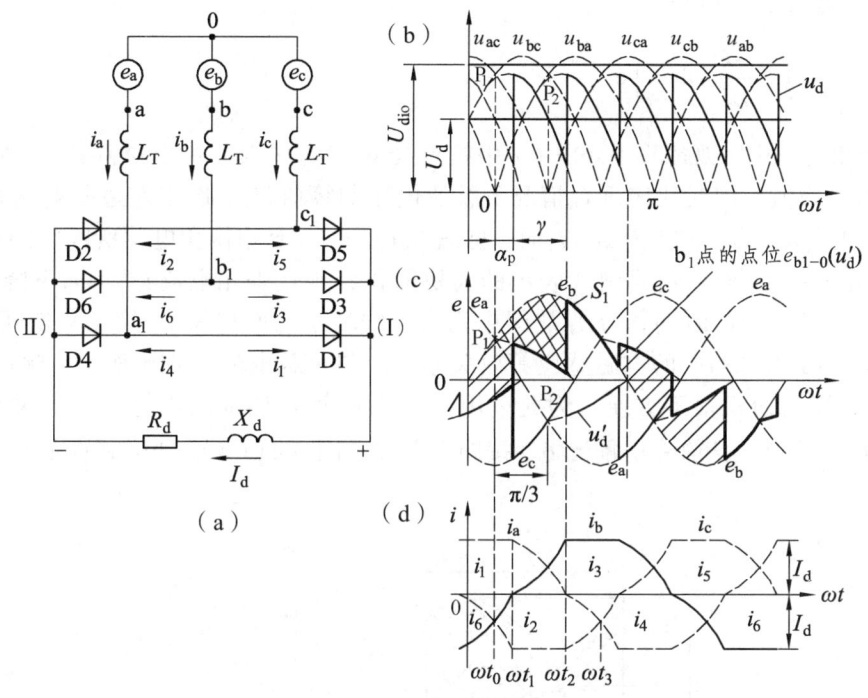

图 3.40 6 脉波形桥式整流电路整流电压、电流波形图

（a）接线图；（b）整流电压 U_d；（c）b_1 点电位及 U'_d 波形；（d）整流电流 I_d 和相电流

[在状态 II 工作情况下，$\alpha_p \leqslant \dfrac{\pi}{6}$，$\gamma=\dfrac{\pi}{3}$]

* 图中换相组（II）的输出电压未绘全

从图中可见：① 在工作状态 II 范围（$\gamma=\dfrac{\pi}{3}$，$\alpha_p \leqslant \dfrac{\pi}{6}$）内，任何时间均有三个整流臂导通，其中两个整流臂进行换相，如图 3.40（c）所示；② 整流变压器二次侧经常处于两相短路状态；③ 每一整流臂的导通角为 π。

（2）计算 $\dfrac{I_d}{I_{dki}}$、$\dfrac{U_d}{U_{doi}}$ 比值，求得工作状态 II 负载特性。

为了简化下面的分析计算，需引入关于换相过程中整流变压器各相电磁感应关系的概念，如图 3.40（a）接线图所示，6 脉波整流电路整流变压器二次绕组导通相中，变压器感应

相电势 e_x 和直流输出电压 U'_d（归算到 e_x 后的整流电压）之间的瞬时电压差，被该相对中点（每相）的换相电感 L_T 所吸收；此电压差除以 L_T，即等于该相的电流变化率 $\dfrac{di_x}{dt}$（电磁感应定律），表达为

$$e_x - U'_d = L_T \dfrac{di_x}{dt} \quad 或 \quad \dfrac{e_x - U'_d}{L_T} = \dfrac{di_x}{dt} \tag{3.80}$$

式中　e_x、i_x——变压器二次感应电势和二次绕组相电流（x 代表 a、b、c 相）；
　　　U'_d——整流电压 U_d 归算至 e_x 后的值。

式（3.80）经变换后可写为

$$\int \dfrac{e_x - U'_d}{L_T} dt = \int di_x \tag{3.81}$$

在上述换相过程中，观察图 3.40（c）中粗黑线 b_1 点对中点 0 的电位差 e_{b1-0}，它是两轮换相相电势的平均值，同时代表理想情况下整流电压归算值 U'_d。图中左边阴斜线表示的大块面积，代表相电流 i_b 从 $-I_d$ 上升到 $+I_d$ 时［见图 3.40（d）］，b 相换相电感所吸收的能量（用电压-时间积分表示）；而右边阴斜线表示的大块面积，则代表相电流 i_b 从 $+I_d$ 下降至 $-I_d$ 时所释放相应的能量（电压-时间积分），故图中用交叉线表示的面积 S_1（γ 换相角期间的 $e-U'_d$ 之差值积分），按式（3.81）的电磁感应等效关系，应与负载电流 I_d 成比例（S_1 除以 L_T 即为 I_d）。因直接计算 S_1 面积很不方便，为此采用如图 3.41 所示辅助图进行计算，两者正弦波的幅值比为 $1:\sqrt{3}/2$，且前者引前 $\pi/6$，按图示关系，图 3.41（a）、（b）中的交叉线面积 S_1 和 S_2 相等。

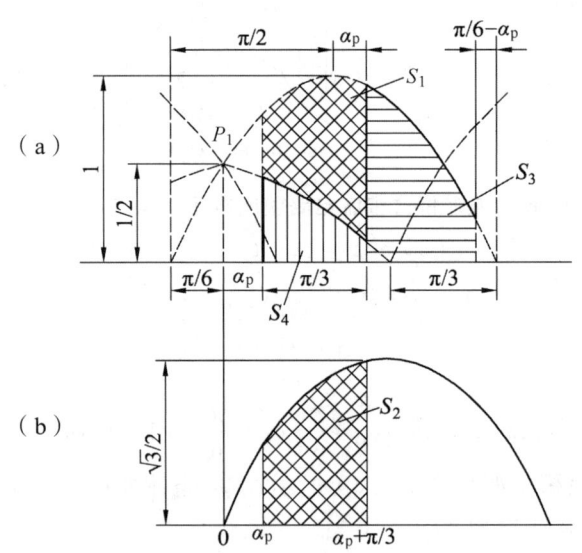

图 3.41　6 脉波桥式电路状态 Ⅱ 情况下的辅助计算图
（a）原图 3.40（c）第一正半波放大图；（b）辅助图

由前述式（3.76）关于理想直流短路电流的定义，相应状态下按正常换相考虑的换相电

抗电压降等于理想空载直流电压 U_{doi}，故可得到 I_d/I_{dki} 的计算值：

$$\frac{I_d}{I_{\text{dki}}} = \frac{I_d R_{\text{deq}}}{U_{\text{doi}}} = \frac{S_2}{U_{\text{doi}}} = \frac{\sqrt{3}/2 \int_{\alpha_p}^{\alpha_p+\pi/3} \sin\omega t \, d\omega t}{2 \int_{\pi/6}^{\pi/2} \sin\omega t \, d\omega t} = \frac{1}{2}\sin\left(\frac{\pi}{6}+\alpha_p\right) \tag{3.82}$$

式中，分母代表 U_{doi} 的积分式为在理想直流短路电流 I_{dki} 的作用下，换相组 I 在 $\frac{1}{3}$ 周期内电抗压降-时间积分，也代表 I_{dki}。

状态 II 情况下直流输出电压（U_d）和理想空载直流电压（U_{doi}）的比值，根据图 3.41（a）可计算得到

$$\frac{U_d}{U_{\text{doi}}} = \frac{S_3+S_4}{U_{\text{doi}}} = \frac{\int_{\pi/6-\alpha_p}^{\pi/2-\alpha_p} \sin\omega t \, d\omega t + \frac{1}{2}\int_{\pi/6-\alpha_p}^{\pi/2-\alpha_p} \sin\omega t \, d\omega t}{2\int_{\pi/6}^{\pi/2} \sin\omega t \, d\omega t}$$

$$= \frac{\sqrt{3}}{2}\cos\left(\frac{\pi}{6}+\alpha_p\right) \tag{3.83}$$

式中，S_3+S_4 为一个换相组 $\frac{1}{3}$ 周期内直流电压-时间积分。

为从全范围基本关系式得到 6 脉波桥式整流电路在工作状态 II 情况下的直流负载特性关系方程，需将式（3.82）的计算结果乘以 2 后再平方，与（3.83）式乘以 $\frac{2}{\sqrt{3}}$ 并平方后相加，以消除三角函数，然后将最终结果代入式（3.76），得到

$$\frac{4}{3}\left(\frac{U_d}{U_{\text{doi}}}\right)^2 + 4\left(\frac{I_d}{I_{\text{dki}}}\right)^2 = 1 \tag{3.84}$$

可知式（3.84）是一个椭圆方程式。工作状态 II 的运行范围为从 $\alpha_p=0$，$\gamma=\frac{\pi}{3}$ 开始，至 $\alpha_p=\frac{\pi}{6}$，$\gamma=\frac{\pi}{3}$ 终止的区间内。因而，将上述数据代入式（3.78）和式（3.76），即可得此区间临界起点和终点的坐标，分别如下：

临界起点　当 $\alpha_p=0$，$\gamma=\frac{\pi}{3}$ 时，得

$$\frac{U_d}{U_{\text{doi}}} = \frac{1+\cos\frac{\pi}{3}}{2} = \frac{3}{4}$$

则　　　　$\dfrac{I_d}{I_{\text{dki}}} = \dfrac{1}{4}$

临界终点　当 $\alpha_p=\frac{\pi}{6}$，$\gamma=\frac{\pi}{3}$ 时，得

$$\frac{U_\mathrm{d}}{U_\mathrm{doi}} = \frac{\cos\frac{\pi}{6}}{2} = \frac{\sqrt{3}}{4}, \quad \frac{I_\mathrm{d}}{I_\mathrm{dki}} = \frac{\sqrt{3}}{4}$$

按式（3.84）和上述坐标，在图 3.39 中绘出了状态 II 负载特性曲线及其相应临界特征点（曲线 2）。

3. 工作状态 III 情况下非正常换相范围负载特性（$\alpha_\mathrm{p} = \frac{\pi}{6}$，$\gamma \geqslant \frac{\pi}{3}$ 时）

当 6 脉波三相桥式整流电路，在前述工作状态 II 的基础上继续增大负载电流 I_d，即当 $\frac{I_\mathrm{d}}{I_\mathrm{dki}} \geqslant \frac{\sqrt{3}}{4}$ 时，即进入工作状态 III。

（1）进入工作状态 III 后出现了新的鲜明特点，如图 3.42（a）、（b）、（c）所示分别为整流电压 U_d、b_1 点电位及 U'_d 和相电流等波形产生的较大变化。

从图 3.42 并结合图 3.40（a）接线图来观察各相换相过程，当强制滞后角 $\alpha_\mathrm{p} = \frac{\pi}{6}$ 时，由于 b 相换相电感 L_T 的作用，使此时 b_1 点的电位恰为零［见图 3.42（b）中的 M 点］，因 a 相尚未参与换相，故图 3.40（a）a 点、a_1 点的电位也均为零。此后 b_1 点电位即开始高于 a_1 点电位，换相组 I 的整流臂 D1 和 D3 之间（即 a 相与 b 相间）的换相将开始，尽管此时换相组 II 的整流臂 D6 和 D2 之间的换相尚未结束。结果如图 3.42（c）所示，从 ωt_1 开始，整流臂 D2、D6 以及整流臂 D3、D1 共有四个整流臂导通，形成三相短路，a_1、b_1、c_1 三点电位均为零；直到整流臂 D6、D2 之间的换相在 ωt_2 时结束［对应于图 3.42（c）中换相角 γ 终点］，才转换成为两相短路终止。

由此可见：① 在工作状态 III 范围（$\alpha_\mathrm{p} = \frac{\pi}{6}$，$\gamma \geqslant \frac{\pi}{3}$）内，电路处于共有四个整流臂导通和三个整流臂导通交替进行的状态［见图 3.42（c）］，也即整流变压器二次侧三相短路和两相短路交替进行；② 每一整流臂的导通角均大于 π；③ 工作状态 III 的极限情况是：任何时间均有四个整流臂导通，其中两两进行换相，此时整流变压器二次侧完全处于三相短路状态，直流输出电压为零，同时直流负载 I_d 转变为直流侧短路电流 I_dk；与此相对应，此时每一整流臂的极限导通角为 $\frac{4\pi}{3}$，极限换相角 γ 则为 $\frac{2\pi}{3}$。

（2）计算 $\frac{I_\mathrm{d}}{I_\mathrm{dki}}$、$\frac{U_\mathrm{d}}{U_\mathrm{doi}}$ 比值，求得工作状态 III 的负载特性。

现从图 3.42（b）、（c）观察换相过程中的能量变化，图（b）中用斜线表示的大块面积，代表换相组 I 在 $\frac{1}{3}$ 周期内 b 相的换相电感所吸收的能量（电压-时间积分）；与其相对应的这段时间内，如图（c）中 b 相电流 i_b 则从 $-I_\mathrm{d}$ 增至 $+I_\mathrm{d}$（$\Delta i_\mathrm{b} = 2I_\mathrm{d}$），因此，上述面积的一半应与负载电流 I_d 成比例。按式（3.82）的比值关系，得到

$$\frac{I_\mathrm{d}}{I_\mathrm{dki}} = \frac{\frac{1}{2}\int_0^{\pi-\beta}\sin\omega t\,\mathrm{d}\omega t}{2\int_{\pi/6}^{\pi/2}\sin\omega t\,\mathrm{d}\omega t} = \frac{1}{2\sqrt{3}}(1+\cos\beta) \tag{3.85}$$

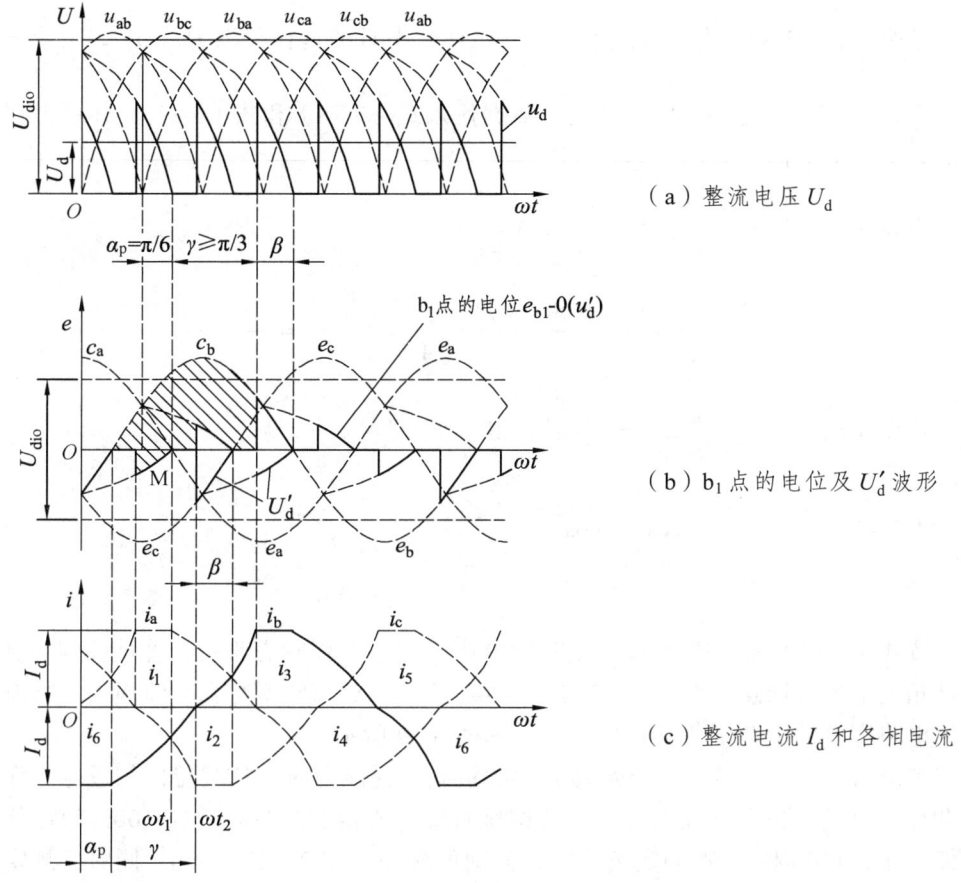

（a）整流电压 U_d

（b）b_1 点的电位及 U'_d 波形

（c）整流电流 I_d 和各相电流

图 3.42　6 脉波桥式整流电路整流电压、电流波形图

[在状态Ⅲ工作情况下]　$\alpha_p = \dfrac{\pi}{6}$，$\gamma \geq \dfrac{\pi}{3}$

注：图中换相组Ⅱ的输出电压未绘全

式中，β 角为整流电压 U_d（或 U'_d）波形的宽度；分母代表 I_{dki} 的积分式为在理想直流短路电流作用下，换相组Ⅰ在 $\dfrac{1}{3}$ 周期内的电抗压降-时间积分。

同样按前述工作状态Ⅱ的处理方法，可得到工作状态Ⅲ情况下直流输出电压 U_d 与理想空载直流电压 U_{doi} 之比为

$$\frac{U_d}{U_{doi}} = \frac{\left(1+\dfrac{1}{2}\right)\int_0^\beta \sin\omega t\, d\omega t}{\int_{\pi/6}^{\pi/2} \sin\omega t\, d\omega t} = \frac{\sqrt{3}}{2}(1-\cos\beta) \qquad (3.86)$$

为消除三角函数项，将式（3.85）乘以 $\sqrt{3}$，式（3.86）除以 $\sqrt{3}$，然后两者相加，即得到 6 脉波三相桥式整流电路在工作状态Ⅲ情况下的直流负载特性关系式为

$$\sqrt{3}\cdot\frac{I_d}{I_{dki}} + \frac{1}{\sqrt{3}}\cdot\frac{U_d}{U_{doi}} = 1 \qquad (3.87)$$

显然，式（3.87）为一直线方程式。工作状态Ⅲ的运行范围为从 $\alpha_p = \dfrac{\pi}{6}$，$\gamma = \dfrac{\pi}{3}$ 开始，至 $\alpha_p = \dfrac{\pi}{6}$，$\gamma = \dfrac{2\pi}{3}$ 终止的区间。将这组数据代入式（3.78）和式（3.87），即可得到此区间临界起点和终点的坐标，分别如下：

临界起点 当 $\alpha_p = \dfrac{\pi}{6}$，$\gamma = \dfrac{\pi}{3}$ 时，得

$$\dfrac{U_d}{U_{doi}} = \dfrac{\cos\alpha_p + \cos(\alpha_p + \gamma)}{2} = \dfrac{\sqrt{3}}{4}, \qquad \dfrac{I_d}{I_{dki}} = \dfrac{\sqrt{3}}{4}$$

临界终点 当 $\alpha_p = \dfrac{\pi}{6}$，$\gamma = \dfrac{2\pi}{3}$ 时，得

$$\dfrac{U_d}{U_{doi}} = \dfrac{\cos\dfrac{\pi}{6} + \cos\left(\dfrac{\pi}{6} + \dfrac{2\pi}{3}\right)}{2} = 0, \qquad \dfrac{I_d}{I_{dki}} = \dfrac{1}{\sqrt{3}}$$

按式（3.87）和上述坐标，在图 3.39 中绘出了工作状态Ⅲ负载特性曲线（如直线段 3）及其相应临界特征点。由式（3.79）、（3.84）和（3.87）曲线组合，即构成 6 脉波三相整流桥整流电路完整的全范围负载特性曲线，如图 3.39 所示。

整流机组设备结构及其整流器元件的负载承受能力应与负载特性相适应，保证在正常负荷和允许过负荷情况下安全运行。我国城轨交通规定，整流机组在 100% 额定负载时，可以连续工作；150% 和 300% 额定负载时，分别可允许工作 2 h 和 1 min。同时又规定直流牵引供电系统最低电压降为 33.33% 额定电压。这些规定与上述式（3.79）和式（3.84）及两者的临界点（$\dfrac{U_d}{U_{doi}} = \dfrac{3}{4}$，$\dfrac{I_d}{I_{dki}} = \dfrac{1}{4}$）数值相比较，可知在正常稳态运行时，整流机组一般都工作在工作状态Ⅰ的负载范围区内，牵引变电所出口处短路则工作在状态Ⅲ负载范围区内。牵引网近区和远点短路时，一般工作在状态Ⅱ或状态Ⅲ负载范围区以内。

由两组三相整流桥并联构成的 12 脉波整流电路，目前多采用轴向双分裂式四绕组整流变压器供电，因变压器的结构不同，不同运行方式下绕组电抗参数的变化，以及此时整流换相情况较复杂，致使其全范围负载特性呈现较大的变化，一般由多段代表不同范围工作区的特性曲线（直线）组成。这部分将在本书第八章第九节轨道交通牵引变电所设计的若干问题中，讲述基于多折线负载特性模型的短路电流仿真方法时，给予必要的介绍。

二、直流电压调整率

当不计交流电源影响，在直流负载 I_d 通过时，仅考虑整流机组本身因素产生的直流电压下降或电压调节范围，直流电压调整率是整流机组运行中有关经济技术性能的一个重要指标，它与整流变压器的结构形式、阻抗电压 $U_k\%$、整流元件正向压降和导线连接电阻等有关。按国家相关"技术标准"的定义，额定直流空载电压 U_{do} 与额定直流电压 U_{dN} 之差（ΔU_{dN}），相对于以理想空载电压 U_{doi} 为基准的相对值，称为直流电压调整率 d_N，其计算式为

$$d_{\mathrm{N}} = (d_{\mathrm{Nx}} + d_{\mathrm{Nr}}) = \frac{U_{\mathrm{do}} - U_{\mathrm{dN}}}{U_{\mathrm{doi}}} \times 100\% = \frac{\Delta U_{\mathrm{dN}}}{U_{\mathrm{doi}}} \times 100\% \tag{3.88}$$

式中 d_{Nx}、d_{Nr}——分别为电抗电压降（ΔU_{dNx}）和电阻电压降（ΔU_{dr}）形成的直流电压调整率；

U_{do}、U_{dN}——分别为直流额定空载电压和直流额定电压；

U_{doi}——理想直流空载电压。

电抗电压降 ΔU_{dNx}，是整流机组考虑绕组换相电抗的电压降，其平均值由下式确定：

$$\Delta U_{\mathrm{dNx}} = S \frac{q}{2\pi} X_{\mathrm{T}} \frac{I_{\mathrm{d}}}{g} \tag{3.89}$$

式中 S——整流电路任何时刻串联换相组组数；

q——换相数；

X_{T}——换相电抗；

g——分流负载电流 I_{d} 的换相组组数。

于是，由电抗电压降所致的电流电压调整率 d_{Nx} 为

$$\begin{aligned} d_{\mathrm{Nx}} &= \frac{1}{U_{\mathrm{doi}}} \cdot \frac{Sq}{2\pi g} X_{\mathrm{T}} I_{\mathrm{d}} = \frac{1}{U_{\mathrm{doi}}} \cdot \frac{Sq}{2\pi g} \cdot \frac{U_{2\mathrm{LN}} I_{\mathrm{dN}}}{\sqrt{3} I_{2\mathrm{LN}}} \cdot X_{\mathrm{T}}^{*} I_{\mathrm{d}}^{*} \\ &= K_{\mathrm{x}} X_{\mathrm{T}}^{*} I_{\mathrm{d}}^{*} \end{aligned} \tag{3.90}$$

设

$$K_{\mathrm{x}} = \frac{1}{U_{\mathrm{doi}}} \cdot \frac{Sq}{2\pi g} \cdot \frac{U_{2\mathrm{LN}} I_{\mathrm{dN}}}{\sqrt{3} I_{2\mathrm{LN}}} \tag{3.91}$$

式中 X_{T}^{*}、I_{d}^{*}——换相电抗标幺值和直流负载电流标幺值；

$U_{2\mathrm{LN}}$、$I_{2\mathrm{LN}}$——整流变压器二次绕组额定线电压和额定线电流；

I_{dN}——直流额定负载电流；

K_{x}——换相电抗折算系数。

对于具体整流电路和整流变压器而言，K_{x} 为一常数，其值视漏抗在等效电路中的分布而定，对双整流桥并联构成的 12 脉波整流机组，$S=2$，$q=3$，在换相电抗主要分布于一次侧绕组（$S=1$）和主要分布于二次绕组（$S=2$）两种极端情况下，将上述数据代入式（3.91）后，得到 $0.26 \leqslant K_{\mathrm{x}} \leqslant 0.52$。

在额定负载 I_{dN} 下，$I_{\mathrm{d}}^{*}=1$。对轴向分裂式整流变压器，换相电抗实际为穿越电抗 X_{K}^{*}，将 X_{T}^{*} 转换为 X_{K}^{*} 后，此时 $K_{\mathrm{x}}=0.52$，于是式（3.90）表示为

$$d_{\mathrm{Nx}} = 0.52 X_{\mathrm{K}}^{*} \tag{3.92}$$

式中，X_{K}^{*} 为穿越电抗（百分值表示），从图 3.15 的轴向双分裂整流变压器等效电路变换关系中可知，$X_{\mathrm{K}}^{*} = X_{\mathrm{I}}^{*} + \dfrac{X_{\mathrm{II}}^{*}}{2}$，其中 X_{I}^{*}、X_{II}^{*} 为等效电路支路的等效电抗。

电阻压降所致直流电压调整率 d_{Nr}，主要是由整流变压器绕组电阻、整流管正向电阻和连接电缆的电阻等电压降所致，一般由包括整流变压器和整流器元件在内的机组短路损耗试验得到的整流机组短路损耗功率 P_{K}（含变压器铜耗和整流元件功耗），即可直接求得 d_{Nr}，因而，将式（3.92）代入式（3.88）后，d_{N} 计算式简化为

$$d_{\mathrm{N}} = 0.52 X_{\mathrm{K}}^* + K_{\mathrm{K}} \cdot \frac{P_{\mathrm{K}}}{S_{\mathrm{N}}} \cdot 100\% \tag{3.93}$$

式中 P_{K}、S_{N}——整流机组短路功率损耗（含整流元件功耗）（kW）和整流变压器额定容量（kV·A）；

K_{K}——考虑连接导线电缆等电阻因素的增大系数，可取 $K_{\mathrm{K}} = 1.1$。

从式（3.93）可知，直流电压调整率主要与穿越电抗有关，而电阻压降所致的 d_{Nr} 所占的比重不大。这表明对于轴向双分裂式结构整流变压器供电的 12 脉波整流电路换相电抗引起的直流电压调整率，本质上主要由穿越电抗 X_{K}^* 导致。为了提高整流机组的输出直流电压和机组效率，降低穿越电抗 X_{K}^* 是有利的。但另一方面，X_{K}^* 降低后将影响整流变压器抗短路电流的能力。因此应综合两方面的利弊，全面考虑对轴向双分裂整流变压器穿越电抗的取值，一般取 $X_{\mathrm{K}}^* = 7\% \sim 8.5\%$（最佳为 8%），则直流电压调整率 d_{Nx} 为 3.64%~4.42%，而整个直流电压调整率 d_{N} 应以不大于 6% 为宜。下面举例进一步说明电压调整率的计算。

【例 3.1】 已知轴向双分裂整流变压器容量 $S_{\mathrm{T}} = 2\,500\ \mathrm{kV \cdot A}$，向 12 脉波整流电路供电，整流机组短路试验功率损耗 $P_{\mathrm{K}} = 23\ \mathrm{kW}$（含整流元件功耗），穿越电抗百分值 $X_{\mathrm{K}}^* = 8\%$。求机组的直流电压调整率 d_{N}。

解 将题中已知数据代入式（3.93），取 $K_{\mathrm{K}} = 1.1$，则

$$d_{\mathrm{N}} = d_{\mathrm{Nx}} + d_{\mathrm{Nr}} = 0.52 X_{\mathrm{K}}^* + 1.1 \times \frac{P_{\mathrm{K}}}{S_{\mathrm{T}}} \times 100\%$$

$$= 0.52 \times 8\% + 1.1 \times \frac{23}{2\,500} \times 100\% = 5.17\% < 6\%$$

计算表明机组的全部直流电压调整率为 5.17%，小于 6%，符合要求。

三、整流机组功率损耗

整流机组的功率损耗由三部分组成，即与负荷变化无关的固定损耗、正比于负荷平方的损耗以及正比于负荷一次方的损耗，表达为

$$\Delta P = \Delta P_1 + \left(\frac{I_{\mathrm{d}\Sigma}}{I_{\mathrm{dN}}}\right) \cdot \Delta P_2 + \left(\frac{I_{\mathrm{d}\Sigma}}{I_{\mathrm{dN}}}\right)^2 \cdot \Delta P_3 \tag{3.94}$$

式中，ΔP_1 为整流变压器、平衡电抗器的空载损耗和整流元件正向起始电压 u_{a} 损耗（kW）；ΔP_3 为正比于负荷平方的损耗，即变压器绕组铜损和整流元件动态电阻损耗；ΔP_2 为正比于负荷一次方的损耗，与负荷和 u_{a} 乘积有关；$I_{\mathrm{d}\Sigma}$、I_{dN} 分别为总负荷电流、机组额定电流。

由式（3.94）可知，在给定负载下整个牵引变电所的功率损耗决定于投入机组的数目。投入并联工作的机组数越多，固定（空载）损耗增大，铜损减小，整流器元件 ΔP_2 损耗实际上无变化。因此，有多台整流机组并联工作的变电所，应按总损耗最小的原则决定投入工作的机组数，以达到经济运行的目的。

必须指出，直流牵引变电所的数目、容量及其分布，应由牵引负荷与供电计算确定，根据运营高峰小时的行车密度、车辆类型与其编组，以及近、远期的发展需要，决定每个变电所整流机组的功率和机组数量（详见本书第八章第九节）。

根据整流机组总损耗和变电所自用电、二次线系统能耗，可容易地计算出直流牵引变电所的总效率。为使总效率提高，在设计时必须对设备、供电网络的参数选择和整流机组运行方式，进行全面的技术经济分析与优化比较。

思考题与习题

1. 牵引变压器有哪些接线形式，各有什么优缺点？
2. 对如习题 3.1 所示的 V/X 接线变压器，推导其原边三相电流与次边两相负荷间的电流关系。
3. 何谓轴向双分裂式整流变压器？它和普通三绕组整流变压器比较有哪些优缺点？
4. 轴向双分裂四绕组整流变压器的穿越阻抗、半穿越阻抗、分裂阻抗的意义各是什么？它们分别在什么运行情况下得到？
5. 试说明延边三角形移相绕组对整流变压器原边绕组产生移相作用的原理，它在结构上是如何构成的？
6. 牵引整流机组硅整流器设有哪些保护和监控装置？它们各有什么作用？

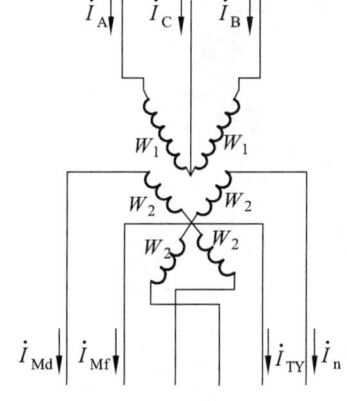

习题 3.1　V/X 接线牵引变压器

7. 基于两组三相整流桥并联构成的 12 脉波整流电路，当负载电路电流 I_d <临界电流 I_{dg} 两种工作状态下，其工作特性主要区别是什么？两种工作状态下的平均整流电压 U_d 和一个工频周期（2π）内每个桥臂整流管导电时间有什么变化，各为多少？
8. 在上述 12 脉波整流电路中，平衡电抗器的作用是什么？采用轴向双分裂式整流变压器后为何可不设平衡电抗器？这时的 12 脉波整流电路与前者比较有什么优点？
9. 何谓整流电路中的均衡电流和临界电流 I_{dg}，它们有什么不利影响？结合上述 12 脉波整流电路进行分析，并说明应如何限制其数值。
10. 基于双机组四组三相整流桥的等效 24 脉波整流电路是如何构成的？它对两台整流变压器一次绕组结构和其绕组联结组别有什么要求？
11. 对于上述等效 24 脉波整流电路，试分析在 $I_d < I_{dg}$（临界电流）和 $I_d > I_{dg}$ 两种工作状态下其主要工作特性。简要说明应用等效 24 脉波整流电路的主要优点。
12. 整流电路负载特性有哪几种主要功能？
13. 简要说明 6 脉波三相桥式整流电路全范围负载特性三种工作状态的主要特征。
14. 何谓直流电压调整率，它与哪些因素有关？为何说轴向双分裂式整流变压器的穿越电抗对直流电压调整率有决定性影响？
15. 已知等效 24 脉波两套整流机组的单台整流器输出功率 $P = 3\,000$ kW，直流额定电压

$U_d = 1\,500$ V，硅二极管在 24 脉波整流方式时导通角为 $\dfrac{\pi}{6}$，此时波形系数 $F_1 = 3.46$，单台整流器采用双三相整流桥并联连接，试选择每个桥臂串、并联整流管数量、型号，并检验并联管数在 150% 和 300% 过载时的安全系数。

16. 基于两套整流机组四组三相全波整流桥构成的 24 脉波整流电路，输出直流功率为 $P_d = 5\,100$ kW，直流电压 $U_{dN} = 1\,500$ V，试计算下列主要参数：

① 理想空载直流电压 U_{doi}；

② 整流变压器二次绕组电流有效值 I_{2ef}、二次绕组容量 S_q；

③ 各整流桥整流臂电流平均值 $I_{a,av}$ 和有效值 $I_{a,ef}$；

④ 选择整流变压器和整流器型号。

第四章 电气主接线及其设计运行

电气主接线和高压配电装置是牵引变电所和各种供变电装置的主体部分。本章以电气主接线的设计和运行分析为重点，讲述主接线基本要求、主接线基本形式，以及交、直流牵引变电所典型主接线特点和举例，并从技术经济和可靠性分析等方面，介绍了主接线选择和评定时应考虑的问题和因素。

第一节 电气主接线的功能、基本要求与设计原则

牵引变电所（含开闭所、降压变电所）的电气主接线，是指由主变压器、高压电器和设备等各种电器元件和连接导线所组成的接受和分配电能的电路。用规定的设备文字符号和图形代表上述电气设备、导线，并根据它们的作用和运行操作次序，按一定要求连接的单线或三线接线图，称为电气主接线图。它不仅标明了各主要设备的规格、数量，而且反映了各设备的连接方式和各电气回路间的相互关系，从而构成变电所电气部分主系统。电气主接线反映了牵引变电所的基本结构和功能。在运行中，它能表明与高压电网连接方式、电能输送和分配的关系以及变电所一次设备的运行方式，为实际运行操作提供依据；在设计中，主接线的确定对变电所电气设备选择、配电装置布置、继电保护配置和计算、自动装置和控制方式选择等都有重大影响。此外，电气主接线对牵引供电系统运行的可靠性、电能质量、运行灵活性和经济性起着决定性作用。因此，电气主接线的设计与运行，具有十分重要的意义。

一、电气主接线应满足的基本要求

（1）首先应保证电力牵引负荷、运输用动力、信号负荷安全、可靠供电的需要和电能质量。牵引负荷和部分动力负荷（如地铁的动力、主要照明和信号电源等）为一级负荷，中断供电将直接造成运输阻塞，甚至造成人员伤亡、设备损坏，进而导致社会生产无法正常进行、人们生活不便、城市秩序混乱等经济损失和政治影响，这更是无法估量的。因此，主接线的接线方式必须保证供电的安全可靠性。由事故造成中断供电的机会越少、影响范围越小、停电时间越短，主接线的安全可靠性就越高。为此，除了应由双回输电线或环形电源供电外，牵引变电所主接线应在接线方式选择或采用其他措施（如自动装置）配合下，保证在电路转换、设备检修和事故处理等情况下供电的可靠性和连续性。对于其他动力负荷和地区负荷，则应根据用户的重要程度（一般为二级、三级负荷，它们对可靠性要求不同）和具体情况的分析，考虑相应的接线形式和可靠性要求。

对牵引变电所而言，电压是表征电能质量的基本指标，而与电压水平相关的因素，还包括电压不对称度和谐波含量等，主接线应在变压器接线方式、谐波无功补偿和调压方面采取有效的改善电压质量的措施。

（2）具有必要的运行灵活性，使检修维护安全方便。运行灵活性是指在系统故障或变电所设备故障和检修时，能适应调度的要求，达到灵活、简便、迅速地倒换运行方式，且故障的影响范围最小。复杂的接线方式对保证操作转换方便显然不利，甚至增大了误操作几率。但过于简单的接线方式，往往不能满足运行方式改变后对可靠供电的要求，增加中断供电时间，这两种情况都应避免。基于现代技术的自动装备（如备用电源自投）和监控自动化系统的应用，对提高主接线的运行灵活性、可靠性都是有利的，应从变电所整体的全面（一次、二次系统）设计来考虑。

（3）应有较好的经济性，力求减少投资和运行费用（维修与能耗费）。经济性主要取决于汇流母线的结构类型与组数（几组母线）、主变压器容量、结构形式和数量、高压断路器配电单元数量、配电装备结构类型（屋内或屋外式）和占地面积等因素。经济性往往与可靠性之间存在矛盾，要增强主接线可靠性与灵活性，将导致增加设备和投资。为此，必须力求技术、经济两者统一，在满足供电可靠、运行灵活方便的基础上，尽量使投资和运行费最省。在可能和充分论证的条件下，可采取按远期规划设计主接线规模、分期实施投资、增加设备等措施，达到最好的经济效益。

（4）应力求接线简捷明了，并有发展和扩建余地。主接线整体结构和各回路应力求简捷清晰，便于操作运行。同时随着经济建设的高速发展和铁路与城市交通运量的迅速增长，牵引变电所增容、增加馈线和其他内容的改建扩建经常存在，因而电气主接线的设计要留有发展余地，预留最终扩建时主接线发展的电气连接可能性和场地条件。

二、电气主接线设计应遵循的主要原则与步骤

在电气主接线的设计中，应遵循的主要原则与步骤如下：

（1）应以批准的设计任务书为依据，以国家经济建设的方针政策和有关部委的技术政策、技术规范和规程为准则，结合工程具体特点和实际调查掌握的各种基础资料（如电源进线方式、电力系统资料、变电所选址的有关资料等），进行综合分析和方案研究。

（2）主接线设计与整个牵引供电系统供电方案、电力系统对电力牵引供电方案密切相关，包括牵引网供电方式（AT或直供）、变电所布点、主变压器接线方式和容量、牵引网电压水平及补偿措施、无功、谐波的综合补偿措施以及直流牵引系统电压等级选择等重大综合技术问题，都应通过供电系统计算进行全面的综合技术经济比较，确定牵引变电所的主要技术参数和各种技术要求。

（3）根据供电系统计算结果提供的上述各种技术参数和有关资料，结合牵引变电所高压进线及其与系统联系（有无功功率通过一次母线）、进线继电保护方式、自动装置与监控二次系统类型、自用电系统，以及电气化铁路（城市电牵引线路）当前运量和发展规划远景等因素，并全面考虑对主接线的基本要求，做出综合分析和方案比较（必要时），以期设计合理的电气主接线。

（4）新技术的应用对牵引变电所主接线的结构和可靠性等将产生直接影响。例如，采用

微机监控自动化系统后,由于控制功能和自动化程度增强,可缩短控制操作和事故处理时间,相对提高了主接线的可靠性;电力电子技术在交、直流牵引系统主设备(如整流-逆变机组、开关电路、串并联电容补偿装置等)中的应用,使得主接线电路结构将产生变化。高速铁路、现代地铁和轻轨交通、重要干线铁路的牵引变电所设计都存在上述类似情况,应作为电气主接线设计的重要原则之一,按具体情况深入分析研究。

第二节　电气主接线的基本接线形式

电气主接线从电源系统接受电能,并通过出线或馈电线路分配电能,当进、出(馈)线数量较多(一般多于 4 回路)时,常设置汇流母线(简称母线)作为中间环节,便于电能的汇集和分配,并使运行操作方便,利于扩建。当进、出线数量较少时,可采用无汇流母线接线形式。从供电系统长期运行实践中,可总结归纳为以下几种广泛用于不同电压等级的基本电气主接线形式。

一、单母线接线

设有一套母线的接线称为单母线接线。这种接线的电源回路和用电回路通过断路器、隔离开关后分别与母线连接。

(一)不分段的单母线接线

不分段的单母线接线如图 4.1 所示。图中用单线图代表三相,进线指电源,出线指线路,如 G 为进线,WL1、WL2、WL3 和 WL4 为出线,进线和出线统称为回路。汇流母线 W 是进线和出线之间的中间环节。每条线路一般装有断路器 QF,因为断路器具有灭弧装置,可以开断、闭合负荷电流或短路电流。断路器两侧装有隔离开关 QS,紧靠母线侧的隔离开关称作母线隔离开关,靠线路侧的称作线路隔离开关,隔离开关由于没有灭弧装置,不能开断负荷电流和短路电流。安装隔离开关的目的是,在回路停运后用隔离开关隔开电源,当检修线路或断路器时,形成一个检修人员能看见的明显的"断开点"。这样,万一断路器的合分闸指示失灵,对检修人员也是安全的。QE 是接地开关(或称接地刀闸),在检修线路或设备前将其合上,使线路或设备与地等电位,即安全接地,防止突然来电或感应电压,确保检修时的人身安全。

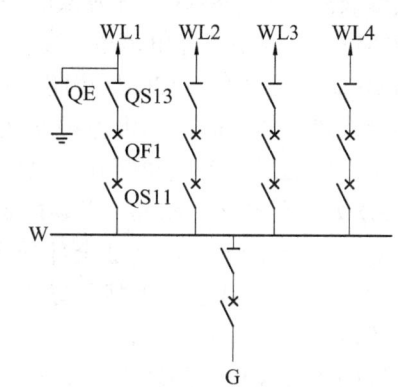

图 4.1　不分段的单母线接线

G—电源(发电机或变压器)进线;QF—断路器;
W—母线;QS—隔离开关;QE—接地开关;
WL—出线(输电线路)

由于断路器有灭弧装置,而隔离开关没有,所以停送电操作必须严格遵守操作顺序,即隔离开关必须在断路器断开的情况下或等电位的情况下（有旁路连接隔离开关）才能进行操作。如出线 WL1 检修后恢复送电的操作顺序为：先拉开 QE，接着检查 QF1 确认在断开状态，再依次合上 QS11、QS13 和 QF1。停电操作顺序则相反：先断开 QF1，接着检查 QF1 确认在断开状态，再断开 QS13 和 QS11。

不分段的单母线接线的特点：① 接线简单、设备少、配电装置费用低、经济性好，并能满足一定的可靠性；② 每回路设有断路器，可以切断负荷电流或故障电流；③ 任一出线可从电源回路取得电能，不致因运行方式的不同而造成相互影响；④ 检修母线和与母线连接的隔离开关时，将造成全部停电；母线发生故障，将使全部电源回路断开，待修复后才能恢复供电；⑤ 检修任一出线及其断路器时，仅该回路停电，其他回路不受影响；检修进线及其断路器时，全部停电。

这种接线方式仅适用于 6～220 kV 系统中只有一台主变压器的情况：6～10 kV 主接线，出线回路数不多于 5 回路；35～63 kV 主接线，出线回路数不多于 3 回路；110～220 kV 主接线，出线回路数不多于 2 回路等。

（二）分段的单母线接线

分段的单母线接线如图 4.2 所示。图中断路器 QFD（或隔离开关 QSD）起母线的分段作用，故称为分段断路器（或分段隔离开关）。这种接线与不分段的单母线接线比较，提高了供电的可靠性和灵活性，表现在：① 两母线段可以并列运行（分段断路器 QFD 闭合），也可以分裂运行（分段断路器断开）；② 重要用户可以用双回路接于不同母线段，保证不间断供电；③ 任一段母线或母线隔离开关检修，只需该段停电，其他段可继续供电，减小了停电范围；④ 对于用分段断路器 QFD 分段，如果 QFD 处于闭合运行状态，当某段母线发生故障时，继电保护使 QFD 及故障段电源回路的断路器自动断开，只该段停电；

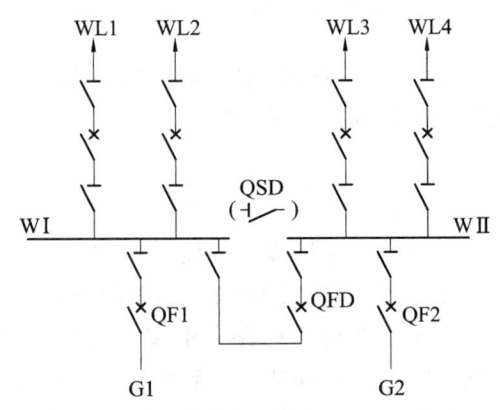

图 4.2 分段的单母线接线

如果 QFD 处于断开运行状态，当某段电源回路故障而使其断路器断开时，备用电源自动投入装置使 QFD 自动闭合，可保证全部的出线继续供电；⑤ 对于用分段隔离开关 QSD 分段，即 QSD 处于闭合工作状态，当某段母线故障时将造成全部停电，拉开分段隔离开关 QSD 后，非故障段母线即可恢复供电。

分段的单母线接线的缺点：增加了分段设备的投入和占地面积；某段母线故障或检修时仍然有停电问题；某回路的断路器检修时，该回路停电；扩建时，需向两端均衡扩建。

分段的单母线接线，广泛应用在 10～35 kV 地区负荷、城市轨道交通各种变电所和 110 kV 电源进线回路较少的 110 kV 接线系统。

（三）带旁路母线的单母线接线

上述分段的单母线接线虽能提高运行的可靠性与灵活性，但回路中断路器检修或损坏时将使该回路停电。从我国电力系统的运行实践和故障统计资料可知，主接线系统中断路器的故障率较高、检修次数频繁，是配电装置中的薄弱环节，在电源回路或出线回路增多即断路器数量增多的情况下，合理使用备用元件解决断路器检修时的备用问题就显得特别突出，这是提高主接线可靠性的重要一环。

为此，增设一套旁路母线和一台公共备用的旁路断路器，组成具有旁路母线的单母线接线即可达到这一目的。

1. 带专用旁路断路器的接线

单母线分段带专用旁路断路器的旁路母线接线如图 4.3 所示。接线中设有旁路母线 WP、旁路断路器 QFP 及母线旁路隔离开关 QSPⅠ、QSPⅡ、QSPP，此外在各出线回路的线路隔离开关的外侧都装有旁路隔离开关 QSP1 和 QSP2，使旁路母线能与各出线回路连接。

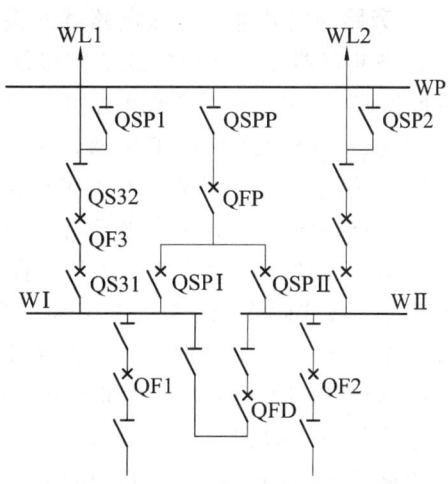

在正常运行时，旁路断路器 QFP 以及各出线回路上的旁路隔离开关都是断开的，旁路母线 WP 不带电。通常旁路断路器两侧的隔离开关处于合闸状态，即 QSPP 处于合闸状态，而 QSPⅠ、QSPⅡ 二者之一是合闸，另一台开断，如 QSPⅠ 合闸、QSPⅡ 分闸，则旁路断路器 QFP 对Ⅰ段母线 WⅠ上各出线断路器的检修处于随时待命的"热备用"状态。

图 4.3 单母线分段带专用旁路断路器的旁路母线接线

当出线 WL1 的断路器 QF3 要检修时，QSPⅠ 处于合闸状态（若属分闸状态，则与 QSPⅡ 切换），QSPP 亦处于合闸状态，则合上旁路断路器 QFP，检查旁路母线 WP 是否完好。如果旁路母线有故障，QFP 在合闸后因保护动作将使其自动跳闸，此时旁路母线不能使用，有待检修；如果旁路母线完好，QFP 在合上后不会跳开，就能进行对 QF3 的操作，即合上出线 WL1 的旁路隔离开关 QSP1（两端为等电位），然后断开出线 WL1 的断路器 QF3，再断开其两侧的隔离开关 QS32 和 QS31，这样便完成了由旁路断路器 QFP 代替断路器 QF3 的转换，可以检修 QF3，而出线 WL1 不停电。

在上述操作过程中，当检查旁路母线完好后，可先断开旁路断路器 QFD，用出线旁路隔离开关 QSP1 对空载的旁路母线合闸，然后再合上旁路断路器 QFP，之后再进行退出 QF3 的操作，这一操作虽然增加了操作程序，但可避免在倒闸过程中在 QF3 事故跳闸情况下 QSP1 带负荷合闸导致的危险。

这种接线大大提高了供电的可靠性，但增加了一台旁路断路器的投资。

2. 分段断路器兼作旁路断路器的接线

分段断路器兼作旁路断路器的接线如图 4.4

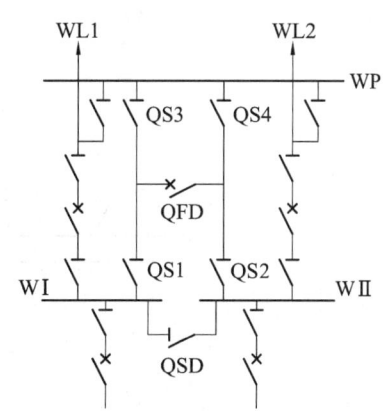

图 4.4 分段断路器兼作旁路断路器的接线

所示。该接线可以减少设备，节省投资。在正常工作时，这种接线按照单母线分段运行，即工作母线侧的隔离开关 QS1 和 QS2 接通，分段断路器 QFD 接通，Ⅰ段母线 WⅠ 和 Ⅱ段母线 WⅡ 并联工作；而分段断路器 QFD 的旁路母线侧的隔离开关 QS3 和 QS4 断开，旁路母线 WP 不带电。当Ⅰ段母线 WⅠ 上的出线断路器需要检修时，为了使两个分段母线 WⅠ 和 WⅡ 能保持联系，先合上分段隔离开关 QSD，然后断开断路器 QFD 和隔离开关 QS2，再合上隔离开关 QS4，然后合上 QFD。如果旁路母线是完好的，QFD 不会跳开，则可合上待检修出线的旁路隔离开关，最后断开要检修的出线断路器及其两侧的隔离开关，就可对该出线断路器进行检修。检修完毕后，使该出线断路器投入运行的操作顺序与上述的相反。

3. 旁路断路器兼作分段断路器的接线

旁路断路器兼作分段断路器的接线如图 4.5 所示。该接线设置一台两个分段母线公用的旁路断路器 QFP，正常工作时隔离开关 QS1 和 QS3 接通，旁路断路器 QFP 接通，此时旁路断路器 QFP 作为两个分段母线 WⅠ 和 WⅡ 的分段断路器，且旁路母线 WP 处于带电运行状态。Ⅰ段母线上的出线断路器需要检修，可用旁路断路器代替其工作，操作顺序如下：先合上隔离开关 QS2，以保持 WⅠ 和 WⅡ 间的联系，接着断开连接于旁路母线 WP 与 Ⅱ段母线 WⅡ 之间的隔离开关 QS3，再合上待检修出线回路的旁路隔离开关，最后断开要检修的出线断路器及其两侧的隔离开关，即可对该出线断路器进行检修。

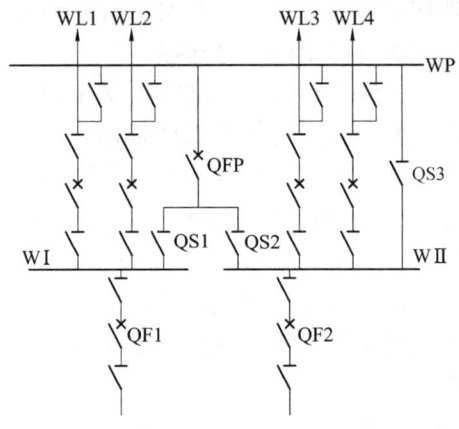

图 4.5 旁路断路器兼作分段断路器的接线

二、双母线接线

双母线接线设有两套母线，可以互为备用，如图 4.6 所示。两套母线通过母线联络断路器（简称母联断路器）QFC 连接起来，每路电源或出线经断路器后用两台隔离开关分别与两套母线相连接。正常运行时，如母线 W1 工作，则所有回路与 W1 连接的隔离开关闭合，而与 W2 连接的所有隔离开关断开，母联断路器 QFC 打开。

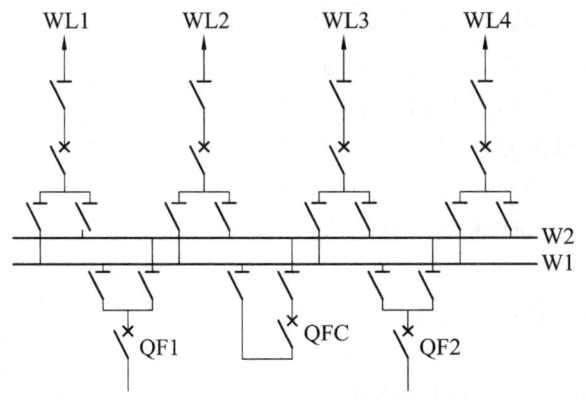

图 4.6 双母线接线

双母线接线的特点是：① 由于它比单母线接线增加了一套备用母线，故当工作母线发生短路故障时，可将全部回路迅速转换到由备用母线供电，缩短停电时间；② 检修母线时可倒换到由另一套母线工作而不中断供电，修理任一回路的母线隔离开关时，只需使本回路停电；③ 无备用断路器情况下，检修任一断路器时，可通过一定的转换操作，用母联断路器代替被检修断路器，而停电时间很短。这时电路按带旁路母线的单母线接线运行，被检修断路器两侧用导线跨接，如图 4.7 所示。图中，W1 为工作母线，W2 为旁路母线，QFC 代替 QF4 工作。

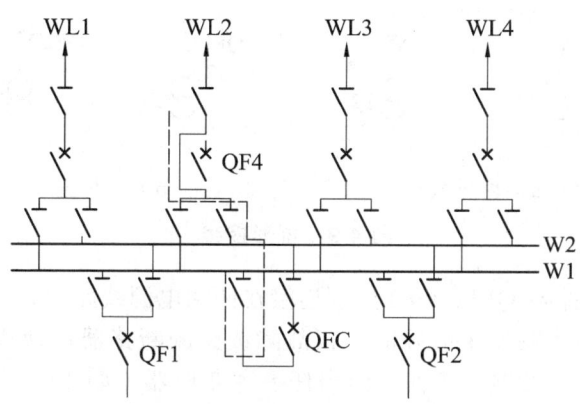

图 4.7 检修断路器时的双母线接线运行方式

此外，双母线接线方式具有较好的运行灵活性，它还可以按照单母线分段的接线运行，即只需将电源与负荷平均分配在两套母线上，通过母联断路器使两套母线连接且并列运行。有时为了系统的需要，亦可将母联断路器断开（处于热备用状态），两套母线同时运行。

双母线接线的缺点是隔离开关数量多，配电装置结构复杂，转换操作步骤烦琐，且一次投资费用和占地面积相应增大。

这种接线由于有较高的可靠性，被广泛应用于进出线回路较多、容量较大的系统中。牵引变电所电源回路较多（四回路以上）时也采用。对于 110 kV 以上电压的变电所，如线路较多且检修断路器不允许停电时，则可采用带旁路母线的双母线接线，如图 4.8 所示。

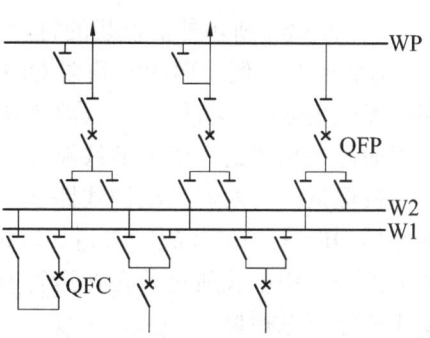

图 4.8 带旁路母线的双母线接线

三、桥形接线

当只有两条线路和两台主变压器时，常在线路间用横向的桥断路器连接起来，即构成桥形接线，如图 4.9 所示。桥形接线是一种无汇流母线接线，它使用了三台断路器，比具有四条回路的单母线接线节省了一台断路器，配电装置结构也较简单。由于大多数牵引变电所只有两条电源进线，故牵引变电所高压侧多采用桥形接线。

桥形接线按中间横向桥接断路器的位置不同，可分为内桥接线和外桥接线两种，分别如

图4.9（a）、(b)所示。前者的桥断路器连接在靠变压器侧，而后者则连接在靠线路侧。桥断路器QF3在正常状态下合闸运行。

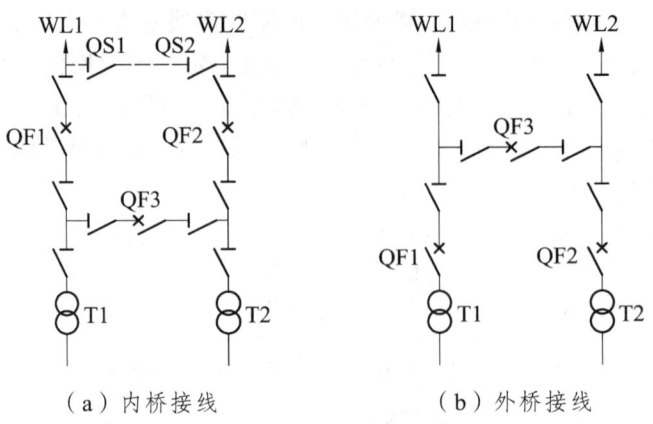

（a）内桥接线　　　　（b）外桥接线

图4.9　桥形接线

内桥接线的线路断路器QF1、QF2分别连接在两回电源线路上，因而线路退出工作和投入运行都比较方便。当线路发生故障时，仅故障线路的断路器自动跳闸，其他回路（另一线路和两台主变压器）仍可继续工作。但当任一主变压器（如T1）故障时，与故障变压器T1连接的两台断路器QF1和QF3都必须跳闸，从而使接线在短时内按线路-变压器组（WL2-T2）方式运行，另一线路WL1暂时中断供电。但用隔离开关将故障变压器隔开后，线路WL1即可恢复供电。内桥接线的任一线路故障或检修时，不会影响变压器的并列工作。因而内桥接线适用于线路较长（相对来说线路的故障概率较大）和变压器不需要经常切换的情况。

如图4.9（b）所示外桥接线的特点与内桥接线相反，当变压器发生故障或运行中需要断开时，只需要断开它们前面的断路器QF1或QF2即可，而不会影响电源线路的正常工作。但当线路故障或检修时，将使与该线路连接的变压器短时中断运行，需经转换操作后才能恢复工作。因而外桥接线适用于电源线路短、负荷不恒定、变压器要经常切换的场合。

当桥形接线的两回路电源线路接入系统的环形电网中，并有穿越功率通过桥断路器时，桥断路器QF3的检修或故障将造成环网断开。为了避免这一缺陷，可在两臂安装一组跨条，如图4.9（a）中虚线所示。正常运行时，用隔离开关将跨条断开，安装两组隔离开关的目的是便于轮流停电检修。

四、单元接线和分支接线

（1）单元接线是无母线接线中最简单的形式，也是所有主接线基本形式中最简单的一种。

单元接线如图4.10所示，为线路-变压器组成的单元接线，或发电机-变压器组单元接线。单元接线简单，开关设备少，操作简便；对于发电厂，因不设发电机电压母线，而发电机和变压器之间采用封闭导线，使得在发电机和变压器之间短路的概率相对于具有母线时有所减小。

（2）牵引变电所的分支接线是一种由两个电源进线的线路-变压器组组成的单元接线，如图4.11所示。分支接线的电源由区域变电所通过专用线路直接提供，也可以从输电网络分支连接的线路提供,且进线线路较短,高压侧无穿越功率。考虑运行的灵活性,可在两电源间设置带隔离开关的跨条。

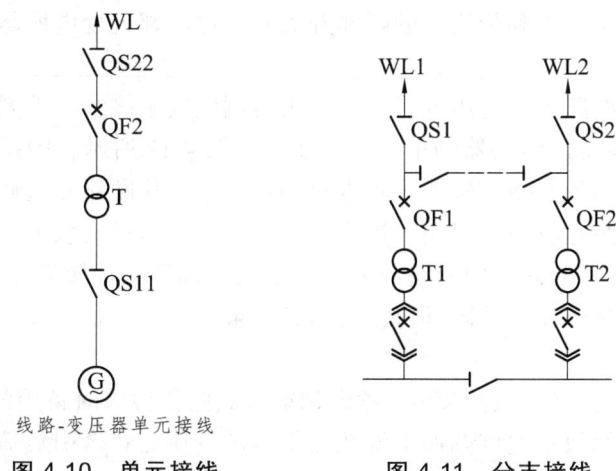

图 4.10　单元接线　　　　图 4.11　分支接线

分支接线与桥形接线相比,需用高压电器更少,配电装置结构更简单,进线线路不设继电保护。任一电源线路故障,则由电源的输电线路保护动作使相应的断路器跳闸而断开线路。分支接线的牵引变电所按电源参数的不同可分为两种运行方式:

① 电源线路允许在 27.5 kV 牵引负荷侧并联,则正常时采用两路电源进线同时供电、跨条上隔离开关断开的运行方式,这时两路电源线路应满足相位一致、并联点电压相等的条件。当一路输电线或电源进线故障而断电后,在变电所用隔离开关 QS1 或 QS2 把故障线路隔离,并将连接在故障电源线路上的主变压器转换到正常工作的电源线路供电(两台变压器并联或一主一备)。

② 如果两回路电源不存在并联的条件,因而不允许在一次侧或牵引负荷侧并联工作,则将两路电源线路中的一路作为主电源,为并联运行的两台变压器或单台变压器供电,另一电源线路为备用电源,平时用隔离开关将其断开。当主电源故障中断供电时,则转换到备用电源对并联运行的变压器或对备用变压器供电,这种转换一般由备用电源自投装置自动完成。

第三节　牵引负荷侧电气主接线特点

牵引负荷是牵引变电所的重要负荷,上述电气主接线基本形式多数对牵引负荷侧电气主接线也是适用的。但应考虑牵引负荷及牵引供电系统的下列特点,有针对性地在电气主接线上采取有效措施,以保证供电的可靠性和运行的灵活性。

(1) 由于接触网没有备用,而接触网故障几率比一般架空输电线路更为频繁,因此,牵引负荷侧电气主接线对接触网馈线断路器的类型与备用方式较一般电力负荷要求更高。

(2) 牵引侧电气主接线与牵引变压器的类型(单相或三相)、整流变压结构、接线方式以及主变压器的备用方式有关;在采用移动式变压器作备用的情况下,与移动变压器接入电路的方式有关。

(3) 与馈线数目、电气化铁路年运量、单线或复线,以及变电所附近铁路其他设施如大型枢纽站、电力机车机务段和地区负荷等的供电要求有关。

对于牵引侧母线本身，由于线路简单，引至馈线配电间隔为单相母线，实践证明其很少发生故障，当必须检修母线和母线上的隔离开关时，可由邻近变电所越区供电以代替被检修的母线或母线分段。

为合理解决馈线断路器的备用方式，牵引负荷侧电气主接线有下列几种形式：

① 每路馈线设有备用断路器的单母线接线，如图 4.12 所示，因手车式气体断路器（或真空式）产品接触插头的互换性较差，不设移动备用，工作断路器检修时即由备用断路器代替，这种方式在馈线数量较少时采用，操作转换较方便，但投资较大。

② 每两路馈线设一公共备用断路器 QFP，通过隔离开关的转换，可使 QFP 代替任一馈线断路器，并达到按单母线分段运行的作用，如图 4.13 所示。这种接线的缺点是隔离开关的转换太烦琐。

③ 单母线分段带旁路母线的接线，考虑到馈线断路器检修时备用的需要，或者在某些情况下由于电力系统的缘故不允许两回电源线路供电的变压器在牵引负荷侧并联运行（见本章第二节中分支接线），母线分段隔离开关经常处于断开位置，故需在每个分段母线上各设一台旁路断路器 QFP1、QFP2，分别作为每段母线上连接的馈线断路器的备用，如图 4.14 所示，其工作原理与图 4.3 相同。这种接线适用于馈线数目较多的复线，或靠近大型枢纽站向几个方向电气化铁路供电的单线牵引变电所。

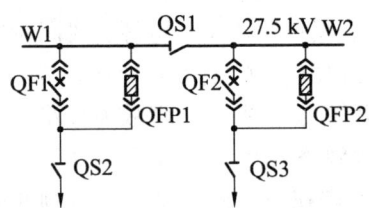 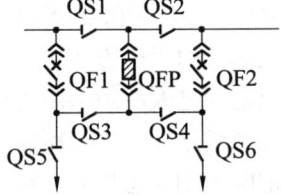

图 4.12 每路馈线设有备用断路器的单母线接线　　图 4.13 具有公共备用断路器的接线

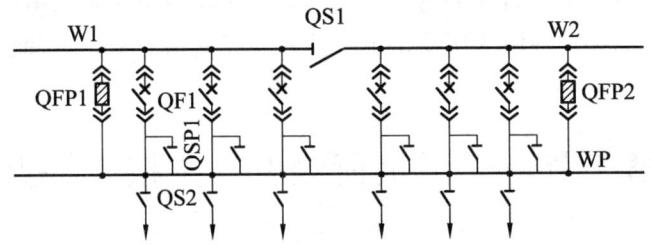

图 4.14 单母线分段带旁路母线的接线

牵引变压器的备用方式有移动（变压器）备用和固定备用两种。前者是在整个供电段管辖的几个牵引变电所设置一台或数台可移动的公共备用变压器，供运行中的牵引变压器检修或故障时使用；后者是在每个牵引变电所安装固定的备用变压器，或者牵引变压器台数不变而增大变压器容量，使在正常情况下一台工作、一台备用（称为固定全备用）。根据技术经济的全面比较，在一般牵引变电所设有或不设专用铁路岔线作为变压器搬运、检修的情况下，对于三相牵引变压器采用固定全备用的方式都是有利且可取的，特殊情况下需作具体比较。对于单相或 V 形接线的牵引变电所，一般增加一台固定备用变压器，在牵引负荷侧电气主接线只需增加一路电源进线及断路器与配电间隔，比较简单。而采用移动备用变压器的情况下，对单相或 Vv 形接线的单相变电所牵引侧电气主接线的构成，将产生较大的影响。其具体接线可参考有关的设计手册，此处不再赘述。

第四节　交流牵引变电所和供电装置电气主接线

在前面分析了电气主接线的各种基本接线形式和牵引负荷侧电气接线特点的基础上，为了建立对牵引变电所电气主接线的完整概念，并加强对主接线运行原理和设计选择的理解，本节将介绍交流牵引变电所广泛应用的几种典型接线和其他供电装置（分区亭等）主接线的构成，按牵引变电所在电力系统和牵引供电系统中的作用不同，分为中心牵引变电所电气接线和中间（或终端）牵引变电所电气接线两种类型。并在其中介绍了牵引变电所各种主接线形式与电力系统（一次供电系统）不同供电方式下的连接配合关系。

一、中心牵引变电所电气主接线

这种牵引变电所一方面要给近区的牵引负荷及其他地区的负荷供电，另一方面将电能通过高压母线和若干电源线路馈出给邻近其他牵引变电所和地区变电所，如图 4.15 所示。110 kV 线路断路器数目较多，为使检修时不致停电，在 110 kV 电压侧采用带旁路母线的单母线分段接线，其中分段断路器兼作旁路断路器，以节省一台高压断路器和相应的高压电器。

主变压器采用两台三相三绕组（或双绕组）变压器，为保证可靠供电，两台主变压器分别接入两个分段母线上，当牵引变电所采用单相主变压器时，110 kV 电路结构不变。主变压器二次侧的公共相接地并和钢轨相连。

在 110 kV 的每个分段母线上以及 27.5 kV 牵引负荷母线、10 kV 地区负荷母线上，都设有供测量仪表与继电保护用的电压互感器以及过电压保护用的阀型避雷器。为了停电检修 110 kV 线路和母线时能方便地进行安全接地，这些线路的隔离开关与每分段母线、旁路母线连接的一组隔离开关都带有接地刀闸，借助于隔离开关本身的机械联锁装置，保证在主刀闸从电路中隔断后接地刀闸才能闭合。

牵引负荷侧采用单母线接线，母线上连接有一台（或两台）自用电变压器，此时应由地区负荷（10 kV）母线向另一台自用电变压器供电。一般地区负荷容量与主变压器容量的比值大于 15%，且在技术经济相对合理的条件下，采用三绕组型主变压器（110/25/10 kV）方案，同时向牵引负荷和地区负荷供电。若上述比值小于 15%，则在 110 kV 侧单独设置 110/10 kV 的三相变压器，专门向地区负荷供电。

牵引负荷侧采用手车式断路器，断路器检修时，将手车从插入式触头中拔出，以隔断电路，起到代替隔离开关的作用，如图 4.15 中的 QF7、QF8。

下面着重分析高压侧带旁路母线的单母线分段接线的运行方式，以及分段断路器兼作旁路断路器的操作程序。正常状态下，两段工作母线 W1、W2 并列运行，分段兼旁路断路器 QFP 合闸，隔离开关 QS3 打开，这时旁路母线 WP 带电。

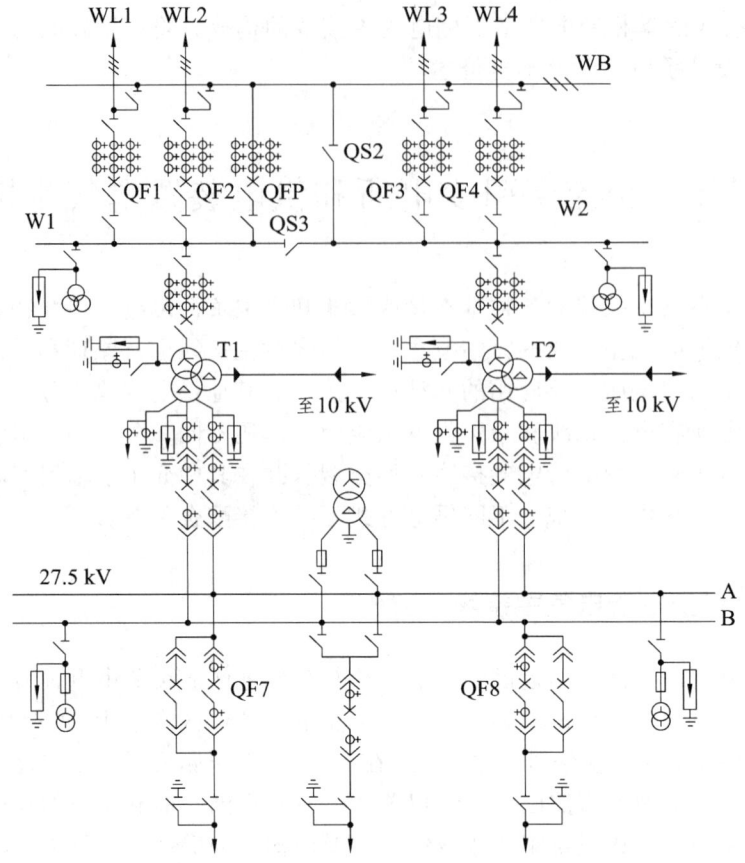

图 4.15 中心牵引变电所电气主接线

两段工作母线中的任一段,例如 W1 故障时,由于母线继电保护动作,将 W1 母线分段所连接的线路断路器和主变压器断路器 QF1、QF2 和 QF5 断开,同时分段断路器 QFP 跳闸,通过已打开的隔离开关 QS3 把故障段母线 W1 隔断,另一段母线 W2 及其所连接的线路和主变压器 T2 保持正常运行(T2 由备用变压器自投装置自动投入)。

当任一线路断路器需要进行不停电检修时,可用分段兼旁路断路器 QFP 代替被检修的线路断路器的工作。例如,线路断路器 QF2 检修时,电路处于正常运行状态下,分段断路器 QFP 及两侧隔离开关 QS1、QS2 已在合闸位置,QS3 打开,用 QFP 代替 QF2 的转换操作程序(对照简化电路图 4.16)如下: ① 首先合上分段隔离开关 QS3,使 QFP 与 QS3 并联,然后断开 QFP,通过分段隔离开关 QS3 将两段工作母线并列运行;② 打开隔离开关 QS2,合上线路 WL2 的旁路隔离开关 QSP2;③ 将分段兼旁路断路器的继电保护转换为线路保护,合上 QFP,断开 QF2,再打开它两侧的隔离开关,则 QF2 退出工作,由旁路断路器代替 QF2 执行线路断路器作用,其电路如图 4.16 中虚线所示。

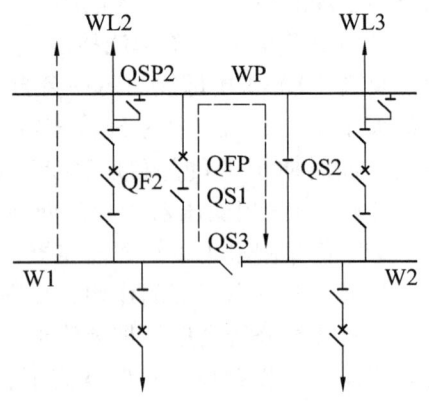

图 4.16 由旁路断路器代替线路断路器工作

二、中间及终端式牵引变电所主接线

按保证牵引负荷供电的需要，这类牵引变电所的电源线路一般有两回路，主要向牵引负荷和地区负荷供电，桥形接线的中间牵引变电所还有穿越功率通过桥形母线，可向邻近牵引变电所或地区变电所供电。

两种典型的中间及终端式牵引变电所的主接线如图 4.17 和图 4.18 所示。图 4.17 为高压

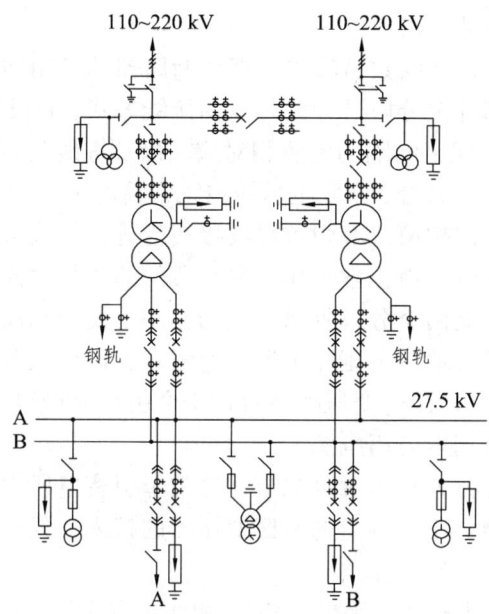

图 4.17　外桥接线的三相牵引变电所主接线

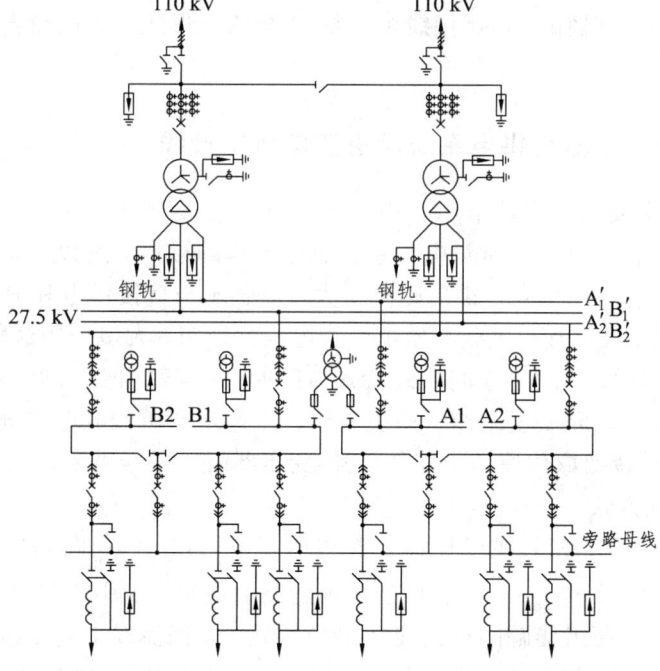

图 4.18　采用分支接线的三相牵引变电所主接线

侧采用外桥接线的三相牵引变电所主接线，设有两台并联运行的三相变压器，其绕组连接形式为 YNd11，二次绕组有一相接地并与钢轨连接。牵引负荷侧因馈线数目较少，采用不分段的单母线接线，在高压侧两路电源线路和牵引负荷每相母线上分别安装电压互感器、避雷器，其作用与图 4.15 相同。牵引负荷侧采用手车式断路器，使设备简化。

图 4.18 为高压侧采用分支接线（双 T 形）的三相牵引变电所主接线，主变压器一般为两台，高压（一次）侧不设线路继电保护与量测仪表。这种情况下一次侧安装电压互感器，是为了满足高压侧计费和自动装置的需要。

由于向复线牵引网供电，馈线数目较多，馈线断路器的备用问题十分重要，故牵引负荷侧主母线采用单母线用隔离开关分段带旁路母线的接线方式，并设有室外辅助母线 A′1、A′2 和 B′1、B′2。考虑到与馈线配电间隔的配置相对应，以及进线与馈线方便起见，主母线 A1、A2 和 B1、B2 与旁路母线分相布置，分段主母线在正常情况下并列运行，分段隔离开关合闸。当某段主母线检修或故障时需按第二节中单母线接线的运行方式进行转换，这时处于故障或检修的主母线段上的馈线停电，由正常工作主母线段的馈线临时向同一供电臂的上、下行方向接触网同时供电。主母线上两个分段隔离开关的作用是便于隔离开关本身轮流检修时隔断电压。每个分段主母线都设有单相电压互感器和避雷器，以便某分段主母线检修或故障停电时，保证它们不致中断工作。自用电变压器一台接于牵引负荷母线上，另一台由单独的 10 kV 地方电源线路供电，作为自用电备用电源。

高压侧简单接线的运行方式见本章第二节，这类牵引变电所根据附近工、农业对供电的需要，也可增设地区变压器。不同容量的地区变压器的接入方式，与上述中心牵引变电所主接线示例中的规定相同。

对于中间或终端式牵引变电所，采用三相-二相式主变压器的电气主接线，且次边二相电压满足 $\dot{U}_\beta = U_\alpha e^{-j\pi/2}$ 的相位关系，主接线与图 4.17、图 4.18 基本相同，但牵引侧母线连接的自用电变压器应采用反变换的 Scott 接线（二相-三相式）形式，以获得自用电系统需要的三相对称 380 V 电压。

三、AT（自耦变压器）供电系统牵引变电所主接线

AT 供电系统牵引变电所多数采用三相-二相（平衡）变压器为主变压器，用以完成降压和变相功能，减少单相不对称负荷对电力系统负序电流的影响，并以 2×27.5 kV 电压向 AT 牵引网供电。由于供电电压提高，供电距离增大近一倍（与直接供电和 BT 系统相比），主变压器容量也相应增大。在高速、重载和繁忙干线电气化铁路，大多采用这种牵引变电所供电。其主接线如图 4.19 所示，适用于中间或终端式 AT 供电系统牵引变电所。图中采用线路-变压器组接线形式，正常运行时一组工作、一组备用，工作主变压器或电源进线故障时，整个备用线路-变压器组自动转换取代原来工作的线路-变压器组。根据需要，也可采用如图 4.18 所示的简单双 T 形接线方式。

该主接线采用三相-二相式主变压器，次边两相电压 $\dot{U}_\alpha$、$\dot{U}_\beta$ 间相位移为 $\pi/2$，且 $\dot{U}_\beta = U_\alpha e^{-j\pi/2}$，如图 4.19 所示。$\dot{U}_\alpha$ 相（Scott 变压器的高边绕组 T）引出线 T_T、F_T 连接到相应汇流母线后，通过左侧的两组接触网正馈线 T 和负馈线 F（回流线）向复线牵引网左侧供电区的上、下行线路供电；$\dot{U}_\beta$ 相（变压器的底边绕组 M）引出线 T_M、F_M 则连接另一组相应母线，

通过右侧两组正馈线 T 和负馈线 F 向右侧供电区的上、下行 AT 牵引网供电，牵引侧两组二相母线（T_T、F_T 和 T_M、F_M）都采用设有两台双极隔离开关分段的单母线系统（设两组隔离开关是为了检修方便）。因 Scott 接线变压器的次边绕组不能获得与地电位连接（通过火花间隙）的中性点 N，故在每路正、负馈线（T、F）的断路器后面需要设置一台与牵引网相同容量的自耦变压器（AT），使列车运行在邻近牵引变电所的 AT 段（两个 AT 之间的距离构成一个 AT 段）时，仍能产生吸流效应。若主变压器的二次绕组本身具有可以接地的中性点或主变压器内部带有自耦变压器及输出端子，则可不另设 AT。例如，三相三绕组十字交叉接线（Y/⋈）的三相-二相变压器，即可在次边引出接地中性点。

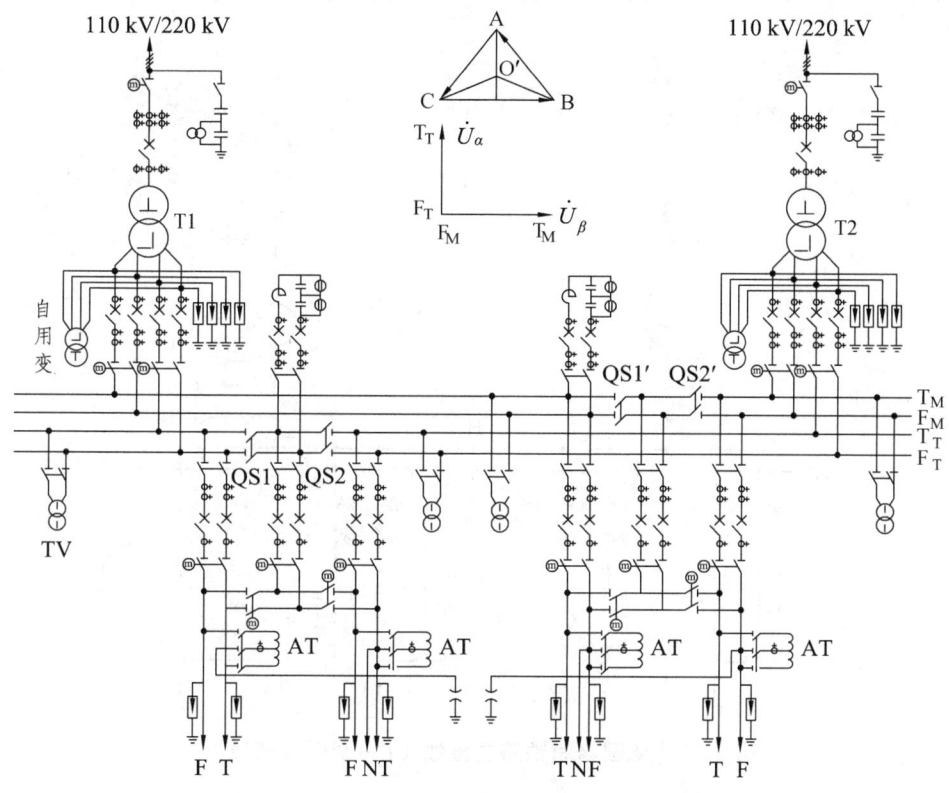

图 4.19　AT 供电系统牵引变电所主接线

带三相-二相主变压器的牵引变电所，其自用电系统为获得三相电源，一般采用反变换的 Scott 接线自用电变压器（二相-三相反变换）连接在主变压器的二次侧，如图 4.19 所示。此外，每组母线还连接有无功补偿并联电容器组。

四、国内外典型牵引变电所主接线示例

由于各国高速铁路牵引变电所采用的牵引主变压器的接线方式不同，向牵引变电所供电的电力系统有集中供电和分散供电的差别，并且牵引网的供电方式也不相同，因此，牵引变电所的主接线形式也就各不相同。本节主要介绍德国和法国高速铁路以及我国秦沈客运专线、京津城际高速铁路牵引变电所的主接线。

（一）德国高速铁路牵引变电所主接线

德国高速铁路牵引变电所的主接线如图 4.20 所示，它具有以下特点：
① 牵引主变压器为单相变压器。
② 所有隔离开关都采用电动隔离开关。
③ 牵引变电所低压侧设有专门检测接触网瞬时性与永久性故障的设备和检测接触网返回电压的设备（图 4.20 中与母线 A 和辅助母线 A′ 相连的部分表示为 H-R-K 电路）。
④ 牵引变电所低压侧母线上设有固定的无功补偿装置（C_1 和 C_2）。
⑤ 牵引变电所低压侧电压互感器不直接接在母线上，而是接在牵引主变压器低压侧断路器的下方。

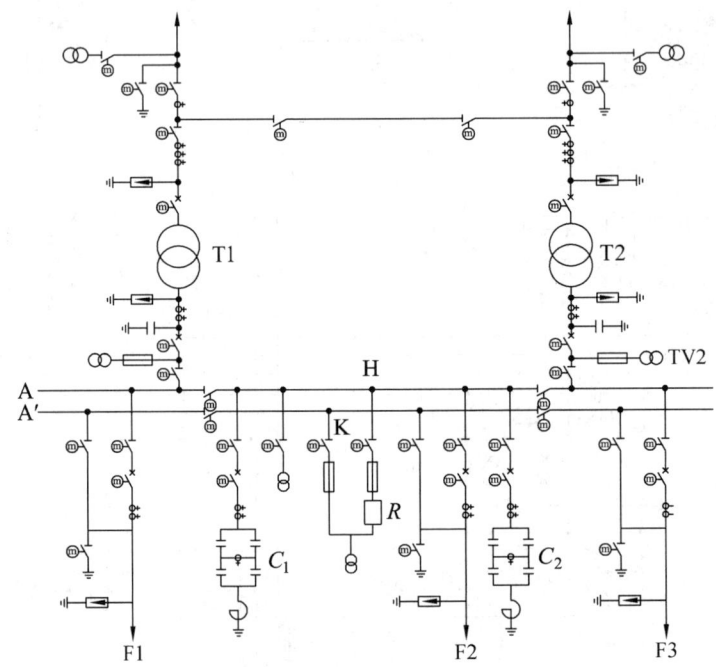

图 4.20　德国高速铁路主接线（F—牵引网馈线）

（二）法国高速铁路牵引变电所主接线

法国高速铁路牵引变电所的主接线与德国的类似，以法国巴黎东南新干线的 Commune 牵引变电所主接线为例，如图 4.21 所示（图中未画出电压互感器、电流互感器）。

法国高速铁路牵引变电所主接线具有以下特点：
① 由于牵引变电所主变压器多采用单相变压器，因此，为了便于多个牵引变电所之间的换相，减少牵引负荷产生的负序对电力系统的影响，将电力系统三相都引入牵引变电所，通过电动隔离开关控制牵引主变压器实际接入电力系统的两相相别。
② 牵引变电所的隔离开关多采用电动隔离开关。
③ 有的牵引变电所一条供电臂为 AT 供电方式，另一条供电臂为直接供电方式。为了兼顾 AT 供电和直接供电，牵引主变压器低压侧应具有中间抽头，中间抽头直接与钢轨相连，如图 4.21 所示。

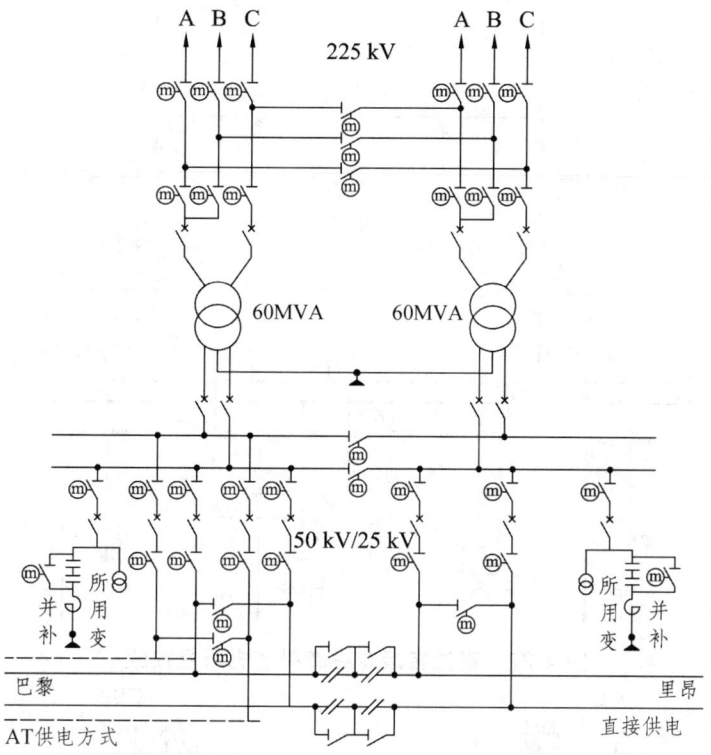

图 4.21 Commune 牵引变电所正常运行时主接线

④ 牵引变电所所用变压器和并联电容补偿支路共用一个断路器进行控制。

⑤ 牵引变电所一条供电臂的两条馈线可以分别由两台断路器控制,当某断路器进行检修时,通过闭合旁路电动隔离开关实现由一台断路器控制两条馈线。

(三)秦沈客运专线牵引变电所主接线

我国秦沈客运专线的最高设计速度为 300 km/h,接触网采用全并联直接供电方式,牵引变电所主接线如图 4.22 所示。

秦沈客运专线牵引变电所主接线具有以下特点:

① 牵引主变压器采用单相变压器。

② 馈线断路器采用 1 备 N(馈线数)的方式,当运行断路器发生故障需要检修时,通过旁路隔离开关投入备用断路器。

③ 设有接触网瞬时性与永久性故障性质识别回路,识别原理与德国 Siemens 公司的基本相同,故障识别支路中的电阻用电抗器替代。正常运行时故障性质识别支路退出运行,以减少功耗。当接触网发生故障使运行断路器跳闸后,通过闭合连接在故障性质识别辅助母线上的负荷开关以达到识别故障性质的目的。

(四)京津城际高速铁路牵引变电所主接线

我国京津城际高速铁路的最高设计速度为 350 km/h,接触网采用全并联 AT 供电方式,牵引变电所主接线如图 4.23 所示。

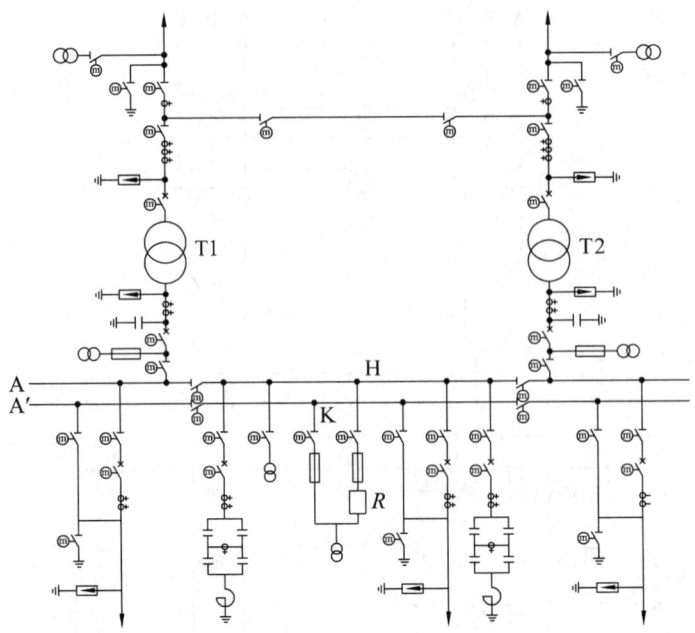

图 4.22 秦沈客运专线牵引变电所主接线

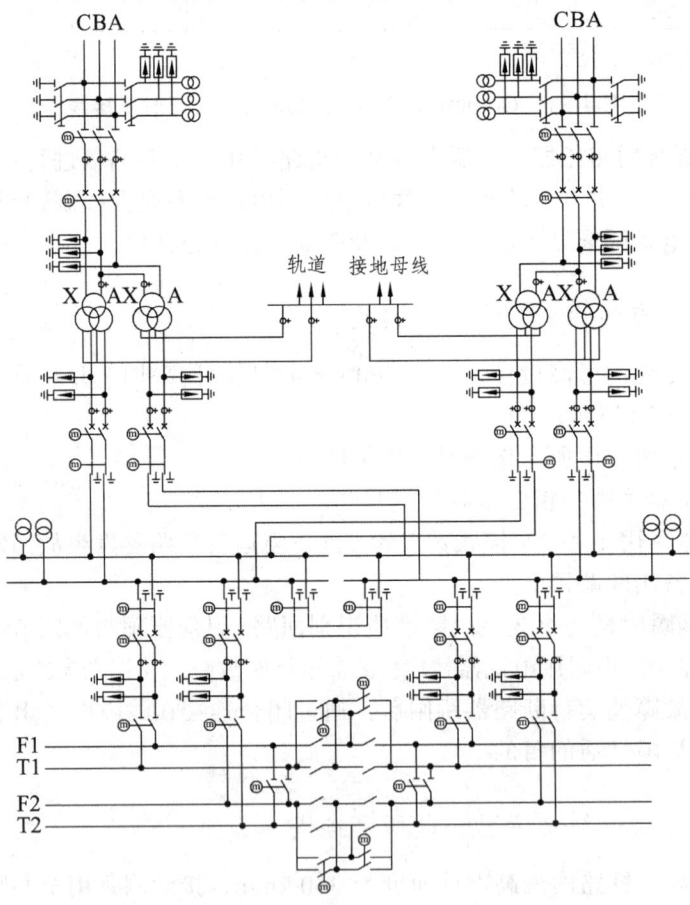

图 4.23 京津城际高速铁路牵引变电所主接线

京津城际高速铁路牵引变电所主接线具有以下特点:

① 为了使供电系统达到较高的可用性,两个牵引变电所各安装 4 台 220/2×27.5 kV 专用单相三绕组变压器,每 2 台 220/2×27.5 kV 变压器都可以在列车正常运行情况下承受相应 TSS 供电臂的全部负荷。

② 为了使牵引供电系统的性能更高,每个牵引变电所安装两路独立的 3 相进线,220 kV 侧采用户外空气绝缘开关柜。

③ 牵引侧采用 2×27.5 kV 气体绝缘开关柜,将 2×27.5 kV 牵引电压输送至对应的接触网供电臂。为了保证人员和设备的安全,各馈线回路采用联锁装置。

五、开闭所、分区所、AT 所主接线及其功用

(一)开闭所主接线

开闭所主接线分为以下两种类型:

(1)在电气化铁路枢纽地区、客运站、编组站和电力机车机务段等铁路设施较集中的地方,站线延续长且股道数量多,接触网结构和配置相应复杂化,电力机车整备作业繁忙,牵引网发生故障的几率增多。为保证枢纽供电的可靠性,缩小事故范围,应设置开闭所,由相邻两牵引变电所的牵引馈线向它供电。其主接线一般采用单母线分段带旁路母线的接线方式,通过开闭所的多路馈线和断路器,向站场、电机车段等牵引网供电。这种开闭所自用电电源可从地区 10 kV 线路获取。

(2)对于 AT 供电系统,由于其供电距离增长(两变电所间可达近 100 km),供电区运行的列车数量相应增多(一般为大运量和繁忙干线),在正常运行中为了增加接触网检修作业的灵活性和减小停电范围,牵引网发生故障后缩小事故停电距离,往往在牵引变电所和分区所之间设置开闭所(Sub-Section Post,简称 SSP)。图 4.24 为复线开闭所主接线的一种,其中图 4.24(b)是

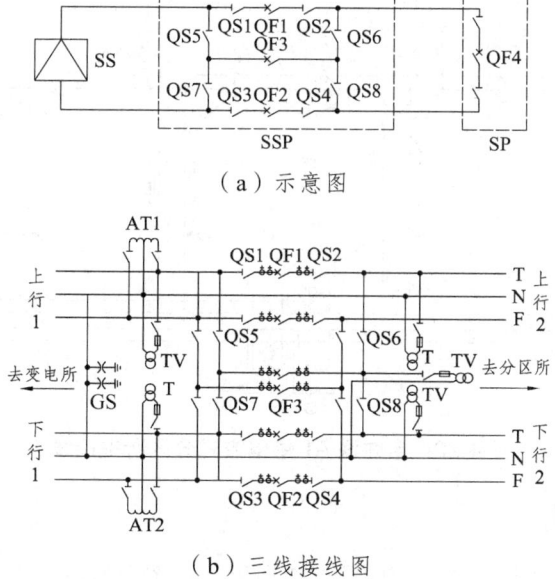

(a)示意图

(b)三线接线图

图 4.24 AT 供电系统开闭所主接线

用三线表示的。图中设有三组真空断路器和多组隔离开关，正常工作时 QF1、QF2 合闸，其两侧的 QS1~QS4 均闭合，断路器 QF3 及其两侧用作电路转换的 QS6、QS7 均合闸，而 QS5、QS8 断开，上、下行牵引网任一线路故障，例如上行线 1 至变电所间牵引网发生故障，则 QF1、QF3 在继电保护作用下自动跳闸，非故障牵引网和开闭所至分区所间上、下行牵引网继续工作，使事故停电范围得以减小。QF3 合闸时也可通过 QS5、QS8 合闸，QS6、QS7 断开，将线路转换为另一种跨接方式。图中电压互感器 TV 供继电保护和测量仪表用。自用变 T 按需要可采用单相或单相-三相变压器，中性线 N 通过放电间隙 GS 接地，以降低故障时的地电位。

（二）分区所主接线

单线单边供电方式牵引网，相邻牵引变电所之间的两供电臂连接处，设有带旁路隔离开关的电分相绝缘器，隔离开关正常工作时断开，只在相邻变电所全所停电，需由本变电所馈线越区供电时将隔离开关闭合。

对于复线电气化铁路（含 AT 供电），为实现上、下行牵引网同相并联供电，在供电区中间一般需设置分区所，其作用是为了改善正常运行牵引网的供电质量（降低压损和能耗），同时在牵引网发生故障时可缩小停电范围。分区所主接线如图 4.25 所示，图中 QF1、QF4 正常工作时合闸，以实现上、下行牵引网并联运行。QF2、QF3 为备用断路器，隔离开关 QS1、QS2 正常运行时断开，只在越区供电时闭合。

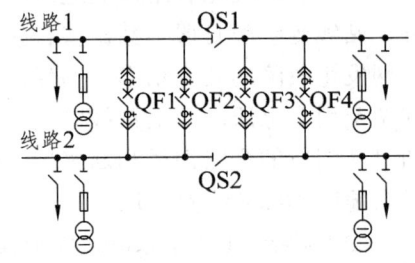

单线双边供电分区所主接线与图 4.25 中的一半电路基本相同。

图 4.25 复线并联供电分区所主接线

全并联 AT 供电方式的分区所主接线如图 4.26 所示。

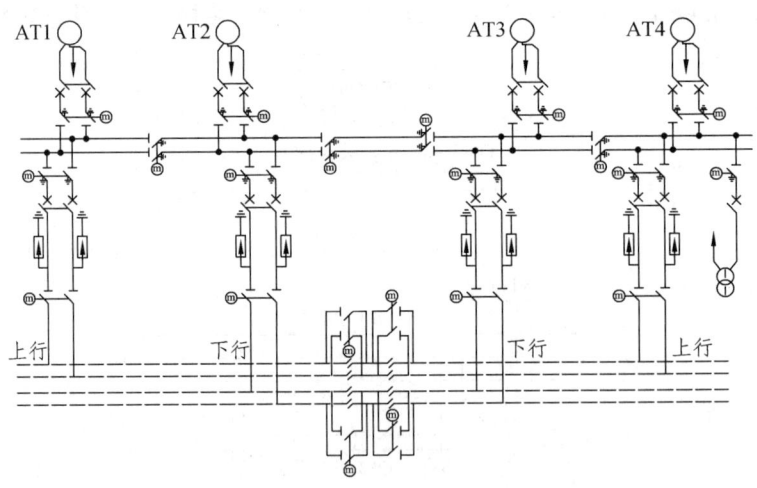

图 4.26 全并联 AT 供电方式分区所主接线

（三）AT 所主接线

全并联 AT 供电方式 AT 所主接线如图 4.27 所示。从图中可以看出，在 AT 所处通过断路器将上、下行并联起来。

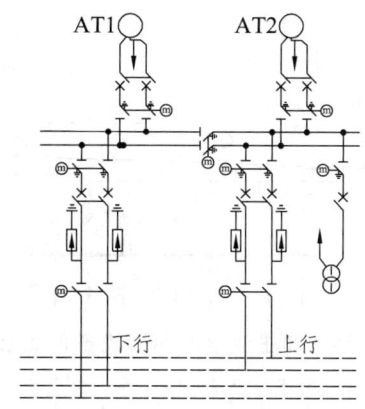

图 4.27 全并联 AT 供电方式 AT 所主接线

第五节 城轨交通主变电所、直流牵引变电所、降压变电所电气主接线

城轨交通电力牵引直流牵引变电所和沿线分布的降压变电所,一般集中地由主变电所或城网降压变电所输出的专用中压(10~35 kV)环网供电,已在第一章作了概括性介绍。本节将对上述各种类型变电所,特别着重对直流牵引变电所主接线的典型接线形式和特点,以及其设计运行的主要技术问题,给予必要的分析和阐述。

一、主变电所电气主接线

1. 主变电所电气主接线主要特点和典型主接线形式

(1)主变电所供电的直流牵引变电所和为列车行车与动力、照明服务的降压变电所,主要为一级负荷,应设有两路 110 kV 高压专用电源进线,或一回路专线,另一回路为 T 接在其他 110 kV 供电线上。

(2)主变电所电气主接线包括高压(110 kV)和中压(10~35 kV)两部分。为减少地处城市的主变电所的占地面积,在保证安全、可靠性的前提下,应尽量减少配电装置间隔数量(特别是高压断路器间隔数量),从而相应地简化主电路接线。

(3)主变电所电气主接线形式及其主变压器容量,要统筹考虑城轨交通发展的近、远期规划,以便实现资源共享,即一个主变电所尽可能同时为多条城轨交通线路供电服务。同时,由于若干主变电所是与中压电网构成的独立环网供电系统(见图 4.28),主变电所中的主变压器发生故障或退出运行时,应考虑其中压主接线的母线和馈线通过相邻主变电所和中压环网,转移本变电所部分负荷时操作的灵活性和可靠性。

例如,在图 4.28 中,当主变电所 A 中一台主变压器故障或全所退出运行时,通过环网联络断路器 CQF1、CQF2 合闸(正常运行时断路),可由主变电所 B 经由牵引变电所(c)高压母线向牵引、降压变电所(a)和降压变电所(b)的重要牵引负荷与主要动力负荷供电。

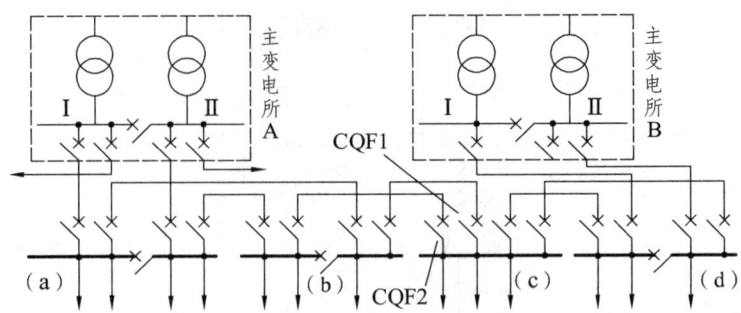

图 4.28 供电系统和主变电所向沿线各种变电所供电方式
(a) 牵引、降压变电所；(b) 降压变电所；(c) 牵引变电所；(d) 牵引、降压变电所

（4）主变电所常用典型电气主接线有高压线路-变压器组单元接线和桥形接线（包括内桥接线和外桥接线）等形式，如图 4.29 和图 4.30 所示。

2. 高压线路-变压器组单元接线

如图 4.29 所示，高压侧（110 kV）进线线路-主变压器组作为一个整体（单元），两组线路-主变压器单元组仅设两组高压断路器，不需高压汇流母线和相应高压配电装置。中压侧（10~35 kV）采用分段单母线接线，中间设母线分段断路器。该类主接线的优点及其运行特点如下：

（1）接线简单，高压设备少，占地面积小，不需设高压线路继电保护（仅在线路始端设置），故节约了总投资。

（2）正常运行方式下，两组线路-主变压器组各自分列工作，中压母线分段断路器 QFD 断开，两段中压母线 I、II 分别由两台主变压器 T1、T2 供电。当一路高压进线失电或一台主变压器退出运行时，通过中压母线 QFD 合闸，由另一台主变压器向 I、II 段中压母线并列供电。

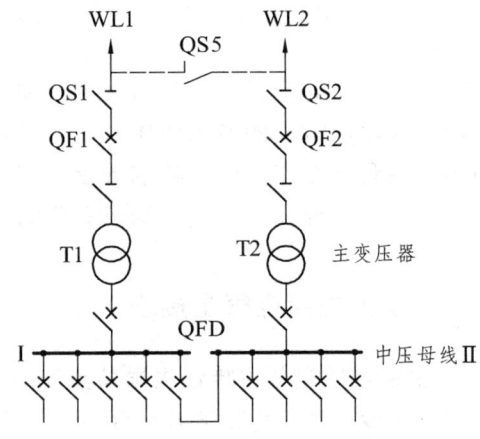

图 4.29 线路-主变压器组单元接线

（3）当一台主变压器或一路进线故障，导致一组线路主变压器组退出运行时，如主变压器一、二级负荷率较低，只需将中压分段断路器 QFD 投入，由另一组线路主变压器组承担主变电所供电范围内的全部一、二级负荷。上述故障情况下，如主变压器一、二级负荷的负荷率较高（50% 以上），则需通过调度将中压环网的联络断路器 CQF2 或 CQF1 合闸（见图 4.28），由相邻主变电所（B）转移对部分一、二级负荷供电。但在操作调度执行时间内，该部分负荷将短时停电。这是其缺点。

（4）当任一段中压母线发生故障时，与该段母线连接的主变压器中压侧断路器由继电保护动作自动分闸，同时该段母线上中压馈线连接的环网第一级牵引或降压变电所进线断路器因失压而自动跳闸；按中压供电网运行方式，转换由另一段中压母线继续供电。

（5）如图 4.29 所示，当一台主变电器（T1）在检修期间，另一组线路主变压器组的线路（WL2）发生故障，则整个主变电所将全部停电，退出运行。若在两组进线间连接一组带隔离开关 QS5（正常运行时断开）的中间跨条（导线），在上述主变压器 T1 检修和另一回路进线故障的情况下,将 QS5 合闸,即可实现由 WL1 向主变压器 T2 供电。这增强了主变电所工作的灵活性和可靠性。

(6)适用范围:该接线方式适用于受建筑面积限制的室内或地下主变电所,且当一台主变压器退出运行时,其他主变压器能承担本主变电所供电范围内的全部一、二级负荷。

3. 桥形接线(内桥接线和外桥接线)

桥形接线按桥路断路器 QF3 的安装位置不同,可分为内桥接线和外桥接线两种形式(见图 4.9),其基本运行特性已在本章第二节中讲述。在城轨交通主变电所中应用的主要是内桥接线(见图 4.30),其特点如下:

(1)四个高压连接元件(进线和主变压器)仅需三台高压断路器,比单母线接线需要的断路器更少;接线简单清晰,运行操作方便、灵活。

(2)正常运行方式下,桥路断路器 QF3 断开,与线路-主变压器组接线相同,两组线路各向一台主变压器供电,各自分列工作。必须指出,由于主变电所中压馈线及其构成的环网(开环运行),向采用并联双机组等效 24 脉波整流电路的直流牵引变电所供电,为避免两种不同电源进线的电压数值差别及其频率差异造成整流电路均衡电流增大,导致整流器直流负载分配

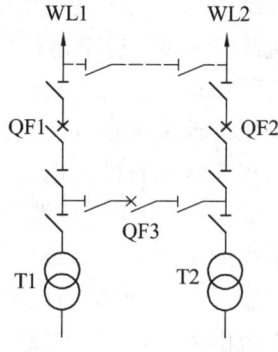

图 4.30 内桥接线

不均而降低整流机组效率(详见第三章第三节),故主变电所两路电源进线,在采用内桥(或外桥)接线方式下,不允许桥路断路器 QF3 合闸而构成并联供电。

(3)当任一回路电源进线发生故障时,该进线断路器自动跳闸,另一回路进线-主变压器正常运行。必要时可以合上桥路断路器 QF3,由一路电源进线对两台主变压器并联供电。但此时若正常供电的线路-主变压器组中的主变压器发生故障,则继电保护动作使与该主变压器高压侧连接的两台断路器同时断开,从而短时中断了另一回路未故障线路的运行,待将故障变压器隔开后,投入 QF2 和 QF3,即可转换为由 WL2 通过桥路母线向主变压器 T1 供电(见图 4.30)。因主变压器运行故障率低于高压线路,这种线路与变压器同一时期出现故障的几率是极少的。

(4)中压侧主接线采用单母线分段、中间设母线分段断路器的接线,其运行方式与上述高压线路-主变压器组单元接线中的中压侧母线接线相同。

(5)适用范围:内桥接线因增加一台桥路断路器和桥路母线,使线路和主变压器故障或检修时运行灵活性增大,提高了供电的可靠性。内桥接线适用于电源进线较长,主变压器不需要经常切换,主变电所场地允许增大桥路断路器配电间隔和相应隔离开关等设备,且技术经济合理的场合。外桥接线的高压电器基本配置与内桥接线基本相同,但桥路断路器设置在电源进线断路器的外侧,有利于穿越功率通过。而城轨交通主变电所一般是终端变电所,无穿越功率,故很少采用外桥接线的主接线形式。

4. 主变压器选择

主变压器台数及其容量对主变电所电气主接线的形式和配电装置结构有重大影响。主变压器中性点接地方式则与牵引供电系统运行的可靠性和安全性密切相关,在主接线方案设计中,应全面分析比较,合理选择确定。

(1)主变压器台数与型式。

主变压器台数选择应从牵引供电系统近、远期规划,系统运行方式,主变电所容量及其

备用方式与要求，制造厂产品规格等情况考虑，通过综合分析和技术经济比较后确定。

我国城轨交通主变电所一般均设置两台主变压器互为备用。正常情况下，两台主变压器并列运行，各负担50%的用电负荷。主变压器型式采用三相三柱油浸自冷式双绕组变压器。这种配置和运行方式可达到投资省、占地相对少、电能损耗小的目标。主变压器绕组的连接组别为Yd方式，原边具有有载调压功能。

（2）主变压器容量选择。

① 我国城轨交通设计有关规定指出，主变电所两台主变压器的容量选择，应根据牵引供电系统中确定的主变电所每台主变压器正常供电范围（若干个牵引变电所和降压变电所），按城轨线路近期（通车运行后第10年）和远期（通车运行后第25年）高峰小时中各类负荷（牵引负荷和动力、照明负荷）的用电量要求，分别计算得到近、远期正常运行方式所需的每台主变压器计算容量。在下列非正常情况下，所选近、远期主变压器的计算容量，应能满足保持列车正常运行的供电需要（需进行校验）。

② 当一台主变压器解列退出运行时，另一台主变压器应能承担故障情况下重新调度后供电范围的全部一、二级负荷，保证列车正常运行。

③ 相邻主变电所因故退出运行时，该主变电所的主变压器应能承担相邻主变电所和该所供电范围内全部一、二级负荷的供电，并保证列车正常运行。

④ 按上述选择要求①得到的近、远期每台主变压器计算容量，选择相近（稍大）的产品安装容量。并经②③两种非正常情况下的负荷调度处理后，校验所选近、远期主变压器安装容量的适应性。

根据所选近、远期主变压器的安装容量的差别，经综合比较后，主变压器设备及相应配电装置可以按近、远期分期实施，也可按远期安装容量一次建成。但在分期实施中，土建规模应按远期预留。

⑤ 按城市规划，对于同期或近期建设具备主变电所资源共享条件的邻近城轨线路，主变压器近期和远期负荷均应按共享情况合并计算；对于建设时序相差较大的邻近线路，主变压器的远期计算负荷应按资源共享情况合并计算。最后选择相应安装容量的主变压器。

⑥ 根据对我国若干城市已建城轨交通线路的初步统计，对于线路长度在 16~33 km 范围内，牵引和动力、照明供电采用统一中压（10~35 kV）环网供电方式的牵引供电系统，大都设置了具有两台主变压器的两座主变电所。因客流量和资源共享方案有所不同，其主变压器安装容量规格在 2×20 MVA、2×31.5 MVA、2×40 MVA 和 2×63 MVA 范围内变化。

5. 主变压器中性点接地方式及其实现

城轨交通主变电所的主变压器是联系高压 110 kV 城市电网、电力系统和 10~35 kV 中压网络、牵引供电系统的重要环节。主变压器中性点接地方式，与接地短路电流（含单相接地、两相短路接地等）数值、系统过电压水平、电气设备的绝缘等级和系统继电保护方式与配置等有密切关系，并直接影响系统供电的可靠性和主变压器运行的安全性，以及对邻近通信线路造成干扰的程度。

电力系统（通过变压器和发电机）中性点一般有两种类型的接地方式：一种是中性点直接接地，或经小电阻接地，其特点是接地短路时的电流较大，故又称为大电流接地，110 kV 及以上电压的系统属于中性点直接接地系统；另一种是中性点不接地，或经消弧线圈和高电阻接地，其特点是该系统接地短路时的接地电流较小，故又称为小电流接地。我国 6~

63 kV 电网采用中性点不接地方式，但当接地电容电流大于 30 A（6~10 kV 电网）或 10 A（20~63 kV 电网）时，其中性点应经消弧线圈或小电阻接地。

（1）主变压器 110 kV 侧中性点接地方式。

110 kV 及以上电压电力系统，按国家有关标准规定应采用中性点直接接地，其目的是当系统发生接地短路情况时，有利于提高零序电流保护动作的灵敏度。但对于主变电所中主变压器高压侧中性点是否全部直接接地，需由电力系统调度控制中心根据地区电网具体运行情况以及系统中零序网络结构与综合零序阻抗数值大小来确定，有时一个主变电所的两台主变压器，其高压侧往往采用一台中性点直接接地，而另一台中性点不接地的运行方式。

（2）主变压器 10~35 kV 侧中性点接地方式。

10~35 kV 电网按规定中性点采用不接地方式，但当接地电容电流大于 10 A 时，其中性点应采用经消弧线圈或小电阻接地。其目的是当该网络发生单相接地故障时，使系统依靠感性电流抵消或中性点电阻限制接地短路电流数值，以减少故障点形成断续电弧过电压对电气设备造成的危害，同时有利于实现灵敏而有选择性的接地保护，将故障回路及时自动切断。

城轨交通供电系统中压（10~35 kV）网络全部采用电缆，其电容电流较架空线路大得多。网络的电容电流 I_C 可按下式计算：

$$I_C = kU_N L \quad (A) \tag{4.1}$$

式中　k——系数，$k=(95+1.44S)/(2\,200+0.23S)$，其中 S 为电缆线芯总截面（mm^2）；

　　　U_N——电网额定电压（kV）；

　　　L——电缆总长度（km）。

（3）中性点消弧线圈和接地变压器的选择。

① 主变压器中压侧中性点消弧线圈的容量，对于 Yd 接线双绕组的主变压器，不应超过主变三相容量的 50%；对安装在 Yy 接线主变压器中性点的消弧线圈容量，不应超过主变三相容量的 20%。

② 主变压器多数采用 Yd 接线方式，中压侧无中性点存在，这种情况下应装设专用的接地变压器，构成中压侧三相 Y 接线形式和中性点，便于连接消弧线圈接地。选择接地变压器容量时，可考虑主变压器的短时过负荷能力。对接地变压器的特性要求主要有：零序阻抗低；空载阻抗高；损耗要小。

二、直流牵引变电所电气主接线

城轨交通直流牵引变电所电气主接线，包括中压交流（20~35 kV）受配电系统和直流（0.75~1.5 kV）受馈电系统两部分，而实现交、直流系统变换重要环节的整流机组（整流变压器-整流器组），则是主接线中的电气主设备。

（一）直流牵引变电所电气主接线基本特点和要求

城轨交通直流牵引变电所电气主接线设计和运行应考虑的基本特点和要求，主要有以下几个方面：

（1）电气主接线进线和中压网络的结构密切相关，多数采用若干主变电所中压馈线输出的中压环形网络向沿线分布的直流牵引变电所供电，后者的中压进线和中压母线串入环网内，并有功率通过，如图 4.31 所示。对高压交流系统主接线可靠性要求较高。

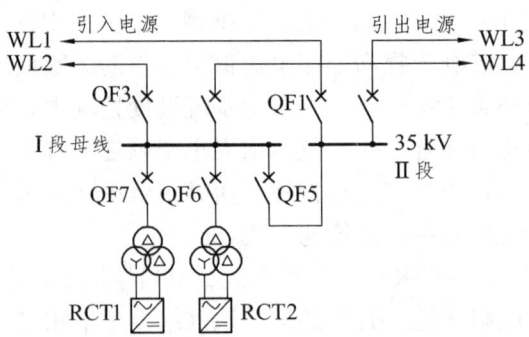

图 4.31 分段单母线接线示意图

（2）整流机组广泛采用由两套 12 脉波整流机组并联组成的等效 24 脉波整流电路换流，两套机组的网侧输入电压任何时刻都应数值相等、相位相同，否则将造成三相整流桥之间的均衡电流增大，导致各机组的直流负荷分配不均，效率下降。因此，应将两套机组的网侧输入端接入同一组母线上。

（3）按照牵引负荷多变和变电所不同的运行情况，电气主接线应能满足调度、检修灵活性的要求。在故障、检修和其他特殊运行方式下，调度可以灵活地投入和退出断路器或整流机组；检修时可以方便地停运断路器、快速直流断路器，不致影响系统运行。

（4）电气主接线的直流系统包括直流母线和直流馈电线。直流系统电气主接线，在本变电所整流机组或全所故障退出运行的情况下，通过调度对直流系统主接线的控制操作，应能由相邻牵引变电所取代本变电所的直流牵引供电。

（5）城轨交通直流牵引变电所与沿线每个车站设置的降压变电所（1~2 个），多数情况下采用合并建设方案，牵引变电所电气主接线形式应综合考虑降压变电所的需要。

（二）直流牵引变电所典型电气主接线形式

直流牵引变电所中压侧电气主接线主要应用单母线接线和分段单母线接线两种形式，现重点介绍应用较普遍的分段单母线接线，并在其中包含了单母线接线的运行方式及其优缺点。直流侧系统电气主接线则较多地采用单母线接线和双母线接线两种形式，下面分别予以介绍。

1. 中压侧分段单母线接线

直流牵引变电所中压侧采用分段单母线接线方式，设有分段断路器 QF5，如图 4.31 所示。中压电源进线 WL1、WL2 为两回路互为备用的独立电缆线分别接入每段母线，它们分别由主变电所 A 中压母线 Ⅰ 段和 Ⅱ 段（或主变电所 B 的中压母线）馈出，并根据中压网络结构方案，经由直流牵引变电所两段中压母线，设置两路引出电缆 WL3、WL4 至相邻牵引变电所，从而构成环网供电系统。

两套 12 脉波整流器构成的等效 24 脉波整流机组 RCT1、RCT2，其网侧输入端应接到一段母线上，在牵引与降压混合变电所的情况下，降压变压器 T1、T2 则分别接入两段母线。

在正常和各种故障情况下检修时的运行特点如下：

① 正常运行时，两路独立电源进线 WL1、WL2 同时供电，两段中压母线分列运行，分段断路器 QF5 断开。

② 当任一路电源进线发生故障时，故障进线断路器 QF3（或 QF1）跳闸，如 WL2 线路故障跳闸后，自动投入分段断路器 QF5，整个牵引变电所由未故障电源进线供电。这种情况下整流机组需经短暂停电。

③ 当 Ⅰ 段中压母线发生故障时，则该母线连接的进线和引出线断路器由于继电保护作用全部自动断路，如分段断路器 QF5 已合闸运行，也会由于其保护动作而使 QF5 断路。此时 Ⅰ 段中压母线失压，应通过调度对直流系统主接线的控制操作，由相邻牵引变电所取代本变电所的直流牵引供电。在断电和转换操作的短时间内，全部整流机组短时停止运行，将在短时对轨道线路的正常运营造成一定影响。虽然这是该种主接线的主要缺点，但由于母线故障的几率很小，这种影响仍允许存在。

④ 进（出）线线路断路器和整流机组网侧进线断路器 QF6、QF7 发生故障或检修时，则可由牵引变电所的备用断路器取代，在更换备用断路器期间将使该线路或设备短时停电。根据全线路集中设置备用或每个牵引变电所就地备用方式的不同，更换备用断路器所需的时间有所不同，由于目前城轨交通牵引变电所较普遍地采用手车式真空断路器，手车更换作业简便，有利于缩短停电时间。而且真空断路器每次故障的检修周期较长，在一定运行时期内的故障几率相对较小。

⑤ 进线电源失电情况下的运行操作：

一路进线电源失电退出运行时，母线分段断路器 QF5 自动投入运行，由另一路进线电源向变电所中压两段母线供电。

两路进线电源同时失电退出运行时，通过调度命令进行倒闸操作，由相邻牵引（或牵引、降压）变电所的引出线反向提供中压电源（见图 4.28），此时引出线联络断路器 CQF1、CQF2（正常处于断开位置）合闸，进行合环转换。但因倒闸操作需要一定时间，在倒闸期间，进线电源失电的该段中压母线接入的整流机组短时退出；待电压恢复后，恢复正常运行，而对线路运营影响较小。

⑥ 优缺点：分段单母线接线和最简单的单母线接线相比，前者增加的设备和投资不多，但运行的灵活性与供电可靠性都有较大提高，因而得到较为广泛的应用。

2. 直流侧系统主接线

直流侧系统主接线，包括从整流机组的直流输出至直流正母线（含工作正母线和备用正母线）的电路、与回流轨连接的回流线、负母线及其和整流器阳极组连接电路、从直流正母线馈出的馈线电路，以及上述电路中的快速断路器等配电设备构成（见图 4.32）。按照母线形式，直流系统主接线主要应用的有单母线接线和双母线接线两种形式。

（1）直流单母线主接线系统。

直流单母线主接线系统如图 4.32 所示，等效 24 脉波两台整流机组的直流输出通过直流快速断路器 DQF3、DQF4 与正母线连接，其作用是当任一整流机组和母线之间发生短路故障时，由直流快速断路器跳闸以保护机组，同时使直流母线连接的全部馈线快速断路器 DQF6～DQF8 产生联锁跳闸，切断相邻牵引变电所通过接触网向故障点馈出短路电流的电路。馈线直流快速断路器为手车式结构，装于直流配电装置的开关柜内。

整流机组的阳极通过电动隔离开关 QS3、QS4 分别与负母线相连接，以便施行运行调度和控制自动化。同一馈电区电分段处上行和下行接触网馈线之间设有纵向电动隔离开关 QS1、QS2（见图 4.32），其作用是当该牵引变电所退出运行时，可以通过它由相邻牵引变电所实现大双边供电（详见下面运行特点的分析）。在正常和各种故障与检修情况下，直流单母线主接线系统的运行特点如下：

① 正常运行时，等效 24 脉波整流双机组并列工作，整流器直流输出快速断路器、馈线快速断路器及馈线电动隔离开关、整流器阳极组与负母线之间的电动隔离开关均合闸，纵向电动隔离开关 QS1、QS2 处于断路状态。该牵引变电所与相邻牵引变电所对两个供电区上下行接触网实现正常的双边供电。

② 单套整流机组退出运行方式与操作（见图 4.32）：

整流机组交流进线断路器 QF1（QF2）因整流机组 T1-RCT1（T2-RCT2）故障而跳闸时，直流输出快

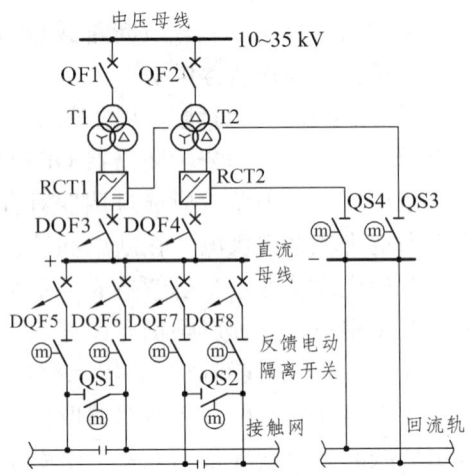

图 4.32　直流单母线主接线

速断路器 DQF3（DQF4）则被联动跳闸；此时所有馈线快速断路器 DQF5 等均被联动跳开，并不进行自动重合闸。待故障整流机组隔离后，遥控将馈线快速断路器 DQF5 等全部合闸，纵向电动隔离开关 QS1、QS2 处于断开状态。另一套整流机组 T2-RCT2（T1-RCT1）在其过负荷能力允许的情况下承担全部牵引负荷，该牵引变电所与相邻牵引变电所对同一供电分区维持正常的双边供电。

③ 两套整流机组退出运行方式与操作：

两套整流机组 T1-RCT1、T2-RCT2 退出时运行方式与单套整流机组退出时运行方式类似。

控制中心对上传的保护信号等信息进行判别，若非直流母线短路或框架保护动作时，该牵引变电所直流输出快速断路器 DQF3、DQF4 及纵向电动隔离开关 QS1、QS2 处于断开状态，遥控将馈线快速断路器 DQF5、DQF6、DQF7 及 DQF8 合闸。

此时两相邻牵引变电所 A、C（见图 4.33）相应直流馈线的输出，通过接触网和两机组退出运行的故障牵引变电所直流母线，如图 4.33 所示的牵引变电所 B 母线，构成大双边供电（或称越区供电）。

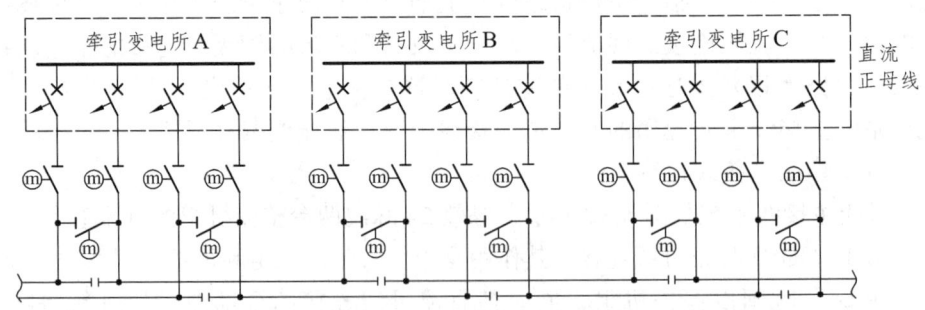

图 4.33　由直流母线或纵向电动隔离开关构成大双边供电示意图

该种大双边供电方式的优点是操作方便，易于实现，但存在两方面的缺点：一是如故障

发生在故障变电所直流母线或馈线断路器处时，不适宜使用；二是大双边供电范围内，当接触网某处又发生短路故障时，将引起多路馈线断路器跳闸，导致事故范围扩大。

④ 直流母线退出运行方式与操作。

为切除开关柜直流母线碰壳故障，设有框架泄漏电流保护（简称"框架保护"）。

开关柜直流母线发生故障时，框架保护联跳全部馈线快速断路器和两套牵引整流机组交流输入断路器 QF1、QF2（见图 4.32）。

由于框架保护不能辨别故障点是发生在开关柜内还是其他部位，框架保护将同时联跳上下行相邻牵引变电所相关馈线快速断路器，允许被联跳的上下行相邻牵引变电所相关馈线快速断路器人工合闸。如果人工合闸成功，表明故障点未发生在该牵引变电所馈出端及以下电缆。

控制中心遥分上网（馈线）电动隔离开关。在满足纵向电动隔离开关合闸条件的情况下，如纵向电动隔离开关连接两端的牵引网电压为无压等，可遥合纵向电动隔离开关 QS1、QS2，相邻牵引变电所通过本牵引变电所纵向电动隔离开关构成大双边供电，如图 4.33 所示。

⑤ 单台馈线快速断路器退出运行方式与操作。

牵引变电所单台馈线快速断路器 DQF5（DQF6、DQF7、DQF8）退出时，控制中心遥分对应的馈线电动隔离开关及同一方向（上行或下行）的馈线快速断路器如 DQF6，及其馈线电动隔离开关。在满足纵向电动隔离开关合闸条件的情况下，如纵向电动隔离开关连接两端的牵引网电压为无压等，可遥合纵向电动隔离开关 QS1（QS2），相邻牵引变电所通过故障牵引变电所纵向电动隔离开关构成双边供电。

该牵引变电所退出的馈线快速断路器和对应的馈线电动隔离开关均处于断开状态，相关联的纵向电动隔离开关处于合闸状态。

由于牵引网短路故障几率相对较大，主接线设计中应考虑馈线快速断路器的备用方式问题。若牵引变电所或牵引供电系统设有移动式备用快速断路器，则单台馈线快速断路器故障后退出运行操作更简便，只需将故障快速断路器手车拉出配电间隔，经校核备用快速断路器的动作整定值（保护在手车上）及其结构完整性后，将其（手车）推入原配电间隔，执行合闸操作，即可取代原馈线快速断路器，恢复正常的双边供电。

⑥ 电分段两侧上（下）行两台馈线快速断路器退出运行方式与操作。

牵引变电所电分段两侧上（下）行的两台馈线快速断路器 DQF5、DQF6（DQF7、DQF8）退出，在满足纵向电动隔离开关 QS1（QS2）合闸条件的情况下，遥合纵向电动隔离开关 QS1（QS2），相邻牵引变电所通过故障牵引变电所纵向电动隔离开关 QS1（QS2）构成大双边供电。

该牵引变电所退出的馈线快速断路器及馈线电动隔离开关处于断开状态，纵向电动隔离开关处于合闸状态。

此时，另两台完好的馈线快速断路器仍处于合闸状态，与相邻牵引变电所保持正常的双边供电。

⑦ 直流单母线主接线系统的优缺点。

（ⅰ）直流单母线主接线系统在任何设备、母线故障或检修退出运行时，均能实现不影响直流牵引供电系统持续供电的要求。系统运行有较高的可靠性和灵活性，且接线简单、造价较低（与双母线主接线系统相比）。该系统在国内城轨交通供电系统中有较多的应用。

（ii）因该接线系统中没有直流馈线备用快速断路器，当任一台馈线断路器退出运行时，需采用纵向电动隔离开关由相邻牵引变电所实现大双边供电。由于隔离开关的操作限制条件较严格（不能带负荷操作），致使操作判断时间较长，由正常情况的双边供电转换为大双边供电时间也较长。

（iii）在牵引变电所或供电系统设有移动式备用馈线快速断路器时，则由备用馈线快速断路器取代故障快速断路器的时间可以缩短，从而能较快地恢复正常双而边供电运行方式。但采用这种快速断路器备用方式，需要增加牵引变电所直流配电装置间隔的面积使一次投资（含建筑物和备用断路器）适当增大，因此，宜结合具体线路情况进行技术经济比较后抉择。

（2）直流双母线主接线系统。

直流双母线主接线系统设有工作母线、备用母线，在两者间设有备用直流馈线快速断路器，与每路馈线快速断路器 DQF11 等并列，并设有旁路电动隔离开关 QS11 等，如图 4.34 所示。

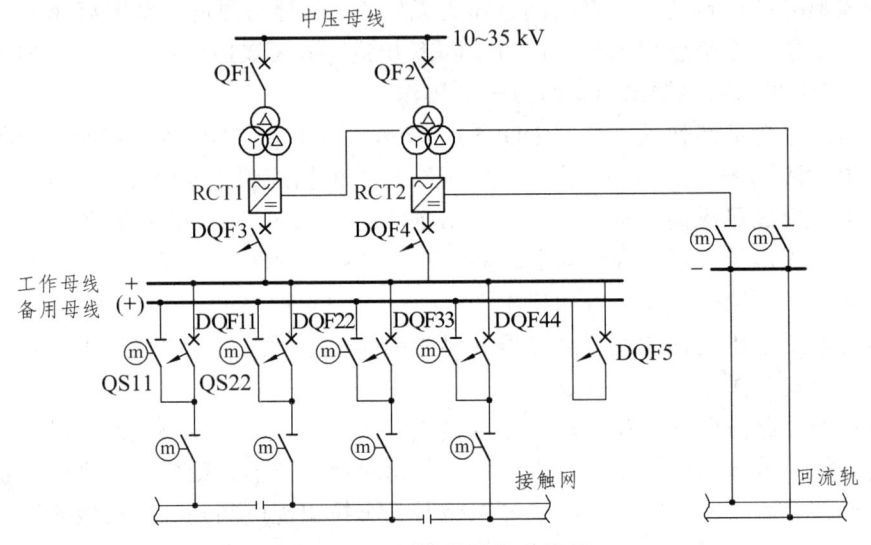

图 4.34 直流双母线主接线

备用直流快速断路器可取代发生故障的任何一台馈线快速断路器，它具备馈线快速断路器的所有功能，包括合闸线路测试功能，与相邻牵引变电所相同供电分区馈出线快速断路器的双边联跳，以及所内故障联跳功能等，它始终处于热备用状态。

其他设备和直流单母线主接线系统相同。直流双母线系统的上述设备配置，主要目的是有效解决直流馈线断路器故障引起的停电和安全运行问题。

在正常和各种故障与检修情况下，直流双母线主接线系统的运行特点如下：

① 正常运行方式。

等效 24 脉波整流方式的双机组并列运行，整流器输出直流快速断路器、馈线快速断路器及馈线电动隔离开关均闭合，馈线开关柜旁路电动隔离开关及备用馈线快速断路器处于断开状态。本牵引变电所与相邻牵引变电所对同一供电分区实施正常双边供电。

② 单套整流机组退出运行方式与操作（见图 4.34）。

单套整流机组退出时运行方式与上述直流单母线系统②相同。

退出的整流机组对应的直流输出快速断路器断开，馈线快速断路器及馈线电动隔离开关均闭合。馈线开关柜旁路电动隔离开关及备用快速断路器处于断开状态。该牵引变电所与相邻牵引变电所对同一供电分区实施正常双边供电。

③ 两套整流机组退出运行方式和操作。

两套整流机组退出运行方式与上述直流单母线系统③相同。此时该牵引变电所直流输出快速断路器、馈线开关柜旁路电动隔离开关及备用直流快速断路器 DQF5 处于断开状态，全部馈线直流快速断路器均处于合闸状态。

相邻牵引变电所相应直流馈线的输出通过接触网和两机组退出运行的故障牵引变电所直流母线，构成大双边供电。

④ 直流母线退出运行方式与操作。

直流母线退出时的联跳、分闸方式和时序与直流单母线系统④相同。

在保证所有馈线快速断路器 DQF11、DQF22、DQF33、DQF44 分闸情况下，控制中心遥分上下行相邻牵引变电所同一馈电分区的馈线快速断路器。然后，按顺序依次遥合该牵引变电所旁路电动隔离开关、上下行相邻牵引变电所同一馈电分区的馈线快速断路器，通过旁路电动隔离开关和备用母线构成大双边供电。

该牵引变电所直流输出快速断路器（DQF3、DQF4）、馈线快速断路器（DQF11、DQF22、DQF33、DQF44）及备用快速断路器 DQF5 处于断开状态，馈线开关柜旁路电动隔离开关及馈线电动隔离开关处于合闸状态。

⑤ 馈线快速断路器退出运行方式与操作。

牵引变电所单台馈线快速断路器 DQF11 退出，由备用快速断路器 DQF5 通过与该馈线快速断路器并联的旁路电动隔离开关 QS11 代替该馈线快速断路器继续运行，与相邻牵引变电所对同一供电分区仍实施正常双边供电。

该牵引变电所退出的馈线开关柜内旁路电动隔离开关 QS11 及备用快速断路器 DQF5 均处于闭合状态，退出的馈线快速断路器 DQF11 及其他非故障馈线开关柜内的旁路电动隔离开关处于断开状态。

若牵引变电所电分段两侧上下行的两台馈线快速断路器 DQF11、DQF22（DQF33、DQF44）先后退出，可以通过相对应的旁路电动隔离开关和备用母线构成双边供电，与单台馈线快速断路器退出时的运行方式相同。

⑥ 馈线快速断路器与备用快速断路器同时退出运行方式与操作。

牵引变电所一台馈线快速断路器 DQF11 和备用快速断路器 DQF5 先后退出，对应的馈电分区可以通过旁路电动隔离开关和备用母线构成双边供电，也可以由相邻牵引变电所实施单边供电。其余馈线快速断路器 DQF22、DQF33、DQF44 与相邻牵引变电所保持正常的双边供电。

电动隔离开关 QS11 和 QS22 处于闭合状态，退出的馈线快速断路器 DQF11、备用断路器 DQF5 及其他非故障馈线开关柜内的旁路电动隔离开关（QS22 除外）处于断开状态。

⑦ 直流双母线主接线系统优缺点和简要评价。

（i）直流双母线主接线系统在任何设备、母线故障或检修退出运行时，均能实现不影响直流牵引供电系统持续供电的要求，系统运行的可靠性和灵活性很高。由于增加了备用母线，所有馈线快速断路器增加了旁路电动隔离开关，使其接线较单母线系统复杂，并增大了操作联锁的复杂性，同时其造价也有所提高，适用于客流量很大的重要轨道交通线路牵引变电所。

（ii）由于设有直流备用快速断路器和备用直流母线，在任何馈线快速断路器故障或检修而退出运行时，可立即由备用快速断路器合闸，通过备用母线和故障快速断路器的旁路电动隔离开关合闸取代故障馈线快速断路器的工作，恢复正常供电。从而较大地缩短了停电时间，合理地解决了馈线快速断路器故障频繁导致的安全供电问题。这也是直流双母线主接线系统的主要优点。

3. 直流牵引变电所典型电气主接线简介

城轨交通直流牵引、降压混合变电所典型电气主接线如图 4.35 所示。它也代表一般直流牵引变电所典型电气主接线形式。

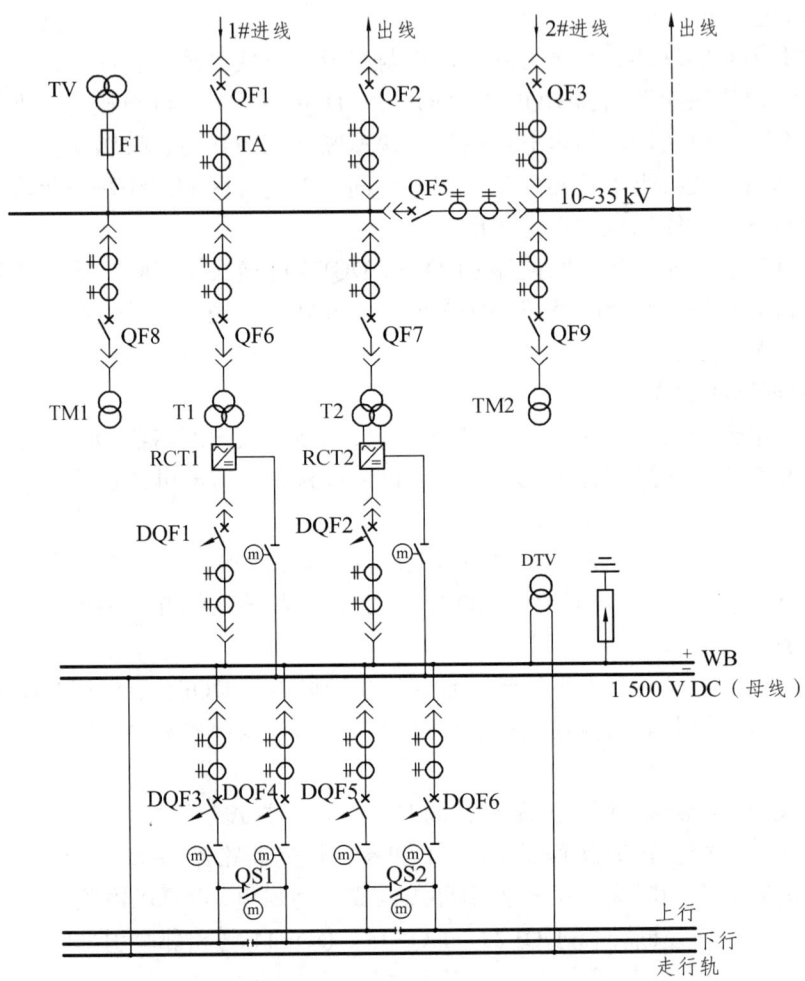

图 4.35 牵引、降压混合变电所典型主接线图

该主接线分为中压交流系统和直流系统两部分。中压交流系统采用扩大的内桥型主接线（多于两路电源进、出线路），其中压进出线路数量和布置是根据整个牵引供电系统中压环网供电的构成需要来确定的。这已在本节"主变电所电气主接线"部分和第一章"中压环网"一节中做出详细的阐述。

图 4.35 中直流侧系统采用单母线接线带有馈线纵向电动隔离开关的形式，其运行方式与操作已在前面"直流单母线主接线系统"部分进行了分析。

中压交流侧和直流侧都设有电气量测量和继电保护所需要的电压互感器 TV、DTV 和电流互感器 TA，以及防止雷电浪涌过电压与操作过电压的避雷器。

三、降压变电所电气主接线

城轨交通降压变电所直接为列车运营控制、通信信号、行车安全、防灾安全、应急处理和旅客服务等动力照明设施供电，是城轨交通正常运营的重要组成部分。降压变电所的可靠供电对现代城轨交通的安全运行非常重要，也是保障其旅客输送快速性、安全性的重要条件。

为此，必须合理地选择降压变电所的供电电源和电气主接线，选择可靠的一次和二次电气设备，配置完善的继电保护装置和自动装置，同时要了解降压变电所负荷的性质与分类。

（一）降压变电所的负荷性质与分类

降压变电所的负荷，根据其用电设备在运输生产中的作用及突然中断供电所造成的危害程度，按有关设计规范的规定，一般可分为以下三级：

（1）一级负荷：凡属于短时（切换到恢复供电所需时间）停电，会造成主要设备损坏或危及人身安全，并直接影响运输秩序紊乱的用电负荷。

变电所操作电源，通信系统设备，信号系统设备，自动售检票系统设备，屏蔽门/安全门设备，火灾自动报警系统设备，消防系统设备，电力监控与环境（包括通风与空调）监控系统设备，气体灭火系统设备，人防门，防淹门，区间射流风机及其他与防灾有关的风机、电动阀门，消防泵、车站废水泵及区间主排水泵、雨水泵，地下车站站厅、站台公共区的一般照明，应急照明，地下区间照明，兼做疏散用的自动扶梯，锅炉设备（东北地区）等属一级负荷。

车站站厅及站台照明由降压变电所两段低压母线分别供电，各带约 50% 的照明负荷。其他一级负荷应由低压双电源双回线路供电，当一个电源发生故障时，另一个电源不能同时受到破坏。

一级负荷中特别重要的负荷如变电所操作电源、火灾自动报警系统、通信系统、信号系统及应急照明系统，还应设置不间断电源装置。

（2）二级负荷：允许短时停电（最多几分钟），恢复供电后，对运输生产不造成明显不利影响的用电负荷。与防灾无关的风机，污水泵，设备管理用房照明，不用于疏散的自动扶梯、电梯等属二级负荷。

二级负荷宜由双回线路供电。对电梯及其他距离变电所不超过半个站台有效长度的负荷，可采用双电源单回线路专线供电。

（3）三级负荷：不属于上述一、二级负荷的其他低压用电负荷。

空调制冷及水系统设备、广告照明、清扫电源、电热设备、锅炉设备（长江以南地区）属三级负荷。

三级负荷可为单电源单回线路供电，当系统中只有一个电源工作时允许切除该类负荷。

（二）降压变电所主接线特点及对其基本要求

（1）降压变电所的供电电源，应按一级负荷由双电源两回路进线供电，一般设有两台配电变压器，每台变压器应满足远期一、二级负荷所需的容量，正常情况下，两台配电变压器分别供电。对一级负荷中特别重要的负荷，还应增设独立于正常电源的应急电源。

（2）降压变电所数量多，沿线分布广，从综合经济技术性能考虑，除应设在负荷中心外，还应尽可能与牵引变电所合并。对不同工作环境和服务对象的降压变电所（如线路区间内的跟随式降压变电所），其电气主接线应有所不同。

（3）电气主接线由电源中压侧和低压（380/220 V）侧接线两部分组成。当中压侧任一进线断路器，高、低压母线，任一配电变压器及其低压输出自动开关退出运行时，主接线的无故障设备和接线应能保证一、二级负荷的可靠供电。

（4）电气主接线应能满足故障和检修情况下，调度控制灵活性的要求，高、低压断流开关（断路器和低压自动开关）应具有自动或远动监控跳、合闸功能。在满足可靠性、灵活性和先进实用技术的前提下，同时具备经济合理性。

（三）降压变电所典型电气主接线形式及其运行

降压变电所中压侧电气主接线主要有 3 种形式：① 带分段断路器的分段单母线接线（见图 4.36）；② 不带分段断路器的分段单母线接线；③ 线路-变压器组接线。

由于不带分段断路器的分段单母线接线与第①种带分段断路器的分段单母线接线的设备配置基本相同，只是不设母线分段断路器，中压侧主接线运行的灵活性稍差些；而线路-变压器组接线形式一般用在跟随式降压变电所，由两组带熔断器的中压负荷开关和配电变压器组成，如图 4.37 所示。其中负荷开关可切断负载电流（带负荷操作），熔断器可切断短路故障电流。这种接线形式的运行比较简单。

低压侧电气主接线普遍采用带分段自动开关的分段单母线接线形式。

下面重点对中压侧应用带分段断路器的分段单母线和低压侧带分段自动开关的分段单母线接线，作为降压变电所典型电气主接线形式的设备和运行进行分析介绍。

（1）中、低压侧带分段断路器（低压自动开关）的分段单母线典型电气主接线形式。

降压变电所中压侧采用带分段断路器 QF5 的分段单母线接线，低压侧应用带分段自动开关 LQF3 的分段单母线，典型主接线如图 4.36 所示。

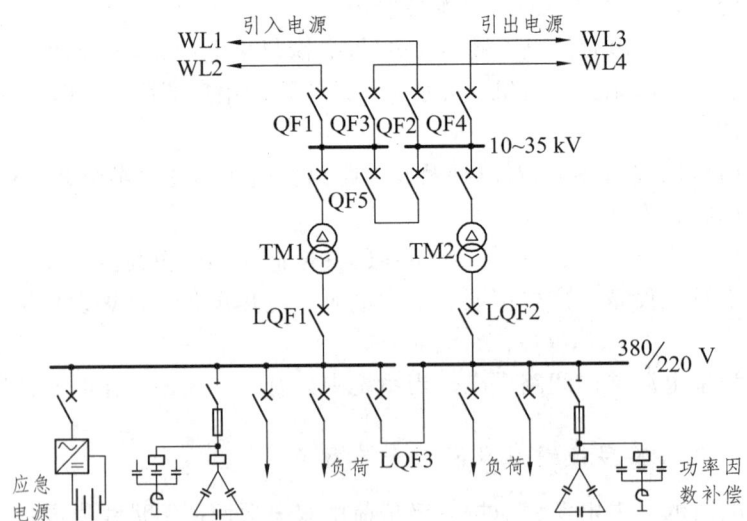

图 4.36　降压变电所典型电气主接线示意图

两路电源进线 WL1、WL2 分别连接至中压分段单母线的两个分段母线上，每段母线上各设一台配电变压器 TM1、TM2，其低压输出经低压自动开关 LQF1、LQF2，分别连接到低压分段单母线的两个分段上，两段低压母线上的负荷应尽量均衡分配，与配电变压器安装容量相匹配。重要的一、二级负荷应分别由两段母线同时引出双回路低压馈线供电，以保证其高可靠性的需求。

（2）在正常和各种故障与检修时，中、低压带分段断路器（自动开关）的分段单母线主接线系统的运行特点和操作情况如下：

① 正常运行时，两路电源进线 WL1、WL2 分开供电，两台配电变压器 TM1、TM2 同时并列工作，低压 380/220 V 两分段母线分开并列受电和馈电，中、低压分段断路器 QF5 和分段自动开关 LQF3 断开。

② 一路进线（如 WL1）电源失压，QF2 断开后，可有两种运行方式：一种是按低压负荷类别，自动或手动切除第三级负荷，由另一台配电变压器经由 WL2 电源受电承担全部一、二级负荷正常用电；另一种运行方式是将分段断路器 QF5 投入运行（或自动投入），由另一电源进线 WL2 向降压变电所的两段母线和两台变压器维持正常供电，可知第二种方式操作简单，且能保证正常供电。

③ 两路电源进线 WL1、WL2 失电、QF1、QF2 断开后，由调度发出倒闸操作指令，经由 QF3、QF4 通过相邻变电所使联络断路器 CQF1、CQF2 合闸（见图 4.28），反向将中压供电网电源 WL3、WL4 引入两段母线，保持正常供电，但倒闸操作时会使全所短时停电。

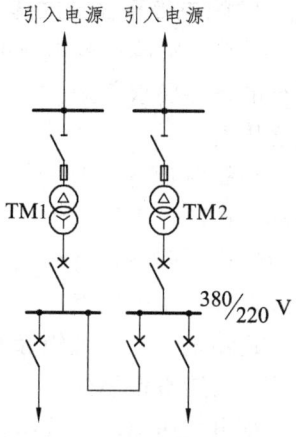

图 4.37　线路-变压器组接线示意图

④ 当一段中压母线故障退出后，闭锁分段断路器 QF5 投入功能，QF5 断开，另一段母线和配电变压器继续运行。这时应自动或手动切除三级负荷，由一台配电变压器承担全部一、二级负荷正常用电。

⑤ 一台配电变压器退出后，另一台配电变压器继续运行，其他操作与上述④相同。

⑥ 两段低压母线的一段故障退出后，将分段自动开关 LQF3 断开，其他操作与上述类似，不再赘述。

⑦ 两台配电变压器或两段母线同时故障和检修而退出时，该降压变电所退出运行。此时低压母线连接的应急电源（蓄电池）通过逆变器可维护对应急负荷的供电（见图 4.36）。

（3）中、低压带分段断路器（自动开关）的分段单母线主接线系统优缺点和简要评价。

① 降压变电所中、低压带分段断路器（自动开关）的分段单母线主接线在任何单一设备、母线故障或检修和两路电源进线失电而退出运行时，均能实现不影响对一、二级负荷持续供电的需要。主接线系统有很高的可靠性和运行灵活性。

② 与不设分段断路器的分段单母线主接线比较，分段单母线增设分段断路器后，增设一个断路器配电间隔的投资增加不多，但供电可靠性和运行操作的灵活性大大提高，因而受到轨道交通线路的广泛采用。

③ 上述运行特点⑦中，两台配电变压器或两段母线同时发生故障和检修时，将造成全所停电。一方面是该类故障出现的几率极少，另一方面为防止这种重大故障发生，应在低压

380/220V 母线设置应急电源装置 EPS（Emergency Power Supply）。该装置在交流电源供电中断时，通过切换开关转换为由蓄电池经逆变器向应急照明等用户提供交流电源（见图 4.36）。或者引入独立于正常供电电源的专用供电线路作为应急（备用）电源。

（四）配电变压器型式及负荷计算与容量选择

降压变电所的重要电气主设备是配电变压器，在主接线设计中，应首先了解其负荷类型（属几级负荷）、工作模式（连续工作或间隙式周期性工作），并进行负荷计算。在此基础上根据地下变电所工作环境的要求，按现行产品规格和电压等级选择配电变压器的安装容量，现分述如下：

1. 配电变压器型式选择

城轨交通降压变电所的配电变压器，多数在地下建筑的室内公共环境下工作，对其安全运行的条件要求苛刻，一般采用环氧树脂绝缘的干式、空气冷却、节能型三相三柱双绕组配电变压器。

环氧树脂浇注干式变压器具有优良的防火性能。环氧树脂是一种很好的难燃、自熄绝缘材料，在运行中不产生任何不利于环境的气体。该类变压器采用分段圆筒式绕组，经真空浇注后结构牢固，具有很强的抗短路电动力的能力。此外还具有噪声低、能耗低、体积小、造价较低等一系列优点，得到广泛应用。

近年来，杜邦纸绝缘变压器以其绝缘水平高、噪声低、利于环保等优势更为突出，有替代环氧树脂真空浇注式变压器的趋势（详见参考文献[6]340～342页）。

配电变压器的接线组别为 Dyn11，Yyn0，低压绕组中性点采用直接接地方式。

2. 配电变压器负荷计算与容量选择

配电变压器容量应由动力、照明负荷计算确定，并按满足正常负荷下最大容量电动机启动要求的条件进行校验，即应保证启动时电动机端电压不低于其额定电压的 70%。

① 配电变压器容量 S_T。按降压变电所的全部动力、照明负荷，采用需要系数法计算变电所计算容量，并满足下式：

$$S_T \geqslant S_{Tp} = S_p + S_b \tag{4.2}$$

式中，S_p、S_b 分别为动力负荷、照明负荷计算容量（kVA）；S_{Tp} 为降压变电所负荷的计算容量。

动力负荷计算容量 S_p：

$$S_p = \sum P_p \cdot K_1 / \eta_1 \cdot K_2 \tag{4.3}$$

式中，P_p 为每种电动机的有效（计算）电功率（kW）；K_1 为每种电动机运行的同时系数，对自动扶梯、风机等连续运行 10 h 以上的设备，可取 0.9～1.0，对断续运行的设备，如污水泵、排水泵、生活、施工用电等，可取 0.2～0.5；η_1、K_2 分别为电动机的效率和功率因数。

照明负荷计算容量 S_b：

$$S_b = \sum E_v \cdot S \cdot K_3 / \eta_2 \cdot K_4 \tag{4.4}$$

式中 E_v、S——不同建筑物照度（lx）和建筑物照明区面积（m²）；

K_3——照明同时系数，地下车站的站台、大厅和区间照明取 1.0，地面车站、区间取 0.6~0.8；

η_2——灯具发光与电光转换效率；

K_4——照明灯具功率因数。

② 为保证供电可靠性，应设置两台配电变压器，并按一台配电变压器退出运行时，另一台变压器承担全部一、二级动力与照明负荷正常工作的要求，先取（0.7~0.8）S_{Tp}（计算容量），在产品规格中查出所需相近的配电变压器容量 S_T（包括中、低压组合和接线组别），参见附录附表14。

③ 按选取的单台变压器容量 S_T，进行供电范围内最大容量电动机（馈电距离最长）启动的端电压检验，以及是否具备对一、二级负荷长时供电的能力检验，即 $S_T \geq$ 全所一、二级负荷。如能满足上述两方面条件的要求，说明所选 S_T 是合适的。

第六节 主接线的技术经济分析与比较

牵引供变电工程在设计时需要考虑设计方案的技术指标和经济指标，与任何工程设计相同，通常，在工程方案满足技术指标的前提下，需要对方案的经济性进行评估，以确定工程实施的最终方案。

影响供变电工程经济性的因素很多，如电气主接线、设备选择、工程选址、施工环境、交通情况等，主接线既是设备选择的主要依据，也是确定施工方案的重要依据，因此，主接线是影响供变电工程经济性的主要因素。

牵引变电所及其他供变电装置主接线的选择，是在充分研究各种原始资料、电源与电力系统情况、地区负荷类别、牵引网供电方式和由牵引供电计算得到各种参数的基础上，根据本章前几节讨论的各种类型、电压等级主接线基本形式，提出若干可能的变电所主接线方案，通过技术经济的全面分析，再集中少数几个能同时满足技术要求的方案，深入进行经济比较，最后确定技术经济指标最优的主接线。值得注意的是：方案技术指标的提出，应在满足国家标准或行业标准的前提下，根据工程的具体情况进行适当修改而得出。过高的技术指标，有可能造成工程的投资过高；而过低的技术指标，则会使工程运行性能不能满足用户需求。

本节主要介绍技术经济分析、比较的内容和方法，并以交流牵引变电所为主要对象进行讨论。

一、主接线经济综合指标计算方法

等年值法是一种常用的计算牵引供电系统经济性综合指标的方法。等年值法是把工程项目使用期内的费用换算成每年一笔等额的等价费用，然后用等年值进行方案比较。工程项目等年值 PVC（Present Value Cost，也称费用现值）的判别式为

$$\min AC_j = PVC_j(A/P,i,n) = \left[\sum_{t=0}^{n}(C_{jt}+K_{jt})(P/F,i,t)\right](A/P,i,n) \quad (4.5)$$

式中 AC_j——方案 j 总费用的等年值；

C_{jt}——方案 j 在第 t 年的运行费用；

K_{jt}——方案 j 在第 t 年的投资；

i——利率或贴现率；

n——方案 j 的使用年限；

$(P/F,i,t)$——一次支付贴现系数，$(P/F,i,t)=1/(1+i)^t$；

$(A/P,i,n)$——资金回收系数，$(A/P,i,n)=i(1+i)^n/[(1+i)^n-1]$。

当使用期内每年的运行费用不变时，即 $C_{jt}=C_j(t=1,2,3,\cdots,n)$ 以及投资只发生在第一年的年初时，即 $K_{jt}=\begin{cases}K_{j0} & t=0\\ 0 & t>0\end{cases}$，经过简单的代数运算即可把工程项目等年值的判别式简化为

$$\min AC_j = K_{j0}(A/P,i,n)+C_j \quad (4.6)$$

C_j 包括年电量损失费（由容量电费和电量电费两部分构成，当然，电量电费的计价和容量电费的计价存在差别）和年可比设备维修费。年电量损失费可以通过停电时间或者停电频率求得；年可比设备维修费一般可以取年设备可比投资的 5%。

因此，年总可比费用可表示如下：

$$\text{年总可比费用}=\text{年设备可比投资}+\text{年电量损失费}+\text{年可比设备维修费} \quad (4.7)$$

年总可比费用综合反映了主接线方案的可靠性和经济性，是主接线方案的综合经济指标。对所有的主接线方案，主要就是使用此综合经济指标来加以比较选择，此值越小越好。

二、主变压器类型、容量和台数选择及其备用方式

主变压器是指在牵引变电所或专用供电系统主变电所（地铁、轻轨交通）中向电力牵引负荷供电的大型变压器。直流牵引变电所的主变压器一般称为整流变压器。

主变压器的接线方式、容量和台数及其备用方式，除了变压器本身的投资外，还影响到主接线的形式、配电装置的结构和变电所屋外布置占地面积，对整座变电所技术经济指标的确定有重要意义。

（一）主变压器接线形式

按牵引网供电方式不同，有 25 kV 牵引供电系统、2×25 kV AT 牵引供电系统两类，所采用的主变压器也有所不同。

1. 25 kV 牵引供电系统主变压器接线形式

（1）对于三相式牵引变电所，无例外地采用 YNd11 接线方式的三相主变压器，其容量利用率最低。

（2）三相-二相式牵引变电所的主变压器，可采用斯科特（Scott）接线方式和阻抗匹配

式三相变压器接线方式等。其特点是将对称三相电压系统转换成两个相位差为 π/2 的单相电压系统，从而降低单相牵引负荷对三相系统造成的不平衡程度，容量利用率介于三相 YNd11 接线和单相变压器接线之间。这类平衡接线的主变压器中，斯科特接线方式一次侧绕组中性点不能引出并实现接地，当变压器的底边和高边绕组负荷相差很大时，可能造成原边三相电压中性点漂移，导致三相绕组电压不平衡，因此，这种变压器绕组绝缘应按全绝缘设计，造价较高。阻抗匹配式三相-二相平衡变压器接线与三相 YNd11 接线方式一样，其中性点可方便地引出接地。这种接线变压器的结构是在三相三柱变压器的基础上，在两边柱次边绕组上各增加一个平衡绕组，分别与三角形绕组串联组成（见图 3.7）。利用绕组阻抗匹配可达到单相牵引负荷的对称变换，并且其容量利用率与 YNd11 接线变压器相比有很大提高。

需要指出的是：当牵引网上存在有再生反馈电流的机车运行时，将大大降低三相-二相平衡变压器对牵引负荷注入三相系统不平衡电流的抑制能力，极端情况下反而造成负序助增（一臂处于牵引负荷工况下，另一臂处于再生反馈工况下），故存在再生反馈负荷的电化区段应避免采用三相-二相平衡接线的主变压器。

三相-二相平衡接线主变压器的牵引变电所中，三相低压自用电可通过连接在牵引侧母线的逆斯科特接线自用变压器得到。

（3）单相牵引变电所主变压器，有纯单相接线方式和单相 Vv 接线主变压器，检修时备用变压器投入的倒闸作业复杂，运行与维修的灵活性差，并对正常供电产生较大影响。纯单相接线主变压器适用于电力系统容量很大、具有较强的承受不平衡影响能力或采用其他措施抑制这种影响的地区和电化区段。

如果需要牵引变电所承担三相大容量地区负荷供电的任务，应对地区动力变压器的接入方式（接于高侧压或牵引母线侧）通过技术经济比较确定。对于三相式牵引变电所，当地区负荷容量与牵引负荷容量的比值大于 15% 的情况下，采用两台三相三绕组变压器，在技术经济上一般比在高压侧或牵引母线侧另设双绕组地区变压器方式要优越。

（二）主变压器容量、台数和备用方式的确定

牵引变电所主变压器容量应按照电气化铁路运输需要的通过能力，由牵引供电计算确定牵引计算容量，并根据列车紧密运行时供电臂的有效电流和充分利用变压器的过载能力，计算校核容量。由牵引用计算容量并考虑地区电力负荷和校核容量两者中的较大数值，再根据不同备用方式和变压器系列产品选择与上述较大值相接近的容量，作为安装容量。

主变压器台数和备用方式按下列原则确定：

（1）采用移动备用时应设两台牵引变压器，每台安装容量取为计算容量的一半，另外每 5~7 座牵引变电所设置移动变压器车一台（配置于供电段内），移动变压器容量应按区段最大单台主变压器容量选择。每座牵引变电所应设铁路岔线，以便主变压器故障或检修时，移动备用变压器能在较短时间内调入，取代工作主变压器投入运行（往往需数小时），这种备用方式目前几乎不采用。

（2）采用固定备用方式时应设两台主变压器，正常时一台运行、一台备用，备用主变压器容量应能承担全所最大负荷。在紧密运行时或认为经济运行合理的情况下，也可两台主变压器并列运行。固定备用方式的变电所可不设专用铁路岔线，设备检修的运输业务由汽车运

输承担,从而减少了变电所场地面积和土建投资。固定备用的主变压器安装容量一般比移动备用增大约30%以上。

目前,牵引变压器多采用固定备用方式。在某些复杂情况和大容量牵引变电所中,主变压器备用方式应由技术经济比较确定。

三、有关主接线方案选择的若干技术原则与要求

(一)技术原则

牵引变电所主接线方案选择应充分考虑电源(一次)系统的供电方式、牵引变电所的地位与功能,主要有如下几个方面:

(1)发电厂、电力系统对牵引变电所的供电有专用双回输电线供电方式、环网供电方式和综合供电方式等几种,也可统一由电力系统输电网以不同的供电方式向牵引变电所供电。主接线形式应考虑牵引变电所所处位置与功能,当由双回输电线供电时,变电所较多地采用双T形接线;在环网供电回路中采用桥形接线;中心牵引变电所和兼有向区域负荷供电的牵引变电所,电气接线的可靠性要求更高。

(2)电压等级、进(出)线数量与断路器的备用方式,由于断路器分闸若干次后检修的概率增大,当断路器达到一定数量时,需要考虑断路器检修备用问题。对110~220 kV系统,一般进(出)线为三回路时采用单母线分段的电气接线,四回路以上时则采用单母线带旁路母线的接线方式。牵引负荷系统馈线在三回路以上时,以采用单母线带旁路母线的接线为宜。

(3)地区或区域负荷的容量大小和重要程度对电气主接线存在一定的影响,地区负荷容量较小的25 V/10 kV地区变压器可直接由牵引母线供电,接入地区动力变压器的容量以不使牵引主变压器容量升级为原则。特殊情况下可改变主变压器的接线方式(如三绕组接线),或直接从高压110~220 kV母线向地区动力变压器供电,应通过技术经济比较确定。

(二)对电能质量的技术要求

电力牵引负荷存在的短时冲击性变化引起电压波动,整流器机车牵引功率因数低以及在三相电力系统中产生负序和谐波电流,对牵引变电所的电能质量造成不利影响。有关电流、电压不平衡程度、谐波水平、功率因数与电压水平及其改善措施,应由牵引供电系统分析计算后统一解决,其分析计算方法将在"电气化铁道供电系统"课程中讨论。而牵引变电所馈线电压水平和电流、电压不平衡程度直接与变电所主接线结构有关,必须符合有关国家规范和设备允许值的要求。

1. 电压损失和电能损失

牵引供电系统的电压损失和电能损失,是表征电能质量和系统效益的重要指标之一。电压损失和电能损失是由电流流过牵引变电所主变压器和牵引网阻抗形成的,其中牵引网电压、电能损失的计算条件和方法将在"电气化铁道供电系统"课程中讨论。主变压器类型及其参数选择对电压和电能损失有直接影响,电能损失的计算将在以下经济比较中介绍,现将电压损失的有关规定内容阐述如下。

牵引变电所牵引母线额定电压为27.5 kV和2×27.5 kV,最高允许电压为29 kV、2×29 kV,最低电压为19 kV(相对接触网-钢轨间电压而言)。

国家标准规定的供电电压允许偏差范围为

$$电压偏差(\%) = \frac{U_w - U_N}{U_N} \times 100\% \quad (4.8)$$

式中，U_w、U_N 分别为实际工作电压和额定电压值（kV）。

35 kV 及以上供电电压正、负偏差绝对值之和不超过标称电压的 10%；对 10 kV 及以下电网，允许偏差为 ±7%；25 kV 系统的标准尚缺，一般以机车对供电电压的要求为依据。

2. 三相电压允许不平衡度

单相电牵引负荷的牵引变电所可视为负序电流源，对于向电力牵引和其他地区用户供电的地区变电站（或发电厂）的共用母线（或称公共连接点），国家标准规定三相电压允许不平衡度 ε_u，正常值为 2%，短时值为 4%。其表达式为

$$\varepsilon_u = \frac{U_2}{U_1} \times 100\%$$

式中，U_1、U_2 分别为三相电压的正序分量和负序分量均方根值（V）。

根据电力牵引负荷产生的负序电流，ε_u 的近似计算式可采用 $\varepsilon_u = \frac{\sqrt{3} I_2 \cdot U_L}{10 S_{KC}}$ ［见第一章式（1.2）］。

根据 GB/T 15543 的规定，连接于公共连接点的每个用户引起该点负序电压不平衡度允许值一般为 1.3%，短时（3s～1min）不得超过 2.6%，根据连接点的负荷状况以及邻近发电机、继电保护和自动装置安全运行要求，该允许值可适当变动，但公共连接点的负序电压不平衡度不得超过 2%，短时不得超过 4%。

四、经济比较

在技术比较的基础上，如可比方案经济上的合理性尚不明显，则需对可比方案的差值部分进行经济比较，而不需要计算各方案的全部费用，经济比较主要组成部分包括一次投资和年运行费用。

（一）一次投资

一次投资主要考虑主变压器、地区变压器的设备与安装费用，配电装置的设备、安装费用，还有占地面积及土石方工程等。

为计算方便，往往采用包括设备造价、运输费和现场安装、调试等有关费用在内的"单位综合指标"。例如，配电装置的综合指标按不同接线方式一条回路所占的一个间隔制订，它包括本回路配电间隔中的全部断路器、隔离开关、互感器、母线等设备的价格和建筑安装费用在内，这种"单位综合指标"可从有关设计手册中查得。为简化计算，有时不采用综合指标，而按主要设备的造价作为一次投资的组成部分来进行比较，也是允许的。总投资为

$$\begin{aligned} K &= K_b + K_p + K_T \\ &= K_b + (n_1 \cdot K_{p1} + n_2 \cdot K_{p2} + \cdots) + K_T \end{aligned} \quad (4.9)$$

式中，K_b、K_T 分别为变压器投资、占地及土石方投资；K_p 为配电装置投资；K_{p1}、K_{p2}…分别为不同配电间隔的费用；n_1、n_2…分别为不同配电间隔数目。

（二）年运行费用

年运行费用包括主变压器和地区变压器的电能损耗费，变压器和配电装置的折旧费，设备管理、维修和小修费用 3 项。年运行费用 C 应为

$$C = K \cdot C_p + C_e \tag{4.10}$$

式中，C_e 为变压器运行费用；C_p 为变压器和配电装置综合投资；K 为变压器和配电装置运行的折旧费、管理费、维修费的取费比例。

变压器运行费用由两部分组成：能耗费和容量占用费，即 $C_a + C_s$，C_a 为能耗费，C_s 为容量占用费。在采取两部制电价的地区，应把容量电价（也称基本电费）作为容量占用费的计算依据：

$$C_s = K_s S_N \tag{4.11}$$

式中，S_N 为主变压器额定容量。如果主变压器采取一台运行、另外一台备用的运行方式，则取单台主变压器的容量；如果主变压器采取两台并联运行方式，则取两台主变压器容量之和；K_s 为容量电价[元/（kVA·月）]。

1. 各种变压器年电能损耗的计算

变压器的电能损耗由于负荷的波动而经常变动，难以精确计算，一般可按换算为最大功率损耗时间 τ 的等效方法计算铜损，应考虑到牵引负荷在三相变压器各相绕组分配不均衡而造成铜损不相等的情况。

双绕组变压器年电能损耗可按下式计算：

$$\Delta A = n(\Delta P_c + K_j \cdot \Delta Q_c)T + \frac{1}{n}(\Delta P_m + K_j \cdot \Delta Q_m)\left(\frac{S}{S_N}\right)^2 \cdot \tau \tag{4.12}$$

对于三相牵引变压器，由于三相负荷电流在三相绕组上分配不均衡，则有

$$\Delta A = n(\Delta P_c + K_j \cdot \Delta Q_c)T + \frac{1}{n}(\Delta P_m + K_j \cdot \Delta Q_m)\left(\frac{\sum_1^3 I_{x2}^2}{3 I_{N2}^2}\right)^2 \cdot \tau \tag{4.13}$$

式中，ΔP_c、ΔQ_c 分别为每台变压器的有功和无功铁损（kW 或 kvar）；ΔP_m、ΔQ_m 分别为每台变压器在额定负荷（I_N）下的铜损（kW）和无功损耗（kvar）：

$$\Delta Q_c = I_0\% \times \frac{S_N}{100}; \quad \Delta Q_m = u_K\% \times \frac{S_N}{100}$$

K_j 为无功经济当量，即系统输送 1 kvar 无功功率时所造成有功功率的损失（kW），对 35～110 kV 系统，取 $K_j = 0.1$，10 kV 及以下配电系统，$K_j = 0.05 \sim 0.07$；n 为同时接入变压

器的台数；$I_0\%$、$u_K\%$ 分别为变压器空载电流和短路电压百分数；T 为年小时数（8 760）(h)；I_{N2} 为变压器二次侧额定相电流（A）；I_{x2} 为变压器二次侧牵引负荷与地区负荷相电流之相量和（A）；S_N、S 分别为变压器额定容量和变电所实际负荷总容量（kVA）；τ 为最大功率损耗时间（h），对电牵引负荷可按式（4.15）求出；对各类地区负荷，则按表 4.2 查出最大负荷年利用小时 $T_{\max}$ 后，由如图 4.39 所示曲线查得。

表 4.2 最大负荷年利用小时数

负荷类型及工作制	照明负荷	单班制工业企业	两班制工业企业	三班制工业企业
$T_{\max}$（h）	2 000~3 000	1 500~2 000	3 000~4 500	5 000~7 000

电气化铁道牵引负荷的最大功率损耗时间 τ_q（h）为

$$\tau_q = \frac{(1+K_R)\sum_1^n (Q_i \cdot L_i) \cdot \Delta q}{S_\Sigma \cdot \cos\varphi_P} \tag{4.15}$$

式中，$\sum_1^n (Q_i \cdot L_i)$ 为一个方向的年货运量（Q_i）和本牵引变电所担负的同货运量方向的供电区距离（L_i）（万吨·km），n 为不同方向数；K_R 为年客运量换算为货运量（万吨·km）的换算系数（$K_R<1$）；S_Σ 为本牵引变电所主变压器总计算容量（由供电计算确定）；$\cos\varphi_P$ 为牵引负荷平均功率因数，无电容补偿时取为 0.8，有电容补偿时则可取 0.9~0.95；Δq 为单位能耗（度/万吨·km），平原与山区电气化线路的 Δq 不同，可取其加权平均值。

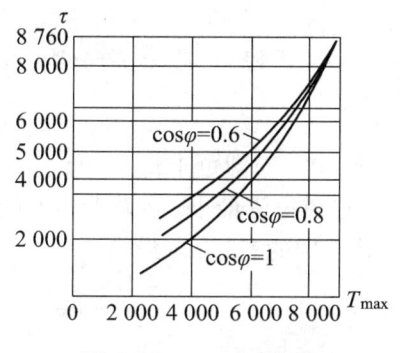

图 4.39 τ-$T_{\max}$ 曲线

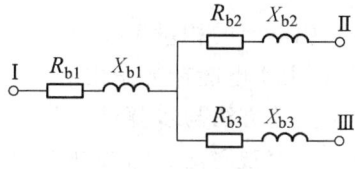

图 4.40 三绕组变压器等值电路

2. 三绕组变压器年电能损耗计算公式

制造厂给出的短路损耗 ΔP_m 是按最不利的方式运行，即一个绕组开路、另两个绕组满载运行时的最大铜耗，其等值电路如图 4.40 所示。设每个绕组的电阻为 R_b'，上述运行回路电阻为 R_b，则 $R_b' = \frac{1}{2}R_b = \frac{1}{2} \cdot \frac{\Delta P_m \cdot U_N^2}{S_N^2}$（各绕组容量比为 100∶100∶100），若各绕组容量不等，如为 100∶100∶66.7，则 66.7% 容量绕组的电阻为

$$R'_{b(66.7)} = \frac{100}{66.7} R'_{b(100)} = \frac{1}{2} \cdot \frac{\Delta P_m \cdot U_N^2 \cdot S_N}{S_N^2 \cdot S_{N3}} = \frac{1}{2} \cdot \frac{\Delta P_m \cdot U_N^2}{S_N \cdot S_{N3}}$$

故得

$$\Delta A = n(\Delta P_c + K_j \cdot \Delta Q_c)T + \frac{1}{2} \cdot \frac{1}{n} \Delta P_m \left(\frac{S_1^2}{S_N^2} \tau_1 + \frac{S_2^2}{S_N^2} \tau_2 + \frac{S_3^2}{S_N \cdot S_{N3}} \tau_3 \right) +$$

$$\frac{1}{n} \cdot K_j \left(Q_{m1} \cdot \frac{S_1^2}{S_N^2} \tau_1 + Q_{m2} \cdot \frac{S_2^2}{S_N^2} \tau_2 + Q_{m3} \cdot \frac{S_3^2}{S_{N3}^2} \tau_3 \right) \quad (\text{kW} \cdot \text{h}) \quad (4.16)$$

式中，S_N 为第一、二绕组额定容量；S_{N3} 为第三绕组额定容量（kV·A），如第三绕组容量为 100%，则 $S_N = S_{N3}$。

$$\Delta Q_{m1} = u_{K1}\% \cdot \frac{S_N}{100}; \quad \Delta Q_{m2} = u_{K2}\% \cdot \frac{S_N}{100}; \quad \Delta Q_{m3} = u_{K3}\% \cdot \frac{S_N}{100}$$

式中，$u_{K1}\%$、$u_{K2}\%$、$u_{K3}\%$ 分别为各绕组的短路电压；S_1、S_2、S_3 分别为三个绕组的负荷（kVA）；τ_1、τ_2、τ_3 分别为各个绕组的最大功率损耗时间，τ_2、τ_3 分别按式（4.15）或由 $T_{\max}$ 查图 4.39 中曲线求出，而第一绕组的 τ_1 是综合性负荷，可由下式求得

$$\tau_1 = \frac{\tau_2 \cdot S_2 + \tau_3 \cdot S_3}{S_2 + S_3} \quad (4.17)$$

n、K_j 意义与双绕组变压器相同。

当考虑牵引负荷不平衡的影响时，则需将式（4.16）中牵引负荷绕组（第二绕组）、第一绕组各项的 $\frac{S_2^2}{S_N^2}$、$\frac{S_1^2}{S_N^2}$ 系数，分别用 $\frac{\sum_1^3 I'^2_{x2}}{3I_{N2}^2}$ 和 $\frac{\sum_1^3 (I'_{x2}+I'_{x3})^2}{3I_{N1}^2}$ 代替。（I'_{x2}、I'_{x3} 分别为归算至原边的第二、三绕组相电流的相量）。

ΔA 求出后，则年电能损耗费由 $C_a = \Delta A \times$ 电价（元/kW·h）即可求得。

可比方案按上述方法与步骤进行分析比较中，应选择投资最小、运营费最省的优惠方案，但往往两者不容易直观看出，需按补偿期来判别。补偿期的表达式为

$$T = \frac{K_2 - K_1}{C_1 - C_2} \quad (4.18)$$

式中，K_1、C_1 分别为第一方案的一次投资和年运行费；K_2、C_2 分别为第二方案的一次投资和年运行费。

式（4.18）表示的是多少年内可以靠第二方案运行费的节约将其投资的差额部分全部收回，我国电气化铁道供电设备的回收补偿期一般为 10~15 年。

直流牵引变电所主接线经济比较的内容、方法与上述基本相同。

第七节 电气主接线与一次系统可靠性分析

一、电力系统可靠性分析概述

可靠性是指一个元件或系统在规定时间内、在规定的条件下完成规定功能的能力。电力系统可靠性可定义为在预定的时间内向用户提供质量合格的、连续的电能的能力。所谓质量合格就是指电能的电压、频率和波形必须保持在规定的范围内。随着电力系统不断向高电压、远距离、大容量方向发展，现代社会生产、生活对电能连续供给的要求不断提高，在提高经济性的同时，安全可靠的问题也随之突显。从 20 世纪 70 年代初以来，国内外许多大电网相继发生了重大事故，引起大面积长时间的停电，不但造成巨大的经济损失，而且危及社会秩序和安全。为了预防这类事件的发生，电力系统可靠性的研究是非常必要的，也是具有现实意义的。

研究电力系统可靠性，一般把研究对象区分为元件和系统。元件和系统的概念是相对而言的。例如，在研究电气主接线系统时，断路器可以作为一个元件考虑，但在研究一个断路器的可靠性时，断路器本身就是一个系统，触头、灭弧介质、传动部件等是元件。

从可靠性观点来看，元件可以分为可修复元件和不可修复元件两大类。如果一个元件工作一段时间后发生了故障，经过修理就能恢复到原来的工作状态，这种元件称为可修复元件，如断路器、变压器和母线等；如果元件工作一段时间后发生了故障，不能修复，或虽能修复，但不经济，这种元件称为不可修复元件，如电容器、电灯泡等。大多数电力元件是可修复元件。由可修复元件组成的系统称为可修复系统，由不可修复元件组成的系统称为不可修复系统。

电力元件（电气设备）的工作状态，可分为运行状态（工作或待命）和停运状态（故障或检修）两种。据统计，一个可修复元件的寿命过程可通过如图 4.41 所示曲线来表示。其中"1"表示运行状态，"0"表示停运状态，持续工作时间 T_U 和持续停运时间 T_D 都是随机变量，元件运行一段时间 T_{U1} 后，随机地发生故障，为了恢复其功能进行修理，经过 T_{D1} 时间后又投入运行，整个元件的寿命处在"运行""停运"两种状态的交替之中，是一个循环过程。运行状态又称为可用状态，即元件处于可执行它的规定功能的状态。停运状态又称为不可用状态，即元件由于故障处于不能执行其规定功能的状态。不可用状态中计划停运状态是事先安排的，强迫停运是随机的，为简化分析，可靠性研究中不包括计划停运状态。

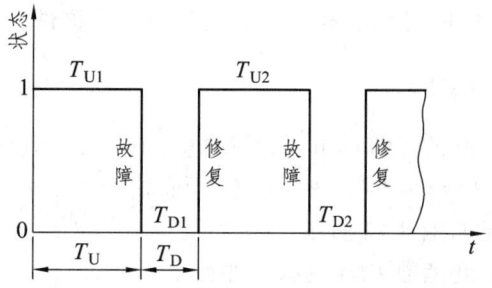

图 4.41 可修复元件的状态变化图

电力系统是由许多电力元件（电气设备）构成的大系统，在研究可靠性时把它分成若干子系统分别研究，电源系统、输电系统、配电系统、电气主接线系统、区域系统等都是子系统。本节介绍的电气主接线可靠性只是其中的一个内容。

电力系统元件故障是由许多具有随机性质的因素决定的，故可视为随机事件，从而决定了电力系统可靠性分析必须以概率论为基础。电力系统可靠性分析的基本方法有网络法、故障树分析法及状态空间分析法等。

网络法是运用布尔代数，通过逻辑网络对系统的可靠性进行分析的一种方法。

故障树分析法以系统最不希望发生的故障状态作为故障分析的目标，把选定的系统故障状态称为顶端事件。然后沿着如下思路进行分析：首先分析有哪些直接的因素能造成顶端事件的出现，接着找出每一个因素又是哪些下一级因素引起的。按此线索步步深入，一直追溯到那些原始的或其故障机理或概率分布都是已知的，因而不需继续分析的因素为止。因此，故障树实质上就是事件之间的一种逻辑关系图。它是一个以顶端事件为根，具有若干干枝，一些干枝上又有分枝的类似于树木的图形，故障树即由此得名。

状态空间分析法是以马尔柯夫过程的理论为基础，定义系统的范围和每种状态，从而建立状态转移图，建立和求解方程组，得到平稳状态概率，并进一步求出其他的系统可靠性指标。

二、可靠性的主要指标

（一）不可修复元件的可靠性指标

不可修复元件常用的指标有可靠度、不可靠度、故障率和平均无故障工作时间等。

（1）可靠度。一个元件在预定时间 t 内和规定条件下执行规定功能的概率，称为可靠度，记作 $R(t)$。相反，不可靠度用 $F(t)$ 表示。它们都是时间的函数。

元件的可靠度是用概率表示的。设总共有 n 个相同元件，运行时间 t 后，已有 $n_f(t)$ 个元件损坏，还剩 $n_s(t)$ 个元件完好，则有

$$\frac{n_s(t)}{n}+\frac{n_f(t)}{n}=1$$

或 $$R(t)+F(t)=1 \tag{4.19}$$

其中 $$R(t)=\frac{n_s(t)}{n}, \quad F(t)=\frac{n_f(t)}{n}$$

由式（4.19）可见，元件的可靠度和不可靠度是对立的事件，其概率之和等于1，所以

$$R(t)=1-F(t)$$

元件在开始运行时是完好的，即 $t=0$ 时，可靠度 $R(0)=1$；但在工作无穷大时间以后，元件必然发生故障（失效），故 $t=\infty$ 时，$R(\infty)=0$。可靠度 $R(t)$ 从1向0减小的情况如图4.42所示。

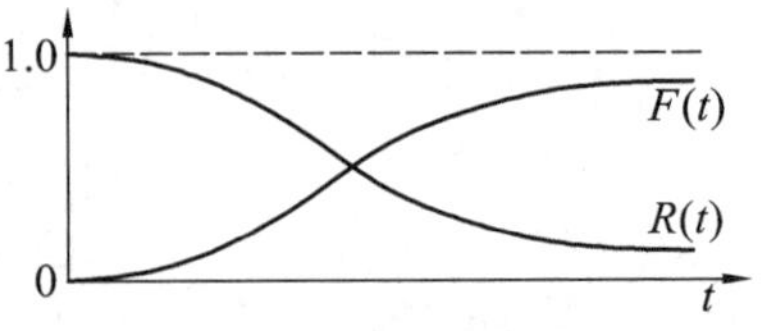

（2）不可靠度。不可靠度函数 $F(t)$ 表示元件在小于或等于预定时间 t 发生故障的概率。由式（4.19）知，当 $t=0$ 时，$R(t)=1$，$F(t)=0$；$t=\infty$ 时，$R(t)=0$，$F(t)=1$。

如图4.42所示，不可靠度和可靠度说明的问题相同。

图4.42 可靠度和不可靠度

对式（4.19）求导，得

$$f(t) = \frac{\mathrm{d}F(t)}{\mathrm{d}t} = -\frac{\mathrm{d}R(t)}{\mathrm{d}t} \tag{4.20}$$

式中，$f(t)$ 是不可靠度 $F(t)$ 对时间 t 的一阶微分，表示单位时间内发生故障的概率，称为故障密度函数，所以

$$F(t) = \int_0^t f(t)\mathrm{d}t \tag{4.21}$$

（3）故障率。故障密度函数 $f(t)$ 与可靠度函数 $R(t)$ 的比，称为故障率函数 $\lambda(t)$。它表示元件已正常工作到时刻 t，在 t 时刻以后的下一个时间间隔 Δt 内发生故障的条件概率，即

$$\lambda(t) = \frac{f(t)}{R(t)} = \frac{f(t)}{1-F(t)} = -\frac{1}{R(t)} \cdot \frac{\mathrm{d}R(t)}{\mathrm{d}t} \tag{4.22}$$

式（4.22）表明可靠度、不可靠度和故障率三者的关系，通过对元件的大量观测统计，可得到 $R(t)$ 或 $F(t) = 1 - R(t)$，则可按式（4.22）求得 $\lambda(t)$。

由复合函数微分法得

$$\frac{\mathrm{d}}{\mathrm{d}t}\ln R(t) = \frac{1}{R(t)} \cdot \frac{\mathrm{d}R(t)}{\mathrm{d}t}$$

由式（4.22）得

$$\lambda(t) = \frac{f(t)}{R(t)} = -\frac{1}{R(t)} \cdot \frac{\mathrm{d}R(t)}{\mathrm{d}t} = -\frac{\mathrm{d}}{\mathrm{d}t}\ln R(t) \tag{4.23}$$

则

$$R(t) = \mathrm{e}^{-\int_0^t \lambda(t)\mathrm{d}t} \tag{4.24}$$

由此可见，设备可靠度 $R(t)$ 是以故障率 $\lambda(t)$ 对时间积分为指数的指数函数，这个结论非常重要。通过大量的试验与长期观测以及理论分析，由多个零件构成的设备，其故障率 $\lambda(t)$ 的典型形态如图 4.43 所示。其形似浴盆，故称浴盆曲线。

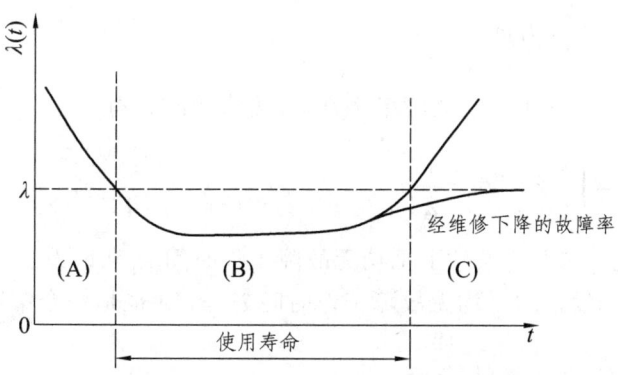

图 4.43　设备的典型故障率曲线

（A）—早期故障期；（B）—偶发故障期；
（C）—耗损故障期；λ—规定故障率

根据设备的寿命,故障率 $\lambda(t)$ 大致分为三个阶段。设备寿命周期内的初期故障阶段,称早期故障期,故障率随时间下降,故障一般是由设计制造和安装调试方面的原因引起的,如设备中寿命短的零件、设计上的疏忽和生产工艺的质量问题等。这时期的主要任务是严格进行试运转和验收,并加强管理,找出不可靠的原因,使故障率迅速趋于稳定。早期故障期结束后,进入第二阶段,称为偶发故障期,此时期故障的发生是随机的,偶发故障多是由运行操作上的失误造成的,这就要求严格按规定正确操作。这期间设备的故障率较低而且稳定,大致为常数,是设备的最佳状态时期。这个时期的长度,称为设备的有效使用寿命。最后,第三阶段称为耗损故障期,发生在设备寿命期末,故障率再度上升,引起故障的主要原因是设备某些零部件的老化和磨损。如能预知耗损开始时间,而事先进行维修或更换,就可使上升的故障率降低,以延长设备的实际使用寿命。对可修复的设备或系统,就是采用这种方法来延长设备和系统的有效寿命,即通过维修,使它们长期处于偶发故障期状态。对维修费很大、故障很多的设备,可能报废更经济。

电力系统的主要设备如发电机、变压器、断路器及输电线路等,都是可修复元件,通过定期检修可以使它们长期工作在偶发故障期,其故障率 $\lambda(t)$ 就具有浴盆曲线中的偶发故障期的特点, $\lambda(t)$ 与时间无关,为一常数,即

$$\lambda(t) = \lambda = 常数$$

因此,对电力系统和电气设备而言,可将式(4.24)、式(4.19)、式(4.20)分别改写成

$$R(t) = \mathrm{e}^{-\lambda t} \tag{4.25}$$

$$F(t) = 1 - R(t) = 1 - \mathrm{e}^{-\lambda t} \tag{4.26}$$

$$f(t) = \lambda \mathrm{e}^{-\lambda t} \tag{4.27}$$

由此可见,电力系统和电气设备的可靠度函数、不可靠度函数和故障密度函数都有一个共同特点,即都按时间呈指数分布。

(4)平均无故障工作时间。不可修复元件的平均无故障工作时间(Mean Time to Failure)简称 MTTF,用符号 T_U 表示,是元件寿命时间 T_U 随机变量的数学期望。若 t 代表一个连续的随机变量,$f(t)$ 是故障密度函数,根据期望的定义:

$$T_U = \int_0^\infty t f(t) \mathrm{d}t \tag{4.28}$$

当 $f(t) = \lambda \mathrm{e}^{-\lambda t}$ 呈指数分布,且故障率 $\lambda(t) = \lambda$ 为常数时,有

$$T_U = \int_0^\infty t \lambda \mathrm{e}^{-\lambda t} \mathrm{d}t = \frac{1}{\lambda} \tag{4.29}$$

由式(4.29)可见,在上述条件下平均无故障工作时间 T_U 和该设备的故障率 λ 互为倒数。当故障率为常数 λ 时,设备的平均无故障工作时间 $T_U = 1/\lambda$ 也是一个常数。

(二)可修复元件的可靠性指标

由于元件是可修复的,需要从两个方面考虑其可靠性,既要反映元件故障状态的指标,又要有表示其修复过程的指标。

（1）可靠度。可靠度 $R(t)$ 是指元件在起始时刻正常运行条件下，在时间区间 $[0, t]$ 不发生故障的概率，对可修复元件主要集中在从起始时刻到首次故障的时间。

（2）不可靠度。不可靠度 $F(t)$ 又称失效率，是指元件在起始时刻完好条件下，在时间区间 $[0, t]$ 发生首次故障的概率。元件在时刻 t 有

$$R(t) + F(t) = 1$$

故障密度 $f(t)$ 是指元件在 $[t, t+\Delta t]$ 期间发生第一次故障的概率，即

$$f(t) = \frac{\mathrm{d}F(t)}{\mathrm{d}t} = -\frac{\mathrm{d}R(t)}{\mathrm{d}t}$$

（3）故障率。故障率 $\lambda(t)$ 是元件从起始时刻直至时刻 t 完好条件下，在时刻 t 以后单位时间内发生故障的次数。

平均故障率 λ 为

$$\lambda = \frac{\sum 故障次数}{n \times 年数} \tag{4.30}$$

式中　λ——设备平均故障率（次/年）；

　　　n——运行设备的年平均台数。

（4）修复率。元件经过修理由停运状态转向运行状态，表示其修理能力的指标即为修复率 $\mu(t)$。修复率表示在现有检修能力和维修组织安排的条件下，平均单位时间内能修复设备的台数。在设备正常寿命期内，λ 和 μ 都是常数，可通过对同类型设备长期运行的观察、记录，运用数理统计的方法得到。在可靠性分析计算中，故障率 λ 和修复率 μ 通常为已知数据。

（5）平均修复时间。平均修复时间（Mean Time to Repair），简称 MTTR，亦称平均停运时间，用符号 T_D 表示，为设备每次连续检修所用时间的平均值，是元件连续停运时间 T_D 随机变量的数学期望。当修复率 μ 为常数，平均修复时间 T_D 服从指数分布时，可得

$$T_D = \int_0^\infty t\mu e^{-\mu t} \mathrm{d}t = \frac{1}{\mu} \tag{4.31}$$

式（4.31）表明，在上述条件下，平均修复（停运）时间 T_D 和修复率 μ 互为倒数，平均停运时间常以每次故障的平均小时数表示，即

$$平均停运时间 = \frac{\sum 故障停运小时数}{\sum 故障次数}$$

（6）平均运行周期。可修复元件的平均故障间隔时间（Mean Time Between Failure），简称 MTBF，或称平均运行周期，用符号 T_S 表示，则

$$T_S = T_U + T_D$$

（7）可用度。可用度又称可用率、有效率，用符号 A 表示，是指稳态下元件或系统处于正常运行状态的概率。可用度与可靠度的不同在于，可靠度的定义中要求元件在时间区间 $[0, t]$ 连续地处于工作状态，而可用度无此要求。如果一个元件在时刻 t 以前发生过故障但

经修复而在时刻 t 处于正常状态，那么对可用度有贡献，而对可靠度没有贡献，因此可用度更能准确地描述可修复元件的有效程度。对于可修复元件，$A(t) \geqslant R(t)$；对于不可修复元件，$A(t) = R(t)$。

设备从投入工作后，其状态处于"运行"与"停运"两种形式的交叠中，则可用度应为

$$A = \frac{T_\mathrm{U}}{T_\mathrm{S}} = \frac{T_\mathrm{U}}{T_\mathrm{U}+T_\mathrm{D}} = \frac{\dfrac{1}{\lambda}}{\dfrac{1}{\lambda}+\dfrac{1}{\mu}} = \frac{\mu}{\lambda+\mu} \tag{4.32}$$

（8）不可用度。不可用度又称不可用率、无效度，常用符号 $\overline{A}$ 表示，是可用度的对立事件，指稳定下元件或系统失去规定功能而处于停运状态的概率，由 $A+\overline{A}=1$ 得

$$\overline{A} = 1 - A = \frac{T_\mathrm{D}}{T_\mathrm{U}+T_\mathrm{D}} = \frac{\lambda}{\lambda+\mu} \tag{4.33}$$

元件的不可用度常用一个无量纲的因素来表示，称为强迫停运率（Forced Outage Rate），简称 FOR，即

$$\mathrm{FOR} = \frac{\text{强迫停运时间}}{\text{运行时间}+\text{强迫停运时间}} \times 100\% \tag{4.34}$$

（9）故障频率。故障频率表示设备在长期运行条件下，每年平均故障次数，用符号 f 表示，为平均运行周期 T_S 的倒数，即

$$f = \frac{1}{T_\mathrm{S}} = \frac{1}{T_\mathrm{U}+T_\mathrm{D}} = \frac{\lambda\mu}{\lambda+\mu} = \lambda A = \mu \overline{A} \tag{4.35}$$

【例 4.1】 据某发电厂 200 MW 发电机的统计资料：故障率 $\lambda = 5.68$ 次/年，修复率 $\mu = 350$ 次/年。求稳定状态下该发电机的可靠性指标。

解 按上述可靠性指标计算，得

可用度　　　　　　　　　　　　$A = \dfrac{\mu}{\lambda+\mu} = \dfrac{350}{5.68+350} = 0.984\,03$

不可用度　　　　　　　　　　　$\overline{A} = 1 - A = 1 - 0.984\,03 = 0.015\,97$

平均无故障工作时间　　　　　　$T_\mathrm{U} = \dfrac{1}{\lambda} = 0.176\,06$（年）

平均修复时间　　　　　　　　　$T_\mathrm{D} = \dfrac{1}{\mu} = 0.002\,86$（年）

平均运行周期　　　　　　　　　$T_\mathrm{S} = T_\mathrm{U} + T_\mathrm{D} = 0.176\,06 + 0.002\,86 = 0.178\,92$（年）

故障频率　　　　　　　　　　　$f = \dfrac{1}{T_\mathrm{S}} = \dfrac{1}{0.178\,92} = 5.589$（次/年）

（三）电气主接线的可靠性指标

发电厂和变电站的电气主接线是由发电机、变压器、断路器、母线和输电线路等元件组合而成的，设备多且连接复杂，各种设备的操作、计划检修及故障，对整个主接线的可靠性

都有影响。同时，主接线可靠性的判据随着主接线的功能及在电力系统中的地位不同而异。例如，对终端变电站，其可靠性判据就是对低压母线供电的可靠程度；如为中心变电站，其可靠性判据除要考虑对低压母线供电的可靠程度外，还要考虑保证高压侧功率流动交换的可靠程度等。此外，对主接线可靠性的衡量以是否保证连续供电和保证发出给定电力的概率为基本判据，如不能连续供电则系统不可靠，或像发电系统那样，即使连续供电，只要发电容量不能满足负荷需求就是不可靠。

主接线的可靠性指标用某种供电方式下的可用度、平均无故障工作时间、每年平均停运时间和故障频率等表示。

三、电气主接线可靠性分析与计算

电气主接线由许多按一定目的连接起来的元件组成，以完成某种特定功能。主接线的可靠性取决于元件的可靠性和系统的结构，因此要利用元件的可靠性指标和采用合适的计算方法来计算电气主接线的可靠性指标。

研究发电厂和变电所的电气主接线系统的可靠性时，一般假定某一电源点为起点，且假定电源点完全可靠。以某种母线（低压母线）为终点，然后分析和计算由起点到终点的可靠性指标。

进行电气主接线可靠性分析计算的目的主要是：① 通过设备的可靠性数据来分析电气主接线的可靠性，作为设计和评价电气主接线的依据；② 对不同主接线进行可靠性指标综合比较，提供计算结果，作为选择最优方案的依据；③ 对已经运行的主接线，寻求可能的供电路径，选择最佳运行方式；④ 寻找主接线的薄弱环节，以便合理安排检修计划和采取相应对策；⑤ 研究可靠性和经济性的最佳搭配等。

（一）电气主接线系统可靠性计算的一般步骤

（1）定义系统的范围，列出它所包括的元件。

（2）给出每个元件的故障率、修复率、计划检修率和停运时间等。

（3）确定系统故障，即规定主接线系统正常和故障的条件。一般降压变电所主接线系统的可靠性判据主要是连续性，即停电为故障，不停电为正常。发电厂电气主接线的判据除了连续性外，还要求计算保证发出给定电力的概率。

（4）建立数学模型，选择要计算的可靠性指标，如系统故障率、故障频率、平均无故障工作时间、平均停电时间等。

（5）采用合适的可靠性计算方法，如网络法，计算电气主接线系统的可靠性指标。

（二）电气主接线的可靠性计算

电气主接线可靠性计算大多采用网络法。运用网络法时，假定系统每一元件只有两种状态（即运行和停运），根据系统运行方式及各元件的失效模式绘出逻辑图，建立可靠性数学模型，通过数值计算求得可靠性指标。下面运用网络法进行电气主接线系统的分析计算。

1. 串联系统

如果系统中任何一个元件发生故障，便构成系统故障，这种系统称为串联系统。这里所说的"串联"一词,不是元件在电路中的串联,是一种逻辑关系。例如,如图 4.44(a)所示为电路中两电容器相并联的原理图,但在可靠性计算中,却应画成如图 4.44(b)所示的串联逻辑图,因为任何一个电容器失效都会引起系统失效。因此,在可靠性计算中,这种系统就称为串联系统。

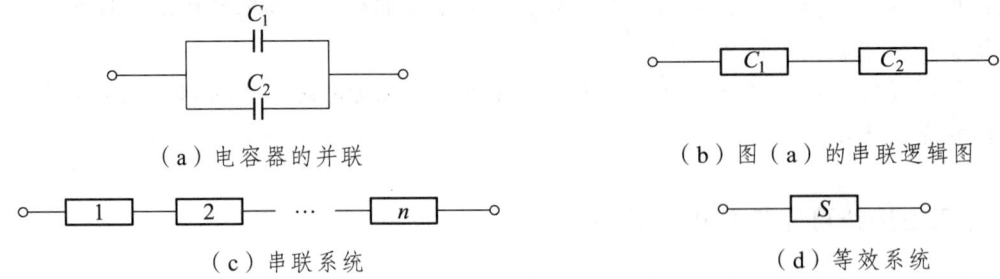

(a)电容器的并联   (b)图(a)的串联逻辑图

(c)串联系统   (d)等效系统

图 4.44 电路与串联系统框图

图 4.44(c)、(d)分别表示由 n 个元件组成的串联系统和其等效系统,以 R_1,R_2,…,R_n 和 R_s;λ_1,λ_2,…,λ_n 和 λ_s 分别表示各元件和系统的可靠性和故障率。根据概率乘法定律,串联系统的可靠度 R_s 为

$$R_s = R_1 \cdot R_2 \cdots R_n = \prod_{i=1}^{n} R_i \tag{4.36}$$

当各元件故障率为常数时,则

$$R_s = e^{-\lambda_1 t} \cdot e^{-\lambda_2 t} \cdots e^{-\lambda_n t}$$
$$= e^{-\sum_{i=1}^{n} \lambda_i t} = e^{-\lambda_s t} \tag{4.37}$$

其中

$$\lambda_s = \lambda_1 + \lambda_2 + \cdots + \lambda_n = \sum_{i=1}^{n} \lambda_i \tag{4.38}$$

式(4.36)、式(4.38)表明,串联系统的可靠度等于各元件可靠度的乘积,而串联系统的故障率等于各元件故障率之和。因为 $R_i < 1$,所以 R_s 必然小于 1,而且串联系统的可靠度比其中任何一元件的可靠度都小,也就是系统的可靠度要低于最弱元件的可靠度。如果要提高串联系统的可靠度,首先要提高系统中可靠度最弱元件的可靠度。如果要得到较高可靠度的系统,则不宜采用多元件的串联系统。

串联系统的平均寿命 T_{Us} 和元件的平均寿命 $T_{Ui}(i=1,2,\cdots,n)$ 有如下关系:

$$T_{Us} = \frac{1}{\sum_{i=1}^{n} \frac{1}{T_{Ui}}} \tag{4.39}$$

串联系统的寿命比最差元件的寿命还要短,因此,要想延长整个系统的寿命,首先要延长最差元件的寿命,从延长系统寿命的观点来看,串联元件过多是不利的。

【例 4.2】 有 3 个元件串联,各元件平均工作时间分别为 $T_{U1}=1\ 200\ h$,$T_{U2}=1\ 000\ h$,$T_{U3}=1\ 500\ h$。求系统平均工作时间。

解 系统平均工作时间：

$$T_{Us} = \frac{1}{\frac{1}{1\,200} + \frac{1}{1\,000} + \frac{1}{1\,500}} = 400 \text{ (h)}$$

对可修复元件组成的系统，则要同时考虑故障率 λ 和修复率 μ。在稳定状态下，电气设备的 λ 和 μ 都可看作是常数。串联系统的可用度 A_s 为

$$A_s = \prod_{i=1}^{n} A_i = \prod_{i=1}^{n} \frac{\mu_i}{\lambda_i + \mu_i} \tag{4.40}$$

【**例 4.3**】 某单元式供电系统，其主接线如图 4.45 所示。据统计各元件的可用度为：发电机 G 的 $A_1 = 0.990\,099$，变压器 T 的 $A_2 = 0.999\,933$，母线 W 的 $A_3 = 0.999\,965$，断路器 QF 的 $A_4 = 0.999\,833$，输电线路 L 的 $A_5 = 0.999\,334$。求系统可用度。

解 由图 4.45 可见，此供电系统是由 5 个元件组成的串联系统，其可用度为

$$A_s = \prod_{i=1}^{5} A_i = 0.990\,099 \times 0.999\,933^2 \times 0.999\,965^2 \times 0.999\,833^2 \times 0.999\,334 = 0.988\,907$$

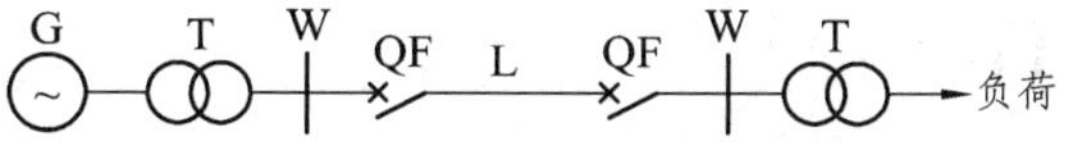

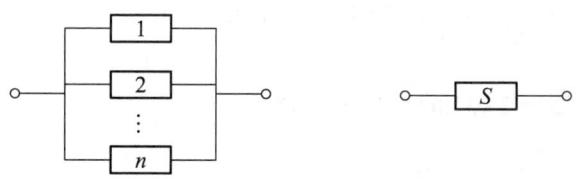

图 4.45 单元式供电系统

2. 并联系统

在一个系统中，若所有元件都发生故障时才构成系统故障，这种系统称为并联系统。由 n 个元件组成的并联系统如图 4.46 所示。

若各元件的可靠度为 $R_i(i=1,2,\cdots,n)$，则各元件的不可靠度 $F_i = 1 - R_i$，由于所有元件都发生故障时系统才发生故障，则系统的不可靠度为

$$F_s = F_1 \cdot F_2 \cdots F_n = \prod_{i=1}^{n} F_i$$

（a）并联系统　　　　　（b）等效系统

图 4.46 并联系统框图

因为 $R_s + F_s = 1$，所以并联系统的可靠度为

$$R_s = 1 - \prod_{i=1}^{n}(1 - R_i) \tag{4.41}$$

并联系统的平均寿命：

$$T_{Us} = \int_0^\infty R_s(t)dt = \int_0^\infty \left\{1 - \prod_{i=1}^n [1-R(t)]\right\}dt$$

当各元件故障率相等，即 $\lambda_1 = \lambda_2 = \cdots = \lambda_n = \lambda$ 并等于常数时，经数学运算得

$$T_{Us} = \frac{1}{\lambda}\left(1 + \frac{1}{2} + \frac{1}{3} + \cdots + \frac{1}{n}\right) = T_U\left(1 + \frac{1}{2} + \frac{1}{3} + \cdots + \frac{1}{n}\right) \quad (4.42)$$

式（4.42）表明，并联系统的寿命比单个元件的寿命长，增加并联元件的个数能增加系统的寿命，但随着并联元件个数的增加，系统寿命增加的程度减小。

对于可修复元件组成的并联系统，其系统的不可用度为各并联元件不可用度的乘积，即

$$\overline{A}_s = \prod_{i=1}^n \overline{A}_i = \prod_{i=1}^n \frac{\lambda_i}{\lambda_i + \mu_i} = \frac{\lambda_s}{\lambda_s + \mu_s} \quad (4.43)$$

系统未修复的概率为各元件未修复概率的乘积，即

$$e^{-\mu_s t} = \prod_{i=1}^n e^{-\mu_i t} = e^{-\sum_{i=1}^n \mu_i t} \quad (4.44)$$

其中

$$\mu_s = \mu_1 + \mu_2 + \cdots + \mu_n = \sum_{i=1}^n \mu_i$$

可见，并联系统的修复率为各并联元件修复率之和。

【例 4.4】 某变电站有 2 台完全相同的变压器并联运行，据统计：变压器的故障率 λ_i = 0.05 次/年，平均修复时间 T_{Di} = 250 h，i = 1，2。试求 2 台变压器同时发生故障的概率 λ_s 和平均无故障工作时间 T_{Us}。

解 本系统是可修复系统，按可修复系统进行计算：

$$T_{Di} = \frac{250}{8\,760} = 0.028\,54 \text{（年）}, \quad i = 1,2$$

$$\mu_i = \frac{1}{T_{Di}} = \frac{1}{0.028\,54} = 35.04 \text{（次/年）}, \quad i = 1,2$$

$$\mu_s = \sum_{i=1}^2 \mu_i = 2 \times 35.04 = 70.08 \text{（次/年）}$$

$$\overline{A}_s = \prod_{i=1}^2 \frac{\lambda_i}{\lambda_i + \mu_i} = \frac{\lambda_s}{\lambda_s + \mu_s}$$

将 λ_i、μ_i、μ_s 的值代入上式，有

$$\left(\frac{0.05}{0.05 + 35.04}\right)^2 = \frac{\lambda_s}{\lambda_s + 70.08}$$

则系统故障率 $\quad\quad\quad\quad \lambda_s = 0.142\,3 \times 10^{-3}$（次/年）

平均无故障工作时间 $\quad T_{\text{Us}} = \dfrac{1}{\lambda_{\text{s}}} = 7\,027.4$（年）

可见，2 台变压器并联运行时，在上述条件下，其并联系统故障率只有原来 1 台变压器的 $1/351(\lambda_i/\lambda_s = 351.37, i=1,2)$，其平均无故障工作时间长达 7 027 年才发生一次全站停电。

3. 串-并联混合系统

串-并联混合系统是由串联系统和并联系统综合组成的系统，其系统可靠度计算方法，是将系统分解成若干个串、并联的子系统，接着按照先后顺序分别计算各子系统的可靠度，最后计算系统的可靠度。

【例 4.5】 某牵引变电所的电气主接线如图 4.47 所示。高压侧为双 T 接线，牵引侧为分段单母线接线。电源可用度 $A_{\text{S}} = 0.99$，变压器可用度 $A_{\text{T}} = 0.996\,8$，断路器可用度 $A_{\text{QF}} = 0.992\,6$，隔离开关可用度 $A_{\text{QS}} = 0.998\,1$，母线可用度 $A_{\text{W}} = 0.999\,1$。试计算该系统对接触网馈线（WL1）的供电可用度。

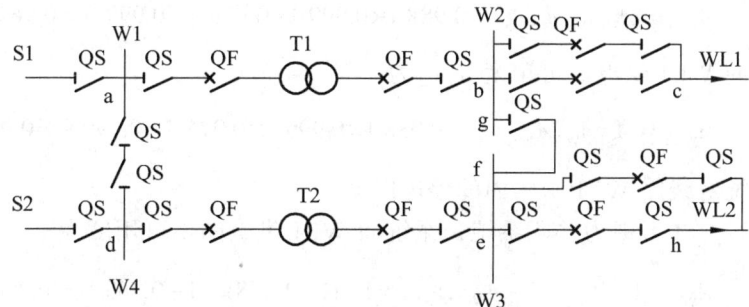

图 4.47 牵引变电所电气主接线

解：（1）将系统分解成串、并联子系统。

图 4.47 中，各支路是串联子系统，如电源支路 S1a，该支路包括元件 S1 和 QF；电源采取一主一备运行方式，因此，S1a 和 S2d 是独立子系统；变压器 T1 和 T2 也采取一主一备运行方式，变压器 T1 支路和 T2 支路也是独立子系统。

（2）计算各子系统的可用度。

① 串联子系统，其可用度按式（4.40）计算。

进线电源支路 S1 和 S2 的可用度为

$$A_{\text{S1}} = A_{\text{S2}} = A_{\text{S}} A_{\text{QS}} = 0.99 \times 0.998\,1 = 0.988\,1$$

变压器支路 ab 和 de 的可用度为

$$A_{\text{ab}} = A_{\text{de}} = A_{\text{QS}} A_{\text{QF}} A_{\text{T}} A_{\text{QF}} A_{\text{QS}} = 0.998\,1^2 \times 0.992\,6^2 \times 0.996\,8 = 0.978\,4$$

出线支路 bc，由于馈线开关采取 100% 备用方式，其不可用度为

$$\overline{A}_{\text{bc}} = \overline{A}_{\text{QS}} \overline{A}_{\text{QF}} \overline{A}_{\text{QS}} = (1 - 0.998\,1)^2 \times (1 - 0.992\,6) = 0.000\,000\,026\,714$$

其可用度为

$$A_{\text{bc}} = 1 - \overline{A}_{\text{bc}} = 0.999\,9$$

分段母线支路 fg 的可用度为

$$A_{fg} = A_{QS} = 0.998\ 1$$

变压器 T2 通过分段开关向线路 WL1 供电，支路 defg 的可用度为

$$A_{defg} = A_{de} A_{W3} A_{fg} = 0.978\ 4 \times 0.999\ 1 \times 0.998\ 1 = 0.975\ 7$$

② 并联子系统，利用不可用度公式（4.43）进行计算。

由于电源和变压器均采用一主一备的运行方式，不存在并联运行的可能。

（3）计算系统对线路 WL1 的供电可用度。

该电气主接线可能有两种向 WL1 供电的运行方式：电源 S1 通过支路 ab 和支路 bc 向 WL1 供电；电源 S2 通过支路 de、支路 fg 和支路 bc 向 WL1 供电。

① 电源 S1 向 WL1 供电。可用度 A_{WL1} 为

$$A_{WL1} = A_{S1} A_{W1} A_{ab} A_{bc} = 0.988\ 1 \times 0.999\ 1 \times 0.978\ 4 \times 0.999\ 9 = 0.965\ 8$$

② 电源 S2 向 WL1 供电。可用度 A_{WL2} 为

$$A_{WL2} = A_{S2} A_{W4} A_{defg} A_{bc} = 0.988\ 1 \times 0.999\ 1 \times 0.975\ 7 \times 0.999\ 9 = 0.963\ 1$$

（4）计算系统对线路 WL1 一年内的停电时间。

上述两种运行方式可视为并联系统，系统向 WL1 供电的不可用度为

$$A_{WL} = 1 - \overline{A}_{WL} = 1 - \overline{A}_{WL1} \overline{A}_{WL2} = 1 - (1 - 9\ 658) \times (1 - 0.963\ 1) = 0.998\ 7$$

系统一年内对馈线 WL1 的停电时间为

$$8\ 760 \times (1 - 0.998\ 7) = 11.39\ (\text{h})$$

同样，可求得系统对线路 WL2 的供电可用度和停电时间。

4. 复杂结构割集法

如图 4.48 所示的桥形网络是典型的非串-并联系统（简称复杂结构）。这种网络在很多工程问题中经常出现，常用来说明复杂系统的计算方法。

由图 4.48 可见，图中没有简单的串-并联系统。对这类网络有多种有效的分析方法，如条件概率法、割集法和树图法等。现以割集法为例，对该网络进行分析。

图 4.48 桥形网络

导致系统失效的元件集合的最小子集称为最小割集。它的定义为：最小割集是指只要集合中的任何一个元件没有失效，就不会造成系统失效的一种割集。这个定义表明，最小割集中的所有元件都必须处于失效状态才能造成系统失效。利用这一定义即可得到图中桥形网络的最小割集，如表 4.4 所示。

表 4.4 桥形网络的最小割集

最小割集编号	割集中的元件	最小割集编号	割集中的元件
1	AB	3	AED
2	CD	4	BEC

为了计算系统的可靠度(或不可靠度),要对可靠性网络确定的最小割集进行组合。由最小割集的定义可知,必须最小割集中的所有元件失效,系统才会失效,所以,每一最小割集中的元件以并联形式连接;而任一最小割集失效时,系统就会发生失效,所以割集与割集之间以串联形式连接。

据此,可将表 4.4 中的最小割集组合构成如图 4.49 所示的等效可靠性框图。在这里,由于同一元件出现在多个最小割集中,不能直接应用串联系统的概率计算公式,而需应用"并"集的原理处理。设第 i 个最小割集用 C_i 表示,它发生的概率用 $P(C_i)$ 表示,则系统不可靠度 $\overline{A}_s$ 为

$$\overline{A}_s = P(C_1 \cup C_2 \cup C_3 \cup \cdots \cup C_i \cup \cdots \cup C_n) \tag{4.45}$$

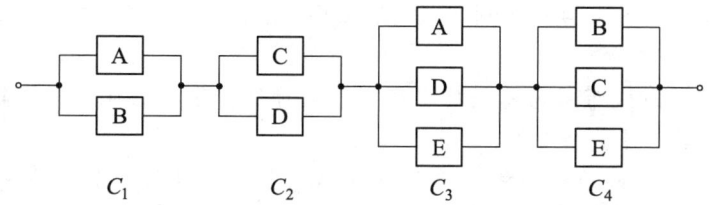

图 4.49 桥形网络的最小割集等效可靠性框图

【例 4.6】 设图 4.48 桥形网络中每一个元件的可用度为 0.99,并且元件的失效均为独立事件,试计算该系统的可用度。

解 由式(4.45)和图 4.49 所示的可靠性框图,可得系统的不可用度 $\overline{A}_s$ 为

$$\begin{aligned}
\overline{A}_s &= P(C_1 \cup C_2 \cup C_3 \cup C_4) \\
&= P(C_1) + P(C_2) + P(C_3) + P(C_4) - P(C_1 \cap C_2) - P(C_1 \cap C_3) - \\
&\quad P(C_1 \cap C_4) - P(C_2 \cap C_3) - P(C_2 \cap C_4) - P(C_3 \cap C_4) + \\
&\quad P(C_1 \cap C_2 \cap C_3) + P(C_1 \cap C_2 \cap C_4) + P(C_1 \cap C_3 \cap C_4) + \\
&\quad P(C_2 \cap C_3 \cap C_4) - P(C_1 \cap C_2 \cap C_3 \cap C_4)
\end{aligned}$$

由表 4.4 桥形网络的最小割集中每个割集包含的元件,根据事件独立性的假设,按照集合和概率的基本计算规则,将上式进行相应处理,可得

$$\begin{aligned}
\overline{A}_s &= \overline{A}_A\overline{A}_B + \overline{A}_C\overline{A}_D + \overline{A}_A\overline{A}_D\overline{A}_E + \overline{A}_B\overline{A}_C\overline{A}_E - \overline{A}_A\overline{A}_B\overline{A}_C\overline{A}_D - \overline{A}_A\overline{A}_B\overline{A}_D\overline{A}_E - \\
&\quad \overline{A}_A\overline{A}_B\overline{A}_C\overline{A}_E - \overline{A}_A\overline{A}_C\overline{A}_D\overline{A}_E - \overline{A}_B\overline{A}_C\overline{A}_D\overline{A}_E + 2\overline{A}_A\overline{A}_B\overline{A}_C\overline{A}_D\overline{A}_E
\end{aligned}$$

如果 $\overline{A}_A = \overline{A}_B = \overline{A}_C = \overline{A}_D = \overline{A}_E = \overline{A}$,则上式可简化为

$$\overline{A}_s = 2\overline{A}^2 + 2\overline{A}^3 - 5\overline{A}^4 + 2\overline{A}^5$$

因为 $A = 0.99$,$\overline{A} = 1 - A = 1 - 0.99 = 0.01$,代入上式可得

$$\overline{A}_s = 0.000\ 201\ 95$$

而系统的可用度为

$$A_s = 1 - \overline{A}_s = 1 - 0.000\ 201\ 95 = 0.999\ 798\ 05$$

由于割集直接与系统失效模式相联系，从而可以直观地识别系统各种不同的失效方式，实用性强，因此，割集法常用于计算电气主接线的可靠性指标。

思考题与习题

1. 牵引变电所电气主接线在设计、运行和操作中各起什么作用？设计主接线时应依据哪些原始基础资料和技术资料？
2. 电源进、出线和馈线数量，主变压器容量、台数和其接线形式，对交流牵引变电所主接线有何影响？
3. 单母线带旁路母线的主接线中，主母线和旁路母线各起什么作用？图4.3所示具有专用旁路断路器的结线和图4.14所示用母线分段QFD兼作旁路断路器的接线，各有什么特点？1QF检修时，如何操作？
4. 分析、比较单母线带旁路母线的主接线和双母线接线（图4.3和图4.6），各有哪些优缺点？它们分别适用于什么情况？
5. 比较外桥形结线和简单分支接线各有哪些特点？后者两路电源进线为何不能并联运行？两进线间跨条上隔离开关起什么作用？
6. AT供电方式牵引变电所主接线有哪些主要特点？为提高供电可靠性可采取哪些改进措施？
7. 分析图4.23京津高铁牵引变电所主接线有哪些特点？为保证可靠性采取了什么措施？
8. 对于图4.32直流侧为单母线的主接线，当直流平线短路而退出运行时，如何操作实现大双边供电（即由相邻牵引变电所供电）。这种直流侧单母线与双母线比较有何优缺点？
9. 主接线比较中，影响牵引变电所经济性的主要因素有哪些？
10. 可靠性的定义如何理解？电气设备常用的可靠性指标有哪些？
11. 何谓故障率与中可靠度？可靠度$R(t)$与可用度A有何区别？
12. 电气主接线可靠性指标有哪些？它的可靠性分析计算方法有哪些？

第五章 高压配电装置

根据主接线结构将各种高压开关设备和测量保护电器用母线、导线连接在一起，形成接受和分配电能的整体装置称为高压配电装置。

把供变电工程电路系统由原理变成配电装置，需要对各种高压电器设备在规定的地面上进行布置；需要考虑各种高压电器设备之间的连接关系和高压设备之间的安全距离，还需考虑高压设备的检修空间。同时对各种高压电器设备的控制、信号接口以及与二次系统的连接关系，在高压配电装置设计时都需要进行考虑。本章以包括 GIS 组合电器和高压屏柜式配电装置的设计分析为重点，讲述对配电装置的基本要求、配电装置的基本形式、GIS 组合电器装置的应用、屋内外配电装置的安全净距、操作维护距离的确定，介绍设计配电装置时应考虑的主要技术问题。

第一节 牵引变电所配电装置类型及对其基本要求

一、牵引变电所的配电装置类型

根据高压电器设备布置场所不同，存在两类配电装置：① 屋内配电装置，全部电器设备安装在建筑物内；② 屋外配电装置，全部电器设备布置在露天场地。此外，根据运行条件，有些配电装置将部分设备安装在建筑物内，部分安装在室外，形成混合式布置。

根据高压电器布置高度不同，分为三种布置方式：低型布置、中型布置和高型布置。

配电装置的结构形式对牵引变电所的技术指标、经济效益有很大的影响，特别是 110 kV 及以上的高压配电装置，对变电所总体布置、占地面积、工程量、运行维护条件等方面起着决定性作用。屋内和屋外配电装置各有特点，屋内配电装置的设备运行、操作维护都在室内，不受气候条件的影响，外界污秽空气对电气设备的影响也较小，可降低占地面积和减轻维护工作量，但房屋建筑费用较高；对于屋外配电装置，设备安装在室外，可减少房建费用并缩短工期，但气候条件变化，对设备和操作维护都有影响，电气设备受环境条件特别是污秽气体的影响，须加强绝缘，占地面积大。

在我国，一般在 20 kV 以下电压等级的工程采用屋内配电装置，电压在 35 kV 及以上电压等级的工程则采用屋外配电装置。特殊情况下，如环境条件恶劣、周围空气含有化学有害成分、受地形限制、占地面积过大导致建设费用过高等情况，经技术经济比较也可在 35 kV 及以上电压等级的工程中采用屋内配电装置。对于 25 kV 牵引负荷配电装置，断路器正常操作和事故跳闸次数较多，检修、维护工作量大，采用屋内配电装置对运行、维护都比较方便和有利。

城市地铁、轻轨交通牵引供电系统直流牵引变电所、降压变电所等配电装置，一般都建在地下或地面上城市闹市区，普遍采用屋内成套式配电装置和 SF_6 全封闭组合电器，以节省占地面积和土建造价。

二、对配电装置的基本要求

配电装置应满足以下基本要求：
（1）配电装置的设计、规划，必须贯彻执行国家基本建设方针和有关技术经济政策。
（2）技术上具有足够的可靠性，保证人身、设备安全，布置上应便于检修、巡视和操作。
（3）在保证安全、可靠的条件下，尽量降低造价，减少工程量和建筑面积。
（4）正确选择和布置电气设备，采用体积小、重量轻、维护简单、技术先进的设备。
（5）考虑留有扩充发展的余地。
从技术层面看，屋内外配电装置安全净距的确定、配电装置基本选型都要满足以上基本要求。

第二节 屋内配电装置

屋内配电装置的结构形式，与主接线形式、电气设备类型有密切关系。在屋内配电装置中，通常把整个主接线分解为具有一定功能的电路单元组，这些电路单元组称为间隔，配电间隔各部分的结构尺寸，首先要满足最小安全净距要求，同时要考虑设备操作、检修以及设备之间结构配合的要求。

一、屋内配电装置的安全净距

屋内、外配电装置的结构尺寸，是通过综合考虑设备外形尺寸、检修和运输（搬运）中应保证的安全距离等因素而确定的。

在敞露于空气中的配电装置的各种间隔距离中，最基本的是带电部分对接地部分之间的空间最小安全净距和不同相带电部分之间的空间最小安全净距，分别称为 A_1 和 A_2 值。此安全净距可保证在正常最高工作电压或出现内外过电压时，都不致使空气间隙出现击穿现象。A 值与电极的形状、冲击电压波形、过电压及其保护水平，以及环境条件等因素有关。对于 220 kV 以下的配电装置，大气过电压水平对 A 值的确定起主要作用，当采用残压较低的避雷器时，A 值可取稍小的数值。

屋内配电装置中各有关部分之间的最小安全净距如表 5.1 所示，其中 B_1、B_2、C、D、E 等电气距离是在 A_1 值的基础上再考虑其他因素和条件而确定的，其含义如表 5.1 及图 5.1 所示。例如，电气安全净距 $B_1 = A_1 + 750$（mm），是考虑用栅装遮拦防护带电设备时，运行人员手臂误入栅栏的手臂长度为 750 mm，手臂与带电部分之间距离仍能保持基本安全净距 A。

表 5.1　屋内配电装置的安全净距　　　　　　　　　　单位：mm

符号	适用范围	额定电压/kV				
		3	10	25（35）	55（63）	110J
A_1	带电部分至接地部分之间	75	125	300	550	850
	网状和板状遮拦向上延伸距地 2.3 m 处与遮拦上方带电部分之间					
A_2	不同相的带电部分之间	75	125	300	550	900
	断路器和隔离开关的断口两侧带电部分之间					
B_1	栅状遮拦至带电部分之间	825	875	1 050	1 300	1 600
	交叉的不同时停电检修的无遮拦带电部分之间					
B_2	网状遮拦至带电部分之间	175	225	400	650	950
C	无遮拦裸导体至地（楼）面之间	2 500	2 500	2 600	2 850	3 150
D	平行的不同时停电检修的无遮拦裸导体之间	1 875	1 925	2 100	2 350	2 650
E	通向室外的出线套管至室外通道的路面	4 000	4 000	4 000	4 500	5 000

注：① 110J 系指中性点有效接地电网。
　　② 海拔超过 1 000 m 时，A 值应根据相关标准进行修正。

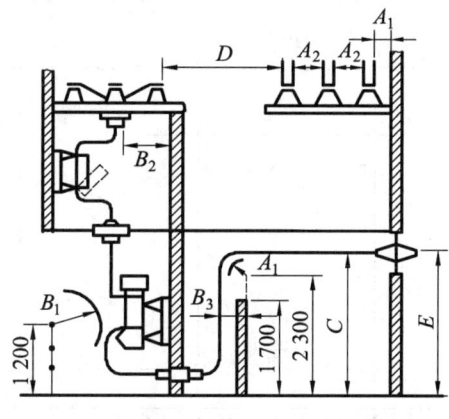

图 5.1　屋内配电装置安全净距校验图

二、屋内配电装置的配置与结构

配电装置各配电间隔的配置应与电气主接线的各条电路相对应，把电源进线、馈出线及其他电路合理分配在间隔中。在进行各间隔布置时，应注意一段母线的故障不致影响到另一分段母线的正常工作，将电源进线布置在母线的中部以减小母线的工作电流，还应考虑馈出线出线的方便，布置对称，便于操作及易于扩建。

下面分别以 25 kV 牵引侧网栅结构屋内配电装置和 10～35 kV 成套配电装置为例分析其结构、布置方式与原则。

根据不同的接线功能，高压开关柜中的电路可以有多种，如表 5.2 所示为部分高压开关柜电路的方案原理图。

表 5.2 开关柜一次线路方案

一次线路方案编号		01	02	03	04
一次线路方案					
主要电器元件	ZN42-27.5 真空断路器	1	1	1	1
	CB-35Q 穿墙套管 CMZ3-35B	1	1	1	1
	LZBJ$_1$-27.5 电流互感器	1	1	1	1
说　　明		进（出）线	进（出）线	左（右）联	进（出）线 左（右）联
柜　　宽		800	800	800	800
一次线路方案编号		05	06	07	08
一次线路方案					
主要电器元件	ZN42-27.5 真空断路器	1			
	CB-35Q 穿墙套管 CMZ3-35B	1		1	1
	JDJ$_2$-27.5 电压互感器		1	1	1
	LZBJ$_1$-27.5 电流互感器	1			
	RN$_2$-35 熔断器		1	1	1
说　　明		进（出）线，左（右）联	电压互感器 TV	进（出）线 TV	进（出）线 TV
柜　　宽		800	800	800	800

表 5.2 中，编号 01～08 的方案为单相母线方案。编号 01 的开关柜中，母线通过手车式断路器，经穿墙套管与外部电源（或负荷）相连，电流互感器装设于断路器套管中，该开关柜可用作电源进线柜或馈线柜。编号 02 的开关柜中，除了采用单独的电流互感器外，功能与编号 01 的开关柜相同。编号 03 的开关柜用于联络两段母线。编号 04 和 05 的开关柜除了具有联络两段母线的功能外，还可通过穿墙套管与外部的高压设备相连，两者之间的差别在于电流互感器的设置。编号 06 的开关柜为电压互感器柜，电压互感器通过熔断器与母线相连，电压互感器和熔断器均装设在手车架上。编号 07 和 08 的开关柜为电压互感器柜，同时具备进线（或馈线）连接功能。

在工程设计中，把配电装置根据不同功能划分为厂家提供的标准开关柜接线，把不同种类的开关柜依照一定的顺序排列拼接成配电装置。在选择开关柜时，除了需要注意其接线功能外，还需要检查产品的技术参数是否满足工程的需要。

实际上，在进行网栅结构屋内配电装置的设计时，也是对主接线进行功能划分，根据划分的功能单元进行电气设备的布置，因此，以上开关柜接线方案同样适用于网栅结构屋内配电装置，只是开关柜的进出线可能采用的套管或电缆头在网栅结构屋内配电装置中不存在。

（一）25 kV 网栅结构屋内配电装置

图 5.2 为该配电装置平面布置图，图 5.3 为牵引馈线配电装置间隔的布置、结构与相应的电路图。母线和隔离插座（或隔离开关）沿墙安装，手车式断路器由车架、操动机构和省力推进联锁机构组成，它放置在专用的槽钢导轨上，间隔深度按这种断路器的插入式触头从插座中拔出后（与电路隔断）能保证必要的电气安全净距来确定。配电间隔的结构采用钢板和网栅组成，也可采用砖石或石棉水泥板结构。用于连接高压电器设备与控制设备之间的电缆放置于电缆沟中，高压电器设备之间的连接导线使用硬导线或电力电缆，电力电缆也放置于电缆沟中，硬母线一般沿墙布置。

屋内配电装置的间隔可采用单列配置或双列配置。图 5.2 为双列配置的配电间隔，中间为操作维护走廊，走廊净空和宽度应保证设备搬运和操作维护的方便。按间隔内主要电器、电气设备的安装形式和移动的手车长度，操作通道和维护通道的最小宽度应符合如表 5.3 所示的规定，双列布置的维护通道（含 2×25 kV 装置）一般可取为 2 760 mm。在图 5.2 所示

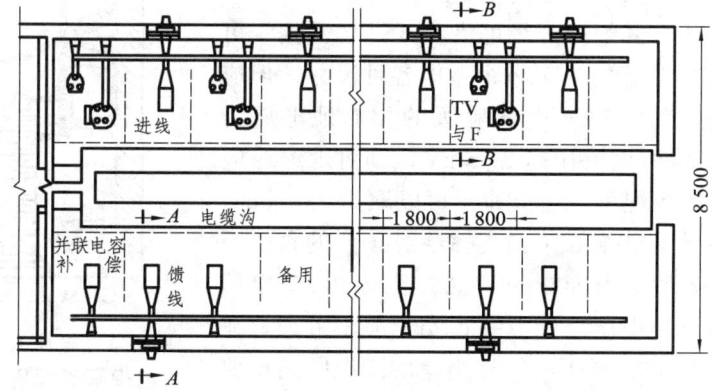

图 5.2　25 kV 屋内配电装置平面布置图（单位：mm）

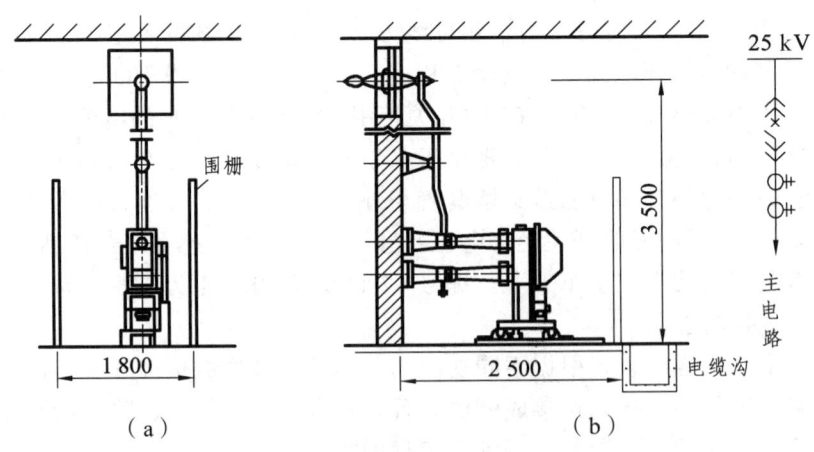

图 5.3　25 kV 手车式气体断路器配电间隔（断面 A—A）

的双列布置配电装置中，把进线断路器、互感器、避雷器、馈线断路器、自用变压器等间隔，依据电器连接顺序分别布置在操作通道的两侧（前列和后列），从空间上分隔线路的引入和馈出，使设备运行和维护方便且互不干扰。对于充油变压器，当单台油量大于 100 kg 时应安装在与其他设备隔绝的防爆小间内，小间内地面需有能蓄油 20% 的蓄油坑设施，并用排油管与安全地点连接，采取密封措施以防事故时油箱爆炸对其他设备的正常运行带来影响。油浸电流、电压互感器和少油断路器可安装在有防爆隔离墙的间隔内，不需要蓄油设施。

表 5.3　25 kV 配电装置室内各种通道的最小宽度　　　　　　　　　　单位：mm

通道种类 布置方式	维护通道	操作通道	
		固定式	手车式
设备单列布置	800	1 500	单车长 + 1 200
设备双列布置	1 000	2 000	双车长 + 900

图 5.4 为电压互感器、避雷器间隔的断面图，其平面布置可见图 5.2 的 TV 与 F 间隔。隔离开关的操动机构安装在隔离栅栏立面的控制板上，各高压电器的控制箱也安装在隔离栅栏立面上。

对于 25 kV 电压，其绝缘等级可借鉴 35 kV 数据，可按 35 kV 电压级配电装置的安全净距考虑各种尺寸，但应考虑两者之间的差别，35 kV 电压等级的相对地电压为 20.2 kV，而牵引母线对地电压是 27.5 kV，其对地绝缘应适当加强，条件许可情况下，A 值通常可以取为 330mm，相应的带电部分对地的外绝缘（如支撑绝缘子）的爬电距离也可以由 700 mm 调整为 800 mm。AT 系统 50 kV 电压级配电装置则按 63 kV 电压级配电装置安全净距考虑。在高海拔地区，除 A 值外，高压电气外绝缘的爬电距离也要根据海拔高度进行修正。

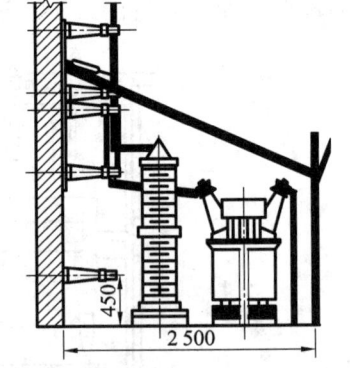

图 5.4　电压互感器、避雷器配电间隔断面图（断面 B—B）

双列配电装置邻近地面处设带水泥盖板的电缆沟（见图 5.2 中虚线），全部控制电缆、电力电缆都放置在沟内两侧分层的电缆支架上,电缆沟与每个配电间隔相连,并和控制室、屋外配电装置电缆沟连通。

并联补偿或滤波用电容器组,一般设置在房屋的第二层,由底层配电装置室的电容器组断路器、配电间断路器对它进行控制。电容器组采用高层角钢结构组装,以减少占地面积。电抗器单独安装在水泥基础上,两者间应有一定距离。室内安装的电容器和电抗器应设金属网栅防护,而且应有良好的通风设施,并便于检查维护,电容器组与电抗器布置断面图如图5.5所示。

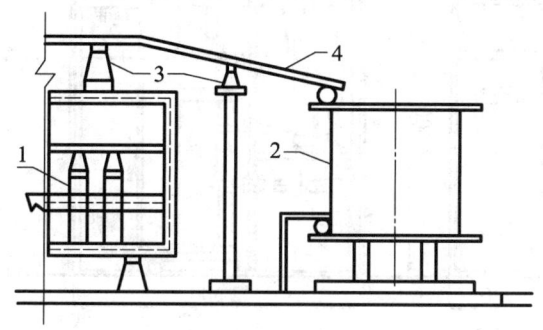

图 5.5　电容器组与电抗器布置断面图
1—电容器；2—电抗器；3—支持绝缘子；4—母线

对于电抗器和穿墙套管,需要采取防止交变磁场在其相邻设施引起涡流而损坏的措施。

如果屋内配电装置室长度大于 7 m,则应有两个出口,位于楼上的配电装置室出口,其中一个可通向楼梯。

(二) 25 kV 成套配电装置

根据交流电力牵引单相负荷、主接线和负荷特点,由工厂设计组装的 25 kV 成套配电装置也适用于 25 kV 屋内配电系统。它是采用金属结构的封闭柜体,按不同的单元主接线方案,构成由对应电器元件和电气设备组成的配电单元(开关柜),供使用单位设计时选用。如图 5.6 所示是 25 kV 真空断路器开关柜典型结构图。整个开关柜由柜体与手车两大部分组成,柜体分隔为手车室、母线室(或进、馈线与电流互感器室)、二次电缆室、继电器室等,各室之间用绝缘材料板或金属板互相隔开,手车分为断路器手车、避雷器手车、电压互感器手车、所用变压器手车等。

图 5.6 中,断路器手车位于柜内前下部,手车主要由车架、真空断路器与操动机构、推进省力联锁机构组成。后者具有一对固定焊接于导轨的抓钩、连杆机构和手柄,通过转动手柄驱动绞连于抓钩的连杆和转轴使手车在柜内导轨上平稳推进或后移,保证断路器上下出线板与柜内固定安装的静触刀可靠结合或分离,并达到省力的目的。推进联锁机构与断路器操动机构之间设有防止带负荷推拉手车的安全联锁装置。

断路器检修时,将手车拉出柜外,断路器上、下出线板与静触刀分离,手车室后壁通向母线室绝缘隔板的活动门自动关闭,起着安全隔离的作用。在手车检修期间,可用备用手车取代退出检修的手车向负荷供电,使停电时间缩短。手车与配置在柜体内的二次线采用插头连接,通过接地线插头与柜体后接地母线相连。柜体正面和后面都设有可打开的金属门,正面柜门上设有观察窗，运行时用以观察内部设备情况。二次电缆室、旁路母线室都可打开顶部盖板进行检修。

手车式结构成套开关柜中的手车具有良好的互换性，设备布置紧凑，占地面积相对减小（与前面的网栅结构配电装置比较），检修方便，并能防尘和防止小动物进入造成短路故障，运行可靠，减少了施工工作量，故得到了推广应用。

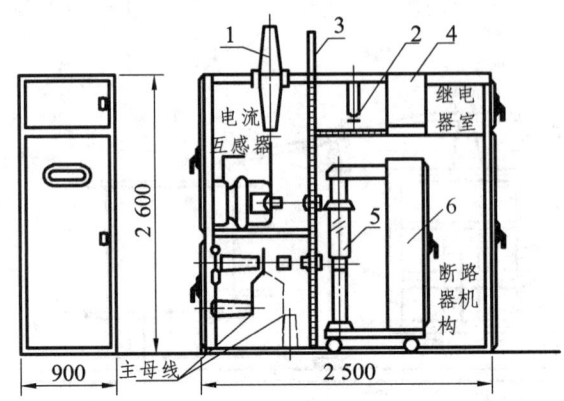

图 5.6　25 kV 高压开关柜（手车式）

1—进线套管；2—旁路母线；3—挡板；4—二次电缆室；5—真空断路器；6—操动机构

（三）10～35 kV 高压开关柜

交流牵引变电所 10～35 kV 地区负荷和地铁、城市轻轨交通直流牵引变电所、供电变电所以及降压变电所等的电源进线、出线高压交流三相配电系统，广泛采用 10～35 kV 高压开关柜组成的成套配电装置。按开关柜的结构形式分为固定式（GG 系列）和手车（移开）式（JYN 系列）两种类型，前者为半封闭式结构，电器与设备固定安装在柜体内；后者为金属封闭式结构，电器与设备采用手车式可移动的形式。

在高压开关柜的设计生产时，根据《3-110 kV 高压配电装置设计规范》(GB 50060—2008）第 4.3.8 规定，要满足对配电装置的"五防"要求：防止误分、误合断路器；防止带负荷断/合隔离开关；防止带电挂接地线（合接地开关）；防止带接地线关（合）断路器（隔离开关）；防止误入带电间隔。"五防"要求可通过带电传感器检测带电情况和机械连锁实现。

10～35 kV 高压开关柜的结构与图 5.6 类似，但它为应用三相电气设备的三相电压装置，其箱体结构尺寸和配置有所不同。

现举例介绍按照电气主接线电路，采用 10 kV 高压开关柜构成成套配电装置的方法和过程：

图 5.7 为一个 10 kV 屋内配电装置的主接线图的一部分，它是铁路电力变（配）电所的典型主接线，当图中不存在变压器时即为配电所，图中的主接线图已经按照其功能进行了间隔划分（每一间隔采用一台开关柜），并标明了在每一间隔配置的保护、测量和检测装置。进出线采用电缆连接，电缆放置于电缆沟中，开关柜分两排布置，两段母线之间设母联断路器，通过电缆连接，整座变（配）电所 10 kV 配电系统采用硬母线，母线通过支持绝缘子固定于柜体中。除了母线上设置避雷器外，各馈线出口处也设置了避雷器。电压互感器和所用变均

以熔断器为保护。并联补偿装置放置于开关柜外,如果所用变容量较大,则所用变也会放置于开关柜外(图 5.7 没有给出所用变与母线的连接关系),放置于开关柜外的高压设备一般可以采用电缆与开关柜连接。为了便于设备检修,馈线和进线设置了接地刀闸,馈线、并补装置的引出电缆处设置了带电指示器,带电指示器的接点信号可作为闭锁信号接入开关柜门的电磁锁中,以防止操作人员误入带电区域,也可作为监视信号通过远动系统远传到调度端。根据未来变电站扩容需求可适当预留开关柜安装位置。

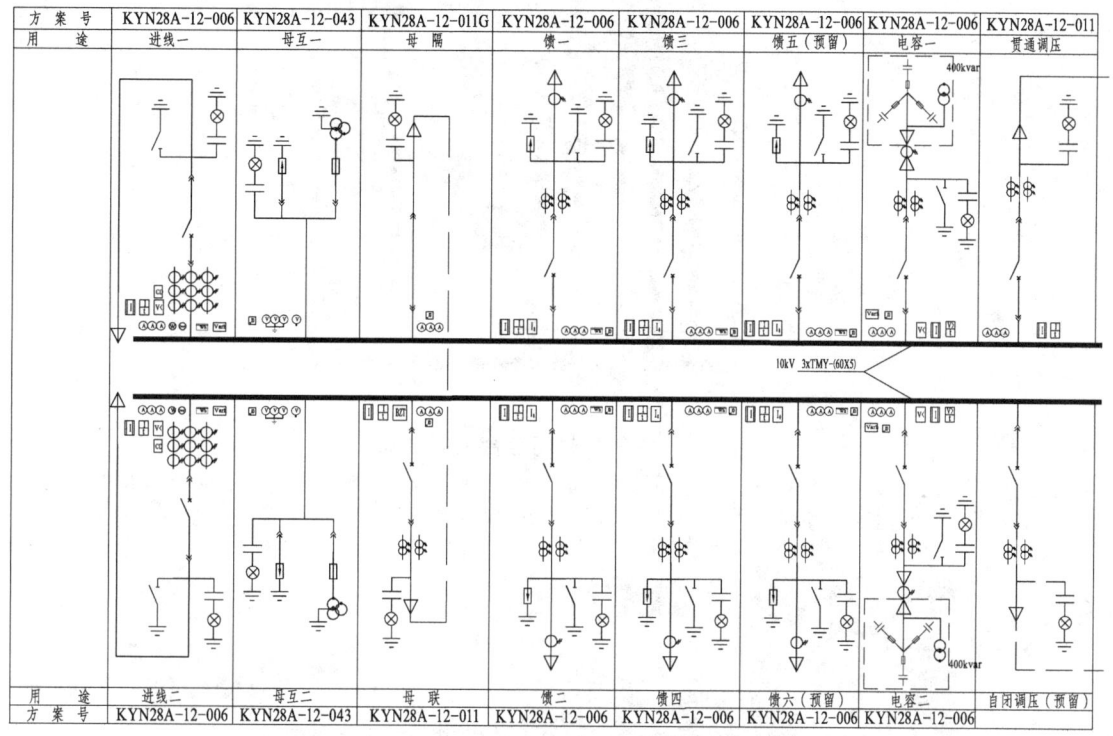

图 5.7 某 10 kV 配电装置主接线图(局部)

(四)SF₆ 全封闭组合电器(GIS)配电装置

1. 结构与技术特点

SF₆ 全封闭组合电器配电装置,是以不同的 SF₆ 全封闭组合电器标准组件为主体,组成的具有特定功能的新型屋内成套配电装置,如图 5.8 所示为 27.5 kV SF₆ 全封闭组合电器配电装置的示意图,如图 5.9 所示为 252 kV 充气式组合电器(可用于实现 220 kV 电压等级的牵引变电所电源进线侧主接线功能)。在 27.5 kV SF₆ 全封闭组合电器配电装置中,断路器依然为真空断路器,六氟化硫气体则作为断路器的外绝缘和其他设备的绝缘,而在 252 kV 充气式组合电器配电装置中,断路器的灭弧介质和外部绝缘均为六氟化硫气体。

目前,SF₆ 全封闭组合电器配电装置在电气化铁道牵引供变电设施中,应用范围涉及 220 kV、110 kV、2 × 27.5 kV、27.5 kV 和 10 kV 电压等级的供变电设施,而不仅限于城市中心区、隧洞内、险峻山区、严重污秽地区、海滨、高海拔地区的变电所。

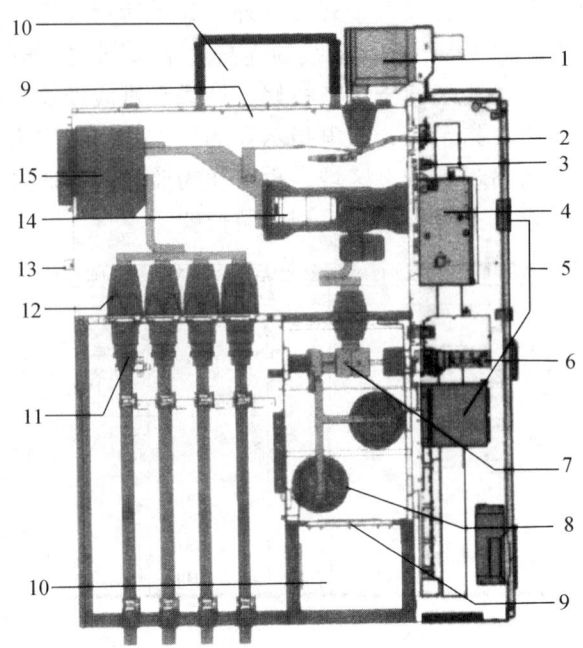

图 5.8 GIS 全封闭组合电器结构

1—插接式 PT；2—电压互感器隔离开关；3—压力传感器（温度补偿）；4—断路器操作机构；5—综合保护单元；6—3 工位开关机构；7—3 工位开关；8—主母线；9—压力释放盘；10—压力释放通道；11—电缆头；12—电缆插座；13—带电显示装置；14—真空断路器；15—电流互感器

图 5.9 252 kV 充气式组合电器

2. 高速铁路牵引变电所 GIS 配电装置应用示例

如图 5.10 所示为高速铁路某牵引变电所一组 220 kV 进线-主变压器配电间隔的电气主接线（该牵引变电所共有两个进线间隔），除牵引变压器外，所有的高压电器设备均采用户内布置。该牵引变电所进线电压为 220 kV 电压等级，主接线为"双 T"接线。进线隔离开关、断路器、母线、互感器、避雷器等高压电器设备采用图 5.9 所示充气式组合电器，封闭于以 SF$_6$ 气体为外绝缘的封闭气室中，电源进线采用架空引入，220 kV 配电装置与牵引主变压器之间采用架空导线连接。

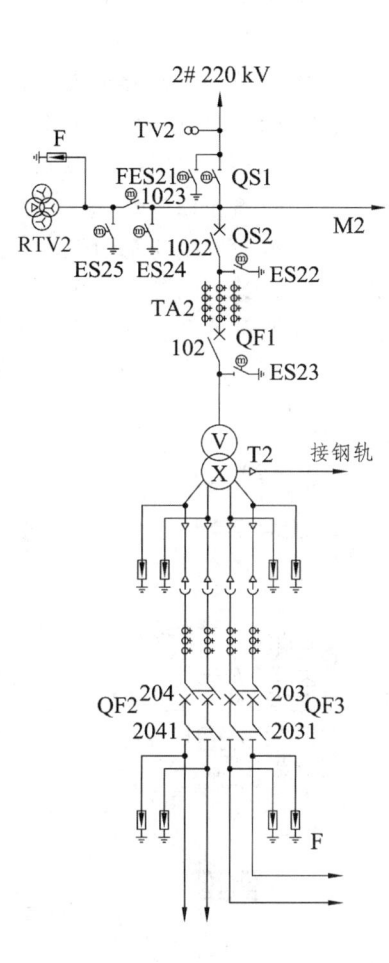

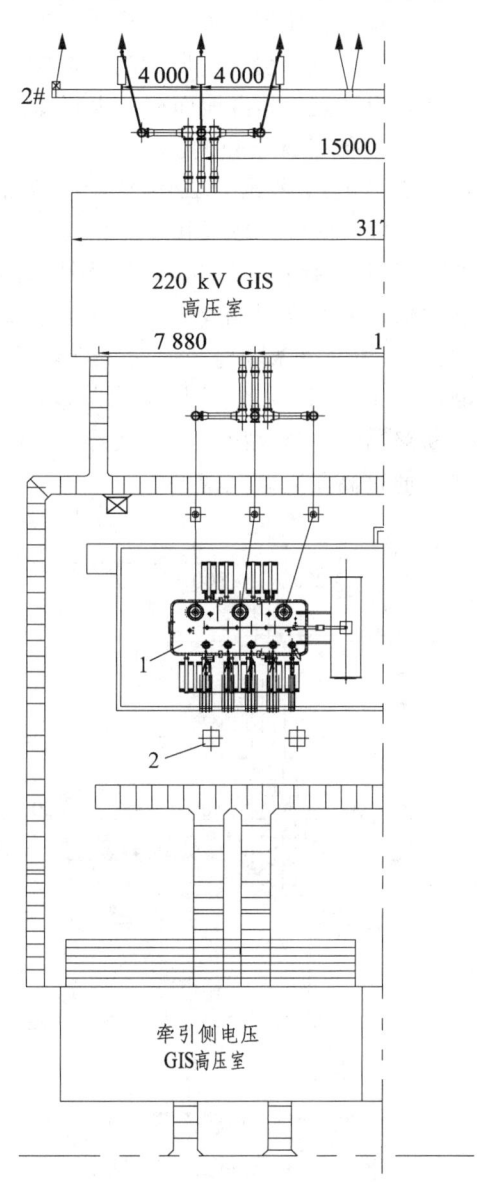

图 5.10　高速铁路牵引变电所电源进线-
主变压器单元电气主接线（局部）
ES、FES—接地闸刀开关和故障关合接地开关
RTV—继电保护和检测用电压互感器

图 5.11　与图 5.9 对应的电源进线-
主变压器配电间隔平面布置图
（单位：mm）

该牵引变电所为 AT 供电方式，牵引侧采用单母线分段接线，主变压器低压侧断路器、馈线断路器及隔离开关均采用单相双极开关，主接线中标明了对电路进行的间隔划分，牵引

侧配电装置采用 GIS 组合电器拼接而成，配电装置与牵引主变压器之间采用电缆连接，利用电缆连接馈线断路器柜体与上网（与牵引网相连）户内隔离开关。

如图 5.11 所示为与图 5.10 电气主接线相对应的电源进线-主变压器配电间隔平面布置图。图中高压侧和牵引侧电气设备分别配置在户内 220 kV GIS 配电装置（高压）室和牵引侧 GIS 高压室中。牵引变压器 1 设置于户外，2 为电缆爬架。

需要指出：该牵引变电所的高压侧配电装置采用户内布置后，其占地面积约为 270 m²，相对户外配电装置，其占地面积大大降低。在环境条件恶劣和占地面积受限的情况下，也可以把牵引变压器设置于户内。

如图 5.12（a）所示为 220 kV 配电装置的平面布置图，WB1 和 WB2 分别为密封于气室中的两段母线，此外，高压电器设备也全部密封于气室中。如图 5.12（b）所示为 220 kV 进线单元的断面图，封闭于气室的是按照图 5.10 编号为 TV2、F、FES21、QS1、ES25、ES24 的电压互感器、避雷器、隔离开关、接地隔离开关及连接导线。如图 5.12（c）所示为 WB1 和 WB2 两段母线的跨条隔离开关安装断面图。如图 5.12（d）所示为母线与牵引变压器连接单元的断面图，封闭于气室的是编号为 QS2、ES22、ES23、QF2、2TA 的隔离开关、接地刀闸开关、断路器、电流互感器及连接导线。GIS 组合电器与外部设备（电源线、牵引变压器）的连接是通过高压套管完成的。

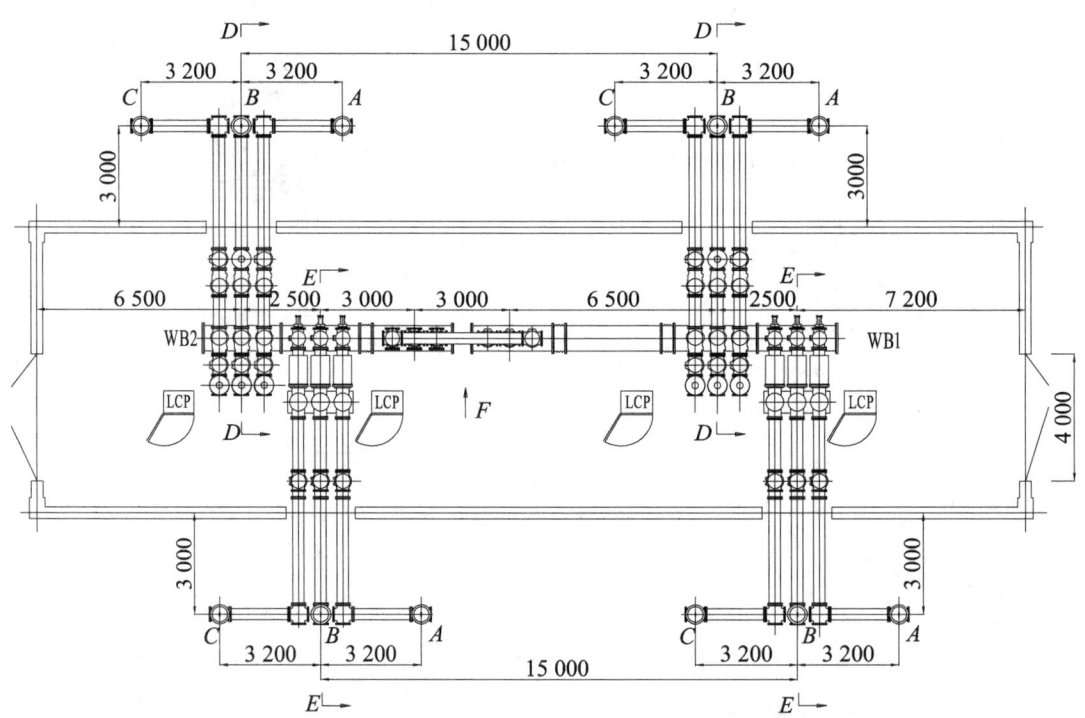

(a) 220 kV 配电装置平面布置图

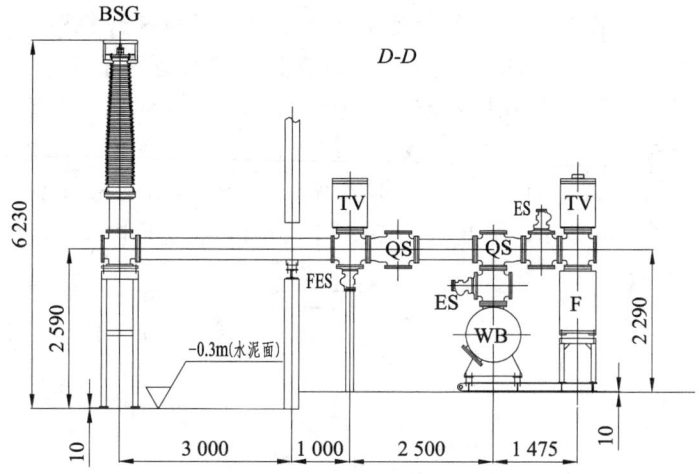

(b) 220 kV 进线单元断面图

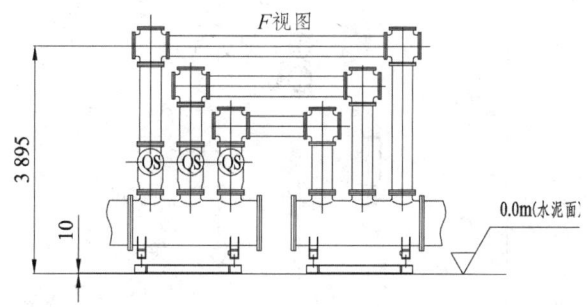

(c) WB$_1$ 和 WB$_2$ 两段母线的跨条隔离开关安装断面图

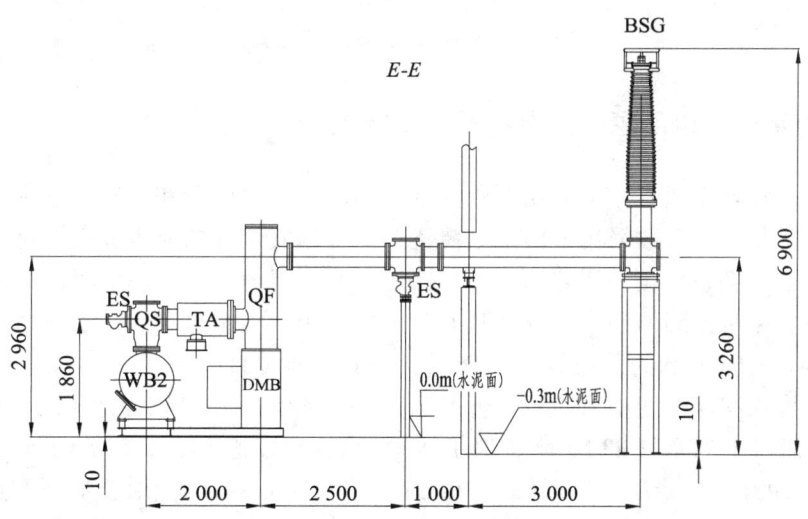

(d) 母线与牵引变压器连接单元断面图

图 5.12 220 kV 侧配电装置平面布置图断面图（单位：mm）

QF—断路器；DMB—断路器机构箱；QS—隔离开关；ES—接地开关；WB—主母线，FES—故障关合接地开关；TA—电流互感器；TV—电压互感器；F—避雷器；BSG—套管；LCP—就地控制柜在设备布置困难的工程中,牵引侧主接线也会考虑采用 GIS 开关柜。在 AT 供电系统中,高压开关通常采用双极型开关,如图 5.13 所示为双极型 GIS 开关柜的方案图。在图 5.13 中,双极隔离开关、双极接地开关、双极断路器、电流互感器、避雷器、母线、开关柜之间的母线通过母线连接器连接在一起,出线(进线)通过开关柜底部的锥形电缆头与开关柜气室内设备连接在一起。空气绝缘(AIS)开关柜柜体宽度一般为 800 mm,GIS 开关柜(单极或双极)柜体的宽度一般为 600 mm,由此可见 GIS 开关柜内部高压电器布置更为紧凑。

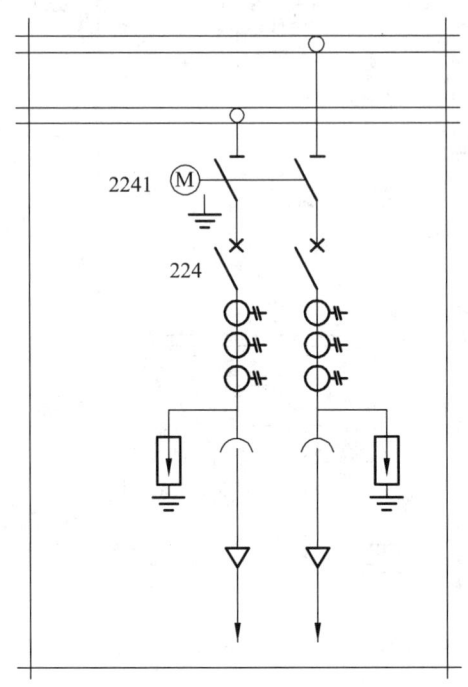

图 5.13 双极 GIS 开关柜方案图

三、直流牵引变电所屋内配电装置及其特点

地铁、城市轻轨交通直流牵引变电所、牵引降压混合变电所和降压变电所,由于其环境和场地条件的限制,大多数采用屋内配电装置,而且因安全性的要求较高,对地下或地上的电器、材料和电器设备,应采用防潮、无自爆、耐火、阻燃、节能和低噪声的产品,配电装置和电气设备应尽量做到体积小、维修和安装工作量小、安全可靠、易于检修和更换。

如图 5.14、5.15 所示为某地铁牵引降压混合变电所主接线图。图 5.14 为 33 kV 侧主接线,电源进线为双回(进线 1 和进线 2),33 kV 主接线采用单母线分段形式,33 kV 电源经过两台整流变压器(RT1 和 RT2)降压到 1.18 kV 后,经过整流器转变为 1 500 V 直流电源,同时,33 kV 电源经两台降压变压器(ST1 和 ST2)降压到 0.4 kV 后供应动力用电,另外 33 kV 电源经两回出线(出线 1 和出线 2)连接到别的牵引变电所。

图 5.15 中,1.18 kV 电压经过整流器(RCT1 和 RCT2)后,把 1 500 V 直流电源送到直流母线上,经直流快速断路器(211、212、213 和 214)分别送到左右两个方向上行和下行方向的供电臂上。

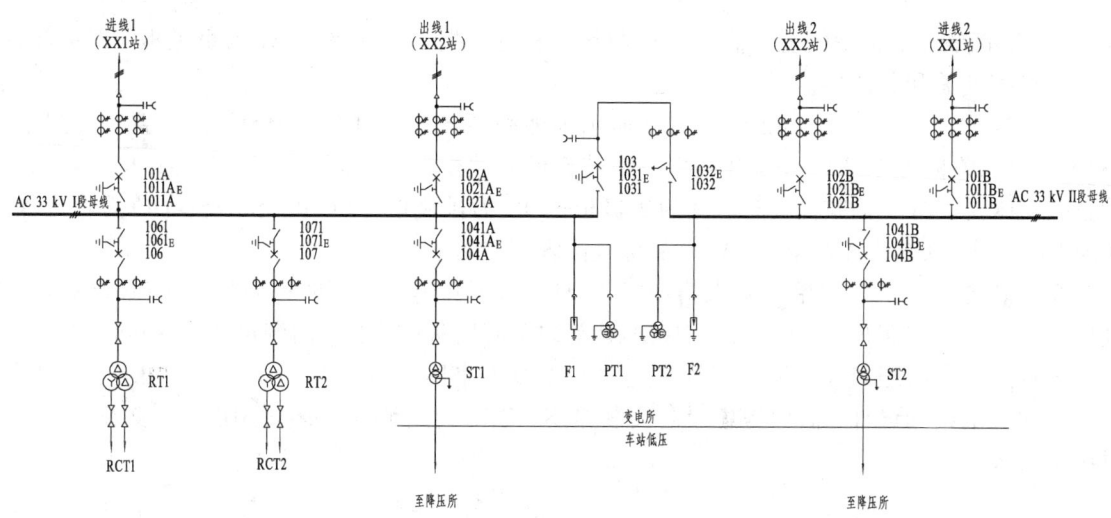

图 5.14　地铁混合型牵引变电所主接线图（局部）（33 kV 侧）

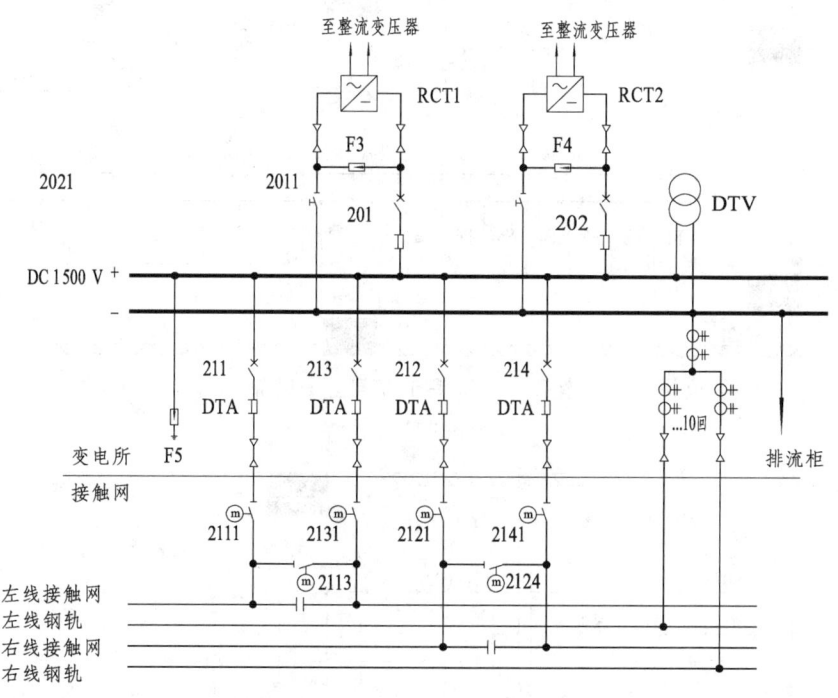

注：DTV、DTA 分别为分压器型式的直流电压变换器和分流器型式的直流电流变换器

图 5.15　地铁混合型牵引变电所主接线图（局部）（1 500 V 侧）

图 5.14 和 5.15 的主接线不仅描述了变（配）电装置的功能，同时也对配电装置间隔进行了划分，在配电装置中应用了开关柜。图 5.14 和 5.15 中，101A 和 101B 为 33 kV 进线开关柜，进线开关柜中配置了断路器、隔离开关、接地开关和电流互感器；102A 和 102B 为 33 kV 出线柜，柜中高压电器设备的配置与进线柜同；103 为 33 kV 母联柜，柜中配置了断路器、隔离开关、接地开关、避雷器、电流互感器和电压互感器；104A、104B、106 和 107 为 33 kV 馈线柜，柜中配置了断路器、隔离开关、接地开关和电流互感器；201 和 202 为 1 500 V 进线柜，柜中配置了直流快速断路器、分流器、避雷器和直流电压互感器；211、212、213 和 214

为 1 500 V 馈线柜，柜中配置了直流快速断路器和分流器；2011 和 2021 为负极柜，柜中配置了手动隔离开关和分流器。

图 5.16（a）、5.16（b）和 5.16（c）所示为地铁混合型牵引变电所的平面布置图。图中，编号 H 的开关柜为 33 kV GIS 开关柜；编号 F 的开关柜为 1 500 V 直流开关柜；RT1 和 RT2 为整流变压器；RCT 为整流器柜；N 为负极柜；DR 为排流柜；AC 为交流盘；DC 为直流盘；B 为蓄电池盘；CP 为控制盘；OV 为钢轨电位限制装置。

配电装置设置了单向单开防火防烟门（FHxxyy）和单向双开防火防烟门（FHYxxyy），其中，xxyy 代表门洞尺寸。例如，FH1021 为单向单开防火防烟门，门洞尺寸为 1 000×2 100。配电装置还设置有通风孔，除了母线，进线和馈线均采用电缆进出。

地铁变电站的设计，需要考虑设备安装紧凑，以节约用地，尽量采用阻燃型设备和电缆，以满足防火要求。

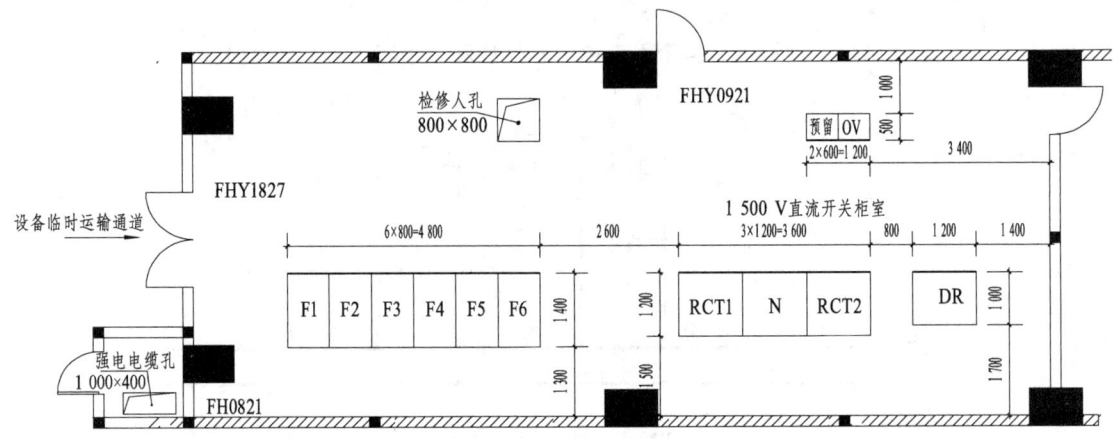

（a）地铁混合型牵引变电所平面布置图（局部）（单位：mm）

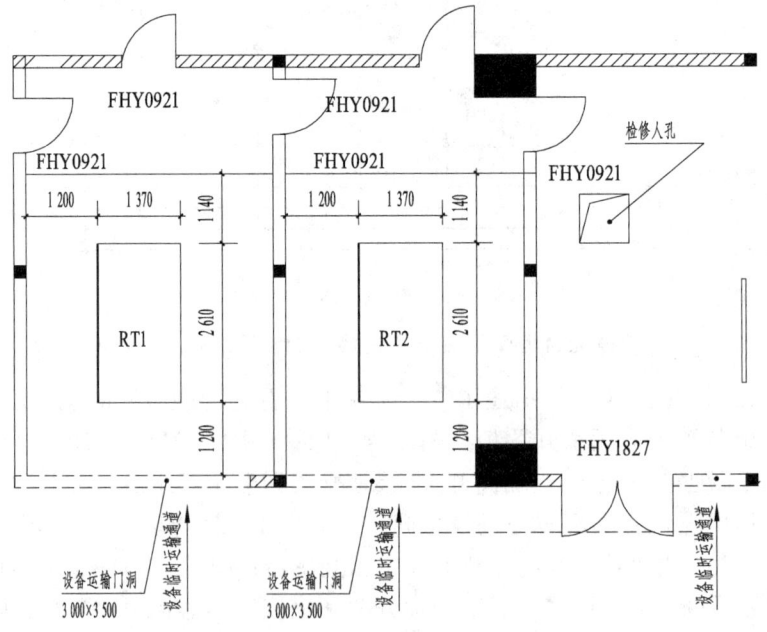

（b）地铁混合型牵引变电所平面布置图（局部）（单位：mm）

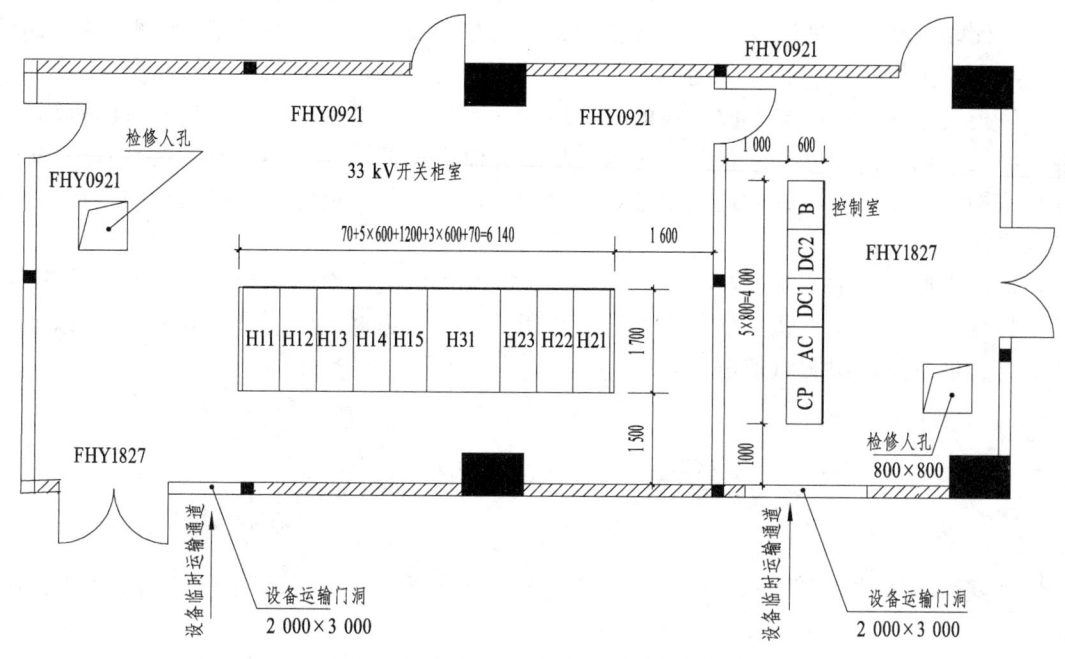

(c) 地铁混合型牵引变电所平面布置图（局部）（单位：mm）

图 5.16　地铁混合型牵引变电所平面布置图

1. 整流器-变压器机组

整流变压器为自然空气冷却的干式变压器，放置在隔开的有通风设施的分间内。轻轨交通直流变电所也可采用油浸式变压器，但需安装在单独封闭的防爆间隔内，并按屋内充油设备的要求设置蓄油设施。整流器组安装在带通风孔的金属封闭整流柜中，整流柜设在配电装置室内，靠近直流快速开关柜。通过电缆沟中的电力电缆分别与整流变压器和直流开关柜连接，各种仪表、二次线通过控制电缆与主控制室的控制、继电保护屏和运动终端（RTU）装置相联系。

整流变压器采用 Ddy 接线组，次级绕组间互感小、漏抗大，一般可以省去平衡电抗器。

2. 手车移开式直流快速开关柜

整流器柜输出直流正极和直流馈线保护的快速开关，采用封闭结构、手车移开式直流开关柜。手车上装有直流快速开关、电磁与电子操动机构及电路、测量仪表、直流互感器、过电流保护装置和开关柜盘面。手车推入在正常工作时，通过可动插头与柜体内固定安装的静插座连接，在开关断开后检查时，可将手车拉出。移开式手车柜中，上部盘面后为直流快速开关的灭弧栅罩，中下部为导磁系统和分、合闸操作传动机构、辅助设备等。

3. 交流手车移开式高压开关柜

交流电源进线与馈线高压配电装置（10～35 kV），采用金属全封闭手车移开式高压开关柜。它们在高压配电装置室内与直流开关柜对侧并列，构成双列布置，其间的操作通道距离应满足交、直流两个手车长度加上 0.6 m 的最小净距要求。但为减少检修工作量，开关柜多采用 10～35 kV 真空断路器，进线、馈线大都采用 10～35 kV 电力电缆，敷设在开关柜前面带盖板的电缆沟中，并与室外电缆管道或电缆架（电源进、出线）连通。交、直流开关柜的各种仪表、二次线通过电缆沟中的控制电缆与主控制室的控制、信号屏和远动 RTU 装置连接。

为了降低配电装置占地面积，33 kV 系统配电装置也有采用气体绝缘（GIS）成套开关柜的情况，此时，断路器安装于气体绝缘室中，而不是安装于可移动的手车上。把不同功能的气体绝缘开关柜拼接在一起，即构成一个完整的配电装置。

排流柜是连接排流网与电源负极的成套装置，在地铁供电系统中，直流电流由机车进入大地，经过大地返回到电源的负极，进入大地的电流对流通路径上的金属结构具有腐蚀性。为降低这种腐蚀作用，沿着大地走向铺设排流网，用于收集直流电流。排流柜的作用就是控制进入排流柜的电流。

在地铁交通系统中，轨道与大地是绝缘的，在某些情况下轨道电位有可能升高，从而产生危及人身安全的电压，轨道电位限制器的作用就是当轨道对地电压升高到 90 V 及以上时，将轨道与大地短路以限制轨道电位升高。

第三节 屋外配电装置

屋外配电装置按电气设备和母线布置的高度和层次结构，可分为中型、半高型和高型等几种。

中型装置的所有电器安装在同一平面内，母线则采用悬挂在较高支架上的软导线。这种装置的结构简单清晰，在我国得到了广泛应用。在高型和半高型配电装置中，电器和母线分别安装在几个不同高度的水平面上，并采用重叠布置方式。若将母线重叠布置，则称为高型配电装置；若仅将母线与断路器、电流互感器等重叠布置，则称为半高型配电装置。高型与半高型配电装置因设备布置紧凑，可大量节省占地面积，但结构复杂，操作不便。虽然如此，近年来二者仍在地形条件限制的许多场合中得到应用。

屋外配电装置的布置及结构与电压等级、电器接线形式、母线套数、架构的结构方式等因素有关，装置的结构尺寸、距离则和屋内配电装置相似，是由最小安全净距确定的。

一、屋外配电装置的安全净距

当考虑气候条件的影响，且在屋外配电装置采用硬母线的情况下，不同相导体间及带电部分至接地部分间的最小安全净距 A 值，以及屋外配电装置中各部分间不同情况下相应的最小安全净距 B、C、D 值等如表 5.4 所示。其解释性例图如图 5.17 所示。B、C、D 值都由基本净距 A 值推得，与本章第二节屋内配电装置的相应距离值推导类似。

表 5.4 屋外配电装置的安全净距　　　　　　　　　　　单位：mm

符号	适用范围	额定电压/kV				
		3	25（35）	55（63）	110J	220J
A_1	带电部分至接地部分之间	200	400	650	900	1 800
	网状遮拦向上延伸距地 2.5 m 处与遮拦上方带电部分之间					
A_2	不同相的带电部分之间	200	400	650	1 000	2 000
	断路器和隔离开关的断口两侧带电部分之间					

续表 5.4

符号	适用范围	额定电压/kV				
		3	25(35)	55(63)	110J	220J
B_1	设备运输时，其外廓至无遮拦带电部分之间 交叉的不同时停电检修的无遮拦带电部分之间 栅栏遮拦至绝缘体和带电部分之间	950	1 150	1 400	1 650	2 550
B_2	网状遮拦至带电部分之间	300	500	750	1 000	1 900
C	无遮拦裸导体至地（楼）面之间 无遮拦裸导体至建筑物、构筑物顶部之间	2 700	2 900	3 100	3 400	4 300
D	平行的不同时停电检修的无遮拦裸导体之间 通向室外的出线套管至室外通道的路面	2 200	2 400	2 600	2 900	3 800

注：① 110J、220J 系指中性点有效接地电网。
② 海拔超过 1 000 m 时，A 值应根据相关标准进行修正。

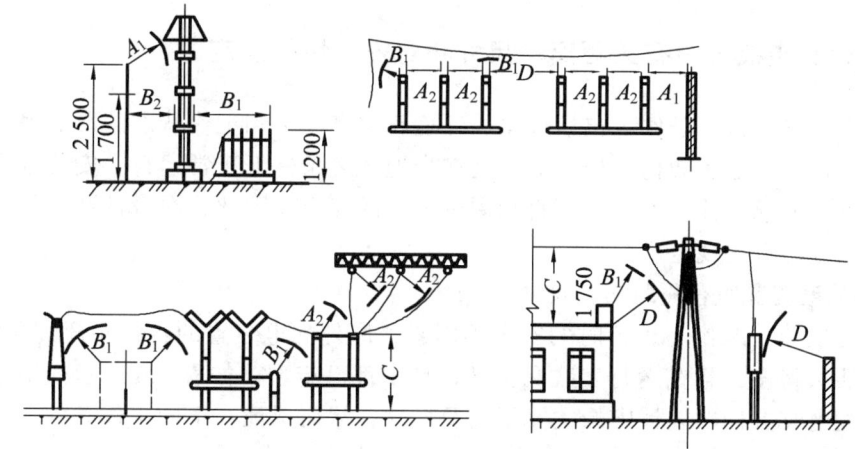

图 5.17 屋外配电装置安全净距校验图

需要指出，表 5.4 中规定的最小安全净距需在任何情况下均得到保证。对于采用软导线作为母线的屋外配电装置，考虑到软母线在风力、温度及冰载等作用下的物理变化，导线与接地部分、其他相导电部分距离会发生变化。因此，在不同过电压和最大工作电压下，考虑风偏等影响与不同条件，屋外配电装置使用软导线时，其带电部分至接地部分和不同相带电部分之间的安全净距，应按如表 5.5 所示进行校验，并应采用其最大值。

表 5.5 不同条件下的计算风速和安全净距 单位：mm

条件	校验条件	计算风速/(m/s)	A 值	额定电压/kV			
				25(35)	50(63)	110J	220J
雷电过电压	雷电过电压和风偏	10	A_1	400	650	900	1 800
			A_2	400	650	1 000	2 000

续表 5.5

条件	校验条件	计算风速/(m/s)	A值	额定电压/kV			
				25（35）	50（63）	110J	220J
操作过电压	操作过电压和风偏	最大设计风速的50%	A_1	400	650	900	1 800
			A_2	400	650	1 000	2 000
最大工作电压	最大工作电压短路和10 m/s 风速时的风偏		A_1	150	300	300	600
	最大工作电压和最大设计风速时的风偏		A_2	150	300	600	900

注：在气象条件恶劣（如最大设计风速为 35 m/s 及以上，以及雷暴时风速较大）的地区，校验雷电过电压时的安全净距，其计算风速采用 15 m/s。

二、屋外配电装置中有关距离、尺寸和对安全性的规定

屋外配电装置受自然条件（包括气象、环境和灾害等）和工作状态的影响很大，配电装置的布置和导体、电器、架构的选择应满足在当地环境条件下正常运行、安装维修、短路和过电压状态下的要求，并应不危及人身和周围设备的安全。因此，在设计和运行中必须考虑各种安全性措施与有关规定。

1. 屋外配电装置的有关距离、尺寸

综合考虑安装、维修、运行时的安全等因素，屋外配电装置的各种距离和尺寸比表 5.5 中所列数值要大得多，且在运行实践和标准设计中都已定型。如表 5.6 所示列出采用软导线的中型屋外配电装置标准设计中的主要距离及尺寸，从而保证在不同工作条件下，仍能满足上述安全净距的要求。

表 5.6 中型屋外配电装置的主要距离、尺寸　　　　　　　　单位：cm

项目及名称		不同电压（kV）下的距离			
		35	60	110	220
导电相线间距离	母线（π形）架构	160	260	300	550
	出线（门形）构架	130	160	220	400
配电间隔（单元）宽度		500	—	800	1 500
构架高度	母线（π形）架构	550	700	730	1 050
	出线（门形）构架	730	900	1 000	1 450
架空地线高出输电线的距离		—	—	250	400
架构总高度	π形母线架构	320	520	600	1 100
	门形母线架构与出线架构	500	600	800	1 500
弧垂	母　线	100	110	90～110	200
	出　线	70	80	90～110	200

此外，屋外安装的电气设备和电器，其外绝缘体最低部位距地面小于 2.5 m 时，应设有固定遮栏，以保证人员安全。

2. 导体和各种绝缘子、套管的安全系数

在正常运行和短路时，电器引线的最大作用力不应大于电器端子允许的荷载。室外配电装置的导体、套管、绝缘子和金具，应根据当地气象条件和不同受力状态进行力学计算。其安全系数不应小于如表 5.7 所示的规定。

表 5.7 导体和绝缘子的安全系数

类 别	荷载长期作用时的安全系数	荷载短时作用时的安全系数
套管、支持绝缘子及其金具	2.5	1.67
悬式绝缘子及其金具	5.3	3.3
软导体	4.0	2.5
硬导体	2.0	1.67

注：① 悬式绝缘子的安全系数对应于破坏荷载；若对应于 1 小时机电试验荷载，其安全系数应分别为 4 和 2.5。
② 硬导体的安全系数对应于破坏应力；若对应于屈服点应力，其安全系数应分别为 1.6 和 1.4。

3. 不同环境下绝缘子、设备外绝缘、电气设备安装、架构等的强度问题

对于空气污秽地区及高海拔地区的屋外配电装置中的电气设备外绝缘、绝缘子串抗电强度，应按不同污秽等级来提高相应的外绝缘标准，以加强污秽地区的瓷绝缘强度。高海拔地区，由于空气密度和湿度相应减少，空气间隙和瓷绝缘的放电特性下降（对内绝缘性能影响很小），因此，对海拔 1 000 m 以上的高海拔地区使用的高压电器及设备的外绝缘强度，需按不同情况和不同电压级采取补偿措施加强绝缘或提高一级绝缘，如绝缘子的选择，其爬电距离（爬电距离指的是两个带电部分或一个带电部分与大地之间沿绝缘材料表面的最短距离）需要满足耐受工频过电压和雷电冲击过电压的要求。

在屋外配电装置中，应选择适用于该地区风速范围内的电气设备，对台风经常侵袭或最大设计风速超过 35 m/s 的地区，应尽量降低电气设备的安装高度，并加强其与基础的牢靠固定。同时应对架构和设备支架的强度及跨距进行检验。

三、屋外配电装置的结构和布置

屋外配电装置的结构形式与电气接线图、电压等级、容量、重要性以及母线、开关设备和架构类型等有密切关系。屋外配电装置是由包括进线间隔（单元电路）、变压器间隔等配电间隔组成的。每个配电间隔包括电气接线图中一条电路的全部电器与导体。

以某牵引变电所 110 kV 单母线带旁路断路器的中型布置为例，阐明屋外配电装置的结构、布置等有关原则与问题。其电气主接线图如图 5.15 所示，装置的平面布置图和主要配电间隔断面图分别如图 5.18 与图 5.19 所示。

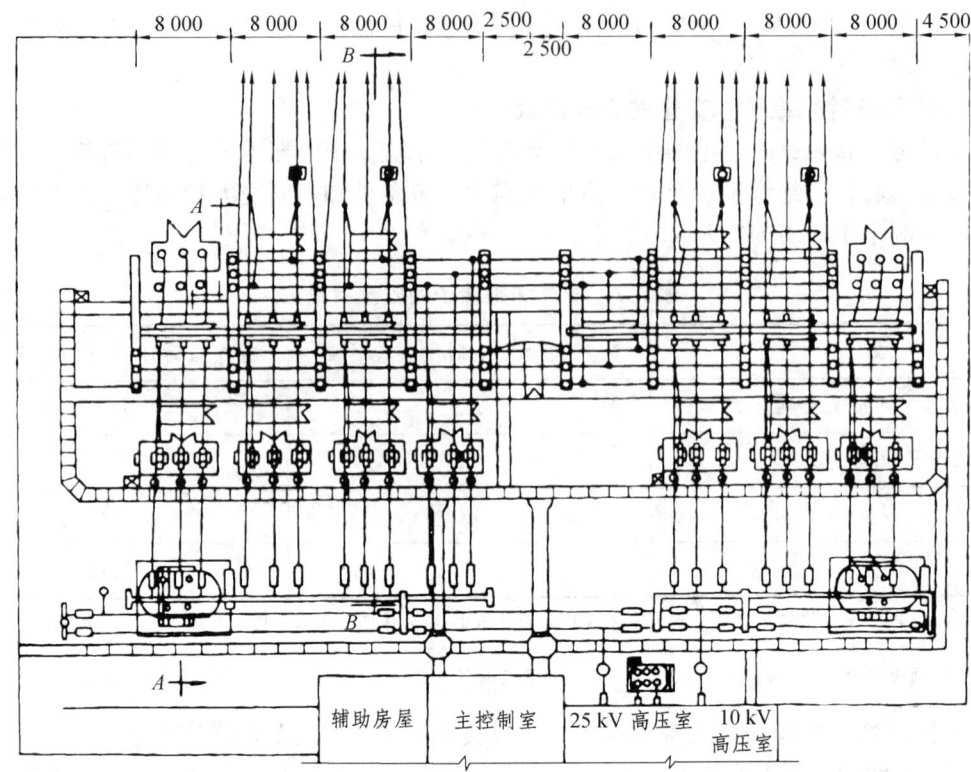

图 5.18　110 kV 屋外配电装置平面图（单位：mm）

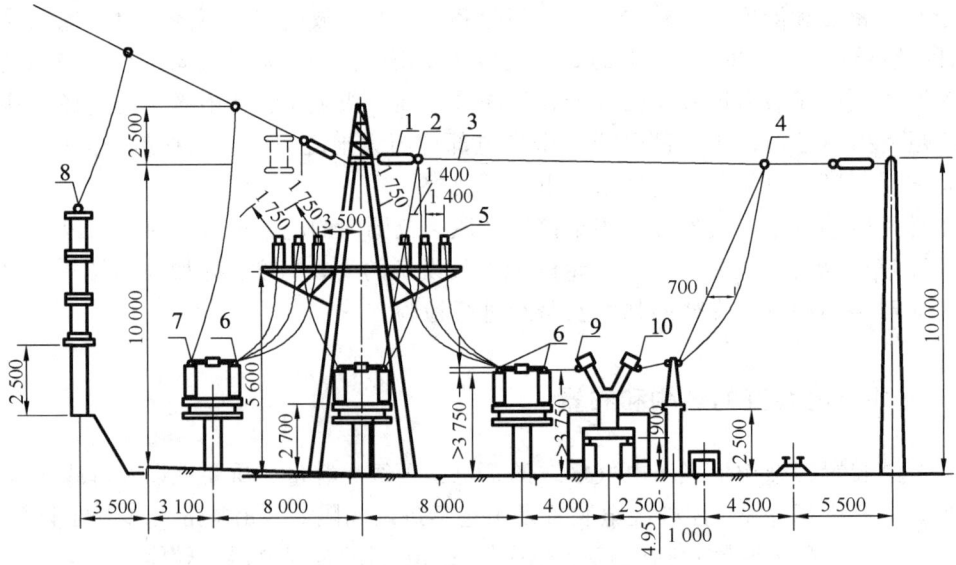

（a）进、出线间隔断面图

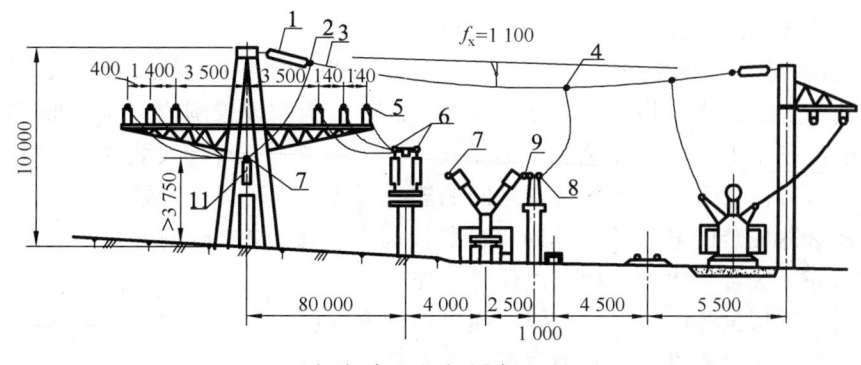

(b)变压器间隔断面图

图 5.19　110 kV 屋外配电装置配电间隔断面图（单位：mm）

屋外配电装置平面布置中各种间隔的配置应注意下列各点：① 电源进（出）线应与变压器进线对称，即在变压器间隔邻近处配置电源进（出）线间隔，尽量使母线各段通过的电流比较均匀，并将电源置于母线中间位置，如图 5.18 所示；② 应使设备布置整齐，维护方便，出线尽可能避免交叉；③ 为缩小占地面积，应采用将电压互感器和避雷器间隔布置在变压器进线或出线间隔延长端的方式，并使避雷器尽可能靠近变压器；④ 两个汇流母线架构间接入的配电间隔不要超过 3~4 个，为了保证安全可靠，不宜把两个变压器进线间隔都配置在一个汇流母线跨距内。

架构、电气设备和母线布置结构的若干问题简述如下：

（1）屋外配电装置的架构可采用钢结构或钢筋混凝土结构。我国广泛采用钢筋混凝土架构，其优点是节约钢材、经久耐用、维护简单；缺点是较笨重，施工组装不方便。近年来发展为预应力钢筋混凝土支柱与轻型钢结构横梁的混合架构，其架构重量、断面和金属消耗量都大为减少。图 5.18 中采用的是预应力混凝土环形杆组成的大字形进线架构和门形架构，大字形架构中部伸出的钢结构悬臂式横梁[见图 5.19（a）]兼有母线架构的作用，因此，不需另设汇流母线架构，且具有布置紧凑、节省材料和占地面积的特点。

（2）母线种类及母线的悬挂支持方式有下列两种：汇流母线和旁路母线采用铝合金管形硬母线，由 ZS-110/500 型棒式支持绝缘子支持，并与钢结构悬臂梁绝缘。其他配电间隔电路都采用钢铝绞线的软母线，用耐张型悬式绝缘子串悬挂在架构上，绝缘子串的绝缘子个数根据耐压强度的要求，在海拔 1 500 m 以下以及一般污秽等级不严重的地区，110 kV 电压母线用 8 个绝缘子串联组成，25~35 kV 电压母线则用 4 个绝缘子串联。此外对电器间或电器与设备间的连接导线多数采用矩形铝母线或扁钢带（小电流通过时）。

（3）电力变压器安装在钢筋混凝土基础上，基础的高度由变压器运输方式确定。如变压器通过铁路岔线进行搬运，则按变压器容量大小和重量的不同，一般主变压器基础上的轨顶高程应与铁路支线轨顶高程一致。地区变压器（中、小容量）的基础轨顶高程应与铁路平板车的高度相同。对于油量大于 1 000 kg 的变压器下面应设有蓄油坑，坑内铺设厚度不小于 25 cm 的碎石层，蓄油坑尺寸较变压器四周外部轮廓尺寸各超出 1 m，以便在变压器事故爆炸时，防止油的流散和燃烧，蓄油坑并设有排油管，将事故油排至安全处所。当两台变压器相邻布置且每台油量大于 2 500 kg，考虑一台变压器事故喷油时防止危及另一台，一般应使两者净距达到 10 m 以上。建筑物外墙距屋外主变压器外廓 5 m 以内时，在变压器总高度以下及其外廓两侧外 3 m 的范围内，不应设有门窗和通风孔。

（4）少油式气体断路器有低式和高式两种布置方式。低式布置的断路器安装在 0.5~1 m 的混凝土的基础上，其优点是检修方便，抗振性能好，但需设置围栏。高型布置的断路器则安装在高 2 m 的基础上。电流互感器、电压互感器、隔离开关等均安装在 2.5 m 以上的专门支架上，以便运行检修人员在电气设备之间的连接导线下面可以安全通过。少油断路器因外壳带电，以及落地安装的避雷器，其四周应装设高度不低于 1.7 m 的遮拦。隔离开关手动操动机构及传动杆一般装在边上一相，以保证操作安全。

（5）考虑到重型设备的搬运、检修拆换电器的方便度，屋外配电装置场地除敷设专用铁路岔线或公路外，在主要设备如断路器等旁边，也需铺有环形道路。可移动设备在搬运中与无遮拦裸导体间距离不应小于表 5.4 中的 B 值。

（6）电缆沟的配置，应使从控制室引至各种电气设备的操作、信号、电力电缆走向的路径最短。近来采用组合式地面电缆沟，可事先预制，减少土方工程量，且施工方便，避免沟内积水危害电缆。电缆沟盖板可以揭开，以利于检修维护，如图 5.18 平面布置图及图 5.19 断面图中所示。

此外，屋外配电装置中为防止过电压的危害，设有避雷针、避雷器等过电压保护设备（其工作原理将在"高电压技术"课程中介绍）。因绝缘水平、保护范围、雷电流引流对接地装置的要求，避雷针一般应安装在变电所四周的专门杆塔上，有时也允许安装在 110 kV 及以上电压的进、出线架构上（但需单独装设集中引流接地极），避雷针与高压电气设备之间应该满足安全距离的要求，一般情况下高压电气设备与避雷针的距离不应小于 5 m。

从图 5.19（a）可以看出，配电装置间隔的纵向距离既与母线套数及有无旁路母线有关，也与架构的结构形式有关。为了进一步阐明上述因素的影响，下面列举几种不同架构形式及不同主接线形式的配电装置间隔断面图进行比较。

如图 5.20 所示为采用一般构架的中型 110 kV 带旁路母线的单母线接线方式出线间隔断面图。图中单独设立 π 形母线架构，汇流母线则采用钢铝软母线，接入主变压器运输道路和安装位置，则间隔的纵向总长度达 53.4 m，而采用大字形架构、汇流母线为硬母线结构和图 5.19（a）所示的布置方式，其间隔纵向总长度仅为 40 m，对节省占地面积是有利的。上述同一接线形式采用半高型（不完全高型）布置（见图 5.21）时，汇流母线采用铝管硬母线，断路器的安装位置处于两组汇流母线和隔离开关底下，则出线间隔纵向长度仅为 14 m，计入主变压器安装位置和运输道路后为 24~25 m。可见半高型布置在减少占地面积、架构数量和导线绝缘子数量等方面具有明显的优点，而其缺点是检验条件比中型布置稍差，上层设备的瓷件损坏下落或检修时工具下落，有可能造成下部设备的毁坏。

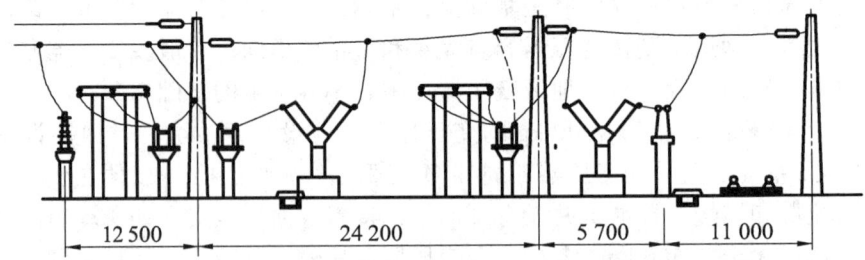

图 5.20　110 kV 带旁路母线的单母线采用一般中型构架出线配电间隔断面图（单位：mm）

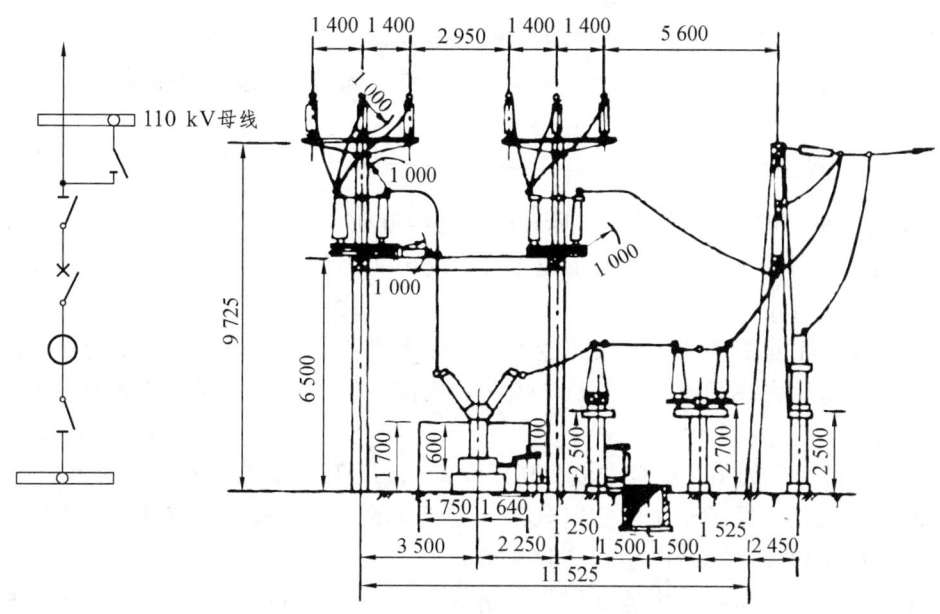

图 5.21　半高型布置 110 kV 配电装置出线间隔断面图（单位：mm）

如图 5.22 所示为 110 kV 外桥形接线牵引变电所屋外配电装置间隔断面图，其主电路参见图 5.17，由于出线数目和配电设备较少，屋外配电装置的结构比较简单，图 5.22 虚线部分的变压器用于对变压器检修移出时净距校验，同样的，在需要进行高压电器检修作业的运输道路、作业场坪，也应进行安全净距的校验。

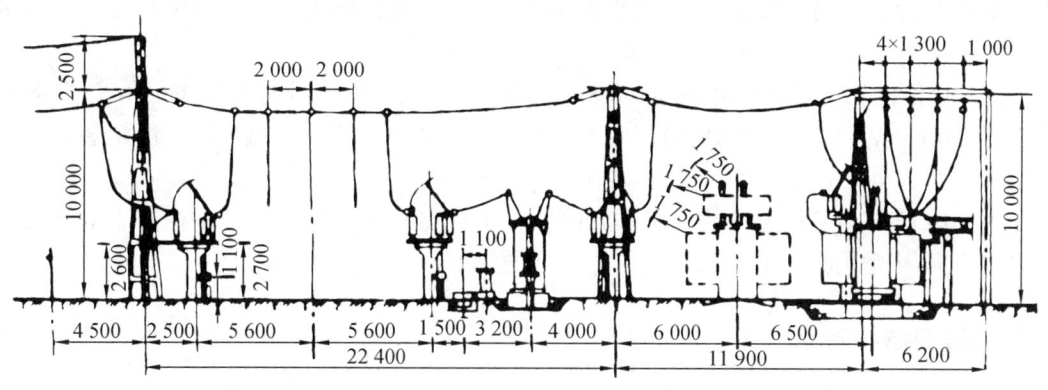

图 5.22　110 kV 外桥形接线配电装置断面图（单位：mm）

变电所内道路路面宽度不宜小于 3.5 m，主要设备运输通道宽度需要考虑所运输设备的几何尺寸。

所内巡视小道宽度可按 1 m 设置，可利用电缆沟盖板作为巡视小道。

第四节　预装式变电所

预装式变电所，也称箱变或箱式变电所，是一种把供变电工程的接线方案进行划分而形成特定的功能间隔，把相应功能间隔中的高/低压电器设备在工厂中生产组装成为具有完整变电所功能的配电装置。预装式变电所一般安装于户外，箱体采用金属或混凝土结构。

一、预装式变电所概述

早在20世纪60年代，预装式变电所在国外已经得到应用，现在更是得到了广泛应用。在我国，随着高压电网进入城市中心，形成了高压受电、降压、配电的供电模式，预装式变电所的应用范围也在逐步扩大。

相对于常规的土建变电所，预装式变电所（以下简称为箱变）具有以下特点：

（1）箱变在工厂完成其设计、制造、安装和内部电气接线，并完成各间隔（单元）的功能检查和试验。

（2）箱变经过工厂的出厂试验，包括高压设备工频耐压试验、辅助回路的耐受电压试验、控制系统的联动试验、保护系统的整定试验、互感器的变比和极性检查等。

（3）箱变都需要经过规定的型式试验考核。

（4）箱变设计安装紧凑，占地面积和占用空间小，节省占地和土建费用，施工和建安工作量小。箱变运抵现场后，经过吊装、进线连接、馈出线连接后即可带电运行，施工周期短。

根据产品结构及采用元器件的不同，箱变分为欧式箱变和美式箱变两种典型风格。在结构上采用高、低压开关柜和变压器组合方式，这种箱变称为欧式箱变；在结构上将负荷开关、环网开关和熔断器结构放入变压器油箱浸在油中，避雷器也采用油浸式氧化锌避雷器，变压器取消油枕，油箱及散热器暴露在空气中，这种箱变称为美式箱变。从体积上看，欧式箱变由于内部安装常规开关柜及变压器，其体积较大，而美式箱变由于采用一体化安装，其体积较小。以下主要针对欧式箱变进行介绍。

目前，标准的箱变高压侧电压为40.5 kV、12 kV，低压侧电压为0.4 kV。40.5 kV箱变容量一般在2 000 kVA以下，12 kV箱变容量一般在1 250 kVA以下，高压侧一般配装负荷开关加熔断器的组合电器，也有配装断路器柜的情况。

除了标准箱变，某些配电装置（如开闭所）也按照箱变工艺在工厂中生产，电气化铁路的分区所、开闭所等也存在按照箱变工艺生产的情况。

二、箱变结构特点

箱变由三个部分组成：高压开关设备、变压器、低压配电装置。在间隔布置上，主要有"目"字形和"品"字形两种方式，如图5.23所示。"目"字形布置方式有利于进出线的连接，而"品"字形布置方式结构较为紧凑。

箱变一般安装于户外，在结构设计时需要考虑：防凝露（在各种开关设备、支持绝缘子等表面出现凝露情况将有可能引起闪络放电）；防腐蚀；防爆。

根据需要，高压室内的开关设备可设计成环网供电、终端供电、双电源供电等多种供电方式。电力变压器是箱变的重要部件，根据用户情况，可以配置油浸式电力变压器和干式电力变压器，在箱变内配置的油浸式变压器通常为全密封式变压器。这种变压器整体为全密封式结构，没有单独的储油柜，其高度比非密封式变压器低。干式变压器的主要特点是阻燃防爆、防潮性能好、损耗低。

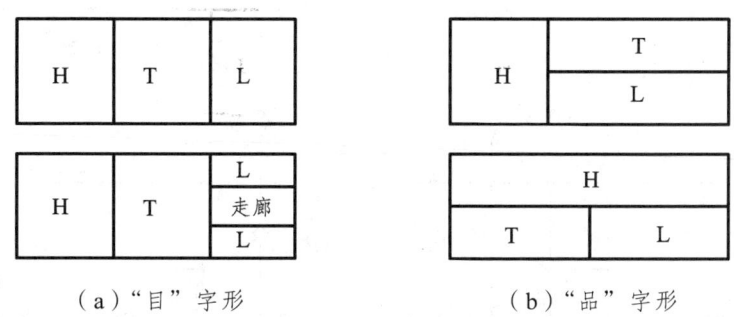

图 5.23 箱变布置方式

H—高压室；T—变电器室；L—低压室

箱变的箱体材料主要有钢板、铝合金板、彩钢板、不锈钢板、玻纤增强水泥板、玻纤增强塑料板及钢筋增强水泥板。我国箱变的箱体材料多采用普通钢板或铝合金板，而欧洲国家箱变的箱体材料多采用玻纤增强水泥板。

箱变的进线和出线方式有两种：架空线方式和电缆方式。架空线方式的进线和出线结构与土建变电所相似。采用电缆供电方式，可有效降低占地面积，电缆与箱变内一次设备的连接通过电缆分接箱（也称转接箱）完成。

电缆分接箱有户外型、户内型和地埋型几种。电缆分接箱要求有很好的密封性、防止水分浸入、防止虫害。电缆分接箱按其内部是否含开关设备分为两类：第一类不含任何开关设备，仅含预制式接插器件；第二类除接插器件外，还同时装设了各种开关设备，如负荷开关、负荷开关-熔断器组合电器、环网柜及断路器等。第一类电缆分接箱的功能是在用电点增加电缆分支，如果电缆分支点较多，由于电缆出线没有设置开关电器，当某一电缆回路出现故障时，必将影响到系统运行的安全性。针对第一类电缆分接箱存在的不足，第二类电缆分接箱设置了开关设备，用于对回路故障的切除、馈电线路退出运行。

在电缆分接箱中设置有电缆接入器件，也称可分离接插件。电缆分接箱的可分离接插件有两种：带电可触摸型和带电不可触摸型。

我国电气化铁路电力牵引供电系统中，变（配）电所、开闭所、分区所等，也逐步应用了箱变技术，如图 5.24 所示为某分区所主接线图，该分区所的布置如图 5.25 所示。电气化铁路箱变多采用"目"字形布置方式，高压电器设备多装配在高压开关柜中，箱变中高压电器设备与外部电源或负荷的连接方式既有架空线方式，也有电缆方式。

思考题与习题

1. 屋内配电装置中，确定最小安全净距的依据是什么？如何校验屋内配电装置的安全净距？

2. 屋外配电装置中，确定最小安全净距的依据是什么？对比屋内配电装置和屋外配电装置最小安全净距的差别。

3. 高压开关柜的"五防"是什么？

4. SF_6 全封闭组合电器有什么特点？

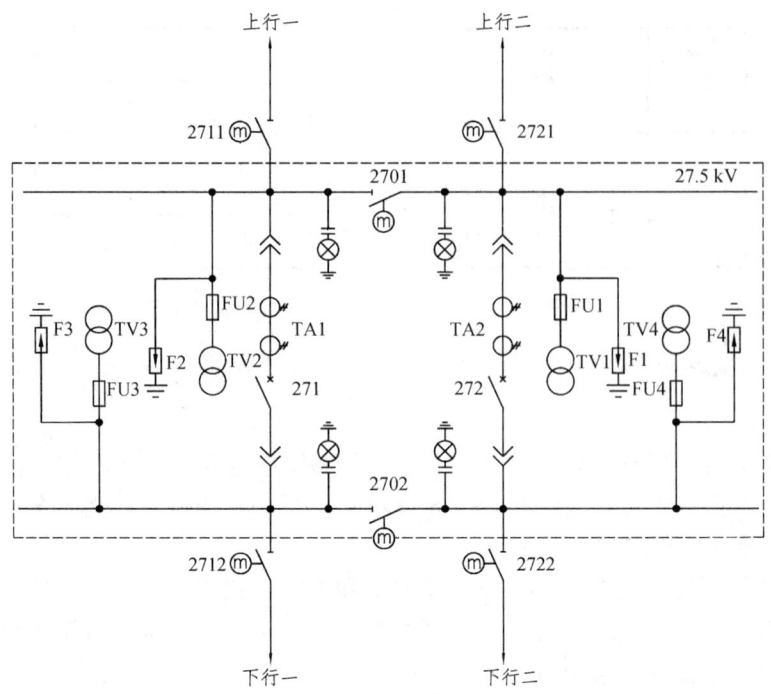

图 5.24 某分区所主接线图

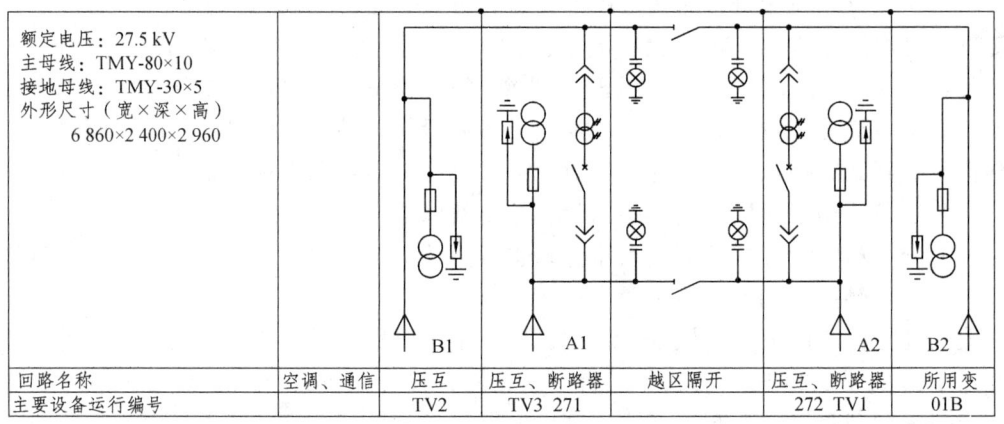

图 5.25 某分区所间隔划分图

5. 预装式变电站有什么特点？其中的高压设备和低压设备的布置有哪几种方式？
6. 地铁、轻轨地下直流牵引变电所配电装置与设备布置有何特点和要求？
7. 对交流 AT 牵引变电所 2×25 kV 电压配电装置，分析比较采用屋内和屋外配电装置。

第六章　城市轨道交通直流牵引供电系统短路故障分析和常态运行下的杂散电流

本章前二节介绍城轨交通直流牵引供电系统短路故障的形式、危害性和稳态短路故障电流与暂态短路故障电流的常用分析计算方法；后三节介绍直流牵引供电系统常态运行下的杂散电流产生机理和计算方法，及其对沿线金属物腐蚀的防护措施与监测。

第一节　直流牵引供电系统短路故障分析方法

在直流供电系统短路情况下，比正常工作电流大得多的故障电流通过母线和电气设备，将造成严重发热；同时由于电磁作用，带电导体之间产生很大电动力，使设备与母线承受巨大的机械应力；短路功率的增大将使快速断路器等断流设备在断开故障电路时造成困难，必须认识和了解短路故障的危害并掌握短路故障电流分析计算方法，以便正确地选择直流电气设备和短路保护装置。

造成直流牵引供电系统短路故障的原因可以归纳为正极对负极短路故障和正极对大地短路故障两大类。正极对负极短路故障多数是由于架空接触网对钢轨短路所引起的，如接触网断线掉落到钢轨上、机车顶部对接触网放电、错误挂接地线等，造成直流正极对负极瞬时短路，短路电流可达几万安；正极对大地短路故障有老鼠等小动物或小金属线头、螺丝、垫圈等零件进入带电回路，造成直流正极与框架短路，或是接触网、馈线、变电所馈线电缆接地，绝缘子击穿、折断，隔离开关处于接地状态、引线脱落等。正极接地故障多为持续性短路故障，如不及时清除，容易将故障扩大为直流正极通过综合接地装置、钢轨与地之间的泄漏电阻到达负极的短路事故，将对多处直流设备将造成严重烧损，破坏性及危害大。

城市轨道交通直流牵引供电系统是由多个牵引变电所与牵引网共同构成的一个多电源网络，接触网发生短路时，全线的牵引变电所都向短路点供电，并且根据运营需要，每个供电分区都可以进行单边供电、双边供电或大双边供电。城轨交通直流牵引网短路电流的计算和电力系统与交流供电网阻抗参数、牵引变电所分布、牵引整流变压器参数、整流机组参数与外特性以及供电方式、牵引网阻抗（电阻）等有关。此时，短路电流剧增，整流变压器二次侧和整流器处于多相短路的非正常换相状态，精确计算直流系统短路电流值非常困难。工程上常采用经验公式或仿真、实测等方法进行直流牵引供电系统短路电流计算。

一、牵引变电所等值内阻的电路图法[6]

牵引变电所内阻包括以下四个部分的设备的阻抗：交流中压电缆、牵引整流变压器、整流机组、直流电缆。直流侧牵引网端口牵引变电所的稳态等值电路如图 6.1 所示，U_{d0} 为牵引变电所直流母线空载电压，牵引变电所的等值内阻 R_{eq} 实质上就是外特性的斜率，因此与整流机组参数有关，并且在不同点短路，短路电流就不同，等值内阻也不同。

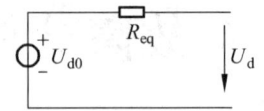

图 6.1 牵引变电所稳态等值电路图

根据北京城建设计研究院地铁短路试验的总结，可得计算牵引变电所的等值内阻 R_{eq} 的经验简化公式，计算精度满足工程要求。其计算式如下：

$$R_{eq} = k_r \frac{U_k\%}{100} \cdot \frac{U_{2N}^2}{0.9nS_N} \quad (\Omega) \tag{6.1}$$

式中　U_{2N}——直流侧额定电压（kV）；

　　　$U_k\%$——牵引变压器短路电压百分值；

　　　S_N——牵引变压器额定容量（MVA）；

　　　n——牵引整流机组套数；

　　　k_r——内阻系数，根据短路点至变电所的不同距离，可取不同值；

　　　0.9——牵引变压器与整流器的匹配系数，按 0.9 考虑。

根据北京地铁现场短路试验的总结，短路点与变电所的距离不同取不同的内阻系数 k_r。一般来说，短路点远离变电所时（短路点距变电所 > 400 m 时），k_r 可取 1；出口短路时，k_r 可取 1.3。

牵引变电所等值内阻的电路图法计算直流牵引供电系统的短路电流，有以下假设条件：直流牵引网短路的供电网络中，各牵引变电所为电压源，其电压均为直流母线空载电压 U_{d0}，大小相同；牵引变电所的等值内阻 R_{eq} 因到短路点的距离不同而不同，可根据经验取值。然后，按照直流牵引供电系统短路时的实际网络画出等效电路图，供电网络中只包含电阻，利用电路的基本定律和网络变换，可以计算出稳态短路电流。不同的供电方式下直流短路电流计算方法如下：

1. 一座牵引变电所单边供电

不考虑相邻牵引变电所的影响时，等效电路如图 6.2 所示。短路电流计算式为

$$I_k = \frac{U_{d0}}{R_{eq} + R_c + R_r} \quad (A) \tag{6.2}$$

式中　U_{d0}——牵引变电所直流母线空载电压（V）；

　　　R_{eq}——牵引变电所等值内阻（Ω）；

　　　R_c——接触网电阻（Ω）；

　　　R_r——走行轨电阻（上、下行并联）（Ω）。

考虑相邻一座牵引变电所的影响时，认为各牵引变电所的直流母线空载电压 U_{d0} 相等，等效电路如图 6.3 所示。

采用节点电压法求解电路，可得出短路点总电流 I_k 和两个牵引变电所供给的短路电流 I_{eq1} 和 I_{eq2}：

$$I_k = \frac{\dfrac{U_{d0}}{R_{eq1}} + \dfrac{U_{d0}}{R_{c2}+R_{eq2}+R_{r2}}}{\dfrac{1}{R_{eq1}} + \dfrac{1}{R_{c1}+R_{r1}} + \dfrac{1}{R_{c2}+R_{eq2}+R_{r2}}} \times \frac{1}{R_{c1}+R_{r1}} \quad (A) \qquad (6.3)$$

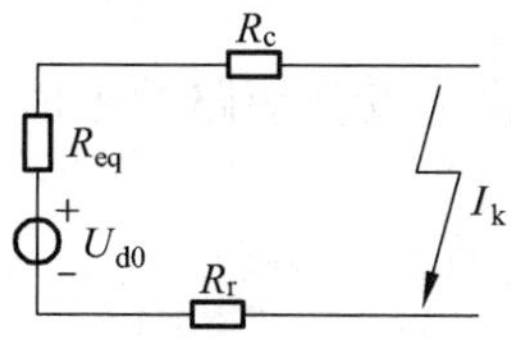

图 6.2 牵引变电所单边供电直流短路等效示意图（不考虑相邻牵引变电所的影响）

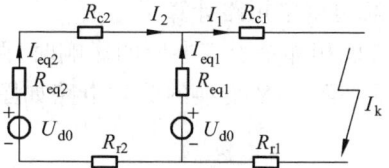

图 6.3 牵引变电所单边供电直流短路等效示意图（考虑相邻一座牵引变电所的影响）

各变电所短路电流：

$$I_{eq1} = \left(\frac{\dfrac{U_{d0}}{R_{eq1}} + \dfrac{U_{d0}}{R_{c2}+R_{eq2}+R_{r2}}}{\dfrac{1}{R_{eq1}} + \dfrac{1}{R_{c1}+R_{r1}} + \dfrac{1}{R_{c2}+R_{eq2}+R_{r2}}} - U_{d0} \right) \times \frac{1}{R_{eq1}} \quad (A) \qquad (6.3a)$$

$$I_{eq2} = \left(\frac{\dfrac{U_{d0}}{R_{eq1}} + \dfrac{U_{d0}}{R_{c2}+R_{eq2}+R_{r2}}}{\dfrac{1}{R_{eq1}} + \dfrac{1}{R_{c1}+R_{r1}} + \dfrac{1}{R_{c2}+R_{eq2}+R_{r2}}} - U_{d0} \right) \times \frac{1}{R_{eq2}+R_{c2}+R_{r2}} \quad (A) \qquad (6.3b)$$

式中 U_{d0}——各牵引变电所直流母线空载电压（V）；

R_{eq1}、R_{eq2}——各牵引变电所等值内阻（Ω）；

R_{c1}——接触网电阻（Ω）；

R_{c2}——接触网电阻（上、下行并联）（Ω）；

R_{r1}、R_{r2}——各段走行轨电阻（上、下行并联）（Ω）。

（3）考虑相邻多座牵引变电所的影响，等效电路如图 6.4 所示。

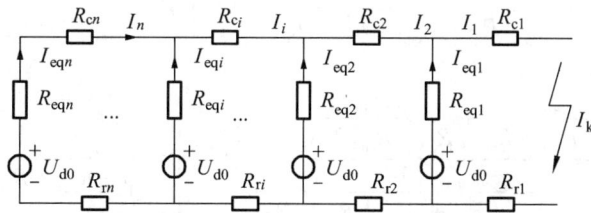

图 6.4 牵引变电所单边供电直流短路等效示意图（考虑相邻多座牵引变电所的影响）

图中 U_{d0}——各牵引变电所直流母线空载电压（V）；

R_{eq1}、R_{eq2}、R_{eqi}、R_{eqn}——各牵引变电所等值内阻（Ω）；

R_{c1}——接触网电阻（Ω）；

R_{c2}、R_{ci}、R_{cn}——各段接触网电阻（上、下行并联）（Ω）；

R_{r1}、R_{r2}、R_{ri}、R_{rn}——各段走行轨电阻（上、下行并联）（Ω）。

考虑了沿线 n 座牵引变电所的影响，求解如图 6.4 所示等效电路可得短路点总电流 I_k 和各牵引变电所供给的短路电流 I_{eqi}（$i=1,2,\cdots,n$）。

2. 双边供电短路计算

不考虑相邻牵引变电所的影响时，两座牵引变电所双边供电发生短路的等值电路如图 6.5（a）所示。经 △-Y 变换的等效电路如图 6.5（b）所示。

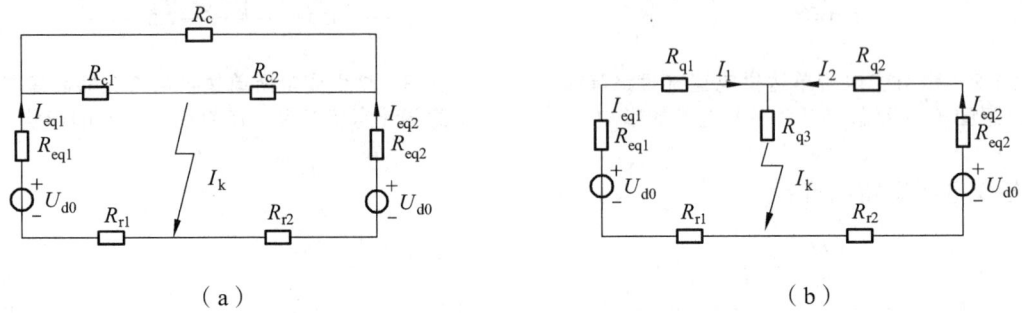

（a） （b）

图 6.5 牵引网双边供电短路不考虑相邻牵引变电所等值电路图

图中 U_{d0}——牵引变电所母线空载电压（V）；

R_{eq1}、R_{eq2}——牵引变电所等值内阻（Ω）；

R_c、R_{c1}、R_{c2}——各段接触网电阻（Ω）；

R_{r1}、R_{r2}——走行轨电阻（上、下行并联）（Ω）。

图 6.5（b）中，$R_{q1}=\dfrac{R_c R_{c1}}{R_c+R_{c1}+R_{c2}}$；$R_{q2}=\dfrac{R_c R_{c2}}{R_c+R_{c1}+R_{c2}}$；$R_{q3}=\dfrac{R_{c1} R_{c2}}{R_c+R_{c1}+R_{c2}}$。

节点电压法求解图 6.5（b）的等效电路，可以得到短路点总的短路电流 I_k 和两牵引变电所供给的短路电流 I_{eq1} 和 I_{eq2}：

$$I_k=\left(\frac{\dfrac{U_{d0}}{R_{q1}+R_{eq1}+R_{r1}}+\dfrac{U_{d0}}{R_{q2}+R_{eq2}+R_{r2}}}{\dfrac{1}{R_{q1}+R_{eq1}+R_{r1}}+\dfrac{1}{R_{q2}+R_{eq2}+R_{r2}}+\dfrac{1}{R_{q3}}}-U_{d0}\right)\times\frac{1}{R_{q3}} \quad (A) \quad (6.4)$$

$$I_{eq1}=\left(\frac{\dfrac{U_{d0}}{R_{q1}+R_{eq1}+R_{r1}}+\dfrac{U_{d0}}{R_{q2}+R_{eq2}+R_{r2}}}{\dfrac{1}{R_{q1}+R_{eq1}+R_{r1}}+\dfrac{1}{R_{q2}+R_{eq2}+R_{r2}}+\dfrac{1}{R_{q3}}}-U_{d0}\right)\times\frac{1}{R_{q1}+R_{eq1}+R_{r1}} \quad (A) \quad (6.4a)$$

$$I_{eq2}=\left(\frac{\dfrac{U_{d0}}{R_{q1}+R_{eq1}+R_{r1}}+\dfrac{U_{d0}}{R_{q2}+R_{eq2}+R_{r2}}}{\dfrac{1}{R_{q1}+R_{eq1}+R_{r1}}+\dfrac{1}{R_{q2}+R_{eq2}+R_{r2}}+\dfrac{1}{R_{q3}}}-U_{d0}\right)\times\frac{1}{R_{q2}+R_{eq2}+R_{r2}} \quad (A) \quad (6.4b)$$

考虑相邻牵引变电所的影响时，两座牵引变电所双边供电发生短路的等值电路如图 6.6（a）所示，经 △-Y 变换的等效电路如图 6.6（b）所示。

求解等效电路图 6.6（b），可以得到短路点总的短路电流 I_k 和牵引变电所供给的短路电流 I_{eqi}（$i = 1, 2, \cdots, n$）。

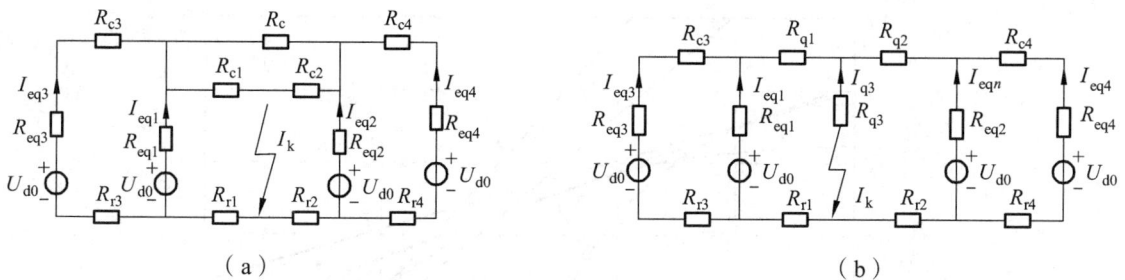

图 6.6　牵引网双边供电短路考虑相邻牵引变电所等值电路图

图中　U_{d0}——各牵引变电所直流母线空载电压（V）；

R_{eq1}、R_{eq2}、R_{eq3}、R_{eq4}——各牵引变电所等值内阻（Ω）；

R_c、R_{c1}、R_{c2}、R_{c3}、R_{c4}——各段接触网电阻（Ω）；

R_{r1}、R_{r2}、R_{r3}、R_{r4}——各段走行轨电阻（上、下行并联）（Ω）。

其中　$R_{q1} = \dfrac{R_c R_{c1}}{R_c + R_{c1} + R_{c2}}$；　$R_{q2} = \dfrac{R_c R_{c2}}{R_c + R_{c1} + R_{c2}}$；　$R_{q3} = \dfrac{R_{c1} R_{c2}}{R_c + R_{c1} + R_{c2}}$。

若考虑全线牵引变电所的影响，则在图 6.6 等值电路的基础上，增加相应变电所的等值电压源支路和该供电区间的接触网电阻与走行轨电阻支路，电压源的等值内阻根据该牵引变电所到短路点的距离而取不同的值。

按照牵引变电所等值电阻的电路图法，可以完成各种运行方式下的短路电流的计算：① 正常运行情况下双边供电时，各供电区间任一点的直流短路电流；② 任一中间牵引变电所解列，由相邻牵引变电所构成大双边供电时的区间任一点的直流短路电流；③ 端头牵引变电所解列时，由次端头牵引变电所单边供电的区间任一点的直流短路电流。

二、基于多折线外特性模型的稳态短路电流仿真法[56]

整流机组从提高变压器利用率、减少注入电网谐波含量两方面考虑，目前，我国城市轨道交通广泛采用了三相桥式整流电路构成 12 相脉波整流或等效 24 相脉波整流的接线方式。作为工程计算，可以认为 2 个 12 脉波整流电路并联独立工作，即其分析方法与 12 脉波整流机组相同。整流机组等效电路如图 6.7 所示，其中 X_1、X_2 均折算到同侧。

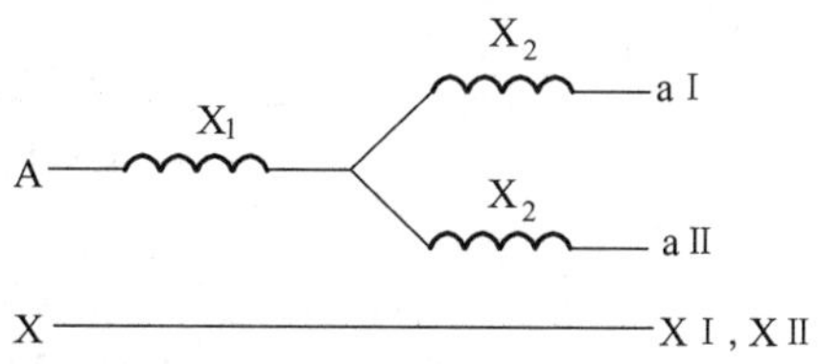

图 6.7　12 脉波整流机组等效示意图

耦合系数 k 即电抗比值，考虑系统电抗 x_s 后得

$$k = \frac{X_1}{X_1 + X_2} = \frac{x_s + 2x_k - x_b}{x_s + x_b} \tag{6.5}$$

式中，x_s 为从二次侧看过去的系统阻抗；x_k 为穿越阻抗；x_b 为半穿越阻抗。

12 脉波整流机组以耦合系数 k 为基础，随着整流机组负荷电流 I_d 的增大，电抗系数 RF 不断增长，其运行在不同的工作区间上。随着电抗系数 $RF = x_c I_d / U_{d0}$ 的增长，整流机组的外特性曲线经历 6 段曲线的变化，如图 6.8 所示，每段曲线的表达式如式（6.7）~（6.11）所示。

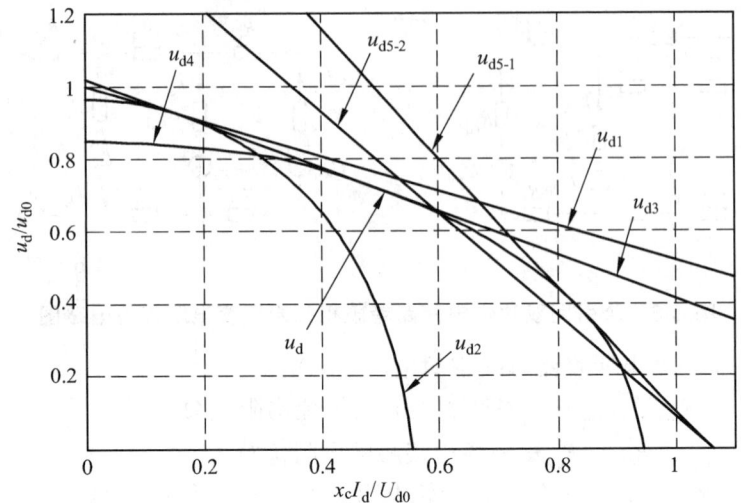

图 6.8　12 脉波整流机组外特性曲线

$$RF = \frac{x_c I_d}{U_{d0}} \tag{6.6}$$

$$U_{d1} = U_{d0} - \frac{3}{2\pi} x_c I_d \tag{6.7}$$

$$U_{d2} = \frac{\sqrt{2}(\sqrt{3}+1)}{4} \sqrt{U_{d0}^2 - \frac{1}{2-\sqrt{3}} \left(\frac{3}{\pi} x_c I_d\right)^2} \tag{6.8}$$

$$U_{d3} = \frac{\sqrt{3(1-k)^2+1}}{2-\sqrt{3}k} U_{d0} - \frac{3}{2\pi} \cdot \frac{2+\sqrt{3}k}{2-\sqrt{3}k} x_c I_d \tag{6.9}$$

$$U_{d4} = \frac{\sqrt{3}(1-k)}{2-\sqrt{3}k} \sqrt{U_{d0}^2 - (2+\sqrt{3}k)^2 \left(\frac{3}{2\pi} x_c I_d\right)^2} \tag{6.10}$$

$$U_{d5-1} = \frac{\sqrt{3}(1-k)(8-3k^2)}{2(2-\sqrt{3}k)\sqrt{3(1-k)^2+1}} U_{d0} - \frac{9}{2\pi} \cdot \frac{(1-k)^2(2+\sqrt{3}k)}{2-\sqrt{3}k} x_c I_d \tag{6.11a}$$

$$U_{d5-2} = \frac{\sqrt{3}(1-k)(4-3k)}{2\sqrt{3(1-k)^2+1}} U_{d0} - \frac{9}{2\pi} (1-k)^2 x_c I_d \tag{6.11b}$$

式中　x_c ——换相电抗；

　　　RF ——电抗系数；

　　　I_d ——整流机组负荷电流；

U_{d0}——整流机组空载电压。

对于 12 脉波整流机组，其平均开路直流电压如式（6.12）所示。

$$U_{d0} = 1.398 U_{2N} \tag{6.12}$$

在工程应用中，可将整流机组的外特性曲线进行分段线性化处理，即各段曲线用连接其起点和终点的直线代替。由式（6.7）~（6.11）可计算得到各工作区间临界点的电抗系数。

临界点 $U_{d1 \to d2}$：

$$RF = \frac{\pi(2-\sqrt{3})}{6} = 0.140\ 3, \quad I_{d1 \to d2} = \frac{1.398 U_{2N}}{x_c} \cdot \frac{(2-\sqrt{3})\pi}{6}$$

临界点 $U_{d2 \to d3}$：

$$RF = \frac{T_1 \pi}{6(\sqrt{3}+2)T_2}, \quad I_{d2 \to d3} = \frac{1.398 U_{2N}}{x_c} \cdot \frac{T_1 \pi}{6(\sqrt{3}+2)T_2}$$

临界点 $U_{d3 \to d4}$：

$$RF = \frac{2\pi}{3T_1 T_2}, \quad I_{d3 \to d4} = \frac{1.398 U_{2N}}{x_c} \cdot \frac{2\pi}{3T_1 T_2}$$

临界点 $U_{d4 \to d5-1}$：

$$RF = \frac{\sqrt{3}(2-k)\pi}{3T_1 T_2}, \quad I_{d4 \to d5-1} = \frac{1.398 U_{2N}}{x_c} \cdot \frac{\sqrt{3}(2-k)\pi}{3T_1 T_2}$$

临界点 $U_{d5-1 \to d5-2}$：

$$RF = \frac{[4\sqrt{3}+6-(3+3\sqrt{3})k]\pi}{18(1+k)T_2}, \quad I_{d5-1 \to d5-2} = \frac{1.398 U_{2N}}{x_c} \cdot \frac{[4\sqrt{3}+6-(3+3\sqrt{3})k]\pi}{18(1+k)T_2}$$

式中，$T_1 = 2+\sqrt{3}k$；$T_2 = \sqrt{3k^2-6k+4}$。

地铁的直流牵引供电网系统，全线有若干个牵引所，分别向上、下行各区段中多列机车供电，负荷电流通过架空接触线（或第三轨）流向各列机车，最后经轨道和大地返回整流所。实际的牵引网是通过变电所的馈电线连通在一起的。这时牵引网某处若发生短路，则各整流机组均可供给短路电流，组成一个多路的供电网络。采用多导线的直流牵引网稳态短路模型进行仿真，如图 6.9 所示，通过潮流计算，可以得到各变电所供给的短路电流和短路点总电流。

城轨供电计算中，整流机组工作区间的确定是关键之一。尤其当考虑同一个供电线路上有多个牵引变电所时，短路电流来自牵引网相连的全线所有牵引变电所，这种情况下，需同时确定多台整流机组运行的工作区间。

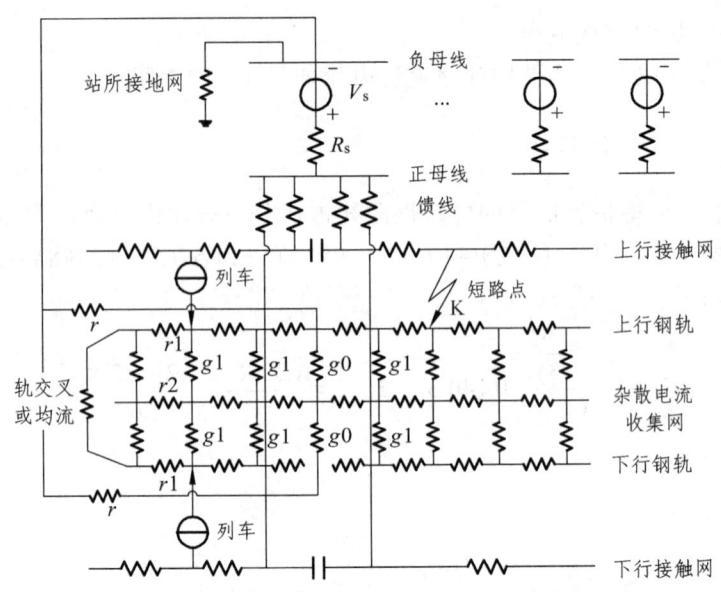

图 6.9 直流牵引网多支路稳态短路模型

基于多折线外特性模型的稳态短路电流仿真法利用迭代法来确定整流机组工作区间。迭代步骤如图 6.10 所示。

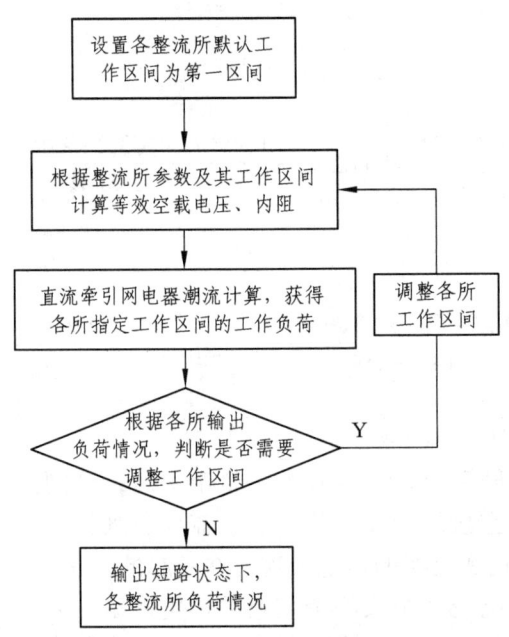

图 6.10 整流机组工作区间的确定流程

步骤 1 迭代开始时,将全线各整流机组的默认工作区间设为第 1 工作区间。

步骤 2 根据整流所参数及其一次侧(中压环网侧)短路容量等参数,设置整流机组工作区间、对应的空载电压和等效内阻。

步骤 3 通过直流牵引网电气潮流计算,获得在设定工作区间时整流机组的工作负荷。

步骤 4　判断是否需要调整整流机组工作区间。判断依据：步骤 3 计算得到的各整流所输出负荷是否均在其工作区间对应的输出负荷范围内。

步骤 5　如果所有整流机组的工作区间均不需要调整，则进入步骤 6；如果至少有一台整流机组需要调整工作区间，则调整这些整流机组工作区间后，回到步骤 2。调整策略如下：如果某台整流机组输出负荷大于当前工作区间对应的负荷范围，则调整该台整流机组进入下一工作区间工作；如果某台整流机组输出负荷小于当前工作区间对应负荷范围，则调整该台整流机组当前工作区间为上一区间。

步骤 6　所有整流机组工作区间已经确定，输出短路计算结果。

三、稳态短路电流计算算例

以某地铁区段为例，变电所设置在 A、B、C、D、E 处。相邻两变电所的距离分别为：A—B，3.49 km；B—C，3.61 km；C—D，3.32 km；D—E，3.73 km。变电所分布示意图如图 6.11 所示。仿真采用的基本条件如表 6.1 所示。

表 6.1　仿真基本条件

系统电压/V	1 500
接触网电阻/(Ω/km)	0.028 0
两根钢轨并联电阻/(Ω/km)	0.013 7
杂散电流收集网电阻/(Ω/km)	0.094 6
钢轨对杂散电流收集网过渡电阻/Ω·km	15.0
杂散电流收集网对地过渡电阻/Ω·km	3.0

变电所两台机组并列运行，单台机组容量为 3 000 kV·A，整流机组变比为 33 kV/1 180 V，穿越阻抗百分数 8%，半穿越阻抗百分数 6.5%，变电所一次侧系统短路容量均设为 150 MV·A。上行接触网对上行钢轨短路，短路点距离变电所 B 0.5 km，接触电阻 $R_f = 0.004\ \Omega$。

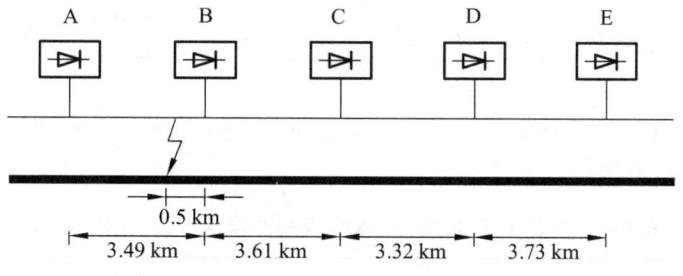

图 6.11　变电所分布示意图

1. 牵引变电所等值内阻的电路图法

不考虑相邻变电所影响的等效电路如图 6.12（a）所示，考虑全线所有变电所的等效电路如图 6.12（b）所示。

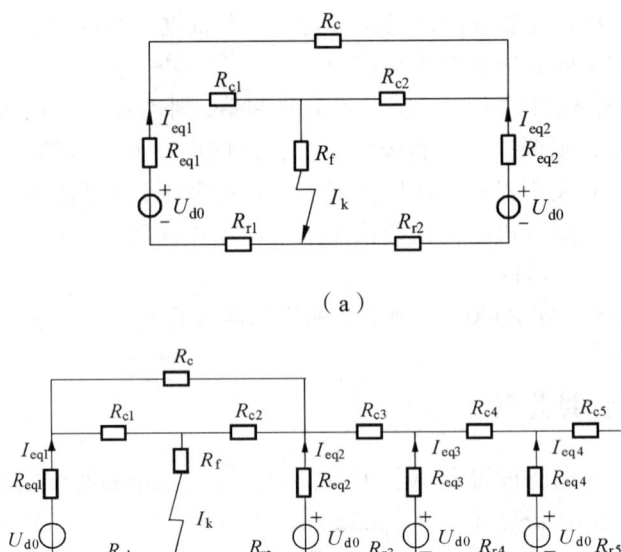

图 6.12 网络等值电路图

（1）理想空载直流电压：

$$U_{d0} = 1.398 U_{2N} = 1\,649.64 \quad (V)$$

（2）等值电路中的电阻参数。

对于牵引变电所 B 相当于在出口处发生短路，k_r 取 1.3，其他牵引变电所的 k_r 取 1，则各牵引变电所的等值电阻为

$$R_{eq2} = 1.3 \times \frac{U_k\%}{100} \cdot \frac{U_{2N}^2}{0.9 n S_N} = 1.3 \times \frac{8}{100} \times \frac{1.180^2}{0.9 \times 2 \times 3} = 0.027 \quad (\Omega)$$

$$R_{eq1} = R_{eq3} = R_{eq4} = R_{eq5} = \frac{U_k}{100} \cdot \frac{U_{2N}^2}{0.9 n S_N} = \frac{8}{100} \times \frac{1.180^2}{0.9 \times 2 \times 3} = 0.021 \quad (\Omega)$$

（3）根据图 6.12（a），不考虑相邻牵引变电所的等值电路，计算短路点短路电流和各变电所短路电流，计算结果如表 6.2 所示。

表 6.2 距离 B 变电所 0.5 km 处短路电流计算结果（一）

变电所	电流/A
A	11 850
B	30 110
短路点电流	41 960

（4）根据图 6.12（b）考虑全线牵引变电所的等值电路计算短路点短路电流和各变电所

短路电流如表 6.3 所示。

表 6.3　距离 B 变电所 0.5 km 处短路电流计算结果（二）

变电所	电流/A
A	11 550
B	27 240
C	5 250
D	857.9
E	144.9
短路点电流	45 040

2. 基于多折线外特性模型的稳态短路电流仿真法

理想空载直流电压：

$$U_{d0} = 1.398 U_{2N} = 1\ 649.64 \quad (\text{V})$$

半穿越阻抗：

$$x_b = \frac{U_{2N}^2 x_b}{0.5 S_N} = \frac{1\ 180^2 \times 0.065}{0.5 \times 3\ 000\ 000} = 0.060\ 34 \quad (\Omega)$$

穿越阻抗：

$$x_k = \frac{U_{2N}^2 U_c\%}{S_N} = \frac{1\ 180^2 \times 0.08}{3\ 000\ 000} = 0.037\ 13 \quad (\Omega)$$

系统等效电抗：

$$x_s = \frac{U_{2N}^2}{S_k} = \frac{1\ 180^2}{150 \times 10^6} = 0.009\ 3 \quad (\Omega)$$

换相电抗：

$$x_c = x_b + x_s = 0.069\ 64 \quad (\Omega)$$

按照基于多折线外特性模型的稳态短路电流仿真法，计算距离 B 变电所 0.5 km 处短路的稳态短路电流，各牵引变电所支路的短路电流和各整流机组的工作区间如表 6.4 所示。短路点的稳态短路电流为 44 968 A。

表 6.4　距离 B 变电所 0.5 km 处短路电流计算结果（三）

变电所	电流/A	工作区间
A	12 192	3
B	25 298	4
C	6 216	1
D	1 064	1
E	198	1
短路点电流	44 968	

基于多折线外特性模型的稳态短路电流仿真法是根据 12 脉波整流机组的外特性曲线,通过仿真计算,确定出 A 变电所整流机组工作在 3 工作区间,B 变电所整流机组工作在 4 工作区间,其他牵引变电所都工作在 1 工作区间,越是远离短路点的牵引变电所提供的短路电流越小。仿真法与牵引变电所等值内阻的电路图法考虑全线牵引变电所计算的短路电流结果很相近,后者更适合于工程计算。

第二节 直流暂态短路电流分析与计算

地铁牵引供电系统中最危险的故障是短路故障,需要配置专门的继电保护装置以减小短路故障的危害。直流断路器大电流脱扣保护的原理是:当通过断路器的电流大于整定值时,脱扣器无延时动作,这是接触网近端短路故障的主保护;但是随着短路距离的增加,可能出现短路电流小于机车启动电流,因而仅仅使用电流幅值难以切断短路故障,di/dt 保护则是中远距离短路故障的主保护。近端短路电流幅值和中远端短路电流上升率是继电保护装置参数整定的重要依据,因而短路暂态电流计算具有重要意义。

一、数值解析法

在暂态过程中,整流机组换相过程复杂,随着负载的变化整流器存在多种工作状态;轨道的阻抗受集肤效应的影响,线路阻抗的变化必然会对供电系统暂态电流产生很大的影响。直流牵引供电系统直流侧短路故障分为近端短路和远端短路。近端短路时,短路电流将出现很大的暂态冲击电流,该电流的计算需要详细考虑交直流侧系统参数和整流桥臂换相电抗的影响;远端短路故障时,牵引网电气参数对短路电流的暂态过程起主导作用,对于整流所可以进行简化处理。

1. 近端短路电流计算

24 脉波整流机组可以等效为 4 组 6 脉波整流机组,如图 6.13 所示。R_{sc} 为各相等效电阻,L_{sc} 为各相等效电抗。

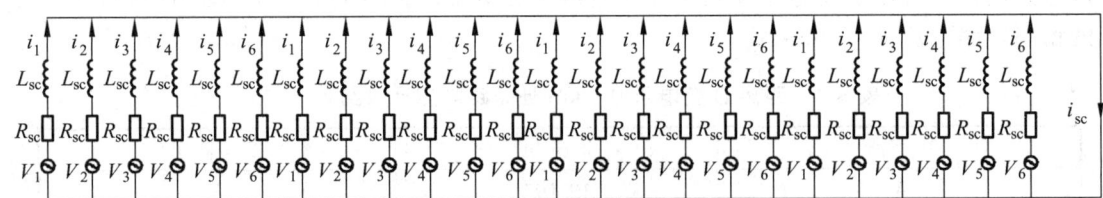

图 6.13 整流机组出口短路计算示意图

取其每组整流机组中电流瞬时值绝对值最大者作为等效输出短路电流,4 个等效输出短路电流之和即为 24 脉波整流机组的近端短路电流。简化的暂态电流表达式[62]:

$$i_{sc} = 4 \times \frac{6}{\pi} \sin\left(\frac{\pi}{6}\right) \sqrt{2} I_c \left[1 - \sin\left(\frac{\pi}{2} - \omega t\right) e^{-\frac{R_{sc}}{L_{sc}}t}\right]$$

式中，$I_c = \dfrac{U_2}{\sqrt{R_{sc}^2 + X_{sc}^2}}$；$X_{sc} = \omega L_{sc}$；$U_2$ 为交流每相电压有效值。

上述方法计算近端短路电流时忽略了短路前的负载电流，认为短路是发生在空载情况下，从而简化了计算过程。另外，上述公式中，以含有最大幅值的整流桥为基础，然而短路发生时，不能保证所有整流桥的电流都达到最大值，部分整流桥的电流较小，但是其电流变化率、幅值及电流变化趋势都比较接近，可以用于理论分析和参数设计。

2. 远端短路电流计算

近端、远端短路时，若单纯用出口短路电流公式，其计算值存在相当大的误差，不能满足整定保护的需求。直流牵引供电系统发生直流馈线短路的暂态过程中，理论上等效电路可以表示为如图 6.14 所示。R_{eq} 为电源等效电阻（每相），L_{eq} 为电源等效电感，线路的阻抗和感抗分别为 R_1 和 L_1。

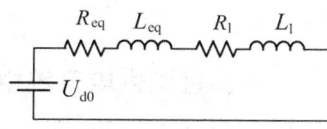

图 6.14 暂态短路等效电路模型

暂态短路电流计算公式：

$$i = \frac{U_{d0}}{R_{eq} + R_1}\left(1 - e^{-\frac{R_{eq} + R_1}{L_{eq} + L_1}t}\right) \tag{6.13}$$

二、示波图法

整流机组供电的牵引网或直流母线发生短路的暂态短路电流计算，可以通过对现场短路实验所拍摄的示波图进行数理分析，从而计算出相关参数，得到直流暂态短路电流和稳态短路电流。

利用示波图计算直流暂态短路电流的步骤如下：

（1）在局示波图上取两点，并尽量靠近局部示波图的末端，如图 6.15 中 K_1 和 K_2。

（2）根据短路电流上升的公式，对示波图 6.15 中 K_1 和 K_2 两点分别列出两个指数方程式：

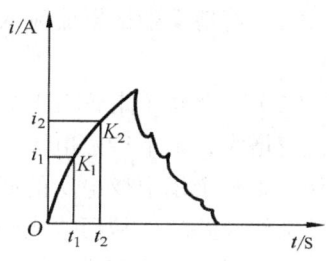

图 6.15 短路电流局部示波图

$$i_1 = I_k(1 - e^{-\frac{t_1}{T}}) \tag{6.14}$$

$$i_2 = I_k(1 - e^{-\frac{t_2}{T}}) \tag{6.15}$$

式中 i_1、i_2——示波图上取得的 K_1 和 K_2 点短路电流（A）；

t_1、t_2——示波图上取得的 K_1 和 K_2 点时间点（s）；

I_k——稳态短路电流（A）；

T——时间常数（s）。

(3)联立式(6.14)和式(6.15)两个方程求解,得到稳态短路电流 I_k 和时间常数 T 如下:

$$I_k = \frac{i_1}{2-\dfrac{i_2}{i_1}} \ ; \qquad T = \frac{t_1}{\ln\left(\dfrac{i_2}{i_1}-1\right)}$$

(4)由稳态短路电流和时间常数,得到暂态短路电流变化曲线 $i(t)=I_k(1-\mathrm{e}^{-\frac{t}{T}})$。

第三节 直流供电系统中杂散电流对金属物腐蚀机理

一、直流供电系统中杂散电流的产生与危害

直流牵引供电系统在理想状况下,牵引电流由牵引变电所的正极出发,经由接触网、电动列车和回流轨(即走行轨)返回牵引变电所的负极;但钢轨与隧道或道床等结构钢之间的绝缘电阻不是无限大,这样势必造成流经钢轨的牵引电流不能全部经由钢轨流回牵引变电所的负极,有一部分牵引电流会泄漏到隧道或道床等结构钢上,然后经过结构钢和大地流回牵引变电所的负极,这部分泄漏到隧道或道床等结构钢上的电流就是杂散电流,也称迷流。

城市轨道中的杂散电流是一种有害的电流,会对地铁中的电气设备、设施的正常运行造成不同程度的影响,以及对隧道、道床的结构钢和附近的金属管线造成危害。这种危害主要表现在如下几个方面[6]:

(1)若地下杂散电流流入电气接地装置,将引起过高的接地电位,使某些设备无法正常工作。

(2)若钢轨(走行轨)局部或整体对地的绝缘变差,则此钢轨(走行轨)对大地的泄漏电流将增大,地下杂散电流也增大,这时有可能引起牵引变电所的框架保护动作。框架保护动作,则整个牵引变电所的断路器会跳闸,导致全所失电,同时还会联跳相邻牵引变电所对应的馈线断路器,从而造成较大范围的停电事故,影响地铁的正常运营。

(3)对城市轨道隧道、道床或其他建筑物的结构钢筋以及附近的金属管线(如电缆、金属管件等)造成电腐蚀。如果这种电腐蚀长期存在,将会严重损坏地铁附近的各种结构钢筋和地下金属管线,降低钢筋混凝土主体结构的强度和耐久性,缩短其使用寿命。

二、直流供电系统中杂散电流对金属的腐蚀机理

地铁杂散电流对埋地金属管线和混凝土主体结构中钢筋的腐蚀,本质上是电化学腐蚀。发生腐蚀的机理是:电极电位较低的金属 Fe 失去电子被氧化而变成金属离子,同时金属周围介质中电极电位较高的氧化剂如金属离子或非金属离子得到电子而被还原。

如图 6.16 所示为直流供电系统双边供电方式、一个集中负荷下杂散电流分布示意图。

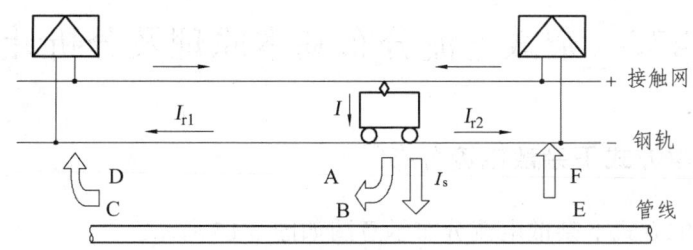

图 6.16　直流牵引网及杂散电流示意图

钢轨对地有一定的过渡电阻,这样就会因电位差和过渡电阻的存在形成对地的泄漏电流。钢轨和管线为电子导体,土壤为离子导体,在 A、C、E 点电流流出形成阳极,B、D、F 点电流流进为阴极,因此形成 A-B、C-D、E-F 三对电解电池。A、C、E 点发生失去电子的氧化反应,出现腐蚀。一般情况下所谓杂散电流腐蚀是指 C、E 侧,即被干扰侧的腐蚀。

电池 Ⅰ：A 钢轨（阳极区）-道床、土壤-B 金属管线（阴极区）；
电池 Ⅱ：C 金属管线（阳极区）-道床、土壤-D 钢轨（阴极区）；
电池 Ⅲ：E 金属管线（阳极区）-道床、土壤-F 钢轨（阴极区）。

如果取土壤电阻率为 5 000 Ω·cm,铁的电阻率为 1.6×10^{-5} Ω·cm,根据金属管道中的电流密度（J_1）和土壤中的电流密度（J_0）的分布关系[60]如下：

$$\frac{J_1}{J_0} = \frac{R_0}{R_1} = \frac{4\rho_0 \delta}{D \cdot \rho_1} \tag{6.16}$$

式中　J_0、J_1——土壤中和金属管道中电流密度；
　　　R_1、R_0——金属管道和土壤电阻；
　　　ρ_1、ρ_0——金属管道和土壤电阻率；
　　　δ——金属管道管壁厚度；
　　　D——金属管道外径。

金属管道上的电流密度比土壤中的电流密度约大 10^7 倍,也就是说,大部分电流已不在土壤中流动,而是沿着金属管道流动了。因此,直流牵引供电系统产生的杂散电流将主要对其流经的金属结构产生很大的电腐蚀。对于长距离平行线路的管道而言,管道中流动的杂散电流：

$$I_R = I_T \times R_T / (R_T + R_r) \tag{6.17}$$

式中　I_R、I_T——管道中杂散电流（A）和钢轨回流（A）；
　　　R_T、R_r——钢轨纵向电阻（Ω/km）和管道纵向电阻（Ω/km）。

杂散电流腐蚀一般具有以下特点：
① 腐蚀激烈；
② 腐蚀集中于局部；
③ 有防腐层时,往往集中于防腐层的缺陷部位。

第四节　杂散电流分布基本原理及分析计算

一、单边供电方式下杂散电流分布[59]

典型的单边供电方式下杂散电流分布示意图如图 6.17 所示。

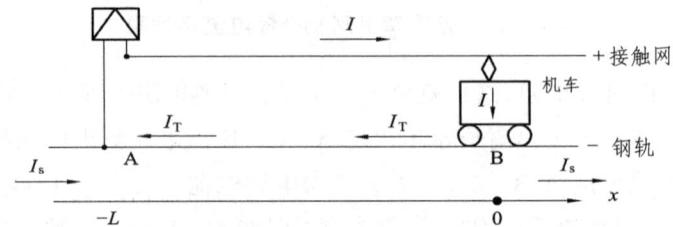

图 6.17　单边供电方式下杂散电流分布示意图

为了简化分析，假设：
① 走行轨纵向电阻及过渡电阻沿线路均匀分布；
② 走行轨经过渡电阻后直接与大地相连；
③ 除钢轨泄漏电流外，接触网（轨）的泄漏电流忽略不计。
轨道-大地的电阻分布网络如图 6.18 所示。

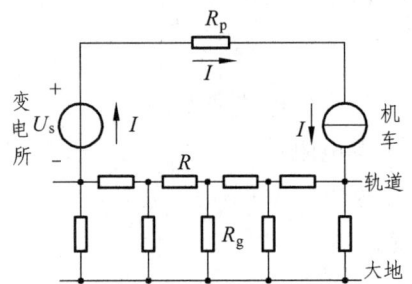

图 6.18　轨道-大地结构的电阻分布网络图

利用如图 6.19 所示节点图分析轨道泄漏的杂散电流的分布及轨道对地过渡电阻和轨道电阻的解析关系，机车处为 $x=0$ 点。

在图 6.18 和图 6.19 中，R_T 为轨道纵向电阻（Ω/km）；R_g 为轨道对地的过渡电阻（$\Omega \cdot \text{km}$）；L 为列车距变电所的总距离（km）；x 为测量点距机车的距离（km）；$u(x)$ 为轨道在 x 处的电位（V）；$i(x)$ 为轨道在 x 处的电流（A）；$i_s(x)$ 为在 x 处轨道泄漏的杂散电流（A）。

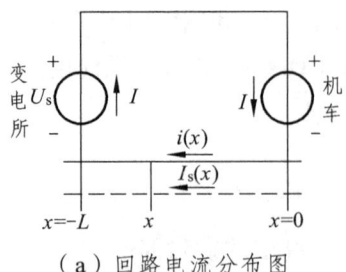

（a）回路电流分布图

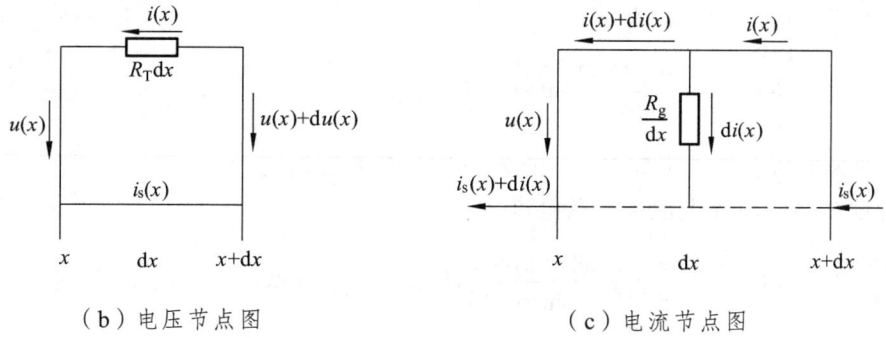

（b）电压节点图　　　　　　　　（c）电流节点图

图 6.19　轨道电压及电流分布原理图

设 I 为列车的取流，x 处电压为 $u(x)$，从电压节点图得到

$$u(x) + \mathrm{d}u(x) - i(x) \cdot R_\mathrm{T} \cdot \mathrm{d}x - u(x) = 0 \tag{6.18}$$

从电流节点图得到

$$u(x) = R_\mathrm{g} \cdot \mathrm{d}i(x)/\mathrm{d}x \tag{6.19}$$

将式（6.19）两边求导，得到

$$\frac{\mathrm{d}u(x)}{\mathrm{d}x} = R_\mathrm{g} \frac{\mathrm{d}^2 i(x)}{\mathrm{d}x^2} \tag{6.20}$$

联立式（6.18）和式（6.20）有

$$\frac{\mathrm{d}^2 i(x)}{\mathrm{d}x^2} - \frac{R_\mathrm{T}}{R_\mathrm{g}} i(x) = 0 \tag{6.21}$$

令 $\gamma = \sqrt{\dfrac{R_\mathrm{T}}{R_\mathrm{g}}}$，则式（6.21）为二阶常系数齐次线性微分方程，其通解为

$$i(x) = c_1 \mathrm{e}^{\gamma x} + c_2 \mathrm{e}^{-\gamma x} \tag{6.22}$$

即

$$i(x) = A\,\mathrm{sh}(\gamma x) + B\,\mathrm{ch}(\gamma x) \tag{6.23}$$

式中　c_1、c_2——两个任意常数；

　　　A、B——两个任意常数。

1. 供电区段内杂散电流分布

对 I_T 而言，有初始条件：

A 点　$x = -L$，$i(x) = I_\mathrm{T}$，有 $I_\mathrm{T} = -A\,\mathrm{sh}(\gamma L) + B\,\mathrm{ch}(\gamma L)$；

B 点　$x = 0$，$i(x) = I_\mathrm{T}$，有 $I_\mathrm{T} = B$。

故得到

$$\left. \begin{array}{l} A = I_\mathrm{T} \dfrac{\mathrm{ch}(\gamma L) - 1}{\mathrm{sh}(\gamma L)} \\ B = I_\mathrm{T} \end{array} \right\} \tag{6.24}$$

将式（6.24）代入式（6.23），有

$$i(x) = I_{\text{T}}\frac{\text{ch}(\gamma L)-1}{\text{sh}(\gamma L)}\text{sh}(\gamma x) + I_{\text{T}}\text{ch}(\gamma x) \tag{6.25}$$

式（6.25）即为负荷点与牵引变电所间钢轨电流分布的表达式。

轨道对地之间的泄漏电流（杂散电流）：

$$i_{\text{s}}(x) = \frac{\text{d}i(x)}{\text{d}x} = I_{\text{T}}\frac{\text{ch}(\gamma L)-1}{\text{sh}(\gamma L)}\gamma\text{ch}(\gamma x) + I_{\text{T}}\gamma\text{sh}(\gamma x) \tag{6.26}$$

x 点处轨道电位为

$$\begin{aligned}u(x) &= R_{\text{g}} \cdot \text{d}i(x)/\text{d}x \\ &= I_{\text{T}} \cdot \gamma \cdot R_{\text{g}}\frac{\text{ch}(\gamma L)-1}{\text{sh}(\gamma L)}\text{ch}(\gamma x) + I_{\text{T}} \cdot \gamma \cdot R_{\text{g}}\text{sh}(\gamma x)\end{aligned} \tag{6.27}$$

该负荷运行至任意点在区段内产生的总的泄漏电流量为

$$I_{\text{st1}} = \int_{\frac{L}{2}}^{0} i_{\text{s}}(x)\text{d}x = I_{\text{T}}\left(1 - \frac{2\text{sh}\left(\frac{\gamma L}{2}\right)}{\text{sh}(\gamma L)}\right) \tag{6.28}$$

2. 供电区段外杂散电流分布

对 I_{g} 而言，有初始条件：

$$x = 0, \quad I(x) = -I_{\text{g}}; \quad x \to \infty, \quad i(x) \to 0$$

将初始条件代入式（6.23），得

$$A = I_{\text{g}}, \quad B = -I_{\text{g}}$$

将待定常数 A 和 B 代入式（6.23），得到

$$i(x) = -I_{\text{g}}\text{e}^{-\gamma x} \tag{6.29}$$

供电区段外杂散电流分布式为

$$i_{\text{s}} = \frac{\text{d}i(x)}{\text{d}x} = \gamma I_{\text{g}}\text{e}^{-\gamma x} \tag{6.30}$$

供电区段外走行轨电位分布式为

$$u(x) = i_{\text{s}}R_{\text{g}} = R_{\text{g}}\gamma I_{\text{g}}\text{e}^{-\gamma x} \tag{6.31}$$

由于负荷点处钢轨电压不能突变，因此区段内外电压在该点相等，所以：

$$I_{\text{T}}R_{\text{g}}\frac{\gamma}{\text{sh}(\gamma L)}[\text{ch}(\gamma l)-1] = R_{\text{g}}\gamma I_{\text{g}}$$

由于：
$$I = I_T + I_g$$
所以：
$$\left.\begin{array}{l}I_T = \dfrac{I}{2}(1+e^{-\gamma L}) \\ I_g = \dfrac{I}{2}(1-e^{-\gamma L})\end{array}\right\} \quad (6.32)$$

3. 计算机仿真

设一复线地铁单边供电系统供电臂长度为 2 km，走行轨采用 50 kg/m 钢轨，复线地铁上、下行钢轨之间的均流线及回流线将四根钢轨并联，按照本章第八节短路计算实例四根钢轨纵向电阻 R_T，参数为 0.006 85 Ω/km，高峰小时牵引电流平均值为 1 000 A，走行轨对地过渡电阻 R_g 达到《地铁杂散电流腐蚀防护技术规程》中要求的 15 Ω·km。

设机车运行至距变电所 1 km 处时，区段内钢轨电流、泄漏电流与钢轨电压分布曲线如图 6.20 所示。

根据以上分析可以看出，在牵引变电所与机车区段内，牵引变电所及负荷处钢轨电位最高，泄漏电流最大，在区段中部钢轨电位为零，此处无泄漏电流。负荷侧钢轨为正电位，地下管线受到保护，牵引变电所侧钢轨为负电位，地下管线容易遭受杂散电流腐蚀。

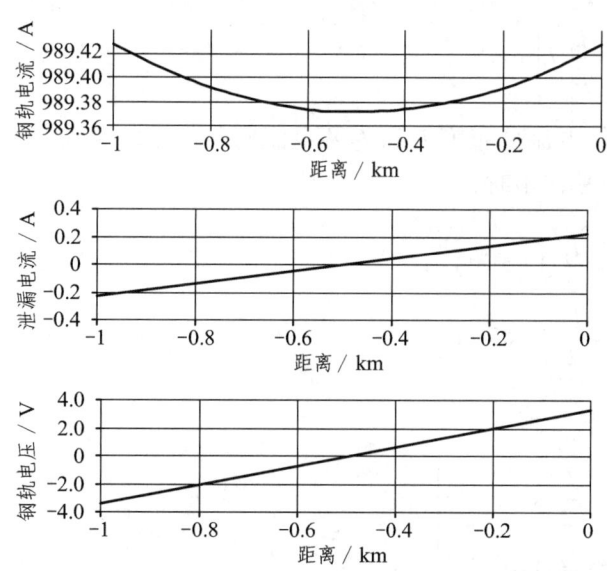

图 6.20 区段内钢轨电流、泄漏电流与钢轨电压分布曲线

二、一般双边供电方式下杂散电流分布分析

在城市轨道交通工程牵引供电系统设计中，大量采用了双边供电方案，其典型供电示意图如图 6.21 所示。

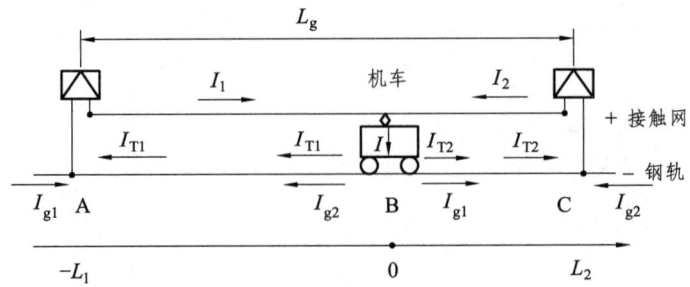

图 6.21 双边供电方式下杂散电流分布示意图

两牵引变电所馈线电压相等,它们提供给机车的电流分别为 I_1 和 I_2。设接触网(轨)参数沿线路均匀分布,有

$$\left.\begin{array}{l} I_1 \cdot L_1 = I_2 \cdot L_2 \\ I_1 + I_2 = I \\ L_1 + L_2 = L_g \end{array}\right\} \tag{6.33}$$

求解式(6.33)可得

$$\left.\begin{array}{l} I_1 = \dfrac{L_2}{L_g} I \\ I_2 = \dfrac{L_1}{L_g} I \end{array}\right\} \tag{6.34}$$

供电区段 L_g 中钢轨电流分布为 I_1 和 I_2 两电流所起作用的叠加。根据单边供电方式下钢轨电流分布分析,I_1 单独作用时,有

$$\left.\begin{array}{l} I_{T1} = \dfrac{I_1}{2}(1 + e^{-\gamma L_1}) \\ I_{g1} = \dfrac{I_1}{2}(1 - e^{-\gamma L_1}) \end{array}\right\} \tag{6.35}$$

同理,I_2 单独作用时,有

$$\left.\begin{array}{l} I_{T2} = \dfrac{I_2}{2}(1 + e^{-\gamma L_2}) \\ I_{g2} = \dfrac{I_2}{2}(1 - e^{-\gamma L_2}) \\ [x \in (-L_1, 0)] \end{array}\right\} \tag{6.36}$$

1. L_1 区段内杂散电流分布

走行轨电流 $i(x)$ 为

$$i(x) = I_{T1} \dfrac{\text{ch}(\gamma L_1) - 1}{\text{sh}(\gamma L_1)} \text{sh}(\gamma x) + I_{T1} \text{ch}(\gamma x) + I_{g2} e^{\gamma x} \tag{6.37}$$

钢轨对地杂散电流 $i_s(x)$ 为

$$i_s(x) = I_{T1}\frac{\text{ch}(\gamma L_1)-1}{\text{sh}(\gamma L_1)}\gamma\text{ch}(\gamma x) + I_{T1}\gamma\text{sh}(\gamma x) + \gamma I_{g2}\text{e}^{\gamma x} \quad (6.38)$$

钢轨电位 $u(x)$ 为

$$u(x) = I_{T1}\cdot\gamma\cdot R_g\frac{\text{ch}(\gamma L_1)-1}{\text{sh}(\gamma L_1)}\text{ch}(\gamma x) + I_{T1}\cdot\gamma\cdot R_g\text{sh}(\gamma x) + R_g\cdot\gamma\cdot I_{g2}\text{e}^{\gamma x}$$
$$[x \in (0, L_2)] \quad (6.39)$$

2. L_2 区段内杂散电流分布

走行轨电流 $i(x)$ 为

$$i(x) = I_{T2}\frac{\text{ch}(\gamma L_2)-1}{\text{sh}(\gamma L_2)}\text{sh}(-\gamma x) + I_{T2}\text{ch}(-\gamma x) + I_{g1}\text{e}^{-\gamma x} \quad (6.40)$$

钢轨对地杂散电流 $i_s(x)$ 为

$$i_s(x) = I_{T2}\frac{\text{ch}(\gamma L_2)-1}{\text{sh}(\gamma L_2)}\gamma\text{ch}(-\gamma x) + I_{T2}\gamma\text{sh}(-\gamma x) + \gamma I_{g1}\text{e}^{-\gamma x} \quad (6.41)$$

钢轨电位 $u(x)$ 为

$$u(x) = I_{T2}\cdot\gamma\cdot R_g\frac{\text{ch}(\gamma L_2)-1}{\text{sh}(\gamma L_2)}\text{ch}(-\gamma x) + I_{T2}\cdot\gamma\cdot R_g\text{sh}(-\gamma x) + R_g\cdot\gamma\cdot I_{g1}\text{e}^{-\gamma x} \quad (6.42)$$

3. 计算机仿真

设一复线地铁双边供电系统供电臂长度为 5 km，走行轨采用 50 kg/m 钢轨，钢轨纵向电阻 $R_T = 0.0071\ \Omega/\text{km}$，高峰小时牵引电流平均值为 1 000 A，走行轨对地过渡电阻 R_g 达到《地铁杂散电流腐蚀防护技术规程》要求的 15 Ω·km，设机车运行至距离左侧变电所 2.5 km 时，区段内钢轨电流、泄漏电流及钢轨电压分布曲线图如图 6.22 所示。

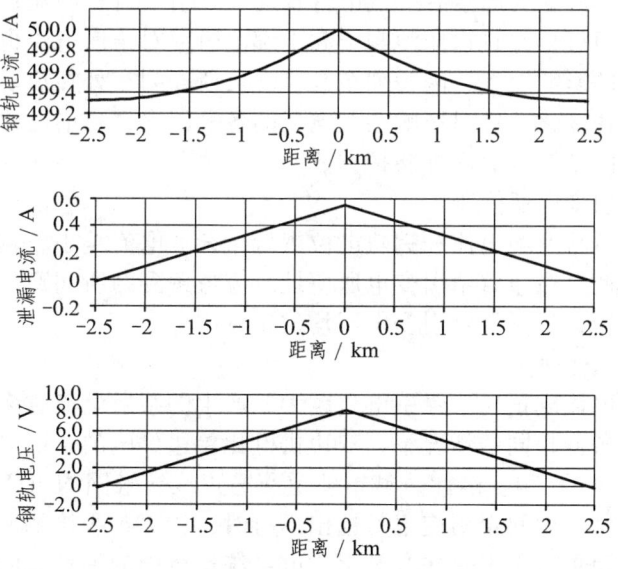

图 6.22 区段内钢轨电流、泄漏电流及钢轨电压分布曲线

实际运行中列车在整个区间不断移动，如图 6.23 所示为列车位置发生变化时区段内的钢轨电压分布曲线。列车运行所在位置的钢轨电位为正的最大值，该处杂散电流从走行轨流出，走行轨为阳极，埋地金属为阴极，此处走行轨受杂散电流腐蚀最严重。

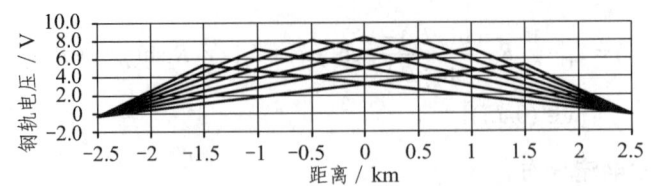

图 6.23　区段内列车移动时钢轨电压分布曲线

该供电臂内最大钢轨电位为 8.64 V，最大泄漏电流为 0.58 A，均为负荷点位于供电臂中间时出现的。

第五节　杂散电流对金属物腐蚀的防护措施及监测

一、杂散电流的防护

杂散电流腐蚀的防护原则是"以防为主，以排为辅，防排结合，加强监测"。"防"的主要目的是从源头上根本隔离和控制所有的杂散电流泄漏途径，减小杂散电流的泄漏量。"排"就是保持畅通的杂散电流排流通路，在回流轨的整体道床中设置杂散电流的收集系统。"监测"则是通过设计完备的杂散电流监测系统，监视、测量杂散电流的大小，为运营维护提供依据。

1. 以"防"为主[6]

影响杂散电流大小的主要因素有：供电臂长度、牵引电流、回流走行轨纵向电阻、回流走行轨对地的过渡电阻等，并且道床混凝土和土壤电阻率对杂散电流也有较大影响。特别是牵引电流对杂散电流的影响很大，因为列车是移动负荷，列车处在启动、惰行、制动等运行状态下，牵引电流都在变化。针对影响杂散电流的各种因素，目前已建或在建的城市轨道交通工程中采取了相应的杂散电流腐蚀防护方法。

（1）合理设置牵引变电所间距。

供电距离越短，钢轨泄漏电流和钢轨电位越低，杂散电流越小，越不易对结构钢筋或金属管线产生腐蚀。因此，在布置牵引变电所所址时应考虑到两所间距不宜过长，合理设置牵引变电所的数量和位置，尽量使牵引变电所均匀布置。

（2）接触网采用双边供电。

杂散电流与牵引电流成正比。牵引电流越大，产生的杂散电流越多。在牵引变电所间距以及走行轨电阻值等条件相同的情况下，双边供电比单边供电的牵引电流值减小近一倍，杂散电流值约为单边供电的 1/4。因此，城市轨道交通正线接触网均由两个相邻牵引变电所构成双边供电方式；当某个中间牵引变电所退出运行时，相关正线接触网由相邻两个牵引变电所进行大双边供电。而单边供电只作为牵引供电系统运行中的一种临时供电方式，不能成为正常情况下的经常运行方式。

（3）减小回流走行轨纵向电阻。

回流走行轨纵向电阻对泄漏电流及钢轨电位的影响很大，回流走行轨纵向电阻越小，产生的杂散电流越少，因此良好的回流是限制杂散电流源的一个根本措施。减小回流走行轨纵向电阻的措施主要有：增加回流走行钢轨的截面尺寸，如尽量选用重型钢轨；选择电阻率低的回流网材料；上、下行走行轨间应设对地绝缘的均流线，把上、下行走行轨并联起来；牵引变电所至走行轨的负回流线采用铜芯电缆；对于非焊接回流轨的轨缝，应有轨道连接导线将其可靠连接，其接头电阻值不大于回流轨 1 m 长度电阻值的 3 倍；如果采用鱼尾板连接钢轨，则钢轨之间要加设电缆（一般采用铜芯绝缘电缆）。

（4）增加回流走行轨对地的过渡电阻。

回流走行轨过渡电阻对泄漏电流影响特别大，对钢轨电位影响较小。回流走行轨过渡电阻越大，产生的杂散电流越少，因此很高的过渡电阻也是限制杂散电流源的一个根本措施。《地铁杂散电流腐蚀防护技术规程》[58]规定：新建线路的走行轨与区间主体结构之间的过渡电阻值不应小于 15 Ω·km，对于运行线路不应小于 3 Ω·km。提高回流走行轨对地的过渡电阻的措施主要有：走行轨绝缘安装，如走行轨下设绝缘垫板，使用绝缘扣件，绝缘套管固定安装，枕下加绝缘垫板，道岔处加强绝缘；走行轨对地保持一定间隙，根据《地铁杂散电流腐蚀防护技术规程》规定：道床面至走行轨底面的间隙应不小于 30 mm；道床与结构钢筋间绝缘隔离，要求钢轨下面的道床混凝土具有一定的厚度；做好工程中的防水排水，在道床两侧设置道床排水沟，保证排水通畅；做好对道床的维护，防止道床污染。

2. 以"排"为辅

（1）排流法与杂散电流收集网。

在牵引变电所处将结构钢筋或其他可能受到杂散电流腐蚀的金属结构与走行轨或牵引变电所负母排相连，由于杂散电流总是走电阻最小的通路，这样杂散电流就直接流回至牵引变电所，从而大大减小了杂散电流从钢筋再扩散至混凝土的可能，减少了杂散电流流出钢筋导致的电化学反应，该方法称为排流法。

杂散电流收集网就是在整体道床内铺设钢筋网并进行电气连接，以便为杂散电流由道床流回牵引变电所提供一个良好的电气回路，可利用道床本身的钢筋作为杂散电流收集网。杂散电流收集网主要是针对运营期间，当先期防护措施逐渐失效或由于渗水等因素造成杂散电流超标时所采取的应急防护措施。其目的在于收集由走行轨泄漏出的杂散电流，并通过收集网将杂散电流引导至牵引变电所的负极，防止杂散电流过多地流向主体结构钢筋和其他金属导体。杂散电流收集网纵向电阻对泄漏电流和钢轨电位影响较小，设置较大截面收集网，是减小或避免杂散电流对结构钢筋的腐蚀的重要措施。

当牵引变电所负母排通过排流柜与道床收集网钢筋电气连通后，钢轨电位升高，泄漏电流增大，两牵引变电所间几乎全成为阳极区，阳极区加宽，对结构钢筋或金属管线确实起到了保护作用，代价是钢轨腐蚀严重些，并需安装钢轨过电压限制器设备，维持正常的接触电压，保证人身安全。

杂散电流收集网断面如图 6.24 所示[6]。在地下隧道内，杂散电流收集网纵向钢筋沿隧道纵向铺设在道床混凝土内，道床内纵向每间隔一定距离选一根以上横向钢筋与道床内所有纵向钢筋焊为一体形成网状，构成道床钢筋收集网。

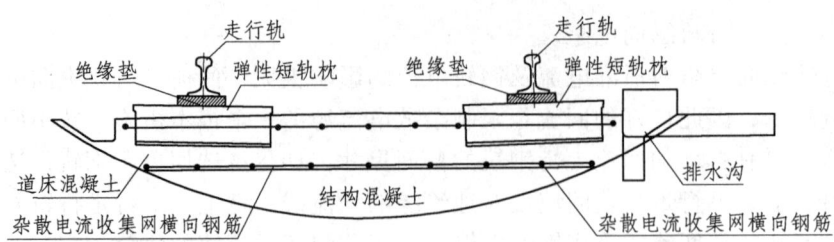

图 6.24　杂散电流收集网断面示意图

（2）排流柜的设置。

当采取排流法进行杂散电流腐蚀防护时，一般在正线牵引变电所内设置杂散电流排流柜。排流柜的一端通过电缆与牵引变电所负极柜相连接，另一端与收集网的排流端子相连接。排流柜一般设置在牵引变电所内。

排流柜在线路开通时应安装到位，但杂散电流值在满足规程要求时排流柜不投入运行。只有当监测到道床收集网钢筋极化电位值超过设定数值时，排流柜才投入运行，道床收集网开始排流。排流只能作为一种应急手段。

二、杂散电流的监测[29]

1. 杂散电流腐蚀监测原理

（1）极化电压的正向偏移平均值。

杂散电流通常利用结构钢极化电压的测量来判断结构钢筋是否受到杂散电流的腐蚀作用。极化电压的正向偏移平均值不应超过 0.5 V。电化学腐蚀测量中测量管、地电位差的标准方法如图 6.25 所示。此方法在电化学腐蚀测量中称为近参比法。

在地铁系统中，埋地金属结构对地电位的测量方法亦采用近参比法，需要使用长效参比电极（通常用长效铜/硫酸铜电极）作为测量传感器。在没有杂散电流扰动的情况下，测量的电位分布呈现一稳定值，此稳定电位称之为自然本体电位 U_0，当存在杂散电流扰动的情况下，测量电位出现偏离，所测电位为 U_1，其偏移值为 ΔU。

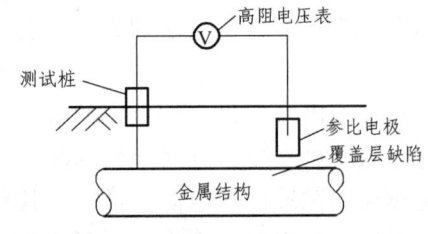

图 6.25　管、地电位差的标准测量方法

埋地金属结构受杂散电流干扰的影响时，在杂散电流流入金属结构的部位，金属结构呈现阴极，此部位的电位会向负向偏离，该部位的金属不受杂散电流腐蚀；在杂散电流流出金属结构的部位，金属结构呈现阳极性，此部位的电位会向正向偏离，该部位的金属受到杂散电流腐蚀影响。因为腐蚀是一个长期作用的结果，而瞬间杂散电流的变化是杂乱无序的，仅测量瞬间金属结构对参比电极的电压不能直接反映测量点杂散电流的腐蚀情况，所以应该测量计算在一定时间内偏移自然本体电位 U_0 的正向平均值。《地铁杂散电流腐蚀防护技术规程》（CJJ49—92）规定测量时间为半小时，其计算公式如下：

$$U_a(+) = \sum_{i=1}^{p} U_i(+)/n - U_0 \tag{6.43}$$

式中 $\sum_{i=1}^{p} U_i(+)$ ——所有正极性电压瞬时值和绝对值小于 U_0 值的负极性电压各瞬时值之和；

p——所有正极性电压瞬时值读取次数及绝对值小于 U_0 值的负极性电压各瞬时值读取次数之和；

n——总的测量次数；

U_0——自然本体电位；

$U_a(+)$——极化电压的正向偏移平均值。

（2）半小时轨道电位最大值测量。

杂散电流的泄漏受轨道电位的影响很大，所以轨道电位的测量监测也是非常重要的。轨道电位严格意义上来讲应是以无限远的大地为基准，而钢轨电位测量以无限远的大地为基准很难实现，在实际测量中，以钢轨对埋地金属结构的电压来代表轨道电位。由于轨道电位的瞬时值变化很大，实际测量过程中，其监测和计算的参数为测量时间内的最大值 U_{max}，即半小时轨道电位的最大值。

（3）自然本体电位 U_0 的测量。

自然本体电位 U_0 是一个非常重要的测量参数，在城市轨道交通每天完全停止运行 2 h 后，可以对自然本体电位 U_0 进行自动在线测量。

2. 杂散电流监测系统

杂散电流监测系统有分散式监测系统和集中式监测系统两种。

（1）分散式杂散电流监测系统。

分散式杂散电流监测系统由参考电极、道床收集网测试端子、高架桥梁收集网测试端子、隧道收集网测试端子、测试盒、测试电缆、杂散电流综合测试端子箱及杂散电流综合测试装置构成。分散式杂散电流监测系统如图 6.26 所示。在每个车站变电所的控制室或检修室内安装一台杂散电流测试端子箱，将该车站区段内的参考电极端子和测试端子接至接线盒，由统一的测量电缆引入变电所测试端子箱内的连接端子，将来用移动式微机型综合测试装置分别对每个变电所进行杂散电流测试及数据处理。

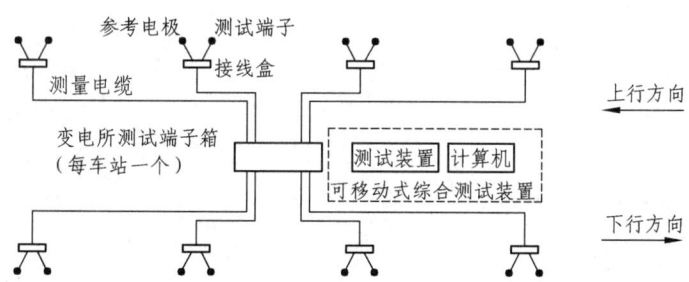

图 6.26 分散式杂散电流监测原理框图

（2）集中式杂散电流监测系统。

集中式杂散电流监测系统由参考电极、道床收集网测试端子、高架桥梁收集网测试端子、隧道收集网测试端子、传感器、数据转接器、测试电缆及杂散电流综合测试装置构成。集中式杂散电流监测系统如图 6.27 所示。在每个测试点，将参考电极端子和测试端子接至传感器。将该车站区段内的上下行传感器通过测量电缆，分别连接到车站变电所的控制室或检修室内的数据转接器。车站的数据转接器通过测量电缆接至固定式杂散电流综合测试装置。综合测试装置至传感器的传输距离最远不超过 10 km，由此来考虑每条线路需设置杂散电流综合测试室的数目。

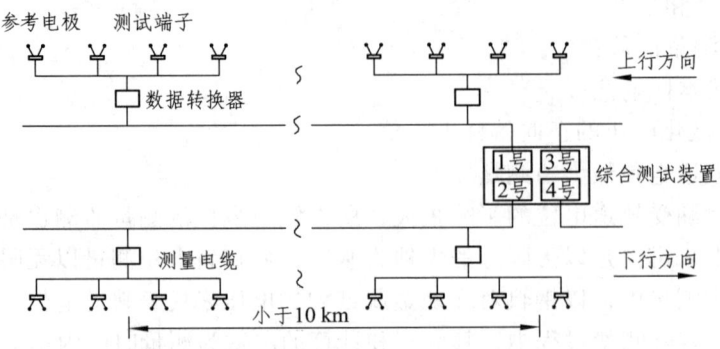

图 6.27　集中式杂散电流监测原理框图

以上两种监测系统均能满足杂散电流监测要求，根据需要进行选择。

思考题与习题

1. 采用硅整流机组的直流牵引网短路电流计算有何特点？应考虑哪些因素？
2. 对"第一节稳态短路电流计算算例"，考虑相邻牵引变电所影响，重新计算牵引网稳态短路电流。
3. 从基本原理、准确性、实用性等方面分析比较等值内阻电路图法和整流机组外特性仿真两种稳态短路电流计算方法和优缺点及其应用范围。
4. 简述直流牵引供电系统杂散电流的产生机理和危害？
5. 影响直流牵引供电系统杂散电流的因素有哪些？减小回流走行轨纵向电阻的主要措施有哪些？

第七章 城市轨道交通供电系统电能质量分析与列车再生能量利用

城市轨道交通供电系统的电能质量主要包括牵引负荷谐波和功率因数问题，列车再生反馈能量有效利用是城轨交通节能的重要环节。本章着重讨论城轨供电系统牵引负荷谐波的特点、谐波的评估方法和抑制措施，以及为提高功率因数而实施无功功率补偿的方法，最后介绍了列车再生能量利用装置基本原理及其应用现状。

第一节 城市轨道交通供电系统牵引负荷谐波特点及其危害

牵引供电系统谐波的理论分析，在"牵引供电系统分析"课程和文献[13]、[6]中已有详尽的介绍。城轨交通牵引供电系统中的谐波分布比较复杂，其总含有量比干线电力牵引更高，并有其特点。在城轨交通供电系统设计中，需要计算谐波含量，并校验其是否超过有关标准的规定值，以选择确定抑制谐波的措施。

城轨交通直流牵引变电所的整流直流电源和动车牵引负荷、数量众多的降压变电所供电负荷，存在大量换流装置等非线性电力设备。在运行中使电网电流和电压波形产生畸变，经傅里叶分析可分解为基波和多种谐波成分。因此城轨供电系统可视为一个谐波源。

整流机组产生的谐波电流次数与机组输出脉波数有关，且为奇次谐波（见第三章），整流机组脉波数越高，产生的较低次谐波越少。整流谐波可区分为特征谐波和非特征谐波两种，特征谐波是指整流器在理想条件下运行时产生的谐波，即交流电源是三相对称的纯正弦波电压；交流侧三相阻抗完全相等；直流侧平均电流恒定且不受直流负载的调制。

在实际运行中，由于交流电网电压不对称，整流变压器三相阻抗不对称，换流过程延迟度不对称、直流侧平均负载电流不恒定等非理想因素的存在，将导致产生非特征谐波。

对应于不同整流相数（脉波数）整流器的非特征谐波，其幅值较特征谐波要小些。非特征谐波次数及其幅值，目前尚无通用的计算方法，工程上常用实测法来确定。

按理论分析，三相全波（脉波）整流只产生 5、7、11、13 次含量较大的特征谐波；12 脉波整流则产生 11、13、23、25 次含量大的特征谐波；而 24 脉波整流只产生 23、25 次含量大的特征谐波。非特征谐波次数的分布（频域）一般较为广泛，其中包括奇次和偶次谐波。

整流器产生的特征谐波理论幅值为 $I_h = I_1/h$（式中 I_1 为基波的幅值，h 是谐波次数）。实际上，由于各种非理想因素的存在，不可避免地产生非特征次数的谐波。由于换相重叠现象、直流电流脉动等，实际的谐波值将与理论值有所差异。大量统计表明，6 脉波及其以上的整流器产生的谐波电流对基波电流之比的典型值如表 7.1 所示。

表 7.1 整流电路谐波含量统计表

脉波数 p	谐波次数 h（相对基波电流 I_1 的标幺值）							
	5	7	11	13	17	19	23	25
6	0.175	0.110	0.045	0.029	0.015	0.010	0.009	0.008
12	0.026	0.016	0.045	0.029	0.002	0.001	0.009	0.008
24	0.026	0.016	0.007	0.004	0.002	0.001	0.009	0.008

除上述大型换流装置以外，动力照明负荷中大量采用变频调压控制的电动机和空调设备、气体放电灯、计算机等电子设施和电容器，都是产生谐波的谐波源。

城轨交通牵引供电系统产生的谐波电流和动力照明供电系统的谐波，通过中压输电电缆和主变压器后，最终流至电力系统的公共接入点，并形成以下特点：

（1）牵引供电系统的整流电源为谐波源，直流牵引负荷为变频变压（VVVF）控制或斩波器调压的牵引电动机，该负载也是换流系统，将产生各种谐波，同时动力、照明供电系统产生的谐波电流，在各汇合点或公共接入点的同次谐波将按规律产生叠加。

（2）城轨交通由于站间距离短，站点多，启停多，列车运行控制和启动、制动频繁，形成经常性冲击负荷，致使负荷电流波形突变频发，反映到网侧将产生谐波。

（3）谐波电流经电缆网络传输到主变电所电源进线公共接入点时，由于电网电缆参数、各类变压器非线性激磁特性和供电网络构成方式等因素的影响，使某些次数谐波的含量有所增大。

谐波电流在电网中产生阻抗压降，使电网电压也含有谐波成分，导致电网电压畸变，对所有用电设备造成不同程度的不利影响和危害，主要表现为：

（1）谐波的存在对供电线路和电气设备产生附加损耗，使电动机转矩降低，振动噪声增大，效率下降。

（2）谐波对电子计算机和精密电子仪器、继电保护等产生干扰，导致其运行不正常和保护误动；对并联运行的其他晶闸管装置相互干扰，产生误触发。

（3）将使电网补偿电容或其他带电容的补偿装置产生过流而发热，甚至产生谐振。

（4）对平行邻近的各种通信系统和列车行车信号产生干扰。

第二节 谐波发射水平评估及抑制措施

一、谐波标准与发射水平评估

限制电力系统谐波水平主要通过限制用户的谐波发射水平来实现，而限制用户谐波发射水平的依据是国家标准。《电能质量公用电力系统谐波》（GB/T14549—93）由国家技术监督局于1993年颁布，规定的谐波电压限值和谐波电流允许值分别如表7.2和表7.3所示。

表 7.2 公用电力系统谐波电压（相电压）限值

电力系统标称电压 /kV	电压总谐波畸变率/%	各次谐波电压含有率/%	
		奇次	偶次
0.38	5.0	3.0	2.0
6	3.0	3.2	1.5
10			
35	3.0	2.4	1.2
66			
110	2.0	1.6	0.8

表 7.3 注入公共连接点的谐波电流允许值

标称电压 /kV	基准短路容量 /MV·A	谐波次数及谐波电流允许值/A											
		2	3	4	5	6	7	8	9	10	11	12	13
0.38	10	78	62	39	62	26	44	19	21	16	28	13	24
6	100	43	34	13	20	7.5	15	6.4	6.8	5.1	9.3	4.3	7.9
10	100	26	20	13	20	7.5	15	6.4	6.8	5.1	9.3	4.3	7.9
35	250	15	12	7.7	12	5.1	7.8	3.8	4.1	3.1	5.6	2.6	4.7
66	500	16	13	7.1	13	5.4	9.3	4.1	4.3	3.3	5.9	2.7	5.0
110	750	12	0.6	6.0	9.6	4.0	6.8	3.0	3.2	2.4	4.3	2.0	3.7

标称电压 /kV	基准短路容量 /MV·A	谐波次数及谐波电流允许值/A											
		14	15	16	17	18	19	20	21	22	23	24	25
0.38	10	11	12	9.7	18	7.6	16	7.8	7.9	7.1	14	6.5	12
6	100	6.1	6.8	5.3	10	4.7	9.0	4.3	4.9	3.9	7.4	3.6	6.8
10	100	3.7	4.1	3.2	6.0	2.8	5.4	2.6	2.9	2.3	4.5	2.1	4.1
35	250	2.2	2.5	1.9	3.6	1.7	3.2	1.5	1.8	1.4	2.7	1.3	2.5
66	500	2.3	2.6	2.0	3.8	1.8	3.4	1.6	1.9	1.5	2.8	1.4	2.6
110	750	1.7	1.9	1.5	2.8	1.3	2.5	1.2	1.4	1.1	2.1	1.0	1.9

评估电网公共连接点处各用户总谐波的注入量以及产生的总谐波畸变程度，并与电能质量国家标准规定的谐波允许值进行比较和校验，以确定抑制谐波措施。对谐波源用户产生的各次电压含有率、总谐波畸变率、谐波电流的计算公式如（7.1）~（7.4）式。

（1）第 h 次谐波电压含有率 HRU_h：

$$HRU_h = \frac{U_h}{U_1} \times 100\% \tag{7.1}$$

谐波电压含有率近似的工程估算：

$$HRU_h = \frac{\sqrt{3}U_N h I_h}{10 S_k} \times 100\% \tag{7.2}$$

（2）电压总谐波畸变率 THD_u：

$$THD_u = \frac{\sqrt{\sum_{h=2}^{\infty}(U_h)^2}}{U_1} \times 100\% \tag{7.3}$$

（3）谐波电流含量 I_H：

$$I_H = \sqrt{\sum_{h=2}^{\infty}(I_h)^2} \tag{7.4}$$

式中　U_h——第 h 次谐波电压（均方根值）（kV）；
　　　U_1——基波电压（均方根值）（kV）；
　　　U_N——电网的标称电压（kV）；
　　　S_k——公共连接点的三相短路容量（MV·A）；
　　　I_h——第 h 次谐波电流（均方根值）（A）

在实际电网中谐波电压和电流往往由多个谐波源产生，无论是谐波电压或谐波电流的相位关系均有一定的随机性。例如，谐波源的基波电压因受电力系统潮流随机变化的影响，其相位角作随机变化；谐波源工况的变化，导致基波功率因数角作随机变化；谐波源负荷的波形，受到各种随机因素的影响，也会偏离于典型形状，从而造成谐波电流相位角的随机变化。因此 GB/T 14549—93 中给出了多个谐波源相位不确定时的合成计算公式：

$$I_h = \sqrt{I_{h1}^2 + I_{h2}^2 + K_h I_{h1} I_{h2}} \tag{7.5}$$

式中，K_h 按照表 7.4 选取。

表 7.4　系数 K_h 的值

谐波次数	奇　次							偶次
	3	5	7	9	11	13	>13	
K_h	1.62	1.28	0.72	0	0.18	0.08	0	0

GB/T 14549—93 规定公共连接点的全部用户在该点产生的各次谐波电压含有率和总谐波畸变率不能超过表 7.2 中规定的允许值，向该点注入的谐波电流分量（方均根值）不应超过表 7.3 中规定的允许值。当公共连接点处的最小短路容量不同于基准短路容量时，表 7.3 中的谐波电流允许值应按式（7.6）进行换算。

$$I_h = \frac{S_{k1}}{S_{k2}} I_{hp} \tag{7.6}$$

式中　S_{k1}——公共连接点的最小短路容量（MVA）；

S_{k2}——基准短路容量（MVA）；
I_{hp}——表 7.3 中的第 h 次谐波电流允许值（A）；
I_h——短路容量为 S_{k1} 时第 h 次谐波电流允许值（A）。

GB/T 14549—93 还规定同一公共连接点的每个用户向电力系统注入的谐波电流允许值按此用户在该点的协议容量与其公共连接点的供电设备容量之比进行分配。

在公共连接点处第 i 个用户的第 h 次谐波电流允许值（I_{hi}）下式：

$$I_{hi} = I_h (S_i / S_t)^{1/\alpha} \tag{7.7}$$

式中　I_h——按式（7.6）换算的第 h 次谐波电流允许值（A）；
　　　S_i——第 i 个用户的用电协议容量（MVA）；
　　　S_t——公共连接点的供电设备容量（MVA）；
　　　α——相位叠加系数，如表 7.5 所示。

表 7.5　相位叠加系数取值

谐波次数	奇　次							偶次
	3	5	7	9	11	13	>13	
α	1.1	1.2	1.4	2.0	1.8	1.9	2.0	2.0

为限制谐波在电网中的容许含量，英国电业部门推荐了整流装置容量和电网短路容量与整流相数（脉动数）间的一组函数系数曲线，如图 7.1 所示[23]。在电网某一电压母线连接的不同脉波数整流装置容量，和该母线的三相短路容量有关，如超过上述曲线限制的范围，说明谐波含量将超过容许值，必须采取相应的抑制措施。

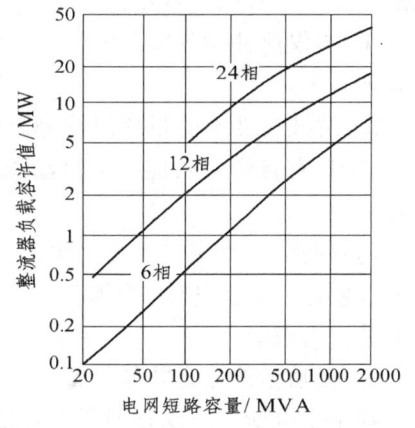

图 7.1　不同相数时整流装置负载容量与电网短路容量的关系

二、电网谐波抑制措施

抑制电网谐波的主要措施有：增加整流装置的脉波数，加装交流滤波器、有源电力滤波器等，其原则是在谐波源头上加以抑制，尽量减少在电网中注入的谐波量。

（一）增加牵引整流机组的脉波数

高次谐波电流与整流相数密切相关，即相数增多，高次谐波的最低次数变高，则谐波电流幅值变小。

为了减少牵引供电系统产生的谐波电流，牵引变电所采用两套带移相线圈的 12 脉波牵引整流机组，正常情况下，两台机组并联运行，形成 24 脉波整流，最大限度地限制谐波的产生。

（二）安装滤波装置或谐波补偿装置

常用的滤波装置主要为两类：无源滤波装置和有源滤波装置。

1. 无源滤波装置

该装置由电容器、电抗器，有时还包括电阻器等无源元件组成，构成串联谐振电路，对某次谐波及其以上次数谐波形成低阻抗电路，以达到抑制多次谐波的目的。滤波器与动态控制的电抗器并联，这样既能满足无功补偿、改善功率因数，又能消除高次谐波的影响，如图 7.2 所示。

无源滤波装置的种类有：各阶次单调谐滤波器、双调谐波器、二阶宽频带与三阶宽频带高通滤波器等。

无源滤波器具有投资少、效率高、结构简单及维护方便等优点，现阶段广泛用于配电网中，但由于滤波特性受系统参数影响大，只能消除特定次谐波，而对某些次谐波会产生放大作用，甚至出现谐振现象。

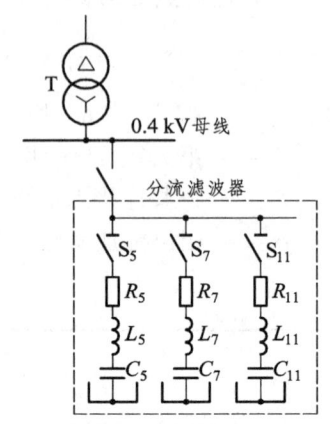

图 7.2 无源谐波滤波器接线图

2. 有源滤波装置

有源滤波装置利用可控的功率半导体器件向电网注入与谐波源电流幅值相等、相位相反的电流，使电源的总谐波电流为零，达到实时补偿谐波电流的目的。它与无源滤波器相比，有以下特点：

① 不仅能补偿各次谐波，还可抑制闪变、补偿无功，有一机多能的特点，在性价比上较为合理。

② 滤波特性不受系统阻抗等影响，可消除与系统阻抗发生谐振的危害。

③ 具有自适应功能，可自动跟踪补偿变化的谐波，即具有高度可控性和快速响应性等特点。

运营初期，客流量不大，用电负荷较小，城轨供电系统中牵引整流机组产生的谐波含量不高，必要时主变电所、电源开闭所预留滤波装置的安装位置。当供电系统谐波含量超标时，投入滤波装置。

3. 无功谐波综合补偿装置

在主变电所、电源开闭所设置谐波补偿装置。采用一种电能质量有源恢复系统，其装置既可补偿谐波，又可补偿无功功率（见下述第三节中的静止无功发生器 SVG）。

第三节 无功功率补偿方式和补偿装置配置原则

一、无功补偿概述

城轨交通供电系统中除牵引负荷以外，尚存在大量的动力、照明负荷，直流牵引负荷的功率因数较高，一般在 0.95 以上；动力照明设施由于具有大量感性负载，如环控系统的感应电机和荧光灯等气体放电照明器等，其功率因数均低于 0.8。城市轨道 110 kV 电脑进城 35 kV

环网大量采用电缆，空载运行时容性无功倒送严重。因此，反映到主变电所 110 kV 进线处（公共接入点）的城轨供电系统总负荷的功率因数将有所降低。

供电网络在功率因数低、无功功率过大的情况下运行，造成的危害和不良影响主要有：

（1）各级供电线路、变电设备增加了传输或伴生无功功率的有功损耗，导致线路、变电与用电设备发热加重，更不利于节能。

（2）增加无功容量在供电线路和变压器容量中占有的份额后，使这些设备和线路传输的有功功率降低，从而造成设备和线路的有效利用率下降。

（3）增加了无功电流在供电线路和设备上产生的无功电压降，致使线路末端用户输入端电压降低，导致用电设备的输出功率下降，效率降低。

因此，采用有效的措施进行无功功率补偿，是改善供电系统有关技术指标、提高系统经济效益、实现节能的主要途径。目前普遍采用的无功补偿方法是在主变电所 35kV 侧设置集中补偿装置和降压变压所低压母线设置补偿装置。

无功补偿的设计与运行涉及从电源到用电设备的整个牵引供电系统。它关系到全系统有功、无功功率的分布，各节点的电压水平，功率因数的变化等一系列重要技术指标的状况，需通过供电系统潮流分析进行分析与计算。

同时，供电系统运行时的负荷变动巨大，高峰小时内系统处于正常运行方式下的高峰时段，和夜晚列车停运时系统处于正常运行方式下的低谷时段，其负荷相差几倍甚至十几倍，因而在高峰时段和低谷时段，无功补偿应投入的类型和容量应有所不同。

本节主要介绍无功补偿方式及其应用、补偿装置构成与容量计算、供电系统不同运行时段对无功补偿装置的影响与对策。

二、无功功率补偿方式及其应用

电力部门对用户功率因数的要求，按负荷性质（工业或民用）、供电电压等级而有所不同，对高压供电的工业、交通等用户，其功率因数应不低于 0.9；对主要为民用的低压供电用户，其功率因数应不低于 0.85。

提高功率因数的主要方法是采用静止无功补偿技术，按补偿装置安装地点（位置）分为就地补偿和集中补偿，补偿装置要尽量安装在无功负荷中心，做到无功功率就地（在一个点或一个场所）平衡。对于小容量、分散的、中小用户的无功补偿装置，一般采用并联电容器；而大容量的、电力系统中枢点的无功补偿装置，则采用同步调相机或由电容器和各种类型电抗器并联组成的新型静止无功补偿（SVC）装置，目前已发展为以电力电子技术为基础的静止无功发生器 SVG。

1. 集中补偿

集中补偿区分为在主变电所的中压母线上和降压变电所 0.4 kV 低压母线上设置并联补偿装置两种方式。

（1）主变电所集中补偿。

城轨交通供电系统中压网络（包括中压各种变压器）的无功功率，在主变电所中压侧（10~35 kV）母线上安装的补偿装置进行集中补偿，补偿装置一般采用并联无功补偿器 SVC 或并联电抗器，也可采用静止无功发生器，其主要目的是改善高压侧电源进线入口处（即整个供电系统）的功率因数，提高牵引、降压变电所的输入电压和补偿降压、牵引变压器的无功功率，并联电抗器的设置是在低峰负荷时段用来对冲补偿装置的容性无功功率。

（2）降压变电所低压侧集中补偿。

由于动力、照明等低功率因数的负荷均由降压变电所低压侧供电，将低压电容器并联补偿装置安装在 0.4 kV 母线上，集中补偿用电设备的无功功率，符合在无功负荷中心进行无功平衡的要求，并可采用自动跟踪的控制系统，按低压负荷波动程度自动投入或切除相应数量的并联电容器，进行跟踪补偿。

低压侧集中补偿的效果，除了提高配电变压器的功率因数外，还能降低中压网络和配电变压器的电压损失，并有助于提高低压配电系统的电压水平，是补偿无功最常用的有效手段。

集中补偿运行方式灵活，维护工作量小，寿命相对较长，工作可靠，但控制保护系统复杂，投资相对较大。集中补偿方式可与就地补偿方式结合应用，效果更好。

2. 就地补偿

就地补偿是将低压电容器与电动机或荧光灯、气体放电灯并联，通过开关、保护装置与用电设备同时投切。就地补偿的作用是在最短距离内补偿电动机和气体放电照明设备的无功消耗，从而可有效地减小从供电系统输送的无功功率。

就地补偿的技术经济效果显著，体现为：可减小配电线路的导线截面和配电变压器容量；减少中压网络、配电变压器、配电线路的功率损耗；降低电动机的启动电流，因而降低能耗效果更好。

就地补偿的特点：投切方便，配置固定，不需频繁调整补偿容量；具有投资少、占空间小、易于实现、维护简单、故障率低及故障退出后影响范围小等优点，因而应用较为普遍。

但实际应用时，要结合具体情况，并考虑运营成本后，做出全面合理的无功补偿配置和安排。例如，地下车站各种单台电动机数量很多，有污水泵、排水泵、电梯、自动扶梯等，由于这些设备分散布置，分别设置无功功率自动补偿装置后，给维修管理带来不便，且运营成本有所上升。所以，单台电动机是否设置专用的无功功率补偿装置，应对节能效果和运营成本进行综合分析后确定。

如果环控机房设备相对集中，具备设置无功功率局部集中补偿装置的条件，则可采用局部集中式低压并联补偿电容装置，这样就兼顾了运营管理的需求与方便。

三、无功补偿的配置原则

城轨交通各变电所和用电场所的无功补偿方式选择，应从整个供电系统的全局进行考虑和平衡，并按以下原则予以配置：

① 总体平衡与局部平衡相结合，以局部平衡为主。

② 电力部门补偿指标与用户补偿要求相结合。为了减少无功功率在网络中的输送，要尽可能地实现就地补偿、就地平衡，所以必须由电力部门和用户共同进行补偿。

③ 就地补偿与集中补偿相结合，以就地补偿为主。

④ 不仅要考虑高峰负荷时段对并联电容无功补偿的需要，而且要考虑在低谷负荷时段（夜间），出现并联电容补偿装置容性过补偿，需要施加电抗器或其他有效的综合补偿设施来（设在主变电所中压母线）对冲过补的无功功率。

第四节　全系统无功补偿装置构成及其容量计算与设计

一、无功补偿装置构成及其容量计算

城轨交通供电系统采用的无功补偿装置主要有：并联电容器补偿装置、静止无功补偿（发生）器和并联电抗器等。

1. 静止无功发生器 SVG

静止无功发生器 SVG（Static Var Generator），又称 SVC^{++}，是新一代基于电力电子技术的无功补偿器，它由三相逆变器、直流电容器、连接变压器（或电抗器）、测控单元和冷却系统等辅助装置组成，如图 7.3（a）所示。SVG 并联于主变电所母线上，相当于一个可变的无功电流源，其输出的无功电流可灵活控制，从而自动补偿系统所需的无功功率。

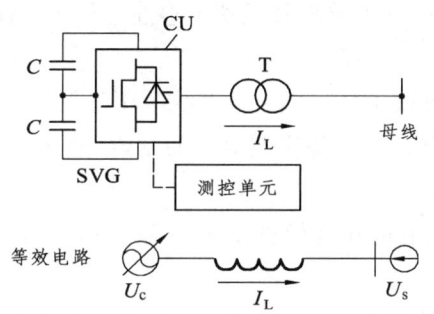
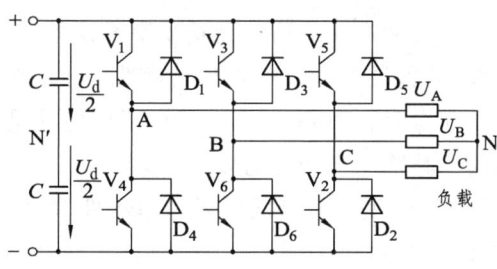

（a）SVG 组成示意图　　　　　　　（b）电压型三相桥式逆变电路

图 7.3　SVG 组成及工作原理图

CU—逆变器；T—连接变压器；C—直流电容器；U_c、U_s—分别为 SVG 输出电压和电源电压；$D_1 \sim D_6$—二极管；$V_1 \sim V_6$—IGBT 器件

（1）工作原理。

如图 7.3（b）所示为电压源型三相桥式逆变器电路，其输出（U_A、U_B、U_C）通过连接变压器与变电所负载并联。该电路采用低损耗功率器件 IGBT 为可控元件，并构成三组半桥，每个桥臂的导电角度为 180°（180° 导电方式），同一相上下两个桥臂交替导电，即可得到每相互差 120° 的三相输出矩形波电压 U_A、U_B、U_C。

该电路采用具有高速数字信号处理器（DSP）的数字测控单元，执行对 SVG 的实时检测、控制和保护功能。调节逆变器输出电压 U_c 的幅值和相位，或直接控制其交流侧电流 I_L 的幅值和相位，如图 7.4 所示，即可迅速发出或吸收所需要的无功功率，实现电流跟踪式补偿和快速动态调节无功的目的。

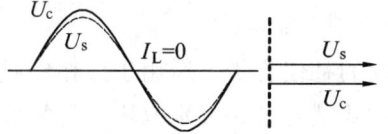
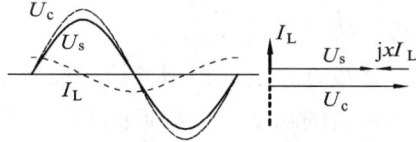

（a）$U_c = U_s$，$I_L = 0$ 不吸，发出无功　　（b）$U_c > U_s$，I_L 超前，可由调节 U_c 控制，SVG 发出无功

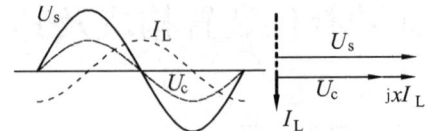

（c）$U_c < U_s$，I_L 滞后，SVG 吸收无功

图 7.4　SVG 的三种运行模式

U_c—SVG 输出电压，U_s—电源电压

（2）主要技术优势和特点。

① SVG 逆变器主电路为 $N+1$ 冗余拓扑结构，每相一个链接单元（桥臂）损坏后，仍可继续满负荷运行；装置具有可控电流源特性，对系统参数不敏感，运行中不会发生谐振或谐波电压放大等问题，因而工作可靠性高、安全性好。

② SVG 的调节范围广，可迅速发出无功（容性运行）或吸收无功（感性运行），且响应速度快，对冲击性负荷的无功功率补偿效果明显。

③ 装置具有电流源的输出特性，可不受变电所母线电压影响。当系统电压降低，需要动态无功支撑时，SVG 的输出特性正好能满足这种要求，其优势很明显，而 SVC 在系统电压下降时，其输出无功能力要降低。

④ SVG 采用新型低损耗功率器件 IGBT，运行耗电量和运行总损耗均低于 SVC，因而装置的效率较高。

⑤ 在达到同等功率因数补偿效果的情况下，采用 SVG 的总投资较 SVC 总投资更省，其中土建和场地的投资 SVG 是 SVC 的 50% 左右。

由于 SVG 运行损耗小，其运行成本比同容量的 SVC 低 50% 左右。综上所述，SVG 为新一代高新技术产品，其功能较完善，工作性能好，符合节能环保（电磁噪声低、电磁干扰小）的要求，补偿效果好。但由于逆变器和配套的直流电容器、连接变压器等设施容量较大，设备造价和土建投资总体较昂贵。其在冶金、采矿工业领域有较多的应用，在电气化铁道牵引变电所和一些城市的城轨交通供电系统中，也都有推广应用的实例。

2. 并联电抗器

并联电抗器是一种集中电抗，类似于铁心有气隙、不带二次绕组的变压器，其作用是产生接近 90° 的感性电流和感性无功，表示为 $+jQ_L$，主要用在主变电所的中压母线，用来吸收（抵消）中压电缆网络在空载和低峰负荷时段的容性无功功率（$-jQ_C$）。

3. 并联电容器补偿装置

无功功率补偿装置由自愈式电容器、电抗器、投切开关以及控制器等构成，包括三相共补和三相分补两部分。

（1）电容器接线形式。

三相共补接线方式根据控制器统一取样，各相投入相同的补偿容量，适用于三相负载基本平衡、各相负载的功率因数相近的网络。三相分补接线方式就是各相分别取样，各相分别投入不同的补偿容量。适用于各相负载相差较大，其功率因数 $\cos\varphi$ 值也有较大差别的场合，造价要高于三相共补接线方式 20%~30%。

由于城市轨道交通工程中三相负荷与单相负荷并存，主要负荷为三相平衡负荷。可以采用电容器△-Y接线，即三相共补与三相分补相结合的接线方案，如图7.5所示。三相共补部分的电容器为△接线，三相分补部分的电容器为Y接线。这种接线方式的补偿装置，运行方式机动灵活，成套价格低于三相分补的接线方案。

如图7.5所示的控制器是按一定的控制原理和控制参数，通过逻辑判断，发出投切操作指令，实现并联电容器组自动投切的一种主令器件。

无触点开关是由双向晶闸管构成的无触点开关电路，用以执行电容器的投、切操作。

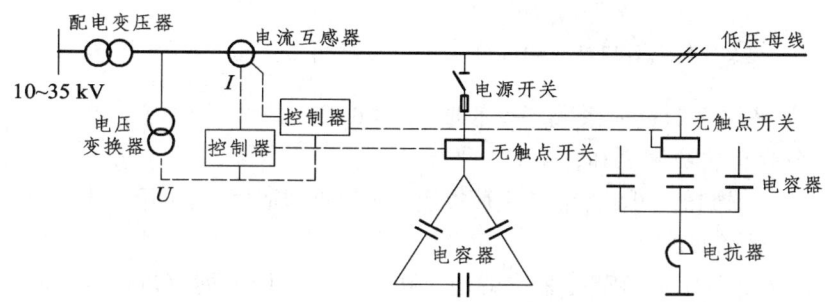

图7.5 三相共补与三相分补相结合接线图

（2）补偿装置的控制原理。

自动补偿装置的控制器，通常是根据需补偿无功的用电设备或电路中某种电气量参数的变化，通过不断实时检测该参数达到规定数值时输出操作指令，从而实现并联补偿电容的自动投切。

目前，用作检测量的电气量主要有两种，即以无功功率 Q 为检测量的控制器和以无功电流 I_q 为检测量的控制器。

① 检测量为 Q 的控制器，其工作原理是将电压 U 和电流 I 的信号送入霍尔元件或相敏放大器等具有乘法功能的器件，即可测出实时无功功率 $Q=UI\sin\varphi$，技术上是可行的，但程序较复杂，要实现精确检测的难度较大。

② 检测量为无功电流 I_q 的控制器，利用电压 U 由正到负过零的瞬间，正好是该相无功电流出现最大值 I_{qmax} 的基本原理（相差90°），用相电压 U 过零时刻的信号控制，由采样开关和保持电路进行 I_q 采样，能较好地实现对 I_q 实时检测，并按其规定（整定）值输出投切指令。该方案的优点是：检测方法简单，易于实现，不会发生振荡，投切动作与电网电压的波动无关。

4. 并联无功补偿容量计算

（1）就地补偿。

照明灯具一般自带电容补偿，补偿后功率因数可达0.9；电动机单负荷就地补偿应为离配电变压器较远且不小于10 m，其额定容量不小于5.5 kW的电机。补偿容量计算参考式（7.8）。

（2）多负荷补偿容量计算。

多负荷补偿容量根据补偿前后的功率因数来确定。

对运营线路要求提高功率因数，其补偿容量 Q_c 计算公式如下：

$$Q_c = K_m K_j (\tan\varphi_1 - \tan\varphi_2)/T_m \tag{7.8}$$

式中 K_m——最大负荷月的有功功率消耗量,由有功电能表读得;

K_j——补偿容量计算系数,可取 0.8~0.9;

T_m——企业的月工作小时数;

$\tan\varphi_1$——补偿前功率因数角的正切值,由有功和无功电能表读数求得;

$\tan\varphi_2$——补偿后功率因数角的正切值。

工程设计阶段,无功补偿容量计算公式如下:

$$Q_c = K_n P_n (\tan\varphi_1 - \tan\varphi_2) \tag{7.9}$$

式中 K_n——年平均有功负荷系数,一般取 0.7~0.75;

P_n——企业有功功率之和;

$\tan\varphi_1$——意义同前,可根据企业负荷性质查手册近似取值,也可用加权平均功率因数求得;

$\tan\varphi_2$——意义同前。

需指出,由于部分用电负荷已采取就地无功补偿,应用上列容量计算式时,需扣除其相关的有功和无功功率,以确定无功功率集中补偿装置的安装容量,避免出现过补偿。

(3)主变电所容性无功功率吸收装置容量选择。

对各降压变电所负荷分别按上述集中并联电容补偿和就地补偿装置容量计算方法,确定补偿容量的基础上,然后在全供电系统范围内(包括全部牵引负荷和动力照明负荷),分别按高峰时段正常运行方式下和低谷时段正常运行方式下的负荷(有功和无功)分布,进行潮流分析计算后,在主变电所进线与电力系统连接的公共接入点,可得到两个时段中传输的有功和无功功率值,一般在低谷时段传输的为容性无功($-jQ_c$),为使全供电系统在不同负荷时段均能达到规定的功率因数值(0.9~0.95),从而即可计算求得并选择主变电所中压母线需要安装的无功补偿装置(一般应对冲 $-jQ_c$)方式及其容量,详见下面的设计程序简介。

二、城轨交通供电系统无功补偿装置全系统配置和设计流程简介

从以上的分析介绍可知,城轨交通全供电系统无功补偿,对该系统经济运行及其各项重要经济技术指标有重大影响,同时也是企业节能的主要内容。在供电系统设计和运行中必须认真贯彻落实,为此,首先应了解和掌握全系统无功补偿配置和设计方法、内容与流程。

现以某市××城轨线路供电系统中的全系统无功补偿配置设计为例,简要介绍设计方法、步骤、设计计算内容和主要流程。

1. 线路和供电系统工程概况与主要技术数据

轨道线路正线全长 32.86 km,全线共设 21 座车站、车辆段与综合基地 1 座(内设牵引供电系统监控中心 1 处),平均站间距离为 1.607 km。

整个供电系统设有 110/35 kV 主变电所 2 座(A、B),分别向沿线 12 座牵引变电所(TSS)和 25 座降压变电所(DSS)(每座车站按用电负荷大小设有 1~2 座,其中含跟随式降压所),以双环网络正常开环运行方式进行集中供电。供电系统接线和负荷分布示意图如图 7.6 所示,

图中 110 kV 主变电所电源进线和 35 kV 环网均为 3 相单芯电缆线路，而 35 kV 环网中按负荷大小分布不同，电缆截面也不相同。

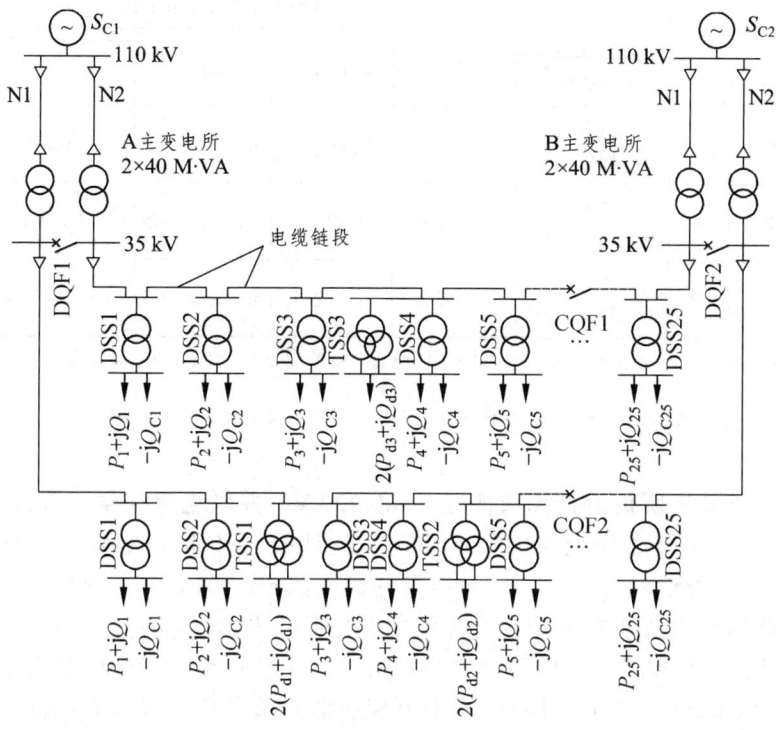

图 7.6 某城轨交通线路供电系统网络接线和负荷分布示意图

S_{C1}、S_{C2}—城市电网；CQF1、CQF2—联络断路器（正常断开）；DSS1～DSS25 降压变电所；TSS1～TSS12 牵引变电所；N1、N2—电缆线路；DQF1、DQF2—母线分段断路器（正常断开）

供电设备和线路各种电缆的技术参数、数量分别如表 7.6 和表 7.7 所示。

表 7.6 各类变压器、硅整流器技术参数

序号	名　称	额定电压 /kV	短路阻抗百分比	容　量 /(kV·A)/(kW)	变电所数量及运行方式
1	等效 24 脉波整流变压器/硅整流器	35/1.18	8%	2×3 300/2×3 000	4 座（4×2 套）并联运行
				2×3 000/2×2 700	6 座（6×2 套）并联运行
				2×2 250/2×2 500	2 座（2×2 套）并联运行
2	主变压器	110/35	10.5%	2×40（MV·A）	2 座，并列运行
3	降压配电变压器	35/0.4	6%	2×2 500	2 座，并列运行
				2×(800～1 000)	8 座，并列运行
				2×(500～630)	12 座，并列运行
				2×(315～400)	3 座，并列运行

表 7.7　铜芯电缆技术参数与数量

线路名称	数量	电缆型号	单位电阻 /（Ω/km）	单位电抗 /（Ω/km）	单位电纳 /（s/km）	实际电缆组合[①]	长度[②] /km
110 kV 主变电所进线	4	110 kV 1×500 mm²	0.035 66	0.134 4	5.03E−05	3×（1×500）	1
35 kV 环网线路	2×16 链段	35 kV 1×150 mm²	0.158 8	0.187 1	5.338E−05	3×（1×150）	219.2
35 kV 环网线路	2×4 链段	35 kV 1×240 mm²	0.097 9	0.176 3	6.192E−05	3×（2×1×240）	221.0
35 kV 环网线路	2×3 链段	35 kV 1×300 mm²	0.077 8	0.172 5	6.682E−05	3×（1×300）	55.0

注：① 指三相电压用三根单芯电缆，如 3×（1×50）组合，或 3×（2×1×240）为三相，每相两根 1×240 mm² 的芯线。
　　② 为单根单芯电缆长度，35 kV 电缆的一链段为按两站间的实际距离+垂直距离计算，由于是双环网，链段均为×2。

2. 牵引、降压变电所负荷计算和低压（380/220 V）并联电容补偿装置容量计算

（1）将沿线 25 个降压变电所的低压负荷按就地补偿和集中补偿等类别，分别参照式（7.8）进行并联电容补偿的容量计算（一般取补偿因数 $\cos\varphi$ 为 0.9），得到所需的补偿电容量 $-jQ_c$（为每个降压变电所所有就地补偿和集中补偿并联电容器容量总和）。

（2）各牵引变电所和降压变电所分别求得有功和无功功率，对牵引整流变压器负荷应为 $S_d = P_d + jQ_d$（取 $\cos\varphi = 0.95$），对降压所配电变压器总负荷应为 $S_p = P + jQ$，降压所低压并联补偿电容器总容量 $S_c = -jQ_c$。

（3）按供电系统网络接线和负荷分布图（见图 7.6）和线路（电缆）、变压器的计算数学模型绘制供电系统网络等值计算电路图，其中 35 kV 以上的电缆线路由于电容充电作用，宜采用 π 形等值电路；对于图 7.6 所示链式环网电路，35 kV 电缆链段数量较多，计算较复杂，可作适当的简化处理。例如，把 π 形电路的集中参数适当扩大，或对长度较短的链段可不考虑电容充电的影响。

网络中的变压器可用 Γ 形等值电路代替。

3. 各种参数计算和基础数据更新

主要参数包括：牵引整流变压器、主变压器和降压所配电变压器的短路电抗，每相电阻和空载损耗（激磁阻抗 $G_m + jB_m$），电缆线路的电阻、电抗和电纳值。

基础数据包括：高峰负荷时段和低谷负荷时段中各牵引、降压变电所的有功、无功负荷（相应于初期、近期和远期运量）。每次按一种数据计算并更新。

4. 潮流分析与计算

针对图 7.6 所示的断环运行的双环网供电系统，潮流计算可分别将两侧 110 kV 电源进线、主变电所及其供电的牵引、降压变电所单环网，作为分系统单独进行计算并求解。

可采用"逐步渐进法"进行计算，即由终端向始端计算求功率分布、功率损失，从始端向终端计算求电压损失、节点电压等（详见参考文献[6][54]）。在多个变电所情况下，计算较繁琐，应编制计算软件上机自动完成。

城轨交通供电系统无功补偿装置设计流程如图 7.7 所示。

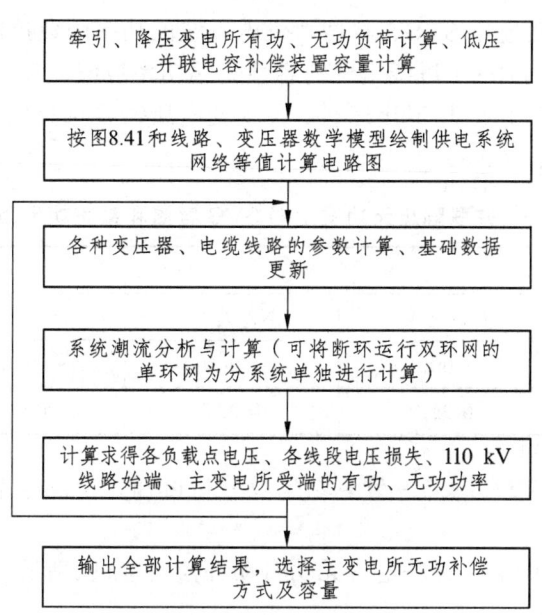

图 7.7 城轨交通供电系统无功补偿装置设计流程图

5. 计算结果及主变电所无功补偿装置形式、容量选择

潮流计算结果包括：求取不同运量时期（投运初期、近期、远期）高峰负荷和低谷负荷时段的牵引、降压变电所负载点电压，110 kV 线路和 35 kV 各电缆链段电压损失，主变电所 35 kV 母线电压等。110 kV 电源进线送端（系统公共接入点）和受端（主变电所入口处）有功、无功功率、功率因数等（按电力系统要求应在送端计量 $\cos\varphi$，而按合理性应在主变入口处计量。）根据两种负荷时段、110 kV 进线送端和受端无功功率的变化幅度和范围，即可选择主变电所 35 kV 侧无功补偿装置形式及容量。按装置的技术性能和城轨供电系统的运行要求，目前趋向于选择静止无功发生器 SVG 作为并联无功补偿装置。

本城轨线路供电系统案例，按上述流程进行全部潮流计算后，最终得到 110 kV 电缆进线（公共连接点）的数据和结果，如表 7.8 所示。

表 7.8 高峰与低谷时段功率因数和无功功率表（参照图 7.6）

名 称	110 kV 电缆线（公共连接点处）	高峰时段 $\cos\varphi$			低谷时段功率因数		低谷时段无功功率/kvar	
		初期运量	近期运量	远期运量	0.4 kV 侧补偿到 0.8	0.4 kV 侧补偿到 0.9	0.4 kV 侧补偿到 0.8	0.4 kV 侧补偿到 0.9
A 主变电所	N1 电源进线	0.968	0.963	0.960	0.934	0.840	-486	-825
	N2 电源进线	0.973	0.968	0.964	0.934	0.840	-486	-825
B 主变电所	N1 电源进线	0.965	0.961	0.959	0.988	0.921	-243	-657
	N2 电源进线	0.962	0.960	0.958	0.988	0.921	-243	-657

从表 7.8 数据可知，供电系统处于低谷负荷状态，且 0.4 kV 侧功率因数补偿到 0.8 或 0.9 时，通过 110 kV 各种电源进线向公共连接点处发送容性无功功率。因此，需在主变电所 35 kV

母线设置并联静止无功发生器 SVG,将城轨供电系统的功率因数控制在 0.9~0.95。

按表 7.8 低谷时段,110 kV 进线出现的容性无功功率数值,考虑各降压变电所 0.4 kV 侧的并联电容自动补偿装置此时均退出运行,各主变电所需要选择安装的并联 SVG 计算容量和系统功率因数值列于表 7.9。

表 7.9 并联静止无功发生器 SVG 容量和系统功率因数表

主变电所名称	A 主变电所		B 主变电所	
110 kV 电源进线号	N1 进线	N2 进线	N1 进线	N2 进线
并联 SVG/kvar	1 000	1 000	900	900
功率因数	0.927	0.927	0.922	0.922

结论:通过上述表 7.8 和表 7.9 计算结果及分析可知,全供电系统无功补偿装置的合理配置及其主要功能应为:

① 必须设置低压(0.4 kV)并联电容无功自动补偿装置,以满足高峰时段主变电所 110 kV 电源进线功率因数的要求。

② 低谷时段供电系统发出的多余容性无功,由主变电所 35 kV 侧设置的并联静止无功发生器 SVG 吸收,以满足低谷时段 110 kV 电源进线功率因数的要求。

三、城市轨道交通两种供电方式下供电系统功率因数分析计算与系统无功补偿方案的确定

1. 负载等效模型及其简化

轨道交通工程用电负载包括牵引负载及动力照明负载。可将牵引负载等效为 1 个电流源,动力照明负载等效为具有一定功率因数目标值的电流源。为精简模型,将在同一节点的牵引负载及动力照明负载按照不同功率因数等效为 1 个电流源,并对牵引负载及动力照明负载采用相同的负载率,其简化方法如图 7.8 所示。

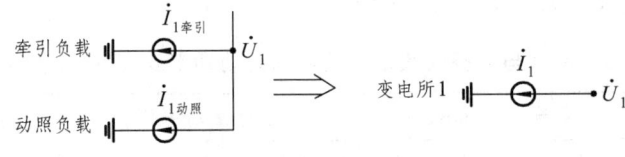

图 7.8 负荷简化模型

由负载简化模型可得

$$\dot{I}_1 = \dot{I}_{1牵引} + \dot{I}_{1动照} \tag{7.10}$$

式中,$\dot{I}_1$ 为节点 1 处的总负载电流;$\dot{I}_{1牵引}$ 为节点 1 处的牵引负载电流;$\dot{I}_{1动照}$ 为节点 1 处的动力照明负载电流。

2. 网络等效简化模型

通过组合电缆等效电路模型和简化的负载等效模型,可以建立供电系统的网络等效简化模型。

在集中供电方式下，电压等级较高，中压环网电缆线路较长，单个电源点对应的负载点也较多，网络相对复杂，供电系统正常运行时环网联络开关断开其网路等效简化模型如图 7.9 所示。

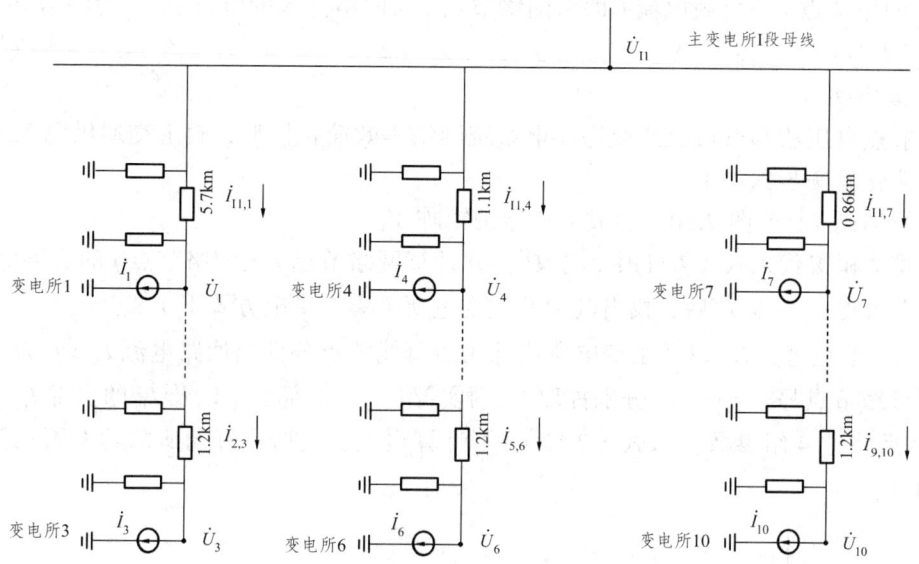

图 7.9 集中供电系统网络等效简化模型

分散供电方式下，电压等级较低，中压电缆线路较短，单个电源点对应的负载点较少，网络也相对简单，其网路等效简化模型如图 7.10 所示。

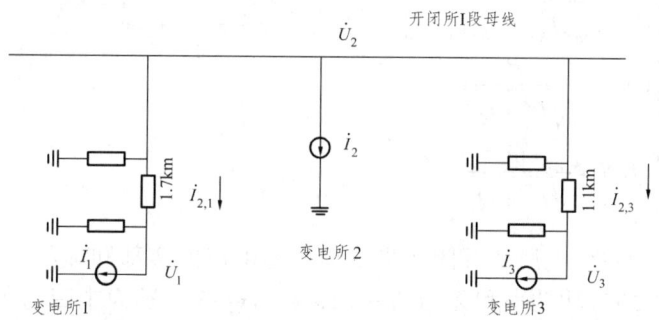

图 7.10 分散供电系统网络等效简化模型

由给出的供电系统网络等效简化模型可知：

$$\dot{U} = Y^{-1}\dot{I} \tag{7.11}$$

式中，

$$\dot{U} = [\dot{U}_1 \quad \dot{U}_2 \quad \cdots \quad \dot{U}_N]^T$$

$$\dot{I} = [\dot{I}_1 \quad \dot{I}_2 \quad \cdots \quad \dot{I}_N]^T$$

$$\boldsymbol{Y} = \begin{bmatrix} Y_{11} & Y_{12} & \cdots & Y_{1N} \\ Y_{21} & Y_{22} & \cdots & Y_{2N} \\ \vdots & \vdots & & \vdots \\ Y_{N1} & Y_{N2} & \cdots & Y_{NN} \end{bmatrix}$$

其中，$\dot{\boldsymbol{U}}$ 为网络节点电压矩阵；$\dot{\boldsymbol{I}}$ 为网络节点电流矩阵；$\boldsymbol{Y}$ 为网络节点导纳矩阵；$\dot{U}_i$ 为网络节点 i 对参考点（常取地电位）的节点电压，$i=1,2,\cdots,N$（N 为牵引供电系统的网络节点总数）；$\dot{I}_i$ 为网络节点 i 的负载电流（即由网络节点 i 向网络注入的电流）；Y_{ij} 为网络节点 i 与网络节点 j 的互导纳 $j=1,2,\cdots,N$。

3. 计算方法

基于节点电压法和城市轨道交通供电系统网络等效简化模型，轨道交通供电系统功率因数分析的简化算法步骤如下。

（1）根据图 7.9 或图 7.10，形成节点导纳矩阵 $\boldsymbol{Y}$；

（2）将 $\dot{\boldsymbol{I}}$ 和 $\boldsymbol{Y}$ 代入式（7.11）中以求 $\dot{\boldsymbol{U}}$，并计算网络节点 i 至网络节点 j 的支路电流 $\dot{I}_{ij}$。

（3）在求得 $\dot{U}_i$ 以及 $\dot{I}_{ij}$ 后，找出其中的主变电所（集中供电方式下）或开闭所（分散供电方式下）母线节点电压 $\dot{U}_p$ 以及主变电所或开闭所母线节点各馈出回路电流 $\dot{I}_{pi}$（p 为主变电所或开闭所母线节点号，$p \in i$）。分别提取 $\dot{U}_p$ 的实部 U_{pR}、虚部 U_{pX} 以及 $\dot{I}_{pi}$ 的实部 $I_{(pj)R}$ 和虚部 $I_{(pj)X}$，然后将这 4 组参数代入式（7.12），可计算出主变电所或开闭所的功率因数及无功功率比例如下：

$$\begin{cases} I_R = \sum_{j=1,j\neq p}^{N} I_{(pj)R} \\ I_X = \sum_{j=1,j\neq p}^{N} I_{(pj)X} \\ P = U_{pR}I_R + U_{pX}I_X \\ Q = U_{pX}I_R - U_{pR}I_X \\ \cos\phi = \dfrac{P}{\sqrt{P^2+Q^2}} \\ Q/S = \dfrac{Q}{\sqrt{P^2+Q^2}} \end{cases} \quad (7.12)$$

式中，I_R 和 I_X 分别为主变电所或开闭所母线馈出总电流的实部和虚部；P 和 Q 分别为主变电所或开闭所母线处的有功功率和无功功率；$\cos\phi$ 和 Q/S 分别为主变电所或开闭所母线处的功率因数和无功功率比例。

4. 算 例

（1）计算条件。

集中供电方式电缆参数：中压环网电缆采用 35 kV 单芯交联聚乙烯绝缘电缆 3 相×单芯×每相 240 mm² 和 3 相×单芯×每相 120 mm²。单位电容分别为 0.180 5 μF/km 和 0.146 0 μF/km；单位电感分别为 0.567 7 mH/km 和 0.611 8 mH/km。

分散供电方式电缆参数：中压环网电缆采用三芯交联聚乙烯绝缘电缆 3 相×每相 240 mm²。查阅样本，其单位电容和单位电感分别为 0.343 9 μF/km 和 0.290 4 mH/km。

牵引负载功率因数：牵引负载的功率因数取为 0.95。

动力照明负载功率因数：依据低压无功功率分散补偿和就地平衡的原则，每座降压变电所的 0.4 kV 侧均设置了自动投切的无功功率补偿装置，集中进行无功功率补偿，补偿功率因数目标值可以设定。将动力照明负载的功率因数设定在 0.78~1.00，以研究其对系统功率因数的影响。

（2）计算结果及分析。

基于图 7.9 的集中供电方式网络模型及计算条件，按照式（7.12）计算集中供电方式下的功率因数。如表 7.10、表 7.11 所示列出了系统负载率、0.4 kV 母线功率因数（$\cos\varphi$）与供电系统功率因数及无功功率比例（Q/S）的关系。

表 7.10　集中供电方式下供电系统的功率因数（$\cos\varphi$）

负载率	0.4 kV 母线功率因数					
	0.78	0.86	0.90	0.94	0.98	1
0.1	0.64	0.64	0.64	0.63	0.63	0.61
0.2	0.93	0.92	0.92	0.91	0.90	0.88
0.3	0.99	0.99	0.99	0.98	0.97	0.96
0.4	1.00	1.00	1.00	1.00	0.99	0.99
0.5	1.00	1.00	1.00	1.00	1.00	1.00
0.6	0.99	0.99	1.00	1.00	1.00	1.00
0.7	0.98	0.99	0.99	1.00	1.00	1.00

表 7.11　集中供电方式下供电系统的无功功率比例（Q/S）

负载率	0.4 kV 母线功率因数					
	0.78	0.86	0.90	0.94	0.98	1
0.1	-0.77	-0.77	-0.77	-0.77	-0.78	-0.79
0.2	-0.37	-0.39	-0.40	-0.41	-0.44	-0.47
0.3	-0.13	-0.15	-0.17	-0.19	-0.23	-0.27
0.4	0.01	-0.02	-0.04	-0.07	-0.10	-0.15
0.5	0.09	0.05	0.03	0.01	-0.03	-0.08
0.6	0.14	0.11	0.09	0.06	0.02	-0.03
0.7	0.18	0.14	0.12	0.10	0.06	0.01

由表 7.10 和表 7.11 可知：① 集中供电方式下，由于中压网络采用 35 kV 电压等级，电缆较长，使得电缆产生的容性无功功率较大，并且城市轨道交通系统在刚刚开通时负载率低，造成功率因数也较低，此时的 Q/S 为负值，说明轨道交通系统向电力系统返送了无功功率，而且情况较为严重，很难通过调整 0.4 kV 母线功率因数的办法解决系统返送无功功率的问题，该计算结果很好地解释了目前国内刚开通的轨道交通系统出现无功功率返送现象；② 随着系统负载率的提高，负载吸收容性无功功率增加，电缆产生的感性无功功率也增大，感性无功功率与容性无功功率逐渐平衡，系统功率因数随之逐渐提高，这与目前轨道交通系统的实际情况相符。

集中供电方式下，由于电缆线路长、电压等级高，所以在城市轨道交通系统投运初期，无功功率返送现象严重，并难以通过调整 0.4 kV 母线功率因数避免返送无功功率。对此，采取无功功率补偿措施的关键是在主变电所 35 kV 母线上并联无功功率补偿装置（如电抗器、SVC 和 SVG），利用该装置吸收电缆产生的容性无功功率。无功功率补偿装置仅在城市轨道交通系统投运初期使用，随着负载增加，当系统容性无功功率与感性无功功率达到平衡时，可将该装置移装至其他新开通的城市轨道交通系统。

基于图 7.10 的网络模型及计算条件，计算分散供电方式下供电系统的功率因数。如表 7.12 和表 7.13 所示显示了系统负载率、0.4 kV 母线功率因数与系统功率因数和无功功率比例（Q/S）的关系。

表 7.12　分散供电方式下供电系统的功率因数（$\cos\phi$）

负载率	0.4 kV 母线功率因数					
	0.78	0.86	0.90	0.94	0.98	1
0.1	0.99	1.00	1.00	1.00	1.00	0.99
0.2	0.95	0.97	0.98	0.99	0.99	1.00
0.3	0.94	0.96	0.97	0.98	0.99	1.00
0.4	0.93	0.95	0.96	0.97	0.98	0.99
0.5	0.93	0.95	0.96	0.97	0.98	0.99
0.6	0.92	0.94	0.95	0.97	0.98	0.99
0.7	0.92	0.94	0.96	0.96	0.98	0.99

表 7.13　分散供电方式下供电系统的无功功率比例（Q/S）

负载率	0.4 kV 母线功率因数					
	0.78	0.86	0.90	0.94	0.98	1
0.1	0.16	0.09	0.06	0.02	−0.04	−0.11
0.2	0.30	0.24	0.20	0.16	0.11	0.04
0.3	0.34	0.28	0.25	0.21	0.16	0.09
0.4	0.37	0.31	0.27	0.24	0.19	0.12
0.5	0.38	0.32	0.29	0.25	0.20	0.13
0.6	0.39	0.33	0.30	0.26	0.21	0.14
0.7	0.36	0.33	0.30	0.27	0.22	0.15

由表 7.12 和表 7.13 知：① 在分散供电方式下，由于中压网络采用 10 kV 电压等级，电缆较短，电缆产生的容性无功功率相对于集中供电方式下要小得多，在负载率等于或低于 0.1 且 0.4 kV 母线功率因数高于 0.94 时，可能出现向供电系统返送无功功率的现象；而当 0.4 kV 母线的功率因数降低时，就可避免向供电系统返送无功功率，这说明在分散供电方式下，由于总容性无功功率较小，可通过调节 0.4 kV 母线功率因数解决无功功率返送的问题；② 随着供电系统负载率的提高，负载能够吸收更多的容性无功功率，电缆产生的感性无功功率也增大，感性无功功率与容性无功功率逐渐平衡。

在 10 kV 分散供电方式下，电缆线路短、电压等级低，返送无功功率现象不明显。计算结果显示，仅在负载率较低且 0.4 kV 母线功率因数较高的情况下才会出现供电系统无功功率返送。但由于总无功功率返送量较小，通过调整 0.4 kV 母线的功率因数就可以解决无功功率返送问题。

第五节　列车再生制动能量吸收与利用

城市轨道交通列车运行在再生制动工况时，列车上的牵引电机处于发电机运行状态，将列车动能转换为电能反馈回直流牵引网。

当列车再生制动反馈的能量，不能被邻近列车吸收时，将抬高牵引网络。因此，有必要在城市轨道交通牵引系统中设置再生制动能量吸收装置，从而可节约能源和稳定牵引网电压。

目前，城市轨道交通再生制动能量吸收方案主要分为电阻耗能型、电容储能型、飞轮储能型、逆变回馈型等。

一、电阻耗能型

电阻耗能型再生制动能量吸收装置主要采用多相 IGBT 斩波器和吸收电阻配合的恒压吸收方式，根据再生制动时直流母线电压的变化状态调节斩波器的导通比，从而改变吸收功率，将直流电压恒定在某一设定值的范围内，并将制动能量消耗在吸收电阻上。由 IGBT 斩波器、吸收电阻 R_D、续流二极管 D、滤波装置（滤波电容 C 和滤波电抗器 L）、直流快速断路器 DQF13、电动隔离开关等组成，其接线示意图如图 7.11 所示。

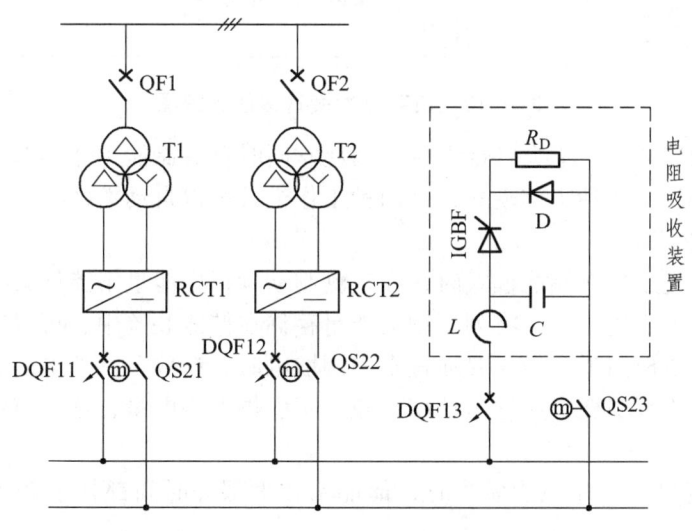

图 7.11　电阻吸收装置接线

优点：控制简单、直观，可以取消（或减少）列车电阻制动装置，降低车辆投资，提高列车动力性能；对降低隧道温度、减少闸瓦制动对闸瓦的消耗、减少闸瓦制动粉尘、净化隧道环境比较有效，技术成熟，价格较低；确定有再生电能需要吸收的判断条件是否完善，不会引起误判，从而造成电能的额外消耗。

缺点：再生制动能量消耗在吸收电阻上集中发热消耗，对再生电能不能有效利用；电阻散热导致环境温度上升，当该装置设置在地下变电所内时，电阻柜需单独放置，并且该房间需采取措施保证有足够的通风量，需要相应的通风动力装置，也增加相应的电能消耗。

目录国内重庆轻轨、天津地铁 1 号线、广州地铁 4 号线、北京首都机场线都有采用该方式制动。

二、电容储能型

电容储能型再生制动能量吸收装置主要采用 IGBT 逆变器将列车的再生制动能量吸收到大容量电容器组中，当供电区间内有列车处于启动、加速阶段需要取流时，再将电容器组所储存的电能释放出去并进行再利用。该装置由储能电容器组、IGBT 斩波器、直流快速断路器、电动隔离开关、传感器和微机控制单元等组成，其主接线示意图如图 7.12 所示。

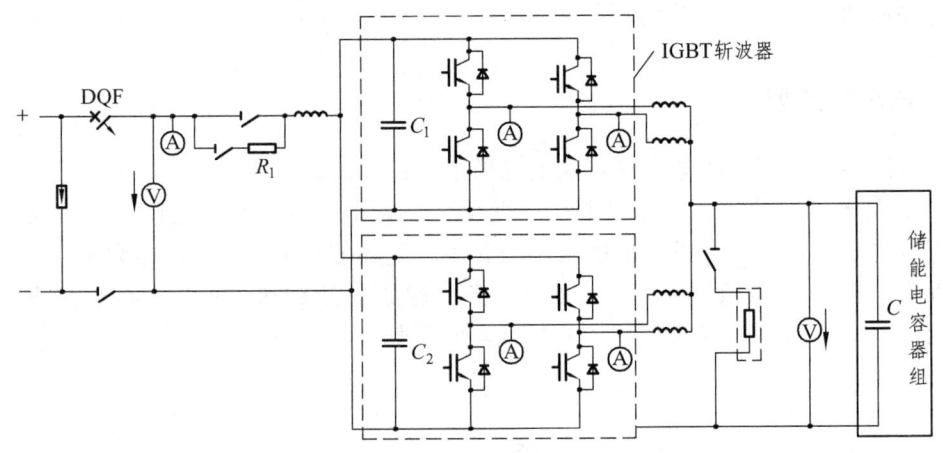

图 7.12　电容储能装置接线示意图

由于电容储能装置是一个大容性设备，因此它同时具有储能（储存车辆再生电能）和稳压（稳定牵引网电压）两种工作模式，这两种工作模式可以自动切换。

（1）储能模式。

当电容储能装置工作在储能模式时，在车辆制动且再生能量不能被其他车辆吸收时，电容组充电，吸收车辆再生电能，将列车制动能量存储在储能装置中，可以减少车辆使用空气制动的频率；在变电所附近车辆需要通过牵引网取电时，释放存储的电能，给车辆提供牵引用电。从而可以减少牵引变电所输出功率，减少牵引供电用电量，达到节约电能和减少能源消耗的目的。

当电容储能装置工作在储能模式时，储能量在大部分时间都处于低水平，以备随时吸收车辆的制动能量。

（2）稳压模式。

当电容储能装置工作在稳压模式时，可以通过车辆的再生制动能量快速充电，在没有车辆制动的情况下，也可以通过变电所中的直流供电设备慢速充电；在牵引网电压较低时，释放储存的电能，以稳定牵引网电压，从而起到改善牵引供电质量的作用，避免网压过低造成车辆的欠压保护动作,影响正常行车。

当电容储能装置工作在稳压模式时,储能量在大部分时间都处于高水平,只有当检测到网压低于规定的下限时,才向牵引网释放储存的电能。

优点:有效利用了列车制动时的再生电能,节能效果好;直接接在牵引网或变电所正负母线间,再生电能直接在直流系统内转换,对系统不会造成影响;维护和更换元器件较为方便,并可减少或取消列车制动电阻的容量。

缺点:对于运量较大的轨道交通线路,目前的产品容量较小,不能满足完全吸收列车再生电能的需要。

国外的法兰克福、马德里和国内的北京地铁5号线(4座牵引变电所)都应用了该模式。

三、飞轮储能型

飞轮储能型再生制动能量吸收装置通过对变电所直流空载电压、母线电压的跟踪判断,确定是否有列车在再生制动,且再生电能不能完全被本车辅助设备和相邻车辆吸收,当判断变电所附近列车有再生电能需要吸收时,飞轮加速转动,储存能量;当判断变电所附近有列车启动牵引用电时,飞轮转速降低,作为发电设备向牵引网反馈电能。除具有电能吸收功能外,还具有稳压功能,即通过检测运行状态,在牵引网电压较高时吸收电能,在电压较低时释放电能,稳定电压。

该装置由储能飞轮电机、IGBT斩波器、直流快速断路器、电动隔离开关、传感器和微机控制单元等组成,直接接在变电所正负母线或牵引网和回流轨间,主接线示意图如图7.13所示。

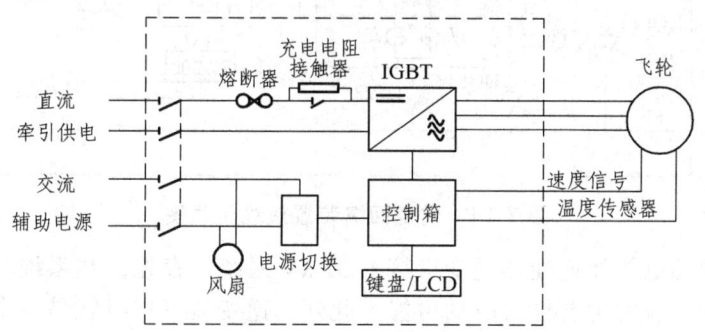

图 7.13 飞轮装置接线示意图

优点:有效利用了列车制动时的再生电能,节能效益好;并可取消(或减少)列车电阻制动装置,降低车辆投资,提高列车动力性能;直接接在牵引网或变电所正负母线间,再生电能直接在直流系统内转换,对系统不会造成影响,但维护复杂。

目前,英国UPT电力公司已有成熟的飞轮产品,在英国电力系统、纽约部分地铁、我国香港巴士公司等都有应用。

四、逆变回馈型

逆变回馈型再生制动能量吸收装置主要采用电力电子器件构成大功率晶闸管三相逆变

器，该装置由晶闸管逆变器 RCT3、逆变变压器 T3、平衡电抗器 L、交流断路器 QF3、直流快速断路器 DQF13、电动隔离开关、直流电压变换器 UT 和调节控制柜等部分构成，主接线示意图如图 7.14 所示。该逆变器的直流侧与牵引变电所中的整流器直流母线相连，其交流进线接到交流电网上；当再生制动使直流电压超过规定值时，逆变器启动并从直流母线吸收电流，将再生直流电能逆变成工频交流电回馈至交流电网。

调节控制柜中设有反映牵引网 U_d 和逆变电流 I_1、I_2 形成并转换为直流电压 U_1 的电压变换器。当牵引网有列车再生能量反馈时，U_d 增大超过规定值时，启动脉冲发生器工作并输出触发脉冲 TS1、TS2 等，从而使 RCT3 导通，逆变器开始反馈。U_1 的作用是利用逆变器导通后，将逆变电流产生的 U_1 和 U_d 同时加至脉动发生器的启动电路环节，以保证 U_d 波动时逆变器工作的可靠性。

优点：部分利用了列车再生制动能量，具有一定的节能作用，可减少列车制动电阻的容量；其能量直接回馈到电网，不需要配置储能元件；因此对环境温度影响小，在大功率室内安装的情况下可考虑采用此方案。

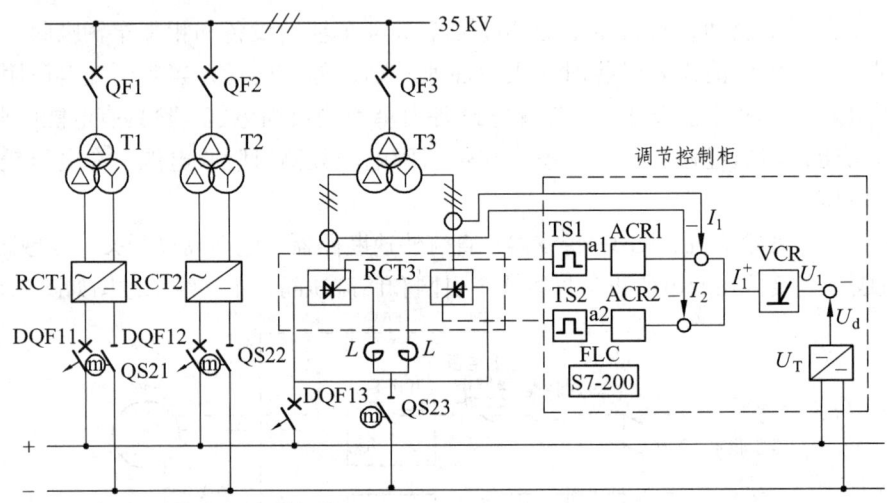

图 7.14 逆变回馈装置接线示意图

缺点：再生制动电能经逆变器逆变后接入 35 kV 系统，存在一些系统安全性问题，如不能妥善地配置保护，有发生恶性事故的可能。此外，逆变装置本身就是一个谐波源，运行时将产生一定的谐波。

该装置在日本轨道交通中应用较多，国内城市轨道交通尚无成熟工程应用案例。

思考题与习题

1. 城轨交通供变电系统的谐波源主要有哪些，各有哪些特点，应如何进行抑制或校验？
2. 城轨交通供变电系统无功补偿采用哪几种方式，分析其优缺点，最终要确定整个牵引、动力供电系统无功补偿的配置和容量应综合考虑哪些问题？
3. 结合某城市轨道供电系统的具体案例，设计元功补偿方案。
4. 分析比较电容储能型和逆变回馈型两种再生能量吸收装置和优缺点，它们各适合于在什么场合下应用。

第八章 供变电系统控制、信号系统及其自动化、数字化

牵引变电所和供电装置中，高压开关设备的控制、信号和主设备监测电路都属于二次接线，它是电气系统的重要组成部分。近年来，随着计算机及大规模集成电路技术的发展，我国轨道交通牵引变电所二次设备的技术水平有了很大的变化，目前广泛应用的牵引变电所综合自动化技术把控制、保护、数据采集和监控等功能集成在一起，代替了传统的控制、信号系统，但其原理还是和传统的二次接线系统相同。因此，本章仍着重分析传统二次接线中的控制、信号和监测电路构成原理与基本要求，并介绍了为保证一次和二次设备操作运行所需的交、直流自用电系统的构成与功用，以及利用计算机技术、现代电子技术、通信技术和信号处理技术，实现对全所设备的自动监视、自动测量、自动控制和保护，以及与调度通信等构成的变电所综合自动化。

第一节 控制方式和二次回路接线概述

一、控制方式

牵引变电所和其他供电装置对高压一次电气设备的控制操作，按执行地点不同，可分为就地控制、距离控制和远动控制三种控制方式。

（1）就地控制，即在一次电气设备安装地点进行直接控制，开关设备的位置信号也在配电间隔上显示，这种控制方式仅适用于交流 10 kV 及以下电压的电气设备。

（2）距离控制，即在主控制室内对变电所的一次电气设备集中进行控制，监测仪表和开关位置信号、中央信号以及继电保护装置等也都配置在主控室的屏台上，便于监视和管理运行。距离控制按其实现的方法不同分为：一对一的分别控制方式，即一套控制设备只能固定地控制一台断路器；集中选控方式，即一套控制设备可选择控制许多台断路器，一般称为选控。距离控制是目前牵引变电所的主要控制方式。

（3）远动控制，又称为遥控，即在远离变电所的调度端对变电所（执行端）的电气设备进行控制。已经实现远动化的供电系统，往往是远动控制与距离控制的功能两者都具备。

由于控制、监测和通信技术的发展，变电所自动化水平不断提高和免维修设备的出现，按有无运行人员值班，变电所可分为有人值班和无人值班运行两种方式，对于有人值班的变电所，一般以距离控制方式为主；对于无人值班（或减员）的变电所，一般以遥控方式为主。

二、二次接线（电路）图

为了保证牵引变电所与供电装置一次电气设备安全可靠和经济地运行，并实现对其控制、监视，相应地设置了成套的控制、信号、继电保护、自动装置和监测仪表等二次设备。用特定的图形和文字符号，表示二次设备相互连接的电气接线图称为二次接线图。二次接线是电气系统的重要组成部分。

二次电路图中常用的图形符号列于表 8.1 中，常用的文字符号列于表 8.2 中。

表 8.1 二次电路常用图形符号

元件名称	图形符号 新	图形符号 旧	元件名称	图形符号 新	图形符号 旧
断路器、自动开关	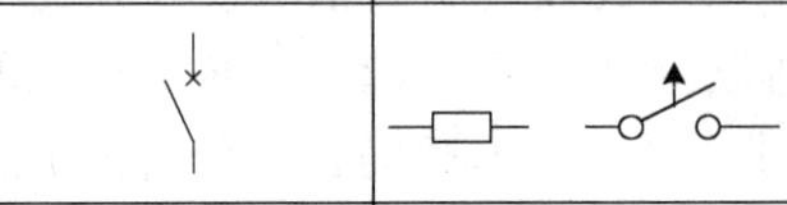		延时断开的常开触点	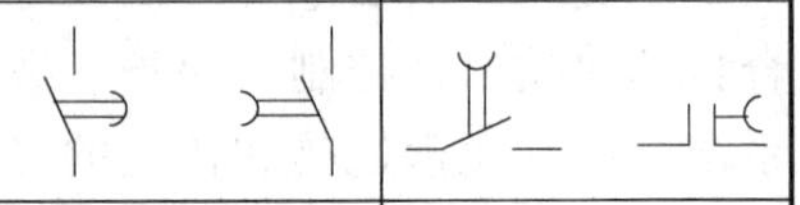	
隔离开关	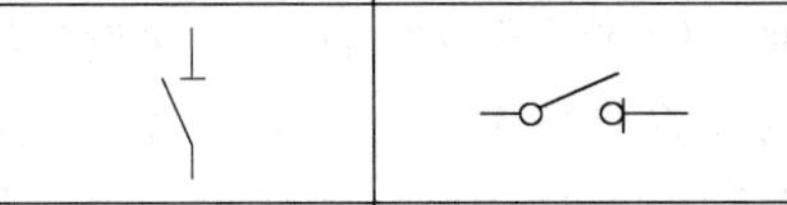		延时闭合的常闭触点	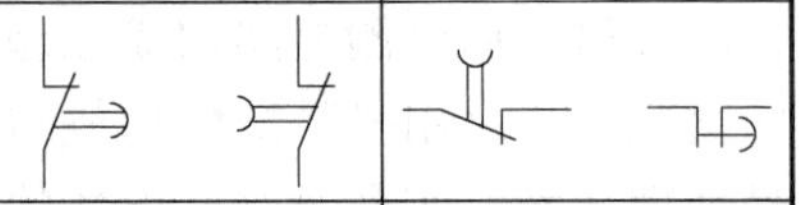	
一般继电器	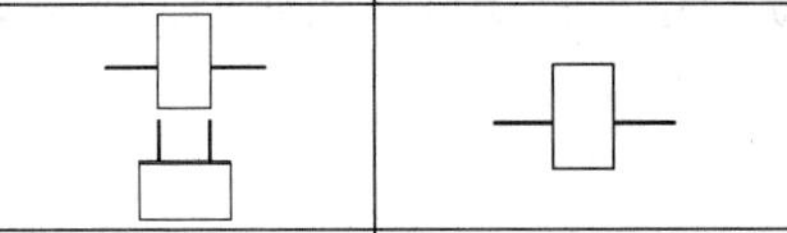		延时断开的常闭触点	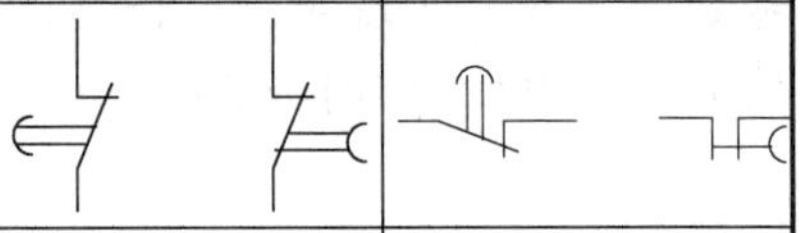	
双线圈继电器	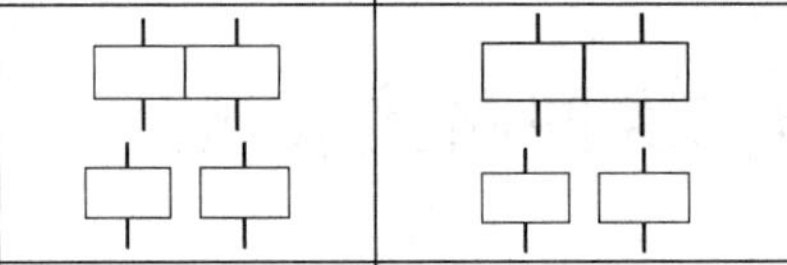		按钮（不保持）动合	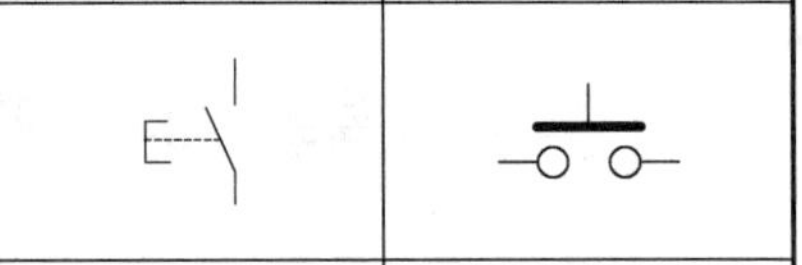	
熔断器	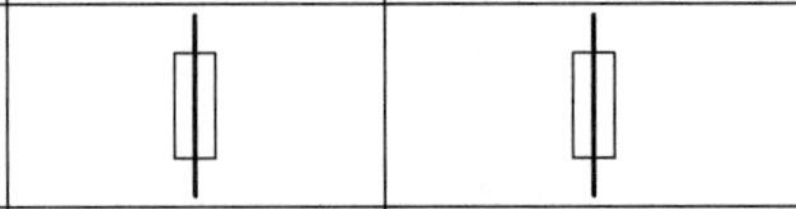		按钮（不保持）动断	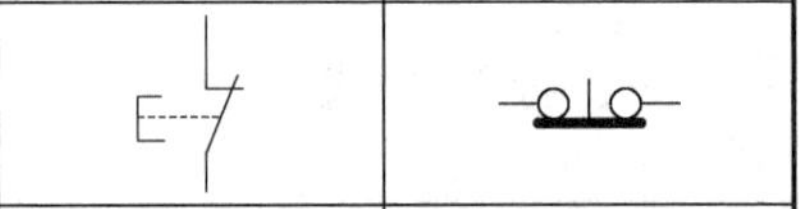	
继电器开关常开（动合）触点	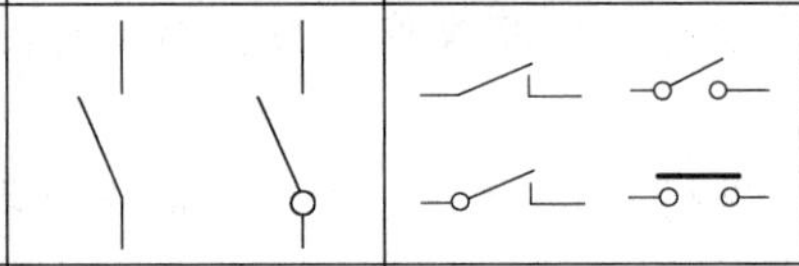		警铃	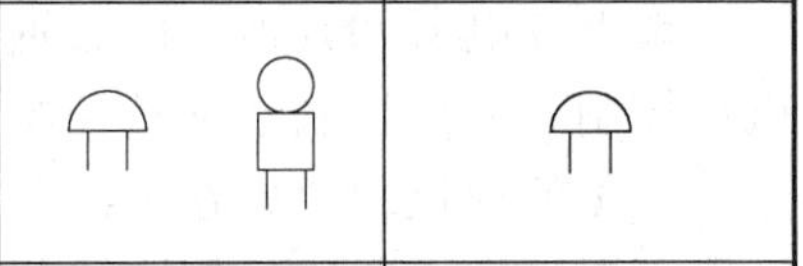	
继电器开关常闭（动断）触点	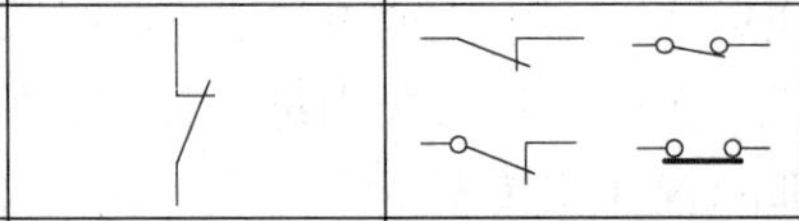		蜂鸣器	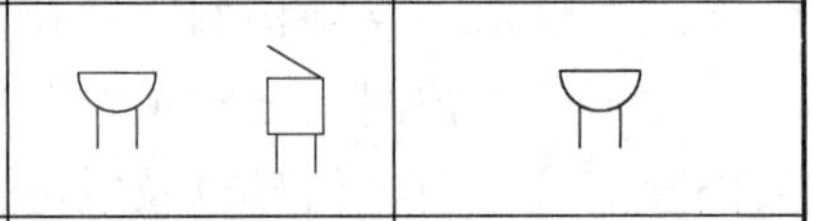	
先断后合的转换触点	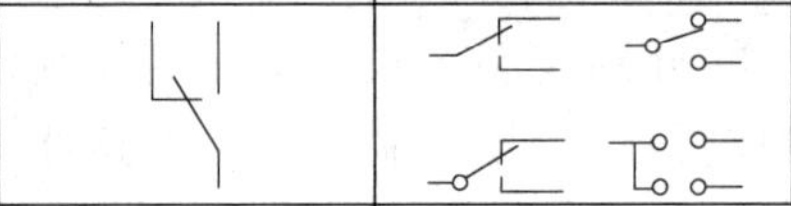		变压器，电压互感器	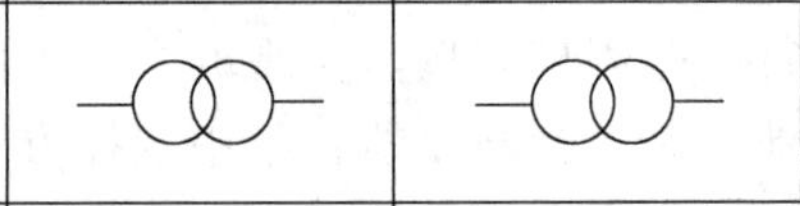	
先合后断的转换触点	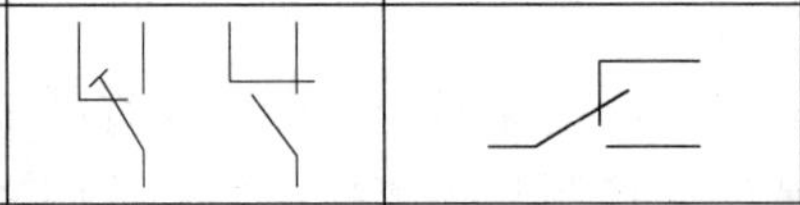		电流互感器	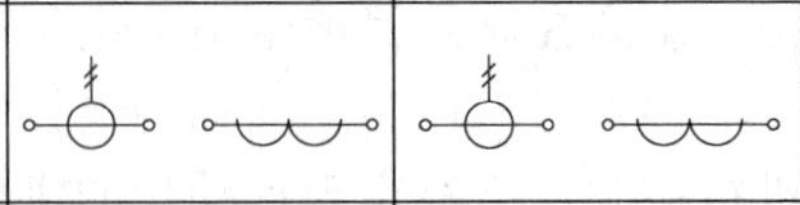	
延时闭合的常开触点	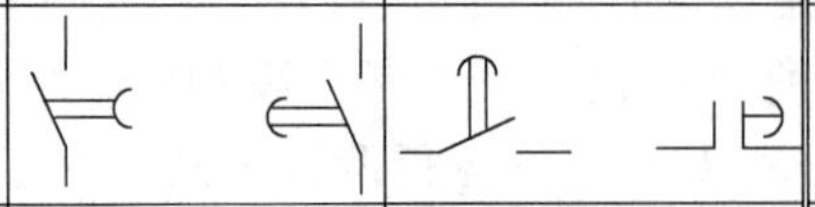		信号灯	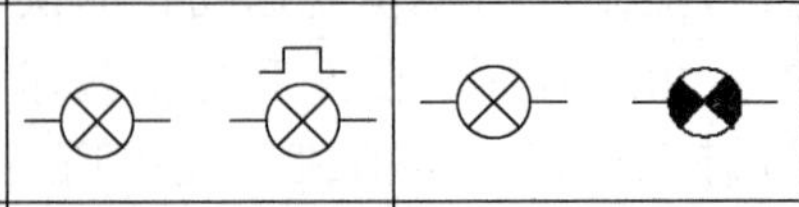	
电抗器	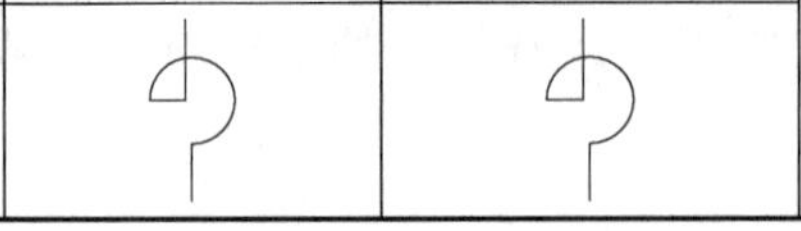				

表 8.2 二次电路常用电气新旧文字符号对照表

元件名称	新符号	旧符号	元件名称	新符号	旧符号
重合闸装置	APR	ZCH	闪光继电器	KHL	SGJ
电源自动投入装置	AAT	BZT	合闸线圈	YC	HQ
断路器	QF	DL	跳闸线圈	YT	TQ
接触器	KM	C	绿灯	GN	LD
继电器	K	J	红灯	RD	HD
电流继电器	KA	LJ	信号灯、光指示器	HL	XD
电压继电器	KV	YJ	跳闸信号灯	HLT	
时间继电器	KT	SJ	合闸信号灯	HLC	
信号继电器	KS	XJ	光字牌	H	
控制中间继电器	KC	ZJ	警铃	HAB	
防跳继电器	KCF	TBJ	蜂鸣器、电喇叭	HAU	
出口继电器	KCO	BCJ	控制回路开关	S	
跳闸位置继电器	KCT	TWJ	控制开关（手动）；选择开关	SA	KK
合闸位置继电器	KCC	HWJ	按钮开关	SB	AN
事故信号继电器	KCA	SYJ	试验按钮	SBte	SA
预告信号继电器	KCR	YXJ	复位按钮	SBre	FA
电源监视继电器	KVS	JJ	合闸按钮	SBC	HA
音响信号继电器	KSS	SXJ	跳闸按钮	SBT	TA
跳闸继电器	KTP		电磁锁	YL	DCS

小母线的文字符号如表 8.3 所示。

表 8.3 小母线的文字符号

序号	小母线名称		文字符号	
			新	旧
1	控制小母线	正电源	+	+KM
		负电源	−	−KM
2	信号小母线	正电源	+700	+XM
		负电源	−700	−XM
		灯光	M726	(−)XM
3	闪光信号小母线		M100	(+)SM
4	掉牌信号小母线		M716	PM
5	控制回路断线信号小母线		M713	KDM
6	自动装置动作信号小母线		M717	ZDM
7	事故音响信号小母线		M728	SYM

通常规定元件不受电（或断路器断开）的状态为"常态"。"常开触点"是指元件未受电（断路器断开）时其触点（又称接点）断开，而受电（断路器合闸）时其触点闭合的状态，又称为"动合触点"或"正触点"。"常闭触点"是指元件受电（断路器合闸）时其触点断开，而断电（断路器断开）时其触点闭合的状态，又称为"动断触点"或"反触点"。

二次接线图一般有3种表达形式：原理接线图、展开接线图、安装接线图。它们的功用各不相同，下面分别予以介绍。

（一）原理接线图（简称原理图）

原理接线图用来表示二次设备中的监测仪表、控制与信号、保护和自动装置等的工作原理。为使读者对整个装置易于形成完整而清晰的概念，现举例说明原理图的构成和动作过程。

图8.1为馈电线路过电流保护原理接线图。其主要特点是相关的主电路在图中有清晰表示，如母线、馈电线路、断路器及其跳闸线圈和辅助接点，以及电流互感器等；各设备元件都以整体形式表示，即线圈及接点均表示在一个图形符号内，同时对所包括的交流电流回路、交流电压回路和直流控制、信号电路等各组成部分都一并画出。

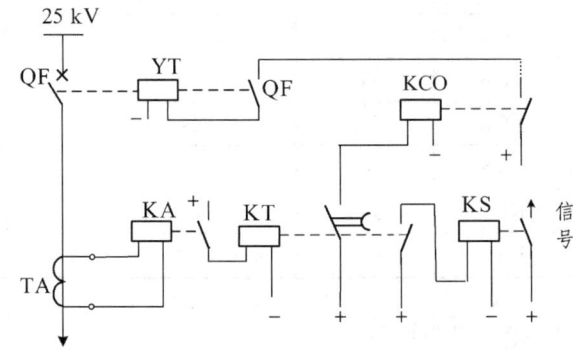

图8.1 馈电线路过电流保护原理接线图

由图8.1可见，继电保护装置的电路是通过电流互感器TA与主电路的馈电线联系起来的。保护装置本身由电流继电器KA、时间继电器KT、保护出口继电器KCO和一个信号继电器KS构成。电流继电器接在互感器的次边，若主电路馈电线发生短路故障时，互感器次边电流随着原边电流的增长而增大，当其超出了正常运行的变化范围达到电流继电器KA的整定值时，它立即动作。由电流继电器KA的正接点闭合，以接通时间继电器KT的直流电源回路，经过整定的延时时限后其延时动作正接点闭合。由控制电源正极经时间继电器延时动作正接点，通过出口继电器KCO分闸命令，断路器的联动辅助接点、跳闸线圈至控制电源负极的电路接通。于是导致断路器跳闸，切断发生短路故障的馈电线路，从而保障设备安全和其他馈电线路的正常供电。在断路器跳闸的同时，由控制电源正极经时间继电器正接点、信号继电器线圈，由信号继电器KS发出保护动作信号，受电掉牌显示该保护装置动作，还由它的正接点接通有关中央信号回路。

（二）展开接线图（简称展开图）

展开接线图的特点，则是在相应原理接线图的基础上，将其总体形式的电路分解为交流电流、电压回路及直流回路等相对独立的各个组成部分。这时电路中设备元件的不同线圈与接点等将分别绘入相应部分的回路中。例如，电流继电器的线圈绘于交流电流回路中，而其接点与时间继电器、信号继电器、保护出口继电器、断路器的联动辅助接点、跳闸线圈等则绘于直流回路中。

图 8.2 为对应图 8.1 原理接线图的展开接线图。

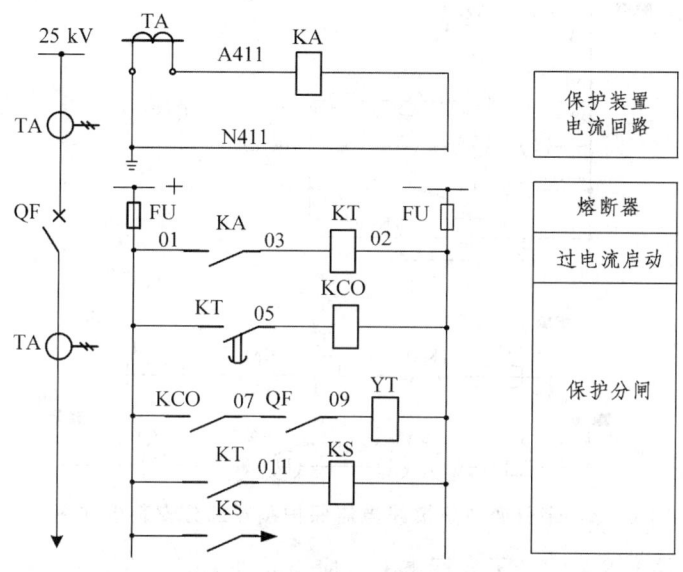

图 8.2　图 8.1 的展开接线图

在展开接线图的直流回路部分，力求按照各部件流通电流的顺序，也就是按其工作时各部件的动作次序，自上而下、由左至右地排列成行。对同一元件的不同线圈、接点等应用相同的文字标注，并在展开接线图的一侧可以方便地加注文字说明，便于清楚地了解相应部分电路的作用。

比较图 8.1 与图 8.2，显然前者能够使我们对装置设备的结构、原理有一个概括、完整的认识。然而也正是由于原理接线图的完整性，致使图中连线交错重叠又不易于将元件内部接线等细节——表达清楚。展开接线图恰恰弥补了原理接线图的这些缺点，尤其是对于复杂装置的电路图，应用展开接线图的表达方式对于分析电路工作原理和动作过程，具有清楚、明晰的优点。

（三）安装接线图

安装接线图是为适应二次设备装置进行制造、安装或调试、检修时的需要而专门绘制的。安装接线图一般应包括盘面布置图、盘后接线图和端子排接线图等组成部分。在盘后接线图和端子排接线图中，对继电器、表计等元件及其辅助端子、连接导线等，都需按其实际形状、位置尺寸成比例地由盘后视绘制出来，如图 8.3 所示。图中不画出连接导线，而是采用"相对标志"的方法加以表示。所谓"相对标志"法也就是在端子排（或设备元件）的每一端头标记出与它连接的另一端头所接设备元件（或端子排端子号码）的标志。图 8.3 是牵引变电所馈电线过电流保护装置部分安装接线图。

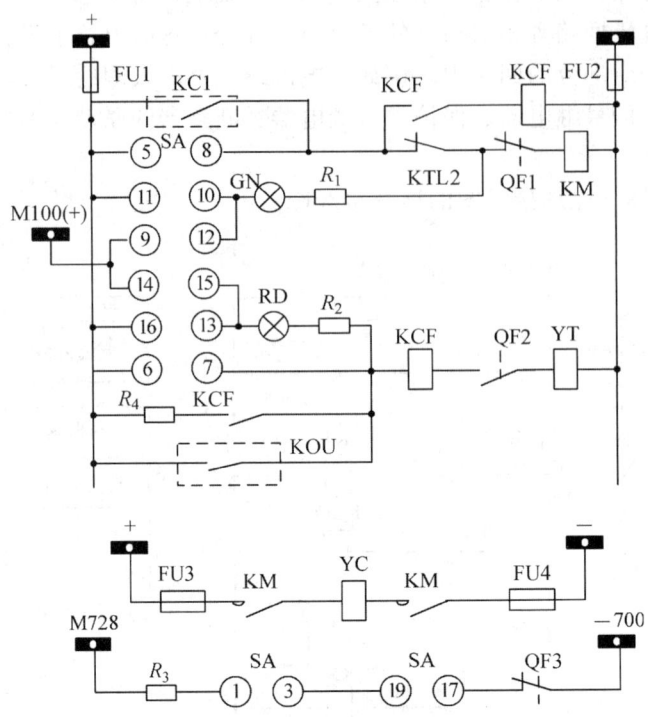

图 8.3　牵引变电所馈线电流保护装置部分安装接线图

在图 8.3 中，元件 I_1/KA 的端子③标志 I_2-7 应与元件 I_2/KT 的端子⑦标志 I_1-3 相连接，而元件 I_1/KA 的端子②标志 I-1 应与序号 1 的端子排 I_1-2，KA 相连接（见图 8.3）。

应予说明，为了满足制造、安装或调试、检修时查找电路准确、方便的需要，还应该对二次回路中每段连接导线都分别编以相应的数字代号作为标记。

图 8.2 与图 8.3 中都标记有二次回路导线编号数字。编号标记方法应遵循"等电位原则"，即在同一电位上的不同分支导线均标记同一数字代号，而在回路中具有电位差异的不同段导线则标记不同的数字代号。在交流回路中编号取为连续递增的数字，并需标示出相、序别（即三相系统的 A 相、B 相、C 相与中性线 N、零序回路 Z 等）。在直流回路中的编号数字是从正极起始依次编以奇数顺序的数字，当通过设备元件的线圈负载改变了导线电位的极性后（呈现负极性），才改换以偶数顺序的数字，具体编号方法可查阅有关设计手册。

对于二次回路的不同装置、设备之间的联系电缆，也应进行编号标记，二次电路控制电缆的标志，除了数字编号外还应标示出所属安装单位、电缆型号，并注明电缆去向等，参见图 8.3。

三、主控制室

变电所对一次电气设备的控制操作通常采取距离控制方式。其控制、信号、监测、保护、自动装置等二次电气设备都集中装在主控制室中。

在主控制室里配备有各种控制盘，二次电路的各种装置都分别装设在相应的控制盘上。

按用途的不同控制盘可划分为：

（1）主控制盘。设有对一次电路的断路器进行距离控制的开关、按钮、信号灯、电流表、电压表、功率表等，并在盘面上绘制相应的模拟主电路。

（2）继电保护盘。设有各种继电保护设备，或由专门的成套保护屏盘组合而成。

（3）中央信号盘。设有变电所中各种事故和预告信号装置与设备，如事故电笛、预告警铃、闪光装置、各种信号光字牌以及信号试验、解除按钮等。

（4）计量盘。设有各种监测、记录仪器表计，如功率表、瓦时计等。

（5）自动、远动装置盘。设有自动装置与远动装置设备、表计、信号等。

（6）自用电盘。设有所内交、直流自用电系统的控制开关、刀闸、表计电器等。通常分别设置交流自用电盘与直流自用电盘。

控制系统在变电所内起着神经中枢的重要作用，值班人员根据控制盘上的各种仪器、表计、信号等的指示来监视、判断变电所电器设备的运行状态，并通过控制电路设备对一次设备进行各种控制操作。因此，对控制盘及其盘面布置应满足下述原则：

（1）盘面上仪表、控制、信号设备与模拟主电路的布置应简单明了，便于进行控制、监视和维护。

（2）各电气设备之间的安装距离应根据正面、背面所占最小位置及布线尺寸确定的标准全面考虑。

（3）盘面配置应考虑到盘后两侧接线端子的合理安排。

（4）尽量采用标准盘的布置方式，以满足经济性与可靠性等要求。

主控制室的平面布置及其与所内主要一次电气设备之间的相互联系示意图如图8.4（a）所示，主控制盘盘面布置如图8.4（b）所示。

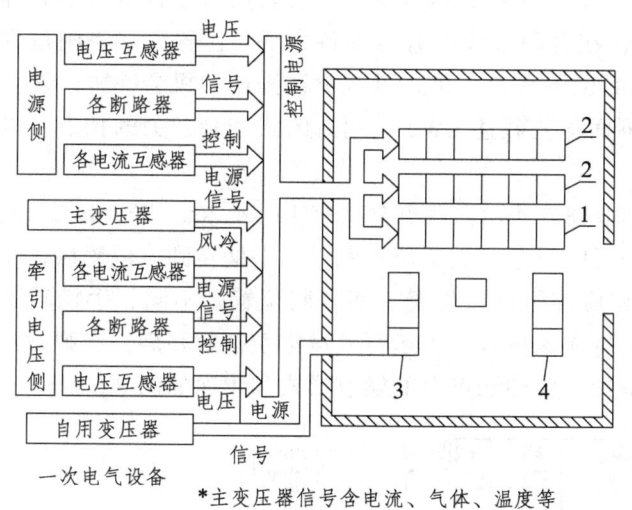

（a）平面布置及一次设备联系图　　　（b）主控制盘盘面布置图

图8.4　主控制室平面布置及其与一次设备联系示意图

1—控制、信号与计量盘；2—保护、自动远动装置盘；3—交流自用电盘；4—直流自用电盘；
5—光字牌信号；6—控制键；7—断路器位置信号灯

第二节 高压开关传统控制、信号回路

交、直流电力牵引装置中的变压器、线路和整流机组等的投入或切除运行,均采用断路器或直流快速断路器(统称高压开关)进行操作,除了少数 10 kV 及以下电压的断路器可采用就地手动操作外,大多数高压开关由于操作功率大和自动化集中管理的需要,都设有各自的操作系统,通过控制、信号回路进行控制操作和监视。本节主要介绍距离控制方式,即运行人员在远离高压开关几十米至几百米以外的主控制室,用控制开关通过控制回路对高压开关进行操作,操作完后立即由灯光信号反映开关的位置状态。这种用来完成高压开关控制并发出位置信号的二次电路称为控制、信号回路。

一、控制、信号回路的构成及对其基本要求

(一)控制、信号回路的构成

高压开关控制信号回路,主要由控制元件、中间放大元件与继电器以及操动机构等几部分组成,其作用如下:

(1)控制元件。开关跳、合闸操作命令,是由运行人员操作按钮或控制开关等控制元件而发出的。为满足控制、信号回路对触点数量多的需要,大都采用带有转动手柄的控制开关来执行。

常用的控制开关有两种类型:一种是开启式(如 LW1 系列);另一种是封闭式(如 LW2 系列)。这两种控制开关,除由结构上是否外露加以区别外,后者还有这样的优点,即利用 LW2 系列控制开关来控制断路器时,在合闸过程中有"预备合闸"位置,在跳闸过程中有"预备分闸"位置,用以指明所操作的设备是否正确,可减少误操作的机会,所以发电厂和变电所中,多采用此种控制开关。下面扼要叙述 LW2 系列封闭式控制开关的特点,以供后面应用。

LW2 系列控制开关的外形结构如图 8.5 所示。触点盒共有 1a、4、6a、20、40 五种类型。每一触点盒都有两个固定位置和两个复归位置。固定位置就是当手柄转到该位置后,手柄能保持在该位置,触点盒内的触点也相应停留在该位置。而复归位置则不同,手柄转到该位置时,手柄和触点盒的触点只暂时保持在该位置,当运行人员把手柄放开后,在弹簧的作用下,手柄和触点都将复归到原来的位置。各种触点盒的触点形式和用途如图 8.6 所示。

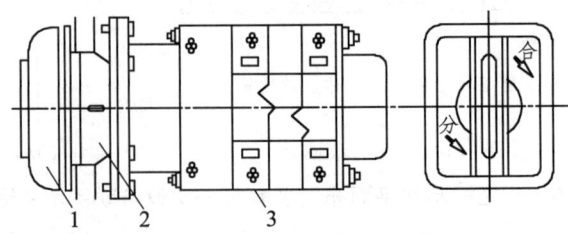

图 8.5 LW2 系列控制开关外形图

1—操作手柄;2—信号灯;3—触点盒

（2）中间放大元件与继电器。因断路器的合闸电流甚大，如电磁式操动机构，其合闸电流可达几十安到几百安，而控制元件和控制回路所能通过的电流往往只有几安，二者之间需用中间放大元件进行转换。常采用CZ型直流接触器去接通合闸回路。

此外，控制回路中还采用各种电磁式中间继电器，其作用是增加回路中某些元件动作的触点数量和触点类型（动合或动断），以满足不同的需要。

（3）操动机构。高压开关的操动机构有电磁式、弹簧式和液压式等，它们都附有合闸和跳闸线圈。当线圈通电后，引起连杆动作，进行合闸或跳闸。合、跳闸完成后，开关动触头杆所带辅助触点进行切换，利用它们可传送开关位置信号。

（二）对控制、信号回路的基本要求

高压开关的控制和信号回路，虽然因开关类型、操动机构形式不同，以及对运行的不同要求而有差异，但其基本原理是相似的，并应能满足下述几点基本要求：

（1）高压开关的合、跳闸回路是按短时通过大电流脉冲来设计的。操作或自动合、跳闸完成后，应迅速自动断开跳、合闸回路，以免烧损线圈。为此，在合、跳闸回路中，分别接入断路器的辅助触点（动断和动合触点），以便切断回路，并为下次操作做好准备。

（2）控制回路应能在控制室由控制开关进行手动跳、合闸控制，又能在自动装置和继电保护作用下自动合闸或跳闸，同时能由远方调度中心发送控制命令进行跳、合闸。

（3）应具有高压开关位置状态的信号、事故跳闸与自动合闸的闪光信号。后者应由"不对应接线原则"构成，即控制开关的位置与高压开关的实际位置（如已自动跳闸）不一致，使信号回路构成逻辑输出并接通闪光电源而发闪光。

（4）具有防止断路器多次合、跳闸的"防跳"装置。因断路器手动控制或自动合闸时，如遇永久性故障，继电保护立即使其跳闸。此时，如控制开关未复归或自动装置出口继电器触点被卡住，使合闸回路一直通电，将引起断路器再次合闸继而又跳闸，如此反复即出现"跳跃"现象，导致断路器损坏。为防止此种情况，应在控制回路中设电气"防跳"措施，或断路器本身设置机械"防跳"。

（5）采用液压和气体操动机构时，跳、合闸操作回路中应分别设有液压或气压闭锁，在低于规定标准压力的情况下，闭锁操作回路。断路器与隔离开关配合使用时，应有防误操作的闭锁措施。

（6）对跳、合闸控制回路及其电源的完好性，应能进行监视。

控制、信号回路的接线方式有多种，按监视方式可分为灯光监视的回路和音响监视的回路，前者适用于一般有人值班的变电所，后者可用于无人值班的变电所和大型变电所。

二、灯光监视的断路器控制、信号回路

灯光监视的断路器控制、信号回路如图8.6所示，结合具有电磁式操动机构的断路器，现说明控制回路和信号回路的动作过程。

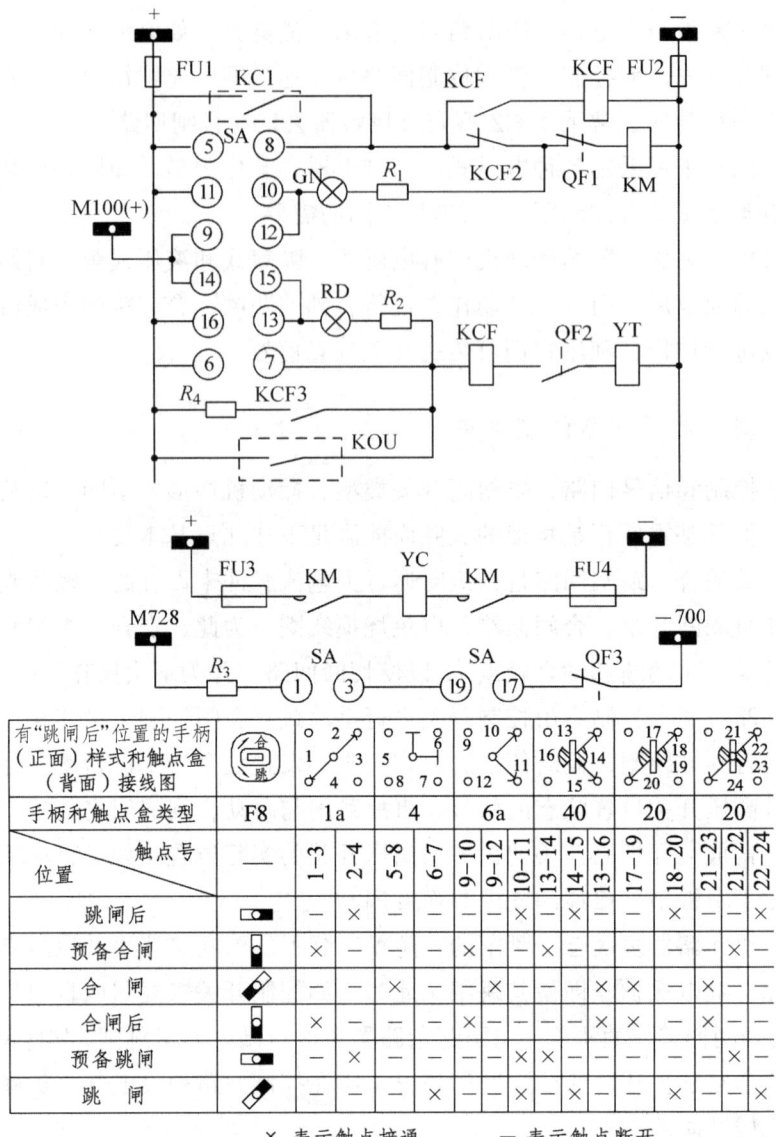

图 8.6 灯光监视的断路器（带电磁操动机构）控制回路和信号回路

（一）合闸过程

按手动合闸和自动合闸两种情况，分述如下：

（1）手动合闸。因合闸之前，断路器为跳闸状态，控制开关处于"跳闸后"位置，此时断路器操动机构中由机械联动的辅助触点 QF1 闭合，由图 8.6 触点图表可知，此时，控制开关的触点 SA_{2-4}、SA_{10-11}、SA_{14-15}、SA_{18-20}、SA_{22-24} 均闭合，经触点 QF1 及接触器 KM 线圈而使绿灯 GN 回路接通，绿灯发亮，但此回路的电流值不足以使接触器动作。绿灯亮既可表示断路器正处于跳闸位置，又显示控制电源与合闸回路均属完好。如回路有故障，灯便熄灭，这就表明指示灯能对回路状况进行监视。

在合闸回路完好的情况下，将控制开关手柄由"跳闸后"的水平位置顺时针方向转 90°，变为"预备合闸"的垂直位置。此时，触点 SA_{9-10}、SA_{13-14} 闭合，而 SA_{10-11} 打开，使绿灯回路改接到闪光母线 M100（+）上。此闪光母线上因只有断续电压故使绿灯发出闪光（闪光装置的动作原理，将在后面叙述）。闪光信号能提醒运行人员核对所操作的断路器是否有误。如核对无误后，运行人员可将操作手柄依同一方向旋转45°"合闸"位置。此时，触点 SA_{5-8}、SA_{9-12}、SA_{13-16}、SA_{17-19} 接通，使接触器 KM 动作。在合闸线圈回路中，当触点 KM 闭合时，合闸线圈 YC 通电，由操动机构执行合闸操作。合闸完毕后，断路器的辅助触点也相继切换，QF2 变为闭合。

运行人员再将手柄放开，在弹簧作用下，手柄回到"合闸后"的垂直位置。于是，触点 SA_{13-16} 闭合，红灯回路接通。红灯亮表示断路器为合闸状态。

由上述可以看出，手动合闸的标志为手柄在垂直位置，而且红灯发出平光。

（2）自动合闸。断路器原为跳闸状态，操作手柄仍在"跳闸后"的水平位置。当自动合闸装置的触点 KC1 闭合后，便将 SA_{5-8} 短接，使合闸接触器 KM 动作，随即进行合闸。

在自动合闸情况下，信号回路是按"不对应"方式构成的。即断路器处在合闸位置，而控制开关仍保留在"跳闸后"位置，二者呈不对应状态。信号回路经控制开关的触点 SA_{14-15}、红灯 RD、辅助触点 QF2 与闪光母线 M100（+）形成通路，因而合闸指示灯发出红色闪光。

在控制屏上，操作手柄呈水平位置，红灯发闪光，表明断路器是自动合闸。这时运行人员应将手柄转到"合闸后"的垂直位置，红灯才变为平光。

（二）跳闸过程

（1）手动跳闸。首先，将操作手柄依反时针方向转到"预备跳闸"位置，红灯发出闪光，再依同方向转至"跳闸"位置，使断路器跳闸。手柄放开后，又回到"跳闸后"的水平位置，绿灯发出平光，表示断路器为跳闸状态。

（2）自动跳闸。如果线路或设备出现故障，在继电保护作用下，保护出口继电器 KCO 的触点闭合，引起断路器跳闸。此时，按"不对应方式"绿灯发出闪光。

自动跳闸属于事故性质，除发闪光外，还应发出音响引起运行人员注意，因此，需送出启动音响信号的脉冲。在事故跳闸前，手柄处于"合闸后"的位置，控制开关的触点 SA_{1-3}、SA_{17-19} 原是接通的，一旦断路器发生自动跳闸，辅助触点 QF3 也就闭合，将信号小母线 −700 上的负电压经电阻 R_3 引至事故音响小母线 M728 上，然后，启动事故信号装置发出音响（详见本章第三节中央信号系统）。

上面提到，在合闸和跳闸过程中以及自动合闸和自动跳闸后，都会发出闪光。那么，闪光电源是怎样构成的？另外，断路器"防跳"是怎样实现的？现将它们分述于后。

（三）闪光电源的构成

闪光电源由 DX-3 型闪光继电器以及附加电阻和电容等构成，其接线简单、可靠。闪光电源接线图如图 8.7 所示。

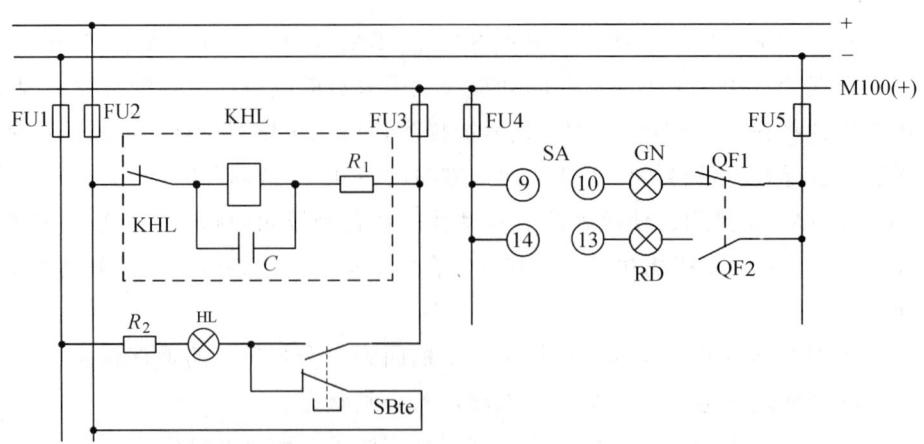

图 8.7 闪光电源接线图

当断路器发生事故跳闸时,控制开关的触点 SA_{9-10} 与断路器的辅助触点 QF1 都接通,电容器 C 开始充电,其两端的电压逐渐升高,待电压升高至闪光继电器 KHL 的动作值时,继电器便动作,断开通电回路。此时,电容器经继电器线圈放电,继电器保持在动作位置。当电容器两端电压下降至继电器的返回值时,继电器释放,触点返回至原来位置,又接通充电回路使 C 充电。上述循环工序不断重复,继电器触点也时闭时开,闪光母线 M100（+）上便出现断续的正电压,造成绿灯闪光。

"预备合闸""预备跳闸"和自动投入时,同样也能启动闪光继电器,使相应的指示灯发出闪光。

SBte 为试验按钮,按下时,闪光装置动作,信号灯 HL 即发闪光,表示本装置工作正常。

（四）"防跳"措施

额定电压为 35 kV 及以上的断路器,常采用"电气防跳"。在图 8.6 中,KCF 为专设的防跳继电器,系 DZB-115 型。此种继电器具有两个线圈:一个是供启动用的电流线圈,接在跳闸回路中;另一个是自保持用的电压线圈,通过本身的常开触点 KCF1 接入合闸回路。

在合闸过程中,如恰遇永久性故障,则保护出口继电器触点 KCO 闭合,断路器跳闸,并启动防跳继电器 KCF。若控制开关手柄未复归或其触点被卡住,以及自动投入装置的触点被卡住时,由于防跳继电器的触点 KCF1 已经闭合,致使 KCF 的电压线圈带电,起自保持作用。另外,触点 KCF2 已断开,能避免合闸接触器 KM 再次导通,也就防止了断路器发生"跳跃"。

触点 KCF3 的作用,是防止保护出口继电器 KCO 的触点被烧坏。因为自动跳闸时,KCO 的触点可能较辅助触点 QF2 先断开,以致被电弧烧坏。由于 KCF3 与它并联,即使 KCO 的触点先断,也不会烧坏。

此外,另有一种较简单的"电气防跳",它利用如图 8.8（b）所示的跳闸线圈的闭锁辅助触点 YT1 和 YT2 来实现。此种防跳接线图如图 8.8（a）所示。

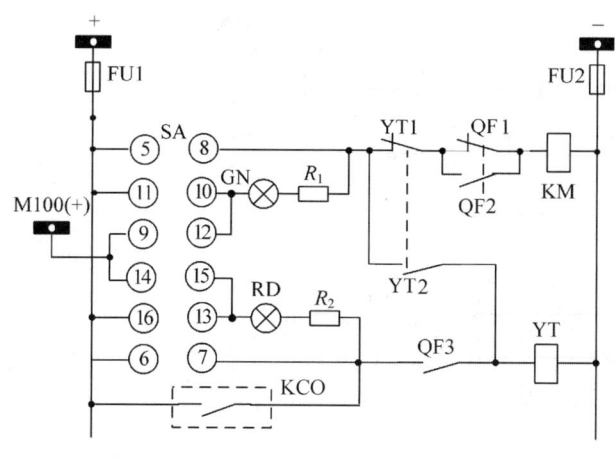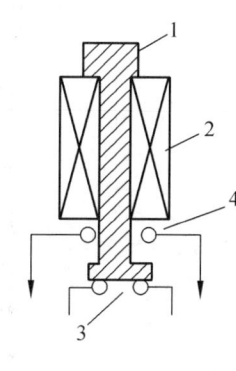

（a）接线图　　　　　　　　　　（b）跳闸线圈的闭锁辅助触点

图 8.8　跳闸线圈附有辅助触点的"电气防跳"

1—铁心；2—线圈；3—YT_1 闭锁辅助触点；4—YT_2 闭锁辅助触点

如果断路器刚一合闸，就立即发生自动跳闸，则跳闸线圈的铁心被吸上，引起闭锁辅助触点 YT1 和 YT2 互相切换。由图 8.8 可见，触点 YT1 断开后，合闸回路便不能通电。同时，触点 YT2 变为闭合，使原有合闸回路的脉冲通至跳闸线圈回路。这样，即使控制开关未复归或者触点被卡住，断路器也不再合闸。但跳闸线圈将会长期带电是其缺点。

图 8.8 中，断路器的辅助触点 QF1 有时过早断开，不能保证完成合闸所需的时间，因此常用一滑动触点 QF2 与它并联使用，该滑动触点在合闸过程中是接通的，合闸后即断开，故能使断路器可靠合闸。

三、音响监视的断路器控制、信号回路

在大型变电所中，被控制的线路、设备较多，仅靠灯光监视，有时不易发现故障。改进的办法是利用音响来监视控制回路，以便及时通知值班人员进行处理。

常用的音响监视控制回路和信号回路如图 8.9 所示。位置信号灯只有一个，附在控制开关的手柄内。另外，尚有两个中间继电器，即合闸位置继电器 KCC 和跳闸位置继电器 KCT，分别代替灯光监视接线图中的红灯和绿灯。由此可见，它是在灯光监视接线的基础上发展起来的一种接线，二者有许多相同之处。

（一）合闸过程

合闸之前，跳闸位置继电器 KCT 是接通的，它的触点 KCT_1 呈闭合状态。

手动合闸时，控制手柄先转到"预备合闸"的垂直位置，它的触点 SA_{13-14} 和指示灯的触点 SA_{2-4} 均闭合，但触点 KCT1 原已闭合，因而指示灯回路与闪光母线 M700（+）相通，指示灯发出闪光。手柄再转 45°到"合闸"位置，触点 SA_{9-12} 接通，作用于合闸接触器而进行合闸。同样，手柄放开后，又回到"合闸后"的垂直位置。手柄内的指示灯由于触点 SA_{1-3} 和触点 SA_{20-17} 闭合而发出平光，表示手动合闸业已完成，断路器现为合闸状态。

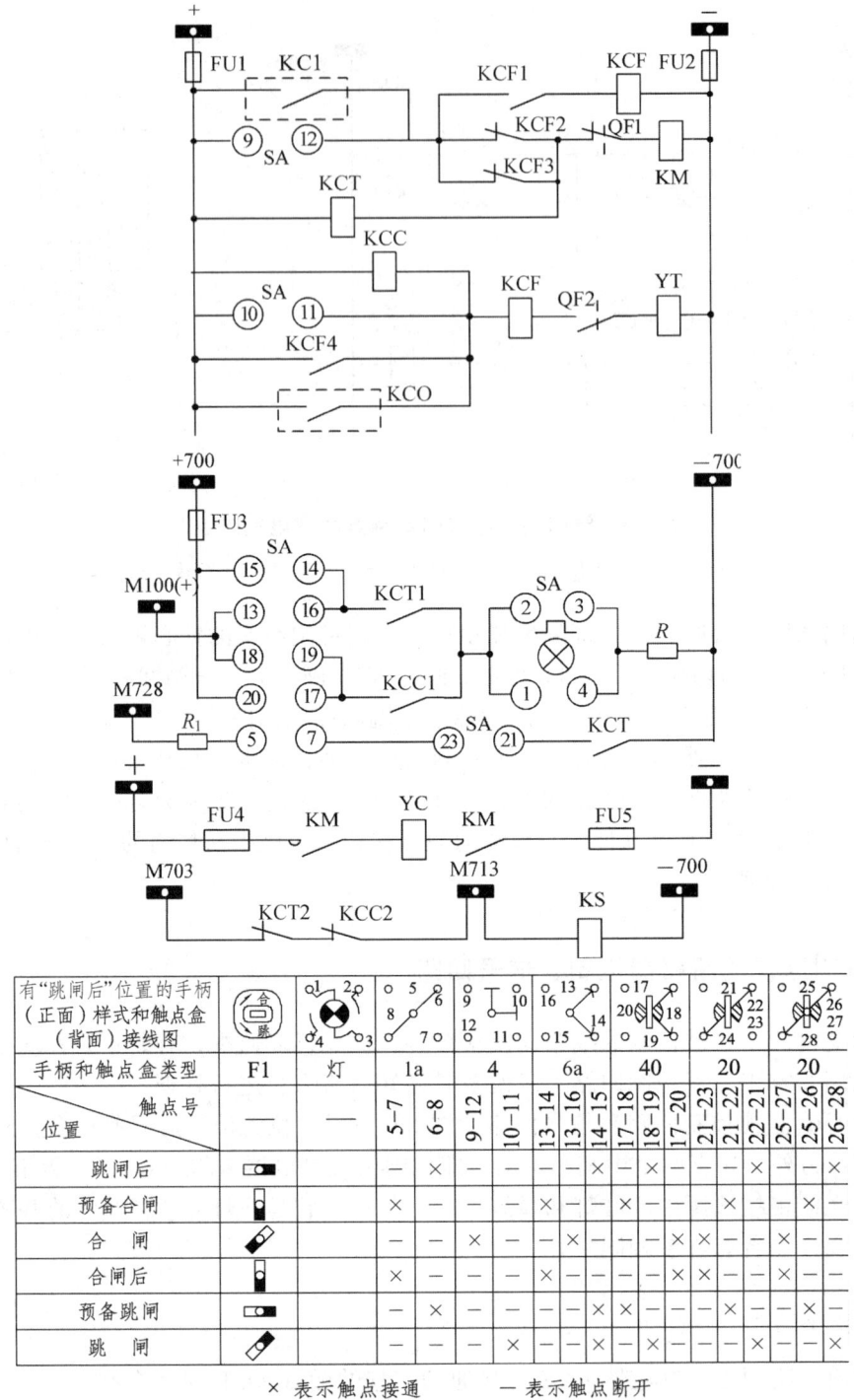

图 8.9 音响监视的断路器控制和信号回路

自动合闸就是用自动投入装置的触点 KC1 代替控制开关的触点 SA_{9-12} 来完成合闸操作。与手动合闸的不同之处是，控制手柄仍在"跳闸后"的水平位置，手柄内的指示灯发闪光。

（二）跳闸过程

手动跳闸的操作过程与前述相仿，不再赘述。但须指出，手动跳闸后，手柄在水平的"跳闸后"位置，且指示灯发平光，表示断路器为手动跳闸。如线路发生故障，由继电保护将断路器跳闸，则控制手柄与断路器的位置互不对应，也即手柄仍在垂直的"合闸后"位置，故指示灯发闪光，表明断路器已自动跳闸。

（三）音响监视

这种控制回路的特点，是用音响来监视回路的完好状态。就是说，如果控制回路的熔断器熔断时，造成合闸位置继电器 KCC 与跳闸位置继电器 KCT 的线圈同时断电，它们的触点 KCC2、KCT2 均闭合，接通断线信号小母线 M713，启动中央信号（其动作过程将在本章第三节中叙述）发出音响，提醒运行人员注意。然后，通过"断线"光字牌查找熄灭的指示灯，便可发现故障。

另外，合闸位置继电器 KCC 和跳闸位置继电器 KCT 能起到监视操作回路的作用。即合闸位置继电器 KCC 能监视跳闸回路，而跳闸位置继电器 KCT 能监视合闸回路。假如断路器现为合闸状态，辅助触点 QF2 已闭合，只有合闸位置继电器 KCC 所在的那一回路是接通的，该继电器带电。此时，跳闸位置继电器 KCT 并未带电，这两个继电器的常闭触点未同时闭合（触点 KCT2 闭合，触点 KCC2 断开）。当跳闸回路任何地方断线时，继电器 KCC 失电，触点 KCC2 便闭合，于是启动中央信号，发出音响。

此控制回路可按亮屏运行，也可按暗屏运行。图 8.9 中 +700 即为控制亮屏或暗屏运行的小母线，其上加有电压时，指示灯亮，即按亮屏运行；如未加电压，指示灯灭，即按暗屏运行。采用暗屏运行，能使值班环境更加宁静，更适合无人值班。

四、隔离开关电动控制、信号回路与断路器、隔离开关电动联动控制、信号回路

电动操作隔离开关的控制、信号电路原理图如图 8.10 所示。

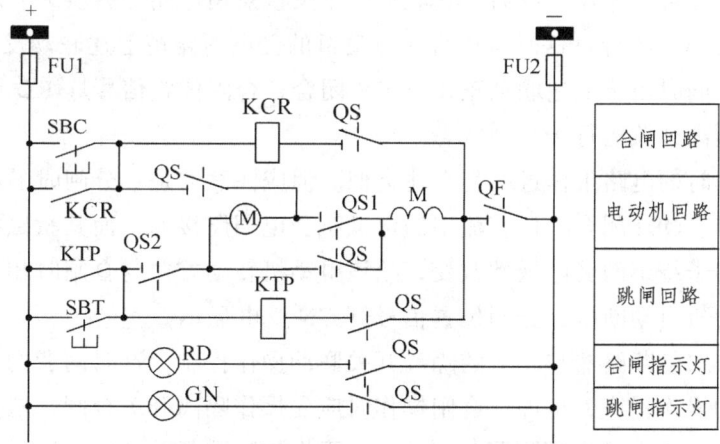

图 8.10　电动隔离开关控制、信号电路原理图

该电路的特点如下：

（1）其电动操作机构由直流串激电动机 M 带动储能弹簧装置，靠弹簧释放过程的能量驱动隔离开关合、跳闸。

（2）合、分闸的操作电动机的转向相反，由隔离开关的联动辅助正、反接（触）点来改变电动机转子绕组的受电极性和电动机的转向。

（3）合、分闸的控制操作由合闸按钮 SBC 或分闸按钮 SBT 使相应的合闸继电器 KCR 或分闸继电器 KTP 受电动作并自保持，以实现对直流串激电动机的供电。

（4）合、分闸操作过程完毕后，依靠隔离开关联动辅助触点 QS 的转换，自动切断电动机的受电回路。

（5）隔离开关与断路器的状态联锁，由断路器的位置联动辅助反接点 QF 串联接入隔离开关的控制电路构成。断路器处于分闸状态时，该联动辅助反接点 QF 闭合，这时允许对隔离开关进行合、分闸操作。若断路器处于合闸状态，则隔离开关的控制电路被该联动辅助反接点的开断而闭锁了。

（6）隔离开关的合、分闸状态，分别由红色、绿色两只信号灯 RD、GN 显示。信号灯的受电回路由隔离开关位置联动辅助正、反接点 QS 的相应闭合来接通。

对于隔离开关的操作控制过程简述如下：

（1）当合闸操作时，隔离开关处在分闸状态，按动合闸按钮 SBC，若断路器处于分闸状态，则控制小母线正电源经 SBC、KCR 线圈、QS 辅助反接点和 QF 辅助反接点至控制小母线负电源，电路接通。

故隔离开关的合闸继电器 KCR 受电动，其正接点闭合，将合闸按钮 SBC 的接点旁路，并实现本身的自保持动作。此后即使 SBC 接点返回仍将有：控制小母线正电源经 KCR 接点、QS 辅助反接点、电动机 M 转子绕组、QS 辅助反接点、电动机 M 激磁绕组、QF 辅助反接点至控制小母线负电源，电路保持接通。

这时直流串激电动机受电旋转，首先牵引弹簧储能，然后引导储能弹簧释放能量推动隔离开关动作合闸。当合闸操作完成后，其联动辅助反接点由原闭合转换为开断，其联动辅助正接点由原开断转换为闭合。这时操作直流电动机的受电通路被上述联动反接点 QS 的开断而自动断路失电。同时由于上述联动正接点 QS 闭合，合闸位置信号灯 RD 的电源回路被接通而发光，显示隔离开关运行于合闸状态。

（2）分闸操作时的电路工作过程与上述类似。但应注意的是：分闸时隔离开关的两对联动辅助正接点 QS1、QS2 闭合，使直流串激电动机受电回路接通，而其激磁绕组的受电极性未变，仅电动机转子绕组的受电极性改变，故该电动机转动方向与合闸时相反，分闸动作过程完后，操作电动机自动断电，分闸位置信号灯 GN 受电显示。

通常还可以采取使断路器与相应的隔离开关联动操作控制，这时两者的控制电路应能保证自动实现正确的操作程序，也即：合闸操作时应先操作隔离开关合闸，然后再操作断路器合闸；而分闸操作时应先操作断路器分闸，然后再操作隔离开关分闸。这种联动操作控制的电路原理图如图 8.11 所示。

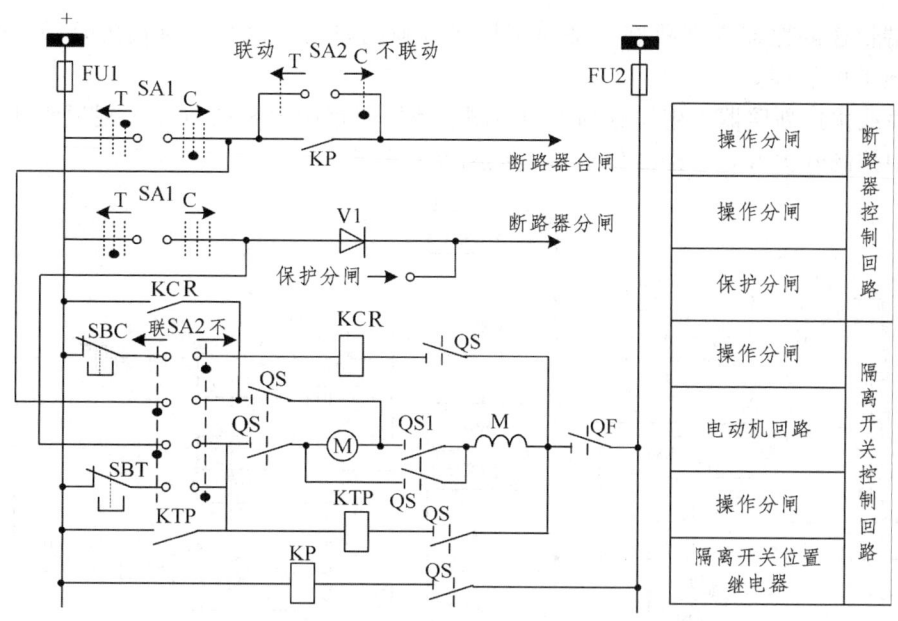

图 8.11 断路器与隔离开关联动控制原理电路图

图 8.11 中 SA1 为合、分闸控制开关，SA2 为实现联动操作控制或分别操作控制的转换开关。由图可见，当联动操作控制合闸时，由于在断路器合闸回路中串入了隔离开关位置继电器 KP 的正接点，所以只有在隔离开关合闸完毕，KP 受电动作其正接点闭合后，才能连通断路器的合闸电路。这就保证了先闭合隔离开关，再闭合断路器的合闸程序要求。当联动操作分闸时，由于断路器的分闸动作时限远较隔离开关电动分闸过程时限短，故无需采取附加措施已能保障分闸操作程序的要求。

应予指出，因系统故障使保护动作，导致断路器分闸时，不应使联动隔离开关随之分闸。为此，在操作分闸与保护分闸电路间串以二极管 V1 加以隔离，故当保护动作使断路器分闸时不会引起隔离开关相继分闸。

五、直流快速断路器控制、信号回路

直流牵引供电系统中，需采用直流快速断路器进行整流机组直流电源侧和直流馈线等的正常跳、合闸操作，同时它又是配合继电保护作为快速切除短路故障的保护措施。由于直流供电系统存在某些特殊情况，使快速断路器控制、信号回路的联锁和逻辑关系较为复杂。

现以地铁直流牵引网馈线快速断路器为例，概括介绍其控制、信号回路。为此，应先对馈线快速断路器的运行状况及其动作的联锁关系有所了解。通常将整流机组出线的电源快速断路器称为"总闸"，而每回路直流馈线的快速断路器称为"分闸"，通过馈线对双边供电的牵引网供电。当总闸跳开后，要求各分闸也必须跳开（形成对侧变电所单边供电），称为总闸与分闸的联跳。当直流馈线或牵引网发生故障时，两端的快速断路器均应跳闸。为了加速切除故障，提高供电的可靠性，一般还设有"双边联跳"，即当靠近故障点侧的快速断路器因过电流脱扣作用而快速跳闸后，随即将跳闸信号通过联跳导线传送至对端变电

所，使对端快速断路器立即跳闸，加速了切除故障的时间，以弥补对端延时保护带来的缺陷，并增强了可靠性。

直流馈线快速断路器（用作分闸）的控制、信号回路如图 8.12 所示，现说明其动作过程如下。图中控制开关 SA1、SA2 触点位置见图 8.6 下部。

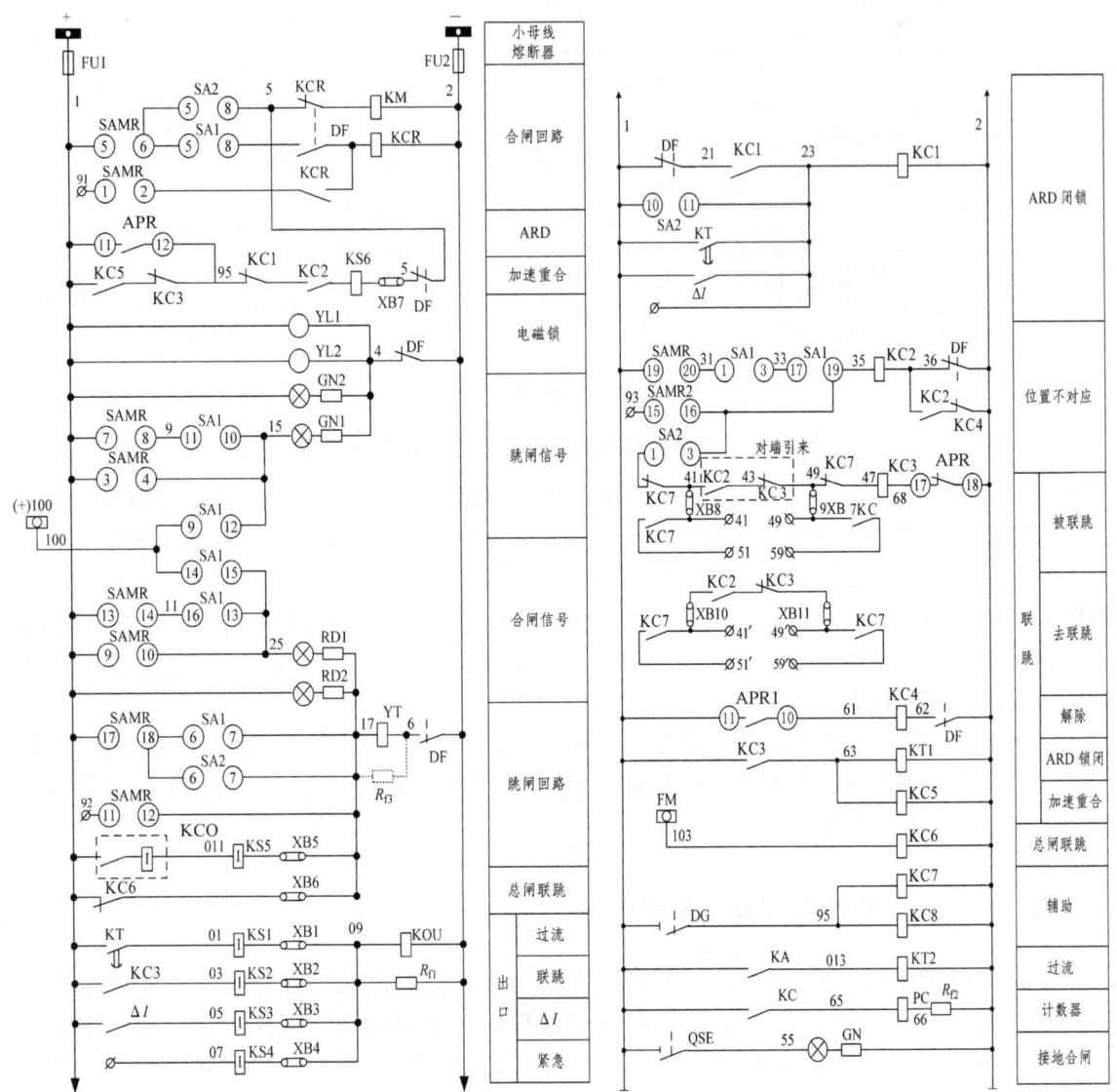

图 8.12　直流馈线快速断路器控制、信号回路图

1. 手动（距离控制）合闸

图 8.12 中 SAMR 为"手动"与"遥控"的转换开关，当 SAMR 扳至手动位置时，SAMR 的触点 5-6、7-8、13-14、17-18、19-20 都是接通的（SAMR 在"遥控"位置时，只有 5-6、17-18、19-20 等触点断开，其余全闭合）。手动合闸时，转动控制开关 SA1（或 SA2，装在直流开关柜上）至"合"位，此时正电源 + 经 $SAMR_{5-6}$、$SA1_{5-8}$、KC 常闭触点使合闸接触器 KM 受电，KM 触点闭合，合闸线圈 YC 受电（图中未画出），使快速断路器 DF

合闸，KC 即受电。带自保持的中间继电器 KC 的作用，是当手动合闸到故障线路，而 SA1 又在"合"位时间较长时，由常闭触点 KC 将 KM 回路切断，避免造成 DF 多次重合（"跳跃"现象）。

SA1 转至"合"位时，使 GN1 闪光，操作人员借以确认控制的对象是否正确，以决定下一步的操作。合闸后，切断了 GN 的平光及闪光电源，而使 RD1、RD2 发平光（RD2、GN2 均装在直流开关柜上）。

快速断路器合闸后，其常闭辅助触点 DF 打开，使电磁锁 YL1、YL2 断电，开关柜的门便不能打开，以确保人员的安全。

2. 手动跳闸

操作 SA1 至"分"位时，使跳闸线圈 YT 经 SAMR$_{17-18}$、SA1$_{6-7}$、DF 常开辅助触点（合闸后是闭合的）而受电，快速断路器跳闸。

SA1 在"分"位时，RD1 闪光；DF 跳闸后，切断了 RD 的平光及闪光电源，使 GN1、GN2 电源接通而发平光。DF 分闸后，电磁锁 YL1、YL2 受电，开关柜的门便能打开。

3. 直流馈线保护动作跳闸

直流馈线保护（过电流保护、ΔI 增量电流保护）动作，使保护出口继电器 KCO 受电，其常开触点闭合，并通过电流线圈自保持，使 YT 受电，快速断路器跳闸。

4. 总闸联跳

总闸跳闸后，使联跳继电器 KM6 断电，其常闭触点闭合，使跳闸线圈 YT 受电，快速断路器跳闸。

5. 被对端联跳

双边供电时，对端快速断路器因过流而脱扣跳闸，对端出现开关状态（或称位置）与控制键状态（位置）不对应的现象，使对端继电器 KC2 受电，故引至本端的 KC2 常开触点闭合。因为对端联跳继电器 KC3 的受电回路被本端的 KM2 常开触点切断，故前者不会受电，引至本端的 KC3 常闭触点处于闭合状态（虚线框为对端引来的触点）。此时，本端 KC3 的受电回路接通（电源 +、SAMR$_{19-20}$、SA1$_{1-3}$、SA1$_{17-19}$、SA2$_{1-3}$、KC7、KC2、KC3、KC7 触点、KC3 线圈、APR 触点至电源 −），KC3 触点闭合，使 KCO 受电，DF 被联跳。

6. 去联跳对端 DF

动作过程与被对端联跳类似，不再重述。

7. 紧急跳闸

为了保证城市交通的安全，在地铁通道中一般都设有紧急断电按钮，按此按钮使 KS4 和保护出口继电器受电，使快速断路器立即跳闸。

8. 遥控跳、合闸

将 SAMR 转换开关扳至"遥控"位置，用遥控跳、合闸命令代替 SA1、SA2 的功能。

9. 自动重合闸（APR）动作分析

自动重合闸的启动、闭锁及工作情况分析如下：

（1）出现快速断路器与控制键位置"不对应"时，即必须是保护动作使快速断路器分闸才启动重合闸。此时 KC2 继电器（见图 8.12 右图）受电，APR 的 11-12 触点（见图 8.12 左图上方）闭合（APR 继电器未画出），DF 合闸回路接通而重合闸。

（2）被总闸联跳后闭锁重合闸，直至总闸再合闸后，才解除闭锁。

（3）用 SA2 进行手动跳闸，由于 SA1 位置未动，仍出现"不对应"现象，此时应闭锁重合闸。

（4）被对端联跳 DF 的 APR 回路由 KC3、KT1、KC1 闭锁。

（5）待对端 DF 重合闸成功后 KC3 断电，其常闭触点闭合；KC5 断电，但其触点延时打开（慢释放），故一旦 KC3 断电则立即加速进行重合闸。

（6）若对端重合闸不成功，则"不对应"现象存在，使被对端联跳 DF 的重合闸电路一直被闭锁。

馈线分闸快速断路器的二次接线，除以上分析的各种情况外，还包括备用分闸 DG 的控制和信号电路，以及各种保护、自动重合闸的动作信号等，其原理与交流断路器类似，这里不再重述。

第三节　传统中央信号系统

牵引变电所主控制室中的中央信号装置为安装于值班室内的集中报警系统，用于集中监视变电所中电气设备的运行状况，便于值班人员及时了解和处理故障及各种异常情况。

中央信号装置通常由事故信号装置和预告信号装置两部分组成。事故一般指主电路系统发生短路故障，继电保护动作并导致有关断路器跳闸。在切除短路故障部分的同时，造成该部分主电路系统的停电，这是事故区别于一般故障的主要特征。事故信号装置通常包括事故音响与事故闪光信号两部分。预告信号则包括除上述事故以外的一、二次电气设备的故障与不正常运行状态，即所有非正常运行状态均应给出预告信号。事故音响信号和全部预告信号都安装在公用的中央信号盘上。采用变电站综合自动化系统之后，不再设中央信号系统，或将其简化，只设计集中报警作为计算机报警的后备报警。

一、中央信号装置的功能与要求

（1）事故信号装置功能。变电所内所有断路器事故跳闸后，应能立即发出音响信号（如蜂鸣器音响），并应使该断路器的位置状态信号灯（绿色信号灯 GN）发闪光。

（2）预告信号装置功能。当电气设备、装置出现各种不正常的运行状况时，应能发出区别于上述事故音响的另一种音响信号（如警铃音响），并使相应设备监视异常状态的有关光字牌亮灯。

（3）事故信号、预告信号装置都应能进行装置功能状态良好与否的试验，以便经常检查。

（4）事故、预告信号音响都应能手动或自动复归。表明故障或不正常运行状态的光字牌显示，保留至故障消除、恢复正常运行以后，方允许自动或手动复归。

中央信号装置可由电磁型器件和集成电路等构成，或由微机监控系统完成其功能。本节着重介绍电磁型中央信号装置的工作原理和基本电路。微机监控综合自动化系统则已在本书第七章专门讲述。

二、电磁型中央信号装置的构成与工作原理

按中央信号中的音响信号（蜂鸣器和警铃）动作和解除方式，有重复动作和不能重复动作、个别解除（复归）和中央解除，以及自动复归和手动复归等多种形式，因而构成不同的中央信号电路。牵引变电所的断路器和高压开关数量相对较少，多采用中央复归不重复动作的事故信号回路，而预告信号则采用中央复归重复动作的回路。

（一）事故音响信号回路

中央复归不重复动作的事故信号回路如图 8.13 所示，它由电磁型中间继电器（KCA、KSS、KRS）、闪光装置、蜂鸣器及各种按钮构成。

（1）动作情况。断路器事故自动跳闸后，事故音响小母线 M728 与信号小母线 –700 接通（由于"不对应"原理，参见图 8.6 和图 8.9），启动事故信号继电器 KCA，其常开触点 KCA_{2-4} 闭合，使音响信号继电器 KSS1 动作。蜂鸣器 HAU 回路被接通而使 HAU 发声。并由常开触点 $KSS1_{7-9}$ 自保持，不致因 KCA 触点返回而导致 HAU 发声中断，这时表明有断路器事故跳闸。增加 KSS2 中间继电器，是为了经由 KCA_{8-10} 常开触点（并由 $KSS2_{8-10}$ 自保持）向远动调度中心发送远动信号。

（2）解除音响。揿动解除按钮 SBre，解除音响信号继电器 KRS 回路接通并动作，且由 KRS_{8-10} 常开触点自保持，其常闭触点 KRS_{3-5} 断开，使 KSS 继电器失电，从而使蜂鸣器 HAU 停止发声。这时因控制开关仍在"合闸后"位置，闪光信号依然存在。值班员需将事故跳闸断路器的控制开关扳到"跳闸后"位置，M728 回路被断开，闪光信号才消除，而事故音响信号是由中央（集中）手动复归的。

（3）不重复动作。如小母线 M728 一直带电，上述音响解除后 KRS 仍保持动作（通过 KCA_{2-4} 触点），其常闭触点 KRS_{3-5} 一直切断事故音响电路而使其进入闭锁状态。此时，如有第二台断路器发生事故跳闸，HAU 也不会发声，因而是不重复动作的。只有在 M728 失电后，事故音响电路才解除闭锁，可再次接受新的事故信息。

（4）音响试验。运行中，经常需对事故信号装置进行试验，检查回路是否良好。试验时，按动试验按钮 SBte，使 KSS1 动作而发出事故音响。

图 8.13 中的闪光电源装置部分及其动作情况，可详见图 8.7 和相应的说明。

（二）预告信号回路

当变电所电气设备出现不正常运行情况时，应由预告信号装置发出警铃音响信号，同时使相应的光字牌（灯光）信号显示，表明有异常情况存在并告知运行人员进行处理。

这类不正常运行情况，包括主变压器过负荷、油温过高；电压互感器回路断线；直流操作电源系统单极接地；控制回路断线，自动装置动作；气体断路器（如 SF_6）气压过低等。牵引变电所一般采用中央复归重复动作的预告信号回路，如图 8.13（b）所示，它的构成与事故信号回路大部分类似，但启动和重复动作电路有较大差异，现按各组成部分的构成原理、动作情况分别说明如下：

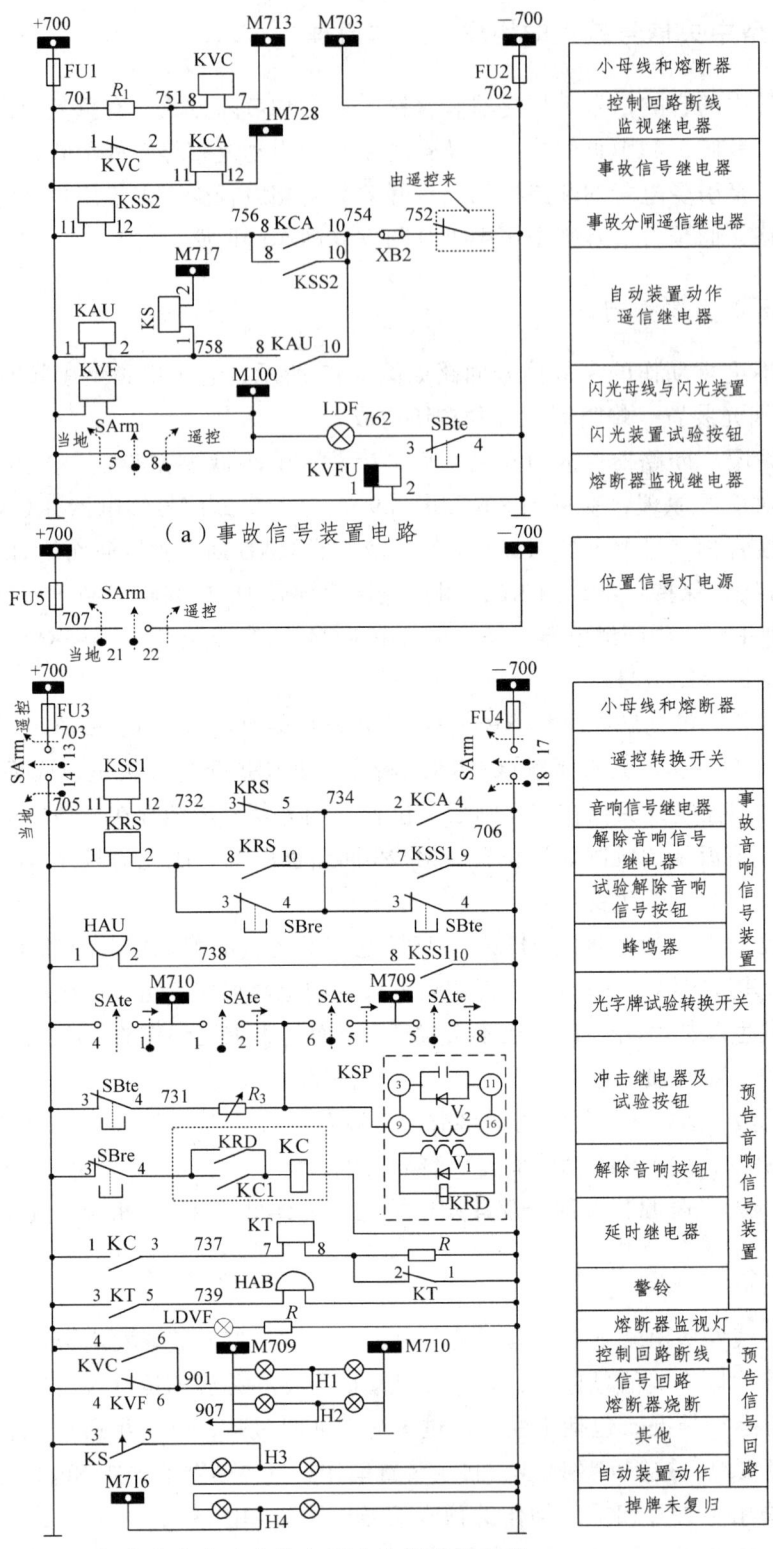

(a) 事故信号装置电路

(b) 事故音响信号与预告信号装置电路

图 8.13 中央信号接线图

1. 冲击继电器工作原理

预告信号装置中保证重复动作的主要元件是冲击继电器，它接收各种预告信号的脉冲，并转换成音响信号（也可用于事故信号）。目前应用较多的冲击继电器为 ZC-23 型、JC-2 型等。前者主要由脉冲变流器 TP、灵敏元件（干簧继电器）KRD、出口中间继电器和滤波器件等组成，其内部接线如图 8.14（a）所示，JC-2 型冲击继电器的结构如图 8.14（b）所示。

ZC-23 型冲击继电器动作的基本原理为：利用串接在直流信号回路的微分变流器 TP，将流过持续的矩形电流脉冲变成短暂的尖顶电流脉冲来启动灵敏元件 KRD，KRD 所带触点使中间元件 KC 动作（并自保持）而启动预告音响信号。

JC-2 型冲击继电器主体为具有永磁铁心结构的双线圈双位置的极化继电器，KP〔见图 8.14（b）〕，W_1 或 W_2 线圈流过脉冲电流时，可动衔铁的顶部受磁化而被吸或相斥，致使触点动作并保持在该位置。如上述线圈中流过相反方向的电流，则可动衔铁的极性改变，可使 KP 触点回复原位。

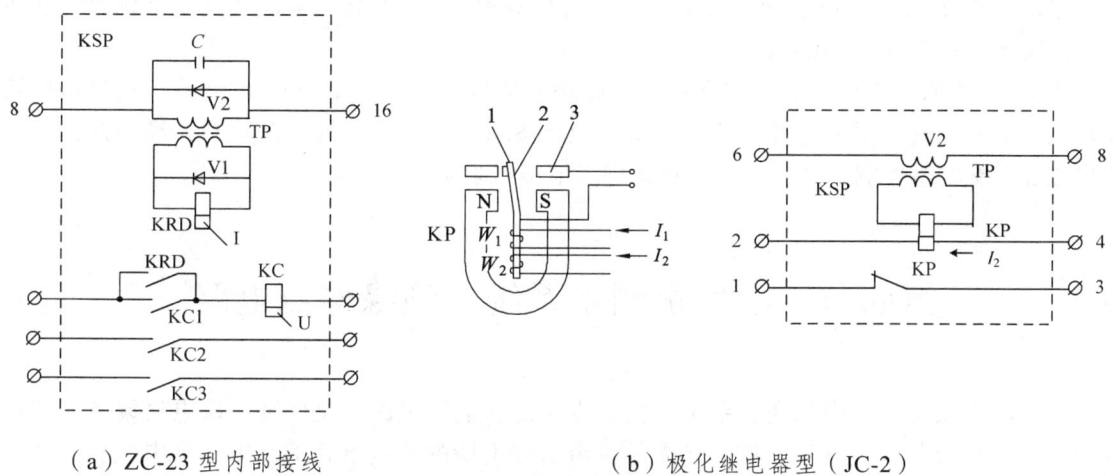

(a) ZC-23 型内部接线　　　　　　(b) 极化继电器型（JC-2）

图 8.14　冲击继电器的构成与接线图

1—衔铁；2—动触点；3—静触点；TP—脉冲电流变换

2. 预告信号回路动作情况

采用 ZC-23 型冲击继电器的预告信号回路如图 8.13（b）所示。现以断路器控制回路断线故障为例，说明其动作原理。由图 8.9 可知，QF 控制回路发生断线（失电）时，其位置继电器 KCT、KCC 的常闭触点同时闭合，使 M713 小母线回路通电，导致图 8.13（a）中断线监视继电器 KVC 受电动作，其带延时的常开触点 KVC〔见图 8.13（b）〕闭合，并通过光字牌 H1 使预告信号母线 M709、M710 和 +700 连通，M709、M710 经由转换开关 $SAte_{1-2}$、$SAte_{5-6}$（正常时闭合）将冲击继电器 KSP 的变流器 TP 连至 -700 的电路接通，H1 发光。同时脉冲电流信号经 TP 微分后，送入灵敏元件 KRD 的线圈使其动作，KRD 的常开触点启动出口元件 KC，KC 的常开触点将延时继电器 KT 回路接通，从而使警铃 HAB 发声，当 KRD 线圈中的尖顶脉冲消失后，KRD 的触点返回，KC 由所带触点 KC1 自保持使 HAB 一直维持发声。

时间继电器 KT 的作用是防止发生瞬时性异常故障时，装置误发音响信号（由一定延时躲开）。

3. 手动复归（解除）、试验

按下复归按钮（常闭式）SBre，KC 线圈断电，其触点全部返回，HAB 音响停止，准备第二次动作。如流过 TP 的脉冲电流信号因某种原因突然消失或减小，其所产生的反方向电势引起的二次侧脉冲电流被二极管 Vl 旁路，从而防止 KRD 出现误启动。

对预告音响回路完好性的试验、检查，可按动试验按钮 SBte 来实现，其动作过程同前。

4. 重复动作

当第一个预告信号启动并手动复归后，又有其他预告信号发生并使相应的 H 发光。由于回路电阻的变化（两组 H 并联），致使 TP 原边脉冲电流突增，从而冲击继电器又重复动作，并可实现多次重复。

需要指出，上述预告音响信号解除后，光字牌仍一直保持亮灯，直至运行人员将非正常故障消除，M709、M710 失电后才自动熄灭。

图 8.13 中信号小母线（±700）的熔断器的完好性，分别由继电器 KVF 和监视灯 LDVF 进行监视，KVF 失电时将启动预告信号，发出音响和将 H1 点亮。自动装置（重合闸）动作后，则仅光字牌发光，HAB 不发声。

图 8.13 中的预告信号、事故音响信号回路和信号小母线（±700）的连接，通过遥控转换开关 SArm 实现。对未遥控化的变电所，应将 SArm 投向"当地"侧；对已经遥控化的，则将 SArm 投向遥控侧，并由 SArm 开关将当地信号切除。

第四节　电气量测量系统与绝缘监测电路

变电所和供电装置中的测量系统与交、直流绝缘监测电路，是保证一次电气设备经济运行和一、二次设备安全可靠工作所必需的。牵引变电所的测量电路测量电压、电流、有功电能、功率因数、有功和无功损耗等参数，通过测量标记和监测装置指示、记录数据，监视、测量一次设备的工作状态，为运行人员及时调节、控制设备运行和分析处理事故提供参数。绝缘监测装置主要监测变电所直流系统对地绝缘状况。本节除对三相交流系统一般的测量、绝缘监测电路构成与功用进行介绍外，还就电牵引不平衡负荷和谐波分量对测量、电能计量的影响给予了分析讨论。

一、测量表计功用及其配置

为了保障牵引变电所运行的可靠性与经济性，准确、有效地监视各种电气设备的运行状况，在变电所的二次设备电路中，设置有各种监视性和计量性表计。为便于运行人员的监视、观察与统计抄录，各种测量表计一般都装在控制室的控制、信号及计量等盘面上，有时也在屋内配电间隔范围内就地设置。

牵引变电所装设的测量表计，按其功用大致分为下列两类：

（1）对各种电气设备的运行状况或供电质量进行监视性的测量，如电压表、电流表、功率因数表等。

（2）对变电所供电运行要求的各种经济性指标进行的计量性测量，如有功、无功电度表以及主变压器的铜损、铁损表计等。

通常牵引变电所要求设置的测量表计，其配置与用途概况如表 8.4 所示。

表 8.4　牵引变电所主要测量表计功用及其配置

电路名称	测量表计配置	用　　途
电源进线	三只或者一只电流表 一只三相有功功率表	监视三相负荷的大小、平衡情况及三相功率
主变压器	三只或一只电流表 三只单相（或一只三相）有功电度表 铜损与铁损表	监视负荷大小、平衡情况以及计量电能消耗等
牵引网馈电线	一只电流表	监视负荷情况
动力变压器	一只电流表 一只三相有功电度表	监视负荷情况以及计量电能消耗
10 kV 动力馈线	三只或一只电压表	监视负荷情况以及计量电能消耗
10～110 kV 及以上电压母线	三只或一只电压表	监视母线电压
牵引电压母线	每相一只电压表（直流仅一只）	监视母线电压
并联补偿电容器组	电流表 一只无功电度表	监视补偿电流以及计量补偿无功能耗

测量表计设置的一般原则：

（1）按测量用途不同，对表计的精确度有不同要求。用作计量性测量的表计，其精确度要求较高，一般不低于 0.5 级；用作监视性测量的表计，其精确度较低，一般在 1～3 级。

（2）无特别规定或必要，一般可不在高压侧进行计量性测量，以便尽可能节省设置高压仪用互感器。但由于电力系统接线的需要及发展，往往要求高压侧设置计量性测量装置。

（3）为了减少连接导线电阻对测量表计准确度造成的误差，表计的设置应尽量靠近有关互感器。

（4）为降低造价、节能以及便于监视观察，应尽可能减少测量表计数量。

考虑到牵引负荷的不对称性，对于电度计量宜采用三只单相瓦时计组的量度方式。

有功、无功瓦特表（或称功率表）用以对系统功率分配进行监测，还可以根据有功瓦特表、电流表、电压表的瞬时值，经换算得到瞬时功率因数值。

有功瓦时计（即有功电度表）用以计算用电能耗。根据有功、无功瓦时计的数据，可以确定用户在一个期间的平均功率因数。

电压表用以监视母线或电源是否有电，并可按电压表指示的电压数值衡量、监视供电电压质量。

如图 8.15 所示为牵引变电所主变压器原边设置主要测量表计的电路原理接线图。其中 PJ 为有功瓦时计，PRJ 为无功瓦时计。

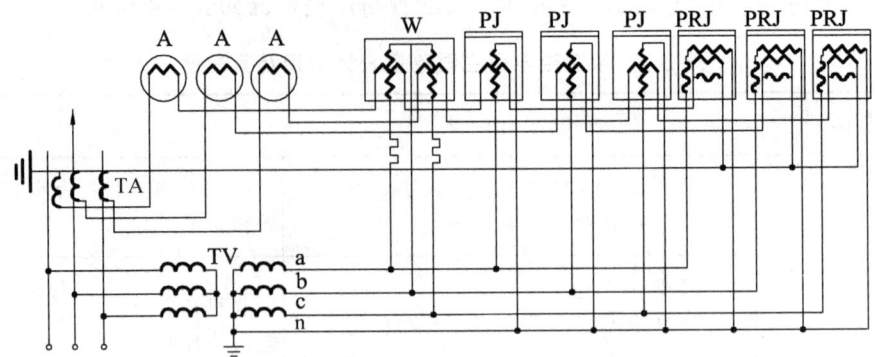

图 8.15　牵引变压器测量表计电路接线原理图

二、不平衡电力牵引负荷的电能计量

电气化铁路牵引变电所采用三相电力变压器或三相-两相特殊接线的主变压器供电时，由于单相电力牵引负荷反映到电力系统为三相不平衡负荷，特殊接线变压器电路本身的不对称，以及为减少系统的负序电流，在牵引变压器一次侧施行换相连接（轮换接入电力系统的三相中）等原因，使三相牵引变电所不平衡电力牵引负荷的电能计量比一般三相电力负荷的电能计量要复杂得多，需采取特殊的量度方法，并按照变压器接线方式和换相连接的相位进行具体分析，才能获得正确的计量。

三相牵引变电所的电能计量方式分为低压侧（27.5 kV）计量和高压侧计量两种。现以我国广泛应用的 YNd11 接线的三相牵引主变压器为例，分别介绍两种计量方式的电度表组成和接线原理。

（一）主变压器低压侧（27.5 kV）计量方式

如图 8.16 所示，YNd11 接线变压器低压侧 C 端接钢轨，$\dot{U}_{ac}$、$\dot{U}_{bc}$ 相（两者相位差 60°），分别向两侧供电区供电，设牵引负荷为 $\dot{I}_a$、$\dot{I}_b$，功率因数为 φ_a、φ_b，高压进线相序为 A、B、C（顺相序），如取 $\dot{I}_b$ 为基准相量，则此时低压绕组（及归算到原边每相）的电流为

$$\left. \begin{array}{l} \dot{I}_{bc} = \dfrac{1}{3}(-2\dot{I}_b - \dot{I}_a) \\ \dot{I}_{ca} = \dfrac{1}{3}(\dot{I}_b + 2\dot{I}_a) \\ \dot{I}_{ab} = \dfrac{1}{3}(-\dot{I}_a + \dot{I}_b) \end{array} \right\} \qquad (8.1)$$

由（8.1）式可知，三相系统中负荷的不平衡状况，据统计实际运行中两供电区同时有负荷（I_a、I_b 同时出现）的概率均小于 10%，故实际的负荷不平衡状况更为突出。

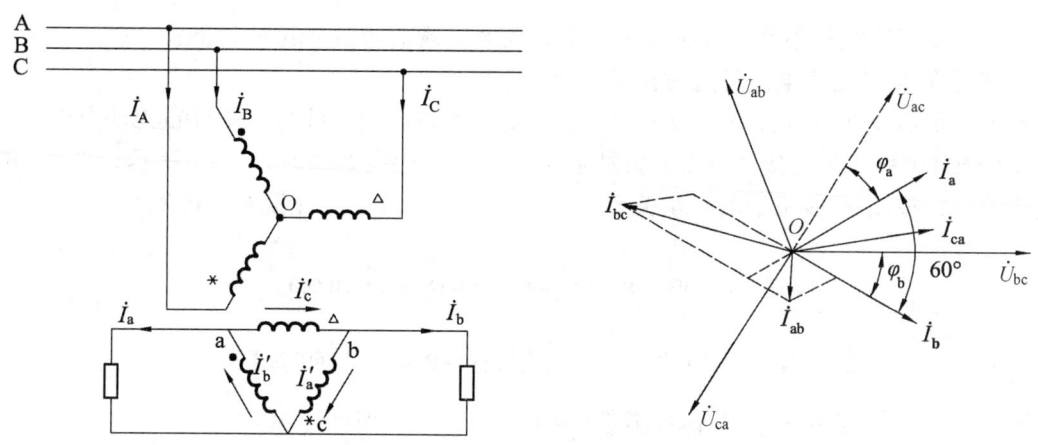

图 8.16　YNd11 接线变压器供电的牵引负荷相量

低压侧电能计量除了牵引负荷取用的有功、无功电能可直接从两供电区的单相负荷进行计量外，三相变压器绕组的铜损与每相绕组的负荷有关，此外还需计量变压器的铁损（空载损耗）。因此，每台三相电力变压器总的有功、无功电度计量为

有功电度　　　$A_{\Sigma P} = A_{P1} + A_{P2} + A_{PC} + A_{PM}$ 　　　　　　　　　（8.2）

无功电度　　　$A_{\Sigma Q} = A_{Q1} + A_{Q2} + A_{Q3} + A_{QC} + A_{QM}$ 　　　　　　（8.3）

式中，A_{P1}、A_{P2} 分别为两单相供电区计量的有功电度；A_{Q1}、A_{Q2}、A_{Q3} 分别为三个单相电度表测得的三相无功电度；A_{PC}、A_{QC} 分别为铁损电度表（ILT）计量的有功电度和无功电度，其中 $A_{PC} = P_C \times \Delta A_C$，$A_{QC} = Q_C \times \Delta A_C$，$\Delta A_C$ 为铁损表读数，P_C、$Q_C = \dfrac{I_0}{100} \times S_N$ 分别为变压器铁损有功、无功部分；A_{PM}、A_{QM} 分别为两相铜损电度表（CLT）计量的有功电度和无功电度。其中，$A_{PM} = P_{MN} \times \Delta A_M$，$A_{QM} = Q_{MN} \times \Delta A_M$，$\Delta A_M$ 与两相铜损表读数 X_a、X_b 有关。$\Delta A_M = f(X_a, X_b)$，其换算关系见式（8.8），P_{MN} 为变压器额定铜损（kW）。$Q_{MN} = U_K\%/100 \times S_N$ 为变压器额定铜损无功部分（kvar）；$U_K\%$、S_N 分别为短路电压百分比和额定容量。

上述有功、无功电度表的配置和接线方式分别如图 8.17 所示。

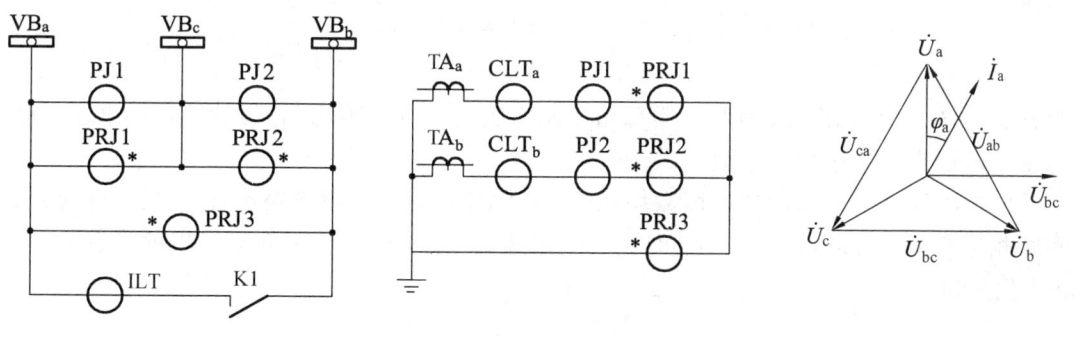

（a）电压接线和电流接线图　　　　　　　　　（b）相量图

图 8.17　主变压器低压侧计量的电度表接线方式

ILT—铁损表；CLT—铜损表

对式（8.2）、式（8.3），为了说明不平衡负荷的无功电度计量，两相铜损表反映不平衡

负荷在三相变压器绕组中实际铜损量值的正确关系,现着重分析论证如下:

1. 不平衡负荷无功电度计量方法及分析

不平衡负荷无功电度计量一般采用单相有功电度表改变接线方式来计量无功电能,可按 120°接线或 90°移相法连接,其配置方式和电流、电压接线如图 8.17(a)所示,采用 90°跨相接线法时,按图 8.16 所示的相量关系,则三个无功电度表的计量表达式为

$$Q_1 = I_a U_{bc} \cos(60° - \varphi_a) = \frac{1}{2} I_a U_{bc} (\cos\varphi_a + \sqrt{3}\sin\varphi_a)$$

$$Q_2 = I_b U_{ca} \cos(120° - \varphi_b) = \frac{1}{2} I_b U_{ca} (-\cos\varphi_b + \sqrt{3}\sin\varphi_b)$$

$$Q_3 = (-I_a)^* U_{ab} \cos(120° - \varphi_a) + (-I_b)^* U_{ab} \cos(60° - \varphi_b)$$
$$= \frac{1}{2} I_a U_{ab} (-\cos\varphi_a + \sqrt{3}\sin\varphi_a) + \frac{1}{2} I_b U_{ab} (\cos\varphi_b + \sqrt{3}\sin\varphi_b)$$

式中,*表示实际接线时应反接,即 $(-I_a)^* = I_a$。

各相电压数值上认为相等,故

$$A'_{\Sigma Q} = \sum_{i=1}^{3} Q_i \cdot \Delta t = \sqrt{3}(I_a U \sin\varphi_a + I_b U \sin\varphi_b) \cdot \Delta t \tag{8.4}$$

将三个单相无功电度表读数相加后除以 $\sqrt{3}$,即 $A'_{\Sigma Q}/\sqrt{3}$ 为顺相序连接(A、B、C 相序)时的无功电量 $A_{\Sigma Q}$。

高压进线换相连接后若为逆相序,如仍按 A、C、B 相序,低压侧仍为 C 相接钢轨,此时式(8.4)的关系仍成立,只需把接入各个无功电度表的电流变换一下极性(即反接)即可,读者可根据此时的相量图自行分析其对应关系。

2. YNd11 接线变压器绕组实际铜损电量的换算关系

由 a、b 两相铜损表的读数 X_a、X_b 来反映主变压器的实际铜损,需经过换算,若两供电区分别有牵引负荷 $\dot{I}_a$、$\dot{I}_b$,由式(8.1)可导出变压器的每相电流,则其铜损计算式为

$$P_M = \left[\left| \frac{2}{3}\dot{I}_a + \frac{1}{3}\dot{I}_b \right|^2 + \left| -\frac{1}{3}\dot{I}_a + \frac{1}{3}\dot{I}_b \right|^2 + \left| -\frac{2}{3}\dot{I}_a - \frac{1}{3}\dot{I}_b \right|^2 \right] \frac{P_{MN}}{I_{2N}^2} \tag{8.5}$$

式中,$P_{MN}/I_{2N}^2 = R = R'_1 + R_2$ 为变压器每相(原、次边)电阻(均归算到次边);P_{MN}、I_{2N} 分别为变压器铜损和次边额定电流。

设两供电区牵引负荷的功率因数均相等(实际变化的误差可忽略不计),则可认为 $\dot{I}_a$、$\dot{I}_b$ 之间的相位差恒为 60°(与 $\dot{U}_a$、$\dot{U}_b$ 间相位差相同),由图 8.16 所示的电流相量关系,可将式(8.5)化简为

$$P_M = \frac{P_{MN}}{3I_{2N}^2}(2I_a^2 + 2I_b^2 + I_a I_b) \tag{8.6}$$

若两供电区某时刻铜损表读数分别为 X_a、X_b,考虑到实际流入铜损表的电流与接入该表的电流互感器一次额定电流有关,用铜损表读数表示 Δt 内的 I_a^2、I_b^2,应有

$$I_\mathrm{a}^2 = \frac{I_{2\mathrm{TA}}^2 \cdot X_\mathrm{a}}{\Delta t} \ ; \quad I_\mathrm{b}^2 = \frac{I_{2\mathrm{TA}}^2 \cdot X_\mathrm{b}}{\Delta t} \tag{8.7}$$

将式（8.7）代入式（8.6），则铜损表计量的主变压器有功电量 A_PM、无功电量 A_QM 分别表示为

$$\begin{aligned} A_\mathrm{PM} &= P_\mathrm{MN} \cdot \frac{I_{2\mathrm{TA}}^2}{3 I_{2\mathrm{N}}^2} (2X_\mathrm{a} + 2X_\mathrm{b} + \sqrt{X_\mathrm{a} X_\mathrm{b}}) \\ &= K_\mathrm{P}(2X_\mathrm{a} + 2X_\mathrm{b} + \sqrt{X_\mathrm{a} X_\mathrm{b}}) \end{aligned} \tag{8.8}$$

$$\begin{aligned} A_\mathrm{QM} &= \frac{U_\mathrm{K}}{100} S_\mathrm{N} \cdot \frac{I_{2\mathrm{TA}}^2}{3 I_{2\mathrm{N}}^2} (2X_\mathrm{a} + 2X_\mathrm{b} + \sqrt{X_\mathrm{a} X_\mathrm{b}}) \\ &= K_\mathrm{Q}(2X_\mathrm{a} + 2X_\mathrm{b} + \sqrt{X_\mathrm{a} X_\mathrm{b}}) \end{aligned} \tag{8.9}$$

式中，$I_{2\mathrm{TA}}$ 为供电区馈线电流互感器的额定一次电流；K_P、K_Q 是常数，$K_\mathrm{P} = P_\mathrm{MN} I_{2\mathrm{TA}}^2/(3 I_{2\mathrm{N}}^2)$，$K_\mathrm{Q} = U_\mathrm{K}\%/100 \times S_\mathrm{N} \times I_{2\mathrm{TA}}^2/(3 I_{2\mathrm{N}}^2)$。

从上述分析推导结果可知，如某时刻两相铜损表读数分别为 X_a、X_b，则由（8.8）式、（8.9）式的换算关系，可方便地得到 YNd11 接线主变压器在不平衡牵引负荷下运行的实际铜损有功电量 A_PM、无功电量 A_QM。式（8.2）、式（8.3）中所述其他有功、无功电度计量，则可直接从电度表中读出，从而正确地实现由主变压器低压侧计量不平衡牵引负荷的全部有功和无功电能。

（二）高压侧进线电度计量方式

在牵引变电所采用高压侧（110～220 kV）电度计量方式，可减少计量仪表数量，避免复杂的二次接线和铜损读数换算关系。此时仅设三相有功、无功电度表各一只（或用单相电度表组成），由专用的进线电压互感器提供二次电压，考虑到两相牵引负荷电流值差异大，反映到 YNd11 接线主变压器高压绕组中，经常有一相出现负值［参见（8.1）式及其相量关系］，导致计量误差增大，故以采用三相两元件电度表或两只单相电度表计量有功电量为宜。在进行有功电度表接线时应按电源进线相序进行相量分析，防止当供电区单臂（一相）有牵引负荷时在三相电度表一个元件（或一只单相电度表）中产生反转力矩，造成较大计量误差。当主变压器低压 C 相接地时，一般应在两重负荷相接入有功电度表，则可避免出现反转现象。

高压侧电度计量用的电流互感器，由于考虑继电保护需要而将变流比选得较大，致使变电所轻载或空载时电度表可能无电流而停转，造成电度计量不准确。因此，应选择高精度的高压计量仪用互感器，研究电度表的合理接线方式问题。

三、电力牵引谐波对测量、电度表计的影响

交流电牵引由于采用交-直晶闸管整流电机车，将产生奇次谐波（3，5，7，…），直流牵引变电所广泛采用 12 脉波或等效 24 脉波整流机组，在交流侧产生（$m \cdot p \pm 1$）次谐波（$m = 1, 2, 3, \cdots$；$p = 12, 24$）。谐波注入系统后，对牵引变电所交流系统使用常规电磁式和感应式测量、电度表计的精确工作将产生影响，必须在选择时予以考虑。

通常使用的电磁式仪表是按工频（50 Hz）正弦波输入电流（电压）而设计的，其指针偏转角为 $\alpha \propto \frac{1}{T}\int_0^T i^2 \mathrm{d}t$（$T$ 为工频周期），测量结果是电流或电压的有效值。它反映了各次谐波的 $\sum I_n^2$ 均方根值，故谐波对这种测量仪表本身精度的影响不大。

感应式电度表是按工频正弦波输入条件设计的，依靠作用在其铝盘上功率产生的转矩而工作，电力机车或整流机组作为谐波源，它所产生谐波的谐波功率潮流与基波功率相反，因而谐波功率对电度表铝盘产生的转矩和基波功率产生的转矩方向相反，其结果是使感应式电度表计量的电能与系统实际输送的基波电能之间有一定差值（误差），其差值与各次谐波功率及谐波含量大小有关。国内外有关研究表明，上述电度表误差可用如下关系式表达[*]：

$$\delta_\mathrm{H} = \sum \delta_n \cdot \frac{P_n}{P_\Sigma} \tag{8.10}$$

式中，δ_n 为电度表在 n 次谐波频率下的误差（可由电度表频率特性曲线查得）；P_n、P_Σ 分别为 n 次谐波功率和各次谐波总功率（含基波）。

牵引变电所交流输入侧各次谐波电流含量 I_n 与基波电流 I_1，理论上可分别按下列公式估算：

直流机车牵引 $\qquad I_n = \frac{1}{n} I_1 \tag{8.11}$

交-直电力机车[**] $\qquad I_n = 3I_1/n^2 \tag{8.12}$

实际电力牵引系统由于存在变压器漏感及回路电感的平滑作用，实测统计的谐波含量比（8.11）式和（8.12）式要小。例如，交-直电力机车负荷在变电所高压侧的最大 3 次谐波含量为 $(0.2\sim0.25)I_1$，直流牵引负荷采用 12 脉波整流器的变电所，交流高压侧最大 11 次谐波含量约为 $0.04I_1$。而同次谐波电压含量一般比谐波电流要小得多，从而按（8.10）式可计算出在谐波功率影响下计入 n 次谐波频率特性误差 δ_n 后的电度表误差 δ_H。

因此，为减少测量、电度表计在谐波作用下的误差，除牵引变电所一次电路按综合技术条件的需要，设置滤波、无功综合并联电容补偿，吸收主要谐波电流外，目前已有采用基于单片微机的智能化数字式测量、电度表计，利用数字电路、数字滤波和软件技术，可消除谐波的影响，提高测量和电度计量的精度。

四、绝缘状况的监测

众所周知，大地是导电体，故任何带电系统与大地之间都必须保持足够的绝缘水平。带电系统与大地之间绝缘的破坏，必然使带电系统的正常运行受到危害。为了保障带电系统的正常运行，应设置对绝缘状况的监测装置。

（一）直流系统绝缘状况监测

正常状况下，二次设备电路的直流系统正、负两极对地都是绝缘的。显然一极对地绝缘电阻降低或者一点发生接地故障时，并不构成直流电源两极之间的短路，一般对电路的正常运

---

[*] 唐统一，陆瑶海. 工频电网中畸变波形对一些常用仪表运行情况的影响[J]. 电测与仪表，1983（07）。
[**] 电气化铁道建议标准，加拿大太平洋国际咨询公司提出，1984。

行没有直接的影响,允许短时持续运行。但是,一点接地故障对直流带电系统将是一种隐患,必须引起足够的重视。如果同一极不同地点再发生接地故障时,则可能导致二次设备电路工作失常,引起继电保护误动作、断路器跳闸的事故。

如图 8.18 所示为先后出现 A、B 两点接地故障,导致继电保护误动作使断路器跳闸的具体实例。

由此可见,直流系统的绝缘状况直接影响到电力设备的安全运行,为此可设置绝缘监测装置,当发生单极一点接地(即绝缘损坏)时,能及时给出预告信号,并需测量对地绝缘电阻数值,以便采取措施查找并故障。

牵引变电所直流(二次)系统绝缘监测装置接线图如图 8.19 所示。它由阻值相等的电阻 R_1、R_2,电位器 R_p,信号电流和电压监测继电器 KSA、KV,高内阻直流电压表 V1 和转换开关 SA 等组成,包括测量和信号电路两部分。

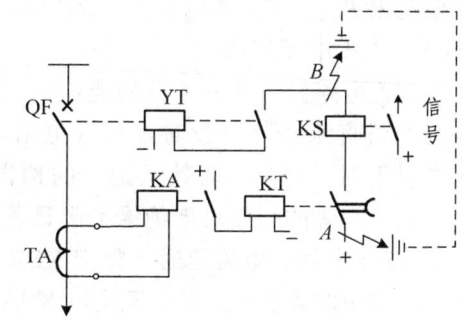

图 8.18 馈线保持直流回路两点接地的情况

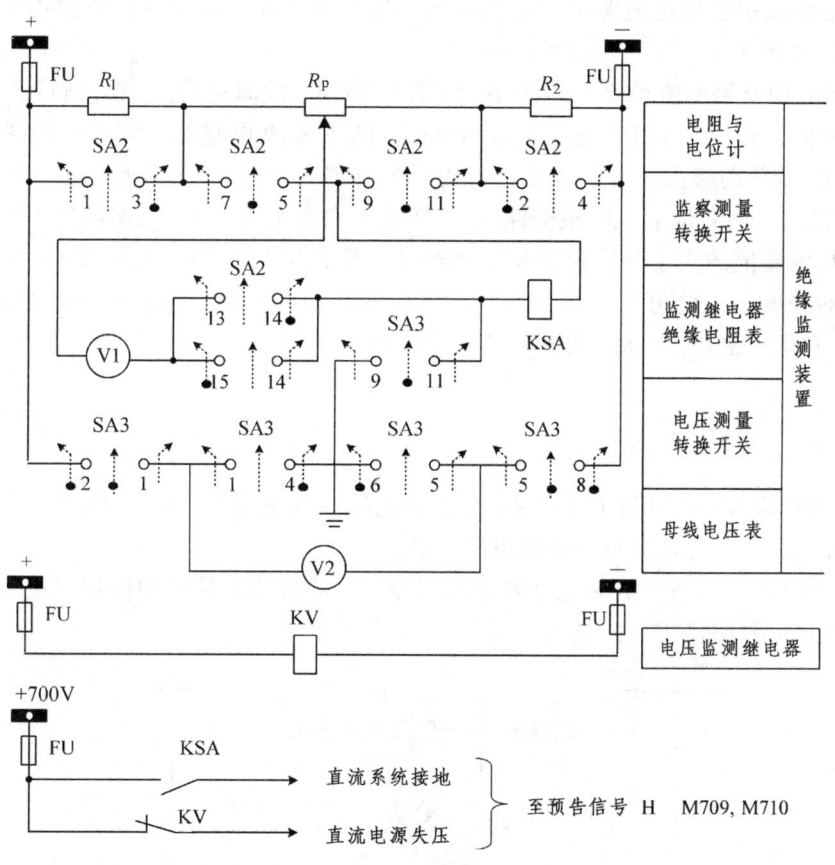

图 8.19 直流系统绝缘监测电路原理图

正常运行时,图 8.19 电路中的转换开关 SA2、SA3 处于中间位置,触点 $SA2_{5-7}$ 和 $SA2_{9-11}$ 闭合,将 R_P 短接,电压表 V1 开路,触点 $SA3_{9-11}$ 闭合,电路工作状态如图 8.20 所示。此时,直流系统两极对地绝缘电阻 R_{rv+}、R_{rv-} 的阻值极大，且二者接近相等。继电器 KSA 接于由电阻 R_1、R_2 与绝缘电阻 R_{rv+}、R_{rv-} 所组成的电阻电桥平衡电路中。KSA 中无电流流通。

该装置电路具有如下 4 种功能：

（1）当直流系统一极对地绝缘电阻降低到规定标准以下时，送出"母线接地"的预告信号。

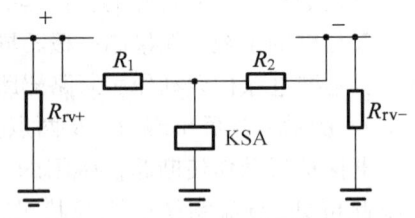

图 8.20 绝缘监测电路工作原理示意图

若直流系统的一极对地绝缘电阻显著降低时，上述电阻电桥的电路平衡条件即被破坏，继电器 KSA 中将有电流流通。整定 KSA 的动作电流值，使其当一极对地绝缘电阻降低到规定标准值以下时即受电动作。于是由 KSA 的正接点送出预告信号至中央信号装置，使预告警铃发出音响，并使"直流系统母线接地"光字牌信号灯受电显示（参见图 8.19，光字牌电路图中未画出）。

对于直流系统发生两极对地绝缘同时显著降低的故障时，继电器 KSA 不能反应动作。若两极对地绝缘状况同时严重下降，或两极同时接地时，则构成直流电源间的短路或过载，导致有关熔断器熔断或引起直流电源电压显著降低。这时除母线电压表 V2 监测指示外，另由电源电压监测继电器动作，可反映这种故障。

（2）可随时检查测量直流系统对地绝缘电阻的数值，此时可将绝缘监测转换开关 SA2 扳向左、右任一侧位置上，如Ⅰ位侧（R_1 被旁路），则图 8.19 电路的工作状态如图 8.21 所示。调节电位器 R_p 的滑动触头，使电压表 V1 指示为"零"，电桥处于平衡状态。此后应将转换开关 SA2 扳到另一侧Ⅱ位上（R_2 被旁路），原平衡条件被破坏。V1 两端电位不再相等，表计发生偏转，此偏转值的大小与直流系统对地绝缘电阻的数值有关。电压表 V1 通常同时标示出绝缘电阻的刻度，因此可以直接读出绝缘电阻的数值。不难证明，电压读数 U_V 与绝缘电阻的数值 R_{rv}（即上述 R_{rv+} 与 R_{rv-} 的并联值）的函数关系为

$$R_{rv} \approx R_V \left(\frac{U_E}{2U_V} - 1 \right) \tag{8.13}$$

式中，R_V 为电压表 V1 的内阻（Ω）；U_E 为直流电源的额定电压（V）；U_V 为电压表 V1 的测量电压（V）；R_{rv} 为直流系统对地绝缘电阻（Ω）。

由式（8.13）可知，当一极对地绝缘电阻值越低，即直流系统对地的绝缘电阻值 R_{rv} 越低，则相应电压表 V1 的偏转指示值越大。

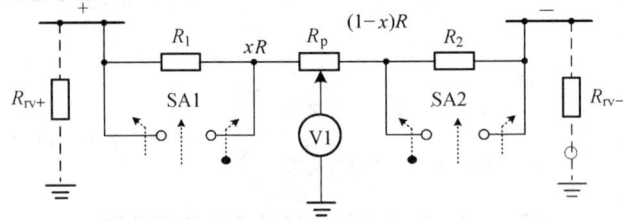

图 8.21 测量绝缘电阻电路工作原理图

由直流系统对地绝缘电阻值 R_{rv}，经过换算可得到正、负两极分别对地绝缘电阻的数值。在平衡状态电压表 V1 指示为零时，电位计 R_p 被滑动触头划分为两段电阻，设其中较小一段电

阻百分值为 xR，并假定正极对地绝缘电阻 R_{rv+} 下降，则此时正、负极对地绝缘电阻值分别为

$$R_{rv+} = \frac{2}{2-x}R_{rv}, \quad R_{rv-} = \frac{2}{x}R_{rv} \tag{8.14}$$

测量绝缘电阻值的电压表 V1 必须是双向工作的表计。

（3）当直流电源电压过低或者失压时，能够送出"直流电源电压过低"的预告信号。如图 8.19 所示，在直流电源正、负极母线之间接入电压继电器 KV。当故障引起的电源电压消失或者显著下降到规定标准以下时，KV 将失电返回。这时 KV 的反接点闭合，送出信号，致使中央信号装置的预告警铃发响以及"直流电源电压过低"的光字牌信号灯受电显示。

（4）监视测量直流电源电压或转换测量正极、负极分别对地的电压。图 8.19 电路正常运行时，电压转换开关 SA3 处于中间位置，其接点 $SA3_{2-1}$、$SA3_{6-5}$ 闭合，电压表 V2 被跨接于电源的正、负母线之间。故 V2 指示的电压即为直流系统电源电压 $U_{+,-}$。当将电压转换开关 SA3 扳向正极一侧位置时，其接点 $SA3_{2-1}$、$SA3_{5-8}$ 闭合，电压表 V2 被接于电源正极母线与地之间。V2 指示正极对地电压值 $U_{+,D}$，该值正比于正极对地绝缘电阻 R_{rv+}。当将转换开关 SA3 扳向负极一侧位置时，$SA3_{5-8}$、$SA3_{1-4}$ 闭合，电压表 V2 连接于电源负极与地之间。V2 将指示负极对地电压值 $U_{-,D}$，该值正比于负极对地绝缘电阻 R_{rv-}；也可以根据上述测量电压 $U_{+,-}$、$U_{+,D}$、$U_{-,D}$ 以及电压表 V2 的内阻参数，经过换算得到正、负极对地绝缘电阻 R_{rv+}、R_{rv-}。

（二）三相交流系统绝缘状况的监测

三相大电流接地系统发生单相短路时，断路器将短路故障迅速切除，因此，不需设置绝缘状况监测装置。但对小电流接地系统，因单相接地故障并不破坏相间电压的对称性，通常允许短时持续运行。但为了防止进一步发展为相间短路，应当设置绝缘监测装置，以便及时查找并消除单相接地故障，提高供电系统运行的可靠性。

三相交流系统当其一相接地（或绝缘电阻显著降低）时，则三相电压不对称，将产生零序分量电压，可根据这一特征构成三相交流系统绝缘状况的监测装置。牵引变电所设置的交流电网绝缘监测装置通常采用如图 8.22 所示的原理电路构成。

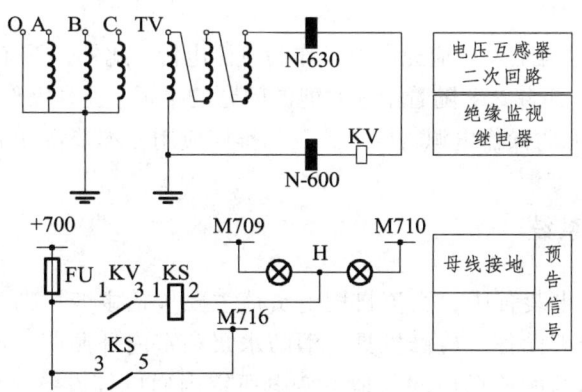

图 8.22 交流绝缘监测电路原理图

由图 8.22 可见，在三相五柱式电压互感器 TV 的开口三角形绕组输出端，接入监测电压继电器，借助于该电压继电器 KV 的动作即可反映三相交流电网一相接地的故障。

当三相交流电网中一相接地（或其绝缘电阻显著下降）时，电压互感器开口三角形绕组的输出电压就是零序分量电压 $3\dot{U}_0$，即 $\dot{U}_a + \dot{U}_b + \dot{U}_c = 3\dot{U}_0$。

该零序电压分量 $3\dot{U}_0$ 使电压继电器 KV 受电动作，其正接点 KV_{1-3} 闭合，使预告信号母线 M709、M710 通电，从而通过中央信号系统发出预告信号，同时相关的光字牌点亮。

第五节　交、直流自用电系统与操作电源

一、概　述

从前面的介绍可知，为保证供电装置和牵引变电所的正常工作和安全操作、运行，有大量辅助电气设备和控制设施的低压交、直流自用电负荷，需与一次设备协同工作（如主变压器的通风冷却），甚至在高压电源切断下，应能保证某些自用电装置不间断地供电（如操作控制电源和事故照明等）。为此，应设有能满足不同要求、供电可靠的交、直流自用电系统和操作电源。

操作电源则是指为供给控制、信号、继电保护与自动装置、事故照明和计算机供电用不停电电源等用电设备所需要的独立电源。一般应设有可靠的直流电源作操作电源，它与直流自用电负荷馈线连接，构成直流系统。

对直流系统的基本要求：

（1）应保证供电的可靠性。最好装设独立的直流操作电源，以免交流系统故障而影响操作电源的正常供电。

（2）具备足够的容量。满足全厂（所）事故停电时，直流电源负荷、最大冲击负荷及 1 小时事故照明等用电需要；能保证直流母线电压在规定的额定值（正常运行时，操作电源母线电压波动范围小于 5% 额定值；事故时操作电源母线电压不低于 90% 额定值；失去浮充电源后，在最大负载下的直流电压不低于 80% 额定值）；波纹系数小于 5%。

（3）满足经济和实用的要求。应满足使用寿命长、维护工作量小、投资省、占地面积小和噪声干扰小等要求。

为此，通常采用蓄电池组及相应充电设备作为直流电源，此外，还有电容储能式整流直流电源和复式整流直流电源。近年来，随着全球对能源问题的重视，提高操作电源的效率变得十分重要，因此，高频开关电源的操作电源得到了广泛的推广应用。本节将分别予以讨论和介绍。

二、交流自用电系统

在牵引变电所和供电装置中，交流自用电负荷主要包括主变压器的冷却通风、蓄电池组充电硅整流设备、油处理设备、检修机具、消防水泵和室内外照明、电热设备等。直流牵引变电所还需增加整流器组的通风冷却与地下变电所室内通风等设备，应由具有 380/220 V 电压三相四线低压系统的自用电容器向上述动力与照明负荷供电。

牵引变电所通常设有两台容量为 50～100 kV·A 的自用电变压器，一台工作，另一台备用。交流牵引变电所的自用变压器一般接于 25 kV 或 2×25 kV 母线取电，如另有 10 kV 三相

电源引入变电所时，则自用电变压器中的一台应由该电源供电，以保证其可靠工作。直流牵引变电所的自用电变压器均由高压 10～35 kV 母线供电。大型（或枢纽）牵引变电所自用电变压器的容量，由于其自用电负荷增多，应按负荷的重要程度分级（共三级负荷），参照第四章第五节三（四）中原则和式（4.2）~（4.4）的计算式进行具体计算和选择。

交流牵引变电所自用电变压器的绕组接线方式和结构随主变压器接线方式的不同而异，区分为以下几种情况：

（1）主变压器采用三相变压器接线时，自用电变压器照例使用普通的三相动力变压器，其中高压侧的一个出线端可以直接和铁轨相连，以取得三相对称电源。

（2）当主变压器采用 V 形接线时，自用电变压器也采用由两个单相变压器连成 V 形接线的方式，但是这种牵引变电所应当备有可以应急使用的单相-三相电源。例如，劈相机（一种输入单相、输出三相交流电的分相电机）、劈相变压器（一种输入单相、输出三相交流电的分相变压器）或者直-交逆变器，以防止牵引变电所中一旦有一相缺电时，仍可从单相电源上取得三相电源。

（3）三相-二相变压器接线，可以根据具体情况，采用主变压器的反接线方式取得三相对称电源。

三相 YNd11 接线主变压器变电所的交流自用电系统图如图 8.23 所示。图中 25 kV/380 V 的三相自用电变压器为主供电源。当该电源失压时，由自动装置使接触器 KM2 自动断开，并将接于 10 kV 电源的备用自用电变压器自动（或手动）投入工作，图中 380/220 V 低压母线，由于来自两个不同的电源，不允许并列运行，故母联回路中设有接触器 KM3，它只在 KM1 或 KM2 单独工作时才能合闸（KM1、KM2 与 KM3 间有闭锁电路）。

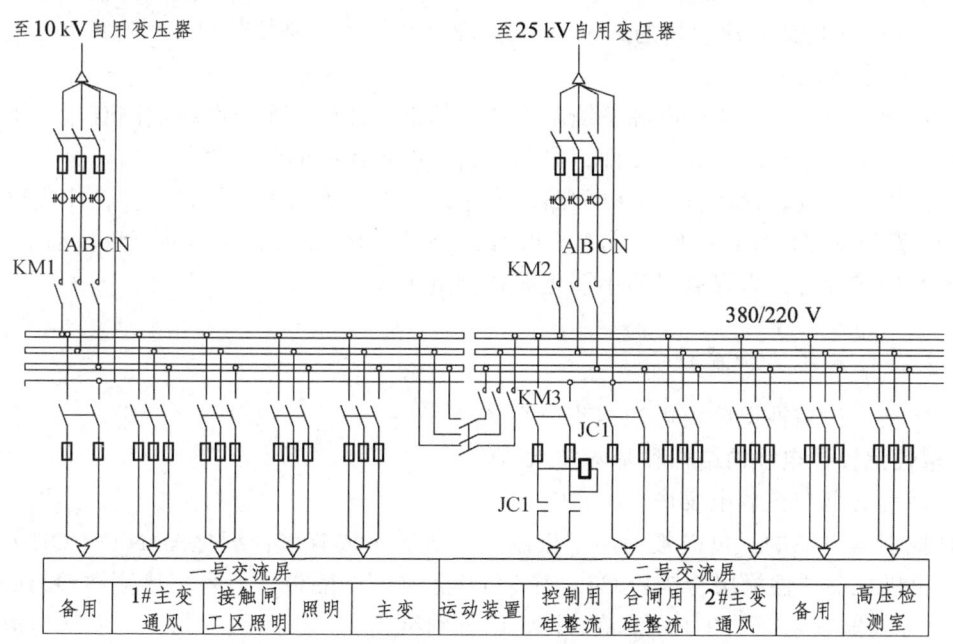

图 8.23　三相牵引变电所交流自用电系统

380/220 V 交流自用电电源进线和自用电负荷馈线，都采用三相（四芯）或单相电缆引入和馈出，由控制室安装的交流配电屏集中进行控制操作。

三、直流操作电源系统

（一）概　述

发电厂和变电站中，为控制、信号、保护和自动装置（统称为控制负荷），以及断路器电磁合闸、直流电动机、交流不停电电源、事故照明（统称为动力负荷）等供电的直流电源系统，统称为直流操作电源。直流流操作电源可分为电容储能式直流操作电源、复式整流式直流操作电源和蓄电池组直流操作电源等。

电容储能式和复式整流式直流操作电源系统，20世纪60、70年代在规模小、不很重要的电站中有较多的应用；80年代以后，由于小型镉镍碱性蓄电池和阀控式铅酸蓄电池的应用，这种操作电源在发电厂和变电站中已不再采用。蓄电池组直流操作电源系统的应用历史悠久，且极为广泛。现代意义上的直流操作电源系统就是这种由蓄电池组和充电装置构成的直流不停电电源系统，通常简称为直流操作电源系统或直流系统。

直流操作电源系统主要由蓄电池、充电装置、绝缘监测装置以及控制保护等设备构成。

20世纪70年代以前，蓄电池组应用的都是开启式铅酸蓄电池，70年代以后，开始应用半封闭的固定防酸式铅酸蓄电池；80年代中期以后，镉镍碱性蓄电池以其放电倍率高、耐过充和过放的优点，开始得到应用，但由于价格较高，一般在额定容量小于100 Ah的场合应用；90年代发展起来的阀控式铅酸蓄电池，以其全密封、少维护、不污染环境、可靠性较高、安装方便等一系列的优点，在90年代中期以后得到普遍的采用。

20世纪70年代以前，主要用电动直流发电机组作为充电装置；80年代开始应用的整流装置逐渐取代了电动发电机组，并得到了普遍应用；1996年以后，高频开关型整流装置成为了市场的主角，考虑到整流模块的$N+1(2)$冗余配置和较短的修复时间，大量采用一组蓄电池配置一组充电装置的方式。

绝缘监测装置是直流操作电源系统不可缺少的组成部分，用于在线监测直流系统的正负极对地的绝缘水平，经历了分立元件、集成电路和微机控制的各个阶段。

蓄电池组、充电装置和直流馈电回路，多年来一直用熔断器作短路保护，用隔离开关作回路操作，直到现在仍在普遍使用。1996年以后，开始用带热磁脱扣器的直流自动空气开关，兼作保护和操作设备，为直流屏的小型化设计创造了条件。

（二）蓄电池组直流系统

本节主要介绍碱性镉镍蓄电池组直流系统。

1. 碱性镉镍蓄电池的结构和基本技术特性

（1）结构类型与充放电反应

碱性镉镍蓄电池的正负极板均用钢板制成，正极板覆有水合氧化镍NiO（OH）作为活性涂层，负极板的活性涂层为镉粉Cd，正、负极板之间的隔板一般采用热塑性塑料隔栅，电解液为21%的氢氧化钾（KOH）溶液，将它们分别组装放置于用铁质或一定强度的塑料外壳中而成。镉镍蓄电池的充放电总化学反应式为

$$Cd+2NiO(OH)+2H_2O \underset{充电}{\overset{放电}{\rightleftharpoons}} Cd(OH)_2+2Ni(OH)_2 \qquad (8.15)$$

从式（8.15）可知，放电和充电过程分别是电池极板活性物质的化学变化过程和在外加电能下（充电过程）活性物质的还原过程。充、放电过程中，电池端电势（E）的变化仅与活性物质结构成分的改变有关，而与电解液（KOH）的比重无关，这一点与常见的铅酸蓄电池截然不同。

镉镍蓄电池按使用要求的不同，其结构形式分为密封型和开启型两种；按极板的制造工艺不同，则分为压接式和烧结式等。压接式密封型电池的容量（A·h）较小，如 GNY 型电池；烧结式或半烧结式极板多为大容量电池采用，且容量较大的电池多数为开启式结构，如 GHZ800 型电池（额定容量为 800 A·h）。

（2）基本技术特性

对固定额定容量（A·h）的蓄电池，其允许放电电流数值与放电时间密切相关。国产碱性镉镍蓄电池，按短时允许最大放电电流和规定的正常放电时间（≤5 h）内正常放电电流比值的大小，分为高倍率和中倍率放电型两种。高倍率放电型电池的内阻小，瞬时放电倍率高达 20～30 倍，因而对变电所采用电磁操动机构断路器的跳、合闸操作是很适用的。中倍率放电型电池的大电流放电倍率可达 3.5 倍左右。现以应用较多的 GNG 型高倍率镉镍电池（GNG40 型）为例，说明其基本技术特性。

① 充放电特性。镉镍蓄电池的充电和放电特性如图 8.24 所示。从充电曲线 1 可看出，在 4 小时内蓄电池的电压处于较稳定的状态，充电电压从第 4 小时开始迅速上升，当充电电压升到 1.65 V 时即已充足，如再继续充电则处于过充电状态，此时大部分电能消耗在电解水过程中。从放电曲线 2 可以看出，放电电压在 1.21～1.28 V 最为稳定，当放电电压低于 1.2 V 时，放电电压迅速下降，此时应立即对电池充电，否则电池电压就不稳定了。

② 不同倍率放电特性。以不同倍率电流放电时电池的放电电压与放电时间的关系，称为不同倍率放电曲线。如图 8.25 所示，可以看出，当采用不同的放电电流放电时，在同一时间内蓄电池的压降是不同的，放电电流越大则其压降越大。

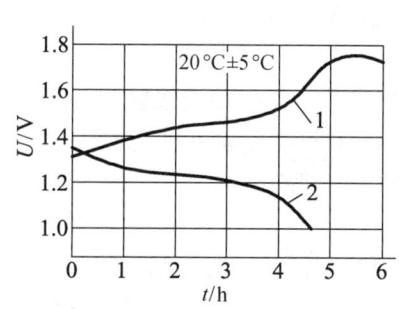

图 8.24　GNG40 型镉镍电池充放电曲线

1—充电曲线；2—放电曲线

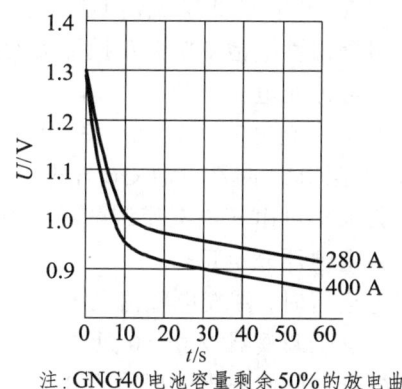

注：GNG40 电池容量剩余 50% 的放电曲线

图 8.25　GNG40 型镉镍电池的不同倍率的放电电压与时间曲线

一般断路器的操作机构动作时间小于 100 ms，合闸电流一般最大在 400 A 左右，断路器合闸所需蓄电池容量为 20～40 A·h。断路器合闸过程是对电池大电流急放电的一个过程，在合闸瞬间要求电池的压降要小，以免影响其他电气设备的正常工作，由试验得知，GNG40

型电池在瞬时电流 400 A 放电时,电池电压降低约 20%,对一般用电设来说是完全允许的。

(3)单个镉镍蓄电池的额定电压均为 1.2 V,其额定容量(A·h)是按规定的正常放电电流,在正常放电时间(一般为≤5 h)内放电至终止电压(1 V)时所输出的容量(A·h)。此时,应以等于或小于正常放电电流的正常充电电流充电,正常充电时间(GNG 型)为 6~7 h,充电完后端电压为 1.6 V。1 小时率放电制的电池电压,可允许低于 1 V,高倍率蓄电池以高倍率电流放电 0.35 s 的瞬间电压,规定应为 1.04~1.12 V。

镉镍蓄电池在低温下运行性能良好,当温度为 -20~40 ℃ 时使用,其容量可达额定容量的 70%~50%。

镉镍蓄电池类型的选择,应参照上述技术特性,并考虑直流自用电负荷特性和其实际需要进行,当变电所恒定的事故放电电流(如事故照明等)较小,而冲击(合闸)电流较大时,可选用高倍率蓄电池,如 GNG 型等;当事故放电电流和冲击电流均较小时,可选用圆柱形密封蓄电池,如 GNY 型等;当事故放电电流较大时,则可选用中倍率蓄电池,如 GNZ 型等。

2. 蓄电池组直流系统接线

牵引变电所采用蓄电池组的直流系统接线,是指蓄电池组及其充放电设备和直流负荷馈电电路的连接图。其中蓄电池组的充放电方式对整个直流系统的运行方式和接线构成有决定性影响。

目前,无论是采用镉镍蓄电池组还是铅酸蓄电池组作为操作电源的变电所直流系统,一般都采用蓄电池组经常浮充电(小电流充电)的运行方式。如图 8.26 所示为采用浮充电运行方式的镉镍蓄电池组直流系统接线原理图,适用于 110 kV 及以下电压等级的发电站和变电站。

图 8.26 所示的 BZGN-10S 型镉镍蓄电池直流系统由充电设备、蓄电池、浮充电设备和相应的开关及仪表组成。图中,浮充电设备由隔离变压器 T1、单相桥式整流器 U1、指示灯 HL1、输出电压表 PV3、中间继电器 K2 和电压继电器 KV 组成。充电设备由隔离变压器 T2、充电电流调整器 T、单相桥式整流器 U2、指示灯 HL2、输出电压表 PV1 和充电电流表 PA1 组成。图中设一组镉镍蓄电池 GB 由双投开关 QK5 进行充电或浮充电切换。

(1)蓄电池充电。

蓄电池 GB 充电时,双投开关 QK5 置充电位置,即 2-3、5-6 触点接触,使充电整流器 U2 经限流电阻 R10 向蓄电池 GB 充电,并利用电压表 PV1 和电流表 PA1 监视充电电压和充电电流,其大小可由充电电流调节器 T 和限流电阻 R10 进行调节。

(2)蓄电池浮充电运行。

浮充电运行时,浮充电整流器 U1 经电压调整器 V 和开关 QK4 向控制母线供电,接带经常性负载。电压调整器 V 由 50 只二极管(串联成 5 组,每组 10 只)、选择开关 SA 和中间断电器 KC 组成,可使输出电压得到 35 V 左右的调整。输出电压的调整有两种方法:

① 手动调整。当输出电压低于希望值时,可根据降低的幅度,利用选择开关 SA 来短接相应数量的二极管,以达到提高输出电压的目的。

② 自动调整。当输出电压(即控制母线电压)降低到一定值时,继电器 K1 返回,其常闭触点闭合,启动中间继电器 KC,KC 的常开触点闭合,将电压调整器 V 中的二极管全部短接,输出电压则是 PV3 或 PV4 指示的全电压。同时,在手动开关 S10 投入情况下,启动电铃 HAB 发出音响信号,拉开开关 S10 可解除音响信号。按钮 SB 用来复归中间断电器 KC。

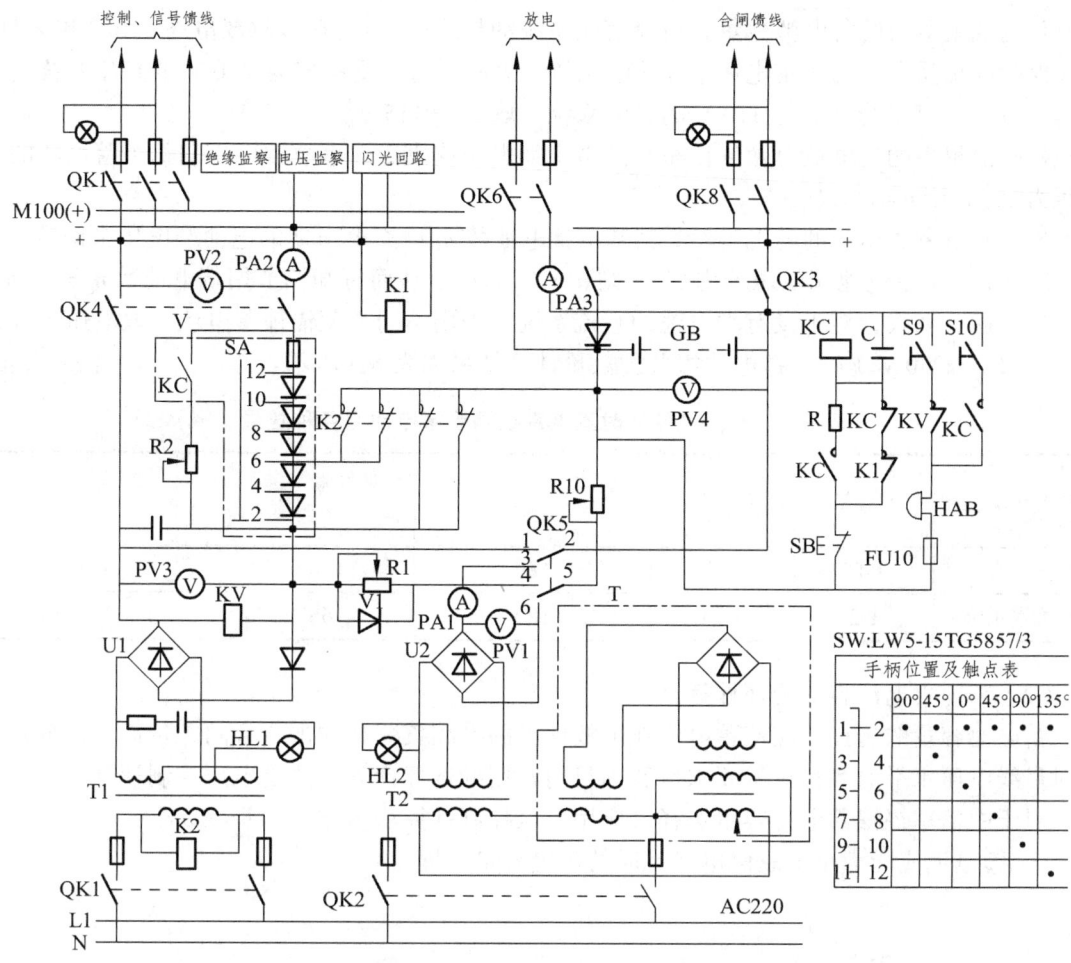

图 8.26　BZGN-10S 型镉镍蓄电池直流系统

浮充电运行时，双投开关 QK5 置于浮充电位置，即 1-2、4-5 触点接通，使浮充电整流器中经限流回路 R1、V1 和电阻 R10 向蓄电池 GB 浮充电。当浮充电整流器 U1 交流侧失电时，继电器 KV 和 K2 返回，继电器 K2 的常闭触点闭合，使控制母线无间断地转由蓄电池单独供电。同时，在手动开关 S9 投入的情况下，低电压继电器 KV 的常闭触点启动电铃 HAB，发出音响信号。拉开手动开关 S9 可解除音响信号。

3. 镉镍蓄电池组直流系统设备选择

（1）镉镍蓄电池组数量的确定。

镉镍蓄电池组的数量取决于直流系统的电压等级和蓄电池类型。交流牵引变电所直流系统一般采用 220 V、110 V 两种电压等级。具体选择哪种电压等级，应对变电所控制距离的长短、直流馈线数量和电磁操动机构合闸电流大小等方面进行技术经济比较来确定。一般来说，采用直流 110 V 电压等级较 220 V 电压等级的控制电缆截面要大得多，而控制电缆的投资在直流系统的总投资中起着决定性作用。因此，采用 220 V 电压等级的直流系统在技术经济上是合理的。对于 10～35 kV 进线电压的直流牵引变电所和其他供电装置，其直流操作电源可采用 48 V 电压等级。

蓄电池组所需的蓄电池数量，应使直流系统的母线电压 U_N 在事故放电终止和充电末期，都能保持高出受电器的额定电压 5% 的电压值。为此，对于受电器为 220 V 的直流系统，取 $U_N = 230$ V；对于受电器为 110 V 的直流系统，取 $U_N = 115$ V。

蓄电池组中的蓄电池总数 n 由事故放电末期电压值决定，事故放电末期每个蓄电池的端电压为 U_{fm}，则 $n = U_N / U_{fm}$。

按浮充电方式运行的蓄电池组，其基本蓄电池数 n_0 由充电末期的电池端电压来确定。在充电末期，每个蓄电池端电压若为 U_{cm}，则 $n_0 = U_N / U_{cm}$。从而可知调节用端电池数 $n_d = n - n_0$。

按上述关系式，对于设有端电池的直流系统，采用不同类型镉镍蓄电池，取电压等级为 220 V（$U_N = 230$ V）时，蓄电池组各种数量计算结果如表 8.5 所示。

表 8.5　$U_N = 230$ V 时直流系统镉镍蓄电池组各种数量

蓄电池类型	U_{fm}/V	U_{cm}/V	蓄电池总数量 n /个	基本蓄电池数 n_0 /个	端电池数 n_d /个
中倍率电池	1.15	1.7	180	130～140	50～50
高倍率电池	1.2	1.55	180	166～170	10～14

（2）镉镍蓄电池容量选择计算。

蓄电池容量的选择，应使蓄电池在事故停电的事故负荷和冲击（合闸）负荷下，分别满足对母线电压水平的各种技术要求。我国目前常用的选择计算方法是电压控制计算法。

对于中倍率镉镍蓄电池容量选择，应用电压控制计算法的方法和步骤如下：

① 蓄电池应能满足事故停电状态时的放电容量，即

$$C_C = \frac{K_K C_S}{K_C} \tag{8.16}$$

式中，C_C 为蓄电池 5 h 放电率计算容量（A·h）；C_S 为事故全停电状态下长时间的放电容量（A·h）；K_K 为容量储备系数，取 1.25；K_C 为容量换算系数，对应于不同放电终止电压及要求的放电时间，由如图 8.27 所示曲线查得。

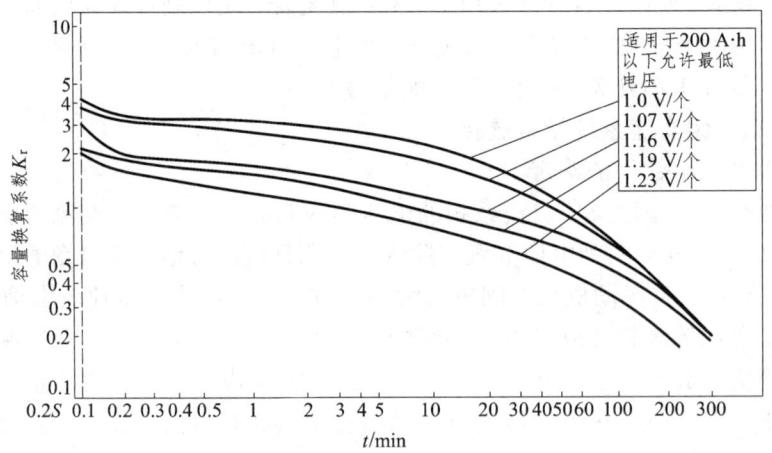

图 8.27　GNZ 型电池容量换算系数曲线

② 应能满足下列事故放电时对电压水平的要求：

校验事故放电初期蓄电池突然承受放电电流的电压水平。一般按直流电动机启动 1 min 时直流母线电压 $0.9U_N$ 来选择。由如图 8.28 所示曲线查得，当每个蓄电池以 1.42 V 浮充电运行时，以 $1C_5$（为镉镍电池的额定容量，即 5 h 放电容量），放电 1 min 时单个电池的电压 U_{cho}，计算母线电压 U_m 为

$$U_m = nU_{cho} \geqslant 0.9U_N \tag{8.17}$$

式中，n 为蓄电池的总数。

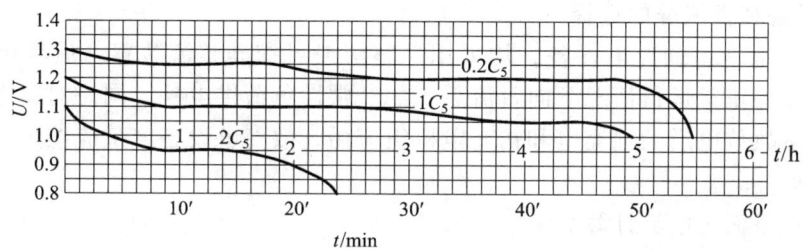

图 8.28　GNZ 型电池在浮充状态时不同倍率电流放电曲线

校验事故放电阶段电池所能保持的电压水平。对于某事故放电阶段的事故放电电流和放电时间，由图 8.28 查出单个电池的电压 U_{fm}，此时母线电压 U_m 为

$$U_m = nU_{fm} \tag{8.18}$$

式中，U_m 应满足某阶段事故放电时的负荷允许最低电压的要求。

校验事故放电末期承受冲击负荷对电压水平的要求，可根据如图 8.29 所示镉镍电池事故放电 1 h 后的冲击放电曲线，按事故放电 1 h 后叠加冲击负荷电流，得出单个电池的电压 U_{chm}，此时母线电压 U_m 为

$$U_m = nU_{chm} \tag{8.19}$$

式中，U_m 应满足事故放电末期冲击负荷对母线电压的要求。

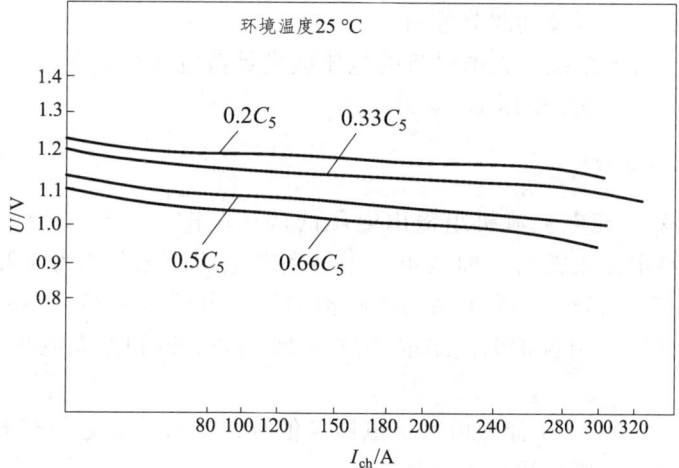

图 8.29　GHZ 型电池事故放电冲击放电曲线

高倍率镉镍电池一般可按以下简化计算方法选择容量：

1 h 事故放电容量 C 应满足：

$$C \leqslant 0.5C_5 \tag{8.20}$$

最大冲击电流 $I_{\text{ch,max}}$ 应满足：

$$I_{\text{ch,max}} \leqslant 6C_5 \tag{8.21}$$

式中，C_5 为蓄电池额定容量，即 5 h 放电容量。

4. 充电设备和直流屏的选择

直流系统蓄电池组的充电设备，均采用硅整流或可控硅整流装置，后者可实现自动调压。充电设备除在正常运行情况下向直流系统的经常性负荷供电外，同时对蓄电池组进行浮充电，并作为事故放电后的强充电和初充电机组应用，故充电设备容量应按最大输出（强充电）选择。

（1）充电设备额定电流计算。

兼作浮充电用的充电设备额定电流，按以下条件进行计算：

① 按事故放电后进行充电的要求选择充电设备，其额定电流 I_C 的计算式为

$$I_C = 1.1 \times Q_{\text{SR}}/T + I_{\text{jC}} \text{ (A)} \tag{8.22}$$

式中，Q_{SR} 为蓄电池组事故放电容量（A·h），事故放电时间为 1 h；T 为蓄电池组最长的充电时间（可由产品技术特性参数查得）；I_{jC} 为直流系统的经常性负荷电流（A），如信号灯、继电保护自动装置等的负荷。

② 专用浮充电整流器的输出电流应能承担直流系统的经常性负荷 I_{jC} 和蓄电池组自放电电流消耗（即浮充电电流 I_{fC}），则额定电流为

$$I'_C = (I_{\text{jC}} + I_{\text{fC}}) \times 1.1 \text{ (A)} \tag{8.23}$$

式中，浮充电电流 I_{fC}，对镉镍蓄电池每单位容量（A·h）取为 2.5～5 mA/A·h；1.1 为可靠系数。

（2）充电设备输出电压及其调节范围。

对设有端电池的直流系统，充电设备的电压应满足蓄电池组充电末期端电压提高后（单个为 U_{cm}）的需要，即其额定电压 U_C 应为

$$U_C = nU_{\text{cm}} \tag{8.24}$$

按实际运行需要，充电整流机组输出电压的调压范围，对于 220 V 直流系统一般选 180～300 V。镉镍蓄电池组按特性曲线单个中倍率电池的浮充电压为 1.42～1.45 V，强（均衡）充电电压为 1.52～1.55 V，单个高倍率电池的浮充电压为 1.35～1.39 V，强（均衡）充电电压为 1.47～1.50 V，结合蓄电池组电池数 n 即可分别得到浮充电和充电整流机组的输出电压。

从而按 I_C、U_C 和 I'_C、U'_C（浮充电额定电压）值分别进行浮充电和充电整流机组的选择。

（3）镉镍蓄电池组直流系统直流控制屏。

近年来，为适应技术发展和运行部门的需要，按上述直流系统接线的功能要求，包括烧

结型镉镍型蓄电池组独立电源、充电与浮充电整流机组、由选择开关和串联二极管组成的新型调压控制开关、监测信号设备和直流馈线等部分组成的成套直流控制屏，已由制造厂研制生产面世，并有系列产品成套供应，可按不同需要和容量进行选择应用。

一般牵引变电所直流控制屏典型配置，应包括两面电源屏（蓄电池组和充电、浮充电机），含有多路合闸馈线和经常直流负荷馈线的一面控制屏，充电机组可作为浮充电机组的备用方式运行。直流屏可放置在主控制室内，其结构尺寸与一般主控制屏标准尺寸相同。

（三）高频开关操作电源系统

高频开关电源主电路组成框图如图 8.30 所示，它由输入滤波电路、高频逆变电路、输出整流电路及输出直流滤波电路等组成，并将上述环节电路集成在同一模块中。下面对高频逆变电路和输出整流电路做一简单介绍。

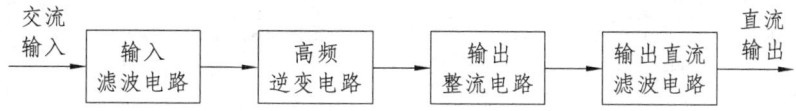

图 8.30　高频开关电源电路组成框图

高频逆变电路的原理图如图 8.31 所示。图中，C_2、C_3、VT_2、VT_3 组成半桥逆变电路；VT_2、VT_3 为 IGBT 或 MOSFET 开关管；R_4 和 C_4 构成电磁干扰的吸收回路，或在 VT_2、VT_3 两端并联 C_5、C_6。由于 VT_2、VT_3 开通和关断时，开关时间很短以及引线电感、变压器漏感的存在，回路会产生较高的 di/dt，从而形成强烈的电磁干扰。

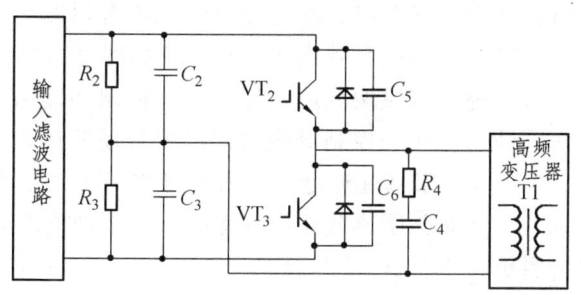

图 8.31　高频逆变电路原理

输出整流电路的原理图如图 8.32 所示。图中，VD_6 为整流二极管，VD_7 为续流二极管。由于 VD_6、VD_7 工作在高频开关状态，是产生电磁干扰 EMI 的主要源头。图中 R_5、C_{12} 和 R_6、C_{13} 分别连接成 VD_6、VD_7 的吸收回路，用于吸收其开关时产生的电压尖峰。

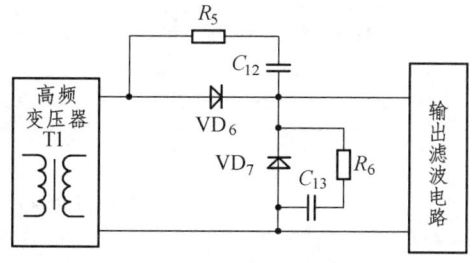

图 8.32　输出整流电路原理图

1. 直流操作电源系统组成

高频开关电源模块目前有 5 A、10 A 和 2 A 三种。根据负载要求和蓄电池容量的不同，可以由多台高频开关电源模块按照 $N+1$ 备份原则并联组成几十安到几百安的直流操作电源系统。

如图 8.33 所示是一种单母线接线方式的直流操作电源系统的原理框图，高频开关电源模块输出和直流母线、蓄电池组并联，平时蓄电池处于全浮充状态。

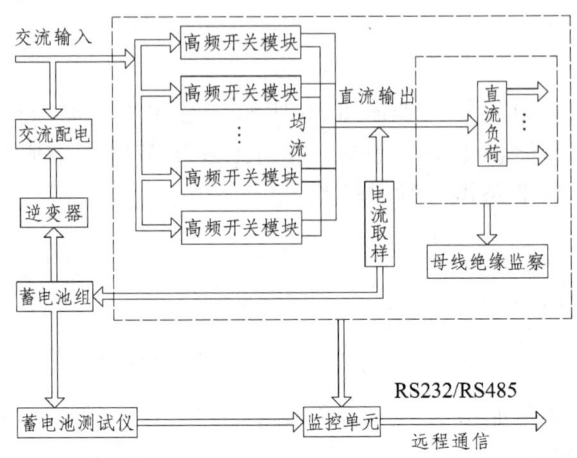

图 8.33 单母线接线方式

对于控制、动力母线分别设置的直流操作电源系统，有两种接线方式：一种是所有高频开关模块的输出与电池组和动力母线并联，在动力母线和控制母线之间设置自动调压装置，控制母线的负荷由动力母线经自动调压装置提供，其原理如图 8.34 所示，该方式要求自动调压装置有较高的可靠性；另一种是将模块分成两组，一组输出与动力母线、电池组并联，另一组输出与控制母线并联，动力母线和控制母线之间设置自动调压装置，在正常情况下，控制母线负荷由模块提供，自动调压装置由于承受反压处于备用状态，只有当交流停电或控制母线的所有模块全部故障时，自动调压装置才投入运行，其原理框图如图 8.35 所示，这种接线方式要求两组模块均按照负荷进行 $N+1$ 配置。

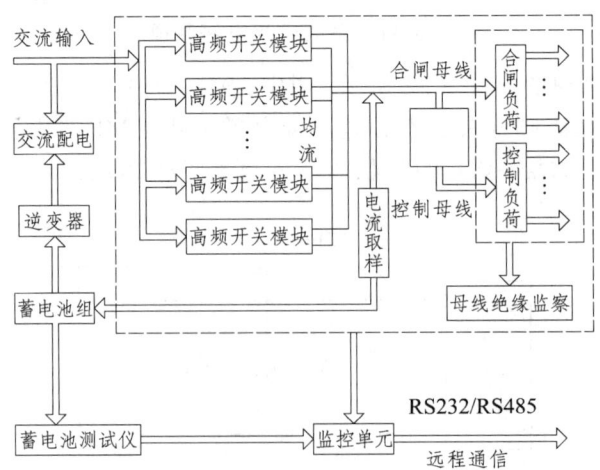

图 8.34 控制、动力母线分别设置（单组模块）

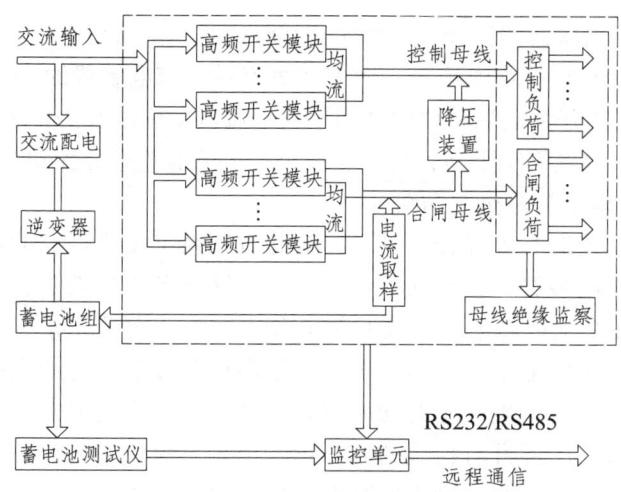

图 8.35　控制、动力母线分别设置（双组模块）

2. 高频开关电源模块的输入功率因数

输入功率因数低是高频开关电源模块早期普遍存在的问题，这主要与其采用的电路形式有关。在早期的高频开关电源中，交流输入电压经整流后直接加在滤波电容两端，只有交流输入电压高于滤波电容两端电压时，整流二极管才开始导电，因此输入电流波形为宽度很窄的脉冲，输入电流谐波失真严重，功率因数通常只有 0.6～0.7。这种开关电源模块会对电网造成谐波污染，形成电力公害，干扰其他用电设备，使测量仪表产生较大误差。为降低电源装置对电网的污染，EMI 及电磁兼容（EMC）的有关标准对不同功率等级电源装置的功率因数及谐波电流值有明确的规定，因此，需要对高频开关电源模块的功率因数进行校正。

功率因数校正的基本方法有两种：无源功率因数校正（PFC）和有源功率因数校正（APFC）。无源功率因数校正方法是在输入端加入电感量很大的低频电感，并降低滤波电容的容量，以便减小滤波电容充电电流的尖峰。这种方法比较简单，但校正效果不理想，只能达到 0.9～0.92，一般用于三相输入的高频开关电源模块。有源功率因数校正方法是在输入端加入一个高频电感、一个二极管、一个高频开关管以及相应的控制器，组成升压变换器，控制器通过采集交流输入的电压信号和电流信号，控制开关管的开通与关断，从而使输入电流波形始终跟随输入电压波形，使高频开关电源模块的功率因数达到 0.99 以上，谐波失真小于 5%。

3. 高频开关电源模块的均流

与相控充电装置不同，高频开关电源模块组成的直流操作电源系统的充电装置一般采用 $N+1$ 冗余备份方式，并联模块之间通过均流电路实现各模块之间的功率分配，各模块间功率分配的均衡程度主要取决于均流方式。直流系统中的负荷包括两部分：蓄电池组充电电流和控制母线负荷电流。蓄电池组长期处于浮充状态，充电电流很小，对于铅酸免维护电池，浮充电流只有额定容量的 0.01 左右，加上控制负荷较小，整个充电装置处于轻载状态；当高压断路器合闸时，蓄电池组提供合闸冲击电流，与蓄电池组并联的充电装置由于电流过大处于限流保护状态，合闸冲击电流结束之后，由充电装置对蓄电池进行补充电，充电电流突增。因此，均流电路需要保证充电装置无论是在轻载还是在超载下，都保持良好的均流特性，即所谓的"全范围均流"。如果在轻载下，均流特性不好，可能造成某些模块无电流输出，长期处于空载运行状态，严重影响模块的可靠性。

用于高频开关电源模块的均流方式比较多，如降压法、主从控制法、外部控制法、平均电流自动均流法、最大电流自动均流法等。考虑到直流系统充电装置的运行特性以及稳压/稳流精度的要求，一般在高频开关电源模块中采用平均电流自动均流方法，该方法的优点是不存在主模块，而且并联模块数量不受限制，可以实现负载电流的精确分配和全负载范围均流。

4. 高频开关电源模块的散热与防尘

充电装置是直流系统的心脏部分，其可靠性是直流系统安全运行的重要保证。对于高频开关电源模块组成的充电装置，一方面可采用 $N+1$ 冗余备份有效延长充电装置的平均无故障工作时间，另一方面必须提高单台高频开关电源模块的平均无故障工作时间（即寿命）。高频开关电源模块是由大量的电阻、电容、电力电子器件等按照一定的电路方式组成的，在进行功率变换的过程中，总要产生一定的功率损耗，而且功率损耗通常以热能的形式散发，使电源模块温度上升。过高的温升对模块的寿命影响很大，模块的工作温度越高，性能和可靠性越低，使用寿命就越短。因此，除采取高可靠性的电路方式之外，还必须选择合适的散热方式，有效降低高频开关电源模块温升，确保其使用寿命。

目前用于电力直流系统的高频开关电源模块，主要采用强迫风冷和自然冷却两种散热方式。强迫风冷方式的优点是模块的体积小、重量轻、模块内部温度低等；缺点是噪声较大，存在风机自身寿命、线路板积尘的问题。自然冷却方式的优点是无噪声、不存在风机寿命问题；缺点是体积大、成本高。

高频开关电源模块首先在通信电源行业得以推广应用，许多高频开关电力直流电源中的一些技术也是从通信用高频开关电源转化而来的，模块的散热方式也大多沿用通信电源的技术，无论是强迫风冷还是自然冷却，散热风道均采用敞开式结构。但变电站的工作环境要比通信机房恶劣，空气中尘埃含量很高，特别是新建站，经常是土建工程尚未结束，自由于继电保护等装置的调试需要直流电源，使得直流电源经常提前投入运行。如果不采取有效的防尘措施，就会造成大量的水泥灰等尘埃吸附在电源模块内的线路板或元器件上，引起绝缘下降，甚至短路，使模块出现故障。

高频开关电源模块电路板上形成的尘埃来源，一是风机抽入的尘埃，二是静电吸附。为了防尘，一些开关电源模块采取了如下措施：

（1）采用防尘罩。在模块进风口处安装防尘罩，可起到一定的防尘作用，但需经常清洗，否则防尘罩上的通风孔容易堵塞而影响通风散热效果。这种方式不适合用于无人值班的变电站中。

（2）采用自然冷却。可以避免风机吸入灰尘，但出于散热需要，必须在模块上开许多散热孔，因而这样尘埃的静电吸附问题还是不能解决。

东方电子信息产业股份有限公司在研制开发高频开关电源模块的过程中，综合考虑了强迫风冷和自然冷却的优缺点以及变电站现场的情况，模块散热方式采用温控强迫风冷方式和封闭式散热风道。风机由温度检测电路控制，只有当模块散热器温度高于设定值时，风机才运转。由于直流系统的充电装置长期处于轻载运行，一般只有额定容量的 15% 左右，散热器温度低于风机开启温度，风机不工作。这种散热方式可以保持模块内部温度相对稳定，不随外部环境及负载变化，风机寿命提高 2～3 倍，从而提高高频开关电源模块的可靠性。在防尘方面，采用完全封闭的散热风道，使散热风流仅通过散热器的表面，实现散热通道与内部电路的隔离，既可防止电路板产生积尘，同时又提高散热效果，充分提高充电模块对环境的适应能力。

（五）直流系统的发展趋势

为保证变电站中的后台机、自动装置、变送器、通信设备、保护装置等交直流用电装置的安全运行，除变电站的直流系统外，还需要配置 UPS 装置和专用的通信电源装置，以往人们一直将这三种不同的电源分别设置，各自配置一组蓄电池，导致设备造价高，维护量大，可靠性低，资源利用率低。

随着高频开关电源技术在直流系统中的推广应用，人们开始考虑如何合理应用变电站的资源、降低设备造价、维护工作量以及提高可靠性。目前一些变电站开始尝试采用这样一种组合方式：用正弦波逆变电源代替 UPS 设备，用大功率 DC/DC 变换器代替通信电源装置，两种设备的输入直接挂靠在直流系统的母线上。交流电正常时，由直流系统的充电装置提供逆变器和 DC/DC 变换器的用电；交流失电时，由直流系统的蓄电池组提供直流用电。逆变器和 DC/DC 变换器的状态信息送入直流系统的监控单元。

采用上述方式，至少可以省去 UPS 和通信电源装置中的蓄电池组以及监控单元，在设备的管理上，仅需对直流系统的蓄电池组进行智能化管理，从而减少了系统的维护。

第六节　牵引变电所自动化系统

变电所自动化系统是将变电所的二次设备（包括测量仪表、信号系统、继电保护、自动装置和远动装置等）经过功能的组合和优化设计，利用计算机技术、现代电子技术、通信技术和信号处理技术，实现对全所设备的自动监视、自动测量、自动控制和保护，以及与调度通信等综合性的自动化功能。

一、传统的牵引变电所控制与信号系统存在的问题

牵引变电所是电气化铁路的重要环节，其监控性能和投资与电气化铁路的安全运行和投资效益密不可分。传统的牵引变电所控制与信号系统存在着以下问题：

（1）常规的继电保护、自动装置和远动装置采用大量的电磁式继电器或晶体管分离元件来实现装置的动作逻辑，一个元件故障有可能引发整个装置的拒动或误动，而且查找故障元件困难，定期检验的工作量大。

（2）远动装置能够向上传送的信息少，且因装置和信道的可靠性差，无法担当遥控、遥调的重任。在紧急情况下，调度员仍必须通过电话向牵引变电所值班员发出事故处理命令，因而常常会错过事故处理的最佳时机。

（3）无运行参数记录功能，只能靠人工每天 24 小时定期抄表，这对于值班员来说是一种负担（尤其是在夜间），以致运行参数日志中难免有一些人工推测的数据，不利于对设备健康状况的评估和管理部门的合理决策。

（4）各个断路器的控制与信号回路、各事故信号和预告信号均采用独立的信息传输通路，且这些通路一般都是从被监控的一次设备到主控室。这种信号的传输距离长，使电压、电流互感器的测量精度变低，且电缆用量巨大。

（5）无自动电压调节功能。母线电压都是通过值班员监视控制屏上的电压表读数，来判定是否人工投切补偿支路或调整主变压器分接头，无法保证母线电压的长期持续合格。

（6）无法及时记录牵引供电系统故障时的保护与断路器的动作时间、一次设备在故障期间的运行参数，不利于事故分析。

二、牵引变电所自动化系统的功能和结构类型

在变电所自动化系统的研究和发展过程中，不同研究者对变电所自动化系统应包括哪些功能和要求曾经有不同的看法，通过实际应用的不断总结和技术发展趋势，目前这些看法已逐步接近。当然，随着技术的进步，对变电所自动化系统的功能要求还会不断增加。

1. 变电所自动化系统的功能

国际大电网会议 WG34.03 工作组在研究变电所的数据流时，分析了变电所自动化需要完成的功能大概有 63 种，归纳起来可以分为以下 7 个功能组：① 控制、监视功能；② 自动控制功能；③ 测量表计功能；④ 继电保护功能；⑤ 与继电保护有关的功能；⑥ 接口功能；⑦ 系统功能。

牵引变电所自动化系统是多专业性的综合技术，它以微机为基础，实现了对牵引变电所传统的继电保护、控制方式、测量手段、通信和管理模式的全面技术改造，实现了牵引供电运行管理的一次变革。结合牵引供电系统的具体情况，将变电所自动化系统按照功能分为 3 个子系统，下面分别进行介绍。

（1）监控子系统。

监控子系统取代常规的测量系统，取代指针式仪表；改变常规的操作机构和模拟盘，取代常规的报警、中央信号、光字牌以及 RTU 装置等。

（2）继电保护子系统。

继电保护子系统应满足快速性、选择性、灵敏性和可靠性的要求，其工作不受监控子系统和其他子系统的影响。继电保护子系统应包括牵引变电所主要设备的全套保护，主要包括：变压器主保护、变压器后备保护、馈线保护、电容器保护、动力变保护等。

（3）通信子系统。

通信子系统包括系统内部现场级的通信和系统与上级调度的通信两部分。现场级的通信主要解决系统内部各个子系统与监控子系统之间、各个子系统之间的数据通信和信息交换问题，它的通信范围是变电所内部。

2. 变电所自动化系统的结构类型

牵引变电所自动化技术随着集成性电路技术、计算机技术、通信技术的发展，其体系结构也在不断变化，性能、功能及可靠性等也在不断提高。在牵引变电所自动化系统发展的初期，出现过集中式的结构，而目前主要采用分层分布式结构。

（1）集中式结构。

集中式的结构应用于变电所自动化系统的初期，它由一台或几台计算机分别完成变电所的保护、测量、控制、监控和自动化的其它功能，如图 8.36 所示是集中式结构的自动化系统示意图。

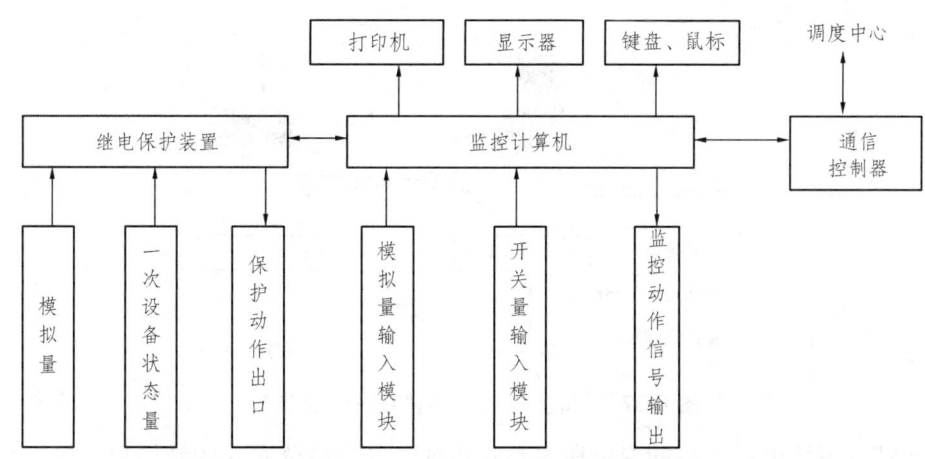

图 8.36 集中式的自动化系统示意图

集中式的主要特点是集中采集变电所的模拟量、开关量和数字量等信息，集中进行计算和处理，根据变电所的规模，配置相应容量的集中式保护装置和监控主机及数据采集系统，将它们安装在中央控制室内。主变压器、各种进出线路及所内所有电气设备的运行状态通过电流互感器、电压互感器经电缆传送到中央控制室的保护装置和监控计算机上，并与调度控制端的通信前置机进行数据通信。当地监控计算机完成当地显示、控制等功能。

集中式结构的主要缺点：

① 每台计算机的功能较集中，如果计算机出现事故则影响面大。因此必须采用双机并联运行的结构才能提高可靠性。

② 集中式结构每台计算机完成的功能多，导致软件复杂，修改、调试工作量大。

③ 组态不灵活，对不同主接线或规模不同的变电所，软、硬件需要另行设计，工作量大，影响批量生产。

④ 集中式保护与长期以来采用一对一的常规保护相比，不直观，不符合运行和维护人员的习惯，调试和维护不方便，只适合保护算法比较简单的情况。

（2）分层分布式结构。

随着单片机技术和通信技术的发展，单片机的性能价格比越来越高，外围电路设计越来越简单，整个微机系统的尺寸不断缩小，功能却越来越强大，使研制者有条件将微机保护单元和数据采集单元按一次回路进行设计。牵引变电所自动化系统分层分布式结构是指二次系统结构分层、功能分布。

牵引变电所自动化系统的分层分布式设计就是将牵引变电所自动化系统需要完成的功能由多个微机系统来完成，对监控子系统来说是选择商用计算机或工控机来作为监控的平台，微机保护子系统则由不同功能的微机保护装置组成，全所的继电保护功能被分配到多个微机保护装置。系统按照设备的功能被分为三层：变电所层、间隔层（或称单元层）、过程层（或称设备层）。牵引变电所自动化系统的分层结构如图 8.37 所示。

过程层主要指牵引变电所内的变压器、断路器、隔离开关及其辅助触点、电流、电压互感器等一次设备。间隔层一般按断路器间隔划分，具有保护、测量、控制部分，由单元装置来完成这些功能。变电所层包括监控主机、远动管理机等。变电所层和间隔层设通信网络，供各设备之间交换信息。

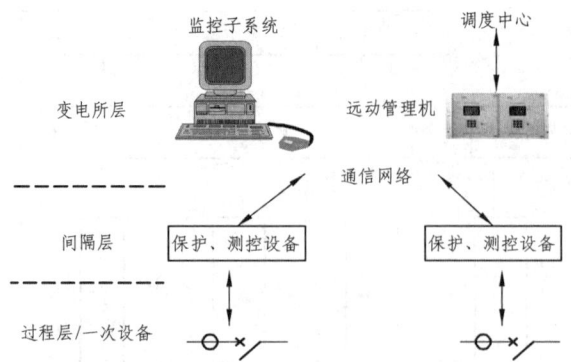

图 8.37 牵引变电所自动化系统分层结构

不同时期、不同电压等级的变电所自动化系统，其分层分布式的结构根据保护测控装置的安装方式分为系统集中组屏方式、分散安装与集中组屏相结合方式、全分散安装方式，每种安装方式都有自己适用的场合和特点。目前的牵引变电所主要采用集中组屏方式，所有的二次设备均在控制室集中组屏安装。

三、牵引变电所自动化系统举例

牵引变电所的主接线图根据应用而时常变化，需要保护、控制和测量的对象也各不相同，因而设计一种装置来满足所有的应用情况是不可能达到的理想目标。厂家设计的自动化产品包括了各种类型的装置，每种装置能够完成设定的保护、测量、控制任务，对不同的主接线图可通过不同类型装置的组合来完成全所的保护、测量、控制功能。一般来说，微机保护装置主要完成保护任务，不具有测控功能，或只有有限的测控功能，设计专门的测控装置来完成测量、控制任务。如图 8.38 所示是典型的牵引变电所自动化系统结构组成。

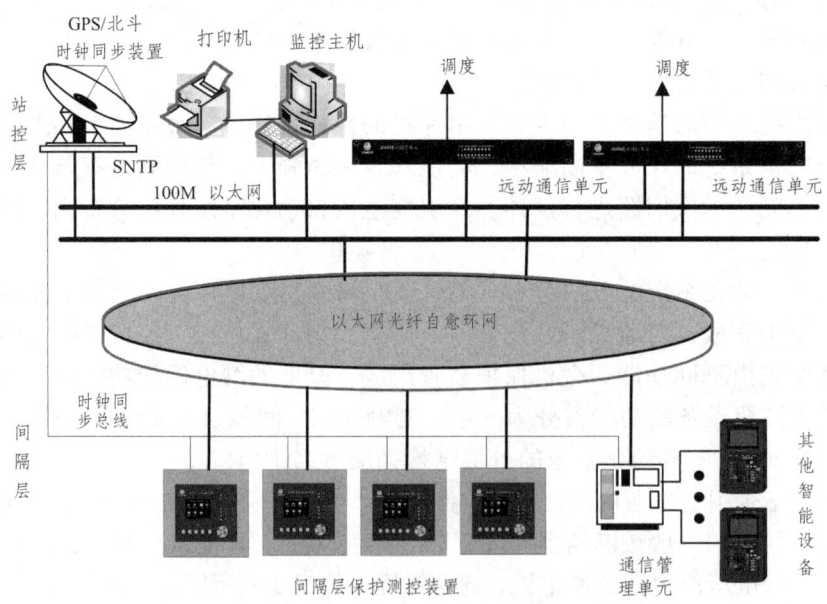

图 8.38 牵引变电所自动化系统典型结构之一

下面分别对自动化系统的各个组成部分进行说明。

1. 间隔层保护测控装置

牵引变电所主要由变压器间隔单元、馈线间隔单元、动力变间隔单元、并联电容器补偿器（并补）间隔单元等组成，间隔层保护测控装置完成各间隔单元一次设备的保护、测量、控制，并通过光纤双环自愈网络与变电站层的监控主机和远动通信单元进行通信。

由于变压器的重要性，变压器间隔单元一般采用保护和测控功能分开设计的模式，由保护装置完成继电保护功能，测控装置完成测量、控制、备自投的功能。

馈线及其他间隔单元一般采用保护、测量、控制合一的保护测控装置，来完成本间隔的保护、测量、控制等功能。

2. 通信装置

变电所自动化系统的通信装置主要分为两类：一类是完成变电所和调度通信的远动通信单元；另一类是所内完成通信规约和通信介质转换的通信管理单元。

（1）通信管理单元。

牵引变电所自动化系统的变电所层设备一般都采用以太网和外部设备进行通信，间隔层二次设备如果使用 RS232/RS458 或现场总线，则需要将接口转换为以太网接口，同时变电所自动化系统中第三方厂家的设备也需要对通信协议进行转换。完成上述功能的通信装置，不同的厂家对其产品的命名可能不同，很多厂家称为规约转换器，也称为网关。

（2）远动通信单元。

远动通信单元，又称为远动主站、远动工作站、远动管理机。在变电所自动化之前完成远动任务的是 RTU，它和远动通信单元的区别是：传统的 RTU 完成"四遥"和远动通信功能；在变电所自动化系统中，RTU 成为了一个网关，具体的保护、测量、控制等功能由间隔层智能设备完成，它连接变电所智能设备和调度中心，在远动通信网络和变电所自动化系统网络间进行接口转换，在远动通信协议和变电所自动化系统通信协议之间进行了一个转换。同时远动通信单元也起到信息过滤的作用，只将调度需要的变电所信息上送到调度端。

3. 时钟同步

时钟同步的目的是保持变电所层的计算机、间隔层的保护测控装置、网关、远动管理单元、通信管理单元等设备之间时钟的统一，实现对所内设备运行状况的全面监控，便于对故障原因的准确判断。时钟同步包括变电所内部的时钟同步和变电所之间的时钟同步，通常采用变电所配置时钟同步装置完成。

4. 监控系统

变电所自动化系统的监控系统由当地监控和继电保护工程师站两部分组成，各部分相对独立，当地监控和继保工程师站运行在一台计算机上。当地监控主要完成变电所的运行监视和控制操作，实现多种报警功能，完成各种历史数据的记录，并可根据用户的需求定制报表。继保工程师站完成对保护测控装置的技术管理和故障分析、记录。

四、变电所自动化系统数据通信

在牵引变电所自动化系统中，数据通信是一个重要环节，其主要任务体现在两个方面：

一方面是完成自动化系统内部各子系统或各种功能模块间的信息交换;另一方面是完成变电所与调度中心的通信任务。

需要强调的是,网络通信技术是变电所自动化技术发展的核心,网络通信技术的突破带来了变电所自动化技术的突破。

1. 通信概述

要了解牵引变电所自动化系统如何完成通信,则首先要了解自动化系统中有哪些通信内容和需求。

(1)牵引变电所内的信息交换。

牵引变电所自动化系统所内信息交换主要包括:一次设备与间隔层保护测控设备的信息交换、间隔层保护测控装置之间的信息交换、间隔层保护测控设备与变电站层设备的信息交换。有些信息交换是通过电缆连接完成的,如一次设备与间隔层保护测控设备之间,而变电站层设备和保护测控装置之间主要通过通信完成信息交换。

(2)牵引变电所和调度中心的信息交换。

牵引变电所自动化系统都具有远动功能,远动通信单元会把变电所内的相关信息传送到调度中心,同时能接收调度的数据和控制命令。这些信息可按"四遥"功能划分,"四遥"功能是传统远动需要完成的功能,在变电所自动化下还需要完成整定值功能、详细故障信息功能、远传故障录波功能等。随着技术的发展,变电所和调度中心的信息交换内容也在不断地增加。

(3)牵引变电所通信网络的要求。

由于数据通信在自动化系统内的重要性,经济、可靠的数据通信成为系统的技术核心,而由于变电所的特殊环境和自动化系统的要求,使牵引变电所自动化系统内的数据网络具有以下特点和要求:快速的实时响应能力、很高的可靠性、优良的电磁兼容性能、分层式结构。

(4)信息传输响应速度的要求。

不同类型和特性的信息要求传送的时间不同,根据我国电力行业标准《220~500 kV 变电所计算机监控系统设计技术规程》(DL/T 5149—2001)的规定,模拟量越死区传送≤2 s;遥信变位和状态告警信号传送≤2 s;全系统实时数据扫描周期≤2 s;变电所画面整幅调用响应时间:实时画面≤1 s,其他画面≤2 s。

2. 常用的通信技术

变电所自动化系统的通信随着计算机技术和通信技术的发展,其采用的通信接口也在不断发展,RS232/RS485、现场总线技术、以太网技术都是目前正在采用的通信接口,它们分别应用于不同的场合。由于 RS232/RS485 通信相对简单,在此不作介绍。

(1)现场总线技术。

在变电所自动化系统发展的早期,受计算机技术和通信技术的限制,微机保护、微机监控和其他微机型的自控装置间的通信大多通过 RS232/RS485 完成,这与变电所原来的二次系统相比已有很大的优越性,可节省大量连接电缆,且接线简单、可靠。

现场总线是 20 世纪 80 年代中期在国际上发展起来的,用于现场智能化装置与控制自动化系统之间的一个标准化的数字式通信链路,可进行全数字化、双向串行多节点数字通信,实现互操作及数据共享。

① 现场总线与 RS232、RS485 的本质区别。

在现场总线技术发展之前，很多智能设备通信大多采用 RS232、RS485 等通信方式，主要取决于智能设备的接口规范。但 RS232、RS485 只能代表通信的物理介质层和链路层，如果要实现数据的双向访问，就必须自己编写通信应用程序，但这种程序多数都不能符合 ISO/OSI 规范，只能实现较单一的功能，适用于一种设备类型，程序不具备通用性。现场总线技术是以 ISO/OSI 模型为基础的，具有完整的软件支持系统，能够解决总线控制、冲突检测、链路维护等问题。现场总线设备自动成网，无主从设备之分或允许多主存在，在同一个层次上不同厂家的产品可以互换，设备之间具有互操作性。

② 现场总线与计算机网络的区别。

计算机网络的设计目标是信息资源与资源共享，传输速率高，但实时性要求不高。而现场总线所传递的信息是以引起物质或能量的变化为目的，特别强调可靠性、安全性和实时性。两者在技术上有着明显的区别。

③ 现场总线在变电所自动化系统中的问题。

与 RS232/RS485 相比，现场总路线在自动化系统中的应用有很多优点，但存在的问题是，现场总线的种类太多，据统计，目前流行的现场总线已达 40 多种，作为国际标准的也有十几种。不同的现场总线都有其产生的背景和应用领域，在变电所自动化系统中，各个厂家采用的现场总线也各不相同，这就造成了在同一变电所中，不同厂家的智能装置必须通过网关进行转换才能通信，使装置的互换和互操作成为问题。

（2）工业以太网。

以太网作为目前技术最成熟、维护最简单、成本最低廉、运行最稳定、速度最快捷的网络技术，广泛地应用于各种规模的局域网络。由于以太网采用 CSMA/CD 碰撞检测方式，网络负荷较大时，网络传输的不确定性使其不能满足工业控制的实时要求，因此，传统以太网技术难以满足控制系统要求准确定时通信的实时性要求。

快速以太网和交换式以太网技术的发展为解决以太网的非确定性问题提供了可能。首先，通信速率的提高，Ethernet 从 10 M、100 M 到现在的 1 000 M，在相同吞吐量的情况下，通信速率的提高意味着网络负荷的减轻和网络传输延时的减小，即网络碰撞几率大大降低。其次，现代交换机均采用存储、转发技术，使各个端口之间输入和输出的数据帧能够得到缓冲，不再发生碰撞。全双工通信使同一端口可以同时收、发数据。这些技术使网络上的碰撞和冲突基本不复存在，以太网通信的确定性和实时性大大提高。

工业以太网，一般来讲技术上与商用以太网（即 IEEE802.3 标准）兼容，但在产品设计时，在材质的选用、产品的强度、适用性及实时性、互操作性、可靠性、抗干扰性和本质安全等方面能满足工业现场的需要。

以太网解决了通信的确定性与实时性，满足了工业控制领域要求的稳定性与可靠性，正在逐步地走向工业控制领域。变电所自动化系统使用以太网，能够解决使用现场总线存在的种种问题，为变电所自动化提供开放式、全分布、可互操作性的通信平台。

3. 通信规约

所谓通信规约，是指为确保通信双方能有效、可靠地进行数据传输而制定的一种约定。这种约定包括对通信链路的控制、通信双方的应答关系、通信内容的格式、差错控制方式及传送速率等，通信双方必须共同遵守。通信规约主要包括应用数据定义、应用功能定义、数据传输规则三方面的内容。为了实现变电所自动化系统内设备的互连、互换、互操作，必须实现传输规约的标准化和传输网络的标准化。

牵引变电所自动化系统的通信有间隔层设备和变电所层设备的通信，变电所与调度中心的通信，这两者的通信规约是不一样的。应用数据定义方面，牵引变电所自动化系统中，在变电所层看到的是间隔层设备，所有的信息都是由间隔层设备而来，通信规约中数据的定义是从装置出发。调度中心关心的是整个变电所的信息，而不是信息具体由哪个设备采集的，因此远动规约中对数据的定义是按照变电所进行定义。

（1）间隔层设备通信规约。

国际电工委员会第 57 技术委员会对变电站自动化系统的通信标准专门成立了工作组，IEC 60870-5-103《继电保护设备信息接口配套标准》是其工作的一部分，它规定了继电保护设备（或间隔单元）的信息接口规范。该标准被等同采用为我国的国标，标准号为 DL/T 667—1999。

（2）与调度中心通信规约。

我国的远动规约有部颁的循环传送远动规约 DL451—91，也就是常说的 CDT 规约。另一个最新的标准是《DL/T 634.5101—2009 远动设备及系统-第 5-101 部分：传输规约基本远动任务配套标准》，即常说的 101 规约，它等同采用了 IEC 60870-5-101：2006 标准。101 规约的网络版本为《DL/T 634.5104—2009 远动设备及系统-第 5-104 部分：传输规约 采用标准传输规约集的 IEC60870-5-101 网络访问》，即 104 规约。

4. 实际通信中存在的问题

目前的变电所自动化系统通信中存在一些问题，主要有：

（1）牵引变电所自动化系统采用的通信技术五花八门，不利于系统扩展、互联，用户使用维护不便。

（2）传统规约主要从 RTU 的功能出发定义了"四遥"信息，对微机保护装置应用后所能记录的信息和功能没有进行定义，如整定值功能、详细故障信息、对装置的历史数据召唤等。对标准中没有定义的部分，不同的厂家采用了不同的扩展方式，造成了装置互连、互换、互操作需要进行规约转换，增加了设备和调试环节。

（3）通信技术和通信规约的限制造成了系统扩展和升级的困难，同时也给用户的使用和维护带来很多负面的影响。

（4）随着电子互感器、智能开关的应用，现有的二次系统不能适应一次设备智能化的发展，数字化牵引变电所的出现成为必然。

IEC61850 标准的出现解决了这些问题，同时适应了技术的发展。

五、数字化牵引变电所及自动化新技术

牵引变电所自动化的发展已经达到了一定的水平，然而技术的发展是没有止境的，随着智能化开关、电子式互感器、一次运行设备在线状态检测，以及计算机高速网络在实时系统中的开发应用，势必对已有的牵引变电所自动化系统产生深刻的影响。电力系统变电站自动化系统已经历了 IEC 61850 标准应用、数字化变电站、智能变电站的发展，目前进入了新一代智能变电站的建设和推广应用阶段。数字化牵引变电所于 2014 年在山西中南部重载通道进

行了试验，全数字化的牵引变电所自动化系统正在成为现实。随着智能牵引供电系统概念的提出和建设，数字化牵引变电所的概念和内涵也将不断发展。

1. 数字化牵引变电所

数字化变电站是由智能化一次设备和网络化二次设备分层构建，并遵循 IEC61850 标准实现了变电站内各种信息采集、传输、处理、共享全程数字化的现代化变电站。智能变电站是采用先进、可靠、集成、绿色环保的设计与设备，以全站信息数字化、通信平台网络化、信息共享标准化、系统功能集成化、结构设计紧凑化、高压设备智能化和运行状态可视化等技术特征为基本要求，能够支持电网实时在线分析和控制决策，进而提高整个电网运行可靠性及经济性的新一代变电站。智能化变电站与数字化变电站有密不可分的联系。数字化变电站是智能化变电站的前提和基础，是智能化变电站的初级阶段，智能化变电站是数字化变电站的发展和升级。

数字化变电站的主要特征是"一次设备智能化、二次设备网络化、设备状态可视化"，以 IEC 61850 标准作为规范和引导。

（1）IEC 61850 标准。

IEC 61850 标准是国际电工委员会第 57 技术委员会(IEC TC57)制定的关于变电站自动化系统结构和数据通信的唯一国际标准，目的是使变电站内不同厂家的智能电子设备（IED）之间通过一种标准协议实现互操作和信息共享，取消多种协议转换环节和转换设备，使系统调试更加便捷，节省调试时间，实现"一个世界、一种技术、一个标准"的目的。IEC 61850 于 2004 年发布第 1 版，2006 年等同采用并作为我国电力行业标准，标准代号为 DL/T 860 系列。根据应用和发展的需要，IEC TC57 技术委员会对 IEC 61850 标准进行了修订和补充，于 2009 年陆续发布 IEC 61850 第 2 版。

IEC60870-5-103 规约只是定义了牵引变电所继电保护设备之间的通信规约，而新的牵引牵引变电所自动化系统的通信标准 IEC 61850 确立了电力系统的建模标准，不仅为牵引变电所自动化系统定义了统一、标准的信息模型和信息交换模型，而且包括工程要求、项目管理、质量保证、一致性测试等方面的内容，对工程实施通信标准也作了具体的规定。

（2）一次设备智能化。

智能化的开关电器是将计算机技术、信息技术与传统开关电器组合，而具有智能功能的开关电器，可以通过通信接口和间隔层设备通信，它们之间的信息传递用通信来完成，大量的连接电缆缩减为一根通信光缆。同时，智能化的开关电器可以更全面地监测开关设备的运行状态，为检修和处理故障提供更可靠的依据，从而提高设备的运行可靠性和经济性。

电子式互感器具有体积小、重量轻、频带响应宽、无饱和现象、抗电磁干扰性能佳、无油化结构、绝缘可靠、便于向数字化和微机化方向发展等诸多优点。电子互感器具有传统互感器的全部功能，两种互感器除原理、结构不同外，在性能上，特别是暂态性能、绝缘性能方面有较大区别。

智能开关设备和电子式互感器的使用，有助于二次设备系统集成和功能优化，加速整个变电站的数字化和信息化进程，并引发自动化装置和保护的重点变革。传统一次设备也可以通过智能单元实现数字化的接口，实现一次设备的智能化。

（3）二次设备网络化。

数字化变电站采用智能化的一次设备，一次设备、二次设备之间通过网络真正实现数据共享、资源共享，变电站内的所有智能设备、变电站之间的智能设备都能够通过 IEC61850

标准构建的网络进行相互通信，实现保护测控功能和信息交换。二次设备基于标准化、模块化的微处理机设计制造，设备之间的连接全部采用高速的网络通信，二次设备不再出现常规功能装置重复的 I/O 现场接口，使变电站的信号电缆数量大大减少。

同时网络化的二次设备之间通过 IEC 61850 标准实现快速通信，能够实现变电所内的网络化保护，牵引供电系统可以实现以供电臂为单元的网络化保护和控制，进一步提高保护的选择性、速动性、灵敏性。

（4）设备状态可视化。

二次设备本身具有完善的自检手段，对一次设备而言，随着铁路提速和客运专线供电管理标准的提高，对供电设备的安全、可靠性也提出了更高要求。目前我国电气化铁道牵引供电设备的维修仍然采用定期停电检修的试验方式。这种检修方式可以解决一部分问题，但由于检修时是在低压下模拟高压状态，测试结果不能全面反映设备在实际运行状态下的真实情况，并且停电也会对正常供电造成一定的影响。此外，检修周期之间，设备可能会出现带隐患运行，维护测试也带有一定的盲目性。因此对主要电气设备实现在线监测，实时监控设备运行状态，可以避免周期性监测造成的状态漏诊断，根据设备的实际运行状态决定检修的时间和项目，设备检修策略可以从常规变电站设备的"定期检修"变成"状态检修"，从而大大提高系统的可用性。

2. IEC 61850 通信体系标准

IEC 61850 标准既解决了传统规约存在的问题，又适应了一次设备发展的需求，是一个开放的自动化系统通信体系。

（1）IEC 61850 标准构成分析。

IEC 61850 标准具备良好的开放性和面向未来的体系架构，该标准参考和吸收了已有的众多相关标准，同时还引用了其他标准，它规定了牵引变电所自动化系统通信的各个方面。因此，IEC 61850 可以称为一个标准体系，它包括 10 个部分，可分为 6 个方面的内容：标准的总体描述（第 1-5 部分）、配置描述语言（第 6 部分）、数据模型（第 7 部分）、抽象通信接口服务（第 7 部分）、通信服务映射（第 8、9 部分）、一致性测试（第 10 部分）。

（2）IEC 61850 的特点。

① 面向对象建模。

IEC 61850 采用面向对象的建模技术，定义了基于客户机/服务器结构的层次数据模型，将每个功能抽象为一个逻辑节点，该逻辑节点包含自描述数据、四遥数据、定值数据等，并定义了与之交互的通信接口。常用的逻辑节点已经标准化，没有的逻辑节点（功能）提供了标准的扩展定义方式，能够保证实现不同厂家装置的互连、互换、互操作。

② 抽象通信服务和特定通信服务映射。

IEC 61850 采用面向对象技术定义抽象通信服务接口（ACSI），通过特定通信服务映射（SCSM）映射到具体的通信技术来实现。通过将通信服务接口和具体的实现分开，来解决通信技术发展很快，而具体应用变化却比较缓慢的矛盾。应用和通信分离保证了标准可以根据新的需要定义新的通信协议栈，而信息模型、应用过程及通信接口不用变化，保证了标准的稳定性。

③ 面向实时的服务。

在变电所自动化系统中，不同的接口对通信的时间要求不同，IEC 61850 将通信服务分为多个等级来满足不同服务对通信延时的要求，满足通信的实时性，保证"通信化采样、命令化跳闸"能够应用于保护。

④ 统一建模。

IEC61850 采用 SCL 语言（基于 XML）对电力系统统一建模，不同厂家的设备可以基于配置文件进行系统组态和数据交换。

3. 数字化牵引变电所应用

采用智能化的一次设备和网络化的二次设备的数字化牵引变电所组成如图 8.39 所示。图中智能化一次设备和网络化二次设备通过 GOOSE 和 SV 进行数据通信和信息共享；二次设备和站控层监控后台、远动通信单元采用 MMS 进行通信，不同厂家的设备都可以通过 MMS 和站控层设备直接进行信息交换，不再通过通信管理单元进行规约转换；远动通信规约如果采用 IEC 60870-5-101/104，则通过 IEC61850-80-1 进行信息转换，或者远动通信规约直接采用 IEC 61850-90-2。以供电臂为单元的网络化保护，变电所之间可以采用 IEC 61850-90-1 进行通信，图中未画出。过程层设备的时钟同步可采用光纤 IRIG-B 码或者 IEC 61588 方式。

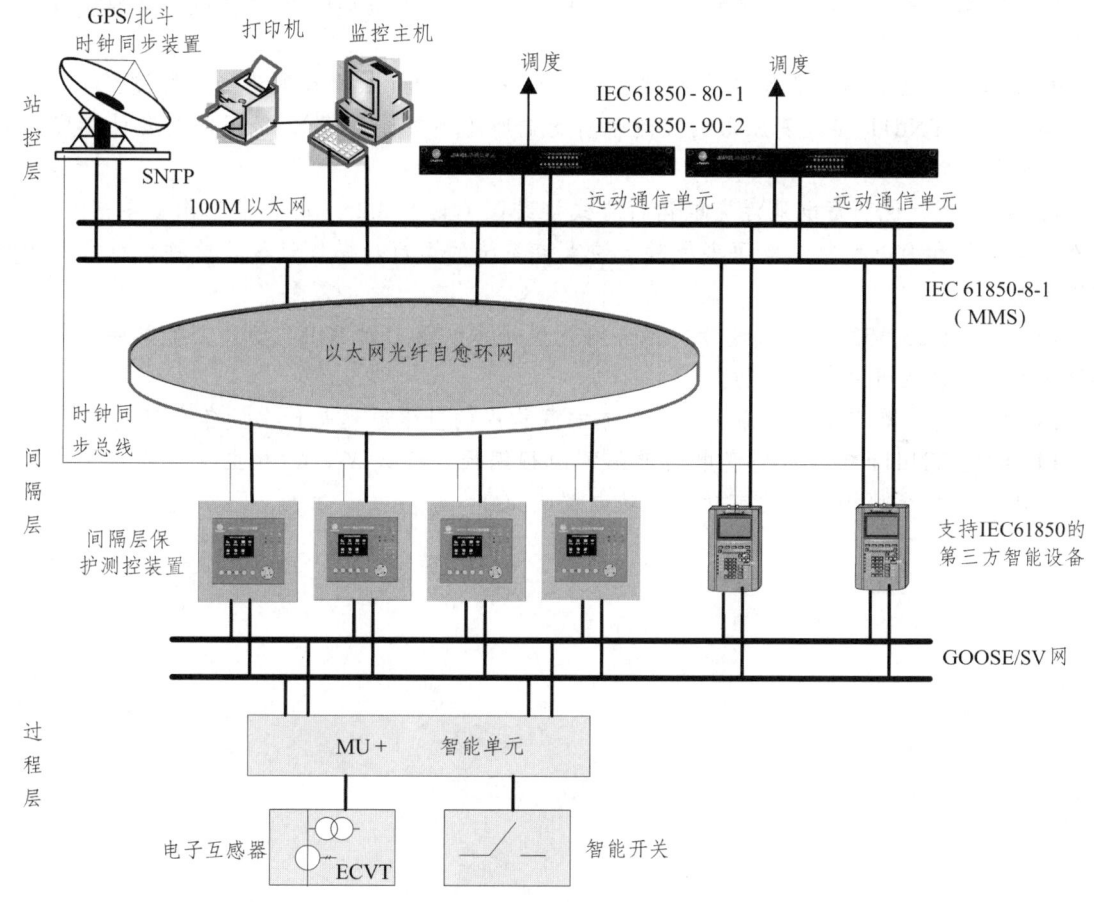

图 8.39 数字化牵引变电所组成示意图

IEC 61850 是个庞大、复杂的体系，对现在和将来牵引变电所自动化技术的发展方向都将产生重大的影响。

思考题与习题

1. 对变电所一次电气设备有哪几种控制方式？它们的特点和应用范围如何？

2. 二次设备和二次接线有何作用？不同形式的二次接线图各有何用途？

3. 什么是常开、常闭触点、延时动作常闭、延时返回常开触点？按继电器线圈（是否受电）和触点的关系，分别绘出它们的图形和逻辑关系图（用 1、0 表示）。

4. 断路器控制回路应满足哪些基本要求？试按图 8.6 所示灯光监视控制回路，分析它如何实现这些要求。

5. 所谓断路器的"跳跃"现象？控制回路中有哪些防止"跳跃"的措施？其简要原理如何？

6. 什么叫控制信号回路的"不对应"方式？试按图 8.6 说明"自动合闸"和"故障自动跳闸"两种过程中，由于不对应方式分别出现红灯和绿灯闪光的动作情况。

7. 变电所有哪些信号，它们分别起什么作用？中央信号担负什么任务？

8. ZC-23 型冲击继电器的工作原理如何？中央复归重复动作的预告信号电路（见图 8.13）中如何实现重复动作？如控制回路断线（KVC 动作），分析图 8.13 中预告信号的动作过程，并将发出什么声、光信号？

9. 交流和直流绝缘监测装置各起什么作用？它们应用什么原理实现绝缘监测？

10. 三相 YNd11 接线变压器的交流牵引变电所（不对称负荷），低压侧电度计量应如何进行？为什么？

11. 试分析、说明蓄电池浮充电运行方式接线图（见图 8.25）的正常工作（浮充电）、大电流合闸操作和变电所交流电源事故时，该直流系统的运行、操作过程。这种运行方式接线有何优点？

12. 在图 8.25 接线中，试设计一种采用新型开关电源（如 IGBT 场效应管器件）调压，以取代蓄电池调压开关的电路方案。

13. 电容储能整流操作电源和复式整流电源构成的基本原理是什么？各有何优缺点？

14. 给定 YNd11 接线牵引变电所低压侧两相铜损表读数 X_a、X_b 和主变压器有关参数，求该时期变电所不对称负荷的有功、无功电度数 A_{PM}、A_{QM}。

第九章 轨道交通牵引变电所设计

第一节 牵引变电所设计概述

轨道交通牵引的交流与直流牵引变电所设计是电力牵引供电系统设计的重要组成部分。其内容包括电气设备选择、电气主接线和配电装置设计、控制保护系统的技术方案与接线方式、谐波抑制和无功补偿、接地装置设计，等等。它们对整个供电系统的技术经济指标、运行方式都有重大影响。

牵引变电所与供变电系统其他供电装置的设计，不仅要满足正常运行方式下的各种工作状态及运行条件的要求，而且应考虑在故障条件下如何缩小或限制故障的范围及影响，并保证电气设备在故障状态下安全可靠地工作。

在短路情况下，比正常工作电流大得多的故障电流通过母线和电气设备，将造成大量发热情况；同时由于电磁作用，在带电导体之间产生很大电动力，使设备与母线承受巨大的机械应力；强大的短路功率将使断路器等断流设备在断开故障电路时造成困难，必须进一步认识、掌握这些规律，并据此选择电气设备，有效地进行电气主接线和配电装置设计，以期达到安全、经济和高效运行的目的。

本章着重从基本原理入手，介绍牵引变电所设计、设备选择的计算方法和程序。有关控制、保护和自动化的具体接线和设计计算，已在本书第八章及其他有关课程（供电系统继电保护）中讨论，此处不再重复。

此外，对直流牵引短路计算已在第六章进行了详细的讨论，大功率整流和低压动力负荷大量变流装置导致的谐波抑制、无功补偿和杂散电流防护等方面的设计，也在第七章作了全面系统的介绍。

第二节 载流导体的发热和负载能力分析计算

一、电器与载流导体正常工作下的发热容许温度

当电器与载流导体长期通过电流时，铁磁体的涡流损耗、导体中电阻功率消耗，以及绝缘材料中的介质损耗等都将转变为热量。其中一部分热量使导体本身发热、温度升高，另一部分则散发到周围介质中去。电器与导体（电缆和母线等）的发热温度超过一定的限度后，将产生以下不良后果：

（1）导体在高温下因遭受退火而使机械强度下降，在长时间发热下，铜超过 150 ℃，铝超过 100 ℃，或短时发热铜超过 300 ℃，铝超过 200 ℃ 时，其机械强度将剧烈下降，致使在短路的最大电动力作用下，金属导体变形或损坏。

（2）对于电接触连接处，因高温发热引起机械强度下降，使两导体接触处压力减小，接触电阻增大，导致发热愈加严重。同时，由于发热将使接触表面强烈氧化，产生电阻比导体本身大得多（几十倍甚至更大）的氧化铜或氧化铝等金属氧化膜，最后使接触电阻大大增加，引起接触处发热剧增，其结果使接触连接松动、变形甚至熔化。

（3）在高温时，绝缘材料的介质损耗增加，其介质强度相应降低，并使绝缘老化加速，造成其工作寿命下降。例如，瓷绝缘子（或绝缘套管）在温度超过 85 ℃ 时，电气强度迅速降低，温度达 100 ℃ 时只有原来介质强度的 3/4。

由于上述原因，导体和电器的不同部分发热容许温度受到了限制，且各不相同。所谓容许温度，是指使导体和电器能保持正常的连续工作所允许的最高发热温度。容许温度实际上确定了电器与导体在连续（或短时）发热情况下容许的电流值。

按有关规定，导体的正常最高允许发热温度，一般不超过 +70 ℃，在计及太阳日照影响时，钢芯铝绞线及管形导体，可提高到 +80 ℃。电器的最高允许发热温度与其绝缘材料、接触连接处的不同材料等有关，绝缘材料在空气中最高（A 级）为 100 ℃；在 SF_6 中，可达 120 ℃；用铜及其合金制成并镀银的接触连接处，其最高允许发热温度可达 90 ℃；用银制成并焊接的接触连接处则可达 120 ℃。

二、电器和载流导体在正常工作容许发热下的过载能力

电气设备和电器一般由导体、绝缘材料和铁磁体组成，在交流电通过时其发热过程极其复杂，很难精确计算，一般按设备实验提供的容许电流数据作为其工作电流引起发热的限制条件，即使容许电流 I_{al}（或额定电流 I_N）$\geqslant I_\omega$（长期工作电流）。而对于母线等载流导体，主要由本身电阻引起发热，其计算较简单。根据热平衡条件，电器和导体的发热等于其本身吸热和散热的和，即

$$Q_\Sigma \cdot dt = mcd\tau + KS\tau dt \tag{9.1}$$

式中，$Q_\Sigma \cdot dt$ 为 dt 时间内的总发热（包括电阻发热、介质损耗发热、涡流损耗发热，如为裸母线，则 $Q_\Sigma = I^2 R$）；m、c 分别为发热体质量（kg）和比热容 [J/(kg·℃)]；$KS\tau = Q_l + Q_f$，是一种复合散热，即散失到周围介质的热量，为对流散热量 Q_l 和辐射散热量 Q_f 之和；K、S 分别为发热体散热系数 [W/(m²·℃)] 和表面积（m²）；τ 为发热体温度（τ_h）与周围介质温度（τ_0）之差，即 $\tau = \tau_h - \tau_0$。

式（9.1）微分方程的解为

$$\tau = \tau_s(1 - e^{-\frac{t}{T}}) + \tau_0 \cdot e^{-\frac{t}{T}} \tag{9.2}$$

$$\tau_s(\text{稳定温升}) = \frac{Q_\Sigma}{KS} \quad (\text{℃}) \tag{9.3}$$

式中，T 为发热时间常数（因次为时间），其值等于发热体总热容量（mc）与散热情况的比，即 $T = mc/KS$。

在稳定温升下（相当于时间 $t = \infty$ 时），导体或电器产生的热量等于散去的热量，温度不再上升而趋于稳定。

如果导体和电器开始通电时 $\tau_0 = 0$，则式（9.2）变为

$$\tau = \tau_s(1 - e^{-\frac{t}{T}}) \tag{9.4}$$

导体和电器通电中断，则开始冷却，温度下降，式（9.1）左端发热量为零，其解为（冷却时）

$$\tau = \tau_s e^{-\frac{t}{T}} \tag{9.5}$$

很明显，电器或载流体的冷却曲线就是发热曲线的镜像，式（9.5）和式（9.4）的图形如图 9.1 所示的曲线 3 和曲线 1。

对于母线等导体，发热仅由电阻引起，导体在 I_{al} 通过下的稳定温升就是发热的最大容许温升，则式（9.3）可改写为

$$\tau_{al} = \frac{I_{al}^2 \cdot R}{KS}$$

$$I_{al} = \sqrt{\frac{KS\tau_{al}}{R}} = \sqrt{\frac{Q_1 + Q_f}{R}} \tag{9.6a}$$

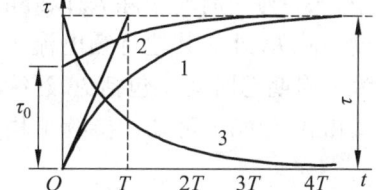

图 9.1　发热曲线与冷却曲线图

1、2—发热曲线；3—散热曲线

式中，I_{al} 为母线长期容许电流值；τ_{al} 为母线容许温升；R 为母线电阻。

若计及屋外导体日照时吸收太阳辐射热量 Q_t，则

$$I_{al} = \sqrt{\frac{Q_1 + Q_f - Q_t}{R}} \tag{9.6b}$$

从式（9.6b）可知，影响母线等载流导体容许电流的因素很多，包括散热系统、电阻、散热面积和容许温升等。其中综合散热系数 K 与导体安装地点及其散热方式（传导、对流或辐射）、散热介质，以及母线放置方式（水平或垂直安放）有关。室外母线因空气流速大，其散热以对流为主，K 值按导体表面氧化及绝缘材料的不同，在 $(6 \sim 14) \cdot 10^2/(m^2 \cdot ℃)$ 范围内变化；室内母线散热以辐射为主，它与导体表面状况有关，黑体和涂漆母线的辐射性能最好，采用后者可提高载流量 10% ~ 20%。故室内母线都涂以不同颜色的油漆，同时可用来防腐和识别相序。

工程中常采用查表的方式求母线和导体的容许电流（载流量），它是按环境温度为 25 ℃ 时由式（9.6b）得到的（见附录中附表 1 ~ 3），当实际环境温度变化时，需按采用的环境温度乘以校正系数 K_t，此值可以从附录中附表 5.2 中查得。

电力电缆各芯线间及电缆外面都包有绝缘层，其散热情况更为复杂，故电缆的容许电流及容许温度由制造厂根据试验来确定，其数据见附录中附表 4。

由于电力电缆都敷设在地下的电缆沟或直接埋设于地下，环境条件与空气中不同。对 10 kV 以下电缆，地面至电缆顶层铅皮的距离不应小于 0.7 m；对 20 ~ 35 kV 电缆应不小于

1 m，在此条件下土壤温度取 15 ℃。当实际情况不符合上述规定时，应乘以修正系数，其值参见附录附表 5。

上述载流导体、电缆、电器的容许发热及由此确定的容许电流都是按长期连续工作的方式考虑的。电牵引负荷由于列车运行状况、线路坡道、列车数量等的变化，将形成周期性的重复出现延续最大负荷（持续几分钟以上），如图 9.2 所示的 I_M（有效值），使牵引供电系统牵引侧电器（隔离开关、断路器等）、母线和导体的发热及其负荷能力具有不同特点。显然，在单位时间热损耗及散热条件、容许发热温度不变的情况下，后者应具有大于 1 的过载能力。

对于图 9.2 中周期性重复出现最大负荷产生的发热，根据等效发热原则，可将它变换为如图 9.3 所示的持续平均负荷 I_{av} 与最大负荷 I_M 两者叠加而成，其所产生的发热应相等。其中持续平均负荷 I_{av} 为

$$I_{av} = \sqrt{\frac{I_{av1}^2 \cdot t_1 + I_{av2}^2 \cdot t_2 + \cdots + I_{avn}^2 \cdot t_n}{t_\Sigma}} \tag{9.7}$$

式中，I_{av} 为一周期中除 I_M 以外的其他电流平均有效值（A）；I_{av1}，I_{av2}，$\cdots$，I_{avn} 分别为一周期中除 I_M 外的其他持续电流（A）；t_1，t_2，$\cdots$，t_n 分别为上述电流所延续的时间（min）；t_Σ 为一周期总时间（包括 I_M 延续时间）（min）。

由式（9.4）可知，持续平均负荷 I_{av} 产生的稳定温升 τ_{av} 为（见图 9.4 中的曲线 1）

$$\tau_{av} = \frac{Q_{\Sigma av}}{K \cdot S}(1 - e^{-\frac{t_\infty}{T}}) \tag{9.8}$$

式中，$Q_{\Sigma av}$ 为 I_{av} 通过时产生的总热量；t_∞ 为达到稳定温升的时间（$t_\infty = 4T \sim 5T$）。

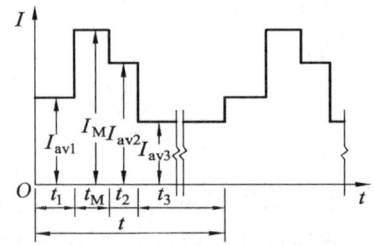

图 9.2 电牵引系统周期性重复出现延续最大负荷的情况

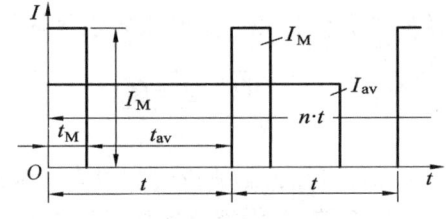

图 9.3 周期性重复出现最大负荷的负荷叠加

周期性重复出现最大负荷产生的温升，在每周期中由发热（Oa）和散热（ab）两阶段组成，如图 9.4 所示的曲线 2。下一周期开始时，再重复这一过程，bc 为发热，cd 为散热，依此持续下去直到出现 n 个周期（$n = \infty$），则最后温升为 τ_n。其计算如下：

由图 9.4 中曲线 2 可知，发热至 a 点（Oa）终止（第一周期）的温升为

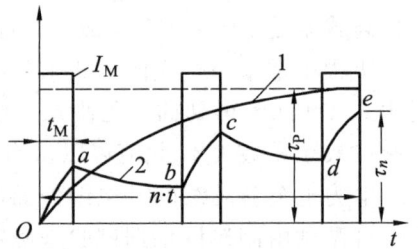

图 9.4 周期性重复出现最大负荷的发热与冷却曲线

$$\tau_1 = \tau_M(1-e^{-\frac{t_M}{T}}) = \frac{Q_{\Sigma M}}{K \cdot S}(1-e^{-\frac{t_M}{T}})$$

至 b 点第一周期冷却终止，其温升为

$$\tau_1' = \tau_1 e^{-\frac{t-t_M}{T}} = \tau_M(1-e^{-\frac{t_M}{T}}) \cdot e^{-\frac{t-t_M}{T}} \tag{9.9}$$

在第 n 个周期时最大负荷 I_M 造成的发热终止温升，按式（9.10）中括号内等比级数求和（$n=\infty$），得

$$\tau_n = \tau_M(1-e^{-\frac{t_M}{T}}) \cdot (1+e^{-\frac{t}{T}}+e^{-\frac{2t}{T}}+\cdots+e^{-\frac{(n-1)t}{T}})$$

$$= \tau_M(1-e^{-\frac{t_M}{T}}) \cdot \frac{1-e^{-\frac{nt}{T}}}{1-e^{-\frac{t}{T}}} \tag{9.10}$$

式中　τ_M——由 I_M 造成的稳定温升，$\tau_M = \frac{Q_{\Sigma M}}{K \cdot S}$；

　　　t_M——每周期中最大负荷持续时间（min）；

　　　t——一周期的总时间（min），即 $t = t_M + t_1 + t_2 + \cdots + t_n$。

则两种负荷 I_{av} 和 I_M 所产生热量形成的总温升，应为式（9.8）和式（9.10）的代数和，以 τ_Σ 表示，并将 $e^{-\frac{t_M}{T}}$、$e^{-\frac{t}{T}}$ 展开且忽略高次项，得

$$\tau_\Sigma = \tau_{av} + \tau_n = \frac{Q_{\Sigma av}}{K \cdot S} + \frac{Q_{\Sigma M}}{K \cdot S}(1-e^{-\frac{t_M}{T}}) \cdot \frac{1}{1-e^{-\frac{t}{T}}}$$

$$= \frac{Q_{\Sigma M}}{K \cdot S}\left[\left(\frac{I_{av}}{I_M}\right)^2 + \frac{1-e^{-\frac{t_M}{T}}}{1-e^{-\frac{t}{T}}}\right] = \frac{Q_{\Sigma M}}{K \cdot S}\left(k_{av}^2 + \frac{t_M}{T}\right) \tag{9.11}$$

式中，k_{av} 为相对于最大负荷的负荷系数：

$$k_{av} = \frac{I_{av}}{I_M}$$

设电器和导体在额定电流 I_N 或长期容许电流 I_{al} 通过下的容许温升为 $\tau_N = \frac{Q_{\Sigma N}}{K \cdot S}$，则周期性牵引负荷流过的长期稳定温升应满足下列条件：

$$\tau_\Sigma \leqslant \tau_N$$

将式（9.11）代入上式，并忽略不同温升电阻温度系数的差别，则有

$$Q_{\Sigma N} \geqslant Q_{\Sigma M}\left(k_{av}^2 + \frac{t_M}{T}\right) \tag{9.12}$$

故电流过载系数为

$$K_{\mathrm{M}}=\sqrt{\frac{Q_{\Sigma \mathrm{N}}}{Q_{\Sigma \mathrm{M}}}}=\sqrt{\frac{t}{k_{\mathrm{av}}^{2}\cdot t+t_{\mathrm{M}}}} \tag{9.13}$$

很明显，K_{M} 的值大于 1，当 $k_{\mathrm{av}}=0$，即仅有最大负荷存在（$I_{\mathrm{av}}=0$）时，则 $K_{\mathrm{M}}=\sqrt{t/t_{\mathrm{M}}}$ 与直接由式（9.10）得出的结果相同。式（9.13）说明，在周期性重复出现最大负荷的持续牵引负荷下，电器和导体在容许发热温度的范围内可以过负荷运行，其过载系数 $K_{\mathrm{M}}>1$。

【例 9.1】 某电气化铁路区段牵引列车上坡运行，其运行周期的典型负荷曲线如图 9.5 所示，一周期时间 $t=36$ min，最大负荷 $I_{\mathrm{M}}=810$ A，$t_{\mathrm{M}}=5$ min，如开关电器的额定电流 $I_{\mathrm{N}}=600$ A（最大），一周期内其他持续负荷的数值和时间均示于图内，这种周期负荷每天持续时间为 3～4 h，求开关电器（隔离开关、断路器）的允许过载系数。

解：由式（9.7）求得平均持续负荷电流为

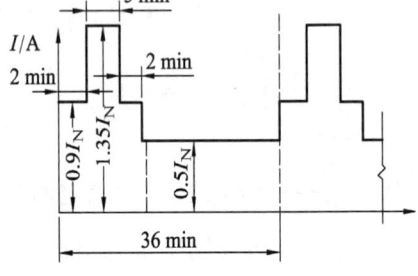

图 9.5 例题 9.1 用图

$$I_{\mathrm{av}}=\sqrt{\frac{(0.9I_{\mathrm{N}})^{2}\times 4+(0.5I_{\mathrm{N}})^{2}\times 27}{36}}$$

$$=0.525I_{\mathrm{N}}=315 \text{ (A)}$$

$$k_{\mathrm{av}}=\frac{I_{\mathrm{av}}}{I_{\mathrm{M}}}=\frac{315}{810}=0.39$$

对开关电器，取发热时间常数 $T=20$ min，则由式（9.13），有

$$K_{\mathrm{M}}=\sqrt{\frac{t}{k_{\mathrm{av}}^{2}\cdot t+t_{\mathrm{M}}}}=\sqrt{\frac{36}{(0.39)^{2}\times 36+5}}=\sqrt{\frac{36}{10.48}}=1.85$$

$$K_{\mathrm{M}}\cdot I_{\mathrm{N}}=1.85\times 600=1\,110 \text{ (A)}>810 \text{ (A)}$$

说明采用 $I_{\mathrm{N}}=600$ A 的开关电器，通过上述具有重复最大负荷为 810 A 的持续牵引负荷时，不会引起过热。

第三节 短路故障时载流导体的发热和电动力计算

一、载流导体短路时的发热计算

在短路情况下，载流导体中通过的电流超过正常负荷许多倍，致使导体温度迅速升高，且短路电流通过的时间不超过几秒钟，因此可不考虑散入周围空气中的热量，而认为短路电流在导体内产生的热量全部用来使导体温度升高。短路时发热计算的目的，在于找出此时的发热温度 θ_{h}，以便与导体规定的短时发热容许温度 θ_{al}（见表 9.1）相比较。

表 9.1 导体和电缆短路时发热最高允许温度

导体种类和材料	最高允许温度/°C
母线：铜、钢（和电器直接连接）	300
铝、铜（有锡覆盖层接触面）	200
油浸纸绝缘电缆、交联聚乙烯电缆 { 铜芯 35 kV及以下 / 铝芯 35 kV及以下 }	250
橡皮绝缘电缆/聚氯乙烯电缆	150/120

导体短路时，在绝热（不散热）条件下，考虑导体温升快，其电阻和比热容也随温度而变化，发热方程式（9.1）变为下式：

$$I_{kt}^2 \cdot R_\theta \cdot dt = m \cdot c_\theta \cdot d\theta \tag{9.14}$$

式中，I_{kt} 为任一时刻的短路电流有效值（A）；R_θ 为温度在 θ 时的导体电阻（Ω），$R_\theta = \rho_0 \dfrac{1}{S}(1+\alpha\theta)$；$c_\theta$ 为温度在 θ 时导体的比热容 [J/(kg·°C)]，$c_\theta = c_0(1+\beta\theta)$；$\rho_0$、$c_0$ 分别为温度在 0 °C 时导体的电阻系数和比热容；α、β 分别为电阻和比热的温度系数。

设导体比重为 γ（kg/m³）、长度为 l（m）、截面面积为 S（cm²），则导体的质量 $m = \gamma \cdot S \cdot l$。将 m 和 R_θ、c_θ 各值代入式（9.14），经整理后得发热的微分方程式如下：

$$\frac{1}{S^2} I_{kt}^2 dt = \frac{c_0 \gamma}{\rho_0} \cdot \frac{1+\beta\theta}{1+\alpha\theta} d\theta$$

对上列等式两边积分，左边从 $t=0$（短路开始）积分到 t_k（切除短路的时间），右边从短路开始前导体的温度 θ_s 积分到通过短路电流后发热的最后温度 θ_h，即得下式：

$$\frac{1}{S^2}\int_0^{t_d} I_{kt}^2 dt = \frac{c_0 \gamma}{\rho_0} \int_{\theta_s}^{\theta_h} \frac{1+\beta\theta}{1+\alpha\theta} d\theta \tag{9.15}$$

式（9.15）右侧积分结果为一对数函数，即

$$\frac{c_0 \gamma}{\rho_0} \int_{\theta_s}^{\theta_h} \frac{1+\beta\theta}{1+\alpha\theta} d\theta = A_h - A_s \tag{9.16}$$

其中

$$A_h = \frac{c_0 \gamma}{\rho_0}\left[\frac{\alpha-\beta}{\alpha^2}\ln(1+\alpha\theta_h) + \frac{\beta}{\alpha}\theta_h\right]$$

$$A_s = \frac{c_0 \gamma}{\rho_0}\left[\frac{\alpha-\beta}{\alpha^2}\ln(1+\alpha\theta_s) + \frac{\beta}{\alpha}\theta_s\right]$$

从式（9.16）的积分结果，可知 A_h（或 A_s）反映了短路最终（或起始）温度的"热脉冲"，它与导体的 c_0、γ、ρ_0、α 和 β 等参数有关。在实用中，为了简化计算，作出了常用的以铜、铝和钢为材料的导体的 $A_\theta = f(\theta)$ 关系曲线，如图 9.6 所示。知道热脉冲 A_h 或 A_s 后，即可从相

应曲线的纵坐标求得发热温度 θ_h（或 θ_s）。

式（9.15）左边为短路电流在短路持续时间 t_k 内的发热效应与导体截面平方的比值，如以 Q_k 表示短路电流的热效应，并将短路全电流 i_k 分解为周期分量电流 i_{pt} 与非周期分量电流 i_{npt} 两部分，则代入并化简，得到

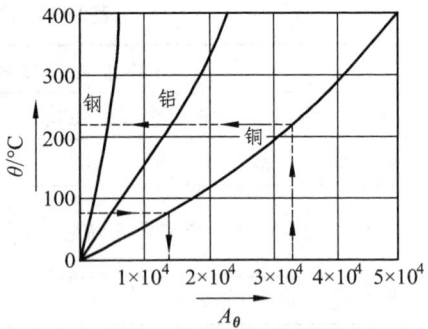

图 9.6 短路发热的 $A_\theta = f(\theta)$ 曲线

$$i_k^2 = \int_0^{t_k} i_k^2 \mathrm{d}t = \int_0^{t_k} (\sqrt{2} I_{pt} \cos\omega t + i_{npt} e^{-t/T_{np}})^2 \mathrm{d}t \quad (9.17)$$

$$Q_k = \int_0^{t_k} I_{pt}^2 \mathrm{d}t + \int_0^{t_k} i_{np0}^2 \cdot e^{-2t/T_{np}} \mathrm{d}t$$

$$\approx \int_0^{t_k} I_{pt}^2 + i_{np0}^2 \times \frac{1}{2} T_{np}(1 - e^{-2t/T_{np}}) = Q_p + O_{np} \quad (9.18)$$

式中，T_{np} 为非周期分量衰减时间常数；Q_p、Q_{np} 分别为短路周期分量电流和非周期分量电流的发热效应；i_{np0} 为短路电流起始（$t=0$）非周期分量值。

式（9.18）为短路热效应的基本方程式，可知最终可归结为分别计算短路电流周期分量热效应 Q_p 和非周期分量热效应 Q_{np} 的问题。

二、短路电流周期分量和非周期分量热效应的计算

（一）用数值积分法（1—10—1）计算 Q_p

从式（9.18）第一项可知，I_{pt}^2 是随时间变化的，在（0，t_K）区间中它与时间轴组成的区域面积的计算，按数值积分的方法求解是很方便的，可利用辛普生求积公式（抛物线法），以为了提高精度而导出的复化辛普生公式来解算。如图 9.7（a）所示，函数 $f(x)$ 在区间（a，b）之间的面积（将 ab 分为 2 等份，取 $n=2$），用辛普生公式表示为

$$\int_{x_0}^{x_2} f(x)\mathrm{d}x = \frac{x_2 - x_0}{3 \cdot n}(f_0 + 4f_1 + f_2)$$

$$= \frac{x_2 - x_0}{6}(f_0 + 4f_1 + f_2) \quad (9.19)$$

式中，f_0、f_1、f_2 分别为当 $x=x_0$、x_1、x_2 时的函数 $f(x)$ 的值。

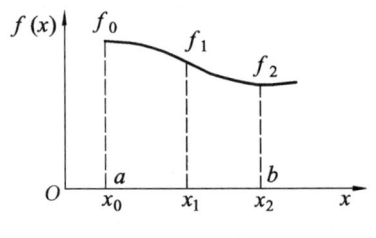
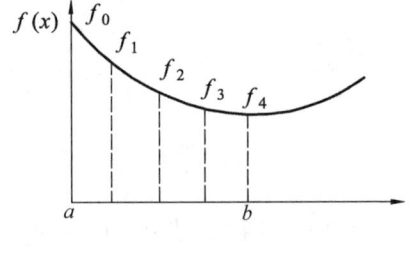

（a）一般公式　　　　　　　　　　　（b）复化公式

图 9.7 辛普生公式求积

如将区间（a、b）分为 4 等份（$n=4$），如图 9.7（b）所示，每 2 等份利用辛普生公式求积，叠加后得复化辛普生公式为

$$\int_a^b f(x)\mathrm{d}x = \frac{b-a}{12}[f_0 + f_4 + 4(f_1+f_3) + 2f_2] \tag{9.20}$$

令 $f_1 + f_3 = 2f_2$（取近似值），则

$$\int_a^b f(x)\mathrm{d}x \approx \frac{b-a}{12}[f_0 + 10f_2 + f_4] \tag{9.21}$$

由式（9.21）可知，只要已知 f_0、f_2、f_4 的值，即可求得较准确的 $\int_a^b f(x)\mathrm{d}x$ 面积。这个方法可简称为 1—10—1 法。

利用式（9.21）的 1—10—1 法计算短路电流周期分量热效应时，只需求出 $t=0$ 的电流 I_p''，t_k 时的电流 I_kt，以及 $t_\mathrm{k}/2$ 时的电流 $I_\mathrm{kt/2}$，并按下列关系求积：

$$Q_\mathrm{p} = \frac{I_\mathrm{p}''^2 + 10(I_\mathrm{kt/2})^2 + (I_\mathrm{kt})^2}{12} \times t_\mathrm{k} \quad (\mathrm{A}^2 \cdot \mathrm{s}) \tag{9.22}$$

这种方法计算工作量小，且能保证足够的准确度，在网路复杂而又需提高计算准确度时采用。

（二）非周期分量电流热效应 Q_np 的计算

由基本公式（9.18）得

$$Q_\mathrm{np} = \int_0^{t_\mathrm{k}} i_{\mathrm{np}0}^2 \mathrm{e}^{-2t/T_\mathrm{np}} \mathrm{d}t = i_{\mathrm{np}0}^2 \cdot \frac{1}{2} T_\mathrm{np}(1 - \mathrm{e}^{-2t/T_\mathrm{np}}) \tag{9.23}$$

从短路电流计算可知，$i_{\mathrm{np}0} = \sqrt{2} I_\mathrm{k}''$，将其代入上式，由于 T_np 与系统至短路点 K 处的每相总电感与总电阻比值有关（$T_\mathrm{np} = X_{K\Sigma}/\omega R_{K\Sigma}$），短路点离发电厂越近，$T_\mathrm{np}$ 越大；当一般高压系统中短路时，$X_{K\Sigma}/R_{K\Sigma} \geqslant 15 \sim 20$，$T_\mathrm{np} \approx 0.05 \sim 0.064$ s，则按短路持续时间 t_k 的大小，（9.23）式可表达为下列形式：

$$Q_\mathrm{np} = I_\mathrm{p}''^2 \cdot T_\mathrm{np}(1 - \mathrm{e}^{-2t_\mathrm{k}/T_\mathrm{np}}) \quad (\mathrm{A}^2 \cdot \mathrm{s}) \tag{9.24}$$

$$Q_\mathrm{np} = I_\mathrm{p}''^2 \cdot T_\mathrm{eq} \quad (\mathrm{A}^2 \cdot \mathrm{s}) \tag{9.25}$$

式中，I_p'' 为起始次暂态短路电流周期分量；$T_\mathrm{eq} = T_\mathrm{np}(1 - \mathrm{e}^{-2t_\mathrm{k}/T_\mathrm{np}})$ 为非周期分量等效时间，T_eq 的数值按短路地点不同分类如表 9.2 所示。

表 9.2 非周期分量等效时间 T_eq

短 路 点	T_eq/s	
	$t_k \leqslant 0.1$ s	$t_k > 0.1$ s
发电机出口及母线	0.15	0.20
发电机升高电压母线及出线发电机电压电抗器后	0.08	0.10
变电站各级电压母线及出线	—	0.05

如已知短路电流 I_p'' 和 t_k 时刻短路切除时的电流 I_{kt}，以及短路前的起始温度 θ_s，要确定短路后导体和母线的最终发热温度 θ_h，只需根据导体和母线的截面 S，按式（9.16）查曲线的方法和式（9.22）、式（9.24）或式（9.25）计算求得的 Q_p 与 Q_{np}，即可得到

$$\frac{1}{S^2}(Q_p+Q_{np})=A_h-A_s$$

所以

$$A_h=A_s+\frac{1}{S^2}(Q_p+Q_{np}) \tag{9.26}$$

如已知短路前导体和母线的长期工作电流 I_w，则起始温度 θ_s 按下式求得：

$$\theta_s=\theta_0+\left(\frac{I_w}{I_{al}}\right)(\theta_{al}-\theta_0) \tag{9.27}$$

式中，I_{al}、θ_{al} 分别为导体长期容许电流（A）和长期容许温度（°C）；θ_0 为周围环境温度（°C）。

由式（9.27）求得的 θ_s，从图 9.6 中 $A_\theta=f(\theta)$ 相应材料曲线的纵坐标取 θ_s 值，则在对应的横坐标上即可得到 A_s，将 A_s 值代入式（9.26）中，加上 $\frac{1}{S^2}(Q_p+Q_{np})$ 一项的数值，即可得到 A_h，最后以 A_h 值查相应材料曲线，从 $A_\theta=f(\theta)$ 曲线的纵坐标上便可求得短路母线的最终发热温度 θ_h。若 θ_h 小于或等于表 9.1 所列出的该材料导体在短路时的最高允许发热温度，则导体或母线是热稳定的。否则，导体和母线在短路发热情况下是不稳定的，必须增大其截面来满足热稳定的要求。

对于高压电器的选择，往往只需求短路时的热效应 Q_k，以便与设备能够保证的热稳定参数相比较。

【例 9.2】 某地区变电所靠近水电厂并由它供电，在变电所 37 kV 母线发生三相短路（K点），求短路点电压级的电器与导体的热效应。设切断短路电流的时间 $t_k=0.1$ s，发电厂总容量 $S_n=138.8$ MV·A。已知 K 点三相短路时的数据 $I''=3.91$ kA，$I_{t=0.1}=3.56$ kA（均为 37 kV 侧电流），计算电抗 $x_{*ca}=0.586$。

解：因短路点靠近发电厂，由表 9.2，取 $T_{eq}=0.08$ s，用 1—10—1 法求短路电流周期分量热效应 Q_p。

由 $x_{*ca}=0.586$ 从计算曲线查得 $t_k=0.05$ s，$I_{*t=0.05}=1.75$，故

$$I_{t=0.05}=1.75 \cdot I_{\Sigma N}=1.75\times 2.17=3.80 \text{ (kA)}$$

按式（9.22）求 Q_p、Q_{nP}：

$$Q_p=\frac{I''^2+10\times(I_{t=0.05})^2+I_{t=0.1}}{12}\times 0.1=\frac{3.91^2+10\times 3.80^2+3.56^2}{12}\times 0.1=1.44 \text{ (kA}^2\cdot\text{s)}$$

$$Q_{np}=I''^2\cdot T_{np}(1-e^{-2t_k/T_{np}})=I''^2\cdot T_{eq}=3.91^2\times 0.087=15.29\times 0.08=1.22 \text{ (kA}^2\cdot\text{s)}$$

故短路时热效应为

$$Q_k = Q_p + Q_{np} = 2.66 \quad (kA^2 \cdot s)$$

（三）等值时间法计算热效应

该方法是依据等效发热的概念提出的，即取短路电流 I_{kt} 在 t_k 时刻短路被切除的时间段内实际发出的短路电流热量 $\int_0^{t_k} I_{kt}^2 dt$，与一直保持不变的稳定短路电流 I_∞ 在一段相应时间 t_{eq} 内产生的热量相等，这段相应时间 t_{eq} 称为等值发热时间或假想时间。

如用短路稳态电流 I_∞ 代替短路全电流，而以 t_p、t_{np} 分别代表周期分量和非周期分量的等值时间，由式（9.18）计算，则热效应为

$$Q_k = \int_0^{t_k} (I_p^2 + i_{np}^2) dt = I_\infty^2 t_{eq} = Q_p + Q_{np} = I_\infty^2 t_p + I_\infty^2 t_{np} \tag{9.28}$$

式中 $\quad t_{eq} = t_p + t_{np}$

下面就周期分量和非周期分量的热效应分别进行计算。

（1）周期分量的热效应 Q_p。

首先求周期分量等值时间 t_p，因

$$\int_0^{t_k} I_{kp}^2 dt = I_\infty^2 t_p \quad \text{及} \quad \beta'' = \frac{I_p''}{I_\infty}$$

故知周期分量等值时间 t_p 依短路电流的 t_k 和 β'' 而定，即 $t_p = f(\beta'', t_k)$。现已将计算结果做成曲线，如图 9.8 所示。

图 9.8 中，短路时间 t_k 最多为 5 s，如果大于 5 s，可以认为短路电流已达稳定值，大于 5 s 后的时间即为等值时间，故当 $t > 5$ s 时，则 $t_p = t_{p(5)} + (t_k - 5)$。求出 t_p 后，可求得周期分量的热效应：

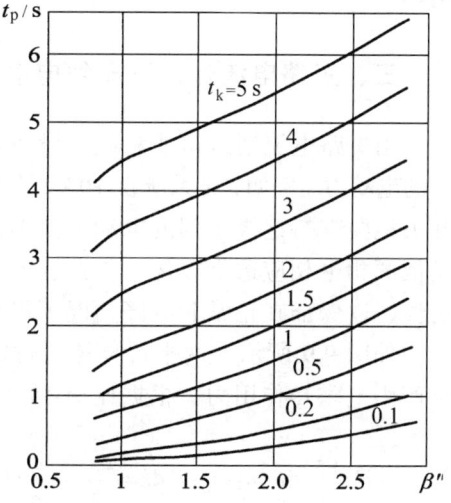

图9.8　周期分量等值时间曲线

$$Q_p = I_\infty^2 t_p \tag{9.29a}$$

（2）非周期分量的热效应 Q_{np}。

先求非周期分量的等值时间 t_{np}，由（9.18）式知：

$$Q_{np} = \frac{T_{np}}{2}(1 - e^{-\frac{2t_k}{T_{np}}}) i_{np0}^2$$

按等值时间概念有 $\dfrac{T_{np}}{2}(1 - e^{-\frac{2t_k}{T_{np}}}) i_{np0}^2 = I_\infty^2 \cdot t_{np}$，并将 $i_{np0} = -\sqrt{2} I_p''$ 代入其中，得到

$$t_{np} = T_{np} \beta''^2 (1 - e^{-\frac{2t_k}{T_{np}}})$$

一般情况取 $T_{np} = 0.05$ s，于是 $e^{\frac{2t_k}{T_{np}}} \approx 0$，则非周期分量的等值时间为

$$t_{np} = 0.05\beta''^2 \tag{9.29b}$$

从而得非周期分量的等值热效应为

$$Q_{np} = I_\infty^2 \cdot t_{np} = 0.05\beta''^2 \cdot I_\infty^2$$

故短路全电流的热效应 Q_k 为周期分量和非周期分量两者等值热效应之和，等值时间 $t_{eq} = t_p + t_{np}$，则

$$Q_k = I_\infty^2 \cdot t_p + I_\infty^2 \cdot t_{np} = I_\infty^2(t_p + t_{np}) \tag{9.30}$$

如果短路电流切除时间 $t_k > 1$ s，导体与电气设备的发热主要由周期分量产生，则可不计 Q_{np} 部分。等值时间计算法计算简便，因而得到了广泛应用。

三、短路电流作用下母线电动力的计算

当短路电流通过母线和电气设备载流导体时，特别是在短路冲击电流作用下，将产生很大的电动力。例如，某系统在 10 kV 电压母线产生三相短路时，中间相峰值电流达 53 kA，10 kV 开关柜两支持绝缘子间的电动力实测值为 370 kg，结果使中间相瓷瓶碎裂，母线受到折损，其他两相也相应遭受损坏。因此，电气设备和载流导体必须具有承受短路时产生电动力的稳定性，以保证在正常和故障情况下可靠地工作。

如图 9.9 所示，两平行导体通过电流时，一导体中的电流与另一导体的磁场相互作用，将产生电磁互作用力，根据比奥-沙瓦定律，其数值为

$$\begin{aligned}F &= \int_0^l dF = \int_0^l i_2 \cdot B_1 dl = \frac{\mu_0 \cdot i_1}{2\pi} \cdot \frac{i_2}{a} \cdot l \\ &= 2 \cdot i_1 \cdot i_2 \cdot \frac{l}{a} \times 10^{-7} \quad (\text{N})\end{aligned} \tag{9.31}$$

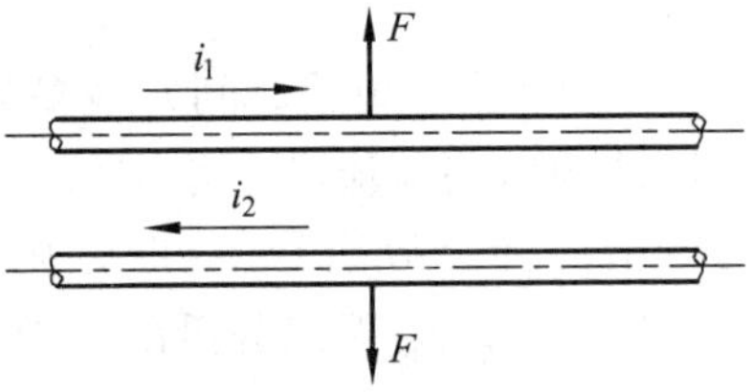

图 9.9 两平行导体间的电动力

式中，i_1、i_2 分别为通过两导体的电流瞬时值（A）；μ_0 为空气中磁导率，$\mu_0 = 4\pi \times 10^{-7}$(H/m)；$l$ 为导体的长度（m）；a 为导体中心轴间距离（m）。

电磁作用力的方向由导体中电流的方向而定，同向相吸（下取正号），异向相斥（F 取负号）。上述公式只有在母线截面非常小，且其长度 l 比母线间距离大得多，即 $l \gg a$ 的情况下，电流集中在导体的轴线上通过才较准确。实际上母线截面都是足够大的，且形状不一，因而利用上式计算时将产生较大误差。为此，在实际应用中上需引入形状系数 K_x 加以修正。故

$$F = 2 \cdot K_x \cdot i_1 \cdot i_2 \cdot \frac{l}{a} \times 10^{-7} \quad (\text{N}) \tag{9.32}$$

圆形和空心圆导体的形状系数 $K_x = 1$，矩形截面的导体和母线的形状系数可从如图 9.10

所示的 $K_x = f\left(\dfrac{a-b}{b+h}, \dfrac{b}{h}\right)$ 函数关系曲线来决定，其中 a、b、h 分别为母线轴间距离、母线宽度和母线高度。

由图 9.10 的曲线可知，母线间净距离（$a-b$）很小时，K_x 值随 b/h 比值的大小而变化的范围较大。当 $\dfrac{a-b}{b+h} \geqslant 2$ 时，即母线间净距离（$a-b$）大于（或等于）矩形截面的周长 $2(b+h)$，则 K_x 接近于 1。

通常按短路开始时的最大冲击电流计算导体或母线间的最大相互作用力，两相短路时，其作用力用 $F^{(2)}$ 表示，则

$$F^{(2)} = 2 \cdot K_x [i_{sh}^{(2)}]^2 \cdot \dfrac{l}{a} \times 10^{-7} \quad (\text{N}) \quad （9.33）$$

式中，$i_{sh}^{(2)}$ 为两相短路时的冲击电流（A）。

在平行放置于同一平面内的三相导体中通过三相短路电流时，每相导体同时与另外两相导体间的电流都产生互作用力，由于每相中电流的相位不同，故作用在中间相和边沿相导体上的合力是不相等的。其中以中间相（B 相）所受的互作用合力最大，如图 9.11 所示，因而一般都按中间相的电动力来检验三相配电装置母线的稳定性。

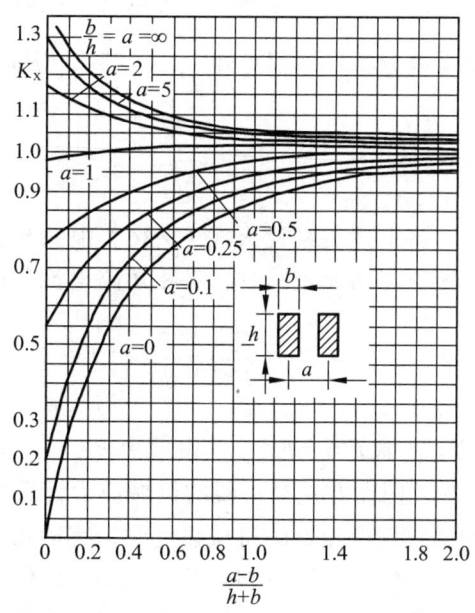

图 9.10 母线的形状系数 K_x

设三相系统中的瞬时短路电流（不计非周期分量）为

$$\left.\begin{array}{l} i_A = I_m \sin \omega t \\ i_B = I_m \sin(\omega t - 120°) \\ i_C = I_m \sin(\omega t - 240°) \end{array}\right\} \quad （9.34）$$

式中，I_m 为短路电流周期分量幅值。

由式（9.33）及分别代入式（9.34）的电流值，经运算整理得 B 相合力为

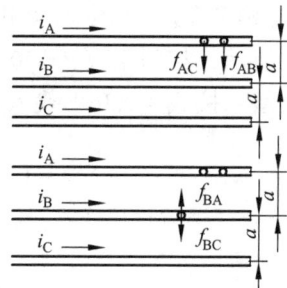

图 9.11 三相系统母线电动力

$$\begin{aligned} F_B &= F_{BA} - F_{BC} = 2 \cdot K_x \cdot \dfrac{l}{a} \cdot i_B(i_A - i_C) \times 10^{-7} \\ &= 2 \cdot K_x \cdot \dfrac{\sqrt{3}}{2} \cdot \dfrac{l}{a} I_m^2 \sin(2\omega t - 240°) \times 10^{-7} \end{aligned} \quad （9.35）$$

若 $\sin(2\omega t - 240°) = \pm 1$，即当 $\omega t = 165°$ 或 $75°$ 时，上式中 F_B 达到最大值（正号表示 B 与 A 相吸，负号为相斥），并用实际三相短路时的冲击电流代替 I_m，此时

$$F_{B,\max}^{(3)} = 1.73 \times K_x [i_{sh}^{(3)}]^2 \cdot \dfrac{l}{a} \times 10^{-7} \quad （9.36）$$

式中，$i_{sh}^{(3)}$ 为三相短路的冲击电流（A）。

当短路点离电源有一定电气距离时，系统的负序电抗可看成与正序电抗相等，则由"电力系统分析"课程可知 $\dfrac{I''^{(3)}}{I''^{(2)}} = \dfrac{2}{\sqrt{3}}$，从而三相短路冲击电流与两相短路冲击电流的比值亦为

$$\frac{i_{sh}^{(3)}}{i_{sh}^{(2)}} = \frac{2}{\sqrt{3}}$$

将上述关系代入式（9.36）中并与式（9.33）比较，得到在系统中同一地点分别发生三相短路与两相短路时，三相短路电流与两相短路电流产生的电动力数值比为

$$\frac{F^{(3)}}{F^{(2)}} = \frac{2}{\sqrt{3}} \approx 1.15 \tag{9.37}$$

式中，取 $F^{(3)} = F_{B,max}^{(3)}$。由此可知，三相短路电流产生的电动力比两相短路时的电动力约大15%，因而在选择母线的机械应力计算中，以及在检查配电装置各种支柱绝缘瓷瓶和某些类型的仪用变流器的机械强度时，都需按三相短路的电动力 $F^{(3)}$ 来考虑。

导体具有质量和弹性，组成一弹性系统。当受到一次外力作用时，就按一定频率在其平衡位置上下运动，由于受到摩擦和阻尼作用，震动会逐渐衰减。若导体持续受到电动力，便形成强迫振动；如果导体的固有频率接近电动力的频率，就会出现共振现象，设计时要避免发生共振。

导体发生振动时，在导体内部会产生动态应力。对于动态应力的考虑，一般用最大电动力乘以动态应力系数 β。对于重要导体，为使其固有频率避开电动力频率的范围，可取 $\beta = 1$。

【例9.3】 某牵引变电所10 kV母线侧的三相短路冲击电流 $I_{sh}^{(3)} = 20$ kA，母线排列如图9.11所示，相间距离 $a = 20$ cm，母线中两支持绝缘子间距离 $l = 1.2$ m，$K_x = 1$，求 $F^{(3)}$。

解：按式（9.36）代入各已知数据：

$$F^{(3)} = 1.73 \times 1 \times (20 \times 10^3)^2 \cdot \frac{120}{20} \times 10^{-7} = 415.2 \text{（N）}$$

第四节 载流导体和电气设备选择的一般条件和短路计算点的确定

电气设备的选择的基本原则是必须按正常工作条件进行选择，按短路状态校验热稳定和动稳定。电气设备额定电压的选择根据正常工作条件下额定电压不低于接入电网额定电压的条件确定；额定电流的选择根据额定环境温度、各种合理运行方式下承受的回路最大持续工作电流来确定。

在进行电气设备选择、按短路条件校验电气设备和载流母线的电动力和热稳定性时，必须计算可能通过各种电气设备和母线的最大短路电流值。而最大短路电流出现的条件，一方面要考虑电力系统远景规划（一般按运行后5~10年）系统容量增加的可能性，以及系统运行方式的变化使系统参数改变而导致短路电流增大。例如，系统在最大运行方式下，即所有

发电机组都投入，变压器和并联输电线路也都并网运行时，系统供给的短路电流最大，故一般应以最大运行方式的参数作为最大短路电流计算的条件。另一方面，对于所设计的牵引变电所或其他供电装置，其本身的主接线和运行方式对短路电流的数值也有很大的影响，因此必须在初步确定的主接线和主变压器运行方式情况下，选择电气设备可能处于最严重短路电流状态的短路点，作为短路计算点，以确定在系统最大运行方式下，通过各种电气设备和载流母线的最大短路电流。现根据不同情况进行分析。

（1）对于如图9.12所示牵引变电所，当选择110~220 kV侧的开关电器如断路器QF1和母线时，K_2点与K_1点的短路电流相同，故一般以高压母线短路点K_1作为110~220 kV高压侧电气设备的短路计算点。

（2）选择变压器二次侧的开关电器，如断路器QF3，按K_3点短路流经QF3的短路电流与主变压器的运行方式（并联或单台运行）有关，主变压器（T1）单台运行时，K_3点短路后通过断路器QF3的短路电流为最大值（I_{K3}）。在两台主变压器并联运行方式下，K_3点短路时断路器QF3流过的短路电流仅为二次侧母线K_4点短路时短路电流I_{K4}的1/2，显然，$I_{K4} > I_{K3} > (1/2)I_{K4}$。但为减少繁杂的计算工作，对主变压器二次侧电气设备和母线的选择，统一按K_4点母线短路计算最大三相短路电流。

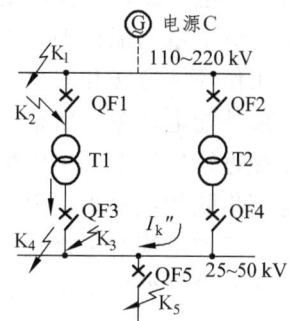

图9.12　选择牵引变电所短路点的接线图

（3）对于牵引馈线断路器等设备如QF5的选择，按三相或两相短路的最大电流进行，K_5点与K_4点的短路电流值相同。

（4）单相变压器接线方式的牵引变电所，牵引侧的所有设备（包括馈线断路器）的选择，统一按牵引母线上的短路点（如K_4点）计算最大两相短路电流（指纯单相）。

在选择电器和载流母线时，除了按上述条件确定短路计算点外，还必须决定短路电流通过的时间，即计算时间t_{ca}，短路计算时间由断路器的断路时间t_{br}和相应的继电保护动作时间t_{pr}两部分组成（$t_{ca} = t_k = t_{br} + t_{pr}$）。这是因为短路电流通过电器和母线后必须经过后才能使继电保护动作，使断路器断开故障，必须按这个时间来检验短路的热稳定性。断路器的断路时间按其本身结构有高速和低速之分，对高速断路器取$t_{br} < 0.1$ s，低速断路器取$t_{br} = 0.2$ s。而对继电保护动作时间t_{pr}来说，每种电压级电气设备的保护是不相同的，一般前后级相差$\Delta t(0.3 \sim 0.5 \text{ s})$，这是由继电保护的选择性动作的配合关系所决定的。因主保护的范围不能包括被保护设备或线路的全部，故规定应根据担任未被保护区域保护的辅助保护或后备保护动作时间（较主保护时间大Δt），来校验短路的热稳定性。

以图9.12所示电气主接线各短路计算点（分别列于图中相应位置）的计算时间为示例，其关系为

$$t_{ca5} = t_{br} + t_{pr5}, \quad t_{ca3} = t_{ca5} + \Delta t, \quad t_{ca1} = t_{ca3} + \Delta t$$

其中，t_{pr5}为牵引馈线的后备保护动作时间。

第五节 母线、电缆与支持绝缘子的选择

配电装置中的汇流母线、电力电缆等载流导体长期通过负荷电流,按工作条件可分为屋内和屋外(电缆主要埋设于地中或放置于地下电缆坑中)安装。对于屋外安装的母线受自然条件的影响较大,且屋外配电装置跨距大,要求有足够的机械强度,但屋外母线的散热条件较屋内要好。各种母线和电缆都要求有良好的导电性能,以减少电能损耗。目前广泛采用铜、铝或钢等导电材料制成,其中铜导线的导电性能、机械强度和耐腐蚀性最好,铝导线次之,钢导体导电性差,只在小电流或短期通过电流的接地装置中使用。根据我国资源情况和技术政策,应尽量以铝代铜,主要采用铝、铝合金及钢铝导线材料。但地铁牵引变配电系统中,由于工作环境特殊和安全可靠要求高等多方面因素,较多采用铜芯电缆。考虑施工安装的条件,屋外配电装置一般采用圆形铝绞线或钢芯铝绞线的软母线,铝管或铝合金管形导线只应用于硬母线情况下。屋内配电装置则普遍采用矩形截面的硬铝母线,因这种截面的母线在交流电下集肤效应较小,散热较好,施工安装方便。

母线和电缆的选择就是按不同工作条件确定其截面、结构形式与材料,同时按短路条件校验短时发热的热稳定性和机械稳定性。

配电装置中的支持绝缘子主要用来支持母线,或者同时具有载流的作用(如穿墙套管、电流互感器支持绝缘子)。前者的选择就是在确定不同工作条件与形式的基础上,校验它在短路情况下的机械稳定性。后者的选择计算内容与母线的选择基本上相同。

一、母线的选择

母线选择应按正常工作的负荷电流考虑,这种正常工作的电流根据不同的工作条件又分为按最大长期工作电流(延续半小时以上)和按经济电流密度两种情况,在下面将分别介绍。此外,再按短路条件进行校验。对于 35 kV 电压以上的母线,还应按限制电晕电压的要求考虑母线截面的大小(见"高电压技术"课程中的电晕放电部分)。

(一)按最大长期工作电流选择母线截面

根据正常工作下持续发热容许温升 τ_{al} 的限制,按式(9.6)条件应使最大长期工作电流小于 I_{al},即

$$I_{al} \geq I_{w,max} \tag{9.38}$$

式中,I_{al} 为相应于母线工作的环境温度和其放置方式(如矩形母线平放或竖放)下,母线长期容许电流值(查附录中附表 1~3);$I_{w,max}$ 为母线在电路中的最大长期工作电流。

对于牵引变压器,应考虑在紧密运行、越区供电(相邻变电所故障)等条件下,变压器的长期(1~2 h)允许过载能力,一般 $I_{w,max} = 1.3 I_N$(变压器额定电流)。对于功率通过式牵引变电所的汇流母线,$I_{w,max}$ 应按系统中最大可能的潮流分布求得的功率来计算。

必须指出,按发热条件验算有日照导体(屋外)的载流量时,应考虑日照的影响。导体最高温度应等于当地日照最大时的最高空气温度加当时负荷引起的温升和日照的附加温升。

一般日照强度取 10 W/m², 风速取 0.5 m/s（室内导体不考虑日照影响）。附录中附表 1~3 给出了在上述日照条件和无日照时各种导体的长期允许载流量。从表中查出的电流 I_{al} 是根据环境温度为 25 ℃ 的条件制定的，当实际环境温度不为 25 ℃ 时，需乘以修正系数 K_θ 予以校正，K_θ 的值可按附录中附表 5.2 查出，或由下式求得：

$$K_\theta = \sqrt{\frac{\theta_{al} - t}{\theta_{al} - 25}}$$

则
$$I_t = K_\theta \cdot I_{al} \tag{9.39}$$

式中，θ_{al} 为运行的允许温度，对室外有日照时 $\theta_{al} = 80$ ℃，室内取 70 ℃；t 为实际环境温度（℃）；I_t 为实际环境温度 t 时的容许电流。

（二）按经济电流密度选择母线截面

实际上配电装置母线的经济运行需要综合多方面的因素才能确定，特别对于年平均负荷较大、线路较长的馈线和母线更是如此。如图 9.13 所示，曲线 1 表示母线的电能损耗费与母线截面的关系；曲线 2 为母线及其附属设备的年维修和折旧费用，它与一次投资（也即为截面大小）成正比；曲线 3 为全年总运行费，等于在不同截面下曲线 1 与 2 相加而得。由图中可知，当母线截面为 S_j 的情况下，年总运行费最小，最为经济，这样得到的 S_j 称为经济截面。

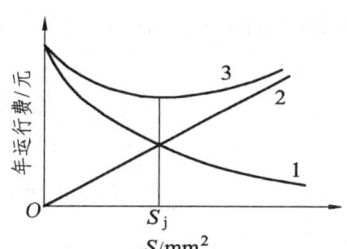

图 9.13 年运行费与导线截面的关系曲线

母线的年电能损耗是随全年平均负荷的不同而变化的（曲线 1 将变化），从而得到的经济截面也不同。母线的负荷状态通过最大负荷利用小时 T_{max} 表示，即假定全部以最大负荷工作时，它在 T_{max} 小时内的能耗与实际负荷在全年（8 760 h）内造成的能耗相同，很明显 $T_{max} < 8\ 760$，对于牵引负荷，一般取 $T_{max} = 3\ 000 \sim 5\ 000$ h。经济截面或单位面积的经济电流密度是与最大负荷利用小时成反比变化的，其数值与导体材料有关，如表 9.3 所示。

表 9.3 经济电流密度 j_n 单位：A/mm²

导体材料及种类	最大负荷利用小时 T_{max}/h		
	3 000 以下	3 000~5 000	5 000 以上
铜裸导体和母线	3.0	2.25	1.75
铝裸导体和母线	1.65	1.15	0.9
铜芯电缆	2.5	2.25	2.0
铝芯电缆	1.92	1.75	1.54

按经济电流密度 j_n 选择母线截面应满足下列条件：

$$S = \frac{I_w}{j_n} \tag{9.40}$$

式中，I_w 为正常工作情况下电路中的长期工作电流，即不考虑运行中可能的任何过负荷。

由上式确定的母线截面,还必须按式(9.38)正常工作的最大长期工作电流校验它的发热温度。对汇流母线一般不按经济电流密度选择截面,汇流母线各段的工作电流虽不同,但为安装方便,应选用同一截面的母线,如按并联工作的两台(或两台以上)变压器额定电流作为工作电流,则由经济电流密度选择的母线截面偏大,不合理也不经济。

(三)按短路条件校验母线的热稳定性

根据上述正常工作条件确定的母线截面,假定为 S,则在短路热稳定性的校验时,应按式(9.26)、式(9.27)求出发热系数 $A_h \left[A_h = A_s + \dfrac{1}{S^2}(Q_p + Q_{np}) \right]$,并从图 9.6 相应材料的 $A_\theta = f(\theta)$ 曲线得到 θ_h,必须使 $\theta_h \leqslant \theta_{\max}$($\theta_{\max}$ 为导体短时最大允许发热温度,参见表 9.1)。

如按上述条件(一)、(二)所求得的母线截面不能满足短路发热稳定性要求,则按式(9.26)的关系,在满足热稳定的前提下,很容易得到母线的最小容许截面 $S_{\min}$,即

$$S_{\min} = \sqrt{\dfrac{Q_k}{A_h - A_s}} = \dfrac{1}{C}\sqrt{Q_k} = \dfrac{1}{C}\sqrt{Q_p + Q_{np}} \tag{9.41}$$

式中,C 为与母线材料及其发热温度有关的系数,其值如表 9.4 所示;$Q_k = Q_p + Q_{np}$,由式(9.22)、式(9.24)、式(9.25)和式(9.30)计算。

表 9.4　各种起始温度下的 C 值

起始温度/°C	40	45	50	55	60	65	70	75	80	90
铝材导体	99	97	95	93	91	89	87	85	83	79
铜材导体	186	183	181	179	176	174	171	169	165	161

(四)按短路条件校验母线的机械稳定性

1. 屋内安装的母线

当有短路的巨大冲击电流通过母线时,使其承受较大的机械应力,将导致固定在支持绝缘子上的母线产生弯曲变形甚至折断,因而必须按这时加于母线的弯矩进行应力计算。

在计算弯矩时,一般假定母线为一自由放置在支柱上的横跨连续梁,可沿轴向自由伸缩,并承受均匀分布荷载的作用。

由材料力学可知,对于单条矩形母线,当跨距数大于 2 时,母线的最大弯矩为

$$M = \dfrac{F \cdot l}{10} \quad (\text{N} \cdot \text{m}) \tag{9.42}$$

式中,l 为支持绝缘子间的跨距(m);F 为母线所受的机械应力(N)。

跨距数等于 2 时,母线最大弯矩为

$$M = \dfrac{F \cdot l}{8} \quad (\text{N} \cdot \text{m}) \tag{9.43}$$

母线的最大计算应力为

$$\sigma = \frac{M}{W} \quad (\text{Pa}) \tag{9.44}$$

将（9.42）式与（9.36）式代入（9.44）式，得

$$\sigma = 1.73 i_{sh}^{(3)2} \cdot \frac{l}{aW} \times 10^{-8} \quad (\text{Pa}) \tag{9.45}$$

式中，W 称为截面系数，或称抗弯模量（m^3），指母线对垂直于力作用方向为轴线的抗弯矩，其数值与母线截面形状和母线的放置方式有关。

对于矩形截面的母线，按如图 9.14（a）所示布置时，$W = (1/6)b^2 h$；而按如图 9.14（b）所示的方式布置时，则 $W = (1/6)bh^2$。

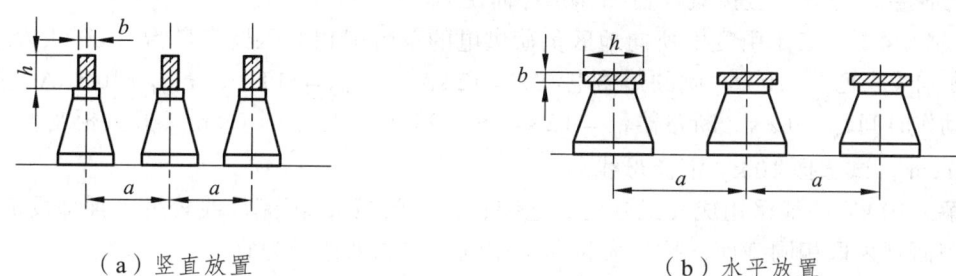

（a）竖直放置　　　　　　　　　　　　　　（b）水平放置

图 9.14　矩形截面母线的布置方案

母线的最大计算应力应小于材料的容许应力 σ_{al}，即应使

$$\sigma \leqslant \sigma_{al} \tag{9.46}$$

则可认为母线的机械稳定性可以满足要求。

不同材料的母线容许应力 σ_{al} 如表 9.5 所示。

表 9.5　不同材料的母线容许应力

母线材料及牌号	σ_{al}/Pa
铜　TY	137×10^6
铝　LY	69×10^6
钢	156.9×10^6

设计时，往往根据不同材料的母线机械强度，即已知的容许应力 σ_{al} 来决定最大的允许跨度 l_{max}，由式（9.42）、式（9.44）得

$$l_{max} = \sqrt{\frac{10M}{f}} = \sqrt{\frac{10\sigma_{al} \cdot W}{f}} \tag{9.47}$$

式中，f 为单位长度母线上所受的力（N/m）。

应使实际选择的 $l \leqslant l_{max}$，才能满足母线机械稳定性的要求。由上式得到的 l_{max} 有时可能

很大，为了避免水平放置的母线因本身重量而过分弯曲，所选取的跨距长度不宜超过 1.5~2.0 m，一般取配电装置间隔的宽度作为跨距长度，以便安装支持绝缘子。

圆形和圆管形截面母线的计算方法和矩形截面的母线相同，只是抗弯模量不一样，它们分别为

$$W = \frac{1}{32}\pi d^2 \approx 0.1 d^3, \qquad W = \frac{\pi}{32D}(D^4 - d^4)$$

其中，D 与 d 分别为圆管形（圆形）母线的外径和内径（直径）。

如果机械稳定性不能满足式（9.44）或式（9.47）的要求，则应采取相应措施，如减小跨距 l，提高母线材料的机械强度，或增大相间距离，改变母线截面的尺寸和布置方式以提高抗弯模量，等等。应按具体情况和条件而定。

【例 9.4】 某牵引变电所向地区负荷供电的单台三相变压器容量为 1 000 kVA，电压为 25/10.5 kV。已知 10 kV 侧的短路电流 $I'' = 12$ kA，$I_{t=0.2} = 11$ kA，$I_{t=0.4} = 10.5$ kA，馈线后备保护动作时间 $t_{pr} = 0.2$ s，断路器 $t_{br} = 0.2$ s，$\theta_0 = 25$ °C，跨矩 $l = 1.0$ m（开关柜宽），相间距离 $a = 40$ cm，试选择 10 kV 汇流母线。

解 10 kV 一般采用成套式屋内配电装置（开关柜），汇流母线较短，且每段负荷不同，母线截面可采取相同截面，按最大长期工作电流方式来选择为宜。

（1）母线的最大长期工作电流可按变压器过载的 1.3 倍考虑：

$$I_{w,\max} = \frac{1.3 \times 1\,000}{\sqrt{3} \times 10.5} = 71.5 \text{ （A）}$$

由附录中附表 3 查出铝母线（LMY 型）15×3 的允许载流量为 156 A（环境温度为 25 °C 时），大于最大工作电流，故初步确定选用 15×3 = 45（mm²）截面的铝母线（单条平放）。

（2）校验母线的短路热稳定性：

母线在最大负荷时的温度为

$$\theta_h = \theta_0 + \left(\frac{I_{w,\max}}{I_{al}}\right)^2 (\theta_{al} - \theta_0) = 25 + \left(\frac{71.5}{156}\right)^2 \times (70-25) = 34.5 \text{ （°C）}$$

短路电流计算时间 $t_{ca} = t_{pr} + t_{br} = 0.2 + 0.2 = 0.4$（s）

求短路电流热效应 $Q_k = Q_p + Q_{np}$：

$$Q_p = \frac{12^2 + 10 \times 11^2 + 10.5^2}{12} \times 0.4 = 48.81 \text{ （kA}^2 \cdot \text{s）}$$

$$Q_{np} = I''^2 \cdot T_{eq} = 12^2 \times 0.05 = 7.2 \text{ （kA}^2 \cdot \text{s）}$$

由表 9.2 可知，$t_k > 0.1$ s 时，$T_{eq} = 0.05$ s。由于 $\theta_s = 34.3$ °C，从图 9.6 中铝曲线查得 $A_s = 0.23 \times 10^4$，则由式（9.26）可得

$$A_h = 0.23 \times 10^4 + \frac{(48.81 + 7.2) \times 10^6}{45^2} = 3.00 \times 10^4$$

查图 9.6 曲线，由横坐标 $A_\mathrm{h} = 3.00 \times 10^4$，对应于铝母线曲线的纵坐标上得到 $\theta_\mathrm{h} > 400\ ^\circ\mathrm{C} > \theta_\mathrm{al}$（短时）= 200 $^\circ$C，说明所选截面的母线不能满足热稳定性要求。

由式（9.41）及表 9.3 可知，需满足热稳定的最小截面为

$$S_\mathrm{min} = \sqrt{\frac{Q_\mathrm{k}}{A_\mathrm{h} - A_\mathrm{s}}} = \frac{1}{C}\sqrt{7.2 + 48.81} \times 10^3 = \frac{10^3}{99} \times 7.49 = 75.66\ (\mathrm{mm}^2)$$

即必须选择 30×3 mm² 的铝母线。

（3）校验母线的机械稳定性：

冲击电流 $i_\mathrm{sh} = 2.55 \times 12 = 30.6$ (kA)。设母线采用水平排列方式，$a = 40$ cm，$l = 100$ cm，$\frac{a-b}{b+h} \gg 2$，$K_\mathrm{x} = 1$，则三相短路时的相间电动力为

$$F^{(3)} = 1.73 i_\mathrm{sh}^{(3)2} \cdot K_\mathrm{x} \cdot \frac{l}{a} \times 10^{-7} = 1.73 \times (30.6)^2 \times 10^6 \times \frac{100}{40} \times 10^{-7} = 404\ (\mathrm{N})$$

母线平放及水平排列时，其抗弯模量为

$$W = \frac{1}{6}bh^2 = \frac{1}{6} \times 0.03 \times 0.03^2 = 4.5 \times 10^{-7}\ (\mathrm{m}^3)$$

母线的计算应力为

$$\sigma = \frac{M}{W} = \frac{F \cdot l}{10 \cdot W} = \frac{404 \times 10^7}{10 \times 4.5} = 89.8 \times 10^6\ (\mathrm{Pa})$$

由表 9.5 铝母线（LY）的允许应力为 69×10^6（Pa），故 $\sigma > \sigma_\mathrm{al}$，不能满足机械应力稳定性要求。

因开关柜尺寸固定不变，l、a 不能再增大，需增大母线截面以增大 W。

当采用截面为 4×30 mm² 的铝母线，仍为水平布置时，则

$$W = \frac{1}{6}bh^2 = \frac{1}{6} \times 0.04 \times 0.03^2 = 6 \times 10^{-7}\ (\mathrm{m}^3)$$

所以

$$\sigma = \frac{F \cdot l}{10 \cdot W} = \frac{404 \times 10^{-7}}{10 \times 6} = 67.3 \times 10^6\ (\mathrm{Pa}) < \sigma_\mathrm{al}$$

故最后由于机械稳定性的需要，确定选择截面为 $S = 4 \times 30 = 120 (\mathrm{mm}^2)$ 的铝母线。

2. 屋外圆管形母线机械应力计算与校验

110 kV 及以上电压圆管形母线的应力计算与校验，由于其截面大、跨距大（配电间隔尺寸大），应考虑各种集中荷载（如引线及线夹等）所产生的应用，并验算母线的挠度。对于屋外安装的上述圆管形母线荷载，还应计入各种条件下的风荷载和冰冻荷载，其总荷载分为长期正常荷载和短路时荷载两类情况。长期正常荷载一般可选择下列两种组合计算总荷载中的最大者：① 母线自重、集中荷载和最大风荷载等组合；② 母线自重、集中荷载、覆冰和覆冰时风

荷载（一般取 5～10 m/s 风速）等组合。短路时的荷载则包括母线自重、集中荷载、短路电动力和风荷载（取正常时最大风速的一半，但不小于 15 m/s）的组合。各种荷载计算公式如下：

（1）圆管形母线外径、内径分别为 D 和 d（m）的单位自重：

$$f_\mathrm{m} = 9.8 \times \frac{\pi}{4}(D^2 - d^2)\gamma = 2.45\pi(D^2 - d^2)\gamma \quad (\mathrm{N/m}) \tag{9.48}$$

式中，γ 为母线材料的密度（kg/m³）。

（2）作用于母线上的单位风荷载 f_w 和冰荷载 f_i（母线覆冰厚度为 b）分别为

$$f_\mathrm{w} = 0.735 K_1 D v^2 \quad (\mathrm{N/m}) \tag{9.49}$$

$$f_\mathrm{i} = 0.027\,7b(D + b) \quad (\mathrm{N/m}) \tag{9.50}$$

式中，v、K_1 分别为风速（m/s）和风压高度变化系数，在离地 5 m、10 m、15 m 和 20 m 时，K_1 值分别取 0.78、1、1.15 和 1.25。

按上述最大正常荷载和短路时荷载计算条件，分别由式（9.48）～式（9.50）的均匀荷载和集中荷载产生相应的变矩和挠度，则作用在圆管形母线上的合成最大弯矩（矢量相加）为 M_max（最大正常荷载形成的）和 M'_max（短路时荷载形成的），最大挠度为 y_max，此时应分别满足下列关系

$$\left.\begin{array}{l}\sigma_\mathrm{max} = M_\mathrm{max}/W (= M'_\mathrm{max}/W) \leqslant \sigma_\mathrm{al}\,(\text{允许应力}) \quad (\mathrm{Pa})\\ y_\mathrm{max} = y_\mathrm{m} + y_\mathrm{c} \leqslant (0.5 \sim 1)D \quad (\mathrm{m})\end{array}\right\} \tag{9.51}$$

式中，y_m、y_c 分别为母线自重和集中荷载所产生的挠度。

上述 M_max、M'_max 中各种弯矩和 y_m、y_c，可按连续梁计算系数法的相应公式进行计算，并按查表法得到不同跨度下的各种系数，其具体计算可参考有关电力工程设计手册或参考书。

二、电力电缆的构造及其选择

在高压配电装置和其他电力装置中，因进出线数量多，用架空线路馈电难以实现，或某些地点不宜于敷设架空电线，如地下变电所、地铁牵引变电所、降压变电所和地下建筑等场所，常采用电力电缆输送电力。

（一）电力电缆的构造

电压为 35 kV 及以下电压的电力电缆分为黏性浸渍纸绝缘（简称纸绝缘）电缆、聚氯乙烯（PVC）绝缘电缆、橡皮绝缘电缆、交联聚乙烯绝缘（XLPE）和护套电缆等数种，在供变电装置中前两种应用最多。XLPE 缆芯允许工作温度较高，机械和绝缘性能好，电压为 10～110 kV，在城轨交通的地下供变电系统中广泛采用。橡皮护套电缆适用于移动性工作的场合，电压都在 3～6 kV 以下。此外，按功能区分，电力电缆分为阻燃电缆和一般电缆，前者多用在重要的公共场所和地铁供、配电系统中。

任何绝缘材料的电缆都由导电芯线、绝缘层和保护层三部分组成，现以纸绝缘电缆为例将各组成部分的作用及构造分述如下。

导电芯线是由高导电率金属铜和铝制成的多股绞线，截面形状有圆形、弓形、扇形等几

种。10 kV 及以下电压的三芯或四芯电缆用扇形截面，可减少电缆外径，从而节约绝缘与保护层的材料，降低造价。

绝缘层使导体与导体间及导体与保护层间互相绝缘。纸绝缘电力电缆的绝缘层是用一定厚度的纸带在导体表面或多根芯线外面多层绕包，然后在矿物油和松香组成的黏性浸渍剂中浸渍而成。

保护层主要是使绝缘层密封，并有防止外部机械损伤和腐蚀的作用。它由内护层和外护层组成。因为如果电缆绝缘中的水分从 3‰ 增加到 7‰，则它的电气强度将平均降低 20% ~ 25%，绝缘电阻的下降将更加显著，故必须严格注意绝缘层的密封，不使潮气侵入。为此大多数电缆采用铝皮或铅皮等金属作为内护层。外护层用以保护铅（或铝）层不受外界机械损伤和化学腐蚀，一般用钢带缠绕并外加涂沥青的黄麻带做外护层。

常用的绝缘铅包钢带铠装电力电缆（ZQ20 或 ZLQ20 型）的构造如图 9.15 所示。

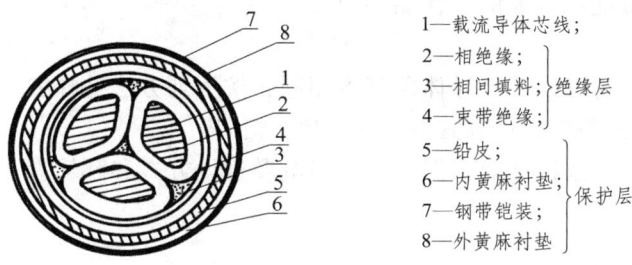

图 9.15　纸绝缘铅包钢带铠装电力电缆构造（剖面）图

（二）电力电缆的选择

选择电力电缆，首先应按电缆敷设的场所、用途、结构要求等条件确定电缆的类型与型号，然后校验电压等级，选择电缆截面，校验在正常和故障情况下电缆的电压损失以及短路时的热稳定性。对于电缆一般不需进行短路时机械稳定性的校验。

1. 电缆类型、型号和芯线导电材料选择

电力电缆类型有很多种分类法，按绝缘材料、功能来区分的电缆类型，已在本节（一）中已作介绍。按导电芯线数量划分，则有单芯（单相）、多芯电缆等。

电缆的型号很多，应根据其用途、敷设方式和使用条件进行选择。对于地面变电所用高压电缆一般选用纸绝缘铅包电缆；除 110 kV 及以上采用单相充油电缆或交联聚乙烯电缆等干式电缆外，一般采用三相电缆；高温场所宜用耐热电缆；重要直流回路或保安电源用电缆宜选用阻燃型电缆；直埋地下敷设时一般选用钢带铠装电缆；潮湿或腐蚀地区应选用塑料护套电缆；敷设在高差大的地点，应采用不滴流电缆或塑料电缆。城轨交通的地面和地下线路的中压电缆、直流电缆、阻燃电力电缆通常采用交联聚乙烯绝缘（XLPE）聚乙烯护套电力电缆，但地面工程用的上述 XLPE 电缆应具备防紫外线功能。

电力电缆芯线导电材料分为铜线和铝线，一般场合多采用铝芯线。因铜芯线的电阻率仅为铝芯线的 1/1.66 倍，其电能损耗低；铜的机械性能、抗疲劳性和延伸性都比铝好，便于加工安装，由于轨道交通供电系统电缆敷设量很大，从安全可靠和技术经济综合考虑，普遍采用铜芯电缆。

2. 电压选择与校检

选择电缆的额定电压 U_N 应大于或等于电缆所在电网的工作电压（或电网额定电压）U_w，即 $U_N \geqslant U_w$。

对于交联乙烯绝缘电缆，由于其在交、直流电压下的电场分布是不同的，在交流电压下工作时，其电场分布由绝缘层的介电常数 ε 决定，与 ε 成反比例分配。而 ε 受温度变化影响小，故这种电场分布较稳定。但在直流高压下工作时，其绝缘层中的电场强度则是按绝缘电阻系数正比例分配，而绝缘电阻系数的分布是不均匀的，因交联聚乙烯电缆在交联过程中将溶入一定量低绝缘电阻系数的混合物，最终导致电缆绝缘加速老化，使用寿命缩短，甚至产生绝缘击穿。

按 IEC 502 有关试验规定的数据，交联聚乙烯电缆的直流试验电压采用工频交流试验电压的 2.4 倍。据此，标称电压为 750 V、1 500 V 的直流系统电缆，目前均应采用 3 kV 的交流交联聚乙烯电缆，作为直流绝缘电缆的替代品。

3. 电缆截面选择

电力电缆截面选择方法与母线（裸导体）基本相同，按下列方法选择：

① 按经济电流密度选择截面，计算式与式（9.40）相同。

② 按最大工作电流 $I_{w,max}$ 选择截面，但应考虑与电缆敷设方式和环境温度有关的系数，表达为

$$I_{w,max} \leqslant I_{al} \cdot K_t \cdot K_m \tag{9.51}$$

式中 I_{al}——电力电缆的容许负荷电流，由附录中附表 4 查得（在 25 ℃ 环境温度等条件下）；

$I_{w,max}$——考虑电路可能长期过负荷的情况，电缆中每相芯线通过的最大工作电流；

K_t——温度修正系数（见附录中附表 5.2）；

K_m——多根电缆载流修正系数，$K_m \leqslant 1$（见附录中附表 5.1）。

一般情况下，按上面两种方法选择的电缆截面，选取其较大者。

4. 允许电压降校验

对供电距离较远、容量较大的电缆线路，应校验其电压损失 $\Delta U(\%)$，一般应满足 $\Delta U(\%) \leqslant 5\%$。对于长度为 L、单位长度电阻为 r、电抗为 x 的三相交流电缆，其计算式为

$$\Delta U(\%) = \frac{173}{U_L} I_{max} L (r\cos\varphi + x\sin\varphi)\% \tag{9.52}$$

式中 U_L、$\cos\varphi$——线路工作电压（线电压）、负荷功率因数。

5. 热稳定校验

电缆芯线一般由多股绞线构成，$K_f \approx 1$，满足短路热稳定 $Q_k [(kA^2) \cdot s]$ 的最小截面 S_{min} 为

$$S_{min} \approx \frac{\sqrt{Q_k}}{C} \times 10^3 \quad (mm^2) \tag{9.53}$$

电缆的热稳定系数 C 用下式计算：

$$C = \frac{1}{\eta} \sqrt{\frac{4.2Q}{K_f \rho_{20} \alpha} \ln \frac{1+\alpha(\theta_h - 20)}{1+\alpha(\theta_w - 20)}} \times 10^{-2} \tag{9.54}$$

式中　η——计及电缆芯线填充物热容量随温度变化以及绝缘散热影响的校正系数，通常 10 kV 及以上回路，η 可取 1.0；对于 3～10 kV 电动机馈线回路，η 可取 0.93；

Q——电缆芯单位体积的热容量，铝芯取 0.59 J/（$cm^3 \cdot ℃$），铜芯取 0.81 J/（$cm^3 \cdot ℃$）；

α——电缆芯在 20 ℃ 时的电阻温度系数，铝芯 4.03×10^{-3}/℃，铜芯 3.93×10^{-3}/℃；

K_f——20 ℃ 时电缆芯线的集肤效应系数，$S < 150\ mm^2$ 的三芯电缆 $K_f = 1$，$S = 150 \sim 240\ mm^2$ 的三芯电缆 $K_f = 1.01 \sim 1.035$；

ρ_{20}——电缆芯在 20 ℃ 时的电阻系数，铝芯 $3.1 \times 10^{-6}\ \Omega \cdot cm^2/m$，铜芯 $1.84 \times 10^{-6}\ \Omega \cdot cm^2/m$；

θ_w——短路前电缆的工作温度（℃）；

θ_h——电缆在短路时的最高允许温度，对 10 kV 及以下普通黏性浸渍纸电缆及交联聚乙烯绝缘电缆为 200 ℃，有中间接头（锡焊）的电缆最高允许温度为 120 ℃。

【例 9.5】 按例题 9.4 给出的数据选择牵引变电所地区变压器 10 kV 进线电缆，其接线图如图 9.16 所示，变压器容量为 1 000 kVA，电缆主保护动作时间 $t_{pr} = 0.2\ s$，断路器动作时间 $t_{br} = 0.2\ s$，电缆埋于地下，土壤温度 $\theta_0 = 20\ ℃$，电缆长度 0.5 km，负荷 $\cos\varphi = 0.8$。

解：按工作电压（10 kV）及电缆敷设方式（埋于地下），可选用 ZLQ20 型铝芯纸绝缘铅包钢带铠装电力电缆（三芯）。

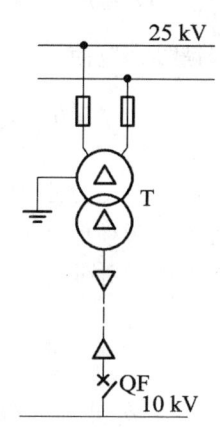

图 9.16　例题 9.5 接线图

（1）按最大工作电流选择截面。由例 9.4 $I_{w,max} = 71.5\ A$。应使 $I_{w,max} \leq I_{al} \cdot K_m \cdot K_t$（$n = 1$，故 $K_m = 1$）。鉴于例 9.4 对于短路时热稳定性的要求较苛刻，初步考虑用 $3 \times 120\ mm^2$ 截面的电缆，由附录中附表 5.2 可查得，当实际温度为 20 ℃ 时，10 kV 铝芯电缆允许发热温度为 60 ℃，其温度修正系数 $K_t = 1.07$，从附录中附表 4 得 $3 \times 120\ mm^2$ 铝芯电缆长期允许电流为 215 A，则 $215 \times 1.07 > 71.5\ (I_{w,max})$ 能满足上述要求。

（2）短路时热稳定性校验。先求短路前电缆最高运行温度 θ_h：

$$\theta_h = 20 + (71.5/215 \times 1.07)^2 \times (60 - 20) = 23.9\ (℃)$$

从例 9.4 已知 10 kV 系统导体设备的热效应 $Q_k = 56\ kA^2 \cdot s(t_{ca} = 0.4\ s)$，由（9.52）式，将有关数据代入，求得热稳定系数 $C = 66$，则电缆热稳定所需最小截面为

$$S_{min} = \sqrt{Q_k} \times 10^3 / C = \sqrt{56} \cdot 10^3 / 66 = 113.3\ (mm^2) < 120\ (mm^2)$$

（3）电压降校验，$S = 120\ mm^2$（铝芯电缆），$x = 0.076\ \Omega/km$，$r = 0.274\ \Omega/km$，由式（9.52）得

$$\Delta U\% = \frac{173}{U_L} I_{max} L(r\cos\varphi + x\sin\varphi) = \frac{173}{10 \times 10^3} \times 71.5 \times 0.5 \times (0.274 \times 0.8 + 0.076 \times 0.6)$$
$$= 0.164 < 5$$

可知，选择 ZLQ $3 \times 120\ mm^2$ 电缆能满足需要。

三、支持绝缘子及穿墙套管的选择

支持绝缘子与穿墙套管在配电装置中用来固定母线和导体,并使导体与地或与处在其他电位下的设备绝缘。所以支持绝缘子与穿墙套管应具有足够的电绝缘强度和机械强度,且耐热性好。屋外用的支持绝缘子和穿墙套管应具有防潮和湿闪耐压的能力,以及在污秽区应符合防尘和加强绝缘泄漏比距(每千伏线电压的泄漏距离)的要求。

选择时,首先根据使用地点、电压等级、污秽等级确定它们的类型(户内型或户外型)和型号。对于穿墙套管,由于导体在其中贯穿,应按最大长期工作电流选择导体截面,并按与选择母线相同的方式相同进行短路时热稳定和机械稳定性校验,而支持绝缘子只需校验短路的机械稳定性。

(一)按电压条件选择

选择时,应使:

$$U_w \leqslant U_N \tag{9.55}$$

式中,U_w、U_N 分别为支持绝缘子与穿墙套管的工作电压和额定电压。

对于在污秽地区屋外装置使用时,还应按不同污秽等级条件下的绝缘泄漏比距校验绝缘的表面距离,并使

$$\delta_e \leqslant \delta_{al} \tag{9.56}$$

式中,δ_e、δ_{al} 分别为屋外支持绝缘子和穿墙套管的实际绝缘泄漏比距(mm/kV)、不同污秽等级时所允许的绝缘泄漏比距(mm/kV)。

(二)按最大长期工作电流选择绝缘套管

绝缘套管应满足的条件为

$$I_{w,max} \leqslant I_N \tag{9.57a}$$

式中,I_N 为绝缘套管的额定电流,由附录中附表11查得;$I_{w,max}$ 为安装绝缘套管的电路中的最大长期工作电流。

由于上述 I_N 是按环境温度为 +40 ℃ 时考虑的,当在环境温度高于 +40 ℃ 但低于 +60 ℃ 的情况下,其额定电流 I_N 应按下式修正(导体的 θ_{al} 取 85 ℃):

$$I_{w,max} \leqslant I_N \sqrt{\frac{85\theta}{45}} \quad (A) \tag{9.57b}$$

式中,θ 为使用时实际的环境温度(℃)。

对于母线型穿墙套管,一般不按上述方式选择,只需保证套管导体的型号和母线尺寸取得一致或相配合。

（三）按短路时热稳定性校验穿墙套管

由于穿墙套管接在电路中，在短路状态下，它和母线一样短时大量发热和承受大的机械应力。为了满足穿墙套管热稳定性的要求，必须使短路时套管产生的发热量小于或等于制造厂规定的套管所容许的发热量，即

$$Q_k = Q_p + Q_{np} \leqslant I_t^2 \cdot t_R \tag{9.58}$$

式中，Q_k 为短路时实际产生的发热量；$I_t^2 \cdot t_R$ 为在 t_R 内套管通过容许的热稳定电流 I_t 所产生的容许发热量，其值可由附录中附表 11 查得。

（四）按短路时机械稳定性校验机械强度

本章第三节已分析了同一平面内的三相母线，在三相短路电流的作用下，中间相母线承受的机械应力最大，为 $F^{(3)}$。由于母线是用支持绝缘子支撑的，中间相母线每一跨距内作用力 $F^{(3)}$ 系由两端的绝缘子承担的如图 9.17 所示。

如绝缘子间跨距和绝缘子与绝缘套管间跨距不同，分别为 l 和 l_1，则左端绝缘子 1 及穿墙套管 3 受力分别为

$$F_{\max 1}^{(3)} = \frac{1}{2} \times 1.73 \cdot i_{ch}^{(3)2} \cdot \frac{1}{a} \times 10^{-7} \quad (N) \tag{9.59}$$

$$F_{\max 3}^{(3)} = F_{\max 1}^{(3)} \cdot \frac{l_1}{l} \tag{9.60}$$

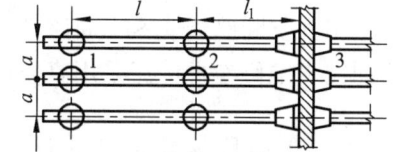

图 9.17 支持绝缘子和穿墙套管的受力情况

中间位置的支持绝缘子 2 上受力为

$$F_{\max 2}^{(3)} = \frac{1}{2a} \times 1.73 \cdot i_{ch}^{(3)2} (l + l_1) \times 10^{-7} \quad (N) \tag{9.61}$$

而短路时机械稳定性应满足的条件为（取安全系数为 1.67）

$$F_{\max(n)} \leqslant 0.6 F_{al} \tag{9.62}$$

式中，$F_{\max(n)}$ 为式（9.58）~ 式（9.60）所确定的不同位置的支持绝缘子与绝缘套管承受的最大作用力（N），n 为编号；F_{al} 为绝缘子及套管的允许抗弯破坏负荷（N），见附录中附表 11.1、11.2。

【例 9.6】 按例 9.4 给出的条件选择 10 kV 屋内装置的母线支持绝缘子。

解 （1）按电压及装置类型，因系安装在屋内，由附录中附表 11 查得为 ZA-10T 型号的支持绝缘子。

（2）校验短路时的机械稳定性。

由附录中附表 11 中查得 ZA-10T 型绝缘子允许的抗弯破坏负荷为 $F_{al} = 3\,750\,N$，而在例 9.4 中已求得短路时中间相中间位置的绝缘子受力为 $F_{\max}^{(3)} = 404\,N$，故 $F_{\max}^{(3)} < 0.6 \times 3\,750 = 2\,250\,N$，能满足机械稳定性要求。

第六节 开关设备的选择

开关设备包括断路器、熔断器、隔离开关和负荷开关等电器,因其各自的技术特性和功能不同,虽然在选择时所依据的条件有些是相同的,但也各有其特点和不同要求,现分别讨论如下。

一、高压断路器的选择

(一)断路器类型选择

对于开断负荷电流和短路电流的高压断路器,首先应按使用地点环境、负荷种类及使用技术条件选择断路器的类型与型号,即户内或户外式,以及灭弧介质的种类。对 10~220 kV 三相系统,广泛采用少油式或 SF_6 断路器(当前者不能满足要求时),也可采用带有压缩空气装置的空气断路器;交流牵引负荷侧由于故障跳闸频繁,从减少运行维修工作量考虑,较普遍采用真空断路器或 SF_6 断路器;地铁与轻轨交通牵引(降压)变电所交流系统,从安全防火和减少维修考虑广泛采用真空断路器。

(二)断路器额定电压 U_N、额定电流 I_N 的选择

断路器额定电压、额定电流应满足:

$$U_N \geq U_w, \quad I_N \geq I_{w,\max} \tag{9.63a}$$

式中,U_w、$I_{w,\max}$ 分别为网络工作电压(kV)和断路器最大长期负荷电流(kA)。

(三)按断路电流或断路器断流容量选择

高压断路器的额定开断电流 I_{Nbr} 或额定断流容量 S_{Nbr} 应满足以下关系:

$$\left. \begin{array}{l} I_{Nbr} \geq I_{kt} \\ S_{Nbr} = \sqrt{3} U_N \cdot I_{Nbr} S_{kt} (三相系统) \end{array} \right\} \tag{9.63b}$$

式中,I_{kt} 为短路后时间 t 内短路电流有效值(周期分量),对快速断路器,取 $I_{kt} = I''(t \leq 0.1'')$;$S_{kt}$ 为短路后 t 秒短路功率,对快速断路器,取 $S_{kt} = S_k''$。

为了求得短路电流有效值 I_{kt},必须确定切断短路的计算时间 t_{ca},即从短路发生到灭弧触头分开时为止的全部时间,它等于断电保护动作时间 t_{pr} 和断路器固有动作时间 t_{br} 之和,故 $t_{ca} = t_{pr} + t_{br}$。

在设计牵引变电所和电气设备选择中,由实际选择的保护装置与断路器型号,可得到 t_{pr} 和 t_{br} 的实际值,但无此数据时,一般可按下述情况选取。

对快速动作的断路器,取 $t_{br} = 0.05 \text{ s}$;而对非快速动作的断路器,取 $t_{br} = 0.1 \sim 0.15 \text{ s}$。

对于继电保护,应按具有最小动作时间的速断主保护作为动作时间,即 $t_{pr} = 0.03 \sim 0.05 \text{ s}$。

因此，对于快速动作的断路器，切断短路的计算时间 $t_{ca}=0.05\sim0.1\mathrm{s}$；对于非快速动作的断路器 $t_{ca}=0.15\sim0.2\mathrm{s}$。

当发生短路后 $t_{ca}>0.1\mathrm{s}$，因短路电流的非周期分量已衰减近完毕，此时短路电流即为短路周期分量电流的有效值，即 $I_{kt}=I_p$。

按国际标准规定，国产高压断路器 I_{Nbr} 中仅计入了 20% 的短路非周期分量电流。因此，当 $t_{ca} \leq 0.1\mathrm{s}$ 时，则需计入短路电流的非周期分量，可按短路电流的全电流 I_k 进行验算。

装有自动重合闸装置的断路器，当操作循环符合厂家规定时，其额定开断电流不变。

（四）短路关合电流和动稳定校验

在断路器合闸之前，若线路上已存在短路故障，则在断路器合闸过程中，触头间在未接触时即有巨大的短路电流通过（预击穿），更易发生触头熔焊和遭受电动力的损坏，且断路器在关合短路电流时，不可避免地在接通后又自动跳闸，此时再次要求能切断短路电流。因此，额定关合电流是断路器的重要参数之一。为了保证断路器在关合短路时的安全，断路器的额定关合电流 i_{Ncl} 不应小于短路电流最大冲击值 i_{sh}，即

$$i_{Ncl} \geq i_{sh} \tag{9.64}$$

一般断路器额定关合电流不会大于额定动稳定电流 i_{es}，因此，如 $i_{Ncl} \geq i_{sh}$，则 $i_{es} \geq i_{sh}$。这说明断路器在短路电动力作用下是稳定的。

（五）校验短路时的热稳定性

短路电流通过时断路器的热稳定性，可由制造厂给出的在时间 t（t 分别为 4 s、5 s 或 10 s）内允许通过的热稳定电流 I_t 来表征，即在给定时间 t 内，I_t 通过断路器时，其各部分的发热温度不超过规定的短时最大容许发热温度。因此，短路电流 I_k 通过断路器时，其热稳定条件为

$$I_t^2 \cdot t \geq Q_k \tag{9.65}$$

式中，I_t 为制造厂规定的 t 秒热稳定电流；Q_k 为短路电流发热效应，$Q_k = Q_p + Q_{np}$。

二、高压熔断器的选择

高压熔断器用以切断过负荷电流和短路电流，选择时首先应考虑装置的种类与形式，是屋内还是屋外使用，对污秽地区的屋外式熔断器，还应保证绝缘泄漏比距的要求，以加强绝缘。选择高压熔断器应满足下列条件：

（一）按额定电压 $U_N \geq U_w$ 选择（与断路器意义相同）

对于充有石英砂起限流作用的熔断器，只在等于其额定电压的电网中使用，因它要在达到最大电流之前截断电流，产生较大过电压（2 倍及以上）。

（二）按熔管和熔体额定电流选择

熔断器额定电流的选择包括熔管额定电流 I_{NFu} 和熔体额定电流 I_{NFe} 两者的选择，并满足

$$I_{\text{NFu}} \geqslant I_{\text{NFe}} \tag{9.66}$$

$$I_{\text{NFe}} = K \cdot I_{w,\max} \tag{9.67}$$

式中，K 为可靠系数，一般取 $K = 1.1 \sim 1.3$，考虑电动机自启动或电力电容器组回路时 $K = 1.5 \sim 2.0$；$I_{w,\max}$ 为被保护网络最大长期工作电流（对电力电容器回路，则取额定电流）。

（三）熔断器开断电流校验

开断电流 I_{Nbr} 不应小于短路冲击电流 I_{sh} 或短路起始周期分量电流 I_p''，即：

$$I_{\text{Nbr}} \geqslant I_{\text{sh}} \quad \text{或} \quad I_{\text{Nbr}} \geqslant I_p'' \tag{9.68}$$

前者适用于无限流作用的熔断器的校验，后者适用于有限流作用的熔断器，可按短路起始周期分量电流有效值 I_p'' 进行校验。

（四）熔断器选择性配合的校验

为保证网络中前后两级熔断器之间或熔断器与线路继电保护之间动作的选择性，应进行熔体选择性相互配合的校验。可利用制造厂提供的各种型号熔体熔断时的安-秒特性曲线，进行动作电流与时间相互配合的校验，以保证熔断器动作的选择性。

对于保护电压互感器用的高压熔断器，只需按额定电压和断流容量两项进行选择。

三、负荷开关与隔离开关的选择

负荷开关与隔离开关的选择校验条件如表 9.6 所示。负荷开关只能切断负荷电流，应用范围有所限制。屋外隔离开关的类型较多，它对配电装置的运行和占地面积影响较大，应从使用和运行等多方面考虑选择其形式。

表 9.6 负荷开关、隔离开关的选择校验项目

项目 名称	额定电压	额定电流	开断充电电流	短路关合电流	热稳定	动稳定
负荷开关	$U_N \geqslant U_w$	$I_N \geqslant I_{w,\max}$	$I_{\text{Nbc}} \geqslant I_{co}$	$i_{\text{Ncl}} \geqslant i_{\text{sh}}$	$I_t \geqslant I_\infty \sqrt{\dfrac{t_{eq}}{t}}$	$i_{es} \geqslant i_{\text{sh}}$
隔离开关			—			

注：I_{Nbc}、I_{co} 分别为额定开断充电（电容）电流和实际线路的电容电流（与线路长度、电压值有关）。t_{eq} 为等值发热时间，见本章式（9.30）；t 为产品给定的热稳定时间。

【例 9.7】 选择牵引变电所 110 kV 出线断路器，其电路图如图 9.18 所示。已知数据如下：110 kV 母线短路时 $I'' = 3.5 \text{ kA}$，$I_{kt/2} = 3.2 \text{ kA}$，$I_{kt} = 3.0 \text{ kA}$，继电保护动作时间 $t_{pr} = 0.1 \text{ s}$，短路容量 $S_{0.2} = 540 \text{ MV} \cdot \text{A}$，断路器长期工作电流 $I_{w,\max} = 320 \text{ A}$。

解：按 110 kV 电压应采用屋外式断路器，从上述已知数据确定选用 SW$_4$-110 型少油式结构。

（1）由附录附表 6.1 知该型断路器的固有分闸时间 $t_{br} = 0.06$ s，故短路电流计算时间 $t_{ca} = t_k = 0.1 + 0.06 = 0.16$ (s)，则短路电流热效应为

$$Q_p = \frac{3.5^2 + 10 \times 3.2^2 + 3.0^2}{12} \times 0.16 = 1.75 \quad (kA^2 \cdot s)$$

$$Q_{np} = I''^2 \times T_{np} = 3.5^2 \times 0.064 = 0.78 \quad (kA^2 \cdot s)$$

$$Q_k = Q_p + Q_{np} = 2.53 \quad (kA^2 \cdot s)$$

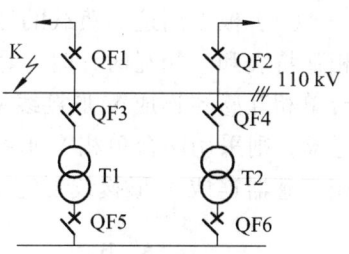

图 9.18　例 9.7 电路图

（2）短路时机械稳定性校验。

从已知数据 $i_{sh}^{(3)} = 2.55 I'' = 2.55 \times 3.5 = 8.93$ (kA)，按选择断路器的条件，将已知数据和计算结果与 SW$_4$-110 型断路器的技术特性列于表 9.7，并进行比较。

比较表 9.7 中所列数据后可知，所选 SW$_4$-110 型断路器能满足正常工作和短路情况下稳定性的要求，可以使用，并另配 CD$_5$-XG 型电磁操动机构（也可选用液压机构）。

表 9.7　断路器技术数据和计算结果

已知数据及计算结果		SW4-110 型断路器特性数据	
U_w /kV	110	U_N /kV	110
I_w /A	320	I_N /A	1 000
$S_{k0.2}$ /MV·A	540	S_N /MV·A	3 500
$i_{sh}^{(3)}$ /kA	9.93	i_{Ncl}（极限开断电流）/kA	55
Q_k /kA²·s	2.53	$I_t^2 \cdot t$（5 s 热稳定电流）/(kA²·s)	$21.0^2 \times 5 \approx 2\,200$

第七节　仪用互感器的选择

仪用互感器包括电压互感器与电流互感器，是测量、监视和保护系统中所必需的电器。对它们的选择，除了从装置种类、屋内或屋外安装、结构形式等方面考虑外，还应分别按不同互感器所依据的技术条件进行选择，目前广泛应用的仍是电磁式互感器。

一、电压互感器的选择

选择电压互感器时依据的技术条件：

（1）额定电压。所选电压互感器的额定一次侧电压 U_{1N} 必须与互感器接入处电网的额定电压一致；互感器的额定二次侧电压符合测量仪表和继电器的额定电压，一般等于 100 V 或 $100/\sqrt{3}$ V。接成开口三角形的辅助二次绕组电压一般有 100 V、110/3 V 等。

（2）根据用途、负载的性质选择电压互感器的类型及其接线方式。例如，仪表负荷为三相瓦特表和三相瓦时计时，对一次侧电压为 10 kV 的电压互感器，可用三相式 Y 形接线或两台单相互感器连成 V 形接线（见图 9.19）向上述仪表供电；而对电压为 35 kV 以上的电压互感器，则采用两台单相 V 形接线方式（因不生产这种电压的三相电压互感器）比采有三个单相互感器连成 Y 形接线要经济。

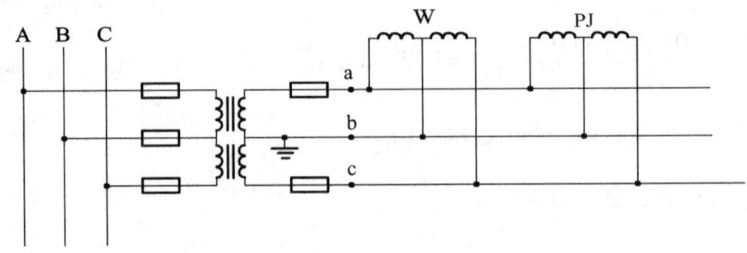

图 9.19　两台单相电压互感器连成 V 形接线方式

6～10 kV 系统接有绝缘监视装置时，则选用三相五柱式电压互感器较为合理。

（3）根据所要求的准确度等级确定电压互感器的容量，并应使

$$W_2 \leqslant W_{2N} \tag{9.69}$$

式中，W_2、W_{2N} 分别为每相负荷容量（VA）和互感器的二次侧额定容量（VA）。

电压互感器的误差随负荷大小而变化，负荷（W_2）增大，误差随之增大。因此，电压互感器的准确度等级与其绕组的输出容量相适应，输出容量增大，则其准确度等级降低。

电压互感器的二次负载 W_2，与互感器及接入仪表的接线方式有关，现将牵引供电系统和三相供电系统中应用较多的几种不同接线方式的二次负载计算方法与结果，如表 9.8 所示。

表 9.8　电压互感器二次负载（W_2）的计算式

互感器接线形式及负载连接图类别		每相电压互感器的有功及无功负载			
（V/V-V 接线）	AB	$P_{AB} = W_{ab} \cos\varphi_{ab}$ $Q_{AB} = W_{ab} \sin\varphi_{ab}$		BC	$P_{BC} = W_{bc} \cos\varphi_{bc}$ $Q_{BC} = W_{bc} \sin\varphi_{bc}$
（Y/Y-V 接线）	A	$P_A = \dfrac{1}{\sqrt{3}} W_{ab} \cos(\varphi_{ab} - 30°)$ $Q_A = \dfrac{1}{\sqrt{3}} W_{ab} \sin(\varphi_{ab} - 30°)$			
	B	$P_B = \dfrac{1}{\sqrt{3}} [W_{ab} \cos(\varphi_{ab} + 30°) + W_{bc} \cos(\varphi_{bc} - 30°)]$ $Q_B = \dfrac{1}{\sqrt{3}} [W_{ab} \sin(\varphi_{ab} + 30°) + W_{bc} \sin(\varphi_{bc} - 30°)]$			
	C	$P_C = \dfrac{1}{\sqrt{3}} W_{bc} \cos(\varphi_{bc} + 30°)$ $Q_C = \dfrac{1}{\sqrt{3}} W_{bc} \sin(\varphi_{bc} + 30°)$			

续表 9.8

互感器接线形式及负载连接图类别		每相电压互感器的有功及无功负载
（V/V-△接线） （见图 9.20）	AB	$P_{AB} = W_{ab}\cos\varphi_{ab} + W_{ca}\cos(\varphi_{ca}+60°)$ $Q_{AB} = W_{ab}\sin\varphi_{ab} + W_{ca}\sin(\varphi_{ca}+60°)$
	BC	$P_{BC} = W_{bc}\cos\varphi_{bc} + W_{ca}\cos(\varphi_{ca}-60°)$ $Q_{BC} = W_{bc}\sin\varphi_{bc} + W_{ca}\sin(\varphi_{ca}-60°)$

现以牵引系统常用的互感器连成 V 形、负载为△形接线为例，说明表中计算结果的推导过程如下：

电压互感器与仪表的接线图如图 9.20 所示。设 $W_{2(AB)}$、$W_{2(BC)}$ 分别为 V 接的两互感器每个的视在容量；W_{ab}、W_{bc}、W_{ca} 分别为接入每相仪表的负荷容量；φ_{ab}、φ_{bc}、φ_{ca} 分别为每相仪表负载的相位角，且线电流 $\dot{I}_{AB}$、$\dot{I}_{BC}$ 分别用相电流表示：

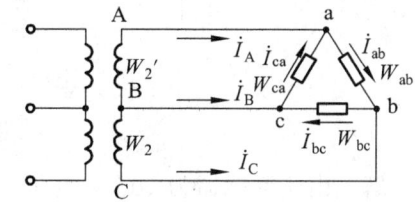

图 9.20 互感器为 V/V 形，接线负载为△形接线的示例

$$\dot{I}_{AB} = \dot{I}_{ab} - \dot{I}_{ca}, \quad \dot{I}_{BC} = \dot{I}_{bc} - \dot{I}_{ca}$$

则

$$W_{2(AB)} = \dot{U}_{AB} \cdot \dot{I}_{AB}^* = \dot{U}_{AB}(\dot{I}_{ab} - \dot{I}_{ca})$$
$$= \dot{U}_{AB}\dot{I}_{ab}^* - \dot{U}_{CA}\dot{I}_{ca}^* e^{-j120°} = W_{ab}e^{j\varphi_{ab}} + W_{ca}e^{j(\varphi_{ca}+60°)}$$
$$= P_{AB} + jQ_{AB} = W_{ab}\cos\varphi_{ab} + W_{ca}\cos(\varphi_{ca}+60°) + j[W_{ab}\sin\varphi_{ab} + W_{ca}\sin(\varphi_{ca}+60°)]$$

同理

$$W_{2(BC)} = \dot{U}_{BC} \cdot \dot{I}_{BC}^* = \dot{U}_{BC}(\dot{I}_{bc} - \dot{I}_{ca})^*$$
$$= \dot{U}_{BC} \cdot \dot{I}_{bc} + \dot{U}_{CA}\dot{I}_{ca}e^{-j120°} = P_{BC} + jQ_{BC}$$
$$= W_{bc}\cos\varphi_{bc} + W_{ca}\cos(\varphi_{ca}-60°) +$$
$$\quad j[W_{bc}\sin\varphi_{bc} + W_{ca}\sin(\varphi_{ca}-60°)]$$

$$W_{2(AB)} = \sqrt{(\sum P_{AB})^2 + (\sum Q_{AB})^2} \tag{9.70}$$

式中，$\sum P_{AB}$ 为接于 ab 相间的仪表电压线圈的有功功率之和；$\sum Q_{AB}$ 为接于 ab 相间的仪表电压线圈的无功功率之和。

同理

$$\left.\begin{array}{l} W_{2(BC)} = \sqrt{(\sum P_{BC})^2 + (\sum Q_{BC})^2} \\ W_{2(CA)} = \sqrt{(\sum P_{CA})^2 + (\sum Q_{CA})^2} \end{array}\right\} \tag{9.71}$$

因电压互感器各相的负荷一般不相等，在考虑准确度等级时，应取最大负荷作为选择容量的依据。

对电压互感器不需校验短路时的稳定性，因它在主接线中是与主回路并联，主接线及其主回路发生短路时,电压互感器不会通过短路电流。

【**例 9.8**】 选择牵引变电所 10 kV 母线上的电压互感器,已知其二次负荷:6 条馈电线上共装有 6 个三相有功瓦时计,6 个无功电度表,1 个电压表测母线电压,1 套绝缘监视装置,如图 9.21 所示。

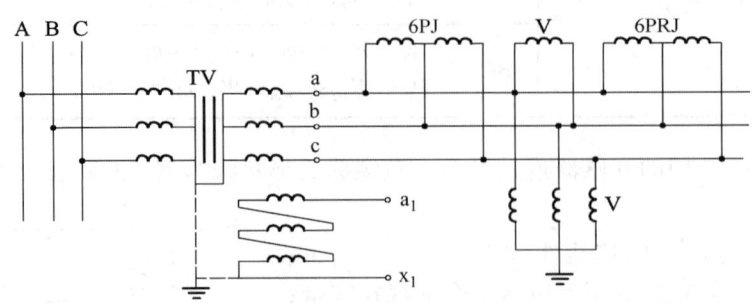

图 9.21 例题 9.8 电路

解 由于互感器为 10 kV 电压,主要向包括准确度要求较高的瓦时计等测量仪表和绝缘监视装置供电,故采用 JSJW-10 型三相五柱式电压互感器较为合理。由附录中附表 12 查知,这种互感器准确度级为 0.5 时,容量 W_{2N} 为 120 VA。应计算二次负荷后校验能否满足所需负载功率和保证准确度级的要求。

按互感器与仪表的接线方式计算最大相负荷,将每项仪表的参数(见附录中附表 15)及总负荷列于表 9.9 中。

表 9.9 电压互感器二次负荷统计表

仪表名称	仪表电压线圈数	仪表总数	仪表所需功率		仪表 $\cos\varphi$	仪表 $\sin\varphi$	ab 相		bc 相	
			每个功率/VA	总计			P_{ab}/W	Q_{ab}/var	P_{bc}/W	Q_{bc}/var
有功瓦时计	2	6	1.5	9.0	0.38	0.925	3.42	8.33	3.42	8.33
无功电度表	2	6	1.5	9.0	0.38	0.925	3.42	8.33	3.42	8.33
电 压 表	1	1	4.5	4.5	1	0	4.5	—	—	—
总 计							11.34	16.66	6.84	16.66

所以

$$W_{ab} = \sqrt{P_{ab}^2 + Q_{ab}^2} = \sqrt{11.34^2 + 16.66^2} = 20.15 \text{(VA)}$$

$$W_{bc} = \sqrt{6.84^2 + 16.66^2} = 18.01 \text{(VA)}$$

$$\cos\varphi_{ab} = \frac{P_{ab}}{W_{ab}} = \frac{11.34}{20.15} = 0.563, \quad \varphi_{ab} = 55.74°$$

$$\cos\varphi_{bc} = \frac{P_{bc}}{W_{bc}} = \frac{6.84}{18.01} = 0.38, \quad \varphi_{bc} = 67.65°$$

由表 9.8 中 Y/Y-V 接线方式的互感器各相负荷计算式得

$$P_a = \frac{W_{ab}}{\sqrt{3}}\cos(\varphi_{ab} - 30°) = \frac{20.15}{\sqrt{3}}\cos(55.74° - 30°) = 10.471 \text{(W)}$$

$$Q_{\mathrm{a}} = \frac{W_{\mathrm{ab}}}{\sqrt{3}} \sin(\varphi_{\mathrm{ab}} - 30°) = \frac{20.15}{\sqrt{3}} \sin(55.74° - 30°) = 5.053 \text{ (var)}$$

计入每相绝缘监视接有电压表的负荷 $P = 4.5 \text{ W}$，$Q = 0$，则 a 相总负荷为

$$W_{2\mathrm{a}} = \sqrt{(\sum P_{\mathrm{a}})^2 + (\sum Q_{\mathrm{a}})^2} = \sqrt{(10.471 + 4.5)^2 + 5.053^2} = 15.8 \text{ (VA)}$$

$$P_{\mathrm{b}} = \frac{1}{\sqrt{3}} [W_{\mathrm{ab}} \cos(\varphi_{\mathrm{ab}} + 30°) + W_{\mathrm{bc}} \cos(\varphi_{\mathrm{ab}} - 30°)]$$

$$= \frac{1}{\sqrt{3}} [20.15 \cos(55.74° + 30°) + 18.01 \cos(67.65° - 30°)]$$

$$= 8.986 \text{ (W)}$$

$$Q_{\mathrm{b}} = \frac{1}{\sqrt{3}} [20.15 \sin(55.74° + 30°) + 18.01 \sin(67.65° - 30°)]$$

$$= 17.95 \text{ (var)}$$

计入接于相电压的绝缘监视用电压表，则 b 相总负荷为

$$W_{2\mathrm{b}} = \sqrt{(\sum P_{\mathrm{b}})^2 + (\sum Q_{\mathrm{b}})^2} = \sqrt{(8.986 + 4.5)^2 + 17.95^2} = 22.454 \text{ (VA)}$$

而 JSJW-10 型三相五柱互感器 0.5 级时各相容量为 120/3 = 40（VA），故 $W_{2\mathrm{N}} = 40 > W_{2\mathrm{b}} = 22.454 \text{ VA}$。因而所选择的电压互感器的容量能满足仪表负荷及准确度级的要求。

二、电流互感器的选择

电流互感器选择时所依据的技术条件如下：

1. 额定一次电压和额定电流

电流互感器的额定一次电压 $U_{1\mathrm{N}}$ 必须与互感器安装处的额定电压 U_{Nw} 一致，它与额定电流应满足

$$U_{1\mathrm{N}} \geqslant U_{\mathrm{Nw}} \tag{9.72}$$

$$I_{1\mathrm{N}} \geqslant I_{\mathrm{w,max}} \tag{9.73}$$

式中，$I_{1\mathrm{N}}$、$I_{\mathrm{w,max}}$ 分别为互感器原边额定电流和装置的最大长期工作电流。

在环境温度条件下，连续通过电流互感器的原边电流应尽量接近额定电流 $I_{1\mathrm{N}}$，电流过大将使误差增大。互感器的二次额定电流一般为 5 A，与仪表、继电器的标准电流相符。

2. 准确度级与铁心数

电流互感器铁心不同时，二次绕组的准确度级不同，供电度表需用 0.5 级，一般仪表用 1.0 级，估计电参数的仪表只需 3 级准确度，若只有一种用途，则可只选带一个铁心的互感器。

电流互感器的准确度级与一定容量相对应，若负载增大超过某一准确度级所对应的额定容量，则准确度级下降。

3. 按额定容量校验二次负载

电流互感器次边通过额定电流 $I_{2\mathrm{N}}$ 和负载总阻抗 Z_2 时的功率为

$$W_2 = I_{2N}^2 \cdot Z_2 \quad (\text{VA}) \tag{9.74}$$

其中，$I_{2N} = 5\,\text{A}$，负载总阻抗 Z_2 由下式决定：

$$Z_2 = \sum Z_m + R_w + R_c \tag{9.75}$$

式中，$\sum Z_m$ 为所连接仪表串联线圈的总阻抗（Ω）；R_w、R_c 分别为二次连接导线电阻和连接头接触电阻（Ω），通常取 $R_c = 0.1\,\Omega$。

将式（9.75）代入式（9.74），则选择电流互感器应满足

$$W_{2N} \geqslant W_2, \quad W_2 = I_{2N}^2 \left(\sum Z_m + R_w + R_c \right) \tag{9.76}$$

式（9.75）中 $\sum Z_m$、R_c 不变，R_w 可变，应选择一定的导线截面（S）以符合式（9.76）的要求，即

$$R_2 \leqslant \frac{W_{2N} - I_{2N}^2 \left(\sum Z_m + R_c \right)}{I_{2N}^2} \tag{9.77}$$

则导线截面 $S = \rho L / R_d$（mm^2）

式中，ρ 为导线的电阻系数（$\Omega \cdot \text{mm}^2/\text{m}$）；$L$ 为连接导线的计算长度（m）。

导线计算长度 L 与互感器的接线方式有关。如图 9.22 所示，设互感器至仪表的实际安装距离为 l 米，则单相接线 $L = 2l$ [见图 9.22（a）]；三相星形接线 $L = l$，中性线的电流可忽略不计 [见图 9.22（c）]。

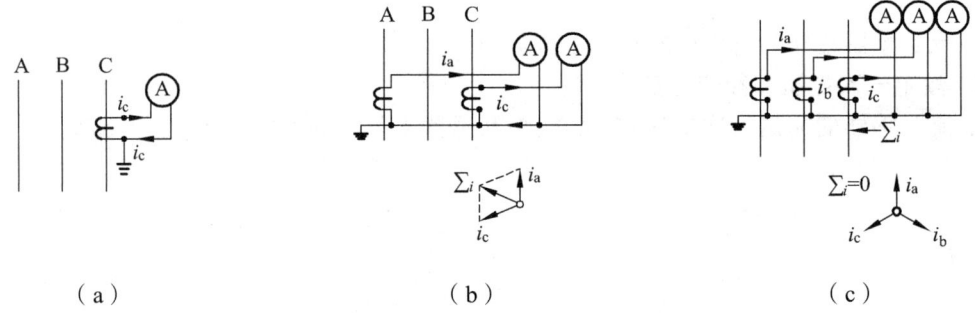

图 9.22 电流互感器与仪表连接方式图

两相星形（V形）接线：$L = \sqrt{3}\,l$，如图 9.22（b）所示，可由电压降的关系求得。例如，由 a 相互感器 N_1 端经仪表、公共线至 N_2 端的电压降为

$$\Delta U = R_w [\dot{I}_a + (-\dot{I}_b)] = \frac{\rho l}{S} \dot{I}_a (1 + e^{j60°}) = \frac{\rho l}{S} \dot{I}_a (1 + \cos 60° + j\sin 60°) = \frac{\rho l \sqrt{3}}{S} \dot{I}_a \cdot e^{j30°}$$

由此可知连接导线的计算长度 $L = \sqrt{3}\,l$。

最后选出导线截面，为保证机械强度要求，对铜导线来说 S 不应小于 $1.5\,\text{mm}^2$。

4. 校验短路时的热稳定性和机械稳定性

电流互感器的热稳定性，应按下式的条件判断，即

$$(I_{1N} \cdot K_t)^2 \cdot t \leq Q_k (\text{或} \geq I_\infty^2 t_{eq}) \tag{9.78}$$

式中，K_t 为互感器热稳定倍数，即热稳定电流与额定一次电流之比，由附录中附表 13.2 查得；t 为热稳定电流通过的时间（$t = 1\text{ s}$）；I_{1N} 为电流互感器一次额定电流。

电流互感器机械稳定性，应按下式的条件判断，即

$$\sqrt{2} I_{1N} \cdot K_{es} \geq i_{sh} \tag{9.79}$$

式中，K_{es} 为电动力稳定倍数，即互感器允许承受的最大瞬时电流与额定电流振幅之比；i_{ch} 为短路电流冲击值。

短路时电流互感器绝缘瓷瓶帽的强度校验，与母线穿墙套管的强度校验相同，可按式（9.61）进行。

【例 9.9】 选择变电所 10 kV 馈出线用电流互感器，已知线路工作电流为 75 A、三相短路电流 $i_{sh} = 21.4 \text{ kA}$，$I'' = 8.4 \text{ kA}$，$I_{kt/2} = 8.0 \text{ kA}$，$I_k = 7.8 \text{ kA}$，$t_{ca} = 1.0 \text{ s}(t_k)$，互感器供给有功瓦时计、有功瓦特表、电流表和过流保护等负载，互感器至主控制室仪表间安装距离 $l = 50 \text{ m}$，如图 9.23 所示。

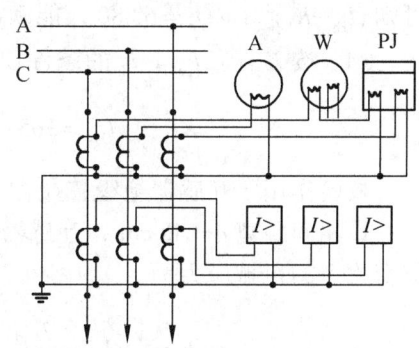

图 9.23 例题 9.9 图

解：（1）按已知数据，可选用 LFC-10-0.5/3 型电流互感器，电流比为 150/5，有两个铁心，其中准确度 0.5 级的供仪表用，3 级的供保护用。由附录中附表 13 查得两铁心的对应额定容量分别为 15 VA、30 VA。热稳定倍数 $K_t = 75$，电动力稳定倍数 $K_{es} = 1.65$。

（2）每相互感器二次负荷列于表 9.10 中，据此进行二次负载的计算与校验。

表 9.10 电流互感器二次负载统计表

仪表名称	二次负荷/VA		
	A 相	B 相	C 相
电流表 (ITI-A 型)	—	3.0	—
有功功率表（IDI-W）	1.45	—	1.45
有功瓦时计（DSI）	0.5	—	0.5
总　　计	1.95	3.0	1.95

以最大一相（B 相）负载为依据进行计算，取 $W_2 = W_{2N} = 15 \text{ VA}$，则从式（9.77）可得导线电阻为

$$R_w = \frac{W_{2N} - 3}{5^2} - 0.1 = \frac{12}{25} - 0.1 = 0.38 \text{ （}\Omega\text{）}$$

铜导线 $\rho = 0.018 \text{ }\Omega \cdot \text{mm}^2/\text{m}$，$L = l$，则其截面为

$$S = \frac{\rho L}{R_\mathrm{d}} = \frac{0.018 \times 50}{0.38} = 2.37 \text{ (mm}^2\text{)}$$

因此，选择截面为 2.5 mm² 的铜导线，可满足要求。

（3）校验热稳定性。

$$(I_{1N} \cdot K_\mathrm{t})^2 \cdot t = (0.15 \times 75)^2 \times 1 = 126.6 \text{ (kA}^2 \cdot \text{s)}$$

计算短路热效应为

$$Q_\mathrm{p} = \frac{8.4^2 + 10 \times 8.0^2 + 7.8^2}{12} \times 1.0 = 64.28 \text{ (kA}^2 \cdot \text{s)}$$

$$Q_\mathrm{np} = 8.4^2 \cdot T_\mathrm{fi} = 70.56 \times 0.064 = 4.52 \text{ (kA}^2 \cdot \text{s)}$$

$$Q_\mathrm{k} = Q_\mathrm{p} + Q_\mathrm{np} = 64.28 + 4.52 = 68.80 \text{ (kA}^2 \cdot \text{s)}$$

可知 $(I_{1N} \cdot K_\mathrm{t})^2 \cdot t > Q_\mathrm{d} = 68.80$，能满足热稳定性要求。

（4）按 $K_\mathrm{es} \cdot \sqrt{2} I_{1N} \geq i_\mathrm{sh}$ 的条件校验机械稳定性：

$$K_\mathrm{es} \cdot \sqrt{2} I_{1N} = 165 \times \sqrt{2} \times 0.1 = 23 \text{ (kA)} > 21.4 \text{ (kA)}$$

校验作用于互感器绝缘瓷瓶帽上的机械应力：

设相间距离 $a = 40$ cm，互感器瓷套帽到最近支持绝缘子间的距离 $L = 100$ cm，则作用于瓷套帽上的机械应力为

$$\begin{aligned} F &= \frac{1}{2} \times 1.73 \cdot \frac{L}{a} i_\mathrm{sh}^2 \times 10^{-7} = 0.865 \times \frac{100}{40} \times 21\,400^2 \times 10^{-7} \\ &= 99 \text{ (N)} < 735 \text{ (N)} \end{aligned}$$

这说明互感器对机械力的作用是稳定的，故所选择的 LFC-10-0.5/3 型两铁心互感器能满足给定的要求和条件。

第八节　轨道交通牵引变电所电气主接线设计示例

本章前面几节分别讲述了轨道交通牵引变电所设计各组成部分内容、设计的一般方法和设计的计算原理、原则等。在此基础上，为了建立牵引变电所和供变电系统装置设计的完整概念，本节专门列举了电气化铁道交流牵引变电所和城轨交通直流牵引变电所电气主接线设计两种示例；对设计的原始资料分析、方案比较与选择、设计程序、步骤等进行了详尽分析和必要阐述。

一、电气化铁道交流牵引变电所主接线设计

某牵引变电所位于大型编组站内，向两条客货混运复线电气化干线铁路的三个方向馈电区段供电，已知按列车正常运行情况的计算容量为 10 000 kVA（三相变压器），并以 10 kV

电压给车站电力、照明、机务段等地区负荷供电，其计算容量为 3 750 kVA。各电压侧馈出线数目及负荷情况如下：

25 kV 10 回路（其中 1 路备用）；两方向年货运量与供电区距离分别为 $Q_1L_1 = 32 \times 60$ Mt·km，$Q_2L_2 = 30 \times 25$ Mt·km，客运系数 $K_R = 0.2$，$\Delta q = 100$ kWh/10 kt·km，10 kV 12 回路（其中预留 2 回路）。

供电电源由系统区域变电所以双回路 110 kV 输电线送电，本变电所位于电气化铁路终端，送电线路距离为 15 km。主变压器为三相接线，试设计牵引变电所（带有地区负荷）电气主接线。

（一）分析负荷及原始资料

由上述资料可知，本牵引变电所担负着重要的牵引负荷供电任务（一级负荷）。馈线数目多，影响范围广，应保证安全可靠的供电。10 kV 地区负荷主要为编组站自动化驼峰、信号自动闭塞、照明及其他自动装置等，部分为一级负荷，其他包括机务段在内均为二级负荷，应有足够可靠性的要求。本变电所为终端变电所，一次侧无通过功率。

（二）主变压器台数和容量的选择

三相牵引变压器的计算容量是由供电计算求出的（计算方法将在"供电系统"课程中讨论）。本变电所考虑为固定备用方式，按故障检修时的需要，应设两台牵引用主变压器；地区电力负荷应有一级负荷，为保证变压器检修时不致断电，也应设两台牵引用主变压器。

根据原始资料和各种负荷对供电可靠性的要求，主变压器容量与台数的选择可能有以下两种方案：

方案一 2 台 10 000 kVA 牵引变压器和 2 台 6 300 kVA 地区变压器（110 kV 变压器最小容量为 6 300 kVA），一次侧同时接于 110 kV 母线；

方案二 2 台 16 000 kVA 的三绕组变压器，因 10 kV 侧地区负荷与总容量比值超过 15%，采用电压为 110/25/10.5 kV，接线为 YNdd 的两台三绕组变压器同时为牵引负荷与地区电力负荷供电。各绕组容量比为 100：100：50。

（三）各种方案主接线的拟订

按 110 kV 进线和终端变电所的地位，考虑变压器备用数量及各种电压级馈线数目，并依据供电可靠性的需要程度选择主接线方式。

（1）对于上述方案一，因有 4 台变压器，考虑 110 kV 母线检修不致全部停电，采用单母线用断路器分段的接线方式，如图 9.59（a）所示，每段母线连接一台牵引变压器和地区变压器，由于牵引馈线断路器数量多且检修频繁，牵引负荷母线采用带旁路母线的单母线分段（隔离开关分段）接线方式，10 kV 地区负荷母线同样采用断路器分段的单母线接线系统。自用电变压器分别接于 10 kV 两段母线上（两台）。

（2）对于上述方案二，共有 2 台三绕组主变压器，两回路专用 110 kV 进线，应有线路继电保护设备，故采用节省断路器数量的内桥接线较为经济合理，如图 9.59（b）所示。牵引负荷母线接线和 10 kV 母线接线与方案一的接线相同。

（四）技术经济比较与方案选择

因地区负荷占比例较大，且有部分为一级负荷，为保证电压质量，主要应检验电压不对称系数，然后进行两种方案的经济比较，如图 9.24 所示。

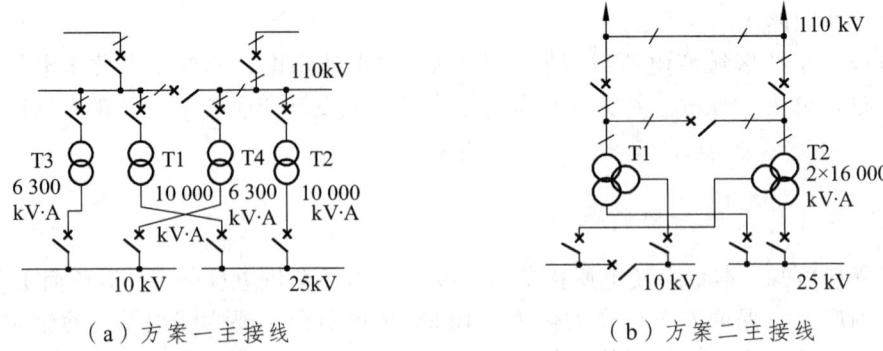

（a）方案一主接线　　　　　　　　　（b）方案二主接线

图 9.24　各方案主接线图

1. 电压不对称系数的计算

（1）由已知牵引负荷容量，则计算 25 kV 侧额定电流 I_{2N}，两馈线电流 I_{2a}、I_{2c} [见图 9.25（a）]，分别为

$$I_{2N} = \frac{10\ 000}{\sqrt{3} \times 25} = 23\ (\text{A})$$

$$\cos \varphi_2 = 0.8$$

$$I_{2a} = I_{2c} = 0.655 I_{2N} = 138\ (\text{A})$$

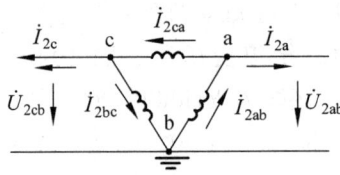

（a）△绕组中电流分配

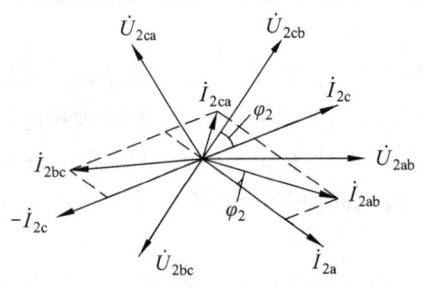
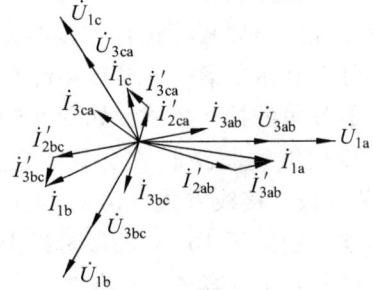

（b）每相牵引负荷电流与电压相量图　　　（c）三绕组变压器各侧绕组中电流与电压相量图

图 9.25　三相牵引变压器各绕组中电流分配及相位关系

以 $\dot{U}_{2ab}$ 为参考相量，两馈线电流在△形绕组中分配后，每相绕组电流分别为

$$\dot{I}_{2ab} = \frac{2}{3}\dot{I}_{2a} + \frac{1}{3}\dot{I}_{2c} = 121.7e^{j(-17.8°)}$$

$$\dot{I}_{2bc} = -\frac{2}{3}\dot{I}_{2c} - \frac{1}{3}\dot{I}_{2a} = 121.7e^{j184°}$$

$$\dot{I}_{2ca} = -\frac{1}{3}\dot{I}_{2a} + \frac{1}{3}\dot{I}_{2c} = 46.0e^{j83.1°}$$

每相牵引负荷电流与电压的相量关系如图 9.60（b）所示。

10 kV 电压侧为三相对称负荷，设 $\cos\varphi_3 = 0.9$，则其额定电流 I_{3N} 和△形绕组中每相电流分别为

$$I_{3N} = \frac{3\,750}{\sqrt{3}\times 10.5} = 206 \quad (A)$$

$$\dot{I}_{3ab} = \frac{\dot{I}_{3N}}{\sqrt{3}}\cdot e^{j(\varphi_3+30°)} = 119\cdot e^{j4.2°} \quad (A)（以 \dot{U}_{3ab} 为基准）$$

同理

$$\dot{I}_{3bc} = 119\cdot e^{j244.2°} \quad (A), \quad \dot{I}_{3ca} = 119\cdot e^{j124.2°} \quad (A)$$

110 kV 高压绕组中电流（不计励磁电流时），即为负荷电流归算到高压侧的值。

对于方案一，仅考虑牵引负荷，则

$$\dot{I}_{1a} = \frac{\dot{I}_{2ab}}{K_{12}} = \frac{121.7e^{j(-17.8°)}}{2.31} = 52.7e^{j(-17.8°)} \quad (A)$$

同理

$$\dot{I}_{1b} = \frac{\dot{I}_{2bc}}{K_{12}} = 52.7e^{j184°}, \quad \dot{I}_{1c} = \frac{\dot{I}_{2ca}}{K_{12}} = 19.9e^{j83.1°} \quad (A)$$

对于方案二，应为牵引负荷与地区负荷电流相量和，如图 9.60（c）所示，其值为

$$\dot{I}'_{1a} = \dot{I}_{2ab}/K_{12} + \dot{I}_{3ab}/K_{13} = 71.3e^{j(-11.9°)} \quad (A)$$

$$\dot{I}'_{1b} = \dot{I}_{2bc}/K_{12} + \dot{I}_{3bc}/K_{13} = 64.7e^{j199.3°} \quad (A)$$

$$\dot{I}'_{1c} = \dot{I}_{2ca}/K_{12} + \dot{I}_{3ca}/K_{13} = 37.0e^{j103.6°} \quad (A)$$

其中电压变换系数为

$$K_{12} = \frac{110\sqrt{3}}{25} = 2.54, \quad K_{13} = \frac{110/\sqrt{3}}{10.5} = 6.05$$

（2）高压 110 kV 绕组中的阻抗压降，已知参数为

三绕组 16 000 kVA 变压器　$\Delta P'_m = 106$ kW，$U_{k1}\% = 10.5$，$U_N = 110$ kV；

双绕组 10 000 kVA 变压器 $\Delta P_\mathrm{m} = 63\,\mathrm{kW}$，$U_\mathrm{k}\% = 10.5$，$U_\mathrm{N} = 110\,\mathrm{kV}$。

按计算公式：

$$R_1 = \frac{\Delta P_\mathrm{m} \cdot U_\mathrm{N}^2 \cdot 10^3}{2 \cdot S_\mathrm{N}} \quad (\Omega)$$

$$X_1 = \frac{U_\mathrm{k}\%}{100} \cdot \frac{U_\mathrm{N}^2}{S_\mathrm{N}} \quad (\Omega)$$

分别求得高压绕组的电阻及电抗为

三绕组变压器：$R_1' = 2.51\,\Omega$，$X_1' = 79.4\,\Omega$；

双绕组变压器：$R_1 = 3.81\,\Omega$，$X_1 = 127.1\,\Omega$。

高压各相绕组阻抗压降见图 9.61。由各相阻抗压降三角形可知：

对于三绕组变压器，有

$$\Delta \dot{U}_a' = \dot{I}_{1a}'(R_1' + jX_1') = 71.3 e^{j(-11.9°)}(2.51 + j79.4) = 5.66 \cdot e^{j76.3°} \quad (\mathrm{kV})$$

$$\Delta \dot{U}_b' = \dot{I}_{1b}'(R_1' + jX_1') = 64.7 e^{j119.3°}(2.51 + j79.4) = 5.14 \cdot e^{j287.5°} \quad (\mathrm{kV})$$

$$\Delta \dot{U}_c' = \dot{I}_{1c}'(R_1' + jX_1') = 71.3 e^{j103.6°}(2.51 + j79.4) = 2.94 \cdot e^{j191.8°} \quad (\mathrm{kV})$$

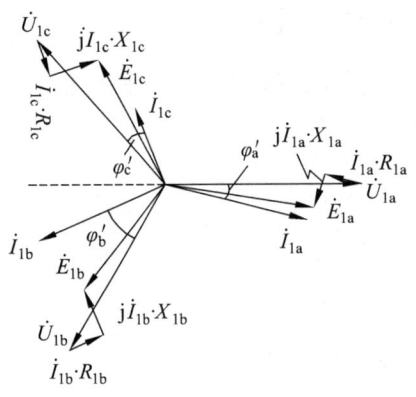 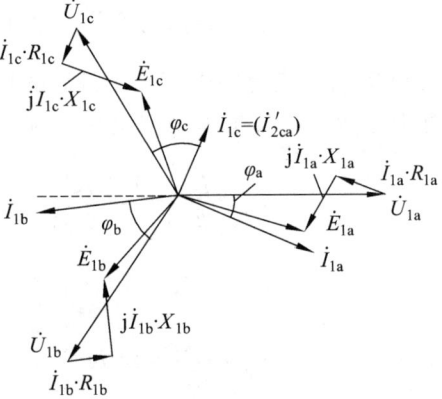

（a）三绕组变压器　　　　　　　　　（b）双绕组变压器

图 9.26　高压绕组各相电流与电抗降、电势相量图

对于双绕组变压器，有

$$\Delta \dot{U}_a = \dot{I}_{1a}(R_1 + jX_1) = 52.7 e^{-j17.8°}(3.81 + j127.1) = 6.70 e^{j70.5°} \quad (\mathrm{kV})$$

$$\Delta \dot{U}_b = \dot{I}_{1b}(R_1 + jX_1) = 52.7 e^{-j17.8°}(3.81 + j127.1) = 6.70 e^{j272.3°} \quad (\mathrm{kV})$$

$$\Delta \dot{U}_c = \dot{I}_{1c}(R_1 + jX_1) = 19.9 e^{j83.1°}(3.81 + j127.1) = 2.53 \cdot e^{j171.4°} \quad (\mathrm{kV})$$

（3）高压 110 kV 绕组感应电势（E）及不对称系数 K_{1u}，按下式计算：

$$\dot{E}_{1a} = \dot{U}_{1a} - \Delta \dot{U}_a, \quad \dot{U}_{1a} = \frac{110}{\sqrt{3}} \cdot e^{-j30°} \quad (\mathrm{kV})$$

$$\dot{E}_{1b} = \dot{U}_{1b} - \Delta \dot{U}_b, \quad \dot{U}_{1b} = \frac{110}{\sqrt{3}} \cdot e^{-j150°} \quad (\mathrm{kV})$$

$$\dot{E}_{1c} = \dot{U}_{1c} - \Delta \dot{U}_c, \quad \dot{U}_{1c} = \frac{110}{\sqrt{3}} \cdot e^{j90°} \quad (kV)$$

正序分量：$\dot{E}_{1a(1)} = \frac{1}{3}(\dot{E}_{1a} + a\dot{E}_{1b} + a^2\dot{E}_{1c})$ （kV）

负序分量：$\dot{E}_{1a(2)} = \frac{1}{3}(\dot{E}_{1a} + a^2\dot{E}_{1b} + a\dot{E}_{1c})$ （kV）

电压（势）不对称系数：

$$K_{1u} = \frac{E_{1a(2)}}{E_{1a(1)}} \times 100\%$$

将各方案计算结果列于表 9.24。

表 9.24 各主接线方案技术参数计算结果

计算项目 方案	$\dot{E}_{1a}$	$\dot{E}_{1b}$	$\dot{E}_{1c}$	$\dot{E}_{1a(1)}$	$\dot{E}_{1a(2)}$	K_{1u}
	单位：kV					百分值
方案一 双绕组变压器	$65.1e^{-j35.8°}$	$60.7e^{-j155.6°}$	$63.2e^{j87.7°}$	$63.0e^{-j34.6°}$	$2.53e^{-j68.9°}$	4.02%
方案二 三绕组变压器	$65.3e^{j34.8°}$	$62.6e^{-j154.6°}$	$64.2e^{j87.4°}$	$64.0e^{-j34.0°}$	$1.6e^{-j68.8°}$	2.47%

从上述比较可知，在电压质量方面，方案二较方案一要好，但 K_{1u} 值都与标准要求有一定差距（见表 9.24）。

2. 变压器与配电装置的一次投资与折旧维修费（差值部分）

（1）方案一　$2 \times 10\,000$ 和 $2 \times 6\,300$ kVA 变压器共 4 台，多增加 110 kV 断路器 4 组，按 SW_3-110 少油断路器计算，共需（以万元计）：

$$2 \times 100 + 2 \times 64 + 4 \times (20 + 2) = 416 \text{ （万元）}$$

取 10 MV·A 牵引变压器和 6.3 MV·A 地区变压器近期参考价分别为 100 万元/台和 64 万元/台，每组断路器包括断路器及机构 1 台、内附电流互感器 1 组、隔离开关 1 台，参考价分别为 20 万元和 2.0 万元。

（2）方案二　$2 \times 16\,000$ kVA 三绕组变压器，另增加变压器前面和跨条隔离开关（110 kV）4 组，取 16 MV·A 主变压器参考价为 140 万元/台，共需：

$$2 \times 140 + 4 \times 2.0 = 288 \text{ （万元）}$$

方案一中：110 kV 配电间隔数增加，其占地费用不予计算。

每年折旧维修费，按一次投资的 8% 计，则

方案一：　$C_{Pa} = 416 \times 0.08 = 32.28$ （万元）

方案二：　$C_{Pb} = 288 \times 0.08 = 23.04$ （万元）

3. 各方案的年电能损耗费（主变压器正常工作采用两台并联运行方式）

（1）方案一　采用 $2 \times SF_1$-QY-10 000/110 型和 $2 \times S7$-6 300/110 型三相变压器，其参数为

牵引变压器：$\Delta P_c = 12.5$ kW，$\Delta P_m = 63$ kW，$I_0\% = 1.3$，$U_k\% = 10.5$；

地区变压器：$\Delta P_c = 11.6$ kW，$\Delta P_m = 41$ kW，$I_0\% = 1.1$，$U_k\% = 10.5$。

按已知条件，由式（4.14）求牵引负荷的最大功率损耗时间：

$$\tau_t = \frac{1.2 \times (3\,200 \times 60 + 3\,000 \times 25) \times 100}{10\,000 \times 0.8} \approx 4\,000 \quad (\text{h})$$

地区负荷 $T_{\max} = 4\,500\text{ h}$，$\cos\varphi = 0.9$，由图 4.39 用插入法查得 τ_1（地区负荷）$= 2\,750\text{ h}$。

牵引变压器和地区变压器的年能量损耗 ΔA_t 和 ΔA_l 分别由式（4.13）和式（4.12）求得（取无功经济当量 $K_j = 0.1$）：

$$\Delta A_t = 2\left(12.5 + 0.1 \times 1.3 \times \frac{10\,000}{100}\right) \times 8\,760 +$$

$$\frac{1}{2}\left(63 + 0.1 \times 10.5 \times \frac{10\,000}{100}\right) \frac{\sum_{1}^{3} I_{x2}^2}{3 I_{N2}^2} \times 4\,000$$

其中，$I_{N2} = \dfrac{10\,000}{3 \times 27.5} = 121.2$（A），$I_{x2}$ 各值已在前面求出：

$$\sum_{1}^{3} I_{x2}^2 = I_{2ab}^2 + I_{2bc}^2 + I_{2ca}^2 = 2 \times 121.7^2 \times 46.0^2 = 31\,737.8 \quad (\text{A}^2)$$

故 $\quad\Delta A_t = 446\,760 + 241\,985.6 = 688\,745.6$ （kWh）

牵引用电按每度（kWh）0.48 元计，则年电能损耗费和年能量损耗分别为

$$C_{et} = 688\,745.6 \times 0.48 = 33.06 \quad (\text{万元})$$

$$\Delta A_l = 2 \times \left(11.5 + 0.1 \times 1.1 \times \frac{6\,300}{100}\right) \times 8\,760 +$$

$$\frac{1}{2} \times \left(41 + 0.1 \times 10.5 \times \frac{6\,300}{100}\right)\left(\frac{3\,750}{6\,300}\right)^2 \times 2\,750$$

$$= 322\,893.6 + 52\,200.7 = 375\,094.3 \quad (\text{kWh})$$

工业用电按每度 0.40 元计，则年电能损耗费为

$$C_{el} = 375\,094.3 \times 0.40 = 15 \quad (\text{万元})$$

方案一中年电能总损耗费为

$$C_{ea} = C_{et} + C_{el} = 48.06 \quad (\text{万元})$$

（2）方案二　采用 $2 \times \text{SFS7-16 000/110}$ 型三相三绕组变压器，其参数：各绕组容量比 $100:100:50$；$\Delta P_c = 28\text{ kW}$，$I_0\% = 1.1$，$\Delta P_m = 106\text{ kW}$，各绕组短路电压 $U_{k1}\% = 10.5$，$U_{k2}\% = 6.5$，$U_{k3}\% = 0$。则由式（4.15）可求得年电能损耗为

$$\Delta A_2 = 2\left(28 + 0.1 \times 1.1 \times \frac{16\,000}{100}\right) \times 8\,760 +$$

$$\left[\frac{1}{2} \times \frac{1}{2} \times 106 \times \left(\frac{S_1^2}{S_N^2}\tau_1 + \frac{S_2^2}{S_N^2}\tau_2 + \frac{S_3^2}{S_N \cdot S_{N3}}\tau_3\right) + \right.$$

$$\frac{1}{2} \times 0.1 \left(10.5 \cdot \tau_1 \frac{S_1^2}{S_N^2} \times \frac{S_N}{100} + 6.5 \cdot \tau_2 \cdot \frac{S_2^2}{S_N^2} \times \frac{S_N}{100} + 0 \right) \Bigg]$$

其中

$$S_1^2 = \sum_1^3 \left| \dot{I}_{2x}' + \dot{I}_{3x}' \right|^2 = (I_{1a}')^2 + (I_{1b}')^2 + (I_{1c}')^2$$

$$= 71.3^2 + 64.7^2 + 37.0^2 = 10\,638.8$$

$$S_{N1}^2 \cong 3 \times I_{1N}^2 = 3 \times \left(\frac{16\,000}{\sqrt{3} \times 110} \right) = 21\,157, \quad S_2^2 \cong \sum_1^3 (I_{2x}')^2 = 31\,738$$

$$S_{N3} = 8\,000 \text{ kV} \cdot \text{A}, \quad S_{N2}^2 \cong 3 \times \left(\frac{16\,000}{3 \times 27.5} \right)^2 = 112\,837$$

已知 $\tau_2 = \tau_t = 4\,000$ h，$\tau_3 = \tau_1 = 2\,750$ h，按式（4.16）计算，则

$$\tau_1 = \frac{4\,000 \times 10\,000 + 2\,750 \times 3\,750}{10\,000 + 3\,750} = 3\,659 \quad (\text{h})$$

代入上述各值后，得到

$$\Delta A_2 = 2 \times 45.6 \times 8\,760 + 26.5 \times \left(\frac{10\,638.8}{21\,157} \times 3\,659 + \frac{31\,738}{112\,837} \times 4\,000 + \right.$$

$$\left. \frac{3\,750^2}{16\,000 \times 8\,000} \times 2\,750 \right) + 0.05 \left(0.105 \times 3\,659 \times \frac{10\,638.8}{21\,157} \times \right.$$

$$\left. 16\,000 + 0.065 \times 4\,000 \times \frac{317\,38}{112\,837} \times 16\,000 \right)$$

$$= 798\,912 + 26.5 \times 3\,267.1 + 0.05 \times (3\,091\,080 + 1\,170\,096)$$

$$= 1\,098\,549 \quad (\text{kWh})$$

年电能损耗费 $C_{eb} = 1\,098\,549 \times 0.45 = 49.44$（万元）（综合用电取平均电价为 0.45 元/度）。

（3）年运行费用为年折旧维修费与年电能损耗费之和。

方案一　　　$C_A = C_{Pa} + C_{ea} = 33.28 + 48.06 = 81.34$　（万元/年）

方案二　　　$C_B = C_{Pb} + C_{eb} = 23.04 + 49.44 = 72.48$　（万元/年）

（4）经济比较表，以方案二为基数，则方案一净增数按式（4.18）计算，列于表 9.25。

表 9.25　各主接线方案经济比较表

方案 项目	方案一多出	方案二
一次投资/万元	416 − 288 = 128	0
年运行费/万元	81.34 − 72.48 = 8.86	0

（5）由技术经济全面比较表明，在保证同样可靠性的前提下，方案一与方案二对地区负荷供电电压质量都满足要求，但方案二投资和年运行费用均较低，且节省占地面积，故推荐采用方案二。

二、轨道交通直流牵引变电所设计

根据《城市轨道交通直流牵引供电系统》(GB/T 10411—2005)规定,直流牵引变电所的设计应该遵循以下原则:

(1)牵引变电所和降压变电所的主接线在保证供电可靠性的基础上应力求简单、方便运营。

(2)牵引变电所应由两个及两个以上相互独立的电源供电,当任意一回进线电源故障时,另一回进线电源应能承担该所远期高峰小时牵引负荷和动力照明一、二级负荷。交流母线宜采用单母线或单母线分段,主接线在安全、可靠及灵活的基础上应力求简单。

(3)牵引变电所设备的容量应按设计最大通过能力、供电质量、变电所运行方式变化等因素决定,满足远期高峰小时负荷设计。当任意一座牵引变电所解列时,仍应保证地铁列车的正常运行。

(4)牵引整流机组的负荷等级应满足Ⅵ级标准工作制等级的技术要求:100%额定输出连续;150%额定输出2 h;300%额定输出1 min。

(5)牵引整流变压器应采用干式变压器,牵引整流机组冷却方式宜采用空气自然冷却式或强迫通风冷却式。

(6)每座牵引变电所设置两套12脉波牵引整流机组,接于同一段母线上,并联运行构成等效24脉波整流。

城轨交通牵引供变电系统设计,主要包括直流牵引变电所、主变电所、中压供电系统和降压变电所等方面的设计。其中直流牵引变电所的设计是供变电系统设计的重点,其内容广泛,有些部分如无功补偿、谐波抑制和杂散电流防护等问题,涉及整个牵引供变电和动力供电系统。而直流牵引变电所本身,除直流一次系统设计有其特殊性外,其他都与交流牵引变电所设计内容和方法基本相同。本节就以上几方面的若干问题给予全面系统的介绍。

(一)直流牵引变电所整流机组容量和数量的确定

地铁、轻轨交通直流牵引变电所整流机组的容量和数量,应根据远期运营高峰时期小时列车编组、行车密度和车辆类型等需要,由牵引供电计算确定,并需进行各种短时过负荷校验。

1. 牵引变电所容量的计算

首先应确定变电所机组直流总用电量 $W_{D\Sigma}$,它是由高峰小时内列车牵引用电量 W_{Σ},列车辅助用电量 W_A 和牵引网络功率损失 ΔW_P 等几部分组成。在正常运行情况下,由于供电区为双边供电的复线(上、下行方向),故整流器功率 $W_{D\Sigma}$ 可表达为

$$W_{D\Sigma} = (W_{q\Sigma} + W_A + \Delta W_P)/2 \tag{9.92}$$
$$W_A = 2m \cdot n \cdot W_q \tag{9.93}$$

式中,W_q 为每辆车控制电器、空压机、空调和电热器等辅助电器单位小时用电量,即功率(kW);m、n 分别为供电区内列车数和列车编组数目(车辆数 n);ΔW_P 为线损功率,可取 $\Delta W_P = 0.1(W_{t\Sigma} + W_A)$(kW)。

2. 按事故解列情况选择校验整流机组容量

直流牵引变电所整流机组容量,还应按整个区段中一个牵引变电所故障而造成事故解列时,相邻的两个牵引变电所应能分担其供电区段在高峰段内的牵引用电量考虑,按此情

况计算整流机组直流功率 $W'_{D\Sigma}$，其计算式与式（9.92）和式（9.93）相同，但 m'、$W'_{i\Sigma}$ 和 $\Delta W'_P$ 相应增大。此时按整流机组允许过负荷 1.5 倍持续 2 小时的技术条件，由下式进行校验并应满足：

$$W_{D\Sigma} \cdot 150\% \geqslant W'_{D\Sigma} \tag{9.94}$$

最后按式（9.94）的校验结果来选择整流机组容量。

（三）直流牵引变电所整流变压器计算容量 S_C、额定容量 S_N 和整流机组数量的选择

由于整流机组换相整流工作的特性，整流变压器的交流功率大于直流输出功率，按第三章第五节所述三相桥式整流接线的变压器总计算容量 S_C，经式（9.94）校验确定 $W_{D\Sigma}$ 后，则

$$S_C = 1.05 W_{D\Sigma} \tag{9.95}$$

根据计算容量选择相近配套的整流变压器额定容量 S_N，整流机组的变压器和整流器具有相同的长时（2 h）和短时（1 min）过负荷特性。

整流机组数量，一般在牵引变电所设计 2 台并联工作，且应采用相同外特性和参数、统一型号的整流机组。等效 24 脉波整流机组两台并联整流变压器的连接组别和网侧绕组移相角应符合要求。

整流机组选择，还应校验在最大负荷电流时牵引网的最低电压，应不低于规程规定的允许最低电压值。

某城市轨道交通直流牵引供电系统的外部电源方案为集中供电，110/35 kV 两级电压供电方式，设有 2 座 110 kV 主变电所。中压网络采用 35 kV 牵引降压混合供电网络。

根据线路、车辆和行车组织资料，经供电模拟计算确定该正线某牵引降压混合变电所牵引负荷情况如下：

① 初期正常牵引负荷功率：2 500 kW；初期相邻牵引变电所解列情况下高峰小时负荷功率：3 500 kW。

② 近期正常牵引负荷功率：4 400 kW；近期相邻牵引变电所解列情况下高峰小时负荷功率：6 200 kW。

③ 远期正常牵引负荷功率：5 700 kW；远期相邻牵引变电所解列情况下高峰小时负荷功率：8 300 kW。

根据远期模拟计算结果和《地铁设计规范》（GB 50127—2003）规定的牵引整流机组的负荷等级应满足 Ⅵ 级标准工作制等级的技术要求，确定的牵引变电所牵引整流机组安装容量为 2×2 700 kW，选择两套三相桥 12 脉波整流机组并联运行构成等效 24 脉波整流，整流变压器接线形式为 Dy5d0（相位移 + 7.5°）/Dy7d2（相位移 − 7.5°）。整流机组空载电压为 1 650 V，电压调整率为 6%。整流变压器容量选为 2×3 000 kVA，原次边电压为 35 kV/1 180 V，阻抗百分比为 8%。

在确定的整流机组容量下按照远期相邻牵引变电所解列，由该变电所越区供电进行校验。供电计算结果为，相邻牵引变电所解列时该变电所负荷的功率为 8 300 kW，为整流机组额定功率的 154%，满足《城市轨道交通直流牵引供电系统》（GB/T 10411—2005）规定的"牵引

整流机组的负荷等级应满足下列条件时的牵引负荷特性:100% 额定输出连续;150% 额定输出 2 h;300% 额定输出 1 min。"

4. 牵引降压混合变电所主接线方式比选

(1) 牵引变电所 35 kV 母线接线。

根据供电系统推荐方案,35 kV 供电网络采用牵引供电系统和动力照明配电系统共用 35 kV 环网方式,同一供电分区内的变电所采用环状接线,每座变电所引入两回独立电源。

根据国内外城市轨道交通的建设经验,牵引降压混合变电所 35 kV 母线有单母线分段接线、三段母线接线和双母线接线 3 种方式供选择。

① 单母线分段接线方式,如图 9.27 所示。两段母线通过母线分段断路器相互连接。每段母线设置一回进线电源,向该段母线供电。每段 35 kV 母线均接有 1 台 35/0.4 kV 配电变压器。两套牵引整流机组接于同一段 35 kV 母线上,并联运行构成等效 24 脉波整流器。

正常运行时,母线分段断路器分闸,两回 35 kV 进线电源分别向所接 35 kV 母线供电。

当一回进线电源故障时,母线分段断路器合闸,由另一回进线电源承担该所供电范围内的牵引负荷和动力照明一、二级负荷。

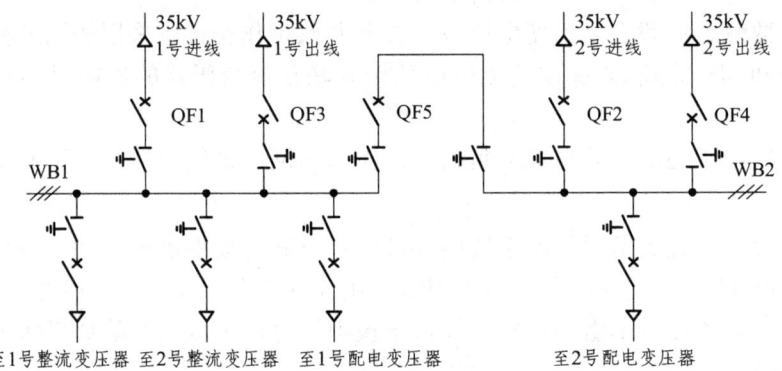

图 9.27 单母线分段接线图

当母线 WB1 故障时,两套牵引整流机组和一台配电变压器退出运行,由相邻的牵引变电所承担其供电范围内的牵引负荷,由另一台配电变压器承担该所的动力照明一、二级负荷。

当母线 WB2 故障时,一台配电变压器退出运行,由另一台配电变压器承担该所的动力照明一、二级负荷。

② 三段母线接线,如图 9.28 所示。

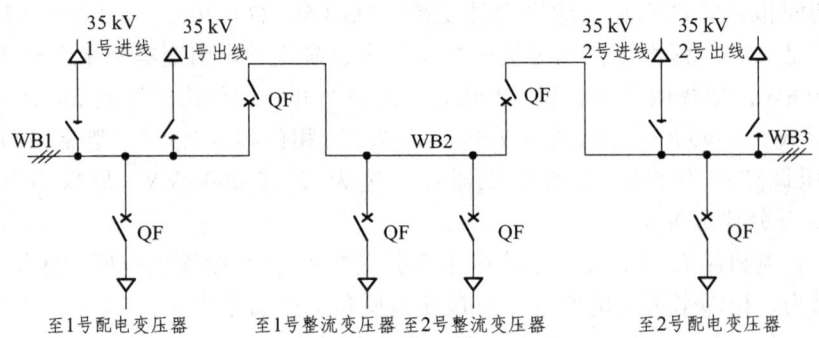

图 9.28 三段母线接线图

设两段进线电源母线和一段牵引整流机组工作母线。

两段进线电源母线分别自 35 kV 供电网络系统经环网负荷开关"π"接入一回电源。

牵引整流机组工作母线接入两套牵引整流机组，两台配电变压器分别接入两段进线电源母线。两段进线电源母线与牵引整流机组工作母线间分别用断路器分段，通过分段断路器可进行两回电源的自动切换。

正常运行时，一台分段断路器合闸，一台分段断路器分闸，两回 35 kV 进线电源分列运行，两台配电变压器分列运行，两套牵引整流机组并联运行。

当一回进线电源退出运行时，另一台母线分段断路器自动投入，则由另一回进线电源带两套牵引整流机组和两台配电变压器并联运行。

当母线 WB1 故障时，一台配电变压器退出运行，由另一台配电变压器承担该所的动力照明一、二级负荷。

当母线 WB2 故障时，牵引整流机组退出运行，由相邻的牵引变电所承担其供电范围内的牵引负荷。

当母线 WB3 故障时，一台配电变压器退出运行，由另一台配电变压器承担该所的动力照明一、二级负荷。

35 kV 母线除了单母线分段和三段母线接线方式之外，还有双母线方式。但双母线结构复杂，设备数量多，配电装置占地面积大，地下变电站不宜采用，一般用于线路断路器故障、检修不允许停电的场合。

单母线分段和三段母线接线两种方案的比较如表 9.26 所示。

表 9.26　35 kV 母线接线比较

比较项目	单母线分段	三段母线
供电可靠性	供电可靠性高	供电可靠性高
灵活性	接线简单、操作灵活	接线较简单、操作较灵活
投　资	设备数量少，占地面积小，投资较少	GIS 组合电器减少，投资少

两种方案接线简单，操作灵活，一次投资少，均满足要求。但由于三段母线方案中 35 kV 环网负荷开关设备的使用经验较少，推荐 35 kV 母线采用单母线分段接线方式。

（2）牵引整流机组进线开关方案比选。

24 脉波整流要求两台 12 脉波整流机组一次侧输入电源具有严格的同期性，以保证其低压输出端电压相位角相差 15°。如将两套整流机组分接不同的母线，电源同期性不能得到保证，电源压差将导致两套整流机组出力不均，严重时可能导致一套整流机组过载受损。因此，应将两套整流机组接在同一段 35 kV 母线上并联运行。

整流机组进线开关的设置方案有两种：一种是采用电动隔离开关，一种是采用断路器。

① 采用电动隔离开关。

整流机组进线开关采用电动隔离开关如图 9.29 所示。

每台整流变压器的进线设置一台电动隔离开关，任一套整流机组回路故障，均启动 35 kV 母线电源侧进出线断路器跳闸。

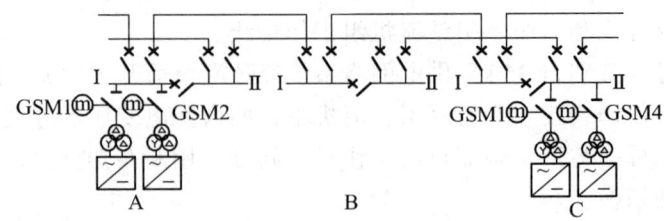

图 9.29 整流机组进线开关采用电动隔离开关

在 35 kV 供电网络采用分区环网供电方式下，A 所 I 段母线失电后，与之串接的 B、C 所 I 段母线也失电，接在 A、B、C 所 I 段母线上的配电变压器也同时失电，事故影响范围扩大（注：此处假定 A 所为电源侧）。

此时，恢复 A、B、C 所 I 段母线供电的步骤为：分开整流变压器进线电动隔离开关，重合 35 kV 进、出线断路器。由于隔离开关分闸动作时间约 4 s，再加上进线电源断路器动作时间，非故障区失电时间长约数十秒（不超过 1 min）。

② 采用断路器。

整流机组进线开关采用断路器的接线图，只是将图 9.29 中整流机组进线的电动隔离开关换成断路器。

每台整流变压器的进线设置一台断路器，任一套整流机组回路故障，均启动整流变压器的进线断路器跳闸，不会影响 35 kV 环网供电。具有可靠性高、故障影响范围小、调度操作灵活、简单等特点。

两种方案在技术性能、运营维护、投资等方面的概略分析如表 9.27 所示。

表 9.27 牵引整流机组进线开关比较表

比较项目	采用电动隔离开关	采用断路器
技术可行性	满足要求	满足要求
可靠性	满足要求，故障时失电时间长	高
对系统影响	大，事故影响范围扩大	小
运营维护	操作复杂	操作灵活，简单
保护设置	复杂，需考虑开关间闭锁	简单
综合投资	较低	略高

综上所述，整流机组进线开关采用断路器具有供电可靠性高、对系统影响小、保护设置简单、维护方便等优点，推荐牵引整流机组进线开关采用断路器。

（3）直流母线接线方案比选。

直流母线接线形式通常有 3 种，即单母线接线、具有旁路母线的单母线接线和双母线接线。

① 单母线接线形式。

设置 1 套直流单母线，进线电源回路和馈线用电回路分别与单母线连接，如图 9.30 所示。

该接线形式的特点：接线简单、设备少、经济性能好，并具有较高的可靠性，但直流母线故障时将使本牵引变电所的直流电源解列，设备和母线检修时需要短时停电。

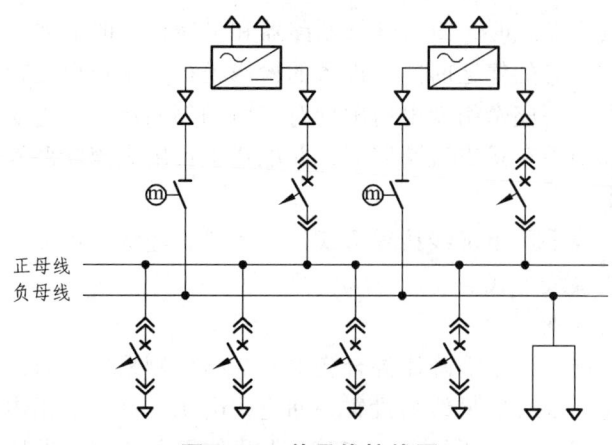

图 9.30　单母线接线图

② 具有旁路母线的单母线接线形式。

该接线形式是在单母线接线形式的基础上增设 1 套旁路母线和 1 台公共备用的旁路断路器，如图 9.31 所示。

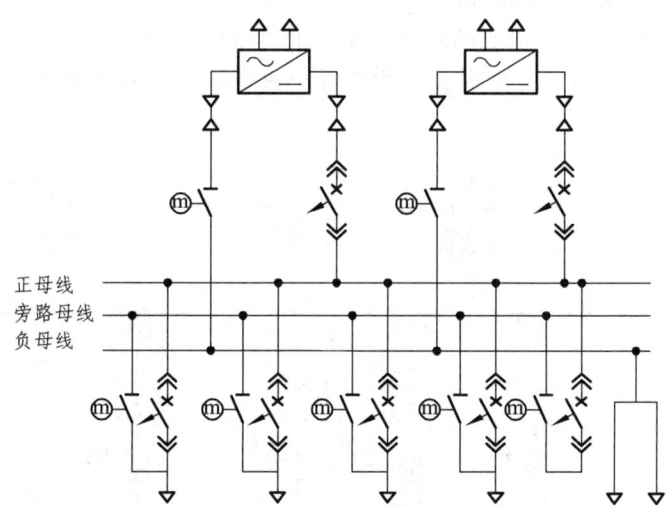

图 9.31　具有旁路母线的单母线接线图

该接线形式的特点：当馈线断路器发生故障时，可通过公共备用的旁路断路器恢复供电；检修馈线断路器时可不停电。但是该接线形式增加了 1 套旁路母线和相应设备，并增加了配电装置的占地面积。

直流母线接线形式除了单母线接线、具有旁路母线的单母线接线方式外，还有双母线接线。双母线接线形式的隔离开关数量多、配电装置结构复杂、转换操作步骤较繁琐、一次投资大。目前城市轨道交通直流牵引开关设备一般都是采用开关柜形式，其直流母线布置在开关柜内部，具有极高的可靠性，发生故障的可能性很小，基本不需要检修维护。由于开关柜的体积一般都比较小，如采用双母线接线形式，则工作母线与备用母线之间的距离较小，一旦工作母线发生故障时，很难保证备用母线不发生故障。双母线接线形式一般用于非开关柜形式。

虽然采用单母线接线形式时，直流馈线断路器和母线检修时需要短时停电，但是城市轨道交通在夜间通常有数小时的停运时间，设备的检修维护完全可以在夜间停运期间进行。并且供电系统设计已考虑了一座牵引变电所解列时，由相邻的牵引变电所越区供电的情况。

直流馈线断路器选用手车式直流断路器，并配置了备用直流断路器手车，完全能够满足馈线断路器的备用要求。

综上所述，直流母线采用单母线接线形式是最简单、经济、可靠、有效的接线形式，推荐直流母线采用单母线接线形式。

（4）主接线设计图的确定。

根据以上的方案比选，该牵引降压混合变电所 35 kV 侧采用单母线分段接线方式，并设置母线分段断路器，每段 35 kV 母线均设置一回进线电源，并结合供电中压网络构成方案设置一路或两路出线，向相邻变电所供电。35 kV 进/出线开关均采用断路器。每座牵引变电所设置两套 12 脉波牵引整流机组，分别通过断路器连接于同一段 35 kV 母线上，并联运行构成等效 24 脉波整流。DC1 500 V 正、负母线均采用单母线接线方式。正母线设置两台进线开关，分别接于两套牵引整流机组正极，进线开关采用直流快速断路器。负母线一侧通过手动隔离开关分别与两套牵引整流机组负极相连，另一侧与走行钢轨相连。正线牵引变电所均设置 4 回 DC 1 500 V 馈线，通过直流快速断路器与上、下行牵引网上网隔离开关相连。直流馈线断路器采用移动备用方式，每一座牵引变电所设置一台直流快速断路器小车作为备用。其主接线图如图 9.32 所示。

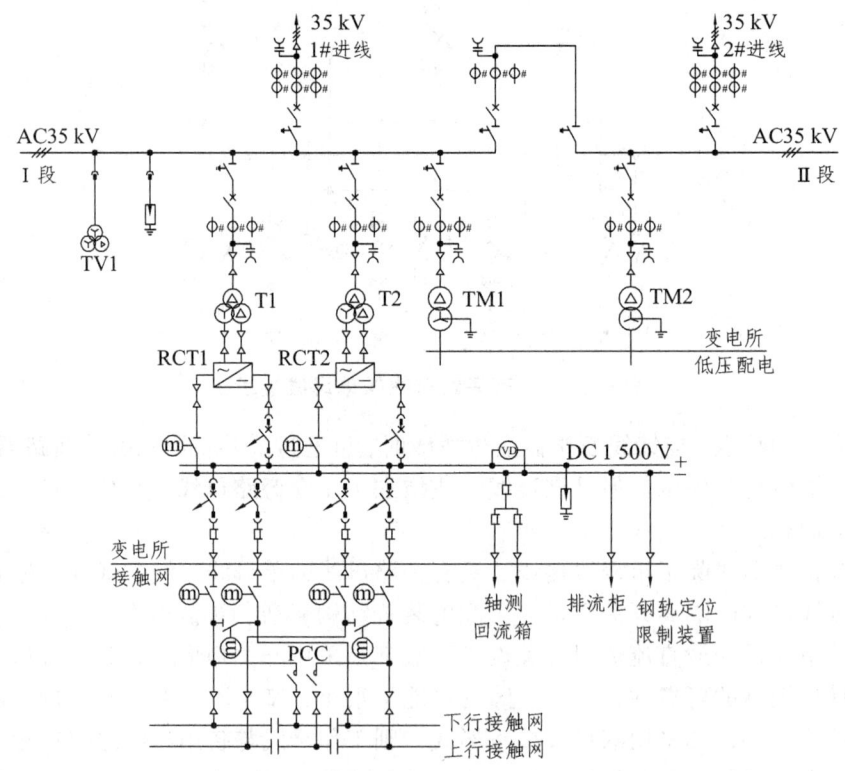

图 9.32　牵引降压混合变电所主接线设计实例

思考题与习题

1. 电器和导体在容许发热下的正常过载能力是如何确定的？长期稳定负载和周期性重复出现最大负荷（冲击负荷）的电力牵引负载过载能力为何不同？

2. 导体在短路电流通过时的短时发热与正常负荷下的长期发热有何不同？前者有何影响？

3. 短路电流造成的短时发热（热效应）计算中，数值积分法和等值时间法两种方法的基本原理是如何考虑的？各有何优缺点？各适用于什么情况？

4. 短路电动力对导体和电器运行造成什么影响？分析解释三相中最大电动力发生在哪相？

5. 电气设备选择中，如图 9.12，短路计算点应如何确定？图中如主变压器（1B、2B）均为三绕组变压器，第Ⅱ绕组接有另一电源（C_2），则主变压器各侧选择断路器时的短路计算点应如何选定？

6. 图 9.12 中，如牵引母线上连接有地区电力变压器 3T，若馈线断路器 QF 和地区变压器的高压侧断路器继电保护计算时间各不相同，分别为 $t_{js(5DL)} = 1.5$ s 和 $t_{js(3B)} = 2.5$ s，则牵引母线短路时计算热效应的计算时间应如何选定？

7. 何谓经济电流密度？按经济电流密度选择母线的方法适用于什么情况？汇流母线截应如何选择？

8. 电压互感器（TV）一次绕组中性点不接地时，为何不能测量相对地电压？用 TV 二次绕组中的一相接地以代替二次绕组中性点（三相系统）接地是否可行？该接地点应设在熔断器前面还是后面？

9. 电压互感器选择中，为何不需要校验短路时的稳定性？电流互感器回路中能否设置熔断器？

10. 断路器与隔离开关选择的校验项目有什么不同？为什么？

11. 交流牵引变电所主接线设计方案比较的内容、步骤和各项参数技术经济比较计算方法及其意义，应如何理解？并予以分析。

12. 某变电所 10 kV 侧给定三相短路电流 I''_K、I_∞、$I_{t=0.2\,s}$ 和 $I_{t=0.4\,s}$、最大负荷 $I_{L,\max}$、保护动作时间、相间距离、跨距等。① 选择主变回路高压断路器和 110 kV 的 TV、TA；② 给定牵引馈线负荷，选择馈线断路器、隔离开关。

13. 给定整流机组容量、参数、台数和牵引网参数，电源侧短路数据牵引变电所数（量）大于 4 等。① 进行直流牵引网短路计算（双边供电）；② 选择硅整流器输出端和馈线快速断路器。

附录 常用导体、电气设备与测量表计技术数据

附表 1 LGJ 钢芯铝绞线载流量

标称截面 铝/钢/mm²	长期允许载流量/A		标称截面 铝/钢/mm²	长期允许载流量/A		标称截面 铝/钢/mm²	长期允许载流量/A	
	+70 ℃	+80 ℃		+70 ℃	+80 ℃		+70 ℃	+80 ℃
16/3	115	121	120/7	408	417	240/30	655	662
25/4	154	160	120/25	425	433	300/15	735	742
35/6	189	195	120/70	440	447	300/40	746	754
50/8	234	240	150/8	463	472	300/70	766	770
50/30	250	257	150/25	478	487	400/25	879	882
70/10	289	297	185/10	539	548	400/65	900	902
70/40	307	314	185/25	552	560	500/35	1 025	1 024
95/15	357	365	210/10	577	586	630/55	1 211	1 204
95/55	378	385	210/35	599	607	800/70	1 410	1 396

注：本表载流量系按基准环境温度 25 ℃、风速 0.5 m/s、辐射系数及吸热系数为 0.5、海拔高度为 1 000 m 的条件计算的。最高允许温度 +70 ℃ 未考虑日照影响，最高允许温度 +80 ℃，考虑 0.1 W/cm² 日照的影响。

附表 2 裸铜、铝及铝管线的允许载流量
（按环境温度 +25 ℃，最高允许温度 +70 ℃）

铜线			铝线			铝管	
导线型号（数字为截面）	载流量/A		导线型号（数字为截面）	载流量/A		内径/外径 /mm	载流量 /A
	屋外	屋内		屋外	屋内		
TJ-10	95	60	LJ-16	105	80	13/16	295
TJ-16	130	100	LJ-25	135	110	17/20	345
TJ-25	180	140	LJ-35	170	135	27/30	500
TJ-35	220	175	LJ-50	215	170	26/30	575
TJ-50	270	220	LJ-70	265	215	36/40	765
TJ-60	315	250	LJ-95	325	260	36/40	850
TJ-70	340	280	LJ-120	375	310	40/45	935
TJ-95	415	340	LJ-150	440	370	45/50	1 040
TJ-120	485	405	LJ-185	500	425	50/55	1 145
TJ-150	570	480	LJ-240	610	—	54/60	1 340
TJ-185	645	550	LJ-300	680	—		
TJ-240	770	650	LJ-400	830	—		

附表3 LMY（LMR）矩形铝母线长期允许载流量
（LMY—硬铝母线；LMR—软铝母线）

导体尺寸 h×b /mm×mm	单条/A		双条/A		导体尺寸 h×b /mm×mm	单条/A		双条/A	
	平放	竖放	平放	竖放		平放	竖放	平放	竖放
15×3	156	165			50×6	703	740		
20×3	204	215			60×6	826	870	1 282	1 350
25×3	251	265			60×8	973	1 025	1 596	1 680
25×4	292	308			60×10	1 097	1 155	1 909	2 010
30×4	346	365			80×8	1 214	1 320	1 876	2 040
40×4	456	480			80×10	1 361	1 480	2 217	2 410
40×5	513	540			100×8	1 495	1 625	2 198	2 390
50×5	636	670			100×10	1 674	1 820	2 631	28 601

注：1. 载流量系按最高允许温度+70 °C，基准环境温度+25 °C，无风、无日照条件计算的；
    2. 导体尺寸中，h为宽度，b为厚度。

附表4 10 kV 铝芯黏性油浸纸绝缘电力电缆长期载流量
型号：ZLQ$_{20}$（铝芯黏性油浸纸绝缘铅套裸钢带铠装电力电缆）

主线芯数×截面 /mm²	空气中敷设 /A	直埋敷设/A		主线芯数×截面 (mm²)	空气中敷设 (A)	直埋敷设/A	
		土壤热阻系数 /（80 °C·cm /W）	土壤热阻系数 /（120 °C·cm /W）			土壤热阻系数 /（80 °C·cm /W）	土壤热阻系数 /（120 °C·cm /W）
3×16	60（50）	65	60	3×95	180（160）	185	165
3×25	80（70）	90	75	3×120	205（185）	215	185
3×35	95（85）	105	95	3×150	235（210）	245	215
3×50	120（105）	130	115	3×185	270（245）	275	240
3×70	145（130）	150	140	3×240	320（285）	325	280

注：1. 缆芯最高工作温度为+60 °C，基准环境温度为+25 °C。
    2. 括号内数字适用于裸铅包或裸铝包电缆。
    3. 土壤热阻系数的取值和适用地区，参见附表5.3（注）。

附表5 电缆载流量按敷设条件进行修正的各种校正系数

附表5.1 电缆在土壤中多根并列埋设时载流量的校正系数

电缆之间净距 /mm	不同敷设根数时载流量的校正系数				
	1根	2根	3根	4根	6根
100	1.00	0.88	0.84	0.80	0.75
200	1.00	0.90	0.86	0.83	0.80
300	1.00	0.92	0.89	0.87	0.85

附表 5.2　环境温度变化时电缆载流量的校正系数

缆芯工作温度 /°C	不同环境温度（°C）下的载流量校正系数								
	+5	+10	+15	+20	+25	+30	+35	+40	+45
+80	1.17	1.13	1.09	1.04	1.0	0.954	0.905	0.853	0.798
+65	1.22	1.17	1.12	1.06	1.0	0.935	0.865	0.791	0.707
+60	1.25	1.20	1.13	1.07	1.0	0.926	0.845	0.756	0.655
+50	1.34	1.26	1.18	1.09	1.0	0.895	0.775	0.623	0.447

注：不同环境温度下载流量的校正系数 K_t 可按下式计算：

$$K_t = \sqrt{\frac{\theta_M - \theta_2}{\theta_M - \theta_1}}$$

式中，θ_M 为电缆缆芯最高工作温度（°C）；θ_1 为对应于额定载流量的基准环境温度（°C）；θ_2 为实际环境温度（°C）。

附表 5.3　不同土壤热阻系数时电缆载流量的校正系数

缆芯截面 /mm²	不同土壤热阻系数 ρ_0（°C·cm/W）时载流量校正系数				
	60	80	120	160	200
2.5～16	1.06	1.0	0.90	0.83	0.77
25～95	1.08	1.0	0.88	0.80	0.73
120～240	1.09	1.0	0.86	0.78	0.71

注：当缺乏实测的土壤热阻系数时 ρ_0 可取以下值：潮湿土壤取 60～80，如沿海、湖、河畔及多雨地区的华东、华南等；普通土壤取 120，如平原地区的华北、东北等；干燥土壤取 160～200，如高原地区雨量少的山区、丘陵、干燥地带等。

附表 5.4　电缆在空气中多根并列敷设时载流量的校正系数

电缆根数		1	2	3	4	6
排列方式		○	○ ○	○○○	○○○○	○○○○○○
电缆中心距离	S = d	1.0	0.9	0.85	0.82	0.80
	S = 2d	1.0	1.0	0.98	0.95	0.90
	S = 3d	1.0	1.0	1.0	0.98	0.96

注：本表系相同外径电缆并列敷设时的载流量校正系数，d 为电缆的外径，当并列敷设的电缆外径不同时，d 值可近似地取电缆外径的平均值。

附表 6　高压断路器

一、型号说明

S—少油断路器；D—多油断路器；K—空气断路器；Z—真空断路器；L—六氟化硫断路器；N—户内式；W—户外式；C—手车式（位于型号后）；G—改进型。

二、技术数据

附表 6.1　少油断路器技术数据

型　号	额定电压/kV	额定电流/A	断流容量/MV·A	额定断流量/kA	极限通过电流/A 峰值	极限通过电流/A 有效值	热稳定电流/kA 1 s	热稳定电流/kA 5 s	热稳定电流/kA 10 s	固有分闸时间/s	合闸时间/s	总质量/kg	使用操动机构型号
SN10-10 Ⅰ	10	600	350	20.2	52	30		20.2 (4 s)		0.05	0.2	104	CD13，CS2，CT7 CT4-G
SN10-10 Ⅱ	10	1 000	500	28.9	74	42		28.9 (4 s)		0.05	0.2	120	CD3，CS2，CT7 CT4-G
SN1-10/600~1000	10	600~1 000	350	20	52	30	30	20	14				CD12
SN8-10/600	10	600	200	11.6	33	19		11.6 (4 s)		0.05	0.25	100	CD2 或 CT4-G
SN3-10/2000	10	2 000	500	29	75	43.5	43.5	30	21	0.14	0.5	600	CD3
SN3-10/3000	10	3 000	500	29	75	43.5	43.5	30	21	0.14	0.5	620	CD3
SW2-35	35	1 000	1 500	24.8	63.4	39.2		24.8 (4 s)		0.06	0.4	1 200	CD3-XG 或 CT2-XG
SW2-35C	35	1 500	1 500	24.8	63.4	39.2		24.8 (4 s)		0.06	0.4	1 200	CD3-XG 或 CT2-XG
SW3-35/600	35	600	400	6.6	17	9.8		6.6 (4 s)		0.06	0.12	663	液压机构（无型号）
SW4-110/1000	110	1 000	3 500	18.4	55	32	32	21	14.8	0.05	0.25	3 350	CT6-X CY3—台 或 CD5-XG
SW6-110/1200	110	1 200	4 000	21	55	32		21 (4 s)		0.04		2 160	
SW4-200/1000	220	1 000	7 000	18.4	55	32	32	21	14.8	0.05	0.25	7 830	CT6-X 三台分组操纵
SW-220/1200	220	1 200	8 000	21	55	32		21 (4 s)		0.04	0.2	5 700	CY3 三台分相操作

附表 6.2　六氟化硫断路器技术数据

型　号	额定电压/kV	最大工作电压/kV	额定电流/A	极限通过电流/kA 峰值	极限通过电流/kA 有效值	4秒热稳定电流/kA	额定开断电流/kA	断流容量/MV·A	操动机构	合闸时间/s	分闸时间/s	质量/kg
LN₁-27.5	25	31.5		25	14.5	8.5	6.6	400（三相）	CD2	0.3	0.06	280（单相）
LW-110（OFPI-110）	110	126	80			31.5（3 s）	31.5		液压或压缩机构	<0.12	<0.03	2 300
LW₁-220	220	252	2 000/3 150	80			31.5	12 000	液压机构	≤0.15	≤0.04	约 2 000（每相连机构）
GL314（法国）	220	252	4 000	125		50（3 s）	50		电　动	0.07	0.022	

附表 6.3　真空断路器技术数据

型　号	额定电压/kV	额定电流/A	额定开断电流/A	额定开断电流时开断次数/次	极限通过电流（峰值）/kA	4秒热稳定电流/kA	固有分闸时间/s	固有合闸时间/s	机械寿命/次	质量/kg	操动机构
ZN-10	10	600	8.7		22	8.7	≤0.05	≤0.0	>10 000	85	CD-25
		1 000	17.3		44	17.3					

续附表 6.3

型 号	额定电压 /kV	额定电流 /A	额定开断电流 /A	额定开断电流时开断次数 /次	极限通过电流（峰值） /kA	4秒热稳定电流 /kA	固有分闸时间 /s	固有合闸时间 /s	机械寿命 /次	质量 /kg	操动机构
ZN_6-27.5	25	600	16	15	25	10	≤0.06	≤0.2	>6 000	350	CD2-40G II
		1 000									
		1 250									
ZN-35	35	630	8	20	20	8	≤0.06	≤0.2	>5 000	614	CD2-40G II
		1 250	17		40	16					
ZW-25	25	1 250	25	20	63	25	0.08	0.09	6 000		
ZW-50	50	1 250	20	20	50	20（3 s）			10 000		

附表 7　直流快速断路器技术数据

型号（国别）	极性	额定电压 /V	额定电流 /A	整定电流范围 /kA	分断能力 电流 /kA	分断能力 $\frac{\mathrm{d}i}{\mathrm{d}t}$ /A/s	固有动作时间 /ms	全分断时间 /ms	机械寿命 /次	保持方式	质量 /kg
DS12-30/08	双向	800	3 000	2.4~6	50	3×10^6	5	≈20	5 000	机械	124
DS12-60/08（中国）			6 000	4.8~12							174
DS14-10/15	双向	1 500	1 000	0.8~2	30	3×10^6	5	≈30	5 000	机械	101
DS14-20/15			2 000	1.6~4							111
DS14-32/15			3 200	2.5~6.3	50						169
DS14-63/15（中国）			6 300	4.8~12.6							201
DS19-25/16	双向	1 600	2 500	1.25~2.7; 2~5; 2~8; 4~10	75	$t=15$ ms	6	≤30	20 000	电磁	86
DS19Q-25/16											
DS19-40/16			4 000	2~5; 2~8; 4~10; 4~15							98
DS19Q-40/16（中国）											
UR26-81	双向	900	2 600	1.4~2.7; 2.8~8.0	200	$t=10$ ms	~4	15~30	8×25 000	电磁	77
UR26-82		1 800			140						87
UR36-81		900	3 600	2.0~8.0; 4.0~15	200						94
UR36-82		1 800			140		~5				104
UR40-81		900	4 000	2.0~8.0; 4.0~15	200						98
UR40-82（瑞士）		1 800			140						108
3WV5	双向	1 500	4 000	2~12	100	3×10^6	3	16~22	20 000	机械	97
R892（德国）			6 000	6~18			2~7	≤15	10 000		250
HD（日本）	双向	1 500	4 000	4~8	50	3×10^6	5	≤25	2 000	电磁	—

附表 8　电气化铁道专用隔离负荷开关技术数据

型　号	额定电压/kV	最高电压/kV	额定电流/A	额定线路充电开断电流/A	额定短路关合电流（峰值）/kA	2秒热稳定电流/kA	合闸时间/s	分闸时间/s	配CJ型电动操动机构的操作电压 合闸、分闸线圈/V	配CJ型电动操动机构的操作电压 电动机/(V/W)	机械寿命/次	重量/kg
FW-25/1 250 单极	25	30	1 250	6.3	31.5	12.5	≥6	≥3	交流 220 直流 100、220	交、直流 110、220/360～410	10 000	230
FW-55/27.5/1 250 双级	50/25	60/30										420

附表 9　隔离开关技术数据

一、型号说明

G—隔离开关；W—户外式；N—户内式；D—带接地刀闸；K—快分式；G—改进型；T—统一设计型号末尾数字表示设计序号；短线后的数字表示电压（kV）。

附表 9.1　户内隔离开关技术数据

型　号	额定电压/kV	额定电流/A	极限通过电流/kA 峰值	极限通过电流/kA 有效值	5秒热稳定电流/kA	操动机构型号	质量/(kg/组)
GN2-10/2000	10	2 000	85	50	51	CS6-2	80
GN2-10/3000	10	3 000	100	60	70	CS7	91
GN2-35/400	35	400	52	30	14	CS6-2	83
GN2-35/600	35	600	64	30	25	CS6-2	84
GN2-35T/400	35	400	52	30	14	CS6-2T	110
GN2-35T/600	35	600	64	27	25	CS6-2T	111
GN2-35T/1000	35	1 000	70	49	27.5	CS6-2T	111
GN6-10T/200，GN8-10T/200	10	200	25.5	14.7	10	CS6-1T	25.51-
GN6-10T/400，GN8-10T/400	10	400	40	30	14	CS6-1T	26.51-
GN6-10T/600，GN8-10T/600	10	600	52	30	20	CS6-1T	271-
GN6-10T/1000，GN8-10T/1000	10	1 000	75	43	30	CS6-1T	501-
GN10-10T/3000	10	3 000	160	90	75	CS9 或 CJ2	43

附表 9.2　户外隔离开关技术数据

型　号	额定电压/kV	额定电流/A	极限通过电流/kA 峰值	极限通过电流/kA 有效值	5秒热稳定电流/kA	操动机构型号	不带机构质量/(kg/组)
GW4-27.5/630T	25	630	50		20（2 s）	GS-11	
GW4-27.5/1250	25	1 250	63		25（2 s）	GS-11	
GW2-35G/600	35	600	50		14	GS8-3	345
GW2-35GD/600	35	600	50		14	CS8-2D	375
GW4-35/1000	35	1 000	80		21.5	GS-11	204
GW4-35D/1000	35	1 000	80		21.5	CS8-6D	204

续附表 9.2

型　号	额定电压 /kV	额定电流 /A	极限通过电流/kA 峰　值	极限通过电流/kA 有效值	5秒热稳定 电流/kA	操动机构 型　号	不带机构质量 /(kg/组)
GW5-35G/600~1000	35	600,1 000	50	29	14	CS-G	276
GW5-35GK/600~1000	35	600,1 000	50	29	14	CS1-XG（分闸时间<0.25 s）	276
GW4-110/600	110	600	50		14	CS14G,CQ2-10	705
GW4-110D/600	110	600	50		14	CS14G,CQ2-10	705
GW5-110G/600~1000	110	600,1 000	50	29	14	CS-G	465
GW5-110GK/600~1000	110	600,1 000	50	29	14	CS1-XG（分闸时间<0.35 s）	465
GW4-220	220	1 250	55	32	21（3 s）	CJ5	1 750
GW10-220	220	1 600			40	CJ6	

附表 10　高压熔断器

一、型号说明

R—熔断器；N—户内式；W—户外式；H—带有限流电阻器；Z—带重合闸；T—带热脱扣带。

二、技术数据

型　号	额定电压 /kV	额定电流范围 /A	最大切断电流 /kV	最大切断容量（三相）不小于/MV·A	切断极限短路电流时电流最大峰值（限流）/kA
RN1-10	10	2,5,10,20/30,50/75,100	12	200	4.5/8.6/15.5
RN1-35	35	2,5/10/20/30/40	3.5	200	1.5/1.6/2.8/3.6/4.2
RW1-35	35	0.5,3,5,7,10,15,20,25,40,50,75,100,30	—	400	8
RW1-60	60	0.5,3,5,7,10,15,20,25,30,40,50,75,100	—	250	4
RW1-35Z	35	3,5,7,10,15,20,25,30,50,75,100	<0.6	400	8
RW1-60Z	60	3,5,7,10,15,20,25,30,50,75,100	<0.6	250	4

附表 11　瓷绝缘子与穿墙套管基本特性数据

一、型号说明

Z—户内外胶装支柱；ZS—户外实心棒式支柱；A、B、C、D、E—抗弯破坏负荷1分别表示3.75、7.5（户外针式支柱为5）、12.5、20、30 kN；Y、T、F—户内支柱下附件形状，分别表示圆形、椭圆形及方形；GY—高原型，适用于1 000~3 000 m海拔地区；C—户内铜导体穿墙套管；CW—户外铜导体穿墙套管；CL—户内铝导体穿墙套管；CLW—户外铝导体穿墙套管；CM—户内母线式穿墙套管；CMW—户外母线式；字母后数字表示设计顺序；连字符号后数字表示额定电压 U_N（kV），I_N 为额定电流。

二、技术数据

附表 11.1　支柱式绝缘瓷瓶和绝缘瓷套管技术数据

支柱式绝缘瓷瓶			穿墙绝缘瓷套管				
型号	U_N/kV	破坏荷重/kN	型号	U_N/kV	I_N/A	破坏荷重/kN	备注
ZA-10Y（T）	10	} 3.75	CLB-6/2 500 400 600	} 6	250 400 600		户内式
ZA-35Y	35						
ZNA-10MA	10		CLB-10/250 400 600 1000 1500	} 10	250 400 600 1000 1500	} 7.5	
ZB-10Y（T）	10						
ZB-35F	35						
ZNB-10MM	10	} 7.5	CLB-35/250 400 600 1000	} 35	250 400 600 1000		
ZNB$_2$-10MM	10						
ZC-10F	10	12.5	CLC-10/2000	10	2000	12.5	
			CLD-10/2000	10	2000	20	
ZS-10/5	10	} 5	CWLB-6/250 400 600	} 6	250 400 600		户外式
ZS$_2$-10/5	10						
ZS-35/8	35	8	CWLB-10/250 400 600 1000	} 10	250 400 600 1000	} 7.5	
ZS-35/4	35	4					
ZS-35/10	35	10					
ZS-110/3	110	3	CWLC-10/1000 2000	} 10	1000 2000	} 12	
ZS-110/3GY	110	3					
ZS-110/8	110	8	CWLB-35/250 400 600 1000	} 35	250 400 600 1000	} 7.5	
ZS-220/4	220	4					

附表 11.2　高压穿墙套管热稳定电流

额定电流/A	热稳定电流（kA）不小于		额定电流/A	热稳定电流（kA）不小于	
	10 s（铜导体套管）	5 s（铝导体套管）		10 s（铜导体套管）	5 s（铝导体套管）
250	3.8	5.5	1 500	23.0	30.0
400	7.6	7.0	2 000	27.0	40.0
600	12.0	12.0	2 500	29.0	—
1 000	18.0	20.0	3 000	31.0	60.0

附表 12　电压互感器

一、型号含义

第一个字母　J—电压互感器；

第二个字母　D—单相；S—三相；C—瓷相式；F—分列式；

第三个字母　J—油浸式；Z—浇注式；C—串级式；F—六氟化硫气体绝缘式；

第四个字母　W—五柱三绕组；B—带补偿绕组；J—接地保护即带零序电压绕组。

二、技术数据

型　号	额定电压/kV			额定容量/VA			最大容量/VA	绝缘形式
	原线圈	副线圈	辅助线圈	0.5 级	1 级	3 级		
JDZ-10	10	0.1		80	150	300	500	环氧树脂浇注
JDZJ-10	$/\sqrt{3}$	$0.1/\sqrt{3}$	0.1/3	30	50	120	200	环氧树脂浇注
JSJB-10	10	0.1		120	200	480	960	油浸式
JDJ-10	10	0.1		80	150	320	640	油浸式
JSJW-10	10	0.1	0.1/3	120	200	480	960	油浸式
JDJ-35	35	0.1		150	250	600	1 200	油浸式
JDJJ-35	$35/\sqrt{3}$	$0.1/\sqrt{3}$	0.1/3	150	250	600	1200	油浸式
JDJJ$_1$-35	$35/\sqrt{3}$	$0.1/\sqrt{3}$	0.1/3	150	250	500	1 000	油浸式
JDJ-27.5	25	0.1		150	250	600	1 200	油浸式
JCC-110	$110/\sqrt{3}$	$0.1/\sqrt{3}$	0.1		500	1 000	2 000	油浸单相式瓷外套
JCC$_6$-110	$110/\sqrt{3}$	$0.1/\sqrt{3}$	0.1/3	300	500	500	2 000	油浸单相式瓷外套
JDFB$_1$-110	$110/\sqrt{3}$	$0.1/\sqrt{3}$	$0.1/\sqrt{3}$	250	400	1 000	2 000	
JCCB-220	$220/\sqrt{3}$	$0.1/\sqrt{3}$	0.1		500	1 000		
JCC-220	$220/\sqrt{3}$	$0.1/\sqrt{3}$	0.1	300	500	300		油浸单相式瓷外套
JDFB-220	$220/\sqrt{3}$	$0.1/\sqrt{3}$		350	400	1 000	2 000	

附表 13　电流互感器

一、型号含义

第一个字母　L—电流互感器；

第二个字母　M—母线型；F—复匝贯穿式；C—瓷绝缘；

第三个字母　J—油浸绝缘；W—户外用；

第四个字母　J—加大容量；B—带保护级；D—供差动保护用。

二、技术数据

附表 13.1　LMJ-10 型电流互感器技术数据

型　号	额定电流比/A	级次组合	准确度级次	额定二次负荷/Ω			10%倍数	1秒热稳定倍数	动稳定倍数 K_u
				0.5 级	1 级	3 级			
LMJ-10	600，800/5	0.5/3	0.5	0.4	0.6		10	65	100
	1 000，1 500/5		3			0.6			60
	600，800/5	1/3	1		0.4		10	65	100
	1 000，1 500/5		3			0.6			60

续附表 13.1

型号	额定电流比/A	级次组合	准确度级次	额定二次负荷/Ω			10%倍数	1秒热稳定倍数	动稳定倍数 K_u
				0.5级	1级	3级			
LMJ-10	600, 800/5	0.5/3	0.5	0.6	0.4			65	100
	1 000, 1 500/5		3			1.2			60
LMJC-10	600, 800/5	1/C	1				10	65	100
	1 000, 1 500/5		C						60
	600, 800/5	0.5/C	0.5	0.6	0.8			65	100
	1 000, 1 500/5		C						60

附表 13.2 电流互感器技术数据

型号	额定电流比/A	级次组合	准确级次	二次负荷/Ω				10%倍数		1秒热稳定倍数 K_t	动稳定倍数 K_u
				0.5级	1级	3级	D级	二次负荷/Ω	倍数		
LFC-10	5/5	0.5/0.5	0.5	0.6	1.3	3		0.6	14	75	45
	7.5/5										65
	10/5										90
	15/5										140
	20~40/5	0.5/3	3			1.2	2.4	1.2	7.5		165
	200/5, 400/5										165
	50~150/5, 300/5										165
LFC-10	5/5	1/1	1	0.6	1.6			0.6	12	80	90
	7.5/5										130
	10/5										175
	15~300/5	1/3	3			1.2	2.4	1.2	6		250
	400/5										250
LZBJ₁-27.5	20/5	0.5/0.5	0.5	1.2						157	265
	50/5	0.5/10P₁			1.6					160	282
	100/5	0.5/10P₂	1							160	282
	200/5	1/10P₁				0.8	0.8 (10P₁)			125	222
	300/5		10P₁					1.2	30	105	176
	400/5	1/10P₂					1.2 (10P₂)		10	100	141
	750/5	10P₁/10P₂	10P₂							84	94
	1 000/5	10P₂/10P₂								63	88
L-35	20~1 000/5	0.5/3	0.5 / D	2						65	120

续附表 13.2

型号	额定电流比 /A	级次组合	准确级次	二次负荷/Ω 0.5级	二次负荷/Ω 1级	二次负荷/Ω 3级	二次负荷/Ω D级	10%倍数 二次负荷/Ω	10%倍数 倍数	1秒热稳定倍数 K_t	动稳定倍数 K_u
LCW-35	15～1 000/5	$\dfrac{0.5}{3}$	0.5	2	4			2	20	65	100
			3			2	4	2	28		
LCWD-35	15～1 000/5	$\dfrac{D}{0.5}$	D		1.2	3		2	5	65	150
			0.5	1.2	3			0.8	35		
LCWQ-35	15～600/5	$\dfrac{0.5}{1}$	0.5	1.2	3			0.8	35	90	150
			1		1.2	3		1.2	30		
LCWQD-35	15～600/5	$\dfrac{D}{0.5}$	D		1.2	3		0.8	35	90	150
			0.5	1.2	3						
L-110	50～600/5	$\dfrac{0.1/D}{D}$	0.5	1.6						75	135
			D					1.6	15		
LCW-110	(500～100)～(300～600)/5	$\dfrac{0.5}{1}$	0.5	1.2	2.4					75	150
			1		1.2	4		1.2	15		
LCWD-110	(50～100)～(300～600)/5	$\dfrac{D}{1}$	D		1.2			0.8	30	75	150
			1		1.2	4		1.2	15		
LCWD$_3$-220	600/5	$\dfrac{0.5}{D}$	0.5	2				15	35	85	
			D				2.4				

附表 14　城轨交通供电系统配电变压器的主要技术参数

附表 14.1　10 kV 级干式配电变压器主要技术参数

额定容量 /(kV·A)	电压组合 高压/kV	电压组合 高压分接范围/%	电压组合 低压/kV	连接组标号	空载损耗/W	不同的绝缘耐热等级下的负载损耗/W B(100 ℃)	不同的绝缘耐热等级下的负载损耗/W F(120 ℃)	不同的绝缘耐热等级下的负载损耗/W H(145 ℃)	空载电流/%	短路阻抗/%
30	6；6.3；6.6；10；10.5；11	±5 或 ±2×2.5	0.4	Yyn0 或 Dyn11	240	780	830	890	3.2	4
50					340	1 100	1 170	1 260	2.8	
80					460	1 520	1 620	1 740	2.6	
100					500	1 740	1 850	1 990	2.4	
125					590	2 040	2 170	2 330	2.2	
160					680	2 350	2 500	2 680	2.2	
200					780	2 790	2 970	3 180	2.0	
250					900	3 050	3 240	3 480	2.0	
315					1 100	3 840	4 080	4 380	1.8	
400					1 220	4 410	4 690	5 030	1.8	

续附表 14.1

额定容量 /kV·A	电压组合 高压 /kV	电压组合 高压分接 范围/%	电压组合 低压 /kV	连接组 标号	空载损耗 /W	不同的绝缘耐热等级下的负载损耗/W B (100 °C)	不同的绝缘耐热等级下的负载损耗/W F (120 °C)	不同的绝缘耐热等级下的负载损耗/W H (145 °C)	空载电流 /%	短路阻抗 /%
500	6;6.3;6.6;10;10.5;11	±5 或 ±2×2.5	0.4	Yyn0 或 Dyn11	1 450	5 400	5 740	6 150	1.8	4
630					1 680	6 500	6 910	7 400	1.6	4
630					1 620	6 600	7 010	7 520	1.6	6
800					1 900	7 700	8 180	8 770	1.6	6
1 000					2 210	9 000	9 560	10 300	1.4	6
1 250					2 610	10 700	11 400	12 200	1.4	6
1 600					3 060	13 000	13 800	14 800	1.4	6
2 000					4 150	16 000	17 000	18 300	1.2	6
2 500					5 000	19 000	20 200	21 700	1.2	6

附表 14.2 35 kV 级干式配电变压器主要技术参数

额定容量 /kV·A	电压组合 高压 /kV	电压组合 高压分接 范围/(%)	电压组合 低压 /kV	联结组 标号	空载损耗 /W	不同的绝缘耐热等级下的负载损耗/W B (100 °C)	不同的绝缘耐热等级下的负载损耗/W F (120 °C)	不同的绝缘耐热等级下的负载损耗/W H (145 °C)	空载电流 /%	短路阻抗 /%
315	35;38.5	±5 或 ±2×2.5	0.4	Yyn0 或 Dyn11	1 450	4 620	4 900	5 240	2.0	6
400					1 700	5 950	6 300	6 750	2.0	6
500					2 000	7 300	7 750	8 320	2.0	6
630					2 300	8 500	9 030	9 680	1.8	6
800					2 700	10 000	10 700	11 400	1.8	6
1 000					3 000	11 500	12 300	13 100	1.8	6
1 250					3 500	14 000	14 900	16 000	1.6	6
1 600					4 000	17 000	18 100	19 400	1.6	6
2 000					4 700	20 000	21 300	22 800	1.4	6
2 500					5 500	24 000	25 500	27 400	1.4	6

附表 14.3 110 kV 级主变压器主要技术参数（1）

额定容量 /kV·A	电压组合 高/kV	电压组合 高压分接范围	电压组合 低压/kV	连接组 标号	空载损耗 /kW	负载损耗 /kW	空载电流 /%	短路阻抗 /%
6 300	110	±8×1.25	6.3;10.5	YNd11	12.5	41	1.4	10.5
8 000					15.0	50	1.4	10.5
10 000					17.8	59	1.3	10.5
12 500					21.0	70	1.3	10.5
16 000	110	±8×1.25	6.3;10.5	YNd11	25.3	86	1.2	10.5
20 000					30.0	104	1.2	10.5
25 000					35.5	123	1.1	10.5
31 500					42.2	148	1.1	10.5
40 000					50.5	174	1.0	10.5
50 000					59.7	216	1.0	10.5
63 000					71.0	260	0.9	10.5

附表 14.4　110 kV 级主变压器主要技术参数（2）

额定容量 /kV·A	电压组合			连接组标号	空载损耗 /kW	负载损耗 /kW	空载电流 /%	短路阻抗 /%
	高压/kV	高压分接范围	低压/kV					
6 300	110 或 121	±8×1.25	38.5	YNd11	12.5	44	1.5	10.5
8 000					15.0	53	1.5	
10 000					17.5	62	1.4	
12 500					20.5	74	1.4	
16 000					24.5	91	1.3	
20 000					29.0	110	1.3	
25 000					34.2	129	1.2	
31 500					40.5	156	1.2	
40 000					48.3	183	1.1	
50 000					57.8	227	1.1	
63 000					68.3	273	1.0	

附表 15　常用测量表计（及某些继电器）负载及消耗容量 常用表计串联线圈负载及电压线圈（并联）消耗容量值

测量表计名称	型号	串联线圈负载			并联线圈容量			备注
		电阻/Ω	容量/VA	线圈数	电压/V	$\cos\varphi$	容量/VA	
电流表	1T1-A	0.12	3	1				
电压表	1T1-V				100	1	5	
有功功率表	1D1-W	0.06	1.5	2	100		0.75	二个电压线圈共 1.5 VA
功率因数表	1D1-$\cos\varphi$		3.5		100	1	0.75	
有功电度表	DS1	0.02	0.5	2	100	0.38	1.5	二个电压线圈共 3.0 VA
无功电度表	DX1	0.02	0.5	2	100	0.38	1.5	各 1 同上
距离保护装置	LH-11		10 VA/相		100		18 VA/相	
电流继电器	DL-$\frac{12}{13}$ 2.5~20	0.006~0.01	0.15~0.25					
电压继电器	111 DJ-121 131				15~400		1	
功率继电器	GG-11 GG-12		6		100		25 15	
差动继电器	BCH-2		14 VA/相					

附表16　测量无功电能的接线（牵引负荷三相不对称情况下）

测试方法	接线方式	测试电能值
用单相有功电度表作无功电度表测单相无功（在电压线圈串入电容 C 与电阻 R）	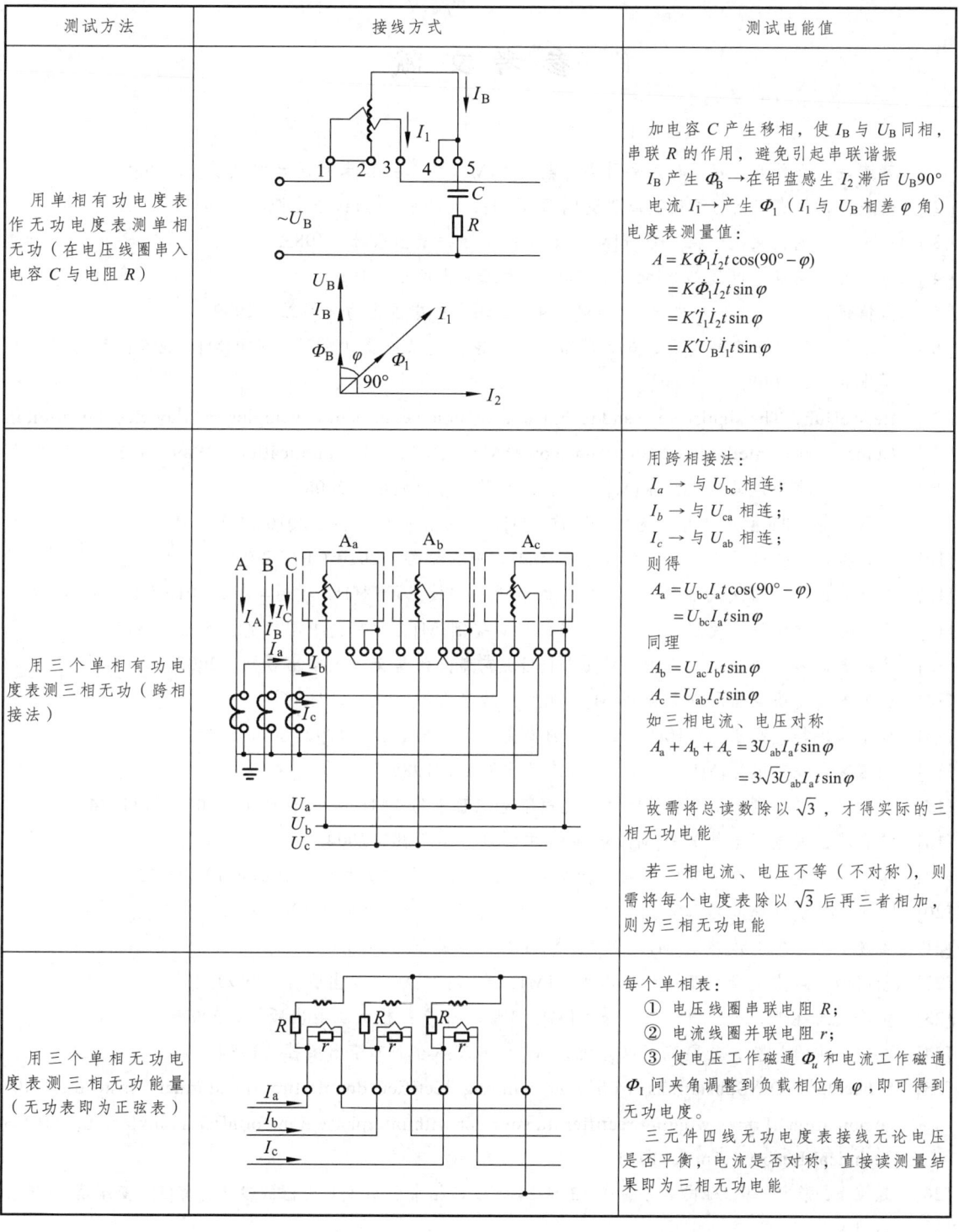	加电容 C 产生移相，使 I_B 与 U_B 同相，串联 R 的作用，避免引起串联谐振 I_B 产生 Φ_B → 在铝盘感生 I_2 滞后 U_B 90° 电流 I_1 → 产生 Φ_1（I_1 与 U_B 相差 φ 角）电度表测量值： $A = K\dot{\Phi}_1\dot{I}_2 t\cos(90°-\varphi)$ $= K\dot{\Phi}_1\dot{I}_2 t\sin\varphi$ $= K'\dot{I}_1\dot{I}_2 t\sin\varphi$ $= K'\dot{U}_B\dot{I}_1 t\sin\varphi$
用三个单相有功电度表测三相无功（跨相接法）		用跨相接法： I_a → 与 U_{bc} 相连； I_b → 与 U_{ca} 相连； I_c → 与 U_{ab} 相连； 则得 $A_a = U_{bc}I_a t\cos(90°-\varphi)$ $= U_{bc}I_a t\sin\varphi$ 同理 $A_b = U_{ac}I_b t\sin\varphi$ $A_c = U_{ab}I_c t\sin\varphi$ 如三相电流、电压对称 $A_a + A_b + A_c = 3U_{ab}I_a t\sin\varphi$ $= 3\sqrt{3}U_{ab}I_a t\sin\varphi$ 故需将总读数除以 $\sqrt{3}$，才得实际的三相无功电能 若三相电流、电压不等（不对称），则需将每个电度表除以 $\sqrt{3}$ 后再三者相加，则为三相无功电能
用三个单相无功电度表测三相无功能量（无功表即为正弦表）		每个单相表： ① 电压线圈串联电阻 R； ② 电流线圈并联电阻 r； ③ 使电压工作磁通 Φ_u 和电流工作磁通 Φ_I 间夹角调整到负载相位角 φ，即可得到无功电度。三元件四线无功电度表接线无论电压是否平衡，电流是否对称，直接读测量结果即为三相无功电能

参 考 文 献

[1] 贺威俊，高仕斌，等. 电力牵引供变电技术[M]. 成都：西南交通大学出版社，1998.

[2] 贺威俊，简克良. 电气化铁道供变电工程[M]. 北京：中国铁道出版社，1982.

[3] 曹建猷. 电气化铁道供电系统[M]. 北京：中国铁道出版社，1983.

[4] 范锡普. 发电厂电气部分[M]. 北京：电力工业出版社，1987.

[5] 熊信银，等编. 发电厂电气部分[M]. 4版. 北京：中国电力出版社，2009.

[6] 于松伟，杨兴山，韩连群，等. 城市轨道交通供电系统设计原理与应用[M]. 成都：西南交通大学出版社，2008.

[7] He WeiJun. The significance and technical economic benefits of developing railway electrification in China[J]. IEE International Conference on MAIN LINE R．E．Publication，1989（312）：27-30.

[8] 高翔. 数字变电站应用技术[M]. 北京：中国电力出版社，2008.

[9] 刘取，等. 21世纪电力系统的先进技术[J]. 电力自动化设备，2010（7）：1-13.

[10] 本刊特稿. 全国铁路工作会议在京召开[J]. 中国铁路，2010（1）：2-9.

[11] 李群湛. 我国高速铁路牵引供电发展的若干关键技术问题[J]. 铁道学报，2010（4）：119-124.

[12] 天津电气化设计研究院. 牵引供电系统设计手册[M]. 北京：中国铁道出版社，1987.

[13] 李群湛，贺建闽. 牵引供电系统分析[M]. 成都：西南交通大学出版社，2007.

[14] 张节容. 高压电器原理和应用[M]. 北京：清华大学出版社，1989.

[15] 尚振球，等. 高压电器[M]. 西安：西安交通大学出版社，1992.

[16] 刘绍峻. 高压电器[M]. 北京：机械工业出版社，1989.

[17] 龚延志，吴命利. 直流牵引供电系统短路电流暂态仿真[J]. 电气自动化，2009，131（4）.

[18] 姚春球. 发电厂电气部分[M]. 北京：中国电力出版社，2004.

[19] 房金兰. 电容式电压互感器的最新能发展及应用[J]. 电力技术，1981（3）：16-22.

[20] 罗斌. 直流快速断路器灭弧系统的分析[J]. 低压电器，1981（4）：18-21.

[21] 黄俊. 半导体变流技术[M]. 北京：机械工业出版社，1980.

[22] 张明勋. 电力电子设备设计应用手册[M]. 北京：机械工业出版社，1990.

[23] 黄俊，王兆安. 电力电子变流技术[M]. 3版. 北京：机械工业出版社，2007.

[24] 沈阳镁铝设计院. 硅整流所电力设计[M]. 北京：冶金工业出版社，1984.

[25] Schneider．DC-Substations with four winding rectifier double-tire transformers instead of the combination of three winding rectifier transformer with interphase transform[R]. Frankfort. SIEMENS Technical Report，April，1995.

[26] 魏雪亮，张宏，等. 轴向双分裂式12相24脉波移相牵引整流变压器的参数计算[J]. 变压器，1995，5：1-9.

[27] 王念同，魏雪亮. 轴向双分裂式12脉波牵引整流变压器均衡电流的分析计算（上）[J]. 变压器，2000，3：1-6.

[28] 王念同，魏雪亮．轴向双分裂式 12 脉波牵引整流变压器均衡电流的分析计算（下）[J]．变压器，2000，4：11-16．

[29] 何宗华．城市轻轨交通工程设计指南[M]．北京：中国建筑工业出版社，1994．

[30] 阎法舜．关于牵引变电所计量的简介[C]．中国电机工程学会城网铁道电化干扰学术会议论文集，成都，1987．

[31] 赖光义．牵引变电所主变压器铜损电量算法推导[C]．中国电机工程学会城网铁道电化干扰学术会议论文集，成都，1987．

[32] J. S. Deliyandides, E. A. Udren．以微处理机为基础的变电站保护和控制综合系统设计准则[J]．IEEE Trans. On PAS. 1982, 6（6）：1664-1672．

[33] 高仕斌．高速铁路牵引供电系统新型保护原理研究[D]．成都：西南交通大学电气学院，2004．

[34] 高仕斌．复线电力牵引网瞬时与永久性故障特征分析[J]．铁道学报，1998，20（3）．

[35] 高仕斌，陈小川，徐志根．复线电力牵引网瞬时与永久性故障识别方法[J]．西南交通大学学报（自然科学版），1999，134（3）．

[36] 高仕斌，王毅非，张劲．牵引变电所异相短路故障及常规馈线保护动作行为分析[J]．铁道学报，2000，122（4）．

[37] 高仕斌．基于变电所自动化系统的互感器断线检测[J]．铁道学报，2002，24（2）．

[38] Gao Shibin, Chen Xiaochuan, et al. Study on integrated automation system of traction substation for express railway lines[J]. ADAS, 2002.

[39] 高仕斌．基于变电所自动化系统的互感器断线检测[J]．铁道学报，2002，124（2）．

[40] 高仕斌，钱清泉．电气化铁道应用三相变四相电力变压器的理论分析[J]．中国电机工程学报，2004，124（3）．

[41] 娄奇鹤，高仕斌．三相变四相变压器在 AT 供电系统中的应用研究[J]．中国电机工程学报，2005，125（1）．

[42] 王钔，金海奇，王世香，陈小川，高仕斌．铁路客运专线供电自动化系统关键技术研究[J]．铁道学报，2006，128（3）．

[43] 朱大新．变电站综合自动化与无人值班 [J]．电力系统自动化，1994（11）：1-4．

[44] 贺威俊，等．牵引变电站综合自动化与专家系统应用研究[J]．铁道学报，1993，18（2）：6-10．

[45] 中国铁道百科全书编辑委员会．中国铁道百科全书机车车辆与电气化卷[M]．北京：中国铁道出版社，2007．

[46] 钱清泉．电气化铁道微机监控技术[M]．北京：中国铁道出版社，2000．

[47] 刘炜．城市轨道交通列车运行过程优化及牵引供电系统动态仿真[D]．成都：西南交通大学电气学院，2009．

[48] 连级三．电传动机车概论[M]．成都：西南交通大学出版社，2001．

[49] 乌正康，等．地铁牵引供电网短路稳态仿真分析[J]．铁道学报，1993，15（1）：39-44．

[50] 李群湛．高速铁路电气化工程[M]．成都：西南交通大学出版社，2006．

[51] 童晓阳，李岗，陈德明，等．采用 IEC 61850 的变电站间隔层 IED 软件设计方案[J]．电力系统自动化，2006，30（14）：54-57，81．

[52] 中华人民共和国国家标准．GB 311.1—1997 高压输变电设备的绝缘配合[S]．北京：中国标准出版社，1997．

[53] 中华人民共和国铁道部. TB 10009—2005 铁路电力牵引供电设计规范[S]. 北京：铁道出版社，2005.

[54] 韩祯祥. 电力系统分析[M]. 杭州：浙江大学出版社，2005.

[55] Paolo Pozzobon. Transient and steady-state short-circuit currents in rectifiers for dc traction supply[J]. IEEE Transaction on Vehicular Technology，1998（4）.

[56] 刘炜，李群湛. 基于多折线外特性模型的直流牵引供电系统稳态短路计算[J]. 机车电传动，2008（1）：61-65.

[57] 地铁设计规范. GB 50157—2003[S]. 北京：中国计划出版社，2003.

[58] 地铁杂散电流腐蚀防护技术规程. CJJ 49—92[S]. 北京：中国计划出版社，1993.

[59] 徐光强. 直流牵引供电系统中杂散电流防护方案研究与设计[D]. 成都：西南交通大学电气学院，2003.

[60] 胡士信. 阴极保护工程手册[M]. 北京：化学工业出版社，1999.

[61] 王彦峥，苏鹏程. 城市轨道交通再生电能回收技术方案的研究[J]. 电气化铁道，2004（2）.

[62] 张峻岭. 地铁供电系统直流侧短路故障研究[D]. 成都：西南交通大学电气学院，2011.

[63] 李力鹏，方攸同，盛宝川. 城市轨道交通2种供电方式下供电系统功率因数分析[J]. 中国铁道科学，2009，30（16）：61-67.

[64] 罗承沐，张贵新. 电子式互感器与数字化变电站[M]. 北京：中国电力出版社，2012.

[65] 刘忠战，任稳柱. 电子式互感器原理与应用[M]. 北京：中国电力出版社，2015.